ソルブ語辞典

ソルブ語辞典

Słownik
Hornjoserbsko-japanski

三谷 惠子 著
MITANI Keiko

大学書林

ブディシン (Budyšin) を築いたという伝説の巨人
(Měrćin Nowak-Njechorńskiの絵)

前書き

　本書は上(かみ)ソルブ標準語の日本語対訳辞書である．上ソルブ標準語は，ドイツ，ザクセン州のブディシン Budyšin（ドイツ名：バウツェン Bautzen）を中心に残る西スラヴ系少数民族ソルブ人の言語である．ソルブ語には，上ソルブ語と若干異なる言語的特徴を持つ下(しも)ソルブ語があり，こちらは，ブランデンブルグ州のホシェブス Chośebuz（コトブス Cottbus）を中心とする．ソルブ語については補遺 I.「ソルブ人とソルブ語」を参照されたい．

　本辞書の見出し項目は，Słownik Hornjoserbsko-němski（Budyšin：1990. 以下 SHN）ならびに，Hornjoserbsko-ruski słownik（以下 HRS）に含まれる語彙によって構成される．前者からはほぼ全ての語彙を採用し，また後者からは，著者の判断によって SHN を補うべきものを追加した．文法情報（変化パターン，格支配など）はまず SHN に依拠し，これに依拠できない場合もしくはこれを補う必要がある場合には，HRS を援用した．語義も同じ原則によったが，SHN と HRS で語義が異なる場合には，両方を掲載した．また，用例は両者からのみならず，文献に示したその他の辞書や，筆者が集めたものからも補って入れた．語法辞典の性格も持たせるために，基本的な語については用例をなるべく示すようにした．変化パターンの区分は SHN に従った．その他，記述の見方については凡例を参照されたい．

　ソルブ語の音韻特徴と文法構造については，補遺 II. に言語解説（A. 音韻，B. 文法）を付した．これらの解説と各語彙項目の用例を照合することによって，ソルブ語の特徴が把握できるよう配慮した．

著　者

目　　次

前書き ……………………………………………………… i

上ソルブ語のアルファベット ……………………………… iii

凡　例 ……………………………………………………… iv

文　献 ……………………………………………………… viii

変化形 ……………………………………………………… x

ソルブ語辞典 ……………………………………………… 1

日本語索引 ………………………………………………… 603

補　遺

　I. ソルブ人とソルブ語 ………………………………… 629

　II. A. 音韻特徴 ………………………………………… 649

　II. B. 文法解説 ………………………………………… 661

上ソルブ語のアルファベット

文字	文字の名称		文字	文字の名称	
a	a	[a]	n	en	[en]
b	bej	[bej]	ń	ejn	[ejn]
c	cej	[tsej]	o	o	[ɔ]
č	čej	[tʃej]	ó	ót	[ot]
d	dej	[dej]	p	pej	[pej]
dź	dźej	[dʒej]	r	er	[er]
e	ej	[ej]	ř	eř	[eʃ]
ě	ět	[ɛt]	s	es	[es]
f	ef	[ef]	š	eš	[eʃ]
g	gej	[gej]	t	tej	[tej]
h	ha	[ha]	ć	ćet	[tʃet]
ch	cha	[xa]	u	u	[u]
i	i	[i]	(v)*		
j	jot	[jot]	w	wej	[wej]
k	ka	[ka]	y	ypsilon	[ypsilon]
ł	eł	[eu]	z	zet	[zet]
l	el	[el]	ž	žet	[ʒet]
m	em	[em]			

*v は特定の外来語(固有名詞, 固有名詞に由来する名詞など)にのみ使用される. q, x も同様(q, x は本辞書では使用していない).

凡　例

1. 見出し語数は約17,000語収録してある．見出し語はソルブ語のアルファベット順とする．見出し語の中でoとóは同等に扱う——
   horcy A1【形】
   hórčina F1【女】
   hordak M2【男】

2. 見出し語に引き続き，並記見出しや，変化形の記載がある場合には，これらとの共通部分までを|で区切る．並記見出し，変化形における該当部分は－で代用する．用例中，見出し語に該当する部分は斜体字で示す——
   serbsce【副】ソルブ語で．*serbsce* rěčeć ソルブ語で話す．

3. 各項目の見方
   (1) 名詞
   ①単数主格形(単数形を用いないものは複数主格形)を見出しとする．必要な場合にはその後にすぐ続けて単数生格形を示す．
   　例：**bóz**, boza M1【男】．
   さらに必要があれば'複主','複生'(複主に続く場合は'生')としてそれぞれの形態を示す．これに該当するのは
   　　(1)特殊な変化の名詞
   　　(2)語幹母音が交替するか，語幹末に出没母音を含む名詞
   　　(3)人間形の複数主格が予測しにくい名詞
   　　(4)延長語尾を含む名詞
   などである．
   ②同一語幹で男性形と女性形があり，二つがアルファベット順で連続する場合は男性形の見出しに続けて女性形を挙げる．変化形に異形態がある場合は / で区切って並記する．

例：**předsy|da**, 複主 -dojo/-dźa M5【男】; **-dka** F2
【女】（会議・団体の）長. ministerski *předsyda* 首相.
(2)形容詞, 副詞
　①男性単数主格形を見出しとする.
　②名詞派生の形容詞で, 元の名詞とアルファベット順で連続し, 名詞の意味からその意味が明らかな場合, 名詞の後に追い込み, 形容詞語尾のみを記載する——
　　　imperiali|zm M1【男】帝国主義. **-stiski** A2【形】.
　ただし語義を補足する必要がある場合には, 語義を付す：
　　　ideologi|ja, F5【女】イデオロギー. **-ski** A2【形】イデオロギー（上の）.
　③形容詞派生の副詞で, 形容詞とアルファベット順で連続し, 形容詞の意味からその意味が透明な場合, 形容詞の後に追い込む——
　　　přemał|y A1【形】あまりに小さな[少量の]. **-o**【副】.
(3)動詞
　①不定詞を見出し語とする. 用例の中では不定詞, 変化形ともその形全体を斜体字で示す.
　②格支配は[ ]内に不定代名詞の変化形で示す. / は'人または物'の補語をとれることを, // は格支配のヴァリエーションを示す. 語義や用例から格支配が明らかな場合（他動詞であることが容易に推測できる場合など）には, 格支配は示さない.
〈格表示の例〉
　　　[někoho/něšto]　人または物の対格補語を取る
　　　[něčeho]　（主として）物の生格補語を取る
　　　[někomu/ něčemu]　人または物の与格補語を取る
　　　[z někim/něčim]　z＋造格補語（人または物）を取る
　　　[někomu něšto]　'与格（人）に対格（物）を'のタイプの補語を取る
　　　[něčeho //něšto]　生格補語をとるか, あるいは対格補語を取る
　　　[někoho/něšto//někoho/něčeho]　人または物の生格補語か, あるいは人または物の対格補語を取る
　　　[za//wo někoho/něšto]　za＋対格または wo＋対格の補

語を取る

③動詞の再帰形は，非再帰形の見出しおよび語義記述の後に − so, − sej として示す．

④完了体と不完了体は，対応が明らかでかつアルファベット順で並ぶ場合，同一項目として記載する．その時の順序は単純に語のアルファベット順とする——

　　　wubudźeć V8【不完】; **wubudźić** V6【完】起こす，呼び起こす．− so 目覚める．

−(j)eć 語尾と −ować 語尾の不完了体がある場合も同じ原則で記述する．二つの不完了体がアルファベット順で並ぶ場合には；で区切って並記し，まとめて【不完】とする——

　　　přečinić V6【完】; **přečinjeć** V8; **přečinjować** V4【不完】浪費する，使い果たす．

両方の体の意味を持つ動詞は【完】・【不完】とする．

略号

【男】男性名詞　　【女】女性名詞　　【中】中性名詞
【複】複数（ふつう複数形で用いる名詞）
　《単》単数形　　《複》複数形
　《主》主格　《生》生格　《与》与格　《対》対格
　《造》造格　《前》前置格　《呼》呼格
　複二：複数二人称　双二：双数二人称
【代名】代名詞
　《疑問》疑問代名詞　《指示》指示代名詞
　《所有》所有代名詞　《関係》関係代名詞
　《否定》否定代名詞　《再帰》再帰代名詞
　《所有再帰》所有再帰代名詞
【形】形容詞　《比》形容詞の比較級　《最上》：形容詞の最上級
【完】完了体動詞　　【不完】不完了体動詞
《命》命令形　《完分》完了分詞　《受動分》受動分詞
《能動分》能動分詞
【副】副詞　　【前置】前置詞　　【接】接続詞　　【助】助詞
【数】数詞　《序》順序数詞

【間投】間投詞

4. その他
＊印のついた語，文など：再構成した形，実際にはありえない語形や文．
（　）内は補足的な説明，あるいは省略可能要素．
［　］内は代替表現．
＝　同義語を参照．
→　（体の異なる，あるいは体の同じ）等しい意味の動詞を参照．

文献

1. 辞書

Jakubaš, F. *Hornjoserbsko-němski słownik*. Budyšin : Domowina, 1954.

Jenč, H., Michałk, F., Šěrakowa, I. *Deutsch-obersorbisches Wörterbuch*. 1, 2. Budyšin : Domowina, 1989.

Jenč, H.(ed) *Słownik Němsko-hornjoserbski*. Budyšin : Domowina, 1986.

Rewerk, Bj., Malinkowa, K., Kowarjowa, L. *Słownik Hornjoserbsko-němski*. Budyšin : Domowina, 1990.

Trofimovič, K. K. *Hornjoserbsko-ruski słownik*. M. : Russkij jazyk. 1974.

Völkel, P. *Hornjoserbsko-němski słownik. Prawopisny słownik hornjoserbskeje rěče*. Budyšin : Domowina, 1970.

Zeman, H. *Słownik górnołuzycko-polski*. Warszawa : Państwowe wydawnictwo Naukowe, 1967.

2. 音韻，文法に関して

Carlton, T. *Introduction to the Phonological History of the Slavic Languages*. Slavica, 1991.

Comrie, B., Corbett, G. *The Slavonic Languages*. Routledge, 1993.

Fasske, H. *Grammatik der obersorbischen Schriftsprache der Gegenwart. Morphologie*. Budyšin : Domowina, 1981.

Gramatiske tabele hornjoserbsce. Budyšin : Domowina, 1984.

Hrjehorjec, L., Kilank, J. *Rěč serbsce*. Budyšin : Domowina, 1995.

Lötzsch, R. "Das sorbische Tempussystem." *Tense Systems in European Languages* II. Neimeyer, 1995. 167-180.

Šewc, H. *Gramatika hornjoserbskeje rěče. Fonologija, fonetika, morfologia*. Budyšin : Domowina, 1984.

Šewc, H. *Gramatika hornjoserbskeje rěče. Syntaksa*. Budyšin : Domo-

wina, 1976.
Wölke, S. *Verbale Phraseme im Obersorbischen. Untersuchungen zur Valenz und Struktur*. Budyšin : Domowina, 1992.
Мудра, И., Петр, Я. *Учебник верхнелужицкого языка*. Budyšin : Domowina, 1983.

3. ソルブ人とソルブ語について

Eichler, E. *Die Ortsnamen der Niederlausitz*. Budyšin : Domowina, 1975.
Elle, L. *Sprachen politik in der Lausitz. Eine Dokumentation 1949 bis 1989*. Domowina, 1995.
Fasske, H. "Sorbische Sprache." *Die Sorben in Deutschland*. Maćica Serbska, 1991. 27-33.
Meschgang, J. *Die Ortsnamen der Oberlausitz*. Budyšin : Domowina. （出版年度無記載のため不明）.
Sorben. Ein kleines Lexikon. Domowina, 1989.
Stone, G. *The Smallest Slavonic Nation. The Sorbs of Lusatia*. London : The Athlone Press, 1972.
Šołta, J. *Zarys serbskich stawiznow*. Budyšin : Domowina, 1976.
Zahronik, L., Brabkačk, A. *Serbske stawizny*. Šulerski zašiwk. 1-4. Budyšin : Domowina, 1992-1996.
Ермакова, М.И. "Особенности функционирования современных серболужицких литературынх языков." *Функционирование славянских литературных языков в социалистическом обществе*. М. : Наука, 1988. 84-118.
シャルル・イグネ『ドイツ植民と東欧世界の形成』宮島直機訳，彩流社，1997.
林健太郎編『ドイツ史』山川出版，増補改訂版1991.
森安達也編『スラヴ民族と東欧ロシア』民族の世界史10．山川出版，1986.

変 化 形

1. 名詞

1.1. 男性名詞の変化：M1〜7
M1 単数主格が硬子音の b, d, f, ł, m, n, p, r, t, w, c, s, z で終わる名詞.

① 人間　〈例〉nan「父親」

	単数	双数	複数
主	nan[1]	nanaj	nanojo[5]
生	nana[2]	nanow	nanow
与	nanej	nanomaj	nanam
対	nana	nanow	nanow
造	nanom	nanomaj	nanami
前	nanje[3]	nanomaj	nanach
呼	nano[4]		

② 人間以外の活動体　〈例〉law「ライオン」

主	law	lawaj	lawy
生	lawa[2]	lawow	lawow
与	lawej	lawomaj	lawam
対	lawa	lawaj	lawy
造	lawom	lawomaj	lawami
前	lawje[3]	lawomaj	lawach
呼	lawo		

③不活動体　〈例〉dub「オーク(カシ・ブナ)」

主	dub[1]	dubaj	duby
生	duba[2]	dubow	dubow
与	dubej	dubomaj	dubam
対	dub	dubaj	duby
造	dubom	dubomaj	dubami
前	dubje[3]	dubomaj	dubach

表中( )内番号の説明
(1)出没母音について
語末の子音の前に o, e があるとき，単数主格およびこれと等しい対格以外でこれらの母音が欠落するものがある：

　　mišter 親方 －《単生》 mištra,《単与》 mištrej
　　pos 犬 －《単生》 psa,《単与》 psej (→**M1(a)**)
　　rót 口 －《単生》 rta,《単前》 w rće
　　december 十二月 －《単生》 decembra

posoł「使者」, wosoł「ろば」, kotoł「釜」などは出没母音になる場合とならない場合の両方の形がある：

　　posoł －《単生》 posoła または posła

(2)語幹で ó ～ o が生じるものがある：

　　skót 家畜 －《単生》 skota
　　dwór 庭, 屋敷 －《単生》 dwora,《単与》 dworje

(3)語尾 -e の前で次の子音交替が起こる：

　　d～dź : susod 隣, 隣人 － na susodźe ; t～ć : hat 池 － w haće
　　ł～l : doł 谷 － w dole ;   tr ～ tř : powětr 空気 － w powětře

語末の子音が c, z, s のものは単数前置格で -u を取る：

　　čas 時間 － (w) času (→**M1(a)**, **M1(b)**)

(4) -je/-e になるものがある：

　　-je になるもの：Pětr ペトル(人名) － Pětrje !
　　-e になるもの：Pawoł パウォウ(人名) － Pawole !
　　bratr 兄弟 － bratře [bʀatʂe] !
　　　(語末の子音交替に注意：ł～l, tr～tř)

変化形

(5) -ojo の他, -jo ('o), -ja ('a), -i がある；
  a) -jo ('o)：語末が -an, -oł のもの：
    Słowjan スラヴ人－Słowjenjo, měšćan 市民－měšćenjo,
    pachoł 若者－pacholjo
  b) -ja ('a)：bratr 兄弟－bratřa, bur 農夫－burja,
    Serb ソルブ人－Serbja, susod 隣人－susodźa
    また, 外来語で -ent, -ist で終わるもの：student 学生－studenća,
    optimist－optimisća
  c) -i：Žid ユダヤ人－Židźi, pohan 異教徒－pohani (pohanojo もあり), posoł 使者－pósli (posłojo もあり)
  d) -c で終わるものは -y：krawc 仕立て屋－krawcy
▲母音 a は軟子音の間で e に常に交替：
  rjad 列 - rjedźe, napohlad 光景, 眺め－napohledźe.
  この規則はすべての変化形にあてはまる．

〈参考〉

M1(a) pos「犬」

	単数	双数	複数
主	pos	psaj	psy
生	psa	psow	psow
与	psej	psomaj	psam
対	psa	psaj	psy
造	psom	psomaj	psami
前	psu	psomaj	psach

M1(b) pjenjez「金(カネ)」

	単数	双数	複数
主	pjenjez	pjenjezaj	pjenjezy
生	pjenjeza	pjenjezow	pjenjez
与	pjenjezej	pjenjezomaj	pjenjezam
対	pjenjez	pjenjezaj	pjenjezy
造	pjenjezom	pjenjezomaj	pjenjezami
前	pjenjezu	pjenjezomaj	pjenjezach

M2 単数主格が g, h, ch, k で終わる名詞
①人間　〈例〉hórnik「坑夫」

	単数	双数	複数
主	hórnik	hórnikaj	hórnicy[2][3]
生	hórnika	hórnikow	hórnikow
与	hórnikej	hórnikomaj	hórnikam
対	hórnika	hórnikow	hórnikow
造	hórnikom	hórnikomaj	hórnikami
前	hórniku	hórnikomaj	hórnikach
呼	hórniko [1]		

②人間以外の活動体　〈例〉ptačk「鳥」

	単数	双数	複数
主	ptačk	ptačkaj	ptački
生	ptačka	ptačkow	ptačkow
与	ptačkej	ptačkomaj	ptačkam
対	ptačka	ptačkaj	ptački
造	ptačkom	ptačkomaj	ptačkami
前	ptačku	ptačkomaj	ptačkach

③不活動体　〈例〉ćah「列車」

	単数	双数	複数
主	ćah[4]	ćahaj	ćahi
生	ćaha	ćahow	ćahow
与	ćahej	ćahomaj	ćaham
対	ćah	ćahaj	ćahi
造	ćahom	ćahomaj	ćahami
前	ćahu	ćahomaj	ćahach

変化形　　　　　　　xiv

(1) -o でなく -je になるものがある：čłowjek 人間 − čłowječje !
(2) a) -ak, -k, -ik の人間形は，語幹末の子音 k～c の交替を生じ語尾 -y を取る：hórnik − hórnicy ; rybak 漁師 − rybacy. また -ch で終わるものは ch～š の交代を生じ，š の後の人間形語尾は -i となる：čornuch 黒人 − čornuši ; paduch 盗賊 − paduši
　b) -ojo となるものがある：biolog − biologojo
　c) -ja('a) となるものがある：Čech − Češa (ch～š の交替)
(3) čłowjek「人間」の複数には普通 ludźo が用いられる：
《複主》ludźo,《生》ludźi，以下は **M3** hosć と同じ変化
(4) 語幹母音が ó の場合，単数主格 ó～生格以下 o：
brjóh−岸《単生》brjoha

M3　単数主格が č, dź, j, l, š, ć, ž で終わる名詞
① 人間　〈例〉wuj「おじ」；hósć「客」

	単数	双数	複数
主	wuj　　hósć[1]	wujej　　hosćej	wujojo　　hosćo[3][4]
生	wuja　　hosća	wujow　　hosćow	wujow　　hosći
与	wujej　　hosćej	wujomaj　hosćomaj	wujam　　hosćom
対	wuja　　hosća	wujow　　hosćow	wujow　　hosći
造	wujom　 hosćom	wujomaj　hosćomaj	wujemi　　hosćimi
前	wuju　　hosću	wujomaj　hosćomaj	wujach　　hosćoch
呼	wujo　　hosćo		

② 人間以外の活動体　〈例〉wrobl「雀」；jerij「鰊」

	単数	双数	複数
主	wrobl　　jerij[2]	wroblej　　jerjej	wroble　　jerje
生	wrobla　　jerja	wroblow　　jerjow	wroblow　　jerjow
与	wroblej　　jerjej	wroblomaj　jerjomaj	wroblam　　jerjam
対	wrobla　　jerja	wroblej　　jerjej	wroble　　jerje
造	wroblom　jerjom	wroblomaj　jerjomaj	wroblemi　jerjemi
前	wroblu　　jerju	wroblomaj　jerjomaj	wroblach　jerjach

③不活動体 〈例〉puć「道」; mantl「コート」

	単数	双数	複数
主	puć mantl	pućej mantlej	puće mantle
生	puća mantla	pućow mantlow	pućow mantlow
与	pućej mantlej	pućomaj mantlomaj	pućam mantlam
対	puć mantl	pućej mantlej	puće mantle
造	pućom mantlom	pućomaj mantlomaj	pućemi mantlemi
前	pućumantlu	pućomaj mantlomaj	pućach mantlach

(1) 語幹母音がóの場合，単数生格以下でoに交替する：hósć～hosća, nóž～noža
(2) -ijで終わるものは主格以外で母音iが欠落する：Jurij－Jurja
(3) -elで終わるものは-ojoに代わり-jo：přećel－přećeljo
(4) 例外的なケース：ludźo, hosćo－《複生》ludźi, hosći,

M4 単数主格がb(j), m(j), ń/n(j), p(j), r(j), w(j)で終わる名詞
①人間 〈例〉wučer「教師」

	単数	双数	複数
主	wučer	wučerjej	wučerjo
生	wučerja	wučerjow	wučerjow
与	wučerjej	wučerjomaj	wučerjam
対	wučerja	wučerjow	wučerjow
造	wučerjom	wučerjomaj	wučerjemi
前	wučerju	wučerjomaj	wučerjach
呼	wučerjo		

変 化 形　　　　　　　　　xvi

② 人間以外の活動体　〈例〉hołb「鳩」; kóń「馬」

	単数	双数	複数
主	hołb　　kóń[1]	hołbjej　konjej	hołbje　konje
生	hołbja　konja	hołbjow　konjow	hołbjow　konjow
与	hołbjej　konjej	hołbjomaj　konjomaj	hołbjam　konjam
対	hołbja　konja	hołbjej　konjej	hołbje　konje
造	hołbjom　konjom	hołbjomaj　konjomaj	hołbjemi　konjemi
前	hołbju　konju	hołbjomaj　konjamaj	hołbjach　konjach

③ 不活動体　〈例〉swjedźeń「祝日」

	単数	双数	複数
主	swjedźeń	swjedźenjej	swjedźenje
生	swjedźenja	swjedźenjow	swjedźenjow
与	swjedźenjej	swjedźenjomaj	swjedźenjam
対	swjedźeń	swjedźenjej	swjedźenje
造	swjedźenjom	swjedźenjomaj	swjedźenjemi
前	swjedźenju	swjedźenjomaj	swjedźenjach

M4(a)　dźeń「日」[2]; tydźeń「週」[3]

	単数	双数	複数
主	dźeń　tydźeń	dnjej　njedźeli	dny　njedźele
生	dnja　tydnja	dnjow　njedźelow	dnjow　njedźelow
与	dnjej　tydnjej	dnjomaj　njedźelomaj	dnjam　njedźelam
対	dźeń　tydźeń	dnjej　njedźeli	dny　njedźele
造	dnjom　tydnjom	dnjomaj　njedźelomaj	dnjemi　njedźelemi
前	dnju　tydnju	dnjomaj　njedźelomaj	dnjach　njedźelach

xvii　　　　　　　　　　　　変化形

(1) 単数主格 ó 〜 それ以外で o に交替．
(2) dźeń は《複主/対》で dny，それ以外で語幹は dnj；《生》dnja，《与》dnju．
(3) tydźeń の双数，複数には普通 njedźeli, njedźele を用いる．

M5　単数主格が硬子音＋-a で終わる名詞
〈例〉předsyda「議長」

	単数	双数	複数
主	předsyda	předsydaj	předsydojo[3]
生	předsydy[1]	předsydow	předsydow
与	předsydźe[2]	předsydomaj	předsydam
対	předsydu	předsydow	předsydow
造	předsydu	předsydomaj	předsydami
前	předsydźe	předsydomaj	předsydach

(1) g, k の後では語尾は -i : kolega 同僚 − kolegi, braška − braški
(2) 単数与格，前置格の語尾 -e の前で次の子音交替が起こる：
　　d 〜 dź : nawoda − nawodźe；　g 〜 z : kolega − koleze；
　　k 〜 c : braška − brašce；t 〜 ć : měšćanosta − měšćanosće
(3) 語尾が -a となる場合がある（上記(2)と同様の子音交替が起こる）：
　　předsyda - předsydźa；wjesnjanosta - wjesnjanosća

M6　単数主格が軟子音＋-a で終わる名詞
〈例〉ćesla「大工」

	単数	双数	複数
主	ćesla	ćeslej	ćeslojo
生	ćesle	ćeslow	ćeslow
与	ćesli	ćeslomaj	ćeslam
対	ćeslu	ćeslow	ćeslow
造	ćeslu	ćeslomaj	ćeslemi
前	ćesli	ćeslomaj	ćeslach

変化形　　　　　　　　　xviii

M7　-o で終わる人名

主	Beno
生	Bena
与	Benej
対	Bena
造	Benom
前	Benje[1]
呼	Beno

(1)最後の子音が -k のものは語尾が -u : Marko－wo Marku

1.2.　女性名詞の変化　F1〜F7

F1　単数主格が ba, da, fa, ła, ma, na, pa, ra, ta, wa で終わる名詞
〈例〉žona「妻，女」

	単数	双数	複数
主	žona	žonje[1][2]	žony
生	žony	žonow	žonow
与	žonje[1][2]	žonomaj	žonam
対	žonu	žonje[1][2]	žony
造	žonu	žonomaj	žonami
前	žonje[1][2]	žonomaj	žonach

(1)格語尾の前で子音交替が起こる：
　　d 〜 dź : woda 水 －《単与》wodźe ; ł 〜 l : piła 鋸 －《単与》pile ;
　　t 〜 ć : ćeta 叔母 －《単与》ćeće ; tr 〜 tř : sotra 姉妹 －《単与》
　　sotře
(2)単音節の語の場合には ě[ɛ] になる : hra ゲーム － hrě ; mzda 報
　　酬 － mzdźě ; stwa － stwě

F2 単数主格が ga, ha, cha, ka で終わる名詞
〈例〉noha「足」

	単数	双数	複数
主	noha	noze[1]	nohi
生	nohi	nohow	noho
与	noze[1]	nohomaj	noham
対	nohu	noze[1]	nohi
造	nohu	nohomaj	nohami
前	noze[1]	nohomaj	noha

(1)子音交替が生じる：
　　h～z：waha 秤り－waze；g～z：Olga オルガ（人名）－Olze
　　ch～š：třecha 屋根－třeše；k～c：ruka 手－ruce

F3 単数主格が ca, sa, a で終わる名詞
〈例〉wowca「羊」

	単数	双数	複数
主	wowca	wowcy	wowcy
生	wowcy	wowcow	wowcow
与	wowcy	wowcomaj	wowcam
対	wowcu	wowcy	wowcy
造	wowcu	wowcomaj	wowcami
前	wowcy	wowcomaj	wowcach

変 化 形　　　　　　　　　xx

F4　単数主格が c, s, z で終わる名詞
　　〈例〉nóc「夜」

	単数	双数	複数
主	nóc	nocy	nocy[2]
生	nocy[1]	nocow	nocow
与	nocy[2]	nocomaj	nocam
対	nóc	nocy	nocy[2]
造	nocu	nocomaj	nocami
前	nocy[2]	nocomaj	nocach

(1)単数主格の語幹が ó のものは生格以下で o に交代：nóc - nocy
　　単数主格の語幹が ě のものは生格以下で je に交代：
　　pěc オーブン -pjecy；wjes「村」は生格以下で ws-：wjes - wsy, wsy, wsu となる．
(2)このタイプに属する女子の名前では -y でなく -je (-'e) となる：
　　Kerstin -Kerstinje；Brigit - Brigiće；Sigrid - Sigridźe

F5　単数主格が č, j, l, š, ž+a で終わる名詞
　　〈例〉šula「学校」

	単数	双数	複数
主	šula	šuli	šule[1]
生	šule[1]	šulow	šulow
与	šuli	šulomaj	šulam
対	šulu	šuli	šule
造	šulu	šulomaj	šulemi
前	šuli	šulomaj	šulach

(1)単音節の語の場合には ě [ɛ] になる：škla スープ皿 － šklě

F6 単数主格が bja, mja, nja, pja, rja, wja で終わる名詞
〈例〉kólnja「納屋」

	単数	双数	複数
主	kólnja[1]	kólni	kólnje
生	kólnje	kólnjow	kólnjow
与	kólni	kólnjomaj	kólnjam
対	kólnju	kólni	kólnje
造	kólnju	kólnjomaj	kólnjemi
前	kólni	kólnjomaj	kólnjach

[1]単数主格形の例外：knjeni．生格以下 knjenj-：《単生》knjenje

F7 単数主格が č, dź, j, l, ń, nj, p(j), r(j), š, ć で終わる名詞
〈例〉kósć「骨」；bróń「武器」

	単数	双数	複数
主	kósć　　bróń	kosći　　bróni	kosće　　brónje
生	kosće[2]　brónje[1][2]	kosćow　brónjow	kosćow　brónjow
与	kosći　　bróni	kosćomaj　brónjomaj	kosćam　　brónjam
対	kosć　　bróń	kosći　　bróni	kosće　　brónje
造	kosću　　brónju	kosćomaj　brónomaj	kosćemi　brónjemi
前	kosći　　bróni	kosćomaj　brónomaj	kosćach　brónjach

(1) r, p, で終わる語では語尾の -e, -u, -o, -a の前で -j- が挿入される――
　wječer 夕飯－《生》wječerje,《造》wječerju ;
　sep 山積み－《生》sepje,《複生》sepjow
(2)語幹の ó が生格以下で o に交替する場合としない場合がある：
　　交替する例：kósć－《生》kosće
　　交替しない例：hródź 牛小屋－《生》hródźe
　　出没母音のあるもの：baseń 詩－《生》basnje,《与》basni
F7のヴァリエーション：cyrkej 教会－《生》cyrkwje,
　以下《与／前》cyrkwi,《対》cyrkej,《造》cyrkwju

変化形　　　　　　　　xxii

双数《主／対》cyrkwi,《生》cyrkwjow,《与／造／前》cyrkwjomaj
複数《主／対》cyrkwje,《生》cyrkwjow,《与》cyrkwjam,《造》cyrkwjami,《前》cyrkwjach

1.3. 中性名詞の変化　N1〜5

N1　単数主格が d, ł, n, m r, t, w, ch, k+o で終わる名詞

①語幹末の子音が d, ł, n, m r, t, w の名詞

〈例〉słowo「語」

	単数	双数	複数
主	slowo	slowje[1]	slowa
生	slowa	slowow	slowow
与	slowu	slowomaj	slowam
対	slowo	slowje[1]	slowa
造	slowom	slowomaj	slowami
前	slowje[1]	slowomaj	slowach

②語幹末子音が ch, k の中性名詞　〈例〉jabłuko「リンゴ」

	単数	双数	複数
主	jabłuko	jabłuce[2][3]	jabłuka[2][3]
生	jabłuka	jabłukow	jabłukow
与	jabłuku	jabłukomaj	jabłukam
対	jabłuko	jabłuce	jabłuka
造	jabłukom	jabłukomaj	jabłukami[2][3]
前	jabłuku	jabłukomaj	jabłukach

(1)変化語尾 −'e の前で子音交替が起こる：
　　d〜dź: blido − blidźe；ł〜l: hesło − hesle；t〜ć: město − měsće
(2) wucho「耳」は双数，複数で ch が š に交替する：
　　《複主／対》《双主／対》wuši；《複造》wušemi；《複／双生》

wušow,《複与》wušam,《双与》wušomaj
(3) wóčko「目」は語幹が woč- になる：
《複主/対》《双主/対》woči,《複造》wočemi,《複/双生》wočow,
《複与》wočam,《双与》wočomaj

N2 単数主格が c, s, z＋o の中性名詞
〈例〉koleso「自転車」

	単数	双数	複数
主	koleso	kolesy	kolesa
生	kolesa	kolesow	kolesow
与	kolesu	kolesomaj	kolesam
対	koleso	kolesy	kolesa
造	kolesom	kolesomaj	kolesami
前	kolesu	kolesomaj	kolesach

N3 単数主格が č, dź, j, l, ć, ž＋o の中性名詞
〈例〉polo「野原」

	単数	双数	複数
主	polo	poli	pola
生	pola	polow	polow
与	polu	polomaj	polam
対	polo	poli	pola
造	polom	polomaj	polemi
前	polu	polomaj	polach

〈参考〉

N3(a) 単数斜格と双数で -eć-, 複数で -at- の延長語尾を取る名詞
ćelo「子牛」

	単数	双数	複数
主	ćelo	ćeleći	ćelata
生	ćeleća	ćelećow	ćelatow
与	ćelećustrongu	ćelećomaj	ćelatam
対	ćelo	ćeleći	ćelata
造	ćelećom	ćelećomaj	ćelatami
前	ćelećustrongu	ćelećomaj	ćelatach

N3(b) dźěćo「子供」

	単数	双数	複数
主	dźěćo	dźěsći	dźěći
生	dźěsća	dźěsćow	dźěći
与	dźěsću	dźěsćomaj	dźěćom
対	dźěćo	dźěsći	dźěći
造	dźěsćom	dźěsćomaj	dźěćimi
前	dźěsću	dźěsćomaj	dźěćoch

N4 単数主格が bj, mj, nj, oj, rj, wjo で終わる名詞
〈例〉morjo「海」

	単数	双数	複数
主	morjo[1][3]	mori[1][3]	morja[1][2][3]
生	morja	morjow	morjow
与	morju	morjomaj	morjam
対	morjo	mori	morja
造	morjom	morjomaj	morjemi
前	morju	morjomaj	morjach

(1)〜(3)それぞれ以下の N4(a)〜(c) を参照

変化形

N4(a) 単数斜格と双数で -eć-, 複数で -at- の延長語尾を取る名詞（N3と同じパターンになる）
〈例〉 zwěrjo「動物」

	単数	双数	複数
主	zwěrjo	zwěrjeći	zwjerjata
生	zwěrjeća	zwěrjećow	zwjerjatow
与	zwěrjeću	zwěrjećomaj	zwjerjatam
対	zwěrjo	zwěrjeći	zwjerjata
造	zwěrjećom	zwěrjećomaj	zwjerjatami
前	zwěrjeću	zwěrjećomaj	zwjerjatach

N4(b) 複数で延長語尾のない名詞がある：swinjo「豚」は
《双主／対》swinjeći,《生》swinjećow,《与》swinjećom
《複主／対》swinje,《生》swini,《与》swinjom,《造》swinjemi,
《前》swinjoch

N4(c) 単数斜格と双数，複数で -en(j)- の延長語尾を取る名詞
〈例〉 płomjo「炎」

	単数	双数	複数
主	płomjo	płomjeni	płomjenja
生	płomjenja	płomjenjow	płomjenjow
与	płomjenju	płomjenjomaj	płomjenjam
対	płomjo	płomjeni	płomjenja
造	płomjenjom	płomjenjomaj	płomjenjami
前	płomjenju	płomjenjomaj	płomjenjach

N5 語幹末子音が nje, će になる名詞
〈例〉twarjenje「建物」

	単数	双数	複数
主	twarjenje	twarjeni	twarjenja
生	twarjenja	twarjenjow	twarjenjow
与	twarjenju	twarjenjomaj	twarjenjam
対	twarjenje	twarjeni	twarjenja
造	twarjenjom	twarjenjomaj	twarjenjemi
前	twarjenju	twarjenjomaj	twarjenjach

このタイプに属する集合名詞
〈例〉pjerjo「羽」

	単数	双数	複数
主	pjerjo	pjeri	pjerja
生	pjerja	pjerjow	pjerjow
与	pjerju	pjerjomaj	pjerjam
対	pjerjo	pjeri	pjerja
造	pjerjom	pjerjomaj	pjerjemi
前	pjerju	pjerjomaj	pjerjach

1.4. PL1, PL2　複数形で用いられる名詞（*pluralia tantum*）
PL1〈例〉nožicy「はさみ」；**PL2**〈例〉durje「ドア」

主	nožicy[1][2]	durje
生	nožicow[3]	durjow
与	nožicam	durjam
対	nožicy[1]	durje
造	nožicami	durjemi
前	nožicach	durjach

(1) 語尾が -y でなく -a になるもの：wrota「門」
　k の後で語尾が -i になるもの：wulkowiki「(商業・貿易)見本市」
(2) hody「クリスマス」—《生》hód；《前》po hodźoch. その他は nožicy と同様.
(3) -ecy, -icy, -any で終わる地名ならびに若干の名詞では無語尾になる：
　Molešecy —《生》Molešec；Drježdźany —《生》Drježdźan；prózdniny —《生》prózdnin

2. 代名詞

2.1. P1, P2　一人称および二人称の人称代名詞
　　　P1　ja「私」　　　　　　　　P2　ty「あなた」

	単数	双数	複数	単数	双数	複数
主	ja	mój	my	ty	wój	wy
生	mnje, mje	naju, naj	nas	tebje, će	waju, waj	was
与	mni, mi	namaj	nam	tebi, ći	wamaj	wam
対	mnje, mje	naju, naj	nas	tebje, će	waju, waj	was
造	mnu	namaj	nami	tobu	wamaj	wami
前	mni	namaj	nas[1] nami	tebi	wamaj	was[1] wami

[1]標準語形はnas, wasだが，日常的にnami, wamiの形も使用される
　▲再帰代名詞の変化（主格なし）：
　　《生／対》sebje, so《与／前》sebi, sej《造》sobu

2.2. P3　三人称代名詞　wón（男性），wono（中性），wona（女性）

	単数			双数		複数	
	男性	中性	女性	人間形	その他	人間形	その他
主	wón	wono (wone)	wona	wonaj	wonej	woni	wone
生	jeho/njeho		jeje/njeje	jeju/njeju		jich/nich	
与	jemu/njemu		jej/njej	jimaj/nimaj		jim/nim	
対	jón[1]/ njón[1]	je/nje /jo/njo	ju/nju	jeju[2]/njeju[2] jej/njej		jich[2]/nich[2] je/nje	
造	nim		njej	nimaj		nimi	
前	nim		njej	nimaj		nich/nimi	

[1]活動体以外．活動体の場合は生格と同形
[2]人間形の場合．
　n-の付いた形は前置詞のあとに用いられる．

2.3. P4 指示代名詞型の変化
①指示代名詞 tutón「この」

	単数			双数		複数	
	男性	中性	女性	人間形	その他	人間形	その他
主	tutón	tute	tuta	tutaj	tutej	tući	tute
生	tutoho		tuteje	tuteju		tutych	
与	tutomu		tutej	tutymaj		tutym	
対	tutón[1]	tute	tutu	tuteju	tutej	tutych	tute
造	tutym		tutej	tutymaj		tutymi	
前	tutym		tutej	tutymaj		tutych	

②否定代名詞 žadyn「何一つ(ない)」

	単数			双数		複数	
	男性	中性	女性	人間形	その他	人間形	その他
主	žadyn	žane	žana	žanaj	žanej	žani	žane
生	žanoho		žaneje	žaneju		žanych	
与	žanomu		žanej	žanymaj		žanymi	
対	žadyn[1]	žane	žanu	žaneju	žanej	žanych	žane
造	žanym		žanej	žanymaj		žanymi	
前	žanym		žanej	žanymaj		žanych	

(1)活動体以外．活動体(人、動物)では生格と同形．

P4で変化する代名詞：指示代名詞 tón, tónle (tón の部分のみ変化)；sam「自分」．なお jedyn(→L1)も žadyn と同じパターンである．

2.4. P5, P6　疑問・不定・否定代名詞

P5 štó「誰」　něchtó「誰か」　**P6** što「何」　něšto「何か」

主	štó	něchtó	što	něšto
生	koho	někoho	čeho	něčeho
与	komu	někomu	čemu	něčemu
対	koho	někoho	što[1]	něšto
造	kim	z někim	z čim	z něčim
前	kim	w někim	w čim	w něčim

(1) 一音節の前置詞の後ろでは čo も用いられる：na čo, wo čo

P5に属する代名詞
　　nichtó 誰も（ない）; něchtóžkuli 誰でもいい誰か

P6に属する代名詞
　　ničo 何も（ない）; něštožkuli 何でもいい何か
　　-ž, -žkuli のついた形では，代名詞語幹の部分のみが変化する；
　　štož - čehož, čemuž, čimž

2.5.　P7　wšón「全ての，あらゆる」

	単数			複数	
	男性	中性	女性	人間形	それ以外
主	wšón	wšo, wšě	wša	wšitcy	wšě
生	wšeho		wšeje	wšěch	
与	wšemu		wšej	wšěm	
対	wšón[1]	wšo, wšě	wšu	wšěch	wšě
造	wšěm		wšej(u)	wšěmi	
前	wšěm		wšej	wšěch	

(1) 活動体以外．活動体の場合は生格形

　　wšón は「全ての」の意味を表わす全称代名詞．同じく全称代名詞に wšitkón がある．「各々の，毎…」を表わす代名詞は kóždy (A1)

2.6. 〈補足〉形容詞型で変化する代名詞

2.6.1. 所有代名詞 mój「私の」, twój「あなたの」; naš「私たちの」, waš「あなた(たち)の」(変化は形容詞A3と同じ)

	男性	中性	女性
単主	mój　　　waš	moje　waše	moja　　waša
生	mojeho　　　wašeho	mojeje　wašeje
与	mojemu　　　wašemu	mojej　　wašej
対	mój[1]　　waš[1]	moje　waše	moju　　wašu
造	mojim　　　wasim	mojej　　wašej
前	mojim　　　wasim	mojej　　wašej
複主	moji[2]　moje　　waši[2]　waše	moje　　waše
生	mojich　　　wašich
与	mojim　　　wašim
対	主／生[3]	moje　　waše
造	mojimi　　　wašimi
前	mojich　　　wašich
双主	mojej　　wašej	mojej　　wašej
生	mojeju　　　wašeju
与	mojimaj　　　wašimaj
対	主／生[3]	mojej　　wašej
造	mojimaj　　　wašimaj
前	mojimaj　　　wašimaj

(1) 活動体以外．活動体(人，動物)では生格と同形．
(2) 男性人間形
(3) 人間を表す名詞のみ生格と同形，その他の活動体および無生物は主格と同形．

2.6.2. wšitkón「すべての」の変化（変化は形容詞 A2 と同じ）

	単数			複数	
	男性	中性	女性	人間形	それ以外
主	wšitkón	wšitke	wšitka	wšitcy	wšitke
生	wšitkeho		wšitkeje	wšitkich	
与	wšitkomu		wšitkej	wšitkim	
対	wšitkón[1]	wštiku	wšitke	wšitke[2]	
造	wšitkim		wšitkej(u)	wšitkimi	
前	wšitkim		wšitkej	wšitkich	

(1)活動体以外．活動体では生格と同形．
(2)男性人間以外．男性人間のみ生格と同形．

3. 形容詞　A1〜A3

3.1.　A1　語幹が硬子音 b, c, d, ł, m, n, p, r, t, w, z で終わる形容詞
〈例〉mały「小さい」；kruty「厳しい」

	男性	中性	女性
単主	mały[1]　kruty	małe　krute	mała　kruta
生	małeho　kruteho		małeje　kruteje
与	małemu　krutemu		małej　krutej
対	主／生[2]	małe　krute	mału　krutu
造	małym　krutym		małej　krutej
前	małym　krutym		małej　krutej
複主	mali[3]　krući[3] małe　krute	małe　krute	
生	małych　krutych		
与	małym　krutym		
対	主／生[4]	małe　krute	
造	małymy　krutymy		
前	małych　krutych		
双主	małaj[3]　krutaj[3] małej　ktrutej	małej　krutej	
生	małeju　kruteju		
与	małymaj　krutymaj		
対	主／生[4]	małej　krutej	
造	małymaj　krutymaj		
前	małymaj　krutymaj		

(1) -ž, -žkuli で終わる代名詞（kotryž, kotryžkuli）は -ž, -žkuli の前の部分のみ変化．
(2) 人間，活動体では生格，それ以外では主格と同形．
(3) 人間形．複数主格で以下の子音交替が起こる：

変化形

d‐dź: młody‐młodźi; l‐l: mały‐mali;
t‐ć: bohaty‐bohaći; tr‐tř: kotry‐kotři
軟子音の間の a は e に交替する;
wjesały‐wjeseli

(4)人間の場合のみ生格と同形．それ以外では主格と同形．

▲副詞

副詞語尾は ‐e. e の前で子音交替が起こる:

　　d~dź: hordy‐hordźe,　 l~l: wjesały‐wjesele,
　　t~ć: kruty‐kruće

ただし ‐o になるものもある．o は前の子音を交替させない:
wšelakory‐wšelakoro, swětły‐swětło, ćopły‐ćopło

▲比較級，最上級 (比較級，最上級の変化は **A3**)

		比較級	最上級
形容詞	sylny	sylniši[1]	najsylniši[1][2]
副詞	sylnje	sylnišo[1]	najsylnišo[1]

(1)子音交替が起こる:

　　d~dź: hordy‐hordźiši;　 t~ć: bohaty‐bohaćiši;
　　l~l: miły‐miliši

ただし ‐cy, ‐zy で終わるものは比較級語尾が ‐yši, ‐yšo となる:

　　horcy 熱い‐horcyši, horcyšo; lózy 粗野な‐lózyši, lózyšo

単音節で ‐by, ‐dy ‐ły, ‐ny, ‐ry, ‐wy で終わるものは比較級，最上級語尾が ‐ši, ‐šo となる:

　　luby 愛しい‐lubši; chudy 貧しい‐chudši;
　　stary 古い‐starši

この時，子音が交替するものがある:

　　n~ń: kmany 能力のある‐kmańši
　　l ~ l: kisały 酸っぱい‐kisalši

3.2. A2 語幹が軟口蓋音 ch, h, k で終わる形容詞
〈例〉 wulki「巨大な」；drohi「高価な」

	男性	中性	女性
単主	wulki[1]　drohi	wulke　drohe	wulka　droha
生	wulkeho　droheho	wulkeje　droheje
与	wulkemu　drohemu	wulkej　drohej
対	主／生[2]	wulke　drohe	wulku　drohu
造	wulkim　drohim	wulkej　drohej
前	wulkim　drohim	wulkej　drohej
複主	wulcy[3]　drozy[3] wulke　drohe	wulke　drohe
生	wulkich　drohich
与	wulkim　drohim
対	主／生[4]	wulke　drohe
造	wulkimi　drohimi
前	wulkich　drohich
双主	wulkaj[3]　drohaj[3] wulkej　drohes	wulkej　drohej
生	wulkeju　droheju
与	wulkimaj　drohimaj
対	主／生[4]	wulkej　drohej
造	wulkimaj　drohimaj
前	wulkimaj　drohimaj

(1) kajkiž, kajkižkuli は -ž, -žkuli の前の部分のみ変化.
(2) 人間，活動体では生格，それ以外では主格と同形.
(3) 人間形．複数主格で子音交替が起こる：
　　k～c : wulki - wulcy ; h～z : drohi - drozy
　　ch～š : š のあとでは -i : hłuchi 耳の聞こえない - hłuši

(4)人間の場合のみ生格と同形．それ以外では主格と同形．

▲副詞

語尾は基本的に -o：

　dołhi−dołho, drohi−droho, ćichi−ćicho

　wulki−wulko；mjechki 柔らかい−mjechko (mjechce も)

ただし -ski で終わるものは常に -e. k は c に交替する：

　serbski ソルブの−serbsce；njemski ドイツの−němsce

▲比較級，最上級（比較級，最上級の変化は **A3**）

		比較級	最上級
形容詞	drohy	drohši[1]	najdrohši[1]
副詞	drohy	drohšo[1]	najdrohšo[1]

(1) -ki, -oki で終わるものは -k が落ちる：

　　krótki 短い−krótši, krótšo；hłuboki；深い−hłubši, hłubšo

　　また -ski, -žki で終わるものは語末の子音結合−sk, žk が落ちる：

　　bliski 高い−bliši, blišo；ćežki 重い，難しい−ćeši, ćešo

変化形

3.3. A3 語幹が軟子音の nj, wj, č, j, š, ć, ž で終わる形容詞(1)

〈例〉 lěni「怠惰な」dźiwi「野生の」ptači「鳥の」

	男性	中性	女性
単主	lěni dźiwi ptači	lěnje dźiwje ptače	lěnja dźiwja ptača
生	lěnjeho dźiwjeho ptačeho		lěnjeje dźiwj ptačeje
与	lěnjemu dźiwjemu ptačemu		lěnjej dźiwjej ptačej
対	主／生[2]	lěnje dźiwje ptače	lěnju dźiwju ptaču
造	lěnim dźiwim ptačim		lěnjej dźiwjej ptačej
前	lěnim dźiwim ptačim		lěnjej dźiwje ptačej
複主	lěni[3] dźiwi[3] lěnje dźiwje ptači[3] ptače	lěnje dźiwje ptače	
生	lěnich dźiwich ptačich		
与	lěnim dźiwim ptačim		
対	主／生[4]	lěnje dźiwje ptače	
造	lěnimi dźiwimi ptačimi		
前	lěnich dźiwich ptačich		
双主	lěnjej dźiwjej ptačej[3]		
生	lěnjeju dźiwjeju ptačeju		
与	lěnimaj dźiwimaj ptačimaj		
対	主／生[4]	lěnjej dźiwjej ptačej	
造	lěnimaj dźiwimaj ptačimaj		
前	lěnimaj dźiwimaj ptačimaj		

(1)所有代名詞 mój, twój, swój, naš, waš もこのタイプで変化. čejiž, čejižkuli は -ž, -žkuli に先立つ部分のみ変化. 男性単数語幹に ó を持つものは ó～o の交替が起こる：mój ～ mojeho また -či, -š(i), -ži, -j(i) で終わるものは変化語尾の母音 -e, -a, -u の前で -j- が現われない.

(2) 人，動物では対格＝生格，それ以外で対格＝主格．
(3) 人間形．このタイプの双数主格はすべて -jej になる（軟子音間に -a が現われないため，非人間形との区別がなくなることによる）
(4) 人間形のみ対格＝生格，それ以外（男性の活動体も含む）で対格＝主格

▲副詞
　語尾は e（表記上は男性単数主格の -i を除き語幹末子音に -je を付加する形になる）：dźiwi - dźiwje

▲比較級，最上級
　語幹＋ -iši, -išo

	比較級	最上級
形容詞	dźiwi	dźiwiši	najdźiwiši
副詞	dźiwje	dźiwišo	najdźiwišo

3.4. 比較級，最上級が不規則になるもの

形容詞	副詞	形・比較級	副・比較級	形・最上級	副・最上級
dobry 良い	derje	lěpši	lěpje	najlěpši	najlěpje
dołhi 長い	dołho	dlěši	dlěje	najdlěši	najdlěje
mały 小さい		mjeńši		najmjeńši	
wulki 大きい		wjetši		najwjetši	
zły 悪い	zlě	hórši	hórje	najhórši	najhórje
	jara たいそう		bóle		najbóle
	mało 少し		mjenje		najmjenje
	wjele 大いに		wjace		najwjace

3.5. 形容詞比較級のまとめ

形容詞比較級の形態は，形容詞語幹が

3.5.1. -h, -k, -ok で終わるものはこれらを除いて -š- を付加する：
　hładki＞hładši ; krótki＞krótši ; daloki＞dalši ; drohi＞dróši
-(o)k- の前に s, ž がある場合はこれらの子音も除く：

wysoki＞wyši；hłuboki＞hłubši；bliski＞bliši；ćežki＞ćeši
例外：lochki＞lóši
3.5.2. -p, -t, -ch で終わるものは語幹に -iš- を付加する．t, ch は ć, š に交替する：

tupy＞tupiši；wěsty＞wěsćiši；suchi＞sušiši
例外：bohaty＞bohatši
3.5.3. その他の場合
①子音連続で終わるものは，語幹に -iš- を付加する．硬子音は軟子音に交替する：

přijomny＞přijomniši；chrobły＞chrobliš；čerstwy＞čerstwiši
例外：twjerdy＞twjerdši；tołsty＞tołši
②母音＋子音で終わるものは語幹末子音によって異なる：

一音節で硬子音なら語幹に -š- を付加する：
hruby＞hrubši；strowy＞strowši
軟子音で終わるものおよび二音節以上なら -iš- を付加する：
lěni＞lěniš；dźiwi＞dźiwiši；wobdarjeny＞wobdarjeniši；wědomy＞wědomiši
例外：tuni＞tuńši；lózy＞lózyši

変化形　　　　　　　　xxxx

4. 動詞の変化　V1～V9

4.1. V1　być「ある，である」

	現在	未来	現在完了
単1	sym	budu	sym był, -a
2	sy	budźeš	sy był, -a
3	je	budźe	je był, -a, -o
双1	smój	budźemój	smój byłoj
2	staj[(1)] stej	budźetaj budźetej	staj byłoj stej byłoj
3	staj[(1)] stej	budźetaj budźetej	staj byłoj stej byłoj
複1	smy	budźemy	smy byli
2	sće	budźeće	sće byli
3	sy	budu	su byli

	過去	過去完了	条件法
単1	běch	běch był, -a	bych był, -a
2	bě(še)	bě(še) był, -a	by był, -a
3	bě(še)	bě(še) był, -a, -o	by był, -a, -o
双1	běchmoj	běchmoj byłoj	bychmoj byłoj
2	běštaj běštej	běštaj byłoj běštej byłoj	byštaj byłoj byštej byłoj
3	běštaj běštej	běštaj byłoj běštej byłoj	byštaj byłoj byštej byłoj
複1	běchmy	běchmy byli	bychmy byli
2	běsće	běsće byli	bysće byli
3	běchu	běchu byli	bychu byli

(1) -taj 語尾は主語が男性人間の場合のみ．

命令形：単2　budź！；双2　budźtaj/budźtej！；複2　budźeće！

▲現在時制の否定形

	単	双	複
1	njejsym	njejsmoj	njejsmy
2	njejsy	njejstaj/njejstej	njejsće
3	njeje	njejstaj/njejstej	njejsu

4.2. V2 拡張語尾 -je- が加わる動詞 〈例〉(wu)pić「飲む」

	現在	未完了過去	アオリスト
単1	(wu)piju	pijach	wupich
2	(wu)piješ	piješe	wupi
3	(wu)pijě	piješe	wupi
双1	(wu)pijemoj	pijachmoj	wupichmoj
2	(wu)pijetaj[1] (wu)pijetej	piještaj pieštej	wupištaj wupištej
3	(wu)pijetaj[1] (wu)pijetej	piještaj piještej	wupištaj wupištej
複1	(wu)pijemy	pijachmy	wupichmy
2	(wu)pijeće	piješće	wupišće
3	(wu)pije	pijachu	wupichu

(1) -taj 語尾は男性人間の場合のみ

命令形：単2 (wu)pij！；双2 (wu)pijtaj！/(wu)pijtej；複2 (wu)pijće！
完了分詞：(wu)pił, -a, -o；(wu)pili；(wu)piłoj
受動分詞：(wu)pity
能動分詞：pijacy

4.3. V3   -nyć で終わる動詞 〈例〉(na)wuknyć「学ぶ」

	現在	未完了過去	アオリスト
単1	(na)wuknu	wuknjech[2]	nawuknych
2	(na)wuknješ[2]	wuknješe	nawukny
3	(na)wuknje	wuknješe	nawukny
双1	(na)wuknjemoj	wuknjechmoj	nawuknychmy
2	(na)wuknjetaj[2]	wuknještaj	nawuknyštaj
	(na)wuknjetej	wuknještej	nawuknyštej
3	(na)wuknjetaj[1]	wuknještaj	nawuknyštaj
	(na)wuknjetej	wuknještej	nawuknyštej
複1	(na)wuknjemy	wuknjechmy	nawuknychmoj
2	(na)wuknjeće	wuknješče	nawuknyšće
3	(na)wuknju	wuknjechu	nawuknychu

(1) -taj 語尾は男性人間の場合のみ。
(2) -ahnyć 型の動詞では -hnj-, -hń の前で語幹の母音が -a- ～ -e- になる：〈例〉(wu)ćahnyć
　　現在：(wu)ćahnu, (wu)ćehnješ, (wu)ćehnje…
　　未完了過去：ćehnjech, ćehnješe…；
　　命令形 (wu)ćehń!, (wu)ćehnjeće
　　受動分詞：wućehnjeny；能動分詞　ćehnjacy

命令形：単2 (na)wukń!; 双2 (na)wukńtaj/(na)wukńtej!;
　複2 (na)wukńće!
完了分詞：(na)wuknył, ,-ła, -ło；
　複 (na)wuknyli, 双(na)wuknyłoj.
　　ただし (na)wukła, (na)wukło, (na)wukli, (na)wukłoj の形もある
受動分詞：nawuknjeny
能動分詞：wuknjacy

4.4. V4 -ować で終わる動詞 〈例〉(wu)molować「描く」

	現在	未完了過去	アオリスト
単1	(wu)moluju	molowach	wumolowach
2	(wu)moluju	molowaše	wumolowa
3	(wu)moluje	molowaše	wumolowa
双1	(wu)molujemoj	molowachmoj	wumolowachmoj
2	(wu)molujetaj[1] (wu)molujetej	molowaštaj molowaštej	wumolowaštaj wumolowaštej
3	(wu)molujetaj[1] (wu)molujetej	molowaštaj molowaštej	wumolowaštaj wumolowaštej
複1	(wu)molujemy	molowachmy	wumolowachmy
2	(wu)molujeće	molowašće	wumolowašće
3	(wu)moluja	molowachu	wumolowachu

(1) -taj 語尾は男性人間の場合のみ．

命令形：単2 (wu)moluj！；双2 (wu)molujtaj／(wu)molujtej！；
　　複2 (wu)molujće！
完了分詞：(wu)molował, -ła, -ło；複(wu)molowali,
　　双(wu)molowałoj
受動分詞：(wu)molowany
能動分詞：molowacy

変化形　　　　xxxxiv

4.5.　V5　不定詞語幹 –e– ～現在変化語尾 –i– になる動詞
〈例〉(do)rěčeć「話す」

	現在[1]	未完了過去	アオリスト
単1	(do)rěču	rěčach	dorěčach
2	(do)rěčiš	rěčeše	dorěča
3	(do)rěči	rěčeše	dorěča
双1	(do)rěčimoj	rěčachmoj	dorěčmoj
2	(do)rěčitaj[2]	rěčeštaj	dorěčeštaj
	(do)rěčitej	rěčeštej	dorěčeštej
3	(do)rěčitaj[2]	rěčeštaj	dorěčeštaj/-tej
	(do)rěčitej	rěčeštej	dorěčestej
複1	(do)rěčimy	rěčachmy	dorěčachmy
2	(do)rěčiće	rěčešće	dorěčešće
3	(do)rěča	rěčachu	dorěčachu

(1)語幹末に –j– のあるものは，人称語尾 –i の前で語幹の j を削除する：
　　dyrbjeć「ねばならない」- 現在：dyrbju, dyrbiš, dyrbi
(2) –taj 語尾形は男性人間の場合のみ
(3) ćerpjeć「苦しむ；耐え忍ぶ」, schorjeć「病気になる」, swarjeć「叱る」, swjerbjeć「むずむずする」のタイプの完了分詞および受動分詞形：
　　ćerpjeć –完分：ćerpjeł (*ćerpjał), ćerpjeła；受動分詞：ćerpjeny
　　schorjec –完分：schorjeł (*schorjał)
　また，これらに接頭辞を付加した派生動詞では過去形でも母音 –e が現われる：
　　poćerpjech, poćerpje...

命令形：単2 (do)rěč！；双2 (do)rěčtaj/(do)rěčtej！；複2 (do)rěčće！
完了分詞：(do)rěčał, –ła, –ło；複(do)rěčeli, 双(do)rěčałoj[3]
受動分詞：(do)rěčany
能動分詞：rěčacy

4.6. V6　不定詞語幹 -i- 〜 現在変化語尾 -i- になる動詞
〈例〉(wu)chodźić「歩く」

	現在[2][4]	未完了過去[2][4]	アオリスト[2][4]
単1	(wu)chodźu	chodźach	wuchodźich
2	(wu)chodźiš	chodźeše	wuchodźi
3	(wu)chodźi	chodźeše	wuchodźi
双1	(wu)chodźimoj	chodźachmoj	wuchodźichmoj
2	(wu)chodźitaj[1]	chodźeštaj	wuchodźištaj
	(wu)chodźitej	chodźeštej	wuchodźištej
3	(wu)chodźitaj[1]	chodźeštaj	wuchodźištaj
	(wu)chodźitej	chodźeštej	wuchodźištej
複1	(wu)chodźimy	chodźachmy	wuchodźichmy
2	(wu)chodźiće	chodźešće	wuchodźišće
3	(wu)chodźa	chodźachu	wuchodźichu

(1) -taj 語尾は男性人間形．
(2)語尾 -a, -e, -u の前で以下の子音交代が起こる：
　　b → bj, ch → chj, m → mj, n → nj, p → pj, r → rj, w → wj
　　〈例〉warić「煮る」現在：warju, wariš, wari ;
　　　　 warimy, wariće, warja
　　　　 過去：warjach, warješe, warješe
　　　　 受動分詞：warjeny　　能動分詞：warjacy
(3) -nić で終わる動詞の命令形はn → ń：
　　〈例〉činić → 命 čiń！; čińće！
(4)語幹末子音が s, z では i にかわり y となる．a, u, e の前と命令形では
　　s → š, z → ž (下記の〈例〉nosyć, wozyć を参照)

命令形：単2 (wu)chodź！; 双2 (wu)chodźtaj/chodźtej！;
　　複2 (wu)chodźće！
完了分詞：(wu)chodźił, (wu)chodźiła；複 wuchodźili；
　　双 wuchodźiłoj
受動分詞：(wu)chodźeny
能動分詞：chodźacy

変化形　　　　　　　xxxxvi

〈例〉
　　nosyć「運ぶ」現在：nošu, nosyš, nosy；nosymy, nosyće, noša
　　　過去：nošach, nošeše, nošeše；wotnosych, wotnosy
　　　命令：noš！；nošće！；完了分詞：nosył, nosyła
　　　受動分詞：wotnošeny　　能動分詞：nošacy
　　wozyć「運搬する」現在：wožu, wozyš, wozy；wozymy, wozyće, woža
　　　過去：wožach, wožeše, wožeše；nawozych, nawozy
　　　命令：wož！；wožće！；完了分詞：wozył, wozyła
　　　受動分詞：nawoženy　　能動分詞：wožacy

4.7.　V7　不定詞語幹 -a ～現在語幹 -a- になる動詞
〈例〉（na）pisać「書く」

		現在[2]	未完了過去	アオリスト
単	1	(na)pisam	pisach	napisach
	2	(na)pisaš	pisaše	napisa
	3	(na)pisa	pisaše	napisa
双	1	(na)pisamoj	pisachmoj	napisachmoj
	2	(na)pisataj[1]	pisaštaj	napisataj
		(na)pisatej	pisaštej	napisatej
	3	(na)pisataj[1]	pisaštaj	napisataj
		(na)pisatej	pisaštej	napisatej
複	1	(na)pisamy	pisachmy	napisachmy
	2	(na)pisaće	pisašće	napisašće
	3	(na)pisaha	pisachu	napisachu

[1] -taj は男性人間形．
[2] -otać で終わる動詞は現在形で下記の〈例〉skakotać のように変化
　することもある．

命令形：単 2 (na)pisaj！；双 2 (na)pisajtaj/pisajtej！；
　複 2 (na)pisajće！
完了分詞：(na)pisał, (na)pisała；複 (na)pisali；双 (na)pisałoj
受動分詞：(na)pisany
能動分詞：pisacy

〈例〉skakotać「跳ねる」

	単	双	複
1	skakocu	skakocemoj	skakocemy
2	skakoceš	skakocetaj/-tej	skakoceće
3	skakoce	skakocetaj/-tej	skakocu

4.8. V8 不定詞語幹 -e- ～現在語幹 -a- になる動詞

〈例〉(na)sadźeć「植える」

	現在	未完了過去	アオリスト
単1	(na)sadźam	sadźach	nasadźach
2	(na)sadźeš	sadźeše	nasadźa
3	(na)sadźa	sadźeše	nasadźa
双1	(na)sadźamoj	sadźachmoj	nasadźachmoj
2	(na)sadźetaj[1]	sadźeštaj	nasadźeštaj
	(na)sadźetej	sadźeštej	nasadźeštej
3	(na)sadźetaj[1]	sadźeštaj	nasadźeštaj
	(na)sadźetej	sadźeštej	nasadźeštej
複1	(na)sadźamy	sadźachmy	nasadźachmy
2	(na)sadźeće	sadźešće	nasadźešće
3	(na)sadźeja	sadźachu	nasadźachu

(1) -taj 語尾は男性人間形.

命令形：単2 (na)sadźej！；双2 (na)sadźejtaj/-tej！；
　複2 (na)sadźejće！
完了分詞：(na)sadźał, (na)sadźała；複(na)sadźeli：双(na)sadźałoj
受動分詞：(na)sadźany
能動分詞：sadźacy

4.9. V9 不規則なタイプ．非派生動詞の各語彙ごとに変化形を以下の順で表示する：
現在形(単数1，2人称；複数3人称)；過去(アオリストまたは未完了

過去の単数1，2人称，音交代がある場合には2人称複数；双数）；命令形（単数；複数）；完了分詞（男性単数，女性単数；必要な場合には複数，双数）；受動分詞；能動分詞．

〈例〉 **leć**, liju, liješ；lija；過去 lijach, liješe；複二 liješće；双二 liještaj, -tej；命 lij！；lijće！；完分 łał, łała, leli；受動分 łałoj；受動分 łaty；能動分 lijacy　**V9**【不完】[nešto] 注ぐ．

接頭辞付き動詞の場合は，派生元の動詞を＜＞に示し，これと異なる変化形の部分のみを示す．

〈例〉 **wobleć,** 過去 woblach, wobla；複二 wobleśće；双二 wobleštaj, -tej ＜leć＞**V9**【完】注ぎかける．

5. 数詞の変化

5.1.　L1　基数詞1

単数	男性	中性	女性
主	jedyn	jedne	jedna
生	jednoho	jednoho	jedneje
与	jednomu	jednomu	jednej
対	主／生	jedne	jednu
造	jednym	jednym	jednej
前	jednym	jednym	jednej

複数	男性人間	男性人間以外
主	jedni	jedne
生	jednych	
与	jednym	
対	jednych	jedne
造	jednymi	
前	jednych	

5.2. L2 基数詞 2

	男性	中・女性	(口語形)
主	dwaj	dwě	
対	主／生	dwě	dwejoch
生	dweju	dwejoch	
与	dwěmaj	dwejom	
造	dwěmaj	dwejomi	
前	dwěmaj	dwejoch	

L3 基数詞 3, 4

	男性人間		それ以外	
主	třo	štyrjo[2]	tři	štyri
対	třoch	štyrjoch	tři	štyri
生	třoch		štryrjoch	
与	třom		štyrjom	
造	třomi		štyrjomi	
前	třoch		štyrjoch	

L3 基数詞 5

	人間	それ以外
主	pjećo	pjeć
対	pjećoch	pjeć
生	pjećoch	(pjećich)[1]
与	pjećom	(pjećim)
造	pjećomi	(pjećimi)
前	pjećoch	(pjećich)

基数詞 6

	人間	それ以外
主	šesćo[3]	šesć
対	šesćoch	šesć
生	šesćoch	
与	šesćom	
造	šesćomi	
前	šesćoch	

(1) 49 までこの変化パターンに準じる．pjeć 以上の場合，-ich, -im, -imi, -ich 語尾斜格は古形．

(2) štyri, sydom, wosom では男性人間の主格 -o, ならびに斜格語尾の前で -j- が挿入される．sydom, wosom では第二音節の -o- は出没母音．sydom では -y- ~ -e を伴う：
  štyri/štyrjo, štyrjoch, štyrjom … ;
  sydom/sedmjo, sedmjoch, sedmjom…
  wosom/wosmjo, wosmjoch, wosmjom…
  šěsć では ě~e：šěsć－šesćo, šesćoch…

(3) 後続音節がある場合，次の場合語幹の母音が交代する：
  šěsć - šesćo, šesćoch, šesćich…
  sydom -sedmjo, sedmjoch, sedmich…
  wósom - wosmjo, wosmjoch, wosmich…

A, a

a 【接】と，そして；一方．nan *a* mać 父と母；šuler sedźi *a* čita 生徒はすわって読んでいる；ja sym strowy *a* ty sy chory 私は健康だが君は病気だ；*a* tak dale 等々；starši *a* mudriši 歳をとればそれだけ賢くなる．

abejcej M3 【男】(アルファベットの) ABC．(*něšto*) po *abejceju* rjadować (何を)アルファベット順に並べる．

abitura F1 【女】高等学校卒業資格試験．*abituru* złožić 高校を卒業する(abitura に受かる)．

abiturient M1 【男】；**-ka** F2 【女】高校卒業者．

abiturny A1 【形】abitura の．

abiturować V4 【不完】abitura を受ける．

abo 【接】あるいは．dźensa *abo* jutře 今日か明日；ćekń, *abo* će popadnu 逃げろ，さもないと捕まるぞ；jedyn *abo* dźesać 10ばかり．

abonement M1 【男】定期[予約]購読，その期間；(一定期間の)予約；定期券．*abonement* wobnowić 定期購読を更新する．

abonent M1 【男】；**-ka** F2 【女】定期購読者．

abonować V4 【不完】[něšto] (新聞・雑誌などを)定期[予約]購読する．

absolutny A1 【形】絶対的な．

absolwent M1 【男】；**-ka** F2 【女】(学校の課程などの)修了者．**-ski** A2 【形】．

absolwować V4 【不完】[něšto] (課程を)修了する．studij *absolwować* 学業を修める；swój pensum *absolwować* 自分の課題を終える[単位を取得する]．

abstrahować V4 【不完】抽象化する．

abstrakcija F5 【女】抽象(化)，抽象概念．

abstrakciski A2 【形】抽象化の．*abstrakciska* zamóžnosć 抽象化能力．

abstraktny A1 【形】抽象的な．

acaleja F5 【女】アザレア(ツツジ属)．

adej【間投】さよなら！(*někomu*) adej prajić (誰に)さよならを告げる.

aděrować V4【不完】加算する.

adoptować V4【不完】[někoho/něšto] 受容[採用]する. *dźěćo adoptować* 養子をとる.

adresa F3【女】住所，宛先. *domjaca adresa* 自宅の住所；*na prawu adresu so wobroćić* 正しい宛先[相手]に向く；*pósłać na adresu* (*někoho*) (誰の)宛先に送る.

adresnik M2【男】アドレス帳.

adresować V4【不完】宛名を書く；[na někoho] 話しかける，(質問などを)向ける.

adresowy A1【形】住所の. *adresowa kniha* アドレス帳.

adwent M1【男】(カトリックの)待降節，(プロテスタントの)降臨節(クリスマス前の4週間の準備期間). **-ny** A1；**-ski** A2【形】.

adwerb M1【男】副詞.

adwerbialny A1【形】副詞の. *adwerbialna sada* 副詞節；*adwerbialne wobstejenje* 副詞による状況表現.

afekt M1【男】興奮，激情. *w afekće jednać* 激して行動する.

afera F1【女】事件，スキャンダル.

Afričan M1【男】；**-ka** F2【女】アフリカ人.

Afrika F2【女】アフリカ. **afriski** A2【形】.

agitacija F5【女】アジテーション. **-ski** A2【形】.

agitator M1【男】；**-ka** F2【女】アジテーター.

agitować V4【不完】扇動する；仕向ける. *za dobru wěc agitować* 良いことに向かわせる.

agrarny A1【形】農業の.

agresija F5【女】攻撃，侵略行為. *agresiju zasudźić* 侵略行為を非難する.

agresiski A2【形】攻撃の，侵略の. *agresiska wójna* 侵略戦争.

agresiwny A1【形】攻撃的な. *agresiwna politika* 侵略政策.

agresor M1【男】攻撃者，侵略者.

agronom M1【男】農学者，農業経営者.

agronomija F5【女】農学. **-ski** A2【形】.

agronomka F2【女】(女性の)農学者，農業経営者.

ah【間投】(感嘆，驚き，安堵などの)ああ！*ah, kak rjenje!* ああ，なんてすばらしい！

ach【間投】(苦痛，悲しみ；意外，不満などの)ああ！なんと！*ach,*

hdy by to tola tak wostało！ああ，そのままであったらなあ！*ach, tak*！おや，そうなの！*ach*, haj ああ，そうだった．

akademija F5【女】アカデミー．čłon *akademije* アカデミー会員；*akademija* wuměłstwow 芸術アカデミー．

akademikar M4【男】；**-ka** F2【女】アカデミー会員．

akademiski A2【形】アカデミーの．

akcent M1【男】アクセント；強調，力点．słowo ma *akcent* na druhej złóžce この語は第二音節にアクセントがある；z cuzym *akcentom* rěčeć 外国人のアクセントで話す；(na *něšto*) wosebity *akcent* połožić（何に）特に力点を置く．

akceptabelny A1【形】受け入れ可能な，受諾できる；それ相応な．*akceptabelny* namjet 受け入れることのできる提案．

akceptować V4【不完】[něsto] 受け入れる，受諾する．namjet *akceptować* 提案を受け入れる．

akcija F5【女】行動，活動，作用；株式．zhromadna *akcija* 集団[団体]行動；*akcije* spaduja 株が下落する．

akcijny A1【形】行動[活動]の．*akcijny* program 活動プログラム．

akcijowy A1【形】株の．*akcijowe* towarstwo 株式会社．

akciski A2【形】行動[活動]の．*akciski* radius 行動範囲；（航空機・船の）航続範囲．

aklimatizować so V4【不完】（環境に）順応[適応]する．*so* lochko a spěšnje *aklimatizować* 容易に，素早く順応する．

akord M1【男】和音．

akreditować V4【不完】信任状を与えて派遣する；クレジットを与える．

akrobat M1【男】；**-ka** F2【女】曲芸師，軽業師．

akt M1【男】行い，行為；儀式；（芝居の）幕；裸体画．formalny *akt* 形式的[儀礼的]な行為；swjedźenski *akt* 祝祭の儀式；druha scena třećeho *akta* 第3幕の第2場；akrobatski *akt* 軽業；žónski *akt* 婦人の裸体画．

akta F1【女】文書；《複》記録，書類．personalna *akta* 履歴書；dowěrliwe *akty* 機密書類；*akty* wotkładować 書類を整理する；(*něšto*) k *aktam* połožić（何を）他の書類の束に加える（解決済みとして片付ける）．

akter M1【男】俳優．

aktiw M1【男】（旧東ドイツの）アクティヴ，活動分子；〔文法〕能動

態.

aktiwizować V4【不完】[něsto] 活発にする，活性化する．

aktiwn|osć F7【女】活動性，積極性．**-y** A1【形】．

aktowka F2【女】アタッシュケース．

aktowy A1【形】書類の；儀式の；裸体画の．*aktowy* kamor 書類用の戸棚；*aktowa* fotografija ヌード写真．

aktualnosć F7【女】現実，時局性；《複》時事問題．

aktualny A1【形】現実の，時局的な，目下の．*aktualna* tema 現局の問題．

akuratn|osć F7【女】精密，几帳面さ．**-y** A1【形】精密な，几帳面な．

akuzatiw M1【男】〔文法〕対格．**-ny** A1【形】．

akwarel M3【男】水彩画．

akwarij M3【男】水族館．

alarm M1【男】警報．slepy *alarm* 誤って出された警報，空騒ぎ．

alarmowacy A1【形】緊急事態を知らせる，警報を与える．*alarmowace* powěsće 緊急ニュース．

alarmować V4【不完】(緊急事態を)急報する．wohnjowu woboru *alarmować* 消防署に急報する．

Albanjan M1【男】；**-ka** F2【女】アルバニア人．

Albanska A2【女】アルバニア．**albanski** A2【形】．

albanšćina F1【女】アルバニア語．

ale【接】しかし，でなく．nic ja, *ale* ty 私ではなく君；to njeje čorne, *ale* šěre それは黒ではなく灰色だ；nic jenož..., *ale*... …ばかりでなく…も．

aleja F5【女】並木道．lipowa *aleja* ボダイジュの並木道．

alfabet M1【男】アルファベット(文字)．wulki a mały *alfabet* アルファベットの大文字と小文字．**-ski** A2【形】．

alga F2【女】藻；海草．

alkohol M3【男】アルコール．**-iski** A2【形】．

alowej M3【男】アロエ．

alpski A2【形】アルプスの．

alt M1【男】(女声の)アルト．

aluminij M3【男】アルミニウム．**-owy** A1【形】．

amater M1【男】；**-ka** F2【女】アマチュア，愛好家．

ambulanca F3【女】(応急手当などをする)診療所，野戦病院；(病院の)外来部．zubnolěkarska *ambulanca* 歯科診療所．

ambulatorij M3【男】診療所. wjesny *ambulatorij* 村の診療所.
Američan M1【男】; **-ka** F2【女】アメリカ人.
Amerika A2【女】アメリカ.
ameriski A2【形】アメリカの.
amizěrować【不完】気晴しをさせる、楽しませる. **- so** 楽しむ.
amper|e, -a M1【男】アンペア.
ampla F5【女】(吊り下げ式の)ランプ、灯火. wobchadna *ampla* 交通信号.
amplowy A1【形】ランプの. *amplowe* rjadowanje 信号機制御.
analfabet M1【男】; **-ka** F2【女】非識字者.
analfabetizm M1【男】非識字.
analog|iski A2【形】; **-ny** A1【形】類似した、相似の；対応する. *analogiski* pad 類似のケース.
analytiski A2【形】分析の、分析的な. *analytiske* přepytowanje 分析的研究.
analyza F3【女】分析.
analyzować V4【不完】[něsto] 分析する. zmylki *analyzować* 過失[誤り]を分析する.
anarchija F5【女】アナーキー.
anatomi|ja F5【女】解剖学；解剖学的構造. **-ski** A2【形】.
aneksija F5【女】(他国の領土の)合併.
angažować V4【不完】参加させる. **- so** 参加する. *angažować so* za towaršnosć 組合[団体]に参加する.
ani【助】〈否定辞と用いて〉さえ、も(ない). *ani* na to pomyslił njeje そのことを彼は思いもしなかった；*ani* sylzy njewuroni 彼は涙さえ流さなかった；*ani* tón *ani* tamón これでもあれでもない.
anonsa F3【女】広告. *anonsu* do nowiny dać 新聞に広告を出す.
anonymny A1【形】匿名の.
anorak M2【男】アノラック.
ansambl M1【男】アンサンブル.
antagoni|zm M1【男】敵対；拮抗作用. **-stiski** A2【形】.
Antarktika F2【女】南極海.
Antarktis F4【女】南極. **antarktiski** A2【形】.
anten|a F1【女】アンテナ. **-owy** A1【形】.
antibiotikum M1【男】抗生物質.
antifašist M1【男】反ファシスト. **-iski** A2【形】.
antifašizm M1【男】反ファシズム.

antika F2【女】古典時代；古代ギリシャ・ローマ時代の文化.
antikny A1【形】古代(ギリシャ・ローマ)の；古い，古めかしい.
antikomunistiski A2【形】反共産主義の.
antikski A2【形】古代(ギリシャ・ローマ)の；古い；擬古主義の. *antikske* molerstwo 擬古主義の絵.
antikwariat M1【男】骨董屋，古本屋.
antologija F5【女】アンソロジー.
aorist M1【男】〔文法〕アオリスト.
aparat M1【男】機器，用具；機構，組織. truhanski *aparat* 髭剃り道具；nurjacy *aparat* 潜水具；zarjadniski *aparat* 行政機構.
apel M1【男】アピール. *apel* na ludy swěta 世界の諸民族への呼びかけ；wobroćić so z *apelom*（na někoho）(誰に)呼び掛ける.
apelować V4【不完】[na někoho] 呼びかける，アピールする.
apelsina F1【女】オレンジ.
apetit M1【男】食欲. *apetit*（na něšto）(何への)欲求；strowy *apetit* měć 食欲旺盛である.
aplaws M1【男】賞賛，拍手.
apostrof M1【男】アポストロフ.
apoteka F2【女】薬局.
apotekar M4【男】；**-ka** F2【女】薬剤師，薬局の店員.
apozicija F5【女】〔文法〕同格.
aprikoza F3【女】アプリコット.
apryl M3【男】四月. **-owy** A1；**-ski** A2【形】.
ar M1【男】アール(面積の単位). přestrěň 5 *arow* 5アールの平面.
Arab M1【男】；**-ka** F2【女】アラブ[アラビア]人.
arabski A2【形】アラブ[アラビア]の. *arabska* cyfra アラビア数字.
arabšćina F1【女】アラビア語.
arcy-《接頭辞》'大…'の称号を作る. *arcybiskop*（カトリックの)大司教；(プロテスタント・正教の)大主教；*arcywójwoda* 大公.
arena F1【女】闘技場，円形競技場.
argument M1【男】論拠，論証.
argumentacija F5【女】論証，論拠づけ.
argumentować V4【不完】論証する. wěcownje *argumentować* 物的[客観的]に論証する.
archeologiski A2【形】考古学の. *archeologiska* wuhrjebanka 考古学の発掘.
archipel M3【男】列島.

architekt M1【男】; **-ka** F2【女】建築家.
architektura F1【女】建築，構造；建築術，建築学.
archiw M1【男】公文書館，記録保管所.
arija F5【女】アリア.
Arktis M1【男】北極. **arktiski** A2【形】.
armeja F5【女】軍隊.
Armenjan M1【男】; **-ka** F2【女】アルメニア人.
Armenska A2【女】アルメニア. **armenski** A2【形】.
armenščina F1【女】アルメニア語.
arterija F5【女】動脈.
artikl M3【男】条，箇条，項目；記事；品物；〔文法〕冠詞. zawodny *artikl* 論説，社説；modiski *artikl* 流行品；3. *artikl* zrěčenja 契約の第3条.
artikulować V4【不完】（はっきり）発音する；分節する，言葉で言い表す. słowa jasnje *artikulować* 語を明確に話す.
artilerija F5【女】砲，大砲. rakotowa *artilerija* ロケット砲.
artilerist M1【男】砲兵.
artist M1【男】; **-ka** F2【女】芸人. cirkusowy *artist* サーカスの芸人. **-iski** A2【形】.
asfalt M1【男】アスファルト.
asfaltować V4【不完】アスファルト塗装する.
asimilować V4【不完】同化させる.
asistent M1【男】; **-ka** F2【女】助手.
aspekt M1【男】観点，視座；局面；〔文法〕アスペクト. (*něšto*) pod wšelakimi *aspektami* wobhladować (何を)さまざまな観点[局面]から見る；hotowostny *aspekt* 完了アスペクト.
aspektowy A1【形】アスペクトの. *aspektowy* porik（動詞の)アスペクトペア.
asterka F2【女】エゾギク.
astronomija F5【女】天文学.
atašej M1【男】アタシェー.
ateist M1【男】; **-ka** F2【女】無神論者. **-iski** A2【形】.
ateizm M1【男】無神論.
atelje M3【男】アトリエ，制作所. filmowy *atelje* 映画制作所.
atentat M1【男】暗殺，テロ. wopor *atentata* 暗殺の犠牲者；wukonjeć *atentat* (*na někoho*)（誰に対し)暗殺を行う.
atlantiski A2【形】大西洋の. *atlantiske* powětrowe masy 大西洋

気団；*Atlantiski* okean 大西洋．
atlas¹ M1【男】地図帳．šulksi *atlas* 学習用の地図帳．
atlas² M1【男】サテン，繻子（シュス）．šat z běłeho *atlasa* 白サテンの服．
atlet M1【男】；**-ka** F2【女】陸上競技の選手．**-iski** A2【形】陸上競技の．
atmosfera F1【女】大気（圏・層），気圧；雰囲気．zemska *atmosfera* 地球の大気圏；zwučena *atmosfera* 慣れ親しんだ雰囲気；wulkoměščanska *atmosfera* 大都市の雰囲気．
atomarny A1【形】原子力の，核の．*atomarne* wohroženje 核の脅威．
atomowy A1【形】原子の，原子力の．*atomowa* energija 原子力エネルギー．
atribut M1【男】修飾語．*atribut* při substantiwje 名詞に付随する修飾語．**-owy** A1【形】．
aw【間投】ウワッ，ヒャア（痛みなどの叫び）．*aw* to boli！ワッ痛い！
awdiowizuelny A1【形】視聴覚の．
awgmentatiw M1【男】指大形．
awgust M1【男】八月．**-owski** A2【形】．
awla F5【女】（大学などの）講堂．
Awstralčan M1【男】；**-ka** F2【女】オーストラリア人．
Awstralija F5【女】オーストラリア（大陸）．
Awstralska A2【女】オーストラリア（国名）．**awstralski** A2【形】．
Awstričan M1【男】；**-ka** F2【女】オーストリア人．
Awstriska A2【女】オーストリア．**awstriski** A2【形】．
awtentiski A2【形】信頼できる；真正の．
awto N1【中】自動車．wosobowe *awto* 自家用車；chorobne *awto* 救急車；pomocne *awto* レスキュー車．
awtobiografija F5【女】自伝，履歴書．
awtobus M1【男】バス．wulětowy *awtobus* 観光バス．
awtobusowy A1【形】バスの．*awtobusowe* zastanišćo バスターミナル，バスの停留所．
awtodróha F2【女】アウトバーン．
awtodróhowy A1【形】アウトバーンの．*awtodróhowy* najězd アウトバーンの走行；*awtodróhowa* syć 自動車道路網．
awtogram M1【男】自筆（の署名）．(*někoho*) wo *awtogram* prosyć（誰に）署名を頼む．

awtomatiski A2【形】自動的な.
awtonomija F5【女】自治.
awtonomny A1【形】自治の. *awtonomna* republika 自治共和国.
awtor M1【男】作者, 著者.
awtorita F1【女】権威, 威信；権威者. politiska *awtorita* 政治的権威；wón je wědomostna *awtorita* 彼は学問的権威だ.
awtorka F2【女】著者(女性).
awtowy A1【形】自動車の. *awtowe* sydło 車のシート.
Azerbajdžan(jan) M1【男】；**-ka** F2【女】アゼルバイジャン人.
Azerbajdžanska A2【女】アゼルバイジャン.
Azičan M1【男】；**-ka** F2【女】アジア人.
Azija F5【女】アジア. Mała *Azija* 小アジア；Prědnja *Azija* 中近東.
aziski A2【形】アジアの.
azyl M3【男】避難(所), 亡命. politiski *azyl* 政治的亡命；*azyl* za bjezdomnych ホームレスの人々のための避難所.

B, b

baba F1【女】助産婦, 産婆；ババ(円錐型のケーキ).
babyduška F2【女】イブキジャコウソウ, ニガクサ.
babylěćo N3【中】小春日和.
bag|er, -ra M1【男】掘削機, パワーショベル. kročaty *bager* 移動式掘削機.
bagrować V4【不完】浚渫(シュンセツ)する, 削って掘る.
bagrownik M2【男】掘削機[パワーショベル]の運転手.
bahnišćo N3【中】沼地, 泥地, 湿地.
bahno N1【中】沼. *bahno* wusušić 沼を排水[干拓]する.
bahnojty A1【形】沼のある, 沼地状の, ぬかるみのある.
bahnowy A1【形】沼の. *bahnowy* lěs 湿地帯の森.
bachtać V7【不完】(鴨が)ガアガア鳴く；べらべらしゃべる.
bachtawa F1【女】おしゃべり女.
baja F5【女】伝説, 神話.

bajka

bajka F2【女】物語，昔話，おとぎ話. *bajki* bać おとぎ話を物語る；njepowědaj tola žane *bajki*！おとぎ話のようなことを言うな！

bajkarka F2【女】語り部の女，昔話の語り手.

bajkojty A1【形】おとぎ話のような，夢のような；素晴しい. *bajkojty* napohlad 素晴しい見晴らし.

bajkojće【副】信じられないほど，途方もない. *bajkojće* wysoke profity 膨大な高利益.

bakterija F5【女】バクテリア. škódne *bakterije* バイキン.

bałma F1【女】(植物) 綿；綿織物. šat z *bałmy* 木綿の服.

bałmišćo N3【中】綿畑.

bałmjany A1【形】綿の；綿織物の. *bałmjane* polo 綿畑.

bałmowy A1【形】= bałmjany.

balada F1【女】バラード.

balansa F1【女】バランス，均衡. *balansu* zhubić バランスを崩す.

balansować V4【不完】バランスをとる. na štabrach *balansować* 竹馬でバランスをとる.

balet|ny A1；**-owy** A1【形】バレーの. *baletny* wječor バレーの夕べ；*baletny* rej(o)war バレーダンサー.

balica F3【女】ヨモギ.

balić M2【男】小包. *póstowy balik* 郵便小包.

balić V6【不完】[něsto] 小包にする，荷造りする.

balkanski A2【形】バルカンの. *balkanska* połkupa バルカン半島.

balkon M1【男】バルコニー；(劇場の) さじき席. **-owy** A1【形】.

balon M1；**-k** M2【男】風船. *balon* naduć 風船を膨らませる.

Balt M1【男】バルト人.

baltiski A2【形】バルトの. *baltiske* morjo バルト海.

bambora F1【女】おしゃべりな人 (男女どちらにも用いる).

bamborić V6【不完】べらべらしゃべる.

bambus M1【男】竹.

bambusnica F3【女】竹筒，竹棒.

bamž M3【男】(カトリックの) 法皇.

banalny A1【形】月並な，俗な.

banana F1【女】バナナ.

banja F6【女】カボチャ (実)，ヒョウタン (実)；瓶，水差し.

banjowc M1【男】カボチャ (植物).

banka F2【女】銀行. statna *banka* 国立銀行；konto na *bance* wo-

tewrěć 銀行に口座を開く.
bańka F2【女】細胞. *bańki so dźěla* 細胞が分裂する.
bankowka F2【女】紙幣. *bankowku na drobne pjenjezy změnić* 紙幣を小銭に替える.
bant M1【男】リボン，テープ；映画フィルム；草の細い茎. *bant ze somota* ビロードのリボン；*sej bant tyknyć*（自分の髪などに）リボンをつける.
banćik M2【男】《指小》＜bant.
bar[1] M1【男】熊.
bar[2]【副】現金で. *bar płaćić* 現金で払う.
bara F1【女】バー. *nócna bara* ナイトクラブ；*do rej(o)wanskeje bary hić* ダンスクラブに行く；*při barje sedźeć* バーで時間を過ごす.
barba F1【女】色；絵の具. *zakładna barba* 基色；原色；*wšelake barby tučele* 虹のさまざまな色；*wolijowa barba* 油絵の具.
barbič M3【男】筆，はけ；ブラシ.
barbička F2【女】クロッカス.
barbidło N1【中】染料，着色料.
barbity A1【形】色のついた，彩色の；多色の；雑多な.
barbić V6【不完】絵の具［染料］を塗る，色をつける. *włosy barbić* 髪を染める；*płat barbić* 生地を染める；（*někomu něšto*）*barbić*（誰に何を）偽って話す，糊塗する.
barbizna F1【女】色素；染料. *syntetiska barbizna* 合成染料.
barbjenčk M2【男】色鉛筆；口紅. *wumolować [rysować] z barbjenčkami* 色鉛筆で絵を描く.
barb|ny A1；**-ojty** A1【形】カラーの，色のある. *barbna škleńca* 色ガラス［グラス］；*barbna telewizija* カラーテレビ；*barbny film* カラーフィルム.
barik M2【男】《指小》＜bar；熊の縫いぐるみ.
barikada F1【女】バリケード.
barokowy A1【形】バロックの. *barokowy twar* バロック様式の建築物；*barokowa hudźba* バロック音楽.
Baršć M3【男】フォルシト（Forst. ラウジッツの地名）.
baršč M3【男】ハナウド.
bas|eń, -nje F7【女】詩，韻文. *lyriska baseń* 叙情詩.
basenk M2【男】貯水池，プール. *płuwanski basenk* 水泳用プール.
basketball M1【男】バスケットボール.

baskowka F2【女】ベレー帽.
basnica F3【女】詩人(女性).
basnička F2【女】物語, メルヒェン.
basnik M2【男】詩人(男性).
basnistwo N1【中】韻文, 詩.
basnić V6【不完】詩を作る.
bašta F1【女】城塞, 防塁.
baterija F5【女】バッテリー.
bać V2【不完】物語を語る；無駄話しをする；(猫が)ごろごろ喉を鳴らす.
baćon M1【男】コウノトリ.
Baćo|ń, -nja M4【男】シュトルハ (Storcha. ラウジッツの地名).
baćonica F3【女】コウノトリ(雌).
baćonjacy A1【形】コウノトリの. *baćonjace* hnězdo コウノトリの巣.
bawda F1【女】小屋. hórska *bawda* 山小屋.
baza F1【女】土台, 基礎；基地；(化学の)塩基. *baza* a nadtwar 基礎と上部構造；wojerska *baza* 軍事基地；zhromadnu *bazu* namakać 共通の基盤を見い出す.
bazar M1【男】バザール.
bazilisk M2【男】バシリスク(ギリシャ, ローマ神話に出てくる頭が雄鶏, 胴体がヒキガエル, 尾が蛇の怪物).
bazować V4【不完】[něšto na něčim] 依拠する, 基礎を置く.
bažant M1【男】キジ.
beletri|ja F5；**-stika** F2【女】文芸, 文芸作品.
Belgičan M1【男】；**-ka** F2【女】ベルギー人.
Belgiska A2【女】ベルギー. **belgiski** A2【形】.
bencin M1【男】ガソリン；ベンジン. **-owy** A1【形】.
Berlin M1【男】ベルリン. do *Berlina* jěć ベルリンへ行く. **-ski** A2【形】.
betonować V4【不完】コンクリートで固める, コンクリート加工する.
betonowy A1【形】コンクリートの.
běda A1【女】貧困, 欠乏；困難, 悩み. tłóčaca *běda* 極貧；(*z něčim*) swoju *bědu* měć (何で)悩まされる, 手を焼く；*běda*！困った, まずい！
bědnosć F7【女】貧困, 欠乏, 哀れ.

bědny A1【形】哀れな，貧しい．*bědne* wobstejnosće 悲惨な状況；*bědny* čłowjek（病い・貧困などで）苦しんでいる人，哀れな人．

bědźić so V6【不完】[z něčim] 苦しむ；頭を悩ます．*so* z problemom *bědźić* 問題で悩む；woni *so* z wuskutkami wjedra *bědźachu* 彼等は天候の影響に苦労している．

běh M2【男】走ること；流れ，推移．*běh* přez zadźěwki 障害物競走；*běh* na 100m 100メートル競走；krótkočarowy *běh* 短距離競走；*běh* rěčki 川の流れ；horni *běh* rěki 川の上流；*běh* stawiznow 歴史の流れ；w *běhu* časa 時とともに，時間の流れの中で；w *běhu* troch lět 三年の間．

běhak M2【男】子豚．

běhar M4【男】；**-ka** F2【女】走者；（サッカーの）ハーフバック．*běhar* na dołhu čaru 長距離ランナー．

běhać V7【不完】《不定》走る．w tutych črijach móžu derje *běhać* この靴だと私は良く走れる；naš hólc hižo *běha* うちの息子はもう走り回っている；po tutu knihu je wón dołho *běhał* この本を彼は長いこと求めていた．**- so**（牛が）さかりがついている．

běhawa F1【女】下痢．

Běła Woda A1-F1【女】ヴァイスヴァサー（Weisswasser. ラウジッツの地名）．

Běłob|óh, -oha, 与／前 -oze M2【男】ビーレ ボー（Bieleboh. ラウジッツの地名）．

Běłohr|ód, -oda M1【男】ベオグラード（ユーゴスラヴィア連邦の首都）．

Běłorus M1【男】ベラルーシ人（男性）．

Běłoruska A2【女】ベラルーシ．**běłoruski** A2【形】．

Běłorusowka F2【女】ベラルーシ人（女性）．

běłorušćina F1【女】ベラルーシ語．

běłosć F7【女】白さ．

běłuš M3【男】白馬．

běły A1【形】白い．*běły* kał 白キャベツ，カンラン；*běła* janska kwětka 白菊；*běła* klina 白土，陶土；srjedź *běłeho* dnja 白昼に；*běłe* z woka wzać すっかり巻き上げる，身ぐるみ剥ぐ．

Běły Chołmc A1-M1【男】ヴァイス コルム（Weisskollm. ラウジッツの地名）．

běler M4【男】ペンキ屋；皮剥き器．

bělidło N1【中】漂白剤．

bělić V6【不完】[něsto] 白く塗る，漂白する；皮を剥く．stwu *bělić* 部屋を白く塗る；šaty *bělić* 服を漂白する；płody *bělić* 果物の皮を剥く．- **so** (皮が)剥ける．koža so běli 皮が剥ける．

běliz|ka F2；**-na** F1【女】(野菜・果物の)表皮．

bělk M2【男】卵白．

běrna F1【女】じゃが芋．tołčene *běrny* マッシュポテト；*běrny* sadźeć じゃが芋を植える；*běrny* zběrać じゃが芋を掘る．

běrnišćo N3【中】じゃが芋畑．

běrnjacy A1【形】じゃが芋の．*běrnjaca* poliwka じゃが芋のスープ；*běrnjace* symjo じゃが芋の種；*běrnjace* žnĕ じゃが芋の収穫；*běrnjaca* fajma じゃが芋のファイマ(冬の保存用に積み上げて覆いをしたもの)．

běrnowy A1【形】じゃが芋用の．*běrnowy* kombajn じゃが芋用のコンバイン．

běrnysadźawa F1【女】じゃが芋植え付け機．

běrnyzběranje N5【中】じゃが芋の取り入れ．

běrow M1【男】局；事務所．personalny *běrow* 人事課；pućowanski *běrow* 旅行課，旅行案内所．

běrtl M1；**-k** M2【男】4分の1．

bětlować so V4【不完】苦しむ，悩む，頭を悩ませる．so z problemom *bětlować* (ある)問題で悩む．

bětnar M4【男】桶職人．

bězman M1【男】(生意気な・卑しい)奴．

běžaty A1【形】流れる；動く，稼働式の．*běžata* woda 水道水，流水；*běžaty* pas ベルトコンベヤー．

běžeć V5【不完】《定》走る；流れる，進行する．*běžeć* (za někim) (誰の後を)追い駆ける；hač domoj *běžeć* dźesać minutow 家まで10分走る；*běžeć* w dobrych kolijach 正しい方向に進む；Łobjo *běži* přez Drježdźany エルベ河はドレスデーンを通って流れる；pót *běži* jemu po wobliču 汗が彼の顔に流れる；wobchad *běži* normalnje 交通が順調に流れる；*běži* samo wot so おのずから進む；pola nas hišće wšo tak *njeběži*, kaž sej my to přejemy 我々のところでは，まだすべてが我々の望むように進んでいるわけではない．

běžity A1【形】流れる；液状の．*běžity* pěsk 流砂；*běžity* płun 液化ガス．

běžnje【副】続けて，継続的に；流暢に．realizowanje nadawka *běžnje* kontrolować 課題の実現を常に制御する；cuzu rěč *běžnje* rěčeć 外国語を流暢に話す.

běžny A1【形】続けての, 継続の；現行の, 流布している；(通貨が)運用中の. *běžny* wuraz 常用句, よく知られている言い回し.

bibas|a F1；**-ka** F2【女】マカロニ；クヌーデル(スープの具).

biblija F5【女】聖書.

bibliografi|ja F5【女】参考文献. **-ski** A2【形】.

biblioteka F2【女】図書館.

bibliotekar A4【男】図書館司書.

bičk M2【男】乱暴者, 暴れ者.

bijak M2【男】暴れん坊；elektriski *bijak* (料理用)ミキサー.

bijenća F3【女】殴り合い.

bilabialny A1【形】両唇(音)の.

bilinguizm M1【男】二言語使用.

bimbak M2【男】振り子.

bimbać V7【不完】揺れる, 揺れ動く. *bimbać* z nohomaj よろめいて歩く；zwón *bimba* 鐘が鳴り響く.

biografija F5【女】伝記. *biografijau* spisać 伝記を書く.

biolog M2；**-a** M5【男】生物学者(男性).

biologi|ja F5【女】生物学. **-ski** A2【形】.

biologowka F2【女】生物学者(女性).

biskop M1【男】(カトリックの)司教；(プロテスタント・正教の)主教.

Biskopicy PL1【複】ビショフスヴェルダ(Bischofswerda. ラウジッツの地名).

biskwit M1【男】クッキー.

bitwa F1【女】戦い, 闘争. rozsudnu *bitwu* bić 決戦する；nowe wójska do *bitwy* wjesć 新しい軍を戦闘に投入する.

bitwišćo N3【中】戦場.

bić V2【不完】打つ, 殴る, 叩く. *bić* z pjasću 拳で殴る；*bić* z hamorom ハンマーで打つ；bubon *bić* 太鼓を叩く；hozdźik do sćěny *bić* 釘を壁に打ちつける；*bić* do zwona 鐘を鳴らす；časnik *bije* 時計が打つ；połnóc *bije* (時計が)真夜中を打つ；wutroba *bije* 心臓が動悸を打つ；sej na wutrobu *bić* 自分の胸を叩く(自信を示す動作)；do wočow *bije* 目につく, 注目を引く；(*někomu*) Němc [Serb] na hubu *bije* 話せばたちどころにドイツ人[ソルブ人]だとわかる. **- so** 殴り合う.

bjakać V7【不完】(羊・牛が)メー[モー]となく；泣く, 叫ぶ.

bječeć V5【不完】(羊が)メーとなく；泣く，叫ぶ. wowca wótře *bječi* 羊が大きななき声をあげる．

bjedro N1【中】太腿．

bjesada F1【女】会話，おしゃべり，雑談. na *bjesadu* hić 人を訪問する，おしゃべりしに行く；přeju rjanu *bjesadu* ご歓談をどうぞ．

bjesadny A1【形】社交的な，うちとけた；楽しい．

bjesadować V4【不完】おしゃべりする，歓談する．(*z někim*) njemyleny *bjesadować* (誰と)親密に[邪魔されずに]おしゃべりする；smy chwilku mjez sobu *bjesadowali* 私たちはちょっとの間おしゃべりした．

bjez(e)【前置】+《生》…なしに. *bjez* pjenez お金を持たずに，文なしで；*bjez* dźiwa もっともだ，驚くには当たらない；*bjez* mysle たまたま，意図せずに；*bjez(e)* slěda 跡形もなく；*bjez* kónca 際限なく，いつまでも；*bjeze* wšeje zwólniwosće 嫌々，意に反して；budź *bjez* starosće! 怖がらないで！心配しないで！

bjezbarbny A1【形】無色の，透明な；色の失せた，血の気のない．

bjezbolostny A1【形】無痛の．

bjezčućiwy A1【形】感覚のない．

bjezdno N1【中】奈落，(谷・断崖などの)底. nad *bjezdnom* stać 崖っぷちにいる．

bjezdomny A1【形】ホームレスの；流浪の，故郷のない. *bjezdomni* čěkancy 流浪の民；po zemjerženju bě wjele *bjezdomnych* ludźi 地震の後，多くの家を亡くした人々がいた．

bjezdwěla【副】疑いもなく，確かに. *bjezdwěla* ma wón prawje 確かに彼は正しい．

bjezdźakny A1【形】冷淡な，無頓着な，無関心な；恩知らずの. *bjezdźakny* čłowjek 冷淡な[どうでもよいという態度の]人．

bjezdźěłn|osć F7【女】失業. **-y** A1【形】．

bjezkompromisny A1【形】妥協のない．

bjezkónčny A1【形】終わりのない，永遠の. *bjezkónčna* dowěra 限りない信頼；dźeń zdaše so jemu *bjezkónčny* 一日が彼には永遠に続くかのように思われた．

bjezlóštny A1【形】気の乗らない；閑散とした．

bjezmała【助】ほとんど，危うく. *bjezmała* by ju awto přejěło 彼女は危うく車に轢かれるところだった；mějach *bjezmała* začišć, zo... 私はほとんど…というような印象を受けた．

bjezměrny A1【形】節度のない，極端な. to je *bjezměrne* pře-

hnaće それはあまりにも極端な誇張だ.
bjezmócny A1【形】無力な，能力のない. wón běše přećiwo tomu *bjezmócny*. それに対して彼は無力だった；*bjezmócna* spušći wona ruce. 力なく彼女は両手を下ろした.
bjeznadźijny A1【形】望みのない.
bjezpłatny A1【形】無料の. *bjezpłatne* lěkowanje 無料治療.
bjezpomocny A1【形】助け[資産・手段]のない，寄る辺ない；どうしようもない，救いようのない.
bjezporočny A1【形】申し分のない，非のうちどころのない. *bjezporočne* dźěło 完璧な仕事；*bjezporočne* zadźerženje 申し分のない振る舞い.
bjezposrědni A3【形】直接の. *bjezposrědni* zwisk 直接的な関係；(*něšto*) z *bjezposrědnjeje* bliskosće dožiwić (何を)身近に実体験する.
bjezprawny A1【形】法的権利のない，法の保護を受けない；無法の，違法の. *bjezprawne* stejišćo potłóčowanych 抑圧された人々の法的保護のない立場.
bjezradny A1【形】途方に暮れた.
bjezstarostny A1【形】心配のない.
bjezstrašnostny A1【形】安全な. *bjezstrašnostne* organy 安全保障機構；*Bjezstrašnostna* rada UNO 国連安全保障委員会.
bjezstrašnosć F7【女】安全. statna *bjezstrašnosć* 国家公安.
bjezstrašny A1【形】安全な，確かな. z *bjezstrašneje* zdalenosće wobkedźbować 安全な距離から観察する.
bjeztoho【副】いずれにしても，ともかく，どのみち. to sym *bjeztoho* chcył いずれにせよそうしたかったのです；*bjeztoho* zo するこ ともなく，もせずに；*bjeztoho* zo by z wočomaj miknył まばたきもせずに.
bjezwědomy A1【形】無意識の；意識不明の.
bjezwětro N1【中】無風状態，凪(ナギ).
bjezwobhladniwy A1【形】考えなしの，思いやり[思慮]のない. *bjezwobhladniwe* zadźerženje 思慮のない行い.
bjezwuhladny A1【形】見込み[勝ち目]のない. *bjezwuhladne* pospyty činić 見込みのない試みを行う.
bjezzmysłowy A1【形】無意味な.
błazn M1【男】; **-ica** F3【女】戯け者，愚か者.
błaznić V6【不完】愚かにする，ばかばかしくする；愚かなことをす

błazny

る．- **so** 愚かなことをする．
błazny A1【形】愚かな，ばかげた．*błazna* ideja 気違いじみた考え；*błazne* rěče wjesć ばかなことを話す．
błócko N1【中】たがね，のみ．
Błot|a, -ow PL1【複】シュプレーヴァルト（Spreewald．ラウジッツの地名）．
błótnik[1] M2【男】（車の）泥避け，フェンダー．
błótnik[2] M2【男】マグロ．
błoto N1【中】沼，沼地．
Błotowčan M1【男】；**-ka** F2【女】シュプレーヴァルトの住人．
błótowski A2【形】シュプレーヴァルトの．*błótowski* chrěn シュプレーヴァルト産のわさび．
błóćany A1【形】汚い，不潔な；泥だらけの．
błučić V6【不完】濁らせる，曇らせる．- **so**（明り・光が）暗くなる，曇る．
błud M1【男】錯覚，妄想．
błudnička F2【女】鬼火，狐火，（人を迷わせる）光．
błudnić V6【不完】気が変である．
błudnosć F7【女】狂気，精神錯乱．
błudny A1【形】狂気の，気が狂った；とんでもない．*błudna* mysl 気違いじみた考え．
błudźenk M2【男】漂石，捨て子石．
błudźišćo N1【中】迷宮，迷路；混乱．
błudźić V6【不完】さまよい歩く，放浪する．
błuki A2【形】くすんだ，不透明な；曇った．*błuka* swěca 薄あかり；*błuka* skleńca 曇りガラス；*błuki* zynk 鈍い[こもったような]トーン．
błuzna F1【女】掻き傷，みみずばれ；傷跡．**-ty** A1【形】傷跡のある．
błysk M2【男】稲妻；閃光，フラッシュ．*błysk* je dyril 稲妻が光った；kaž z *błyskom* 電光石火のごとく．
błyskać so V7【不完】光る，輝く，きらめく．*błyska so* 稲妻が光る．
błyskot M1【男】微光；きらめき，ひらめき；ちらちら光るもの，火花．
błyskotać V7【不完】きらきらする，ちらちら光る．*jězor błyskota* w słóncu 湖が陽光を受けてきらきら輝く．

błyskow|ód, -oda M1【男】避雷針.
błyšč M3【男】輝き，きらめき. *błyšč* swěčkow ろうそくの明りのきらめき.
błyščinka F2【女】雲母.
błyščić so V6【不完】輝く，きらめく. *woči dźěsća błyščeštej so z wjeselom* 子供の両目が喜びに輝いた.
blada F1【女】おしゃべりな人.
blady PL1【複】無駄話し；うわさ. *blady šerić* うわさを広める.
blach M2【男】ブリキ；金属の薄板. *woclowy blach* 薄鋼板；*tykancowy blach* ケーキ用の鉄板.
blachar M4【男】ブリキ加工職人，板金工.
blak M2【男】しみ，斑点；場所，地点. *na blaku* その場で；*z blakami* 所々に，点々と.
blakaty A1【形】斑点のある，しみのついた.
blamaža F5【女】ブラマンジェ（デザートの一種）.
blamować so V4【不完】笑いものになる，恥をさらす.
blawkać V7【不完】；**blawknyć** V3【完】（犬などが）吠える；悪態をつく，罵る.
blečkaty A1【形】斑点のある，まだらの. *blečkate ptače jejka* 斑点のある鳥の卵.
bledźa|k M2【男】；**-wa** F1【女】おしゃべりな人.
bledźić V6【不完】べらべらしゃべる，無駄話しをする.
bleša F5【女】ビン. *bleša wina* ワイン一本；*mlokowa bleša* 牛乳ビン.
bleška F2【女】《指小》<bleša.
blědnyć V3【不完】青ざめる.
blědosć F7【女】青白さ. *blědosć jeje wobliča* 彼女の顔の青白さ.
blědy A1【形】青ざめた；淡い. *blěde barby* 淡い色，淡色の絵の具；*wona je cyle blěda* 彼女は真っ青だ.
blidar M4【男】家具職人.
blidarnja F6【女】家具職人の仕事場，家具工場.
blidko N1【中】《指小》<blido. *nócne blidko* 枕元の小卓，サイドテーブル.
blido N1【中】机，テーブル. *kuchinske blido* 調理台，食卓；*pisanske blido* 机；*za blido so sydnyć* テーブルにつく；*za blidom sedźeć* 食卓についている；*k blidu prosyć (někoho)* （誰を）食事に招く；*blido kryć* 食卓を準備する.

blidotenis M1【男】卓球．
blidowy A1【形】テーブルの．*blidowy* rub テーブルクロス．
bliski A2【形】近い．*bliska* wokolina 付近，周囲；*Bliski* wuchod 近東．
blisko 1.【副】近くに，近づいて．do města je *blisko* 町までは近い；prózdniny su *blisko*. もうすぐ休暇だ；to je jemu *blisko* što それは彼の気に触った．2.【前置】+《生》近くに．*blisko* města 町の近くに；bydlimy *blisko* kupnicy 私たちは市場の近くに住んでいる．
bliskosć F7【女】近いこと，近隣．
bliši A3【形】《比》<bliski. při *blišim* wobhladanju より接近して見れば．
bliši A3【男】隣人．lubosć k *blišimu* 隣人愛．
bliže【副】《比》<blisko. přińdź *bliže*! もっと近くにおいで！
bližić so V6【不完】近づく．prózdniny so *bliža* 休暇が近づいている；*bliži* so k wječoru 夜になってきた．
blok M2【男】ブロック．noticowy *blok*（剝ぎ取り式の）メモ帳；demokratiski *blok* 民主ブロック；bydlenski *blok* 居住区．
blokować V4【不完】ブロックする．
blušć M3【男】キヅタ．
bluwać V7【不完】嘔吐する．
bluza F3【女】ブラウス．
bob M1【男】豆；ボブスレー．
bobak M2【男】お化け，怪物；マーモット（動物）．
bobrija F5【女】徒党，悪ガキの集団．
bóčny A1【形】脇の，側面の．*bóčny* rys 側面図．
bodźak M2【男】牙，犬歯；銃剣．
bóh, boha, 呼 božo M2【男】神．pohanscy *bohojo* 異教の神々；*Bóh*（キリスト教の）神；do *Boha* wěrić キリスト教を信仰する；dźakowano *bohu* お陰様で，ありがたいことに；*bóh* daj strowy [*bóh* dał strowy był]！お元気で！*bóh* wě 神のみぞ知る．
bohačk M2【男】金持ち．
bohatosć F7【女】豊富，豊かさ．*bohatosć* jeho idejow 彼の考えの豊かさ．
bohatstwo N1【中】富，財．towaršnostne *bohatstwo* 社会の富．
bohaty A1【形】豊かな．*bohate* žně 豊作；*bohata* zběrka 豊かなコレクション；*bohaty* wobjed 豪華な夕食；*bohaty* na surowizny

資源に富んだ.
bohot M1【男】(教会領の)代官.
bohowka F2【女】女神.
bohudźak; -owano【助】おかげさまで，ありがたいことに.
bohužel【助】残念ながら.
bój, boja M3【男】闘争，骨折り；戦闘. ćežki *bój* 激戦；*bój* wo wotbrónjenje 軍縮のための努力.
bojazliwc M1【男】臆病者.
bojazliwosć F7【女】臆病，怖じ気.
bojazliwy A1【形】臆病な，怖じ気づいた. *bojazliwy* čłowjek 臆病な人；*bojazliwy* pospyt おっかなびっくりの試み.
bojaznosć F7【女】恐れ，恐怖.
bojazny A1【形】臆病な，怖じ気づいた；気の弱い.
bojeć so V5【不完】[někoho/něčeho] 恐れる，こわがる；[wo něšto/někoho] 心配する. kóždehožkuli rozestajenja *so bojeć* あらゆる論争を恐れる；pruwowanja *so bojeć* 試練を恐れる；*bojeć so* wo žiwjenje 生活の心配をする.
bojesć 7【女】恐れ，懸念. jeho *bojesć* běše njewoprawnjena 彼の恐れは根拠のないものだった.
bojowy A1【形】戦闘の. *bojowa* móc 軍事力.
bok M2【男】側. lěwy *bok* domu 家の左側；w *boku* kałanje 脇腹の痛み；na prawym *boku* ležeć 右を下にして横になる；po *boku* stać 肩を並べる；po *boku* być 支援する；po nanowym *boku* 父方の；(*něšto*) na bok položić ため込む；z *bokom* hladać (na někoho)(誰を)横目で見る，うさん臭げに見る.
bokser M1【男】ボクサー.
boksować V4【不完】ボクシングをする.
Bołhar M4【男】; **-ka** F2【女】ブルガリア人.
Bołharska A2【女】ブルガリア. **bołharski** A2【形】.
bołharšćina F1【女】ブルガリア語.
ból, bole F7【女】痛み.
bolacy A1【形】負傷した，痛む. *bolace* porsty 負傷した指；na *bolace* přińć (*někomu*) 痛い所を突く.
bóle【副】《比》<jara；ますます，一層. dale *bóle* ますます，さらに；mjenje abo *bóle* 多かれ少なかれ；*bóle* hač hdy 前よりも一層；přeco *bóle* a *bóle* ますます，さらに；tutón nahlad je *bóle* rozšěrjeny その見解はますます広まった.

bolenje N5【中】痛み. *bolenje* stajić 痛みを静める；*bolenje* w brjuše 胃痛.
boleć V5【不完】[někoho] 痛める. mje hłowa *boli* 私は頭が痛い.
bolostny A1【形】痛む，苦痛のある. *bolostne* schorjenje 痛みを伴う発病；*bolostna* dopomnjenka 心痛む思い出.
bolosć F7【女】苦痛. stonać z *bolosćemi* うめき苦しむ.
bomba F1【女】爆弾. wodźikowa *bomba* 水素爆弾.
bombardować V4【不完】爆撃する.
bombowc M1【男】爆撃機. tryskowy *bombowc* ジェット爆撃機.
bónčawa F1【女】スイレン.
bónčk M2【男】《指小》<bónk；グラス，コップ.
bónk M2【男】大型のグラス，杯，盃.
boran M1【男】雄羊.
bórbolić V6【不完】つぶやく，つぶやくような音をたてる. rěčka *bórboli* 小川がつぶやきのような音をたてる.
bórbot M1【男】つぶやくような音，つぶやき.
bórbotać V7【不完】つぶやく，ぶつぶつ音をたてる.
bórčeć V5【不完】うなる，低く音をたてる. bar *bórči* 熊が唸る；kołwrót *bórči* つむぎ車が低く音をたてる.
borkać V7【不完】[něšto/wo něšto] つつく，つついてかきたてる；じゃまする；[na někoho] 怒鳴りつける.
borkawa F1【女】アオバエ.
borknyć V3【完】→borkać.
borło N1【中】動物のねぐら；藁を敷いた寝床.
bórnica F3【女】細引き，荷造り用の細い紐.
borta F1【女】花嫁のかぶる飾り帽子；縁飾り.
borzda F1【女】；**-dźidło** N1【中】ブレーキ. hydrawliska *borzda* 水圧ブレーキ.
borzdźić V6【不完】ブレーキをかける.
bórze【副】まもなく，すぐに. tak *bórze* kaž móžno；po móžnosći *bórze* できる限り早く.
bórzomny A1【形】近々の，間もない. wo *bórzomnu* wotmołwu prosyć 早急な返事を求める.
bosć, bodu, bodźeš；bodu；過去 bodźech, bodźeše；命 bodź！；bodźće！；完分 bodł, bodła；受動分 bodźeny；能動分 bodžacy V9【不完】(角で) 突く.
bosy《不変》【形】裸足の. *bosy* dźěćo 裸足の子供；na *bosy* nohi 素

brěmj|o

足に，裸足で；*bosy* chodźić 裸足でいる［歩き回る］；*bosy* bjesada ムダ話．
botanika F2【女】植物学．
botaniski A2【形】植物(学)の．*botaniska* zahroda 植物園．
bow M1【男】バケツ．
bóz, boza M1【男】ニワトコ(スイカズラ科の落葉木)．
božedla【間投】とんでもない，めっそうもない．
božemje【間投】さようなら．
boži A3【形】神の．*Boži* syn 神の子；*Bože* wotkazanje 聖餐式．
bracl M3【男】ブレーツェル(塩味の編みパン)．
bradła PL1【複】(体操の)バー．schodźenkowe *bradła* 段違い平行棒．
brach M2【男】欠点，欠陥．strowotniski *brach* 肉体的欠陥；*brachi* staroby 老齢による衰弱；*brachi* wotstronić 欠陥を取り除く；kóždy čłowjek ma swoje *brachi* 誰でも欠点はある．
Braniborska A2【女】ブランデンブルグ．
braška M5【男】婚礼の招待に回る使者．
brašniwy A1【形】欠陥のある，病弱な．
braščić V6【不完】婚礼の使者を務める；結婚の仲介をする．
brat|r, 呼 -ře；複主 -řa M1【男】兄弟．přirodny *bratr* 異父［異母］兄弟．
bratrowc M1【男】甥(兄弟の息子)．
bratrow|ča F5；**-ka** F2【女】姪(兄弟の娘)．
bratrowski A2【形】兄弟の，兄弟のような．*bratrowsku* pomoc wopokazać 心からの援助を差し伸べる．
bratrowstwo N1【中】兄弟愛，親愛；親交．(*z někim*) na *bratrowstwo* pić (誰と)親交を結ぶ，兄弟の契りを交す．
bratřik M2【男】《指小》＜bratr.
brać, bjeru, bjerješ；bjeru；過去 bjerjech, bjerješe；命 bjer！；bjerće！；完分 brał, brała；受動分 brany V9【不完】取る．*brać* na so 引き受ける；za zło *brać* 悪く取る，気持ちを害する；božemje *brać* いとまを告げる；*brać* na paski 録音テープに取る．**- sej** (*někoho*)(誰と)結婚する．**- so** 着手する；身を保つ．na kedźbu so *brać* 体に気をつける；hromadźe so *brać* 気をしっかり持つ，自制する；zwotkel so *bjerješ*? 君はどこから来たの？
brěčka F2【女】果汁．wišnjowa *brěčka* サクランボのジュース．
brěmj|o, -enja N4【中】重荷．

brěšk M2【男】モモ.
brěškowc M1【男】モモの木.
brěz|a F3【女】白樺. -owy A1【形】.
brigada F1【女】(軍)旅団；作業班.
brigaděr M1【男】；-ka F2【女】旅団長；作業班の班長.
briket M1【男】ブリケット(炭の粉を固めたもの). brunicowy *briket* 褐炭のブリケット.
briketownja F6【女】ブリケット製造工場.
brinčeć V5【不完】澄んだ音をたてる，かちゃかちゃ鳴る.
brink M2【男】(ガラス・金属の)かちゃかちゃいう音；ナイフの刃.
brinkotać V7【不完】→brinčeć.
bristwo N1【中】ふくらはぎ.
britej F7【女】剃刀.
britwička F2【女】安全剃刀の刃.
brjenda F1【女】鋸の歯.
brjenk M2【男】ナイフの刃.
brj|ód, -oda M1【男】腫れ物，できもの.
brj|óh, -oha M2【男】岸. *brjóh* rěki 川岸；přimnyć so *brjoha* 足場を得る，わが身を助ける.
brjowka F2【女】眉毛.
brjuch M2【男】腹.
brjušebolenje N5【中】腹痛.
brjušny A1【形】腹の. *brjušna* prózdnjeńca 腹腔；*brjušne* pjerico (魚の)腹びれ.
broda M1【男】髭. *brodu* rosć dać 髭を伸ばす；sej *brodu* truhać 髭を剃る；kozaca *broda* ヤギ髭；klučowa *broda* 鍵の歯；bórčeć do *brody* 小声でもぐもぐ言う.
brodaty A1【形】髭のある.
brodawka F2【女】疣(イボ)，疣状の突起.
brodźišćo N3【中】浅瀬.
brodźić V6【不完】(水の中・ぬかるみなどを)歩いて通る；ぶらぶらする.
brojić V6【不完】浪費する. čas *brojić* 時間を浪費する；*brojić* z pjenjezami 金を無駄遣いする.
bró|ń, -nje F7【女】武器, 兵器. jadrowe *brónje* 核兵器.
brónidło N1【中】鎧.
brónić V6【不完】武装させる.

brónjenje N5【中】武装，軍備．wobmjezowanje *brónjenja* 軍備縮小．
brónjenski A2【形】軍備の．
bróny PL1【複】まぐわ．
bronzowy A1【形】ブロンズ[青銅]の．*bronzowa* medalja 銅メダル．
brošura F1【女】仮綴じ本，小冊子，パンフレット．
brózda F1【女】畝，溝．
bróž|eń F7；**-nja** F6【女】納屋，倉庫．
bruČk M2【男】《指小》<bruk. swjatojanski *bruČk* ホタル．
bruk M2【男】甲虫．mejski *bruk* コガネムシ．
brunaČ M3；**-k** M2【男】栗毛馬．
brunČadło N1【中】（金属製の）うなりごま．
brunČeć V5【不完】ブンブン[ブーン]とうなる．
brunica F3【女】褐炭．*brunicu* wudobywać 褐炭を掘り出す．
brunicownja F6【女】褐炭の採掘所，炭坑．
brunicowy A1【形】褐炭の．*brunicowe* hórnistwo 褐炭採掘（業）；*brunicowy* rewěr 褐炭採掘場，採掘区域；*brunicowa* woršta 褐炭の層；*brunicowa* jama 褐炭の炭坑，山；褐炭を掘るための穴；*brunicowe* łožišćo 褐炭の鉱床．
brunić V6【不完】[něsto/někoho] 褐[茶]色にする[染める・焼く]．**- so** 褐[茶]色になる．
bruny A1【形】褐[茶]色の．
brus M1【男】砥石．
brusnica F3【女】コケモモ．
brutaln|osć F7【女】野蛮，粗野さ．**-y** A1【形】．
bubnić V6【不完】膨れ上る；鈍い[くぐもった]音をたてる．
bubon M1【男】太鼓，ティンパニ．
bubonČk M2【男】《指小》<bubon；(耳の)鼓膜．
bubotać V7【不完】震える，動悸を打つ．mi wutroba ze strachom *bubota* 私は恐怖で心臓が高鳴る．
buda F1【女】粗末な小屋，あばら家．
Budapest M1【男】ブダペシュト．
Budestecy PL1【複】グロスポストヴィッツ（Grosspostwitz. ラウジッツの地名）．
budka F2【女】《指小》<buda. telefonowa *budka* 電話ボックス．
Budyski A2【形】バウツェンの．

Budyšan

Budyšan M1【男】; **-ka** F2【女】バウツェン市民.
Budyšin M1【男】バウツェン.
budžet [bidʒej] M1【男】予算.
budźak M2【男】目覚まし時計.
budźić V6【不完】[někoho/něšto] 目覚めさせる.（*někoho*）*srjedź nocy budźić* 真夜中に（誰を）起こす；（*něčeji*）*zajim*（*za něšto*）*budźić*（誰に 何への）関心を呼び起こす.
buchta F1【女】（家畜用の）藁の寝床.
bujny A1【形】生い茂った，鬱蒼とした.
buk M2【男】ヨーロッパブナ.
Bukarest M1【男】ブカレスト.
bul M3【男】（スポーツ用の）ボール. *z bulom hrać* ボール遊びする.
buna F1【女】豆. *niska buna* インゲン豆の一種；*kofejowa buna* コーヒー豆.
buncl M3【男】（ふつう《複》で）フェルト製の靴.
bunjacy A1【形】豆の.
bur, 複主 -ja M1【男】農民, 農夫.
burik M2【男】《指小形》＜bur；（チェスの）ポーン.
burowka F2【女】農婦.
bursa F1【女】取引所.
buržuazija F5【女】ブルジョワジー（市民階級；資産階級）.
bus M1【男】バス. *linijowy bus* 路線バス；*Wona přijědźe pak z linijowym busom pak z čahom.* 彼女は路線バスで来たり列車で来たりする. **-owy** A1【形】*busowe zastanišćo* バス停.
butra F1【女】バター. *pomazka z butru* バターを塗ったパン切れ；*butru namazać* バターを塗る；*butru dźěłać* バターを作る.
butranka F2【女】乳漿, バターミルク.
butrowy A1【形】バターの. *butrowa pomazka* バターを塗ったパン.
butřanka F2【女】=butranka.
buwoł M1【男】バイソン. *wódny buwoł* 水牛.
bydlenje N5【中】住居, 住まい.
bydlenjotwar M1【男】住宅建設.
bydlenski A2【形】住の. *bydlenska stwa* 居間；*bydlenski dom* 住宅；*bydlenski wóz* キャンピングカー, 居住車；*bydlenski wobwod* 住居区域；*bydlenski zarjad* 住宅管理局.
bydlišćo N3【中】居住地, 住所.

bydlić V6【不完】住む.
byk M2【男】雄牛.
byrgarski A2【形】市民の，市の. *byrgarska* towaršnosć 市民の組織；市民社会；*byrgarski* dom 市議会場.
byrnjež【接】とはいえ，ではあっても. wón chcyše radšo pěši hić, *byrnjež* busowy zwisk wobstał バスの路線はあったのだが，かれはむしろ徒歩で行きたがった；dobry, *byrnjež* nic najlěpši 最高ではないにしても良い；*byrnjež* by móhł, njeby to sčinił 彼はそれができたとしてもしなかっただろう.
bytostny A1【形】本質的な，重要な，主要な. *bytostne* znamjenja 本質的な特徴.
bytosć A7【女】本質；存在.
być, sym, sy；su；過去 běch, bě(še)；未来 budu, budźeš；budu；命 budź！；budźce！；完分 był, była；byli；byłoj V1【不完】1.〈連辞〉…である. *być* z wučerjom 教師である；*sym* strowy 私は健康です；*sym* serbowka 私はソルブ人(女性)です；to *je* derje それはいい；što *je*? 一体何なの？；njech *je*, kaž chce 好きなようにさせなさい. 2.〈存在文の述語〉いる，ある. wón *je* doma 彼は在宅です；*běch* na dwórnišću 私は駅にいました；dźěćo *bě* w šuli 子供たちは学校にいた. 3.〈budu, budźeš...＋不完了体不定詞で未来時制形を作る〉*budźetaj* dźěłać あなたがた二人は働くだろう；*budu* jeho wołać jutře 私は明日彼に電話をします. 4.〈動詞の完了分詞とともに完了時制形を作る〉*smy* hižo běrny zběrali 私たちはもうじゃが芋の収穫をした. 5.〈buch, bu, bu, buchmy, bušće, buchu, buchmoj, buštaj/buštej＋動詞の受動分詞で行為受動を表わす〉Serbski dom *bu* 1956 dotwarjeny ソルブの家は1956年に完成された；wčera *buch* do předsydstwa wuzwoleny 昨日私は役員会に呼ばれた.
byće N5【中】存在(物).
bywši A3【形】旧…，かつての.

C, c

całta F1【女】バーンズ(小型の丸パン). makowa *całta* ケシの実入りパン; twjerdu *całtu* kusać 難題に取り組む; kóždy sej pječe swoje *całty* 誰でも自分のこと[物]が一番大事.
całtka F2【女】《指小》＜całta.
canka F2【女】レース. **-ty** A1【形】. *cankata* kapa (既婚女性の衣装で)レースのついた頭飾り.
car M4【男】皇帝.
carica F3【女】女帝.
caristiski A2【形】帝政の. *caristiske* samoknjejstwo 皇帝による専制.
carski A2【形】皇帝の. *carske* mócnarstwo 帝国.
cebra F1【女】または《不変》【男】シマウマ.
cedl|a F5【女】紙切れ, メモ; 札. **-ka** F2【女】《指小》.
cecha F2【女】職人組合; 鉱山, その会社・事務所・作業所. *cecha* pjekarjow パン職人組合; *cechu* zawrěć 鉱山(の事務所)を閉鎖する.
cela F5【女】小部屋. telefonowa *cela* 電話ボックス.
cement M1【男】セメント.
cementować V4【不完】セメントを塗る; セメントで固める.
censura F1【女】成績, 点; 検閲. w biologiji ma wona dobre *censury* 彼女は生物の成績がよい.
centimet|er, -ra M1【男】センチメートル.
centnar M4【男】ツェントナー(重量単位, 50キログラム). dwójny *centnar* 2 ツェントナー(100kg).
centrala F5【女】本部, 中枢. telefonowa *centrala* 電話交換台.
centralizować V4【不完】集中化する.
centralny A1【形】中央の. *centralny* komitej 中央委員会; *centralne* tepjenje セントラルヒーティング.
centrum M1【男】中心, 中央. *centrum* města 市の中心.
ceremonija F5【女】セレモニー.

cigara F1【女】葉巻.
cigareta F1【女】シガレット.
cikcak【副】ジグザグに. *cikcak běžeć* ジグザグに走る.
cil M3【男】目的, 目標, ゴール. do *cila trjechić* 的中する; jako přeni *cil dospěć* 先頭を切ってゴールに達する.
cilowy A1【形】ゴールの, 目的の. *cilowa smuha* ゴールライン.
cirka【助】およそ.
cirkulować V4【不完】循環する.
cirkus M1【男】サーカス.
citat M1【男】引用.
citować V4【不完】[někoho/něšto] 引用する. sadu *citować z knihi* 本から一文を引用する; (*někoho*) *k sebi citować* (誰を)引き合いに出す.
citron|a F1【女】レモン(実). **-owy** A1【形】*citronowa brěčka* レモネード.
citronowc M3【男】レモン(木).
ciwilizacija F5【女】文明.
ciwilny A1【形】(軍に対する)民間の. *ciwilne lětarstwo* 民間航空.
cło N1【中】関税.
cłowni|k M2【男】; **-ca** F3【女】税関の職員.
cłownistwo N1【中】税関, 税関の事務所; 税制.
cłowny A1【形】税関の. *cłowna kontrola* 税関のチェック.
cofanje N5【中】後退, 退却.
cofać V7; **cofnyć** V3【不完】退却する, 後退する; 退却させる, 撤回する. *wuprajenje cofać* 発言を撤回する; *kandidata cofać* 立候補を取り消す; *woni dyrbjachu před přemocu cofnyć* 彼等は(相手の)優勢の前に退却せざるをえなかった.
cokor M1【男】砂糖. *drobny cokor* 精製した砂糖; *kuskaty cokor* 角砂糖; *pudrowy cokor* 粉砂糖; *sćinowy cokor* 蔗糖(ショトウ).
cokornička F2【女】砂糖入れ, シュガーポット.
cokorować V4【不完】砂糖を入れる, 砂糖がけする. *tykanc cokorować* ケーキに砂糖を振る.
cokorownja F6【女】製糖工場.
cokorowy A1【形】砂糖の. *cokorowa rěpa* サトウ大根; *cokorowa sćina* サトウキビ.
comak M2【男】おしゃぶり, ゴム製の乳首.

coo 《不変》【男】動物園.
coologiski A2【形】動物学の.
cuni A3【形】穏やかな，やわらかい．*cuni* wětřik そよ風；*cunja* melodija 穏やかなメロディー；*cunje* barby 淡い色.
cunjosć F7【女】穏やかなこと.
cutliwy A1【形】敏感な，感じやすい.
cuzba F1【女】異国，異郷．do *cuzby* hić 外国に行く.
cuzbinski A2【形】外国の．*cuzbinski* wobchad 観光（客・業）.
cuzbnik M2【男】外国人，よそ者.
cuzoknjejstwo N1【中】外国からの支配.
cuzokrajny A1【形】外国の，外国産の．*cuzokrajne* rostliny 外国（産）の植物.
cuzorěčny A1【形】外国語の．*cuzorěčna* wučba 外国語の授業；*cuzorěčny* słownik 外国語の辞書，対訳辞書.
cuzy A1【形】異国の，見知らぬ．*cuze* wašnje 異国の習慣，馴染みのないやり方；*cuza* rěč 外国語.
cwawka F2【女】（鐘の）舌；突き棒，突き槌.
cwibak M2【男】ツヴィーバク（固焼きのビスケット）.
cwok M2【男】画鋲，釘.
cwólba F1【女】（暴徒・ならず者などの）群れ；徒党，一味；その一員.
cworn M1【男】撚（ヨ）り糸.
cyba F1【女】髪の房.
cybać V7【不完】引っぱる．to *cyba*（櫛に髪が）引っかかる.
cybl|a F5【女】タマネギ．*cybla* k tykanju 球根．**-owy** A1【形】.
cybnjeny A1【形】常軌を逸した，とっぴな，奇妙な.
cybnyć V3【完】引っぱる．(*někoho*) za rukaw *cybnyć*（誰の）袖を引っぱる.
cyc M1【男】乳首.
cycak M2【男】哺乳類動物.
cycać V7【不完】（乳などを）吸う.
cydźak M2【男】ろ過器；ふるい.
cydźić V6【不完】ろ過する，ふるいにかける；ちびちび飲む.
cyfra F1【女】数字.
cyfrownik M2【男】文字盤；ダイヤル.
cyfrowy A1【形】数字の.
Cygan M1【男】；**-ka** F2【女】ジプシー．**cyganski** A2【形】.

cyhel M3【男】煉瓦. třěšny *cyhel* 屋根がわら.
cyhelnica F3【女】煉瓦［カワラ］工場.
cyhelowy A1【形】煉瓦の. *cyhelowa* třěcha かわら屋根.
cycha F2【女】(枕・布団の) カバー.
cychnować V4【不完】あれ狂う, 暴れる. wichor *cychnowaše* 嵐があれ狂っていた.
cyłk M2【男】全一, 一体(の物), まとまり. njedźělowny *cyłk* 統一体, 不可分な一まとまり; w *cyłku* 全部合わせて.
cyłkownosć F7【女】全体, 総体. w *cyłkownosći* ぜんぶ, そっくりそのまま; problem w jeho *cyłkownosći* předstajić 問題をそっくりそのまま提示する.
cyłkowny A1【形】全部の. *cyłkowne* dochody 収入の総額; *cyłkowny* zaćišć 全体的印象.
cyłodnjow|ski A2; **-y** A1【形】一日の. *cyłodnjowski* wulět 日帰りの遠足; *cyłodnjowske* wuradźowanje 一日がかりの審議.
cyłostronski A2【形】全ページ大の. kniha ma wjele *cyłostronskich* wobrazow この本には全ページ大の写真［絵］がたくさんある.
cyłosć F7【女】全体, 全一. w *cyłosći* zapřijeć 総体として把握［理解］する.
cyły A1【形】全体の, 全…. *cyły* dźeń 一日中; *cyła* šula so wobdźěli 学校全体が参加した; z *cyłeje* šije wołać 声の限り叫ぶ.
cyle【副】全く. to je něšto *cyle* hinaše それは全く別だ; *cyle* njemóže 全く不可能だ.
cylički A2【形】全…. *cylički* dźeń 丸一日.
cylind|er, -ra M1【男】シリンダー.
cymt M1【男】シナモン.
cyn M1【男】錫.
cynidło N1【中】はんだごて.
cyniski A2【形】シニカルな.
cynić V6【完】錫メッキする; はんだづけする.
cynk M2【男】亜鉛. **-owy** A1【形】.
cynowy A1【形】錫の.
cypišćo N3【中】殻竿(cypy)の柄.
cypy PL1【複】殻竿(脱穀用の竿).
cyrčeć V5【完】; **cyrkać** V7【不完】湧き出る, ほとばしり出る; 沸き立つ; (虫などが) チーチーなく.
cyrk|ej, -wje F7【女】教会.

cyrkwinski A2【形】教会に関する. *cyrkwinska* hudźba 教会音楽.
cyrkwiny A1【形】教会の. *cyrkwina* wěža 教会の塔.
cyroba F1【女】食料, 食べ物. strowa *cyroba* 健康食品.
cyrobizna F1【女】食料品.
cyrpać V7【不完】(虫などが)チーチーなく.
cyška F2【女】枕カバー.
cywa F1【女】(糸・テープを巻くための)スプール, 枠.
cyžik M2【男】ミソサザイ.

Č, č

čaj M3【男】茶. čorny *čaj* 紅茶.
čajowc M1【男】茶の木.
čajowy A1【形】茶の. *čajowa* kana ティーポット, ヤカン.
čakanje N5【中】待つこと. *čakanje* syte měć さんざん待つ.
čakanski A2【形】待ちの. *čakanski* čas 待ち時間.
čakarnja F6【女】待合室.
čakać V7【不完】[na někoho/něšto] 待つ. *čakam* na tebje 君を待っているよ.
čakawy A1【形】ぐずぐずした, ためらう. z *čakawymi* kročelemi so bližić ためらいがちな足取りで近づく.
čampać V7【不完】ぶらぶらする.
čapawka F2【女】(穀物・干し草などの)積み上げた束.
čapicy PL1【複】ジギタリス.
čapka F2【女】縁なし帽. sebi *čapku* stajić 帽子をかぶる.
čapnyć so V3【完】うずくまる, 座り込む.
čapor M1【男】がらくた, こまごましたもの; 古道具類.
čapornja F6【女】がらくた入れ; 物置き.
čara F1【女】線, ライン. runa *čara* 直線; železniska *čara* 鉄道, 路線; wuběd́źowanska *čara* (競走・競馬の)走路, コース; *čaru* satelita wobličić 衛星の軌道を計算する.
čarowy A1【形】線の. *čarowa* syć 路線網, 航空網.
čas M1【男】時間, 時; 時期;〔文法〕時制. *čas* zrawjenja 思春期;

brojenje *časa* 時間の浪費；w běhu *časa* 時のたつうちに，時間の流れとともに；*čas* wob *čas* 時々，折々に；je na *času* 時期である；je wulki *čas* 絶好の時だ；kak na *času* je? いま何時？ *čas* lutowacy 時間の節約になる；*čas* žiwjenja njejsym to słyšał 生まれてこのかたそんなの私は聞いたことがない；*čas* je nimo 時間切れだ；wot toho *časa* 今から；wot něšto *časa* いつからか；přichodny *čas* 未来時制．

časnik M2【男】時計． kwarcowy *časnik* クォーツ時計；naručny *časnik* 腕時計；kapsny *časnik* 懐中時計；słónčny *časnik* 日時計；*časnik* je pózdni [zažny] 時計が遅れて[進んで]いる．

časnikar M4【男】；**-ka** F2【女】時計屋，時計工．

časnikowy A1【形】時計の． *časnikowa* skleńca 時計皿，時計のガラス．

časopis M1【男】雑誌．

časopismowstwo N1【中】定期刊行物（全般）．

časowanje N5【中】〔文法〕語形変化．

časowy A1【形】時間の． *časowy* rozdźěl 時差．

castka F2【女】一片，一切れ．

často【副】しばしば． *často* hdy 頻繁に．

časty A1【形】しばしばの．

časć F7【女】一片．

casćiši A3【形】《比》<*časty*．

čehodla【副】《疑問》どうして，なぜ．

Čech, 複主 Češa M2【男】；**-owka** F2【女】チェコ人．

čeji A3【代名】《疑問》誰の． *čeja* kniha to je? これは誰の本ですか；njewěm, *čeji* je to wołojnik これが誰の鉛筆だか私は知りません．

čejiž A3【代名】《関係》Je to knjez, w *čejejž* chěži smy sej hrajkali. これが，私たちが遊んだ家の持ち主です．

čeladni|k M2【男】；**-ca** F3【女】（農家などの）下働きの者，雇い仕事をする者，奉公人．

čeladny A1【形】下働きの，奉公の．

čeledź F7【女】奉公人，召使；農奴．

čelesno N1【中】顎． hornje [delnje] *čelesno* 上[下]顎．

čepl【間投】こん畜生． to do *čepl* ! njeńdźe! こりゃひどい．

čeplski A2【形】ものすごい，すさまじい． tajka *čeplska* wěc それほどすごい事；*čeplske* zbožo ものすごい幸運．

čerchać V7；**čerchotać** V7【不完】足を引きずって歩く.
čeriwy A1【形】虫［ウジ］のついた，虫食いの.
čerpak M2【男】柄杓，手桶.
čerpać V7【不完】汲む，すくう.
čerpa|wa F1；**-ka** F2【女】柄杓.
čerstw|y A1【形】新鮮な. *čerstwa* zelenina 生鮮野菜；škleńca *čerstweje* wody グラス一杯の真水. **-ość** F7【女】新鮮さ.
čert, 複主 **-y** M1【男】悪魔. *čert* a hela！なんともはや，いやはや；to ma *čerta* ただごとじゃない，まずありえないことだ；to dyr *čert* do škórcow！クソクラエ！*čert* na sćěnu namolować 災いの話をして災いを招く.
čertowski A2【形】ものすごい. *čertowska* zyma すごい寒さ.
čertowy A1【形】悪魔の. *čertowy* hrib ウラベニイグチ(植物)；*čertowy* njerjad ばかばかしい［とんでもない］こと.
čerw M4【男】イモ虫，ウジ虫.
čerwi A3【形】虫［ウジ］のついた，虫食いの.
čerwić V6【不完】虫［ウジ］がわく，腐る.
čerwje|ń, -nje F7【女】赤(さ)，赤み.
čerwjenidło N1【中】赤インク，赤い塗料.
čerwjenić V6【不完】赤くする，赤く染める. **- so** 赤くなる，赤く染まる.
čerwjenogardist M1【男】(中国の)紅衛兵.
čerwjenoličkaty A1【形】頬の赤い，赤ら顔の.
čerwjenosmuhaty A1【形】赤い縞のある.
čerwjenowłosaty A1【形】赤毛の.
čerwjeny A1【形】赤い. *Čerwjena* armeja 赤軍；*Čerwjeny* křiž 赤十字；*Čerwjene* morjo 紅海；*čerwjeny* kał 紫キャベツ；*čerwjena* wopuška ジョウビタキ(鳥).
česadło N1【中】(家畜用の)ブラシ［櫛］.
česak M2【男】櫛；せんばこき.
česany A1【形】櫛でとかされた，すいた.
česać V7【不完】櫛でとかす，ブラシをかける. **- so** 自分の髪をすく.
čestnohamtski A2【形】名誉職の.
čestny A1【形】名誉の；名誉ある. *čestne* słowo 名誉にかけた約束；*čestne* městno 貴賓席.
česć F7【女】名誉；敬意. wěc *česće* 名誉にかかわる問題；*česće* dla 名誉のために；bjez *česće* 恥知らずの；*česć* wopokazać 敬意を

表する．
česćehódny A1【形】立派な，尊敬すべき．
česćelakomy A1【形】名誉欲の強い．
česćenje N5【中】敬意，尊敬．
česćeny A1【形】尊敬されている．
česćić V6【不完】[sej] 敬う，尊敬する．
česćowanje N5【中】尊敬，崇拝．
česćowar A4【男】; **-ka** F2【女】崇拝者．
česćować V4【不完】敬う，崇拝する．
česćownosć F7【女】尊重，尊敬．
čeć F7【女】房；束．zawěšk z *čećemi* 房付きのカーテン；*čeć* pruhow 束のようになった光線；*čeć* włosow 髪の房．
čećikaty A1【形】房のある，房[束]状になった．
čepc M1【男】（女性の民族衣装の）キャップ；蜂の巣胃（反芻動物の第二胃袋）．
čěrak M2【男】手桶，柄杓．
čěrać V7【不完】汲む．
čěski A2【形】チェコの．
čěšćina F1【女】チェコ語．
čiłosć F7; **-ta** F1【女】活発さ，生き生きしていること．
čiły A1【形】活発な．盛んな．*čiły* a strowy 元気旺盛な；*čiła* diskusija 活発な議論．
čilać V7【不完】小便する．
čim... čim...【副】であればあるほど．*čim* prjedy *čim* lěpje 早ければ早いほどよい．
čin M1【男】行為，振る舞い；シーン．
činitosć F7【女】行動，活動．zaměrna *činitosć* 目的にかなった行動．
činić V6【不完】行う，行動する．(*někomu něšto*) kwoli *činić*（誰に何を）融通する，便宜をはかってやる；prawje *činić* 正しい行いをする；rjenje *činić* お世辞を言う；(*někomu*) klubu *činić*（誰を）からかう，怒らせる；*činić* po (*někim*)（誰を）まねる；što *činš*? 君は何をしているの？ *činjese*, jako by chcyła pić 彼女は喉が乾いているような様子を見せた；mam z nimi něšto *činić* 私は彼等と関わりがある．**- so** 様子を見せる，振りをする．so cuzy *činić* 別人の振りをする，しらばくれる；so wulce *činić* 威張る，自慢する．
činjenje N5【中】から騒ぎ．hłupe *činjenje* 悪ふざけ，バカなま

ね；wšitko běše jenož *činjenje* すべてはただのから騒ぎだった．
čink M2【男】魔法．
činohra F1【女】芝居．
čisło N1【中】数，番号．telefonowe *čisło* 電話番号．
čisłowanje N5【中】ナンバリング．
čisłować V4【不完】番号をふる．
čistokrejny A1【形】純血(種)の．*čistokrejny kóń* サラブレッド；*čistokrejny psyk* 純血種の犬．
čistopis M1【男】清書．
čisto|sć F7；**-ta** F1【女】清らかさ．*čistosć powětra* 空気の清浄さ．
čisty A1【形】純粋な；清い；明晰な，はっきりした．*čisty dobytk* 純益；*čiste pismo* はっきりした筆跡；*čista woda rěcki* 小川の清水；*wón rěci čistu wěrnosć* 彼はありのままの事実を語る．
čisćadło N1【中】洗剤．
čisće【副】純粋に；はっきり，明瞭に．*čisće pisać* きれいに書く；*čisće wótře* きわめて明瞭に．
čisćenje N5【中】掃除，一掃．*čisćenje hwězdow* 流星群の落下．
čisćenski A2【形】清掃の．
čisćernja F6【女】クリーニング(店)．*chemiska čisćernja* ドライクリーニング店．
čisćiši A3【形】《比》<čisty．
čisćišo【副】《比》<čisće．
čisćić V6【不完】掃除する，きれいにする．*hwězdy so čisća* 流星群が落ちる．
čitajomny A1【形】読める，読むことのできる．
čitančko N1【中】読本，読み物．
čitanje N5【中】読むこと；講義．
čitanka F2【女】読本．
čitanski A2【形】読書の，読むための．*čitanska mačizna* 読書教材；*čitanske znamjo* しおり．
čitar M4【男】；**-ka** F2【女】読者；朗読者．
čitarnja F6【女】読書室．
čitarstwo N1【中】読者(層)，読書界．
čitać V7【不完】読む．
čižik M2【男】マヒワ(鳥)．
člon M1【男】構成要素，分子；メンバー．*člon towarstwa* (団体・協会の)会員．

čłonka F2【女】会員（女性）.
čłonkač M3【男】有体節無脊椎動物.
čłonkonohač M3【男】節足動物.
čłonski A2【形】会員の. *čłonski* wupokaz 会員証.
čłonstwo N1【中】会員（全体）.
čłowječi A3【形】ヒトの，人間の. *čłowječe* čěło 人体；*čłowječi* rozum 人知.
čłowje|k, 呼 -če M2【男】人間. *čłowjeka* hódny 人間にふさわしい；to *čłowjek* wěrił njeby そんなことは誰にも信じてもらえないだろう.
čłowjeski A2【形】人間の. *čłowjeska* słabosć 人間の弱さ；*čłowjeski* skutk 人間の活動；*čłowjeske* žiwjenje 人の生活.
čłowjeskosć F7【女】人間性.
čłowjestwo N1【中】人類.
čmjeła F1【女】マルハナバチ；愛想の悪い人間.
čóčka F2【女】レンズ；水晶体.
čołm M1【男】ボート.
čołmar M4【男】ボートの漕ぎ手.
čołmik M2【男】《指小》＜čołm.
čołmikować V4；**čołmować** V4【不完】ボートで行く；ボート遊びをする.
čoło N1【中】額；頂き. *čoło* moršćić 額にしわを寄せる；naše mustwo steji na *čole* わがチームはトップにいる.
čołowy A1；**čólny** A1【形】額の. *čołowe* fałdy 額のしわ.
čop M1【男】極；栓，コルク栓. sewjerny *čop* 北極；južny *čop* 南極.
čopik M2【男】口蓋垂.
čórbas M1【男】桶，大鉢，瓶.
čornak M2【男】黒馬.
čornidło N1【中】インク，黒色の塗料.
čornić V6【不完】黒くする，黒く塗る.
čornoběły A1【形】白黒の. *čornoběły* wobraz 白黒写真，ペン画.
Čornob|óh, -oha M2【男】チョルネボー（Czorneboh. ラウジッツの地名）.
čornobruny A1【形】こげ茶色の.
čornowłosaty A1【形】黒髪の.
čornowóčkaty A1【形】黒い目の.

čornu|ch M2【男】; **-ška** F2【女】黒人.

čorny F1【形】黒い. *čorny* chlěb 黒パン; *čorny* dypornak クマゲラ; *čorny* rack コクゾウムシ; *čorne* drjewo 針葉樹; *čorna* wowca 厄介者; kupić na *čorne* 闇で買う.

Čorny Chołmc A1-M1【男】シュワルツコルム(Schwarzkollm. ラウジッツの地名).

črij M3【男】靴. niske *črije* 短靴; wysoke *črije* 長靴; ćěłozwučowanske *črije* 運動靴; do *črija* sunyć (*někomu něšto*) (誰に何を)押し付ける.

črij|acy A1; **-owy** A1【形】靴の. *črijaca* sčětka 靴ブラシ; *črijowa* krema 靴墨.

črjewić so V6【不完】忍び込む, 這い込む.

črjewo N1【中】腸;《複》内臓, はらわた. slepe *črjewo* 盲腸; tołste *črjewo* 大腸.

črjóda F1【女】群れ, 一団. *črjódu* dźěći měć 子供がたくさんいる; *črjóda* hólcow 一群の少年; *črjóda* wćipnych 野次馬の群れ; z *črjódami* 群れをなして, 一団となって; po *črjódach* 大挙して.

črjop M1【男】がらくたの山, ごみの山.

črono N1【中】ナイフの柄.

čronowc M1【男】大臼歯.

čuch M2【男】嗅覚.

čuchadło N1【中】嗅覚器官.

čuchać V7【不完】臭いがする; 臭いを嗅ぐ.

čujadło N1【中】触覚, 触覚器官.

čujawka F2【女】触角, 触手.

čujomny A1【形】感じられる.

čumpaty A1【形】ゆらゆら揺れる. *čumpaty* kóń 揺り木馬.

čumpać so V7【不完】揺れる.

čumpjel F7【女】ブランコ.

čušlak M2【男】嗅ぎ回る人, スパイ.

čušler M4【男】; **-ka** F2【女】密偵.

čušlić V6【不完】嗅ぎ回る, スパイする.

čuć V2【不完】[něšto] 感じる. bolosće *čuć* 痛みを感じる; pos zajaca *čuje* 犬が兎を嗅ぎつける; (*někoho*) *čuć* móc (誰に)付き合える, 好きだ; njemóžu jeho *čuć* わたしは彼には耐えられない, 我慢できない. **- so** 感じがする. *čuć* so kaž doma (わが家にいるように)くつろぐ; *čuju* so zbožowny [winowaty] わたしは幸せに[罪

に]思う.
ćuće N5【中】感じ. wona měješe njedobre *čuće*, zo ... 彼女は…(なの)がいやな感じだった.
ćućiwosć F7【女】感度.
ćućiwy A1【形】感じやすい. *ćućiwy* čłowjek 多感な人.
čuwowy A1【形】神経の. *čuwowy* centrum 神経中枢.
čuwy PL1【複】神経. zahorjenje *čuwow* 神経炎; słaby na *čuwy* 神経質な, 神経の細い; hić na *čuwy* 神経にさわる.
čwak M2【男】一切れ. *čwak* mjasa 一片の肉.
čwěla F5【女】苦痛, 苦しみ; 災い.
čwělowar M4【男】; **-ka** F2【女】悩ませる人, 迫害者, 拷問者.
čwělować V4【不完】苦しめる, 苛む.
čwor M1【男】バケツ, 水桶.
čwork M2【男】卵黄.

D, d

da【助】(強調・催促などを表わす)それで, だから. hdy *da* だからいつ; pój *da* とにかく飲めよ; ty *da* sy wrótny 君はまったく気が狂ってるよ.
dajić V6【不完】窒息させる. **– so** 窒息する, 息がつまる.
dakać V7; **dakotać** V7【不完】(あひるが)ガーガー鳴く.
dale 1.【副】《比》<daloko. do Moskwy je *dale* hač do Berlina モスクワまではベルリンまでよりさらに遠い; *dale* ničo これだけだ, これ以上なにもない; *dale* přińć さらに進む, 進展する; so *dale* kubłać 進学する, 勉強を続ける; *dale* wobstać 存続する; *dale* bóle いっそう, ますます; *dale* blíže ますます近づいて; *dale* a hłubšo ますます深く. 2.【前置】+《生》遠方[背後]に. *dale* města 町の向こうに.
dalekubłanje N5【中】進学, 教育の継続. **-ski** A2【形】.
dalewobstaće N5【中】存続.
dalewuwiće N5【中】発展, 展開.
dalija F5【女】ダリア.

dalina

dalina F1【女】彼方, 遠方. w *dalinach* swětnišća 宇宙の彼方に.
Daloke ranje A2-N5【中】極東.
daloki A2【形】彼方の, 遠い. *daloke* kraje 遠い国々; *daloki* puć 遠い道; *daloke* přiwuznistwo 遠い親戚.
daloko【副】遠く. *daloko* widźeć 見晴かす; *daloko* a šeroko あまねく広く.
dalokoběh M2【男】長距離走.
dalokoběhar M4【男】; **-ka** F2【女】長距離走者.
dalokojězba F1【女】長距離便, 長距離運行.
dalokojězdźer M4【男】長距離トラック運転手.
dalokopisak M2【男】テレックス.
dalokopowěsćownistwo N1【中】通信(制度).
dalokosahacy A1【形】遠くまで到達する. *dalokosahace* naprawy 波及効果の大きな処置.
dalokoskakar M4【男】; **-ka** F2【女】幅跳び選手.
dalokoskok M2【男】幅跳び.
dalokostuden|t, 複主 **-ća** M1【男】; **-tka** F2【女】通信教育生.
dalokostudij M3【男】(大学の)通信教育.
dalokosć F7【女】彼方; 長さ, 距離. *dalokosć* puća 行程の長さ; *dalokosć* widźenja 視界, 視野; (*něšto*) z *dalokosće* wobkedźbować (何を)遠くから観察する.
dalokotepjenje N5【中】集中暖房.
dalokowid M1【男】望遠鏡.
dalokowidźiwy F1【形】遠視の; 遠目のきく, 先見の明のある.
dalokowobchad M1【男】長距離運行. **-ny** A1【形】.
dalokož【副】…限り. *dalokož* wěm 私の知る限りでは; *dalokož* je móžno 可能な限り; *dalokož* to přewidźu 私の予見する限り.
dalši A3【形】《比》<daloki. hač na *dalše* さしあたって, おって沙汰があるまで.
dama F1【女】婦人.
da|ń, **-nje** F7【女】利子; 賃貸料. bjez *danje* 無利子の.
Dan M1; **-a** M5【男】デンマーク人(男性).
dańk M2【男】キジカ(動物).
Danka F2【女】デンマーク人(女性).
Danska A2【女】デンマーク. **danski** A2【形】.
dar M1【男】贈り物; 才能. hodowy *dar* クリスマスプレゼント; wón ma njewšědny *dar* 彼には素晴しい天賦の才がある.

darić V6【不完】[někomu něšto] 贈る，捧げる．krej *darić* 献血する．
darićel M3【男】；**-ka** F2【女】提供者．
darmo【副】ただで；無駄に．
darmotny A1【形】無料の．*darmotna* posłužba 無料奉仕；*darmotny* zastup 無料入場．
darniwy A1【形】気前の良い．
darować V4【不完】→darić．
dat(ěr)ować V4【不完】日付をつける．
datiw M1【男】〔文法〕与格．
dać, dam, daš；dadźa；過去 dach, daše/da；命 daj！；dajće！；完分 dał, dała；受動分 daty V9【完】・【不完】1.(【完】のみ)与える．wučerjej knihu *dać* 先生に本を渡す；dobru radu *dać* よい助言を与える．2.〈不定詞と結合して使役や許可を表す〉させる，許す．włosy třihač *dać* 髪を切らせる；ja *dam* sej wot krawca woblek šić 私は服屋にスーツを縫わせる[縫ってもらう]；ja sym sej wot krawca *dał* woblek zešić 私は服屋にスーツを縫わせ[縫ってもらっ]た；daj jemu hić 彼に来させなさい；*dajće* jemu powědać 彼に話させなさい；*dajće* sej słodźeć！おいしく召し上がれ；sebi lubić *dać* 受け入れる．
dać so V9【完】〈次の言い回しで〉to so bórze *da* それはじきに過ぎるだろう；to so z časom *da* 時がたてば静まる；do dešćika so *da* 雨になる；*dać so* do (*něčeho*)（何に）着手する；*dam so* hnydom do dźěła 直ちに仕事に取りかかります；*dać so* do (*někoho*)（誰を）攻撃する，罵る．
dawać V7【不完】与える．pokiwy *dawać* 合図する；(*někomu*) winu *dawać*（誰に）罪をかぶせる．
dawk M2【男】税金．bjez *dawka* 無税の；spušćenje *dawka* 免税．
dawno【副】長い間，昔から．to hižo *dawno* wěm それは昔から知っています；to sym hižo *dawno* wobkedźbował 私はそれにずっと以前に気付いていました．
dawny A1【形】昔の，昔からの．*dawne* časy 過ぎし昔．
deba F1【女】飾り，装飾．
debatować V4【不完】[wo něčim]討論する，議論する．
debić V6【不完】飾る．
debjenjka F2【女】飾り，装飾．
december, -ra M1【男】十二月．**-erski** A2【形】．

decentralny A1【形】中心からはなれた，分離した．
decimalny A1【形】十進法の．
decimet|er, -ra A1【男】デシメータ．
definować V4【不完】定義する．
dejawa F1【女】搾乳機．
dejer M4【男】；**-ka** F2【女】乳搾り人．
dejić V6【不完】(牛の)乳搾りをする．
dejka F2【女】乳牛．
dejmant M1【男】ダイヤモンド．
dejmant|ny A1；**-owy** A1【形】ダイヤモンドの．*dejmantny kwas* ダイヤモンド婚．
dejny A1【形】搾乳の．*dejna připrawa* 搾乳設備；*dejna dóńčka* 搾乳用のバケツ；*dejny skót* 乳牛．
deklasować V4【不完】格下げする．
deklinacija F5【女】語形変化．
deklinować V4【不完】語形変化させる．
dekoracija F5【女】デコレーション，飾り付け；舞台装置；勲章．
delanski A2【形】<Delany の．*delanska kermuša* デラニの教会の縁日．
Delany, Delan PL1【複】ラルビッツ(Ralbitz. ラウジッツの地名)地区．
dele【副】下に；下って．*dele běžeć* 走り下りる；*dele brać* 取り除く，取り去る；*dele donjesć* 運び下ろす；*dele přińć* 降りる，衰退する．
delegacija F5【女】代表団．
delegat M1【男】；**-ka** F2【女】代表者，使節．
delegatny A1【形】代表者[団]の．*delegatna konferenca* 代表者会議．
delegować V4【不完】代表として派遣する．
deleka【副】下に．
delni A3【形】下の．*delni poschod* 下の階；*delni běh* 下流．
Delnja Łužica A3-F3【女】ニーダーラウジッツ地方．
Delnjołužičan M1【男】；**-ka** F2【女】ニーダーラウジッツの住民．
delnjołužiski A2【形】ニーダーラウジッツの．
Delnjoserb M1【男】；**-owka** F2【女】下ソルブ人．
delnjoserbsce【副】下ソルブ語で．
delnjoserbski A2【形】下ソルブの．

delnjoserbšćina F1【女】下ソルブ語.
deminutiw M1【男】〔文法〕指小形.
demokratija F5【女】民主主義.
demokratiski A2【形】民主的な.
demokratizować V4【不完】民主化する.
demonstraci|ja F5【女】デモ. **-ski** A2【形】.
demonstratiwny A1【形】指示の. *demonstratiwny* pronomen 指示代名詞.
demonstrować V4【不完】示威行為を行う.
deń|co N2; **-čko** N1【中】調理用の板.
derje【副】《比》lěpje うまく, 具合よく. *derje* ličić móc 計算が上手だ(節約がうまい); *derje* wuzwoleny 選び抜かれた; *derje* měnić (*z někim*)(誰に)好感を抱く.
derjeměće N5【中】無事, 息災.
desčička F2【女】《指小》<deska; 盤, 台.
deska F2【女】板. šachowa *deska* チェス盤; woknowa *deska* 窓台.
dešć M3; **-ik** M2【男】雨. na *dešć* hudy [bohaty] 雨の少ない[多い]; *dešć* [*deščik*] so dźe 雨が降る; z *deščika* pod skap 小難を避けて大難に出会う.
dešć(ik)ojty A1【形】雨模様の. *dešć(ik)ojte* wjedro 雨模様の天気.
dešć(ik)owy A1【形】雨の. *dešć(ik)owy* čas 雨期; *dešć(ik)owa* woda 雨水.
dešćować so V4【不完】雨が降る.
dewiza F3【女】標語, スローガン.
dewizy PL1【複】外貨.
dialektika F2【女】弁証法.
dialog M2【男】対話.
dieselowy A1【形】ディーゼルの. *dieselowy* motor ディーゼルモーター.
dieta F1【女】食餌制限, ダイエット.
diktat M1【男】口述, 書き取り. **-owy** A1【形】.
diplomatiski A2【形】外交[上]の. *diplomatiske* zastupnistwo 外交代表部, 使節団.
diplomowy A1【形】大学卒業[資格]の. *diplomowe* dźěło 卒業論文, 卒業制作.
direkcija F5【女】管理, 監督.

direktny A1【形】直接の，真直ぐな．
direktor M1【男】；**-ka** F2【女】長，支配人． *direktor zawoda* 経営主任；*zastupowacy direktor* 代表責任者．
dirigować V4【不完】指揮する．
disciplina F1【女】科目，種目． *alpinske discipliny* アルペン種目；*šulska disciplina* 教科．
disciplinarny A1【形】紀律上の；懲戒の． *disciplinarne naprawy* 懲戒処分；*disciplinarne jednanje* 懲戒処分手続き．
disciplinowany A1【形】紀律のある．
disertacija F5【女】学位［博士］論文．
disko《不変》【女】ディスコ．
diskriminować V4【不完】差別する．
diskus M1【男】円盤． *mjetanje diskusa* 円盤投げ．
diskusija F5【女】議論．
diskutabelny A1【形】議論の余地のある．
diskutować V4【不完】議論する．
diskwalifikacija F5【女】無資格宣言，（スポーツの）出場資格取消．
diskwalifikować V4【不完】無資格にする，出場資格を取り消す．
disponować V4【不完】自由にできる，処理することができる．
dispozicija F5【女】計画，構想；処分，処理． *k dispoziciji stajić* 自由にさせる，用立てる．
disproporcija F5【女】不釣り合い，不均衡．
distanca F3【女】距離．
distancować V4【不完】（スポーツで）差をつける．**-so** [wot někoho/něčeho] 距離をおく，近づかない．
diwident M1【男】分子，被除数．
diwiděrować V4【不完】割る，割り算する．
diwizija F5【女】分割；割り算；（軍・企業・スポーツなどの）部門．
diwizijny A1【形】部門の． *diwizijny nadawk* 部局［部門・部隊］の任務．
diwizor M1【男】除数，分母． *diwident dźěleny přez diwizor je runja kwocient* 除数で被除数を割ったものが商である．
djaboł M1【男】悪魔．**-ski** A2【形】悪魔の，悪魔的な．
djas M1【男】悪魔．
dłóń F7【女】掌． *dłóń šěroki* 手の幅，手幅いっぱい．
dłóžba F1【女】道路舗装．
dłožbować V4【不完】道路を舗装する．

dla 【前置】（ふつう生格形名詞の後に付く）ゆえに，ために．wulkeje pilnosće *dla* chwalić 大変な勤勉さのゆえにたたえる；špatneho wjedra *dla* 悪天候のせいで；mje *dla* 私のために；私の思うところ，私についていえば．

dlěje 【副】《比》<dołho. *dlěje* lěta 一年以上；*dlěje* hač hewak いつもよりも長く．

dlěši A3 【形】《比》<dołhi.

dlěšodobny A1 【形】長期の．

dlijić V6 【不完】遅らせる，長引かせる．– so 遅れる，手間取る；[z něčim] 引き延ばす，なかなか着手しない．

dnjowy A1 【形】日の．*dnjowa* mzda 日当；*dnjowy* porjad 議事日程．

dno N1 【中】底．*dno* wodźiznow（海・湖などの）水底；wote *dna* 根底的に；złote *dno* 財源，金づる．

dnowny A1 【形】地下の．*dnowna* woda 地下水．

do 【前置】+《生》〈場所や時間の到達点・目標〉へ，まで．hač *do* Berlina ベルリンへ；*do* města hić 町に行く；*do* jstwy zastupić 部屋に入る；*do* wody skočić 水に飛び込む；*do* zešiwka pisać ノートに書く；*do* horow jěć 山に出かける；*do* kónca tydźenja 週の終まで；wot ranja hač *do* wječora 朝から晩まで；hač *do* hód クリスマスまで；*do* zymy so da 冬になった；〈用途〉ための．drasta *do* zymy 冬用の服；wrota *do* dvora 屋敷の門；kluče *do* kamora クロゼットの鍵；〈目的〉*do* hribow [jahodkow] hić 茸[苺]を採りに行く；*do* prózdninow jěć 休暇に出る；*do* toho zwolić そのことで合意する；je njekmany *do* dźěła 彼はその仕事を行う力がない；〈志向〉wón je *do* bjesady 彼は話し好きだ；〈時刻〉前．tři minuty *do* pjećich 5時3分前；je dźesać *do* dwěmaj 2時10分前です；*do* časa přinć 時刻より前に到着する；〈その他〉što je to *do* čłowjeka? あの人はいったいどんな人なの？；dać so *do* spěcha 急ぐ．

doba F1 【女】時期，時代；期日，期限．přechodna *doba* 過渡期；lodowa *doba* 氷河期；*doba* płaćenja 支払期日．

doběhać V7 【完】；**doběhować** V4 【不完】→doběžeć．

doběhnyć V3 【完】[k někomu/něčemu] 走り寄る．

doběžeć V6 【完】走り終える；死ぬ．časnik je *doběžał* 時計が止まった．

dobijeć V8 【不完】；**dobić** V2 【完】とどめを刺す，打ちのめす．

doboka【副】側面に.
dobro N1【中】良いもの[事]；幸せ，繁栄. na *dobro* serbskeho luda ソルブ民族の繁栄ために.
dobrota F1【女】優良，上等. ow ty słódka *dobrota*！こりゃあたまげた！
dobroćel M3【男】；**-ka** F2【女】慈善家.
dobroćiw|osć F7【女】好意，善意. **-y** A1【形】.
dobrowólni|k M2【男】；**-ca** F3【女】ボランティア活動家；篤志家.
dobrowóln|osć F7【女】ボランティア，篤志. **-y** A1【形】.
dobrozdaće N5【中】考え，判断，裁量；所見，鑑定. po swojim *dobrozdaću* postupować 自分の裁量で処理する；techniske *dobrozdaće* 技術上の所見.
dobry A1【形】良い. *dobry* być (*někomu*)（誰と）相性がよい；sym jemu *dobry* 私は彼と仲良くやっている. *dobra* chwila 余暇時間，暇；to njeje po *dobrym* それは良くない；*dobre* ranje！お早う！；*dobre* spodobanje！お早う！(dobre ranjeに対する返礼)；*dobry* dźeń！こんにちわ！；*dobry* wječor！こんばんわ！；*dobru* nóc！おやすみなさい！；*dobru* ježbu！よい旅行を！；wjele *dobreho* doma！ご家族によろしく！
dobytk M2【男】収入，利益. čisty *dobytk* 純益；z *dobytkom* hospodarić 黒字で経営する.
dobytwa F1【女】獲物.
dobyć, dobudu, dobudźeš；dobudu；過去 dobych, doby；命 dobudź！；dobudźće！完分 dobył, dobyła；受動分 dobyty V9【完】獲得する；勝つ. *dobyć* nowych abonentow 新しい購読者を獲得する；*dobyć* (*nad někim*)（誰に）勝る. **- so** 浸透する，達する. *dobyć so* do zjawnosće 明らかになる，周知となる.
dobyće N5【中】勝利；(くじの) 当たり，賞金；収入. wo *dobyće* wojować 勝利をめざして戦う；*dobyća* wulosować 勝ちをくじで決める.
dobyćer M4【男】；**-ka** F2【女】勝利者.
dobyćerski A2【形】勝者の. *dobyćerske* mustwo 勝利チーム；*dobyćerski* wěnc 勝利の冠.
dobywanje N5【中】産出；獲得；征服. *dobywanje* rudy 採鉱；*dobywanje* płuna ガスの産出；*dobywanje* swětnišća 宇宙の征服.
dobywar M4【男】征服者.

dobywać V7【不完】獲得する，勝つ；産出する，採掘する．
docpěć V2【完】；**docpěwać** V7【不完】[něšto] 達成する，到達する．dobre wuslědki *docpěć* よい成果を得る．
docyła【副】まったく，完全に．to *docyła* wěrno njeje それは真実では全くない；to je *docyła* njemóžne それは絶対にありえない，不可能だ．
dočakać V7【完】；**dočaknyć** V3【完】待ち受ける，迎える．- so [něčeho] 体験する．
dočampać V7【完】やっと辿り着く．
dočasa【副】あらかじめ．wědźachmy to *dočasa* それを我々は前もって知っていた；podruž *dočasa* płaćić 部屋代を前払いする．
dočasny A1【形】期限前の，予定前の；早すぎる．*dočasne* spjelnjenje nadawka 課題の期限前の遂行；*dočasny* nawrót 予定より早い帰郷；*dočasny* porod 早産．
dočinić V6【完】；**dočinjeć** V8【不完】成し遂げる；作り出す，（結果を）もたらす．*dočinić* měrku 度を越す，やりすぎる．
dočista【副】完全に．
dočitać V7【完】読み終える．
dodat|k M2【男】追加，補足．**-ny** A1【形】．
dodać, 過去 dodach, doda V9〈dać〉【完】追加[補足]する，追加供給する；配達する．
dodaće N5【中】供給；付録；アンコール．*dodaće* skazanych tworow 注文品の供給；wopismo *dodaća* 送り状，貨物引渡し証書．
dodawanje N5【中】供給．*dodawanje* energije エネルギーの供給．
dodawanski A2【形】供給の．*dodawanske* wuměnjenja 引き渡し条件；*dodawanski* zawod 納入[下請け]業．
dodawar M4【男】；**-ka** F2【女】供給者，納入（業）者．
dodawać V7【不完】→dodać．
dodawk M2【男】追加，補足；アンコール．*dodawk* w leksikonje 辞典への補遺；připosłucharjo žadachu sej *dodawk* 聴衆はアンコールを要求した．
dodnić V5【完】深く入り込む，綿密に調べる．
dodźeržany A1【形】守られた；すりへった，使い古した．*dodźeržane* přilubjenje 守られた約束；*dodźeržanej* kolesowej wobruči すりへった自転車のタイヤ．
dodźerženje N5【中】遵守．*dodźerženje* termina 期日を守ること．
dodźeržeć V5【完】守る，（期日などを）遵守する；すり減らす．

dodźěłać

dodźěłać V7【完】仕事を終える.
dohanjeć V8【不完】走り着く；追い付く.
dohlad M1【男】監督, 監視；見てとること；（内容・中味を）見ること. *dohlad* w přestawce 休憩時間の監督；*dohlad*（do něčeho）dóstać（何を）認識する.
dohladać V7【完】最後まで監視[監督]する. – so [něčeho] 気がつく.
dohladowar M4【男】；**-ka** F2【女】監督[監視]者.
dohladować V4【不完】監督[監視]する.
dohnać, dočěrju, dočěriš；過去 dočěrich, dočěri V9 ⟨hnać⟩;
dohonić V6【完】追い付く, 取り戻す.
dohra F1【女】エピローグ；余波, 後続事件.
dohromady【副】ひっくるめて, 合わせて. wšitko *dohromady* 全部ひっくるめて；*dohromady* to traješe dlěje hač tři hodźiny それは全部合わせて三時間以上続いた.
dochad M1【男】（品物などの）到着.
dochadźeć V8 ; **dochadźować** V4【不完】到着する, 届く.
dochody PL1【複】収入. měsačne *dochody* 月収; *dochody* na wosobu 個人あたりの収入.
dojaty A1【形】感動した.
dojednanje N5【中】統合, 一致；合意.
dojednać V7【完】一致させる, 合意させる. – so [na něšto] 協定[合意・一致]する. *dojednać so* na přiměr 和平協定に合意する.
dojěsć, 過去 dojěch, dojě V9 ⟨jěsć⟩【完】食べ尽くす, 全部食べる.
dojěć, 過去 dojědźech, dojědźe V9 ⟨jěć⟩【完】（乗り物で）行く. do horow sej *dojěć* 山に行く.
dokelž【接】⟨理由⟩ なので, ゆえに. *dokelž* běše dołho chory, dyrbi wjele nachwatać 彼は長いこと病気だったので沢山埋め合わせしなければならない；wón je mučny *dokelž* přemało spi 彼は睡眠が十分でないので疲れている.
dokidać V7【完】；**dokidować** V4【不完】すっかり流す, ぶちまける.
dokład M1【男】証拠；証書.
dokładnje【副】正確に, 詳しく, 根本的に.（něšto）*dokładnje* wuměrić（何を）正確に測る；so *dokładnje* po předpisu měć 処方のとおりに従う；sej (*něšto*) *dokładnje* přemyslić（何を）じっくり考える；njewěm *dokładnje* 私は詳しく[正確には]知らない.

dokładnosć F7【女】正確さ；詳細であること．
dokładny A1【形】正確な；詳しい．
doklinčeć V5【完】鳴りやむ．
dokoła；**dokoła wokoło**【副】グルリと回って；周囲に．wona so *dokoła* zwjertny 彼女はくるりと一回転した；*dokoła wokoło* hladać あたりをぐるりと見回す．
dokoławokoło【前置】+《生》のまわりに，ぐるりに．
dokónčenje N5【中】終了，完結．
dokónčić V6【完】；**dokónčowač** V4【不完】終了する．
dokonjanosć F7【女】完了，成就；熟練．
dokonjany A1【形】完全な，完璧な；徹底した．
dokonjeć V8【不完】実現する，できる．
dokruchow【副】真っ二つ．waza je *dokruchow* 花瓶が真っ二つになった．
doktor M1【男】博士；医師．
dokument M1【男】書類．
dokumentariski A2【形】書類[上]の；証明力のある．to ma *dokumentarisku* hódnotu それは証拠書類としての価値がある．
dokumentarny A1【形】記録の．*dokumentarny* film 記録映画．
dokupić V6【完】；**dokupowač** V4【不完】買い足す；(抵当など を)買い戻す．
doł M1【男】谷．předrěty *doł* 峡谷；po *dole* horje [dele] 谷を上って[下って]．
dołh M2【男】借金．*dołh* napraskać 借金を背負い込む．
dołhi A2；《比》dlěši A3【形】長い．*dołha* broda 長い顎髭；před *dołhim* časom ずっと昔；*dołha* chwila 退屈；*dołha* noha 長い時間；do nazymy bě hišće *dołha* noha 秋まではまだ間があった．
dołho；《比》dlěje【副】長く；かつての．*dołho* trać 長く続く；hodžinu *dołho* 丸一時間；dny *dołho* 一日中；to je hižo *dołho* それはもう昔のことだ．
dołhodobny A1【形】長期の．*dołhodobny* plan 長期計画．
dołholětny A1【形】長年の．
dołhostnik M2【男】経線，子午線．
dołhosć F7【女】長さ．měra *dołhosće* 尺度；geografiska *dołhosć* 経度；wuchodna *dołhosć* 東経；po *dołhosći* 長々と；(四角形の)長いほうで．
dołhotrajny A1【形】時間のかかる．

dołhož 【接】…である限り，の間． *dołhož* so dešćowaše, čitach 雨が降っている間，私は読書をしていた；*dołhož* maš zymicu, dyrbiš być doma. 熱があるのだから君は家にいなければいけない．

dołženka F2【女】負債額．

dołžić V6【不完】負債を負う．

dołžni|k M2【男】；**-ca** F3【女】債務者．

dólčk M2【男】《指小》<doł；えくぼ．

doleć, 過去 dolach, dola V9 <leć>【完】注ぎ足す．

dolećeć V5【完】[sej] 疾走していく，飛んでいく．

dolina F1【女】谷，くぼ地．

dom, -a/-u M1【男】家，家庭．ródny *dom* 生家；Serbski *dom* ソルブの家；kulturny *dom* 文化の家；kładźity *dom* 丸太小屋；čisło *doma* 番地；*dom* wot *domu* 家から家へと．

doma【副】家にいて．*doma* wostać 家にとどまる；čuju so kaž *doma* すっかりくつろいだ気分だ．

domasać V7【完】触れてわかる．**- so** 真相に気付く．prjedy hač *so domasach* たちどころに，たちまち．

domčk M2【男】《指小》<dom.

domchowanje N5【中】穀物の取り入れ，収穫．

domchowanka F2【女】収穫祭．

domchować V7【不完】取り入れる，収穫する．

dominować V4【不完】優勢である，支配的である．

domizna F1【女】故郷．lubosć k *domiznje* 故郷への愛着．

domizniski A2【形】故郷の．*domizniski* muzej 郷土博物館．

domiznowěd|a F1【女】郷土研究．**-ny** A1【形】．

domjacnosć F7【女】家計．

domjacy A1【形】家の，家庭の．*domjaca* kołbasa ホームメードのソーセージ；*domjace* dźěło 家事；*domjace* črije 室内ばき；*domjace* poměry 暮らし向き，家庭の事情；*domjacy* nadawk 宿題；*domjacy* skót 家畜．

domoj【副】家へ．*domoj* hić 家に帰る；ducy *domoj* 帰宅途上で．

domoródny A1【形】その土地の，自生の．

Domowina F1【女】ドモヴィナ（ソルブ人の民族組織）．

Domowinjan M1【男】；**-ka** F2【女】Domowina のメンバー．

Domowinski A2【形】ドモヴィナの．*Domowinska* zhromadźizna ドモヴィナの大会．

domownik M2【男】管理人，守衛．

domowy A1【形】家の．
dompuć M3【男】帰郷．
domsk|e, -eho A2【中】（農家の）母屋．
donabyć V9 ⟨nabyć⟩【完】獲得する；取り戻す．
dóńca F3【女】洗い桶，木桶．
doniž【接】である間は；まで．*doniž* je swětło, dźěłamy 明るい間は我々は働く；*doniž* słónco zemju hrěje, žiwjenje njezahinje お日様が照っている限り命は跡絶えない；čakam, *doniž* njewotendźe 彼が出かけるまで私は待ちます；ty nihdźe njepóńdźeš, *doniž* nan njedowoli おまえはお父さんが許可するまでどこにも出かけてはいけない．
donjesć, 過去 donjesech, donjese V9 ⟨njesć⟩【完】運んで来る［行く］．
donošowar M4【男】；**-ka** F2【女】（うわさ・デマなどの）喧伝者；密告者．
donošować V4【不完】中傷する，デマを流す；密告する．
dóńt M1【男】運命．
dóńć, dóńdu, dóńdźeš；dóńdu；過去 dóńdźech, dóńdźe；命 dóńdź！；dóńdźće！；完分 dóšoł, dóšła；受動分 dóńdźeny V9【完】到達する，届く；行く．po chlěb *dóńć* パンを買いに行く；list je *dóšoł* 手紙が届いた；*dóńć* k njedorozumjenjam 誤解に至る；štó chce k njemu *dóńć*? 彼のところへ行きたいものが誰かいるか？
donućić V6【完】強いる．
dopadać V7【完】（実・花などが）落ちる，散る；弱る．
dopadnyć, 過去 dopadźech, dopadźe V3【完】落ちる，倒れる．
dopadować V4【不完】落ちる，散る；落ちるのが止む．sněh *dopaduje* 雪が降り止む．
dopis M1【男】手紙，投書．
dopisać V7【完】書き終える．
dopisnica F3【女】葉書き．
dopisowar M4【男】；**-ka** F2【女】特派員．ludowy *dopisowar* （東独時代の）人民特派員；stajna *dopisowar* 常駐の特派員．
dopisować V4【不完】（報道機関に）報告する，記事を送る．*dopisować* sej 手紙を送る，文通する．
dopić V2【完】飲み干す．
dopjelnić V6【完】；**dopjelnjeć** V8；**dopjelnjować** V4【不完】

dopła|tk 52

満たす，満足させる．**-so** 満たされる．naša nadźija je *so dopjelnita* 私たちの望みは叶えられた．
dopła|tk M2【男】；**-ćenka** F2【女】追加支払；残高の支払い．
dopłaćić V6【完】支払を済ます，残高を払う．
dopokaz M1【男】[za něšto] 証明；証拠．
dopokazać V7【完】；**dopokazować** V4【不完】証明する，実証する．**-so** 現れる，明らかになる．
dopoł【副】半分；途中まで．
dopołdniši A3【形】午前の．*dopołdniše* předstajenje 午前の上演，マチネー．
dopołd|njo N4【中】午前．**-nja**【副】午前に．
dopomhać V7【完】[někomu k něčemu] (誰を)助けて得させる．
dopominać V7【不完】；**dopomnić** V6【完】[někoho na něšto] (誰に何について)思い出させる．**-so** [na něšto] 思い出す．wěm *so* derje na to *dopominać* そのことを私はよく思い出すことができる．
dopomnjenka F2【女】記念(品)；思い出．pućowanska *dopomnjenka* 旅の記念．
dopomnjeće N5【中】記念，思い出．na *dopomnjeće* 記念に，記憶のために．
doporučenje N5【中】推薦．
doporučenka F2【女】推薦；指示．
doporučeć V8【不完】；**doporučić** V6【完】推薦する．
dopowědać V7【完】最後まで話す．daj mi *dopowědać* 最後まで話させてよ．
dopóznać V2【完】認識する，理解する．
dopóznaće N5【中】認識．k nowym *dopóznačam* dóńć 新しい認識[見解]に至る．
dopředka【副】前方へ．*dopředka* hić 前に進む；*dopředka* hibać 前にのめる．
dopředkarski A2【形】前進の．*dopředkarske* mocy 推進力．
dopušćenje N5【中】許容，許可．
dopušćeć V8【不完】：**dopušćić** V6【完】許す，看過する．**-so** [něčeho] (違法行為を)犯す．
doraz M1【男】とどめの一撃；強調．z *dorazom* wospjetować 強調をこめて繰り返す．
dorazny A1【形】強調した，迫力のある．

dorazyć V6【完】打ちのめす，打ち殺す．*dorazyć* škleńcu piwa ビールを一気に飲み干す．
dorěčenje N5【中】一致；取り決め．
dorěčeć V5【完】話し終える．jemu njemóžeš *dorěčeć* 彼を説得することはできないよ．**-so**（話し合って）約束する，取り決める．
dorězać V7【完】切り落とす．
dorn M1【男】草地，芝の一区画．
dorost M1【男】次世代，後進．
dorosćeny A1 1.【形】成人した．2.【男】成人，大人．
dorozebrać V9 ⟨zebrać⟩【完】完全に分解する．
dorozumić V6【完】[někomu/něčemu//někoho/něšto] 理解する．**-so** [z někim] 合意する．
dorozumjenje N5【中】理解．
dórtk M2【男】一片；一口．po *dórtkach* 一片[一口]ずつ．
doručeć V8【不完】；**doručić** V6【完】；**doručowač** V4【不完】手渡す．
dorunać V7【完】[někomu/něčemu] 比較される；平らにする；補充する．
dosah M2【男】（影響・行動の）範囲．
dosahacy A1【形】十分な．w *dosahacej* měrje 十分に．
dosahać V7【不完】足りる，間に合う；[něšto//za něčim] 手を延ばす，捕まえる．nětko nam *dosaha* 今やわれわれには十分だ；to *njedosaha* それでは十分でない．
dosahnyć V3【完】十分である；捕まえる．
doskónčny A1【形】最終的な，決定的な．*doskónčny* rozsud 最終判決．
dos|łód, -loda M1【男】後味．
dosłowo N1【中】後書き．
doslědn|osć F7【女】首尾一貫(性)．**-y** A1【形】．
dospody【前置】+《生》下へ，下部に．
dospołnje【副】全く，完全に．to mi *dospołnje* dosaha 私にはそれで全く十分です；sym *dospołnje* twojeho měnjenja 私は完全にあなたと同じ意見です．
dospołn|osć F7【女】完全，徹底．**-y** A1【形】．
dosrjedź【前置】+《生》中央へ．*dosrjedź* stwy stupić 部屋の中央へ進み出る．
dosrjedźa【副】中央に．

dostać

dostać, dosteju, dostejiš ; dosteja ; 過去 dostach, dosta V2【完】立ち通す.

dóstać, dóstanu, dóstanješ ; dóstanu ; 過去 dóstach, dósta ; 完分 dóstał, dóstała ; 受動分 dóstaty V9【完】得る，受け取る. wróćo *dóstać* 取り返す. – **so** 至る. *dóstać so* do ćežow 苦境に陥る.

dóstawar M4【男】; **-ka** F2【女】受取人.

dóstawać V7【不完】得る，受け取る. stipendij *dóstawać* 奨学金をもらう. – **so** [někomu]（誰に）与えられる，ものになる.

dostojnosć F7【女】尊厳. člowjeska *dostojnosć* 人間の尊厳.

dostojny A1【形】品位ある，威厳に満ちた.

dosć【副】十分に. *dosć* časa měć 時間がたっぷりある ; to je *dosć* znate それはよく知られている ; *dosć* derje たいへん良い ; *dosć* a nadosć 十二分に.

dosćahnyć V3【完】追い付く.

dosććinić V6【完】（欲求・要望を）満たす.

dosydać V7【完】座り通す ;（学校で）居残りする.

dosyta【副】十分に. *dosyta* so najěsć 満腹する.

dotal【副】これまで；その時まで. *dotal* njewědźach, zo... その時まで私は…を知らなかった ; hač *dotal* sym čakała 今まで私は待っていた.

dotalny A1【形】今までの，それまでの.

dotać V2【完】完全に溶け[融け]る.

dótkać so V7【不完】[někoho/něčeho] 触れる.

dótknjenje N5【中】接触.

dótknyć so V3【完】→dótkać so.

dotwarić V6【完】; **dotwarjeć** V8; **dotwarjować** V4【不完】建て終える.

doćahnyć V3【完】; **doćahować** V4【不完】引き寄せる，引いてくる.

doćišćeć V5【完】; **doćišćować** V4【不完】印刷し終える；押し付ける.

dowědźeć so, 過去 dowěch so, dowě so V9〈wědźeć〉【完】[wo něčim] 経験する，見聞する.

dowěra F1【女】信頼，信用. wěc *dowěry* 信頼の問題 ; *dowěry* hódny 信頼に値する ; połny *dowěry* być 確信している.

dowěrić V6【完】; **dowěrjeć** V8【不完】[někomu něšto] 信託す

る．**-so** 人に打ち明ける．
dowěrliwosć F7【女】信頼できること．
dowěrni|k M2【男】；**-ca** F3【女】信託されている人；審判者．
dowidny A1【形】分別のある；理解できる．
dowidźenje N5【中】理解，分別．
dowidźeć V5【不完】理解する，見抜く，洞察する．
dowjesć, 過去 dowjedźech, dowjedźe V9〈wjesć〉【完】連れて行く，導く；成り行く．to je k rozkoram *dowjedło* それは不和に至った．
dowjezć, 過去 dowjezech, dowjeze V9〈wjezć〉【完】運ぶ，移す．choreho do kliniki *dowjezć* 病人を診療所に運ぶ．
dowobarać so V7【完】[něčeho//něčemu] 抑える．*njedowobarać so*（*něčemu*）(何を)抑えられない．
dowol M3【男】休暇．lětny *dowol* 年休；*dowol* za samodruhe 産休．
dowoleny A1【形】許された．
dowoleć V8【不完】；**dowolić** V6【完】許す．**-sej** [něšto] 敢えてする．
dowolnosć F7【女】許可(書)．jězbna *dowolnosć* 運転免許(証)．
dowolowy A1【形】休暇の．*dowolowe* městno 保養地．
dowoz M1【男】輸入．
dowožować V4【不完】輸入する．
dowuchwalić V6【完】褒めちぎる．
dowuknyć V3【完】修業を終える，学び終える．
dowutupić V6【完】根絶する．
dozady【副】後ろへ．*dozady* hić 後ろに行く；kročel *dozady* stupić 一歩さがる．
dozrawić V6【完】；**dozrawjeć** V8【不完】すっかり熟す．
dožiwić V6【完】体験する．
dožiwjenje N5【中】体験．
dožiwjeć V8【不完】→dožiwić．
draby PL1【複】古着；服．
drač M3【男】いじめる人，苦しめる人；皮はぎ職人．
dračować V4【不完】苦しめる，苛む，いじめる．**-so** 苦しむ，苛まれる．
dramatizować V4【不完】戯曲化する；脚色する．
drapak M2【男】消しゴム．

drapać V7【不完】; **drapnyć** V3【完】引っ掻く. - **so** 自分の体を引っ掻く.

drasta F1【女】衣服, 衣装(特に民族衣装など). zwjeršna *drasta* 上着; žonjaca *drasta* 婦人服.

drastiski A2【形】ドラスティックな. *drastiske* wobmjezowanja 大幅な制限.

drastowy A1【形】衣服[衣装]の. *drastowy* kamor 衣装ダンス.

drasćić V6【不完】[někoho] 衣服[衣装]を着せる. - **so**（自分で）衣服[衣装]を着る.

dresěrować V4【不完】(動物を)仕込む, 調教する.

drěmać V7【不完】うとうとする.

drěmnyć sej V3【完】ひと眠りする, 少しの間うとうとする.

drěnje N5【中】リューマチ.

drěć V2【不完】むしり取る, 引き剥ぐ, 引き裂く. zwjěrjeću kožu *drěć* 毛皮を剥ぐ; pjerjo *drěć* 羽をむしる: *drěć sej* hubu（na někoho）(誰を)怒る, どなりつける. - **so** 唸る; 苦しむ, 悩む.

drje【助】だって, 一体, そうはいっても. ty *drje* so myliš でも君は思い違いしてるよ; sy *drje* na to myslił(a), ale 君はそのことについて確かに考えただろう, けれど; wón je *drje* hišće młody, ale 彼は確かにまだ若いが; to *drje* je dobry, ale それはいいことはいいが.

drjebić V6【不完】ボロボロに砕く. - **so** 砕ける, ぼろぼろになる.

drjechmo N1【中】怪物.

drjewaty A1【形】木[木材・薪]の多い.

drjewina F1【女】《集合》樹木.

drjewizna F1【女】セルロース, 繊維素; パルプ.

drjewjanc M1【男】木靴.

drjewjany A1【形】木の, 木製の. *drjewjane* přimadło 木製の取っ手; *drjewjana* wołma 木毛.

drjewo N1【中】木, 木材. drohe *drjewo* 高級木材; palne *drjewo* 薪; wobdźěłanje *drjewa* 木材加工; *drjewo* kałać を切る.

drjewokałar M4【男】木こり.

drjewopławjer M4【男】木材流しの作業員, いかだ流し人.

drjewopušćer M4【男】木挽き, 木材伐採人.

drjeworěz M1【男】; **-ba** F1【女】木版彫刻.

drjeworězbar M4【男】木彫家.

drjewowy A1【形】木材の. *drjewowa* rostlina（草本に対する）木

本；*drjewowy* skład 木材置き場；*drjewowe* wuhlo 木炭．
Drježdźany PL1【複】ドレスデン．**drježdźanski** A2【形】
drobjaz M1【男】細かいもの，取るに足らないもの．
drobnomechanika F2【女】精密機械工学．
drobnomechanikar M4【男】精密機械工．
drobnostka F2【女】取るに足らないこと［もの］，些末事．
drobnowikowanje N5【中】小売業．
drobnozornity A1【形】微粒の．
drobnuški A2【形】《指小》＜droby；極小の，非常に細かい．
drobny A1【形】小さな，細かい．*drobne* dźěło 雑用；*drobne* pjenjezy 小銭；*drobny* skót 小家畜．
drogerija F5【女】薬局，ドラッグストア．
dróha F2【女】通り．dalokowobchadna *dróha* 遠距離交通路；hłowna *dróha* メインストリート；wobchodna *dróha* 商店街，目抜き通り．
drohi A2【形】高価な．za *drohe* pjenjezy 高い代価で；*drohe* drjewo 高級材；*drohi* metal 貴金属．-o【副】．
drohodrjewo N1【中】高級材．
drohokamjeń M4【男】宝石．
drohometal M3【男】貴金属．
drohotka F2【女】貴重品，宝物；エーデルワイス．
drohotn|osć F7【女】貴重（品）．-y A1【形】貴重な，高価な．
dróhotwar M1【男】道路工事［建設］．
drohoćinka F2【女】宝物，宝石．
drohowocl M3【男】高級鋼．
dróhowy A1【形】道路の．*dróhowa* syć 道路網．
dróš|i A3【形】；-o【副】《比》＜drohi．
drózn M1【男】；-a F1【女】つぐみ（鳥）．
droždźe PL2【複】イースト．
droždźić V6【不完】イライラさせる．
drožić so V6【不完】遠慮する；滅多に現われない．
druhdy【副】時折．*druhdy* je wón jara zraženy 彼は時にひどく落ち込む；*druhdy* rana hišće boli まだ時に傷がひどく痛む．
druhdźe【副】他の所で．tu je rjeńšo hač *druhdźe* ここは他のどこよりも良い；wona běše w myslach cyle *druhdźe* 彼女の思いはまったく別のところにあった，心ここにあらずだった．
druhi A2【形】二度目の，他の．*druhi* króć 二度目；mjez *dru-*

druhotny

himi とりわけ；*druheho* měnjenja być 別の考えである.
druhotny A1【形】二次的な.
drustwo N1【中】共同組合, 団体. produkciske *drustwo*（東独時代の）生産共同組合.
drustwowni|k M2【男】; **-ca** F3【女】団体組員.
družči A3【形】družka（花嫁付き添い人）の. *družča* šnóra（カトリック教徒ソルブ人の）花嫁付き添い人の胸飾り.
družina F1【女】種類. meble wšěch *družinow* あらゆる種類の家具；wšelake *družiny* chlěba いろいろな種類のパン.
družka F2【女】花嫁付き添い人.
drypotać V7【不完】チョコチョコ歩く.
dub M1【男】オーク（ブナ・カシワ）. **-owy** A1【形】.
ducy【副】途上で. *ducy* domoj 帰宅途上で.
dudak M2【男】バグパイプの演奏者.
dudka F2【女】管；(昆虫の)さなぎ. patronowa *dudka* 薬莢.
dudławy A1【形】気力のない；ぐにゃぐにゃした.
dudy PL1【複】バグパイプ.
duch M2【男】魂. bjez *ducha* 精神のない；くだらない；lěni *duch* 怠け者；na *duchu* bohaty 心の豊かな；zły *duch* 悪霊.
duchachory A1【形】精神病の.
duchapołny A1【形】精神のこもった.
duchapřitomny A1【形】沈着な, 冷静な.
duchownstwo N1【中】《集合》聖職者.
duchowny A1【形】精神の, 精神的な. *duchownje* a čělnje so napinać 身も心も疲れ果てる.
duchowny A1【男】司祭；牧師.
dujer M4【男】吹奏者.
dujerski A2【形】吹奏の. *dujerska* kapała ブラスバンド.
dula F5【女】塊り. *dula* pjeršće 一塊の土；*dula* płata 一巻の生地；korjenjowe *dule* 塊茎.
dumpańca F3【女】(結婚式前夜の)大騒ぎ.
dumpać V7【不完】(空ろなもの・場所を)叩く. *dumpać* na špundowaje 床を叩く[踏みならす].
dundak M2【男】遊び人；放浪者.
dundanka F2【女】うろつく[遊び回る]こと. *dundanka* po měsće 町をぶらつくこと.
dundać V7【不完】ぶらつく, さまよい歩く.

dunyć V3【完】吹く.
dupa F1【女】ムクドリの巣箱；洗礼台，洗礼盤.
durčka PL1【複】《指小》<durje；ドア，出入り口.
Durinska A2【女】チューリンゲン. **durinski** A2【形】.
durje PL2【複】ドア，扉. chěžne *durje* 家のドア；dwójne *durje* 二重ドア.
dusyk M2【男】窒素.
dusyć, 過去 dušach, dušeše V6【不完】息を詰まらせる，喉を締める. – **so** 息が詰まる，窒息する.
duša[1] F5【女】シャワー. zymna *duša* 冷水シャワー.
duša[2] F5【女】魂. dobra *duša* 善人.
dušacy A1【形】息を詰まらせる. *dušacy* kašel 喘息.
dušny A1【形】善良な，心優しい，礼儀正しい.
dušować V4【不完】シャワーを浴びせる. – **so** シャワーを浴びる.
duty A1【形】うつろな，空の. *duta* měra 内容積.
duć V2【不完】吹く.
dwacety A1【数】《序》20番目の.
dwaceći L3【数】20.
dwacećina F1【女】20分の1.
dwaj, dweju, dwěmaj L2【数】2〈男性名詞と結合する形. 女性・中性名詞と結合する場合は dwě〉. po *dwěmaj* 二時過ぎに；(w) *dwěmaj* 二時に.
dwajadwacety A1【数】《序》22番目の.
dwajadwaceći L3【数】22.
dwanatka F2【女】12の数；12番(路線など).
dwanaty A1【数】12番目の.
dwanaće L3【数】12.
dwanaćelětny A1【形】12年の.
dwanaćeporstnik M2【男】十二指腸.
dwanaćina F1【女】12分の1.
dwě L2【数】2〈女性・中性名詞と結合する形〉.
dwěl M3【男】疑い.
dwěl(om)ny A1【形】疑わしい.
dwělowar M4【男】；**-ka** F2【女】懐疑的な人.
dwělować V4【不完】疑う.
dwěsćě《不変化》【数】200.
dwojaki A2【形】二通りの.

dwójce【副】二度, 二重に. njedaj sej to *dwójce* kazać！それを二度言わせるな！*dwójce* telko ちょうど二倍.
dwoji A3【形】二つの, 二倍の. z *dwojej* měru měrić 二様の物差しで測る（公平でないこと）.
dwójka F2【女】2の数, 2番（路線など）；ペア（の人）.
dwójnik M2【男】双子.
dwójny A1【形】二重の, 二倍の. *dwójne* wokno 二重窓.
dwojo- ：二重の.
dwojota F1【女】〔文法〕双数.
dw|ór, -ora M1【男】裏庭, 中庭；屋敷.
dwórnišćo N3【中】駅. nakładne *dwórnišćo* 貨物駅；namjezne *dwórnišćo* 国境の駅. **-wy** A1【形】.
dwubarbny A1【形】二色の.
dwub|ój, -oja M3【男】決闘.
dwudypk M2【男】コロン.
dwudźělny A1【形】二部の, 二部からなる.
dwuhłósny A1【形】二声の. *dwuhłósny* spěw 二重唱.
dwuhodźinski A2【形】二時間の.
dwukróćny A1【形】二度の.
dwulětny A1【形】二年の.
dwuměstnowy A1【形】二桁の.
dwunjedźelski A2【形】二週間の.
dwuposchodowy A1【形】二層の. *dwuposchodowe* łožo 二段式ベッド.
dwurěčn|osć F7【女】バイリンガル. **-y** A1【形】.
dwustronski A2【形】両面の；双方の.
dwutaktowc M1【男】ツーサイクルエンジン.
dwuzłóžkowy A1【形】二音節の.
dwuzmysln|osć F7【女】両義性, 曖昧さ. **-y** A1【形】.
dwuzwuk M2【男】二重（母）音.
dybawy A1【形】（声の）かすれた, しゃがれた.
dych M2【男】息. bjez *dycha* 息もつけない, 息切れした；*dych* sŕebać 一息つく；za *dychom* łójić [hrabać] 息を切らせる；na *dych* sydać はっとさせる, 息をのませる；*dych* wotrazyć 息を詰まらせる.
dychanski A2【形】呼吸の. *dychanski* organ 呼吸器官.
dychać V7【不完】呼吸する.

dychnica F3【女】通気管.
dychnyć V3【完】息をつく[吐く].
dym M1【男】煙，もや.
dymić V6【不完】煙る. **– so** 煙[蒸気]を出す.
dynamiski A2【形】ダイナミックな.
dypać V7【不完】つつく，ついばむ；(ノミ・たがねで)刻む，削る.
dypk M2【男】点. wuchadny *dypk* 出発点；kónčny *dypk* 終点；minusowy *dypk* マイナス点.
dypkaty A1【形】点をつけた，点のある.
dypkować V4【不完】点をつける；(競技で)点をとる.
dypkown|osć F7【女】几帳面，時間厳守. **–y** A1【形】正確な，几帳面な.
dypkowy A1【形】点の. *dypkowa* hra ポイント制のゲーム.
dypornak M2【男】キツツキ.
dyrbjeć V5【不完】〈不定詞と用いて〉ねばならない. *dyrbju* hić 私は行かなければならない；*dyrbiš dźěłać* 君は働かなければならない.
dyrdomdej M3【男】冒険.
dyrdomdejni|k M2【男】；**-ca** F3【女】冒険家.
dyrdomdejski A2【形】冒険の. *dyrdomdejske* dožiwjenje 冒険的な体験；*dyrdomdejski* film アドヴェンチャー映画.
dyrdomdejstwo N1【中】冒険.
dyrić V6【完】一撃を与える. (z pjasću) wo blido *dyrić* (拳で)テーブルをどんと叩く. **– so** ぶつかる，突き当たる.
dyrkotać V7【不完】震える，細かく振動する.
dyžli【助】〈比較表現で〉より. wón je wjetši *dyžli* jeho bratr 彼は兄[弟]よりも大きい；prjedy *dyžli* より前に.
džungl M3【男】ジャングル.

Dź, dź

dźak[1] M2【男】感謝. z *dźakom* dóstał 拝受しました；wutrobny *dźak* [měj *dźak*] どうもありがとう.
dźak[2]【前置】+《与》おかげで. *dźak* jeho zasadźenju [listej] 彼の

dźakliwy

働き[手紙]のおかげで.
dźakliwy A1【形】感謝した.
dźakny A1【形】感謝した, 感謝の；やりがいのある, 得になる. *dźakny* nadawk やりがいのある任務；so *dźakny* wopokazać（人に）謝意を表わす；někotre *dźakne* słowa prajić 謝辞を述べる.
dźakowano【前置】+《与》おかげで. *dźakowano* jeje pilnosći 彼女の勤勉さのおかげで.
dźakować so V4【不完】[někomu] 感謝する. *dźakuju so* ありがとう.
dźakownosć F7【女】感謝.
dźakowny A1【形】感謝した. bych Wam jara *dźakowny* był あなたに深く感謝いたします.
dźasna PL1【複】歯茎.
dźeń, dnja, 複主 dny M4(a)【男】日. Mjeznarodny *dźeń* dźesća 国際こどもデー；wšědny *dźeń* 週日；swjaty *dźeń* 祝日；dźěłowy *dźeń* 就業日；přichodny *dźeń* 翌日；*dźeń* wote *dnja* 日々；před *dnjemi* 数日前に；*dźeń* a bóle 日毎に益々；*dźeń* a wjetši ますます（大きくなって）；wob *dźeń* 昼間に；po *dnjach* 日給で；*dny* dołhi [dołho] 何日も；do běłeho *dnja* 夜明け前に；Dobry *dźeń* こんにちわ.
dźenik M2【男】日記；日刊紙.
dźensa【副】今日. *dźensa* tydźenja 先週の今日.
dźensnišni A3【形】今日の. do *dźensnišneho* 今日まで；*dźensnišni dźeń* 今日び.
dźerža|dło N1【中】；**-k** M2【男】握り, 取っ手.
dźerženje N5【中】姿勢, 態度；養育. *dźerženje* ćěła 身のこなし, 態度；*dźerženje* skotu 家畜の飼育.
dźeržeć V5【不完】保つ, 持つ；みなす. *dźeržeć* w ruce 手に持つ, 保有する；hodźinu serbšćiny *dźeržeć* ソルブ語の授業を持つ；hromadu *dźeržeć* まとめる, 一緒にする；sej (*něšto*) *dźeržeć*（自分のために）持つ, 保つ；sej psa *dźeržeć* 犬を飼っている；*dźeržeć* sej swoje ćěło čiste 身を清潔に保つ；*dźeržeć* za prawo 正しいとみなす；*dźeržeć* wjele (do *někoho*)（誰を）高く評価する；wjele do so *dźeržeć* うぬぼれている. **- so** 持ちこたえる, 身を支える. *so* runy *dźeržeć* 体をまっすぐに[しゃんと]させる；*dźeržeć so* (za *někoho*)（自分を誰と）みなす, 思う.
dźeržliwy A1【形】長く持ちこたえる, 耐久性のある.

dźesatk M2【男】〔史〕(教会の)十分の一税.
dźesatka F2【女】10(の数); 10番のもの(路線など); 二桁(の数).
dźesatkowy A1【形】十進法の. *dźesatkowy* system 十進法.
dźesatnak M2【男】10プフェニヒ貨.
dźesaty A1【数】《序》10番目の. *dźesaty* króć 10回目.
dźesać L3【数】10.
dźesaćdnjowski A2【形】十日の, 生後十日たった.
dźesaćhriwnowka F2【女】十マルク紙幣.
dźesaćib|ój, -oja M3【男】十種競技.
dźesaćina F1【女】10分の一.
dźesaćkróćny A1【形】10回の.
dźesaćory A1【形】10倍の.
dźeć so, dźije so; 過去 dźiješe so; 完分 dźało, 受動分 dźaty; 能動分 dźijacy V9【不完】: (*někomu*) so dźije 睡魔が襲う, うつらうつらする.
dźećel M3【男】シロツメクサ, クローバ.
dźewjatka F2【女】9 (の数), 9番のもの(路線など).
dźewjatnaty A1【数】《序》19番目の.
dźewjatnaće L3【数】19.
dźewjaty A1【数】《序》9 番目の.
dźewjeć L3【数】9.
dźewjećadwacety A1【数】《序》29番目の.
dźewjećadwaceći L3【数】29.
dźewjećdźesat L3【数】90.
dźewjećdźesaty A1【数】《序》90番目の.
dźewjećina F1【女】9分の一.
dźewjećkróćny A1【形】9回の.
dźewjećory A1【形】9倍の.
dźěd M1【男】祖父. **-owy** A1【形】.
dźědźičny A1【形】相続の, 世襲の. *dźědźičny* narok 相続請求権.
dźědźinstwo N1【中】遺産.
dźěłakmany A1【形】労働可能な, 労働能力のある.
dźěłanjekmany A1【形】労働不可能な, 労働能力のない.
dźěłanski A2【形】仕事の. *dźěłanska* drasta 作業服.
dźěłany A1【形】作られた; 人造の. to je z drjewa *dźěłane* それは木から作られている; to je z ruku *dźěłane* それはハンドメイドだ; *dźěłany* měd 人造蜂蜜.

dźěłapołny A1【形】仕事の多い．
dźěłarni|k M2【男】；**-ca** F3【女】労働組合員．
dźěłarnis|two N1【中】労働組合．**-ki** A2【形】．
dźěłarnja F6【女】作業場，仕事部屋．wučbna *dźěłarnja* 実習職場．
dźěłać V7【不完】働く；[něšto] 作る．*dźěłać* poł dnja 半日働く；syno *dźěłać* 干草を作る；drjewo *dźěłać* 木を伐る．
dźěłaćer M4【男】；**-ka** F2【女】働く人．fachowy *dźěłaćer* 熟練工；nućenski *dźěłaćer* 強制労働者；domjaca *dźěłaćerka* 家事専業婦．
dźěłaćerski A2【形】勤労者の．*dźěłaćerska* strona 労働党．
dźěłaćerstwo N1【中】《集合》労働者，従業者．
dźěłavosć F7【女】行動，活動；職．čestnohamstska *dźěłavosć* 名誉職．
dźěłavy A1 1.【形】働いている，勤勉な．2.【男】就業者，働いている人．
dźěło N1【中】仕事．dźělenje *dźěła* 分業；duchowne *dźěło* 頭脳労働；ručne *dźěło* 手仕事；mišterske *dźěło* 名作；bjez *dźěła* 仕事のない，失業して；do *dźěła* so dawać 仕事に取りかかる；na *dźěło* chodźić 仕事に行く，通勤する；to wjele *dźěła* čini それはたいへんな労力を要する；mam wjele za *dźěło* 私には仕事が山のようにある．
dźěłodawar M4【男】雇い主，求人者．
dźěłopřijimar M4【男】雇われ人，求職者．
dźěłowy A1【形】仕事の．*dźěłowe* městno 職場；*dźěłowy* čas 就労時間；*dźěłowy* dźeń 就労日．
dźěl M3【男】部分．wulki *dźěl* 大きな(重要な)部分；na dwaj *dźělaj* 二部に；*dźěl* měć 持ち分(出資分担)がある；snadny *dźěl* 端数，半端．
dźělak M2【男】除数，約数．
dźělčk M2【男】小部分；パーティクル．
dźělenje N5【中】分割；分離．*dźělenje* dźěła 分業．
dźělenski A2【形】分割の，分離の．*dźělenska* smužka 分てつ記号；*dźělensk* proces 離婚訴訟．
dźěleny A1【形】分離した，分けられた．
dźělić V6【不完】分ける，別にする．**- so** 別れる．*dźělić* so wot zastarjenych nahladow 古い見方に決別する；so *dźělić* dać 離婚

する.

dźělny A1【形】部分の.

dźělomny A1【形】分けられる；割り切れる.

dźě(n)【助】だって，でも，たしかに. je *dźě* hišće chwile でもまだ時間はあるよ；ty *dźě* to njeweš 君はでもそれを知らないでしょう；wón *dźě* we, zo... そりゃまあ，彼は…ということを知ってるが.

dźěra F1【女】穴, すき間. točenska [tóčna] *dźěra* ボーリング（なかぐり）穴.

dźěra|ty A1；**-wy** A1【形】穴のある，穴だらけの.

dźěrka F2【女】《指小》< dźěra. nosowa *dźěrka* 鼻の穴；klučowa *dźěrka* 鍵穴.

dźěrkowak M2【男】穴開け器.

dźěrkować V4【不完】穴を開ける.

dźěsćownja F6【女】養護施設.

dźěsćowski A2【形】子供の，子供じみた. *dźěsćowske* wašnje 子供っぽいやり方.

dźěćacy A1【形】子供の，子供じみた. *dźěćaca* stwa 子供部屋；*dźěćacy* wozyčk 乳母車；*dźěćacy* napad 子供じみた思いつき.

dźěćatko N1【中】《指小》< dźěćo.

dźěćatstwo N1【中】幼児期，幼年時代.

dźě|ćo, -sća, 複主／生／対 -ći；双主／対 -sći N3(b)【中】子供. za *dźěćo* přiwzać 養子にする；lěkar za *dźěći* 小児科医.

dźiw M1【男】不思議. to je bjez *dźiwa* それは驚くことではない.

dźiwadło N1【中】劇場；演劇活動. *dźěćace dźiwadło* 児童劇団；při *dźiwadle* dźěłać 演劇関係の仕事につく；Němsko-Serbske *dźiwadło* ドイツ-ソルブ劇団；nowe *dźiwadło* twarić 新しい劇場を建てる；*dźiwadło* so započina 芝居が始まる.

dźiwadłowy A1【形】劇場の，演劇の. *dźiwadłowa* hra 演劇；*dźiwadłowe* představjenje 劇場公演.

dźiwadźelni|k M2【男】；**-ca** F3【女】俳優.

dźiwajo na【前置】+《対》に鑑みて，に関連して，に従って. *dźiwajo na* jeje strowotu 彼女の健康に鑑みて；*dźiwajo na* poměry 事情に応じて；*dźiwajo na* kwalitu twory 製品の品質によって.

dźiwać V7【不完】[na někoho/něšto] 配慮する，考慮に入れる，斟酌する.

dźiwać so V7【不完】[někomu/něčemu // nad něčim // přez něšto] 驚く，驚嘆する.

dźiwi

dźiwi A3【形】野性の. *dźiwja* kačka 野ガモ；*dźiwje* swinjo 野豚, イノシシ.
dźiwina F1【女】猟獣, 猟の獲物（集合）.
dźiwnostka F2【女】奇妙な[驚くべき・珍しい]事物.
dźiwnušk M2【男】変わり者.
dźiwnuški A2【形】奇妙な, 風変わりな.
dźiwny A1【形】常ならぬ；珍妙な.
dźiwotworny A1【形】奇蹟をなす.
dźowčička F2【女】《指小》＜dźowka.
dźowka F2【女】娘. přichodna *dźowka* 義理の娘（息子の妻）；přirodna *dźowka* 継娘, 養女.

E, e

edicija F5【女】発行；版.
efekt M1【男】効果.
efektiw|ita F1；**-nosć** F7【女】効果, 効率性. **-ny** A1【形】.
efoj M3【男】キヅタ.
egoistiski A2【形】エゴイスティックな.
egoizm M1【男】エゴイズム.
ekonom M1【男】経営者；経済学者. financny *ekonom* 経営主任.
ekonomija F5【女】経済；経済性；倹約；経済学. politiska *ekonomija* 政治経済学；*ekonomija* časa 時間の節約.
ekonomika F2【女】経済, 経済制度, 経済事情.
ekonomiski A2【形】経済的な.
ekonomka F2【女】（女性の）経営者；経済学者.
eksaktn|osć F7【女】厳密, 精密. **-y** A1【形】.
eksamen M1【男】試験. **-ski** A2【形】.
ekscelenca F3【女】閣下. Waša *ekscelenca*（高官に対する敬称）閣下どの.
eksistować V4【不完】存在する.
ekskluziwny A1【形】排除的な；洗練された. wón je *ekskluziwny* 彼は人を寄せつけない.

ekskursija F5【女】遠足.
eksmatrikulować V4【不完】学籍簿から除く.
ekspansija F5【女】拡張. *ekspansija* do ranja 東方への伸張.
ekspedicija F5【女】遠征；学術調査；運送.
eksperiment M1【男】実験. přewjesć *eksperiment* 実験を行う.
eksperimentować V4【不完】実験する.
ekspert M1；-a M5【男】；-ka F2【女】エキスパート.
eksplodować V4【不完】爆発する, 破裂する.
eksplozija F5【女】爆発.
eksploziwny A1【形】起爆性の.
eksport M1【男】輸出.
eksportować V4【不完】輸出する.
ekstensiwny A1【形】拡張的な, 包括的な. *ekstensiwne* zwužitkowanje pódy 土地の包括的活用.
eksterny A1【形】外部の；外からの.
ekstra《不変》【形】特別の. *ekstra* stwa 特別室；(něšto) *ekstra* płaćić 特別に支払う.
ekstremny A1【形】極端な. *ekstremna* zyma 極寒.
ekwator M1【男】赤道.
elastiski A2【形】エラスティックな.
elektrifikowany A1【形】電化された. *elektrifikowana* železniska čara 電鉄.
elektrifikować V4【不完】電化する.
elektrika F2【女】電気工学.
elektrikar M4【男】電気屋.
elektriska A2【女】路面電車.
elektriski A2【形】電気の. *elektriski* nastroj 電気器具.
elektrizować V4【不完】電気を通す, 帯電させる；電気的ショックを与える.
elektroenergija F5【女】電気エネルギー.
elektrochemija F5【女】電気化学.
elektroindustrija F5【女】電気産業.
elektron M1【男】電子. -iski A2【形】.
elektroskowanje N5【中】電気溶接.
elektrotechnika F2【女】電気工学.
element M1【男】元素, 分子；要素.
elementarny A1【形】基礎の. *elementarna* móc 自然力, 不可抗

elipsa 68

力；*elementarne* dźělčki 素粒子；*elementarne* znajomosće 基礎知識.
elipsa F3 【女】楕円；省略.
eliptiski A2 【形】省略(形)の.
emalja F5 【女】エナメル，ほうろう.
emancipacija F5 【女】解放.
emfaza F1 【女】強調.
emigracija F5 【女】移住，移民.
emigrować V4 【不完】移住する.
emocion|alny A1；**-elny** A1 【形】感情的な.
empir [ampir] M1 【男】アンペア.
energija F5 【女】エネルギー. člowjek połny *energije* 活力に満ちた人；elektriska *energija* 電気エネルギー；jadrowa *energija* 核エネルギー.
energijowy A1 【形】エネルギーの. *energijowe* žórło エネルギー源.
energiski A2 【形】エネルギッシュな.
entuziazm M1 【男】熱狂，夢中.
epika F2 【女】叙事詩.
epizoda F1 【女】エピソード.
epocha F2 【女】時代，時期.
erozija F5 【女】浸食. *erozija* pódy 土壌の浸食.
ert M1 【男】口.
ertnica F3 【女】口腔.
ertny A1 【形】口の，口頭の. *ertne* pruwowanje 口述試験.
esenca F3 【女】精髄，エッセンス.
eses|ak M2；**-owc** M1 【男】〔史〕SS隊員.
Est M1 【男】エストニア人.
esteti|ka F2 【女】美学. **-ski** A2 【形】.
Estiska A2 【女】エストニア. **estiski** A2 【形】.
estišćina F1 【女】エストニア語.
Estowka F2 【女】エストニア人(女性).
estrad|ny A1；**-owy** A1 【形】壇上の.
etapa F1 【女】ステップ，段階. přihotowanska *etapa* 準備段階；w nowej *etapje* 新たな段階で.
etapowy A1 【形】段階の.
etaž|a F5 【女】階，フロア；アパートメント. **-owy** A1 【形】階の.

eter M1【男】エーテル.
eti|ka F2【女】倫理学. **-ski** A2【形】.
etniski A2【形】民族の. *etniska* mjeńšina 民族的少数集団.
etos M1【男】エートス；気質, 気風.
etwij M3【男】ケース, サック.
etymologija F5【女】語源(学).
Europa F1【女】欧州. srjedźna *Europa* 中欧.
Europjan M1【男】；**-ka** F2【女】ヨーロッパ人.
europski A2【形】欧州の. *europske* mišterstwo 欧州選手権.
ewakuować V4【不完】撤退させる, 退避［疎開］させる.
ewangelij M3【男】福音書.
ewangelski A2【形】福音書の；プロテスタントの.
ewentu|alnje；**-elnje**【副】できれば, 成り行き次第で.
ewentu|alny；**-elny** A1【形】ことによっては有り得る, 可能な. *ewentualny* pad 起こりうるケース；*ewentualne* ćeže 起こりうる困難.

F, f

fabla F5【女】寓話；作り話.
fabrika F2【女】工場. mašinowa *fabrika* 機械工場.
fabula F5【女】=fabla.
fachowc M1【男】専門家.
fachowy A1【形】専門の. *fachowe* znajomosće 専門知識；*fachowy* dźěłaćer 熟練工；*fachowy* wuraz 専門用語；*fachowy* wučer 専門教官；*fachowy* časopis 専門誌.
fairnosć [fɛːrnoʃtɕ] F7【女】フェア, 公明正大.
fairny A1【形】フェアな.
faksy PL1【複】おふざけ, ばかげた行い.
fakt M1【男】事実. **-owy** A1【形】.
fakultatiwny A1【形】自由選択の. *fakultatiwna* wučba 選択［自由］科目.
fałda F1【女】折り目, しわ. kóžne *fałdy* (皮膚の)しわ.

fałdaty

fałdaty A1【形】しわ[折り目・ひだ]のある. *fałdate čoło* しわの寄った額.
fałdować V4【不完】しわ[折り目・ひだ]をつける.
fala F5【女】前かけ, エプロン.
falować V4【不完】不足する, 欠けている. *jemu faluja nazhonjenja* 彼には経験が足りない.
falšno|sć F7; **-ta** F1【女】にせ, インチキ.
falšny A1【形】偽の.
falšowanje N5【中】偽造, 模造.
falšowar M4【男】偽造者.
falšować V4【不完】偽造する, 模造する；改竄する.
fanatiski A2【形】ファナティックな.
fanfar|a F1【女】ファンファーレ. **-owy** A1【形】.
fantastiski A2【形】ファンタスティックな.
fantazija F5【女】ファンタジア.
fara F1【女】司祭館, 牧師館.
farar M4【男】司祭, 牧師.
fasada F1【女】ファサード.
fašist M1【男】ファシスト. **-iski** A2【形】.
fašizm M1【男】ファシズム.
fatalny A1【形】運命的な；致命的な.
fawca F3【女】平手打ち, びんた. *fawcu wottyknyć* 平手打ちを食らわす.
faza F3【女】段階, 局面；位相.
februar M1【男】二月. *w februarje* 二月に. **-ski** A2【形】.
federacija F5【女】連邦.
fejn M1【男】(気象)フェーン；ドライヤー.
fejnować V4【不完】フェーンが吹く；ドライヤーで乾かす.
femininum M1【男】〔文法〕女性, 女性名詞.
fenk M2【男】プフェニヒ. *ani fenka njeměć* 一文なしだ.
feudalistiski A2【形】封建制度の.
feudalizm M1【男】封建制度, 封建主義. *zažny* [*pózdni*] *feudalizm* 初期[後期]封建制度.
feudalnik M2【男】封建君主.
feudalny A1【形】封建制度の, 封建的な. *feudalny knjez* 封建君主；*feudalne knjejstwo* 封建制度.
fibla F5【女】繊維.

fifolić V6【不完】さえずる.
figa F2【女】イチジク.
figura F1【女】姿, 様子；像；図.
fijałka F2【女】スミレ.
fijałkojty A1【形】スミレ色の.
fila F5【女】やすり. *płona* [kulowata] *fila* 平[丸]やすり.
filcowy A1【形】フェルトの. *filcowe* tofle フェルトの室内ばき.
filharmonija F5【女】フィルハーモニー.
film M1【男】フィルム；映画. barbojty [barbny] *film* カラーフィルム；dokumentarny *film* ドキュメント映画.
filmować V4【不完】撮影する.
filmow|c M1【男】；**-ča** F5【女】映画人.
filmowy A1【形】映画の. *filmowa* kamera 映画の撮影機.
filować V4【不完】やすりをかける.
filozof M1【男】哲学者.
filozof|ija F5【女】哲学. **-ski** A2【形】.
filt|er, -ra M1【男】フィルター. kofejowy *filter* コーヒーフィルター.
filtrować V4【不完】フィルターにかける.
filtrowy A1【形】フィルターの. *filtrowa* papjera フィルターペーパー.
Fin M1；**Fina** M5【男】フィン人(男性).
financielny A1【形】財政上の, 財務の.
financny A1【形】金融[財政・財務]の.
financować V4【不完】融資する, スポンサーになる.
Finka A2【女】フィン人(女性).
Finska A2【女】フィンランド. **finski** A2【形】.
firmowanje N5【中】(カトリックの)堅信(の秘蹟).
firmować V4【不完】堅信(の秘蹟)を授ける.
flankować V4【不完】〔スポーツ〕ウィングからセンターへ投げる.
fleksibelny A1【形】フレクシブルな.
fleksija F5【女】〔文法〕活用, 変化.
fleta F1【女】フルート.
flinta F1【女】猟銃.
flota F1【女】船団. wikowanska *flota* 商船団；rybarska *flota* 漁船団.
fluktacija F5【女】変動, 高下, 動揺.

folija F5【女】箔，フォイル.
folklor|a F1【女】フォークロア；民俗芸能. **-ny** A1【形】.
fon M1【男】フォン（音の単位）.
fonetika F2【女】音声学.
fóra F1【女】輸送，運送.
forma F1【女】形. *forma* zemje 地球の形；bjez *formy* 形のない，無定形の.
formacija F5【女】形成，構成；（軍の）編成，編隊；累層，地質系統.
formalistiski A2【形】形式主義的な.
formalita F1【女】形式，しきたり，（正式な）手続き.
formalny A1【形】形式的な，形式上の. to je čisto *formalna* naležnosć これは全く形式的な事柄です.
formelny A1【形】形式ばった；正式の. *formelne* powitanje 型通りの挨拶.
forměrować V4【不完】形作る；隊列を作る. **- so** 形作られる；隊列を成す.
formula F5【女】式. matematiska *formula* 数学の式.
formulacija F5【女】表出，文言. rozumliwa *formulacija* prašenja 質問のわかりやすい表現（のしかた）.
formulować V4【不完】（適切に）表現する，定義する，定式化する.
fosil，複主 -ije M1【男】化石.
foto N1【中】；**-grafija** F5【女】写真. čornoběła *fotografija* 白黒写真.
fotografować V4【不完】写真にとる.
frakcija F5【女】（党の）分派，（議会の）会派.
Francoska A2【女】フランス. **francoski** A2【形】.
francošćina F1【女】フランス語.
Francoz M1；**-a** M5【男】フランス人（男性）.
Francozowka F2【女】フランス人（女性）.
frankěrować V4【不完】切手を貼る；郵送料を前納する.
fraza F3【女】フレーズ，句.
freza F3【女】フライス. sněhowa *freza* 積雪噴射車，スノーブロアー.
frizer M1【男】美容師（男性）.
frizerski A2【形】美容[理容]の. *frizerski* salon 美容院.
frizeza F3【女】美容師（女性）.
frizěrować V4【不完】髪をセットする，パーマをかける.

frizura F1【女】髪のセット，パーマ.
fronta F1【女】前面，前線. wuswobodźenska *fronta* 解放前線.
frontalny A1【形】正面の，前面の. *frontalna* zražka 正面衝突；*frontalny* nadběh 正面攻撃.
frotejowy A1【形】摩擦用の.
froterować V4【不完】(摩擦用タオルで)擦る，摩擦する. – so (自分の体を)擦る，摩擦する.
frunčeć V5【不完】ブンブン[ブーンと]いう，低い唸り音をたてる.
fuk【助】：wón je *fuk*！彼は消え失せた！a hiže bě *fuk*！あっという間に姿を消した！
fukać V7【不完】[někoho] からかう，おちょくる.
fukowy A1【形】：*fukowy* płat 安物の布.
fung(ěr)ować V4【不完】働く，機能する. jako sudnik *fungować* 裁判官の職を勤める.
funkać V7【不完】投げ飛ばす.
funkcija F5【女】関数；機能.
funkcionar M4【男】；**-ka** F2【女】役員. stronski *funkcionar* 党役員.
funkciski A2【形】機能の. *funkciska* wěstosć 安全作動性，機能的安全性.
furawa F1【女】ガラガラ(玩具)；下痢.
furnyć V4【完】ちらりと姿を見せる，さっと隠れる.
futur M1【男】未来.
fyrkać V7【不完】(虫が)ブンブンいう；鼻をならす.
fyzika F2【女】物理学. **-liski** A2【形】.
fyzikar M4【男】；**-ka** F2【女】物理学者.
fyziski A2【形】物理的な，物質的な. *fyziske* mocy 自然力；*fyziska*(zemjepisna) karta 自然(地形)図.

G, g

gagot M1【男】(ガチョウなどが)ガーガー鳴くこと.
gagotać V7【不完】ガーガー鳴く.

galerija

galerija F5【女】ギャラリー. wuměłstwowa *galerija* 画廊.
ganzor M1【男】ガチョウの雄.
garantija F5【女】保証.
garantijowy A1【形】保証の. *garantijowe* wopismo 保証書.
garantować V4【不完】保証する.
garaža F5【女】ガレージ.
garbar M4【男】革職人.
garbarnja F6【女】革なめし作業所.
garderoba F1【女】手荷物預かり所；洋服ダンス. płašč při *garderobje* wotedać コートをクロークルームに預ける；kłobuk na *garderobu* powěsnyć 帽子を洋服ダンスに掛ける.
gardina F1【女】カーテン.
garněrować V4【不完】飾りをつける；飾って盛り付ける.
gazolin M1【男】ガソリン.
gaža F5【女】ギャラ.
generacija F5【女】世代.
general M3【男】将軍.
generalny A1【形】総…；将官の. *generalna* reparatura 総修復；*generalny* sekretar 事務総長；*generalny* połkownik 大将.
generalski A2【形】将軍の. *generalski* uniform 将軍の制服.
generelny A1【形】一般の, 普通の.
genialny A1【形】天才的な, 独創的な.
genitiw M1【男】〔文法〕生格. **-ny** A1【形】.
geografija F5【女】地理.
geografiski A1【形】地理の, 地形の. *geografiska* dołhosć 緯度；*geografiska* šěrina 経度.
geolog M2；**-a** M5【男】地学者, 地質学者.
geologija F5【女】地学, 地質学.
geologiski A2【形】地学の, 地質学の. *geologiske* slědźenja 地質調査.
geometrija F5【女】幾何学.
geometriski A2【形】幾何学の, 幾何学的な. *geometriske* figury 幾何学模様.
Georgiska A2【女】グルジア. **georgiski** A2【形】.
germanistika F2【女】ゲルマニスティカ.
germanizacija F5【女】ドイツ化.
germanizm M1【男】ゲルマニズム.

germanizować V4【不完】ドイツ［ゲルマン］化する．
gestapowc M1【男】ゲシュタポ．
gestika F2【女】ジェスチャー，身振り．
gešeft M1【男】ビジネス．
gigantiski A2【形】巨大な．
gingawa F1【女】スイレン．
gipsować V4【不完】漆喰を塗る，石膏で処理する；ギプスを施す．
gipsowy A1【形】ギプスの．
girowy A1【形】振替の．*girowe* konto 振替口座．
gitara F1【女】ギター．hrać na *gitarje* ギターを［で］弾く．
glazěrować V4【不完】うわ薬［ほうろう］をかける．
glazura F1【女】うわ薬，ほうろう．
glosa F3【女】注釈．
gmejna F1【女】市町村の自治体．rada *gmejny* 自治体の議員；zwjazk *gmejnow* 市町村連合．
gmejnski A2【形】自治体の．*gmejnske* zastupnistwo 自治体の代表．
golfowy A1【形】ゴルフの；湾の，内湾の．*golfowe* hrajnišćo ゴルフ場；*golfowy* prud 湾流．
gotika F2【女】ゴシック様式．pózdnja *gotika* 後期ゴシック様式．
gotiski A2【形】ゴシックの．*gotiske* twarske wuměłstwo ゴシック様式の建築術．
graciozny A1【形】優美な．
grafika F2【女】グラフィック．nałožowana *grafika* グラフィック・デザイン．
grafikar M4【男】；**-ka** F2【女】グラフィックデザイナー．
grafiski A2【形】図の，図形化された．*grafiske* předstajenje 図式，図解．
gramatika F2【女】文法．
gramatiski A2【形】文法の．*gramatiske* prawidła 文法規則．
grandiozny A1【形】壮麗な，壮大な．すばらしい．
grat M1【男】道具，用具．*graty* blidarja 指物道具；ratarske *graty* 農具；drjewjane *graty* 木具；jědźny *grat* 食器；pisanski *grat* 筆記具；konjacy *grat* 馬具．
gratować V4【不完】（馬を）つなぐ．
gratowy A1【形】道具の；食器の．*gratowa* šnóra（電気器具などの）コード；*gratowy* kašćik 食器入れの箱．

gratulacija

gratulacija F5【女】祝福. narodninska *gratulacija* 誕生祝い.
gratulaciski A2【形】祝いの. *gratulaciska* karta お祝いのカード.
gratulować V4【不完】祝福する.
graw M1【男】; **-anje** N5【中】吐き気，嫌悪感. čuć *graw* 嫌悪を感じる.
grawać V7【不完】[někoho] 吐き気を催させる. mje to *grawa* wo tym rěčeć それについて話すのは私には嫌でたまらない. **- so** [něčeho//před něčim] 吐き気がする，嫌でたまらない. ja *so* na toho napohlada *grawam*. その有様は私には吐き気がするほど嫌だ.
grawoćiwy A1【形】ムカつく，嫌な. *grawoćiwe* zadžerženje 嫌らしい振る舞い; *grawoćiwe* wjedro 忌々しい天気; to *grawoćiwje* smjerdźi ひどい臭いだ.
gremij M3【男】専門委員会, 審議機関.
grip|a F1【女】インフルエンザ. chory być na *gripu* インフルエンザにかかっている. **-owy** A1【形】.
Grjek M2【男】; **-owka** F2【女】ギリシャ人.
Grjekska A2【女】ギリシャ. **grjekski** A2【形】.
grjekšćina F1【女】ギリシャ語.
Grodk M2【男】シュプレンベルク（ラウジッツの地名）.
gr|ót, -ota M1【男】針金, ワイヤー. kałaty *grót* スチールワイヤー. **-oćany** A1【形】.
groćik M2【男】《指小》<*grót*.
gulaš M3【男】グヤーシ（ハンガリー風のパプリカ入り煮込み料理）.
gumij M3【男】ゴム. pěnojty *gumij* フォームラバー.
gumijowc M1【男】ゴムの木.
gumijowy A1【形】ゴムの. *gumijowe* rukajcy ゴム手袋.
gwałt M1【男】力; 圧力, 権力. na wšón *gwałt* 有無を言わさず; ze *gwałtom* 力ずくで.
gwałćić V6【不完】強いる.
gymnastika F2【女】体操. rańša *gymnastika* 朝の体操.
gyrgawa F1【女】喉, 咽喉.

H, h

ha【助】ならば. što *ha* 一体それなら
habitus M1【男】外見, 姿形；外的特徴.
habla F5【女】マツカサ.
hablojty A1【形】マツカサ状の.
Habola F5【女】ハーフェル川.
hač【副】〈比較級のあとで〉よりも. mjenši *hač* より少さい；sy lěpje sčiniła *hač* ja あなたは私よりもうまくやった.〈まで〉：předy *hač* する前に；*hač* do soboty 土曜日まで；wšicy *hač* na jednoho 一人を除いて残らず；čakaj, *hač* ja přińdu 私が着くまで待っていて.〈かどうか〉：njewěm, *hač* wona přińdźe 女が来るかどうか私は知らない；za tym *hač* 次第で；za tym *hač* budźe wjedro 天気になるかどうかで.
hačkuli【副】ではあっても. spytachmy wšitko, *hačkuli* wědźachmy, zo... われわれは…ということは知っていたけれども, あらゆることを試みた；njemóžach (sej) wusnyć, *hačkuli* běch mučny 疲れていたのに私は寝つくことができなかった；nóc běše swětła, *hačkuli* měsačk njeswěćeše 月は照っていなかったのに夜は明るかった.
hačrunjez【副】=hačkuli.
had M1【男】ヘビ.
hadojty A1【形】ヘビのような形の.
hadrija F5【女】けんか, 口論.
hadrješćo N3【中】雑巾, 布巾.
hadrować so V4【不完】口論する, けんかする.
hadźacy A1【形】ヘビの. *hadźacy* kral 蛇王（ソルブ民話の題材）；*hadźacy* jěd ヘビ毒.
hadźica F3【女】（車などの）チューブ, ゴム管；ヘビ（メス）.
haj[1]【間投】（肯定の答え）はい.
haj[2] M3【男】林. zeleny *haj* 広葉樹林.
hajaty A1【形】林の；木の多い.

hajenje N5【中】養育，保護. *hajenje* kulturneho namrěwstwa 文化遺産の保存.
hajer M4【男】; **-ka** F2【女】保護者.
hajić V6【不完】育成する，保護する. maćernu rěč *hajić* 母語を守り育てる; zwěristwo a rostlinstwo domizny *hajić* 故郷の動植物を守る.
hajk M2【男】《指小》<haj; 小さな森[林].
hajnik M2【男】森の管理人.
hajnistwo N1【中】林業;（森での）猟.
hajnišćo N3【中】（森の）保護区，禁猟区;囲い地.
hajnkownja F6【女】営林所，（森番の）詰所.
hakle【副】はじめて，ようやく. *hakle* dźensa wo tym zhonich 今日初めてわたしはそれについて知った; mamy *hakle* połojcu puća za sobu ようやく道半ばに達したところだ.
hał(u)za F3【女】枝.
hał(u)žka F2【女】《指小》<hał(u)za.
hala F5【女】ホール. wustajenska *hala* 展示ホール; sportowa *hala* 体育館のホール.
halekać V7【不完】叫ぶ，ほえる.
halowy A1【形】ホールの. *halowa* kopańca 屋内サッカー; *halowe* wuběd źowanja 屋内競技.
Halštrow M1【男】エルスター（川）.
hamor M1【男】ハンマー.
hamt M1【男】官公庁;職務. **-ski** A2【形】*hamtske* zdźělenje 公報.
hańba F1【女】恥. mje je *hańba* 私は恥ずかしい.
hańbićiwy A1【形】恥ずかしがりの，慎み深い.
hańbny A1【形】=hanibny.
hańbować so V4【不完】恥じ入る.
handikap [hendikep] M1【男】ハンディキャップ.
hanibny A1【形】破廉恥な，恥すべき.
hanić V6【不完】辱める，ののしる.
hanjeć V8【不完】: wokoło *hanjeć* 駆けずり回る，走り回る.
hara F1【女】大騒ぎ;気苦労，煩わしさ. *haru* ćěrić 騒ぐ; *haru* měć（z *někim*）（誰のことで）心を煩わす; nječińće sej *hary* どうぞお気遣いなく.
harfa F1【女】ハープ.

harmonija F5【女】調和, 和声, ハーモニー.
harmonika F2【女】アコーディオン, ハーモニカ.
harmoniski A2【形】調和の(とれた), 和声の.
harować V4【不完】騒ぐ, 暴れる;(kožu) 革をなめす.
has|a F3【女】通り, 街路. **-ka** F2【女】《指小》.
hasnyć V3【完】; **hasyć** V6【不完】[něsto] 消す;消える. *hasnyć* swěcu [telewizor] 明り[テレビ]を消す; *hasnjeny* wulkan 死火山.
hašak M2【男】消火器.
hašer M4【男】消防隊員.
hašeć V8【不完】[něsto] 消火する.
hat M1【男】池.
hatny A1【形】池の. *hatna* mušla ドブガイ.
haćenje N5【中】堤防, ダム;障害, 妨げ. *predrěw haćenje* 堤防決壊; *rěčeć bjez haćenja* 淀みなく話す.
haćidło N1【中】障害(物). wjele *haćidłow* přewinyć 幾多の障害に打ち勝つ.
haćić V6【不完】[někoho/něsto] 防ぐ, 塞き止める;妨げる.
hawarija F5【女】破損, 事故.
hawron M1【男】ミヤマガラス.
hawronić V6【不完】ぶらつき回る.
hdy【副】《疑問》いつ;《不定》いつか. *hdy* da 一体いつ; hač so *hdy* wustrowi? 彼は一体いつかよくなるのかどうか? *hdy* bych to wědźał, njebych to sčinił. それを私が知っていたらやりはしなかっただろう.
hdys a hdys【副】時に.
hdyž【接】時;…の場合. *hdyž* so na puć podachmy, započa so dešćować 私たちがちょうど出発したとき, 雨が降り始めた; *hdyž* so napinaš, to docpěješ 努力すれば君はそれに到達するだろう; *hdyž* to sam njedokonja, pomhamy jemu 彼が自力で成し遂げられなければ, 私たちが助けよう.
hdyžkuli【接】…する時はいつも. wuknyć dyrbjach, *hdyžkuli* měja ch trôšku chwile. 私は少しでも時間があるときはいつも勉強しなければならなかった.
hdźe【副】《疑問》どこへ, どこで. *hdźe* da 一体どこに; *hdźe* ty dźeš? 君はどこへ行くの?
hdźež【接】の場所で. wona wosta tam, *hdźež* bě studowała 彼女

hdźežkuli

は学業を修めたその地にとどまった．
hdźežkuli【接】…ところではどこでも．
hečka F2【女】足台．
heja F5【女】こん棒；ハンマー；石頭．twjerdu *heju* měć 頑固だ．
hejaty A1【形】頑固な．
hejduš F7【女】ソバ粉，ひき割り小麦粉．
hejkojty A1【形】ハンマー(状)の．*hejkojta* jehlička 止め針．
hejsowak M2【男】伊達男，プレイボーイ．
hejsować V4【不完】ぶらぶらする，贅沢三昧する．
hejtman M1【男】管区長；大尉；リーダー．
hekti|ka F2【女】消耗性疾患：大急ぎ，性急．**-ski** A2【形】．
hela F5【女】地獄．
helčić so V6【不完】[někomu] ご機嫌をとる，優しくする．
helikopt|er, -ra M1【男】ヘリコプター．
helski A2【形】地獄の；ものすごい，すさまじい．*helska* hala 大騒ぎ；*helske* čwěle ものすごい苦痛．
hepjel M3【男】暴れん坊，いたずら者．
herba M5【男】相続者．
herbstwo N1【中】遺産．kulturne *herbstwo* 文化遺産．
herc M1【男】楽士，旅音楽家．
hermank M2【男】年の市，縁日．
hermetiski A2【形】気密の，密閉された．
heroiski A2【形】英雄の，英雄的な；勇敢な，華々しい．
heroizm M1【男】ヒロイズム．
hesło N1【中】スローガン；モットー；(辞書の)見出し語．
hewak【副】でなければ；普通なら；他には．kaž *hewak* 普通通りに；powědaše wjace hač *hewak* 彼は常より多く話した；zašo hač *hewak* 普段より早く；jenož wón to wě, *hewak* ničhtó 彼が知らなければ他に知る者もない；wona njeje *hewak* ničo dale powědała 彼女はそれ以上のことは何もしゃべらなかった．
hewrjekać V7【不完】喚く，唸る．
hěta F1【女】小屋．psyča *hěta* 犬小屋．
hibanje N5【中】運動．narodne wuswobodźenske *hibanje* 人民解放運動；měrowne *hibanje* 平和運動．
hibać V7【不完】動かす；持ち上げる．**-so** 動く，活動する；(パン生地が)膨れる．často so *hiba* パン生地が膨らむ．
hibićiwosć F7【女】活気に満ちていること．

hibićiwy A1【形】活動的な，活発な．
hibnyć V3【完】動かす，活動させる．*njehibnyć* porsta 指一本動かさない．**-so** 動く，活動する．
hibot M1【男】動き．
hibotać so V7【不完】動く．
hida F1【女】[na něšto] 憎しみ．
hidypołny A1【形】憎しみに満ちた．
hidźić V6【不完】憎む，恨む．
hikalc M1【男】憐れな奴．
hikać V7【不完】しゃっくりが出る．
hikawka F2【女】しゃっくり．mje *hikawka* storka 私はしゃっくりがとまらない．
hinak【副】別に，異なって．wo tym myslu *hinak* それについては私は違う考えを持っている．
hinaši A3【形】（事物，事態などが）別の．wěc je *hinaša* 事実[問題]は別なのです．
hinyć V3【不完】衰える，痩せる；死ぬ．
historikar M4【男】；**-ka** F2【女】歴史家．
historiski A2【形】歴史の，歴史的．
hišće【副】まだ，さらに．*hišće* je chwile まだ時間はある；*hišće* jedyn pospyt もう一度の試み．
hić, du, dźeš；du；否定 njeńdu, njeńdźeš；未来 póńdu, póńdźeš；過去 dźěch, dźěše；過去否定 njeńdźech, njeńdźeše；命 dźi！；dźiće！；否定命 njeńdź！；njeńdźće！；完分 šoł, šła；šli；štoj；能動分 ducy V9【不完】《定》（徒歩で）行く；進む．*hič* po（*někoho*）（誰を）迎えに行く；runu smuhu *hič* 直進する；schody dele *hič* 階段を下る；*hič* po palcach 爪先立ちで歩く；na dźěło *hič* 仕事に行く；so lehnyć *hič* 就寝する；to njeńdźe うまく行かない；*dźe* wo to それが問題なのだ，それについてのことだ；wo čo *dźe*? 何なの？何が問題なのですか？dźěło *dźe* wot rukow 事がうまく行く．
　-so：mi *so* derje *dźe* 私は調子がいい；kak *so* wam *dźe*? 調子はいかがですか？deščik *so dźe* 雨が降っている．
hižo【副】もう，すでに．je *hižo* pozdźe もう遅い；wón *hižo* dołho čaka 彼はもう長いこと待っている；wo to so *hižo* njestaram もはやそのことを私は心にかけない．
hładk|i A2【形】平らな，滑らかな．**-osć** F7【女】滑らか，平ら．
hładkować V4【不完】平らにする．

hładši A3【形】《比》＜hładki.

hładźina F1【女】（鏡のような）水面. mórska *hładźina* 平らな海原.

hładźić V6【不完】撫でる，磨いてつるつるにする. *hładźić* po hłowje 頭を撫でる.

hłód, hłoda M1【男】飢え. *hłód* tradać 飢える；z *hłodom* 飢えて.

hłódny A1【形】空腹の，飢えた.

hłójčka F2【女】《指小》＜hłowa；（野菜の）球. *hłójčka* solotej レタス一個.

hłójčkaty A1【形】頭のある；球状の. *hłójčkaty* solotej 球になったレタス.

hłós, hłosa M1【男】声；旋律. z *hłosom* 大声で.

hłósny A1【形】声の. *hłósna* wotwěra 声門.

hłosować V4【不完】（楽器の）音を合わせる；投票する.

hłosowka F2【女】声帯.

hłowa F1【女】頭，主要部. *hłowa* swójby 家長；*hłowa* stata 国家元首；zadnja *hłowa* 後頭部；z nahej *hłowu* 無帽で；bjez *hłowy* うろたえた；swojeje *hłowy* być わがまま，強情である；*hłowu* njezhubić 毅然としている；z *hłowy* wuknyć 暗記する；přez *hłowu* so mjetać とんぼ返りする；頭が混乱する，何から手をつけたらいいのかわからない；na to *hłowa* steji そのためなら首をかけてもいい；wón njeje na *hłowu* dyrjeny 彼はそんな馬鹿じゃない.

hłowak M2【男】枕.

hłownja F6【女】銃身.

hłowny A1【形】頭の；主要な. *hłowne* dźěło 代表作；*hłowna* droha 目抜き通り.

hłowojca F3【女】端綱.

hłowybolenje N5【中】頭痛.

hłowyłamanje N5【中】頭痛の種.

hłubik M2【男】キャベツなどの茎.

hłubina F1【女】深み，深さ，奈落.

hłubje【副】《比》＜hłuboko.

hłuboki A2【形】深い. *hłuboke* morjo 深海；*hłuboki* puć 切り通し.

hłuboko【副】深く.

hłubokomyslny A1【形】深い意味のある.
hłubokosć F7【女】深さ. *hłubokosć* wody 水深.
hłubokozrudźeny A1【形】深く悲しんだ.
hłubši A3【形】; **hłubšo**【副】《比》＜hłuboki.
hłuchawa F1【女】オドリコソウ.
hłuchi A2【形】聾の.
hłuchoněmy A1【形】聾啞の.
hłuchosć F7【女】聾.
hłupak M2【男】バカ者.
hłupikojty A1【形】まぬけた, ばかばかしい.
hłuposć F7【女】馬鹿げたこと. *hłuposće* worać 馬鹿なことをする.
hłupy A1【形】馬鹿な, 愚かな; ナンセンスな.
hladajcy【副】目立って. wón so *hladajcy* zhraba 彼は目立って元気になった.
hladanišćo N3【中】視点.
hladanje N5【中】見ること; 検査, 診察. směr *hladanja* 目を向ける方向; *hladanje* choreho 病人の診察; *hladanje* ćeła 身体検査.
hladanski A2【形】検査の. *hladanski* personal 検査要員.
hladar M4【男】; **-ka** F2【女】検査[診察]官.
hladać V7【不完】[(na) někoho/něšto] 見る, 目を向ける; 検査する, 診察する; 予見する. *hladajće* na taflu! 黒板を見てください! *hladać* do wočow 目を覗き込む; *hladać* na telewiziju テレビを見る; *hladać* choreho 病人を診る; dźaka *njehladaj*! 感謝は当てにしないでね! **- so** [někoho/něčeho]（誰／何に）気をつける, 警戒[用心]する. **- sej** [něšto]（何を）大事にする.
hladawko N1【中】鏡.
hlebija F5【女】槍. mjetanje *hlebije* 槍投げ.
hlej; **hlejće**【間投】ほら！ねえ！
hlina F1【女】粘土, ローム. běła *hlina* 白土.
hlinina F1【女】黄土.
hlinjany A1【形】粘土(質)の. *hlinjana* hěta 土壁の小屋; *hlinjane* sudobjo 土器, 陶器.
hlinojty A1【形】粘土質の.
hnada F1【女】(神の)恩寵, 慈悲.
hnadny A1【形】慈悲深い.
hnać,(現在, 未来, 過去, 命, 能動分は ćerić を代用）完分 hnał, hnała V9【不完】追う, 駆る.

hněw M1【男】怒り. z *hněwom* napjaty 怒りに満ちた.
hněwać V7【不完】怒らせる. to mje *hněwa* それは私を怒らせる，頭に来る. ~ **so** [přez někoho/něšto]（誰／何に）腹を立てる，怒る.
hněwny A1【形】怒った. sy *hněwny* na mnje? 君は私に腹を立てているの？
hnězdak M2【男】（親鳥の保護が必要な）ヒナ.
hnězdo N1【中】巣.
hnězdźić V6【不完】巣を作る.
hněžko N1【中】《指小》＜hnězdo.
hnilizna F1【女】腐敗，腐乱.
hnić V2【不完】腐る.
hn|ój, -oja M3【男】糞，堆肥.
hnojenje N5【中】肥やし［肥料］をやること.
hnojić V6【不完】肥やしをやる；肥やしになる. polo *hnojić* 畑に肥やしをやる；wóčko *hnoji* 結膜炎になる.
hnojiwo N1【中】肥料. kupne [chemiske] *hnojiwo* 人造［化学］肥料.
hnójnišćo N3【中】堆肥置場.
hnojowy A1【形】肥料の.
hnuć V2【不完】感動させる；ぐいと引っぱる. to je mje hłuboko *hnuło* それは私を深く感動させた；*hnuć* sebi（*něšto*）（自分の体の箇所を）脱臼する；z městna so *hnuć* その場を離れる.
hnydom【副】いきなり，直ちに. přińdu *hnydom* 今すぐ行きます；to ma so *hnydom* sčinić それは直ちにやってしまわなくては；*hnydom* pódla すぐ脇に.
hnydomny A1【形】即座の. *hnydomny* rozsud 即決，即刻の裁定；twora je za *hnydomnu* přetrjebu その品物は即座に必要なものです.
hob|er, -ra M1【男】巨人. sylny kaž *hober* 巨人のごとく強い.
hoberski A2【形】巨人のような；巨大な. *hoberske* mocy 怪力；*hoberske* skały 巨大な岩壁.
hóčka F2【女】小さな鉤；アポストロフィ（'）.
hóčkowanje N5【中】鉤針編み.
hóčkować V4【不完】鉤針編みをする.
hódančko N1【中】謎. złóžkowe *hódančko* 綴り字謎.
hódać V7【不完】謎を解く.
hódnje【副】値する，ふさわしい. *hódnje* woswjećić 祝うに値する.

hódno【副】《述語》価値がある．to je *hódno*(行うに)値する．
hódnota F1【女】価値．postajenje *hódnoty* 査定，価値[価格]決定．
hódnotny A1【形】価値の高い，貴重な．
hódnoćić V6【不完】査定[評価]する．
hódny A1【形】[něčeho] 価値ある；ふさわしい．wobhladanja *hódny* 見る価値のある；čłowjeka *hódny* 人間にふさわしい；to njeje rěče *hódne* 語るに値しない．
hodownička F2【女】降誕祭(の休日)．
hodownik M2【男】十二月．
hodowny A1【形】クリスマスの．*hodowne* přihoty クリスマスの準備；*hodowny* štom クリスマス・ツリー．
hody, hód PL1【複】クリスマス；(植物)クリスマスローズ．k *hodam* クリスマスに．
hódź《不変》《述語》ふさわしい；役に立つ；受け入れられる；折りよく．*hódź* być (*někomu*)(誰にとって)都合がいい；*hódź* přińdźe 彼はちょうどいい折りにやってきた；to njepřińdźe joj *hódź* それは彼女(の好み・都合)に合わなかった．
hodźeć so V5【不完】適切である，ふさわしい，できる．to *so hodźi* うまくいく，具合がいい；wo tym *hodźi so* rěčeć それについて言える，あてはまる；to *so njehodźi* hromadźe それは一緒にはできない；k ničemu *so njehodźeć* 何の役にも立たない．
hodźina F1【女】時間；学校の授業時間．po *hodźinach* 時間制の；kóždu *hodźinu* 毎時；w tutej [nětčišej] *hodźinje* ただ今，今現在；poł *hodźiny* 半時間；połdra *hodźiny* 1時間半；*hodźinu* jako *hodźinu* 絶えず；*hodźiny* dawać 授業をする．
hodźinski A2【形】時間の．*hodźinski* plan 時間割．
hojenje N5【中】治療．
hojenski A2【形】治療の．*hojenski* srědk 薬；*hojenske* zela 薬草．
hojernja F6【女】治療所，療養所．
hojić V6【不完】治療する．
hoka F2【女】鉤；フック．drastowa *hoka* 洋服掛け．
hokej M3【男】ホッケー．
hołb M4【男】鳩．dźiwi *hołb* ヤマバト，野バト．
hołbica F3【女】(雌の)鳩．
hołbik M2【男】《指小》<hołb．
hołbjacy A1【形】鳩の．*hołbjace* jeja 鳩の卵．
hołbjenc M1【男】鳩舎．

hołbjer M4【男】鳩の飼育者.
hołbjerstwo N1【中】鳩の飼育.
hołd M1【男】; **-owanje** N5【中】崇拝, 尊敬.
hołdować V4【不完】[někomu] 敬意を表する, 敬う; 信奉する.
hołk M2【男】音の轟き, 大音響, 大騒ぎ.
hoły A1【形】むき出しの, 裸の; 空の. z *hołymaj* rukomaj 素手で, 徒手で; *hołe* sćěny むき出しの壁; pod *hołym* njebjom 野外で, 戸外で; *hołe* slubjenja から約束; wón rěči *hoły* njezmysł 彼はまったく無意味なことを話す.
hola F5【女】ホラ(ラウジッツ一帯の砂地に広がる林).
holan M1【男】; **-ka** F2【女】ホラの住人.
holanski A2【形】ホラの. *holanska* jahodka コケモモの一種; *holanska* narěč ホラ地帯の方言.
hólc M1【男】少年, 若者.
holca F3【女】少女, 娘; 下働きの娘.
holčacy A1【形】少女の; 娘らしい. *holčace* chołowy 女子用のズボン.
hólčacy A1【形】少年の; 少年らしい. *hólčace* črije 男子用の靴.
hólčec M1【男】青年.
holči A3【形】少女の, 娘時代の. *holče* mjeno 女名(実家の名前).
hólči A3【形】少年の. *hólči* chór 少年合唱[団].
hólčk M2【男】《指小》<hólc.
hólčka F2【女】《指小》<holca.
holč|o, -eća, 複主 -ata N3【中】娘, 少女.
hólč|o, -eća, 複主 -ata N3【中】少年, 若者.
holičo N3【中】=holčo.
holina F1【女】(森の中の)空き地.
homołka F2【女】雲; トリュフ.
hona PL1【複】畑, 耕地.
honač M3【男】雄鶏; 栓, コック. spěwachu prěnje *honače* 一番鶏が啼いた; wodowy *honač* 水道のコック; zawjertnyć *honač* 栓を閉める.
honić V6【不完】追う, 駆り立てる. **-so** ぶらぶらする, 放浪する.
honjak M2【男】戦闘機.
honjeńca F3【女】走り回ること; 追跡, 追撃.
hońtwa F1【女】狩り. zaječa *hońtwa* 兎狩り.
hońtwjer M4【男】猟師.

hońtwjerić V6【不完】狩りをする.
hońtwjernja F6【女】猟師小屋.
hońtwjerski A2【形】猟師の. *hońtwjerski* spěw 狩人の歌；*hońtwjerski* psyk [pos] 猟犬.
hopla!【間投】おっと！ホレッ！
hora F1【女】山. wjeršk *hory* 山頂；lodowa *hora* 氷山；z *hory* dele 山から下って；na *horu* horje 山を登って；za *horu* 山の向こうに；wjednik po *horach* 登山案内人，強力.
horaty A1【形】山地の，山がちな.
horb M1【男】背中の瘤.
horba|č M3【男】せむし，猫背の人. **-ty** A1【形】.
horbić so V6【不完】背を丸める；アーチ型になる.
horco【副】暑く，熱く. mi je *horco* 私は熱い；*horco* diskutować 熱心に議論する；(*někoho*) *horco* lubować (誰を)熱愛する.
horcokrejny A1【形】熱血の.
horcota F1【女】熱，白熱；暑さ.
horcy A1【形】暑い，熱い，熱した. (*někomu*) *horcy* dźak wuprajić (誰に)心からの礼を述べる.
hórčina F1【女】山脈.
hordak M2【男】尊大な[うぬぼれた]人.
hordło N1【中】(鳥の)そ嚢，餌袋.
hordostny A1【形】気高い，崇高な.
hordosć F7【女】誇り；自慢，高慢.
hordozny A1【形】誇り高い；尊大な.
hordula F5【女】うぬぼれ女.
hordy A1【形】[na něšto] (何を)誇った；高慢な.
hordźak M2【男】自慢屋，ほらふき.
hordźić so V6【不完】自慢する；気取る.
horinaty A1【形】山の多い.
horinski A2【形】山脈[山岳地帯]の. *horinska* rěčka 渓流；*horinski* hrjebjeń 山の背；*horinski* přesmyk 峠；*horinski* rjećaz 山脈.
horiny PL1【複】山岳地帯. rjećazowe *horiny* 連山；sfałdowane *horiny* 褶曲山脈.
horić so V6【不完】[za něšto//za něčim] 熱中している. za wjećenjom *so horić* 復讐の念に燃える.
horje【副】上へ. pój *horje* 上がっておいで！po rěce *horje* jěć 川沿

hórje

いに上って(乗り物で)行く；puć wjedźe nahle *horje* 道は急に上りになる；horu *horje* 上り坂で，〔比喩〕勢いに乗って．
hórje【副】《比》＜złe；より悪く．*hórje* hač złe 最悪だ．
horjeka【副】上の．wokno *horjeka* wočinić 上の窓を開ける；*horjeka* mjenowany 先[上]に言及された；wot *horjeka* prajić 高慢なことを言う．
horjenk M2【男】(トランプの)オーバー(クイーンに相当)．
horjo N4【中】苦悩，悲しみ．
hórka F2【女】《指小》＜hora．
hórkosć F7【女】苦いこと，苦々しさ，腹立ち．
horliwc M1【男】熱心な人．
horliw|osć F7【女】熱心，熱意．**-y** A1【形】熱心な．
hornc M1【男】壺．
hornčer M4【男】；**-nja** F6【女】壺作り職人．
hornčerski A2【形】壺(職人)の；陶土の．*hornčerska* tačel ろくろ；*hornčerski* hornc 陶製の壺．
hornčerstwo N1【中】壺作り(の職)．
hornčk M2【男】《指小》＜hornc．
horni A3【形】上の，上部の．*horni* běh (川の)上流；*hornje* čeło 上半身．
hórni|k M2【男】坑夫．**-ski** A2【形】坑夫の；採鉱[鉱業]の．
hórnistwo N1【中】採鉱，鉱業．brunicowe *hórnistwo* 褐炭採掘(業)．**-wy** A1【形】．
Hornja Łužica A3-F3【女】上ラウジッツ．
Hornjołužičan M1【男】；**-ka** F2【女】上ラウジッツの住人．
hornjołužiski A2【形】上ラウジッツの．
Hornjoserb M1【男】；**-owka** F2【女】上ソルブ人．
hornjoserbsce【副】上ソルブ語で．
hornjoserbski A2【形】上ソルブ(語)の．
hornjoserbščina F1【女】上ソルブ語．
hórski A2【形】山の．*hórski* kraj 山国；*hórski* jězor 山岳湖．
horstka F2【女】一握り．*horstka* ludźi 少数の人々．
hóršenje N5【中】悪化．
hórši A3【形】《比》＜zły；より悪い．ničo *hórše* hač … より悪いものはない，最悪なのは…だ．
hóršić so V6【不完】悪化する；嘆く．
horšć F7【女】一握り．z *horšću* hrabać 手ですくう．

hortnerka F2【女】保母.
hospitacija F5【女】聴講.
hospitant M1【男】聴講生, 実習生.
hospitować V4【不完】聴講生[実習生]として授業[実習]に参加する.
hospoda F1【女】宿, 旅館.
hospodar M4【男】家主；旅館などの主人.
hospodarič V6【不完】経営する, （家政を）切り盛りする.
hospodarski A2【形】経営[経済]の, 家政の. *hospodarska* wotnožka 経営部門；*hospodarska* politika 経済政策；*hospodarske* wuwiće 経済発展.
hospodarstwo N1【中】経済. energijowe *hospodarstwo* エネルギー経済；žiwidłowe *hospodarstwo* 食糧経済.
hospodliwosć F7【女】客好き.
hospodliwy A1【形】客好きの, 歓待の.
hospodować V4【不完】[někoho] 宿泊させる；もてなす.
hospoza F3【女】女主人, 主婦.
hóstliwy A1【形】客好きの.
hóstny A1【形】客の. *hóstna* hra 客演；*hóstna* kniha 宿帳.
hósć, hosća, 複主 hosćo, 生 hosći M3【男】客. njewitany *hósć* 招かれざる客；žadny *hósć* 珍客.
hosćenc M1【男】食堂, （旅館を兼ねた）居酒屋.
hosćencar M4【男】; -ka F2【女】食堂[居酒屋・旅館]の主人.
hosćina F1【女】宴. *hosćina* po mortwych 追善供養の宴.
hosćićel M3【男】; -ka F2【女】（客を迎える）主人.
hotowarniča F5【女】花嫁の着付けをする婦人.
hotować V4【不完】準備する；[někoho/něšto] 着せる. kwas *hotować* 婚礼の支度をする；hodowny štom *hotować* クリスマスツリーを飾り付ける. - **so** 支度する；身支度を整える. na puć so *hotować* 旅支度をする.
hotowostny A1【形】用意[準備]の；〔文法〕完了の. *hotowostna* služba 待機（中）.
hotowosć F7【女】用意, 準備. zasadźenska *hotowosć* 出動[出撃]準備.
hotowy A1【形】準備のできた；終わった. być *hotowy* 準備ができた, 終わった；*hotowe* pjenjezy 現金；*hotowy* paduch 札付きのワル, 名うての不良.

howić V6【不完】[někomu/něčemu] 気に入る，都合がよい．tuto wjedro rostlinam *howi* この天候は植物によい．

howjado N1【中】牛．

howjazy A1【形】牛の．*howjaze* mjaso 牛肉．

howrić V6【不完】どよめく，騒ぎ立つ．wětr *howri* 風がごうごうと吹く．

hózdź, hozdźa M3【男】釘．*hozdźe* bić (*do něčeho*) (何に)釘を打ち込む；pódkowski *hózdź* 蹄鉄用の釘．

hozdźik M2【男】《指小》<hózdź．

hra F1【女】遊び，プレー，演技．dobyć *hru* 勝つ．

hrabać V7【不完】(まぐわなどで)掻き集める；つかむ．za dychom *hrabać* 喘ぐ．

hrabin|a F1【女】；-ka F2【女】伯爵婦人．

hrabišćo N3【中】まぐわの柄．

hrabja M6【男】伯爵．

hrabje PL2【複】まぐわ．

hrabnyć V3【完】つかむ．nimo *hrabnyć* つかみ損ねる；jeho je stysk *hrabnyl* 彼は憂愁にとらわれた；*hrabnyć* sej chorosć 病気にかかる，感染する．

hrack M2【男】カード遊びのプレーヤー，トランプ賭博師．

hracki PL1【複】ゲーム，賭博．stajić žiwjenje na *hracki* 命を賭ける．

hrajer M4【男】；-ka F2【女】プレーヤー，俳優．

hrajka F2【女】おもちゃ．

hrajkanišćo N3【中】子供の遊び場．

hrajkać sej V7【不完】(一緒に)遊ぶ，戯れる．

hrajnišćo N3【中】遊戯場；演技場．

hrajny A1【形】演技の，プレーの．*hrajny* čas 上演[プレー]時間；*hrajna* doba (演劇・スポーツの)シーズン；*hrajny* plan (上演・プレーの)番組，プログラム；(演技の)レパートリー．

hrana F1【女】枝；角，縁(ヘリ)；肋骨；拍，リズム．z *hranami* 途切れ途切れに；*hranu* dźeržeć リズムを保つ，節度を守る．

hranica F3【女】境界．statna *hranica* 国境；*hranica* měra 平和保障国境線(特に旧東ドイツとポーランド東部の境)．

hrać V2【不完】上演する，プレーする．kopańcu *hrać* サッカーをする；*hrać* na klawěrje ピアノを演奏する；dźiwadło *hraje* wjesłohru 劇団が喜劇をやる；*hrać* prěnje husle 第一バイオリン

hród

を弾く；主導的立場にある；*hrać* ważnu rólu 重要な役割を果たす；chorhoj *hraje* po wětrje 旗が風になびく；mi wšě stawy *hrajachu* 私は全身がふるえていた；što so *hraje*？何が起きているのだ？ *hrać* sej 戯れる，（一緒に）遊ぶ．

hrěch M2【男】罪；欠点．*hrěch* činić 罪を犯す；*hrěcha* so dopušćić 戒律を犯す；spušćenje *hrěchow* 免罪；to je z *hrěchom* それは罪だ．

hrějak M2【男】発熱体；ヒーター．

hrěšić V6【不完】罪がある；[přećiwo něčemu]（何に）違反する． **- so** [na někoho] 嫌疑をかける，告発する．

hrěšni|k M2【男】；**-ca** F3【女】罪人．

hrěšny A1【形】罪の，過ちの．

hrěć V2【不完】暖める． **- so** 暖まる．

hrib M1【男】キノコ．do *hribow* hić [chodźić] キノコ狩りに行く［キノコを探す］；zběrać *hriby* キノコを採る；hdyž sym hišće w *hribach* był 私がまだ生まれる前に．

hribar M4【男】；**-ka** F2【女】キノコ採り（人）．

hribik M2【男】《指小》< hrib．

hrimanje N5【中】雷鳴，雷．

hrimać (so) V7【不完】*hrima* (so)（雷鳴などが）轟く．

hrimot M1【男】雷，（騒々しい・不気味な）もの音．

hrimotać (so) V7【不完】→ hrimać (so)．

hriwa F1【女】たてがみ．

hriwna F1【女】マルク（通貨単位）．

hrjada F1【女】木材，梁（ハリ）；（体操の）平均台．

hrjebać V7【不完】掘る，掘り返す；掘って埋める，埋葬する．w swojich zapiskach *hrjebać* 自分のメモをひっくり返す，探し回る；mje *hrjeba* 私は不安でたまらない，落ち着かない；mje swědomje *hrjeba* 私は良心がとがめる．

hrjebička F2【女】《指小》< hrjebja．

hrjebja F6【女】溝，堀，壕．třelna *hrjebja* 塹壕（ザンゴウ）；powodźowanska *hrjebja* 灌漑用水路．

hrjebjeń M4【男】（鳥の）トサカ；山の背．pućowanje po *hrjebjenju* 尾根道歩き．

hrjebjenjowy A1【形】トサカの；山の背の．*hrjebjenjowy* pyć 尾根伝いの道．

hród, hroda M1【男】城，砦；要塞で囲まれた所（居住地など）．

hrodowy A1【形】城の，要塞の. *hrodowy* knjez 城主.
hródź F7【女】家畜[牛]小屋.
hrodźišćo N3【中】土塁；(堀・塀で囲まれた)要塞.
hródźny A1【形】家畜小屋の.
hroch M2【男】《集合》エンドウ豆.
hrochowy A1【形】エンドウ豆の. *hrochowa* poliwka エンドウ豆のスープ.
hrom M1【男】雷鳴，落雷.
hromada F1【女】堆積，塊. kompostowa *hromada* 堆肥の山；z *hromadami* 山となって，積み重なって，大挙して；to *hromadu* pjenjez płaći それは莫大な金がかかる.
hromadka F2【女】《指小》<hromada.
hromadkować V4【不完】山にする，積み上げる.
hromadu【副】一箇所に，まとめて. *hromadu* kłasć [położić] まとめて置く；*hromadu* wołać 呼び集める；*hromadu* zlěpić 貼り合わせる；wšo *hromadu* měsec 全部一緒に混ぜる.
hromadźe【副】一緒に，共同で. *hromadźe* dźěłać 共同で働く；*hromadźe* bydlić 一緒に住む；(*něsto*) sej *hromadźe* předewzać (何を)まとめて[いっしょに]引き受ける.
hromadźer M4【男】；**-ka** F2【女】収集家；集める人.
hromadźernja F6【女】(物資などの)集散地，集荷場；集合地.
hromadźišćo N3【中】集合場所，集会場；(軍の)集結場所；集積所.
hromadźić V6【不完】集める. **- so** 集まる.
hromak M2【男】アスパラガス.
hrona PL1【複】(肉体的)苦痛；陣痛；悲しみ，嘆き，苦しみ. smjertne *hrona* 死線，死に際の苦しみ；sylzy z *hronami* běža 苦しみ[嘆き]の涙が流れる；porodne *hrona* 陣痛.
hrónčko N1【中】(詩中の)行，句；格言.
hrónčkować V4【不完】詩作する，一句ひねる.
hrono N1【中】格言，決まり文句，言い回し；リズム，拍；周期. přisłowne *hrono* 慣用句；ma přeco jedne *hrono* (彼は)いつも紋切り型(同じこと)を言う；z *hronami* 交互に.
hronowka F2【女】動脈.
hrošatko N1【中】《指小》<hroch, 豆の一粒.
hroza F3【女】心配，懸念.
hrózba F1【女】心配，懸念；恐怖.
hrózbniwy A1【形】恐ろしい，不気味な.

hrozno|sć F7 ; **-ta** F1【女】嫌なこと, ひどいこと.
hrozny A1【形】嫌な, ひどい. *hrozne* wjedro ひどい天気.
hrozyć V6【不完】脅す. *hrozy* strach 危機が迫る.
hroženje N5【中】威嚇.
hrubosć F7【女】粗いこと, 未加工, 粗野.
hruby A1【形】粗い, 未加工の；荒っぽい；粗野な. w *hrubych* rysach おおまかに, おおざっぱに；*hruby* być (*na někoho*)(誰に)暴言を吐く.
hrudź F7【女】胸.
hrudźny A1【形】胸の. *hrudźna* prózdnjeńca 胸腔；*hrudźna* kósć 胸骨；*hrudźny* myšk 胸筋.
hruzl M3【男】土くれ.
hruzlaty A1【形】塊の；土くれだらけの.
hrymzak M2【男】齧歯(ゲッシ)動物；門歯.
hrymzać V7【不完】かじる.
hryzadło N1【中】はみ(馬具).
huba F1【女】口, 唇. hornja [delnja] *huba* 上[下]唇；*hubu* wočinić 口を開ける；*hubu* tuleć 口をつぐんでいる；*hubu* rozdajeć 口を大きく開ける；*hubu* křiwić 口元を歪める(いやな顔をする)；spěšny na *hubu* あけすけな, 厚かましい, 無遠慮な；leni na *hubu* 口が重い, あまりしゃべらない；wulku *hubu* měć おしゃべりだ；na *hubu* chromy njebyć 打てば響く(いつでも即答できる)；słódku *hubu* činić (*někomu*)(誰の)食欲[食指・欲望]をそそる；*hubu* sej torhać (*na někoho*)(誰に)憤る.
hubaty A1【形】大口をたたく；おしゃべりな.
hubica F3【女】海綿, スポンジ. myjaca [kupjelna] *hubica* (入浴用の)ヘチマ.
hubička F2【女】《指小》＜huba；キス.
hubičkować V4【不完】キスする. **-so** キスを交す.
hubjenje【副】哀れに, みじめに, 弱く. *hubjenje* słyšeć móc 耳が遠い；(*něsto*) *hubjenje* słodźi (何が)ひどくまずい, 美味しくない；(*někomu*) je *hubjenje* (誰にとって)ひどい, 哀れだ；wón so *hubjenje* čuje 彼は気分が悪い.
hubjenstwo N1【中】苦しみ, 災い, みじめなこと.
hubjeńši A3【形】《比》＜hubjeny.
hubjeny A1【形】哀れな, みじめな. *hubjene* žně 凶作.
hubka F2【女】《指小》＜huba；キス.

hubkowac V4【不完】キスする．- **so** キスを交す．
hubnica F1【女】はみ（馬具）．
hubnik M2【男】唇音．
hubny A1【形】口の，口唇の．*hubny* kućik 口角，口元；*hubny* barbjenčk 口紅；*hubna* harmonika ハーモニカ．
hudźba F1【女】音楽．ludowa *hudźba* 民族音楽；wokalna *hudźba* 声楽；wučer *hudźby* 音楽教師．
hudźbnik M2【男】音楽家．
hudźbny A1【形】音楽の．*hudźbny* instrument 楽器．
hudźić V6【不完】音楽(演奏)をする．
huhotać V7【不完】(寒さで)ぶるぶる震える．
humanistiski A2【形】人文学の．
humanitarny A1【形】人道上の，人道的な．
humanizm M1【男】人文主義；古典研究．
humanosć F7【女】人間性；人道主義．
humoristiski A2【形】滑稽な，ユーモアのある．
humorny A1【形】上機嫌の；ユーモアに富んだ．
humpak M2【男】サンカノゴイ(鳥)．
huno N1【中】脱穀場．
huntora F1【女】不平屋，ぶつぶつ文句を言う人．
huntorić so V6【不完】ぶつぶつ言う，不平をもらす．
hupak M2【男】ヤツガシラ(鳥)；汚い[フェアでない]奴．
husacy A1【形】ガチョウの．*husacy* chlěw ガチョウ小屋；*husace* perjo ガチョウの羽毛；鵞ペン；*husaca* pječeń ガチョウのロースト；*husaca* kwětka ヒナギク．
husańca F3【女】(蝶や蛾の)幼虫，毛虫．
husańči A3【形】毛虫の；キャタピラの．*husańči* wlečak キャタピラトラック．
husarka F2【女】ガチョウ飼い(の女・娘)．
husit M1【男】フス(ヤン・フス，チェコの宗教改革者)派の人．**-ski** A2【形】フス派の．
husle PL2【複】ヴァイオリン．hra na *husle* ヴァイオリンの演奏；hrać prěnje *husle* 第一ヴァイオリンを弾く；音頭をとる，主導権を握る．
husler M4【男】；**-ka** F2【女】ヴァイオリン奏者．
huslički PL1【複】《指小》<husle．třitrunate *huslički* 三弦ヴァイオリン(ソルブの民族楽器)．

huslować V4【不完】ヴァイオリンを弾く.
hus|o, -eća N3(a)【中】ガチョウ.
hustnyć V3【不完】濃くなる, どろりとなる.
husto; **-dosć**【副】しばしば. sym *hustodosć* před tym warnował 私はまえもって何度も注意したはずです.
hustohdy【副】何度も. woni su jej *hustohdy* radźili 彼らは彼女に何度も忠告した.
hustosć F7【女】濃度, 密度. *hustosć* ludnosće 人口密度.
husty A1【形】濃い, 密な. *husty* lěs 鬱蒼とした森; *husta* brěčka 濃いジュース.
husćina F1【女】茂み.
husyca, 複主 husy F3【女】ガチョウ.
huškać V7【不完】寒気がする, ぞくぞくする.
huzać so V7【不完】座ったままもぞもぞする, 落ちつきなく座っている.
huzawa F1【女】落ち着かない人, せっかち.
hwězda F1【女】星. rańša *hwězda* 明けの明星.
hwězdarnja F6【女】天文台.
hwězdnišćo N3【中】星空.
hwězdno N1【中】星座.
hwězd|ny; **-owy** A1【形】星の. *hwězdne* njebjo 星空.
hwězdźina F1【女】流星.
hwěžka F2【女】《指小》<hwězda.
hwizd M1【男】笛, 口笛.
hwizdać V7【不完】笛[口笛]を鳴らす; 嘘をつく.
hwizdźel F7【女】脛骨, すね.
hwižk M2【男】警笛, 呼び子; 痩せ細った[小柄]男性.
hydrawlika F2【女】水力学.
hydrawliski A2【形】水力学の, 水力の. *hydrawliske* spinadło 水圧ブレーキ.
hydrokultura F1【女】水栽培.
hydrolyza F3【女】加水分解.
hyena F1【女】ハイエナ.
hygien|a F1【女】衛生. **-ski** A2【形】.
hymna F1【女】賛歌. narodna *hymna* 国家.
hysteri|ja F5【女】ヒステリー. **-ski** A2【形】.

Ch, ch

chabłanje N5【中】不安定. *chabłanje* temperatury 気温不順.
chabłać V7【不完】揺れる；ためらう.
chabławy A1【形】ぐらついた，不決断の.
chaotiski A2【形】混沌とした，カオス状態の.
charatker M1【男】性格. z krutym *charatkerom* 性格の堅固な.
charakteristiski A2【形】特徴的な.
charakterizować V4【不完】特徴づける.
charakterny A1【形】性格の. *charakterna* kajkosć 性格特徴，性質.
chata F1【女】小屋.
chcyjak M2【男】好色家，女たらし.
chcyjaty F1【形】貪欲な，好色な；[za něčim]（何に）目がない，大好きな.
chcyć, chcu, chceš；chcedźa；過去 chcych, chcyše；過去否定 nochcy, nochcyše；命 chcyj！；chcyjće！；完分 chcył, chcyła；受動分 chcyty；能動分 chcyjacy V9【不完】望む，欲する. mi *chce so* pić 私は喉が乾いた；što sej *chceš* どうしようもない；*chcyjo nochcyjo* 望むと望まずとに関わらず.
chcyće N5【中】望み，要求，欲求.
chcyćiw|osć F7【女】貪欲，色欲. -y A1【形】.
Cheljanski A2【形】ケルンの.
Chelno N1【中】ケルン.
chelp M1【男】(馬の)速足，だく足.
chelpać V7【不完】(馬が)速足で走る.
chemij|a F5【女】化学. -owy A1【形】.
chemikalije PL2【複】化学製品.
chemikar M4【男】；-ka F2【女】化学者.
chemiski A2【形】化学の；化学製品による. *chemiske* čisćenje ドライクリーニング；*chemiske* niće 化学繊維.
chětro【副】たいそう，相当. *chětro* zyma かなり寒い；wón je so

chłódnosć

chětro polěpšił 彼はずいぶんよくなった.

chětry A1【形】かなりの, 相当の. *chětra* škoda 相当な損失；*chětra* zdalenosć かなりの距離；*chětru* chwilu čakać dyrbjeć かなり長いこと待たなければならない；*chětru* kročel dale přińć 大きく一歩近づく.

chětře【副】急いで. *chětře* přiběžeć 大急ぎで駆けつける；tak *chětře* kaž móžno できる限り急いで；*chětře* ruče 素早く, さっと.

chěža F5【女】家.

chěžka F2【女】《指小》<chěža. šlinkowa *chěžka* カタツムリの殻.

chěžkar M4【男】〔史〕小作人, 日雇い農民.

chěžny A1【形】家の. *chěžne* durje 家のドア；*chěžny* kluč 家の鍵.

chiba【接】以外, …を除いて, でなければ. to nichtó njemóže wědźeć, *chiba* nan それは父以外には誰も知っているはずがない；nimam nikoho *chiba* tebje 私には君を除いては誰もいない.

chibazo【接】…以外は. njeje hinašeho wupuća, *chibazo* jeho wo pomoc prosymy 彼に助力を頼む以外に方策はない；wuchodźuju so wšědnje, *chibazo* so dešćuje 雨が降らない限りは私は毎日外出します.

chichot M1【男】くすくす笑い.

chichotać V7【不完】くすくす笑う.

chileć V8【不完】；**chilić** V6【完】曲げる, 傾ける. – **so** 曲がる, 傾く, 屈する. dźeń *chileše so* k wječorej 日が暮れかけていた；*chila so* k tomu, zo... どうやら…になりそうだ, …の模様だ.

China F1【女】中国. Ludowa republika *China* 中華人民共和国.

Chinjan M1【男】；**-ka** F2【女】中国人.

chinski A2【形】中国の, 中華の. *chinski* kał 白菜；*Chinska* murja 万里の長城.

chinšćina F1【女】中国語.

chirurgi|ja F5【女】外科. **-ski** A2【形】.

chłódk M2【男】陰, 日陰.

chłódkojty A1【形】陰の多い, 日陰の.

chłódnica F3【女】あずまや；冷凍庫.

chłodnić V6【不完】冷やす.

chłódno【副】ひんやりした, 冷え冷えした. tu je *chłódno* ここは涼しい.

chłódnosć F7【女】涼しいこと, ひんやりしていること.

chłódny A1【形】涼しい，ひんやりした．
chłódźadło N1【中】冷却装置，冷蔵室．
chłódźak M2【男】冷蔵庫，クーラ，(車の)ラジエータ．
chłódźenje N5【中】冷却．
chłódźenski A2【形】冷却の． *chłódźenska* připrawa 冷却装置；*chłódźenska* wěža (発電所の)冷却塔；*chłódźenski* woz 冷蔵車．
chłódźernja F6【女】冷凍倉庫．
chłódźić V6【不完】冷却する．
chłostajomny A1【形】罪になる，処罰を受けるべき．
chłostanc M1【男】囚人，受刑者．
chłostanje N5【中】刑．
chłostać V7【不完】処罰する．
chłóšća|k M2【男】；**-wa** F1【女】食通，食いしん坊．
chłóščenka F2【女】デリカテッセ．
chłóšći A3【形】美食の，食いしん坊の．
chłóšćić V6【不完】(美味しい物を)食べる，賞味する；つまみ食いする．
chłóšćiwy A1【形】美食の，甘い物好きな．
chlěb M1【男】パン． pšenčny *chlěb* 小麦のパン；ržany *chlěb* ライ麦パン．
chlěbowy A1【形】パンの． *chlěbowe* žito パン用の穀物．
chlěbušk M2【男】パンの切れ端．
chlěw M1【男】小屋． husacy *chlěw* ガチョウ小屋；swinjacy *chlěw* 豚小屋．
chmjel M3【男】ホップ．
chmjelnišćo N3【中】ホップ畑．
chmurić so V6【不完】曇る，憂鬱になる．
chmutać V7【不完】(苦労して)噛る，食べる．
chód, choda/chodu M1【男】歩調，歩み；運転；(車の)ギア． prěni *chód* ローギヤ；přestajić [šaltować] *chód* ギアを入れ替える；*chód* zasunyć 歩を踏み入れる．
chódba F1【女】通路，回廊．
chódnik M2【男】歩道．
chodojta F1【女】魔女． *chodojta* dusy [tołče] (*někoho*) 悪夢が(誰に)取りつく，ひどい目にあわせる．
chodojtypalenje N5【中】魔女の火あぶり．
chodźenje N5【中】歩行，歩み． zrunane *chodźenje* 直立歩行；

chodźenje morja 潮の干満.

chodźidło N1 【中】竹馬.

chodźić V6 【不完】《不定》(徒歩で)往復する，通う；歩き回る. do šule *chodźić* 学校に(歩いて)通う；na dźěło *chodźić* (徒歩で)通勤する；kiješkom *chodźić* 杖をつく；*chodźićz* puća (*někomu*) (誰を)避ける；hdźe sy *chodźił*? 君はどこに行ってきたの？；Jan *chodźi* s Marku ヤンはマルカとつきあっている；wona čorna *chodźi* 彼女は喪服を着ている.

chójna F1 【女】マツ. čorna *chójna* 黒松；sibirska *chójna* スイスカサマツ.

chójnaty A1 【形】松の多い.

chójnička F2 【女】《指小》<chójna.

chójnina F1 【女】松の森.

chójnowy A1 【形】松の. *chójnowa* habla 松かさ；*chójnowa* jehlina 松葉；*chójnowa* pata マツカレハ(虫).

chołm M1 【男】丘，小山.

cholowač M3 【男】小さな男の子；伝書バト.

cholowaty A1 【形】ズボンをはいた.

cholowčki PL1 《複》《指小》<cholowy.

cholowy PL1 《複》ズボン. dołhe *cholowy* 長ズボン；kupanske *cholowy* 水泳パンツ；treningowe *cholowy* トレーニング用ズボン.

chomot M1 【男】(馬の)首輪，胸がい.

chór M1 【男】コーラス. muski [měšany] *chór* 男声[混声]コーラス.

chorhoj F7 【女】旗. z *chorhoju* zehrawać 旗を振る.

chorhojčk F2 【女】《指小》<chorhoj.

chorhojnik M2 【男】旗手.

chorhojowy A1 【形】旗の. *chorhojowy* sćežor [žerdź] 旗竿.

chorjaty A1 【形】病身の，不健康な.

chorjeć V5 【不完】病身である，病気である.

chorobny A1 【形】病気の. *chorobny* zjaw 症候；*chorobne* awto 診療車；患者運搬車；*chorobna* sotra 看護婦；*chorobny* wopyt 病気見舞い；*chorobne* wopismo 診察券，健康保健証.

chorołožo N3 【中】病床.

chorosć F7 【女】病気. dźěćaca *chorosć* 小児病；přeběh *chorosće* 病気の経過；*chorosć* wutroby 心臓病，心不全；padawa *chorosć* てんかん；*chorosć* wotlězć 病気から快癒する.

chorowaty A1【形】病身の.
chorować V4【不完】[na něšto] 病む.
chorownja F6【女】病院.
chórowy A1【形】コーラスの.
chor|y A1 1.【形】病気の. na smjerć *chory* 瀕死の；na wutrobu *chory* 心臓を病んだ. 2. **-y**【男】；**-a**【女】病人.
chośćišćo N3【中】ホウキの柄.
chošćo N3【中】(竹・ソダの)ホウキ.
Choćebu|z M1【男】コトブス. **-ski** A2【形】.
chow M1【男】隠れ家；貯蔵所.
chowanc M1【男】寄宿生, 寮生；弟子, 生徒.
chowanišćo N3【中】貯蔵所.
chowanje N5【中】貯蔵, 保存；隠れること；収穫, 取り入れ；埋葬, 葬儀. *chowanje* słónca 日没；*chowanje* informacijow 記録保存(装置).
chowanka F2【女】隠れ場所, 避難所.
chowarnja F6【女】保管所. *chowarnja* wačokow 手荷物預かり所.
chować V6【不完】[něšto] 保管する；保つ, 守る. žně *chować* 収穫を保管する. **- so** 隠れる. słóncko *so chowa* 日が沈む.
chrěn M1【男】わさび.
chrěnić so V6【不完】[na někoho] 腹をたてている.
chribjet M1【男】背中, 腰. za *chribjetom* 背後で, こそこそと；bolosće w *chribjeće* 腰痛；na *chribjeće* měć 背負っている；(někomu) *chribje* pokazać (人に)背を向ける, 関係を絶つ.
chrobłosć F7【女】大胆さ, 向こう見ず.
chrobły A1【形】大胆な, 向こう見ずな.
chroble【副】大胆に. *chroble* so hladaj 油断するな, ひるむな.
chroblić so V6【不完】勇気を奮い起こす, 大胆になる.
chrobolak M2【男】無鉄砲, 向こう見ずな人.
chromić V6【不完】足を引きずって歩く. *chromić* na lěwu nohu 左足が悪い, 左の足を引きずって歩く.
chromy A1【形】片足の悪い；麻痺した. na hubu *chromy* 口の重い.
chroniski A2【形】慢性の. *chroniska* chorosć 慢性病.
chróskotać V7【不完】こそこそ[かさかさ]音をたてる.
chrymst M1【男】軟骨；(骨の)ゼラチン質.

chryzantema F1【女】キク.
chudak M2【男】哀れな奴.
chudnyć V3【不完】哀れに[貧しく]なる.
chudoba F1【女】貧困, 貧しいこと. *chudobu* žiwić 貧困の中に生きる.
chuduški A2【形】みずぼらしい, みじめったらしい.
chudy A1【形】貧しい, 哀れな；[na něšto//na něčim]（何に）乏しい；*chudy* na spadki 降水量の少ない；*chuda* póda やせた土地.
chudźina F1【女】貧困；《集合》貧民.
chutnje【副】まじめに, 真摯に. *chutnje* měni 本気で言う；(*z něčim*) so *chutnje* zaběrać まじめに[真剣に]従事する, 行う.
chutn|osć F7【女】まじめ, 真剣さ. **-y** A1【形】まじめな, 真摯な.
chwała F1【女】賞賛.
chwalak M2【男】自慢屋.
chwalba F1【女】賞賛. wšeje *chwalby* hódny 賞賛に値する.
chwalić V6【不完】賞賛する. **- so** 誇る.
chwalobny A1【形】賞賛の.
chwalospěw M1【男】賛歌.
chwatać V7【不完】急ぐ, 急いで過ぎる. čas *chwata* 時間があっという間に過ぎる, 時は待ってくれない；wěc *chwata* 事は急を要する；*chwatajcy* 急いで.
chwatk M2【男】大急ぎ. bjez *chwatka* 急がずに, ゆっくり；z *chwatkom* 急いで；ze wšem *chwatkom* 大急ぎで, 全速力で.
chwatny A1【形】急ぎの. *chwatny* list 速達手紙.
chwila F5【女】時間, 時. dołha *chwila* 長い間；nimam *chwile* 私は時間が全然ない；z *chwilemi* 時折.
chwilka F2【女】《指小》<chwila. *chwilku* dyrbiš hišće čakać もう少し待ってください.

I, i

idealistiski A2【形】理想主義の.
idealizm M1【男】理想主義.
idealny A1【形】理想的な, 理想の. *idealne* wuměnjenje 理想的な条件.
ideja F5【女】考え, 概念, 思想.
identifikować V4【不完】同定する, 確定する. – so 確認される, 確定される.
identiski A2【形】同一の, 一致した.
ideologi|ja F5【女】イデオロギー. **-ski** A2【形】イデオロギー(上の).
idyliski A2【形】田園風の, 牧歌的な.
idylka F2【女】田園詩, 牧歌; 田園風景画.
ignorować V4【不完】無視する.
ilegal|ita F1; **-nosć** F7【女】不法. **-ny** A1【形】.
ilustracija F5【女】挿絵; 挿絵による説明.
iluzija F5【女】幻影, 幻想.
iluzoriski A2【形】幻影〔幻想〕の.
imatrikulacija F5【女】(大学の)登録, 入学許可.
imatrikulować V4【不完】[někoho] 大学に登録する, 入学させる.
imitacija F5【女】模倣.
imit(ěr)ować V4【不完】[něšto] まねる.
imperatiw M1【男】〔文法〕命令法. **-ny** A1【形】*imperatiwna* forma 命令形.
imperfekt M1【男】〔文法〕未完了; 不完了. **-iwny** A1【形】 *imperfektiwny* werb 不完了体動詞.
imperiali|zm M1【男】帝国主義. **-stiski** A2【形】.
imperij M3【男】帝国.
imponować V4【不完】[někomu] (誰に)強い印象を与える, 尊敬の念を起こさせる.
importować V4【不完】輸入する.

impresija F5【女】印象.
improwizacija F5【女】即興でつくること,即興作品.
improwizować V4【不完】即興で作る.
impulsiwny A1【形】衝動的な.
imunita F1【女】免疫性;(外交上の)不可侵特権.
imunizować V4【不完】[někoho] 免疫性を持たせる;不可侵特権を与える.
inaktiwny A1【形】不活発な;不活性の;非活動性の.
Ind M1【男】インド人.
indeklinabelny A1【形】語形変化をしない,不変化の.
Indian M1【男】;**-ka** F2【女】アメリカインディアン.
indianski A2【形】アメリカインディアンの.
indirektny A1【形】間接の.
indiski A2【形】インドの. *Indiski* ocean インド洋.
indiskretny A1【形】思慮のない;口の軽い.
indiskutabelny A1【形】論外の,論じるに値しない.
indiwidu|alny A1;**-elny** A1【形】個人の,個の.
industrializ|acija F5【女】;**-owanje** N5【中】産業[工業]化.
industri|alny A1;**-elny** A1【形】産業の.
industrija F5【女】産業. cyrobiznowa *industrija* 食品産業; dodawanska *industrija*(部品などを作る)下請け産業; metale předźěłaca *industrija* 金属加工業; *industrija* konsumowych twory 消費財生産工業.
industrij|ny A1;**-owy** A1【形】工業[産業]の. *industrijny* dźěłaćer 工業[産業]労働者; *industrijny* kombinat 工業コンビナート; *industrijna* kónčina 工業地帯; *industrijne* twory 工業製品; *industrijna* wotnožka 工業[産業]部門.
infekci|ja F5【女】感染,伝染. **-ski** A2【形】.
inficěrować V4【不完】[někoho] 感染[伝染]させる. **-so** 感染[伝染]する.
infinitiw M1【男】〔文法〕不定詞. **-ny** A1【形】*infinitiwny* zdónk 不定詞語幹.
inflacija F5【女】インフレ.
informaci|ja F5【女】情報. **-ski** A2【形】情報の.
informatiwny A1【形】情報を含んだ,啓蒙的な.
informować V4【不完】[někoho](誰に)知らせる,情報を与える. **-so** 調べる,照会する.

inhalacija F5【女】吸入（療法）.
inhalěrować V4【不完】吸入治療する.
iniciatiwa F1【女】イニシアチブ，発意.
injekcija F5【女】注射，注入.
inkonsekwen|ca F3；**-tnosć** F7【女】首尾一貫しないこと，矛盾.
inofici|alny A1；**-elny** A1【形】非公式の.
inscenacija F5【女】演出.
inscenować V4【不完】演出する.
inserěrować V4【不完】広告を出す.
inspekcija F5【女】検査，点検，監査.
inspicěrować V4【不完】検査する，査定する.
inspiracija F5【女】インスピレーション.
inspirować V4【不完】霊感を与える.
instalacija F5【女】（電気・水道などの）設置.
instalować V4【不完】（電気・水道などを）設置する.
instanc|a F3【女】（裁判の）審；主務官庁. **-owy** A1【形】（裁判の）審の；官庁の. *instancowy* puć（官庁の）所定の手続き；（裁判）審級順序.
instinktiwny A1【形】本能[直感]的な.
institucija F5【女】公的機関，社会制度. statna *institucija* 国家[国立]機関.
instrukcija F5【女】指導，教授.
instruktiwny A1【形】指導的な，有益な.
instrument M1【男】道具，器具. hudźbny *instrument* 楽器.
instrumental M1【男】〔文法〕造格.
instrumentalny A1【形】造格の；器具の. *instrumentalna* hudźba 器楽.
instruować V4【不完】[někoho] 教える，知らせる.
integracija F5【女】統合.
integrować V4【不完】統合する.
intelektu|alny；**-elny** A1 1.【形】知的な. 2.【男】知識人，インテリ.
inteligenca F1【女】知力，聡明さ；《集合》知識人階級.
inteligentny A1【形】知力のある，聡明な，教養のある.
intensiw|ita F3；**-nosć** F7【女】強度；集中.
intensiwny A1【形】集中的な；集約的な. *intensiwne* prócowanja（*wo něšto*）（何の）集中的作業[遂行]；*intensiwne* hospodar-

stwo 集約経営；*intensiwna* stacija 集中治療病棟.
intensiwowanje N5【中】強化，集中化.
intensiwowanski A2【形】強化の，集中の.
intensiwować V4【不完】強化する，集中させる. prócowanja *intensiwować* 作業を強化する，集中的にやる.
interdisciplinarny A1【形】学際的な. *interdisciplinarne* slědźenske nadawki 学際的研究課題.
interjekcija F5【女】〔文法〕間投詞.
interkontinentalny A1【形】大陸間の. *interkontinentalna* raketa 大陸間ロケット.
internacionala F1【女】インターナショナル（国際労働者同盟）；その同盟歌. Komunistiska *internacionala* コミンテルン.
internacionalistiski F2【形】インターナショナルの.
internacionalny A1【形】国際的な.
internat M1【男】寄宿学校. **-ny** A1【形】.
intern(ěr)ować V4【不完】(捕虜・政治犯を)抑留する；病人を隔離する.
interny A1【形】内部の.
interpretacija F5【女】解釈.
interpunkcija F5【女】句読法. **-ski** A2【形】*interpunkciske* znamješko 句読点.
interrogatiwny A1【形】疑問の. *interrogatiwny* pronomen〔文法〕疑問代名詞.
interviewować V4【不完】インタヴューする.
interwencija F5【女】介入，干渉，調停.
intimny A1【形】内密の，親密な；ごく個人的な. **-osć** F7【女】.
intonować V4【不完】唱え[奏し]始める；冒頭の音を出す.
intransitiwny A1【形】〔文法〕自動詞の. *intransitiwny* werb 自動詞.
intriga F2【女】陰謀，奸策.
inwalidita F1；**-nosć** F7【女】(身体障害による)不具，廃失. **-ny** A1【形】.
inwazija F5【女】侵略，侵入.
inwentarizować V4【不完】在庫調査をする，在庫目録を作る.
inwentarowy A1【形】在庫の. *inwentarowy* zapis 在庫目録.
inwentura F1【女】在庫品調査.
inwesticija F5【女】投資.

inwestować V4【不完】投資する.
inženjer M4【男】; **-ka** F2【女】技師. **-ski** A2【形】.
Ir M1; **Ira** M5【男】アイルランド人.
iracion|alny A1; **-elny** A1【形】非合理的な，道理に合わない.
iregularny A1【形】不規則な.
iritacija F5【女】苛立ち.
iritěrować V4【不完】苛立たせる.
Irka F2【女】アイルランド人（女性）.
ironi|ja F5【女】皮肉. **-ski** A2【形】.
Irska A2【女】アイルランド. **irski** A2【形】.
islamiski A2【形】イスラムの.
Islandska A2【女】アイスランド. **islandski** A2【形】.
Islandźan M1【男】; **-ka** F2【女】アイスランド人.
Italčan M1【男】; **-ka** F2【女】イタリア人.
Italska A2【女】イタリア. **italski** A2【形】.
italšćina F1【女】イタリア語.
iteratiwny A1【形】反復の. *iteratiwny* werb 反復[多回]動詞.
izolacija F5【女】隔離，孤立化.
izolować V4【不完】隔離する，隔てる，孤立させる.
izotop M1【男】同位元素，アイソトープ.

J, j

ja P1【人代】私（一人称単数主格）.
jabłučina F1【女】リンゴの木.
jabłučko N1【中】《指小》<jabłuko.
jabłučnica F3【女】リンゴのペースト.
jabłuko N1【中】リンゴ; kolenowe *jabłuko* 膝頭.
jabłukowy A1【形】リンゴの. *jabłukowa* brěčka リンゴジュース; *jabłukowy* tykanc リンゴのケーキ; *jabłukowa* bělizka リンゴの皮.
jadriwy A1【形】がっしりした，力強い; 中味のつまった. skrótka a *jadriwje* 簡単明瞭に.
jadro N1【中】核，中核部.

jadrownik M2【男】(リンゴなどの)果芯.
jadrowy A1【形】核の. *jadrowy* brónje 核兵器；*jadrowa* energija 核エネルギー；*jadrowa* milinarnja 原子力発電所.
jahły PL1【複】キビ. w młóce *jahły* キビ粥.
jahod|a F1；**-ka** F2【女】イチゴ. holanska *jahoda* コケモモ；janska *jahodka* スグリ.
jahodowc M1【男】イチゴの茂み.
jachlić V6【不完】はあはあ喘ぐ.
jakny A1【形】丈夫な，壮健な，(体つきが)ぴちぴちした；無遠慮な. *jakny* žort きつい冗談；*jakne* słowo 厳しい言葉.
jako【接】として；頃に；あたかも. *jako* kral 国王として；ja wam radźu *jako* přećel 私はあなたに友人として忠告する；wohladach jeho, *jako* z durjow wustupi 私は彼がドアから出るのを見た；*jako* bě nan hišće žiwy 父がまだ存命の頃；wón běžeše *jako* bychu jeho honili 彼はまるで追われているかのように走った；*jako* to dawno njewědźeli 私たちがそれをずっと知らなかったかのように；činješe *jako* by spał. 彼は眠っているような振りをしていた；dźěła tak derje, *jako* to zamóže 彼はできる限りよく仕事をしている.
jakotać V7【不完】吃る，つかえながら話す.
jakoćiwy A1【形】吃る，吃りがちな.
jałmožna F1【女】喜捨，施し(物).
jałojca F3【女】雌の子牛.
jałorc M1【男】ビャクシン属(ネズ，柏などの植物).
jałpa F1【女】(ふつう《複》)(頭の)フケ.
jama F1【女】穴，坑. pěskowa *jama* 採砂場；wotkryta brunicowa *jama* 褐炭の露天掘り現場；lišča *jama* 狐穴.
jamka F2【女】《指小》<jama. dychowa *jamka* 気孔.
Jan M1【男】ヤン(男性名)；聖ヨハネ.
jandźel M3【男】天使. *jandźel* pěston 保護天使.
jankojty A1【形】単純な，愚鈍な.
janski A2【形】Jan の. *janska* jahodka スグリ；*janska* muška ホタル；*janski* woheń ヨハネの火(夏至祭にともされる).
jantar M1【男】琥珀. **-owy** A1【形】.
januar M1【男】一月. w *januarje* 一月に. **-ski** A2【形】.
Japan|c M1【男】；**-ka** F2【女】日本人.
Japanska A2【女】日本. **japanski** A2【形】.
japanšćina F1【女】日本語.

japoštoł

japoštoł M1【男】使徒；(主張・考えの)唱道者．
jara【副】たいそう．*jara so wjeselić* たいそう喜ぶ；*jara derje* 非常によい．
jase|ń, -nje F7【女】トネリコ．
jaskrawy A1【形】(色が)鮮やかな，派手な．
jasle PL2【複】牧羊場．
jasniši A3【形】《比》<jasny.
jasnić V6【不完】明らかにする；輝かせる，光沢を出す．- **so**(天候が)明るくなる，晴れる．
jasnje【副】はっきりと．(*něsto*) *jasnje zwuraznić* (何を)はっきり表現する．
jasnosć F7【女】明るさ，明白さ．
jasny A1【形】はっきりした，明白な，明るい．*jasne njebjo* 晴れ渡った空；*sej jasny być* (*wo něcim*) (何を)理解[認識]している．
jasotr M1【男】チョウザメ．
jastwo N1【中】監獄，刑務所．
jatba F1【女】監禁，拘留．*přepytowanska jatba* (未決)拘留．
jatra PL1【複】肝臓．*zahorjenje jatrow* 肝炎．
jatronka F2【女】スハマソウ(植物)．
jatrowy A1【形】肝臓の．*jatrowa kołbasa* レバーソーセージ；*jatrowe kulki* レバー入りだんご．
jatřob M4【男】オオタカ．
jaty, 複主 jeći A1【男】捕虜，逮捕者．*wójnski jaty* 戦争捕虜．
jawor M1【男】カエデ．
jazyčk M2【男】《指小》<jazyk；オオバコ(植物)．
jazyčkować V4【不完】(蛇が)舌をちょろちょろ出す；(炎が)ちらちらと燃え上がる．
jazyčnik M2【男】舌音(調音に舌が関わる子音)．
jazyk M2【男】舌．*kónčk jazyka* 舌端，舌先．
jebak M2【男】ペテン師，詐欺師．
jebanstwo N1【中】ペテン，詐欺，ごまかし．
jebarka F2【女】女ペテン師，いかさま女．
jebać V7【不完】欺く，見せかける．
ječibjel M3【男】悪魔．
ječmjeń M4【男】大麦．
ječnišćo N3【中】大麦畑．
ječny A1【形】大麦の．*ječna muka* 大麦粉；*ječne zorno* 大麦の

粒；ものもらい(麦粒腫).

jednanje N5【中】交渉，協議；行為；(芝居の)幕. tajne *jednanja* wjesć 秘密協議を行う；sudniske *jednanje* (法廷の)審議.

jednarnja F6【女】会議場；法廷.

jednać V7【不完】[wo něčim] 交渉する，審議する；行う，扱う. -so [wo někoho/něšto] (誰／何が)問題だ；wo čo so *jedna*？一体どうしたのだ？何が問題なのだ？

jednaćel M3【男】支配人，マネージャー.

jednobarbny A1【形】単色の.

jednohłósny A1【形】満場一致の. *jednohłósne* wobzamknjenje 全会一致の結論.

jednolětny A1【形】一年の；一年生の.

jednoměstnowy A1【形】一桁の；〔文法〕一項の(項を一つだけとる). *jednoměstnowa* ličba 一桁の数.

jednomyslny A1【形】同意見の，一致した.

jednorje【副】単に. cyle *jednorje* まったく単純に；wón njeje to cyle *jednorje* wědźał 彼は単にそれを知らなかったのだ.

jednorosć F7【女】単純(さ)，素朴さ.

jednory A1【形】単純な，素朴な. *jednora* wěc 単純[簡単]なこと；*jednory* člowjek 素朴な人；to tak *jednore* njeje それはそんなに単純[簡単]ではない.

jednostronski A2【形】一方的な，片側[片面]だけの.

jednostronskosć F7【女】一方[片面]性.

jednota F1【女】統一，合同，協調；不可分性；〔文法〕単数.

jednotka F2【女】(計量の)単位；構成単位；部隊. dźěłowa *jednotka* 作業グループ；zakładna *jednotka* 基本単位(グラム・センチなど)；raketowe *jednotki* ロケット部隊.

jednotliwc M1【男】ひとり，個人. bur-*jednotliwc* 自作農民.

jednotliwje【副】個別に.

jednotliw|y A1【形】個別の，単独の；個別化した. *jednotliwy* pad 個々のケース；w *jednotliwym* 個々に，詳細に；*jednotliwy* příkład 個別の[特別な]例. -osć F7【女】.

jednotn|y A1【形】統一的な，単一の，画一的な. *jednotna* hódnota 統一価格；*jednotny* nahlad 統一見解. -osć F7【女】.

jednoćić V6【不完】統一[統合]する，団結させる. -so 一つになる，団結する.

jednozłóžkowy A1【形】一音節の.

jednozmyslny A1【形】一義的な，曖昧性のない．
jedyn, jedna, jedne L1【数】一；一つの；ある．w *jednej* 一時に；na poł *jednu* 一時半；po *jednym* 個別に，一人ずつ；*jedyn* za druhim 次々に；z *jedneje* strony 一方で；*jedyn* chce tak, a druhi hinak あるものはこのように望み、またあるものは反対のことを望む；*jednoho* ranja ある朝．
jedynadwacety A1【数】《序》21番目の．
jedynadwaceći L3【数】21．
jedynka F2【女】(数字の) 1；1の数のついたもの；(学校の評価で) 優．
jehła F1【女】針．čestna *jehła*(留めピンのついた)顕彰記章；plećenska *jehła* 編み棒；hóčkowanska *jehła* 鉤針；šita *jehła* 縫い針；kónčk *jehty* 針の先端；*jehłu* nawoblec 針に糸を通す；*jehłu* slec 針から糸を取る．
jehlička F2【女】《指小》＜jehła. sedźeć kaž na *jehličkach* じりじり[やきもき]する，いたたまれない気分でいる．
jehlina F1【女】《集合》松などの針葉樹．
jehlin|ač M3：-owc M1【男】針葉樹．
jehnj|o, -eća N3(a)【中】子羊．
jejko N1【中】卵．ptače *jejko* 鳥の卵；jutrowne *jejko* 復活祭の卵；so z *jejka* dypać 卵からかえる．
jejkownik M2【男】卵巣．
jejkow|ód, -oda M1【男】卵管．
jejo N3【中】卵．kokošace *jejo* 鶏卵；*jejo* znjesć 卵を抱く；sadźite *jejo* 目玉焼き；woble *jejo* ゆで卵；kaž po *jejach* chodźić ゆっくり[そろそろ]歩く．
jeleń M4【男】シカ．
jelenica F3【女】雌ジカ．
jeli【接】もし．*jeli* so napinaš, to docpěješ 苦労すれば到達できるだろう；*jeli* přindźeš, přinjes to sobu 来るならそれを持っていらっしゃい；přindźemy jutře, *jeli* to chceš もし君が望むなら，我々は明日来ましょう．
jelizo【接】もし．budźemy dypkowni, *jelizo* njezměje bus zakomdźenje もしバスが遅延しなければ我々は時間どおりでしょう．
jenak【副】等しく，同様に．*jenak* wulki 同じ大きさの；*jenak* stary 同じ年齢[年月]の；*jenak* wjele dóstać 同じくらい(たくさん)受け取る．

jenaki A2【形】等しい，同じ；同様の. do *jenakich* dźělow rozkrać 均等に[同じ大きさの部分に]切りわける.
jenakobarbny A1【形】同色の.
jenakoramjenity A1【形】(図形が)二等辺の.
jenakory A1【形】同じ形の；単調な.
jenakosměrny A1【形】同方向の，整流の. *jenakosměrny* prud 直流(電流).
jenakostronity A1【形】(図形が)等辺の.
jenakosć F7【女】同等，均一；平等；同一.
jenakozmysleny A1【形】同じ考えの.
Jendźelčan M1【男】；**-ka** F2【女】イギリス人.
jendźelski A2【形】イギリスの；英語の.
jendźelščina F1【女】英語.
jendźelščinar M4【男】；**-ka** F2【女】英語教師；イギリス研究者.
jeničce【副】のみ，ただ；単に. *jeničce* wón móže hišće pomhać 彼だけがまだ援助できる；wón čini *jeničce* to, štož tak a tak dyrbi 彼は，どっちみちしなければならないことしかしない；to je *jeničce* wěc formy それは単に形式上のことだ；so *jeničce* literaturje wěnować ただ文学にのみ打ち込む.
jenički A2【形】唯一の. jedyn *jenički* přikład 唯一の例.
jenož【副】だけ，ただ. *jenož* wón běše na to myslił 彼だけがそれについて考えた；wona měješe *jenož* hišće dźesać hriwnow 彼女はもうあと10マルクしか持っていなかった；*jenož* zo to zabył njebych! それを私が忘れさえしなければ！nic *jenož*... ale tež …だけでなくまた；ty njesměš *jenož* rěčeć, ale dyrbiš tež po tym jednać 君は語ることができるだけではなく，それを実際に行わなければならない.
jerij, jerja M3【男】鰊(ニシン). seleny *jerij* 塩づけニシン；sušeny *jerij* 干したニシン；zeleny *jerij* 生のニシン.
jerj|acy A1；**-owy** A1【形】ニシンの. *jerjacy* filet ニシンの切り身：*jerjow* solotej 塩づけニシン(入り)のサラダ.
ješć M3【男】泡.
ješćaty A1【形】泡だった.
ješćelca F3【女】トカゲ.
ješćić V6【不完】泡立つ；[něsto] 発泡させる. **- so** 泡立つ.
jewišćo N3【中】舞台. *jewišćo* pod hołym njebjom 野外ステージ. **-wy** A1【形】.

jewić V6【不完】示す，現わす．- **so** 現われる．
jěd M1【男】毒．wopojny *jěd* 麻薬．
jědla F5【女】モミ．
jědlenka F2【女】《指小》＜*jědla*．
jědmić so V6【不完】化膿する．
jědmjeńca F3【女】化膿巣．
jědmo N1【中】化膿した潰瘍．
jědnatka F2【女】(数字の)11；サッカーのイレブン；ペナルティーキック．
jědnaty A1【数】《序》11番目の．
jědnaće L3【数】11.
jědnaćelětny A1【形】11年の．
jědnica F3【女】食道．
jědojty A1【形】毒性の，有毒な．*jědojty* hrib 毒キノコ；*jědojty* had 毒ヘビ．
jědowy A1【形】毒の．*jědowa* žałza (蛇・蜘蛛などの)毒腺；*jědowy* zub 毒牙．
jědź F7【女】食事，食；料理．hłowna *jědź* 主食，メインディッシュ；mjasowa *jědź* 肉料理；najlubša *jědź* 大好物の料理．
jědźernja F6【女】食堂．
jědźk M2【男】食べる人．
jědźny A1【形】食の，料理の；食用の．*jědźny* grat 食器；*jědźny* lisćik メニュー．
jěchanišćo N3【中】馬場(調教場・練習場)．
jěchanje N5【中】乗馬，騎馬．jutrowne *jěchanje* 復活祭の騎馬行進．
jěchanski A2【形】乗馬の．
jěchar M4【男】；**-ka** F2【女】騎手．
jěchać V7【不完】馬に乗る，騎馬で行く．
jěrcheń M4【男】腎臓．kumštny *jěrcheń* 人工腎臓．
jěrosć F7【女】苦味；過酷，辛苦．
jěrowc M1【男】トチノキ種(栗など)．
jěry A1【形】苦い；過酷な，厳しい．*jěra* klima 過酷な気候．
jěsć, jěm, jěš；jedźa；複二 jěsće，双二 jěstaj/jěsćej；過去 jědźach, jědźeše，複二 jědźeśće，双二 jědźeštaj；命 jěs！；jěsće！；完分 jědł, jědła；受動分 jědźeny；能動分 jědźacy/jěducy V9【不完】(【完】は zjěsć) 食べる．to so *jě* それは食べられる，美味しい；

to hodźi so *jěsć* それは食べられる，食べるのによい；dawać *jěsć* (*ňekomu*) (誰に)食べさせる，養う．
jětra PL1【複】天然痘．
jětřenje N5【中】膿．
jětřeško N1【中】(化膿した)にきび．
jětřić so V6【不完】化膿する．
jěć, jědu, jědźeš; jědu; 未来 pojědu, pojědźeš; 過去 jědźech, jědźeše; 命 jědź!; jědźće!; 完分 jěł, jěła; 能動分 jědźacy/jěducy V9【不完】《定》(乗り物で・乗り物が)行く．z kolesom *jěć* 自転車で行く；*jědu* do dowola 私は休暇に出かけるところです；*jědź* po chlěb! パンを取りに(買いに)行って来て！
jězba F1【女】運行，走行，運転；旅行．*jězba* tam a wróćo (乗り物の)往復；słužbna *jězba* 出張．
jězbny A1【形】運行[走行]の；旅行の．*jězbny* plan 運行表，時刻表；*jězbne* wudawki 運賃．
jězdnja F6【女】車道，車線．
jězdny A1【男】(馬などの)乗り手．
jězdźenje N5【中】乗る[運転する]こと．
jězdźenka F2【女】乗車[乗船・搭乗]券．
jězdźidło N1【中】乗り物．motorske *jězdźidło* エンジン付き車両(自動車・バイクなど)．
jězdźić V6【不完】《不定》(乗り物で・乗り物が)行く．ćah *jězdźi* 列車が運行している．
jězor M1【男】湖．nutřkokrajny *jězor* 内陸湖．
jězoraty A1【形】湖の多い．
jěž M3【男】ハリネズミ．
jěžić so V6【不完】憤慨する，興奮する．
jikrnač M3【男】子持ちの雌魚．
jikrno N1【中】(魚の)はらご．
jimacy A1【形】感動的な，心を打つ．
jimać V7【不完】感動させる．to ju jara *jimaše* それが彼女を大いに感動させた．-**so** 取る，掴む．jeho *so* ničo *njejima* 彼は何にも動じない，何も彼を動かすことはできない；*jimać so* słowa 発言する．
jimawy A1【形】感動的な，心を打つ．
Jitk M1【男】オイトリヒ(ラウジッツの地名)．
jónkróćny A1【形】一度の．

jónu

jónu【副】ある時, 一度. *jónu* wob tydźeń 週に一度；běch jenož *jónu* tam 一度私はそこに行ったことがある；hišće *jónu* もう一度；najprjedy *jónu* まず何よりも.

jórdować V4【不完】騒ぎ回る, はしゃぎ回る.

jow; -le【副】ここで. *jow* chcemy wotpočować ここで休みましょう；pój *jowle*! ここにおいで!

ju【副】いや(否定的な発言に対する反対の答え. ドイツ語の doch に当たる)；そうとも, そりゃあ. "Wón dźensa njepřińdźe." "*Ju*. wón přińdźe." 「彼は今日は来ないだろう」「いや, 来るよ」；*ju*, to sčinimy. われわれはそれをやろうとも.

jubilar M1【男】; **-ka** F2【女】記念日を祝われる人.

jubilej M3【男】記念日.

juh M2【男】南. na *juh* wot Budyšina ブディシンから南；na *juhu* 南に.

Juhosłowjanska A2【女】ユーゴスラヴィア. **juhosłowjanski** A2【形】.

juhowuchod M1【男】南東. **-ny** A1【形】.

juhozapad M1【男】南西. **-ny** A1【形】.

juch|a F2【女】(肥料用の)糞尿, 水肥. *juchu* kidać 水肥を撒く. **-owy** A1【形】.

julianski A2【形】: *julianska* protyka ユリウス暦.

julij M3【男】七月. **-ski** A2【形】.

junij M3【男】六月. **-ski** A2【形】.

junkerstwo N1【中】ユンカー(土地貴族)であること；《集合》ユンカー.

jupka F2【女】乳幼児用の上着.

jurist M1【男】法律学者.

juristiski A2【形】法律の.

juristka F2【女】法律学者(女性).

jury《不変》[複]《集合》審査団, 審判.

juskać V7【不完】歓声を上げる.

justica F3【女】司法, 司法権；司法当局.

justicny A1【形】司法(権)の. *justicne* mordarstwo 司法殺人(無実の者に対する死刑判決).

juška F2【女】スープ, ソース. mjasowa *juška* 肉のスープ, ブイヨン；tomatowa *juška* トマトソース；sydnjena *juška* (肉や魚の)煮こごり；młoda *juška* 娘っ子.

juškojty A1【形】汁けのある.
jutni|ca F3【女】明けの星, 明星. **-čka** F2【女】《指小》.
jutrownička F2【女】復活祭の日曜日.
jutrownik M2【男】四月.
jutrowny A1【形】東の；復活祭の. *jutrowne* jejko 復活祭の卵.
jutry PL1【複】復活祭.
jutře【副】明日. *jutře* rano 明朝；*jutře* za tydźeń 来週の明日.
jutřiši A3【形】明日の.
južnoameriski A2【形】南アメリカの.
južnorańši A3【形】南東の.
južnosłowjanski A2【形】南スラヴの.
južny A1【形】南の. *Južna* Amerika 南アメリカ；*južny* čop 南極；*južne* płody 熱帯果物.

K, k

k(e)【前置】+《与》方へ. *k* njej hić 彼女のところへ行く；*k* sebi přińć 我に返る；hač *k* durjam ドアまで；*k* tomu それに(加えて, 沿えて)；*k* wuchodej 東に向かって；*k* strowosći 健康のために(乾杯の挨拶)；*ke* mši hić 教会[ミサ]に行く；wšitko *k* rakecam jědźe すべてが悪化した.
kabaretist M1【男】(寸劇や歌などを見せる)カバレットの芸人.
kabaretistiski A2【形】カバレット(風)の.
kabaretistka F2【女】カバレットの芸人(女性).
kabaretny A1【形】カバレットの.
kabat M1【男】ジャケット, コート；(中世の)男子用胴着. *železny kabat* 鎖かたびら.
kabina F1【女】キャビン.
kabinet M1【男】キャビネット.
kabl M3【男】ケーブル. podzemski *kabl* 地下ケーブル.
kacet M1【男】強制収容所(KZ).
kačica F3【女】《集合》ウキクサ(アオウキクサなど).
kačka F2【女】カモ. dźiwja *kačka* 野ガモ.

kačor M1【男】雄のカモ.

kadla M6【男】若いの，奴. prima *kadla* いい奴；wutrobity *kadla* 心根のある[優しい]若者；hubaty *kadla* おしゃべりな野郎；naduty *kadla* 高慢な奴.

kadlička M5【男】《指小》＜kadla.

kadrowni|k M2【男】；**-ca** F2【女】幹部会の指導者.

kadrowy A1【形】幹部(会)の. *kadrowy* wotrjad 人事課.

kadźička F2【女】香ろうそく，線香.

kadźić V6【不完】いぶす，薫製にする；香を焚く. *kadźić* (*k někomu*)(誰に)はっきりものを言う，意見する.

kachle PL2【複】オーブン，かまど. elektriske *kachle* 電気式オーブン，電熱器；płunowe *kachle* ガスオーブン；kupanske *kachle* 風呂釜.

kachlestajer M4【男】オーブン[かまど]の取り付け工.

kachlica F3【女】カッヘル(壁などに貼る化粧タイル). ke *kachlicy* přilěpjeny być 壁に張り付いている(家にこもっている)

kachlička F2【女】《指小》＜kachlica.

kachlički PL1【複】《指小》＜kachle.

kachlowy A1【形】オーブンの. *kachlowe* durčka オーブンの扉；*kachlowa* lawka ストーブの横の腰掛け(ベンチ).

kajki A2【代名】《疑問》どのような(属性，種類などを尋ねる). *kajcy* su to ludźo? それはどんな人達なのだ？z *kajkiim* prawom どんな権利があって.

kajkiž A2【代名】《関係》そのような. wón je tajki, *kajkiž* je přeco był かれは常にそうであったとおりの人だ.

kajkižkuli A2【代名】《不定》(どのようなものでもよい)何か，何がしか. stajejče prašenja, *kajkežkuli* chceće! どんなことでも質問してください.

kajkostnik M2【男】形容詞.

kajkostny A1【形】性質の，質の. *kajkostne* rozdźěle 質[品質]の違い；*kajkostna* klasa 品質の等級.

kajkosć F7【女】質，属性，特性.

kajuta F1【女】キャビン，船室.

kak 【副】《疑問》どのように. *kak* na času je? 今何時ですか？*kak* so wam dźe [wjedźe]? ご機嫌はいかがですか？

kakaw M1【男】カカオ.

kakawowc M1【男】カカオの木.

kakawowy A1【形】カカオの. *kakawowy* napoj ココア飲料; *kakawowy* próšk カカオパウダー.

kał M1【男】キャベツ. běły *kał* カリフラワー; čerwjeny *kał* 赤キャベツ; kisały *kał* 酢漬けキャベツ; krjózkaty *kał* チリメンキャベツ; pupkaty *kał* 芽キャベツ; do *kała* łazyć 他人の領分に手を出す; *kał* bledźić たわごとを言う; zastrašny *kał*! ばかばかしい! to je hotowy *kał* それはまったくのナンセンスだ.

kałač M3【男】針, 刺; 短刀.

kałačojty A1【形】刺のある, 刺状の; 辛辣な.

kałaty A1【形】刺の; 刺すような. *kałaty* grót 有刺鉄線; *kałata* ból 刺すような痛み.

kałać V7【不完】刺す; 割る, 切る. drjewo *kałać* 薪を割る; kamjenje *kałaja* do nohow 石が足に当たって痛い.

kałdony PL1【複】(牛などの)臓もつ.

kałnyć V3【完】刺す.

kałowy A1【形】キャベツの. *kałowy* hłub キャベツの茎; *kałowa* hłójčka キャベツの玉, キャベツ1個; キャベツ頭(まぬけ).

kałzačinjer M4【男】役たたず, ろくでなし.

Kalawa F1【女】カラウ(ラウジッツの地名).

kalcium M1【男】カルシューム.

kalend|er, -ra M1【男】カレンダー. kapsny *kalender* (日付け式)手帳; terminowy *kalender* 日付入り手帳. **-rowy** A1【形】*kalendrowe* lěto カレンダー年.

kalijownja F6【女】カリ工場.

kalijowy A1【形】カリの. *kalijowe* hnojiwo カリ肥料; *kalijowe* hórnistwo カリ採掘; *kalijowe* łožišćo カリ鉱床.

kalkować V4【不完】漆喰を塗る; カリ肥料をやる.

kalkulacija F5【女】計算.

kalkulować V4【不完】計算する.

kalnišćo N3【中】キャベツ畑.

kalorija F5【女】カロリー. wulka *kalorija* 高カロリー.

kamel M1【男】ラクダ. dwuhorbaty *kamel* フタコブラクダ.

kamera F1【女】カメラ.

kamilka F2【女】カモミール(薬草).

kamilki PL1【複】カモミール茶.

kamjeń M4【男】石. młynski *kamjeń* 臼石; twarski *kamjeń* 石材; zakładny *kamjeń* 礎石; pomjatny *kamjeń* 記念碑; z *kamje-*

njemi wusadźeć 敷石で舗装する；*kamjeń* wot wutroby padny 胸のつかえがなくなる，ほっとする．

Kamjenc M1【男】カメンツ（ラウジッツの地名）．

kamjenizna F1【女】岩石，岩盤．

kamjenjaty A1【形】石だらけの，石の多い．

kamjenjećesar M4【男】石切り工，石職人．

kamjentny A1【形】石の，岩石の，石製の．*kamjentny* kašć（古代の）石棺；*kamjentny* schód 石段；*kamjentna* doba 石器時代；*kamjentna* sól 岩塩；*kamjentne* wuhlo 石炭．

kamjeńtwjerdy A1【形】石のように硬い．

kamor M1【男】タンス，戸棚．**-čk** M2【男】《指小》．

kampanja F6【女】キャンペーン．

kamušk M2【男】《指小》＜kamjeń.

kamzyk M2【男】アルプスカモシカ．

kana F1【女】液体を入れる容器（ポット・水差し・ブリキ缶など）．kofejowa *kana* コーヒーポット；mlokowa *kana* ミルク缶；wolijowa *kana* 油の缶．

kanal M3【男】運河，水路；チャンネル．nutřkokrajny *kanal* 内陸運河；powodźowanski *kanal* 用水路；telewizijny *kanal* テレビのチャンネル．

kanalizacija F5【女】排水網；用水施設．

kanarik M2【男】カナリヤ．

kandidat M1【男】；**-ka** F2【女】候補者．

kandidatura F1【女】立候補，志願．*kandidaturu* nastajić 立候補する；候補者に立てる．

kandidować V4【不完】立候補する．

kanka F2【女】《指小》＜kana. mlokowa *kanka* ミルクピッチャー．

kanona F1【女】大砲．

kanoněr M1【男】砲撃手．

kantorka F2【女】合唱隊の歌い手．

kaolinownja F6【女】カオリン（白陶土）の採場．

kaolinowy A1【形】カオリン（白陶土）の．

kapa F1【男】（男性用の）ジャケット；（カトリック信者のソルブ婦人の）頭飾り．cankata *kapa*（レース飾りのついた）頭飾り．

kapacita F1【女】能力；収容能力．produkciska *kapacita* 生産力．

kapacy A1【形】したたり落ちる，ポタポタ垂れる．

kapała F1【女】楽団；聖歌隊．šalmajowa *kapała* シャルマイ（木

管楽器)バンド；rejwanska *kapała* 舞踊団.
kapałnik M2【男】楽団の指揮者, 指導者.
kapalca F3【女】乳しょう.
kapalina F1【女】液体, 液状.
kapalny A1【形】液体[液状]の；流れるような.
kapać V7【不完】滴り落ちる.
kapawka F2【女】樋.
kapička F2【女】《指小》<kapa.
kapital M1【男】資本(金). financny *kapital* 金融資本；monopolowy *kapital* 独占資本；zapołožić *kapital* 資本を投入する.
kapitalist M1【男】資本家.
kapitali|zm M1【男】資本主義. **–stiski** A2【形】
kapitalny A1【形】主要な, 根本的な.
kapitalowy A1【形】資本の, 金融の. *kapitalowy* eksport 資本輸出.
kapitl M3【男】(本の)章；(教会)聖職者会議.
kapitulacija F6【女】降伏. bjezwuměnita *kapitulacija* 無条件降伏.
kapitulować V4【不完】降伏する.
kapka F2【女】滴. *kapka* wody 水滴；po *kapkach* 一滴づつ.
kapkojty A1【形】滴状の, 紡錘形の.
kapłan M1【男】(カトリックの)助任司祭, チャペルを預かる司祭.
kapnik M2【男】鍾乳石.
kapnikowy A1【形】鍾乳石の. *kapnikowa* prózdnjeńca 鍾乳洞.
kapnyć V3【完】滴り落ちる.
kapon M1【男】雄鶏. *kapon* spěwa 雄鶏が啼く.
kaponk M2【男】若鶏, 雄鶏. čerwjene *kaponki* ニシキギ(植物).
kapotać V7【不完】滴り落ちる. rosa *kapota* 露が落ちる.
kapsa F3【女】ポケット.
kapsla F5【女】カプセル.
kapsny A1【形】ポケットの. *kapsna* lampka 懐中電灯；*kapsny* nóž ポケットナイフ；*kapsny* pjenjez ポケットマネー；*kapsny* słownik ポケット版の辞書.
kara F1【女】手押し車. *karu* měć (*z někim*) (誰と)ねんごろである, 恋愛関係を持つ；pišćata *kara* ヨーロッパヨタカ.
karamel M1【男】キャラメルシロップ.
karan M1【男】手のついた水差し, ジョッキ. mlokowy *karan* ミ

karančk

ルクピッチャー.
karančk M2【男】《指小》＜karan. piwowy *karančk* ビアジョッキ.
karb M1；-a M6【男】刻み目，切れ込み.
karbować V4【不完】刻み目［切れ込み］をつける.
kardinalny A1【形】枢要な.
kariera F1【女】キャリア，経歴. *karieru sčinić* キャリアを作る.
karikatura F1【女】カリカチュア.
karik(ěr)ować V4【不完】劇画化する，カリカチュアで風刺する.
karkować V4【不完】＝karować.
karnewal M1【男】カーニヴァル.
karnikl M1【男】イエウサギ.
karoserija F5【女】車体. *awtowa karoserija* 自動車のボディー.
karować V4【不完】手押し車で運ぶ.
karp M1【男】コイ. *hładki karp* カガミゴイ.
karp|jacy A1；-owy A1【形】コイの. *karpjacy hat* コイ養殖用の池.
karta F1【女】切符，券；地図；トランプ；名刺. *jědźna karta* メニュー；*pućowanska karta* 旅行［ハイキング］用地図；*swětowa karta* 世界地図；*karty hrać* トランプ遊びをする.
kartaja F5【女】カード資料(目録・記録). *kartaja čitarjow* 閲覧用のカード式目録.
kartaj|ny A1；-owy A1【形】カード資料の. *kartajny kaščik* カード用のボックス.
kartka F2【女】《指小》＜karta；入場券. *kinowa kartka* 映画のチケット.
karton M1【男】ボール紙.
kartyhrače N5【中】トランプ遊び.
karusel M1【男】メリーゴーランド.
kasa F1【女】金庫；レジ，料金所；会計［課］.
kasać so V7【不完】(服の裾を)絡げる，たくし込む.
kaserna F1【女】兵舎.
kaseta F1【女】カセット；金庫.
kasěrar M4【男】；-ka F2【女】金庫［料金所・会計］係.
kasěrować V4【不完】金を徴収する.
kasnyć so V3【完】→ kasać so.
kastanija F5【女】クリ，トチ. *jědźna kastanija* クリ(の木・実)；*konjaca kastanija* トチ(の木・実).

kašel M3【男】咳. čaj pre *kašel* 咳止めのハーブ茶；krjepki pre *kašel* 咳止め液.
kašlaty A1【形】咳の出る，咳込んだ.
kašlować V4【不完】咳をする.
kašpor M1；**-k** M2【男】あやつり人形；人形芝居の道化師.
kašć M3【男】棺；箱.
kaščik M2【男】箱，小箱；(サッカーの)ゴール. blidowy *kaščik* 引き出し；listowy *kaščik* 郵便箱.
kaščowy A1【形】棺の.
kat M1【男】死刑執行人.
katastrofa F1【女】破局，大災害. přirodna *katastrofa* 自然災害. **-lny** A1【形】.
kategorija F5【女】範疇.
kategoriski A2【形】断定的な；カテゴリーに属する.
katolik M2【男】カトリック信者.
katolsce【副】カトリック式に.
katolski A2【形】カトリックの.
kać so V2【不完】[něčeho] 悔やむ，嘆く. *kaju so* 私は悔やんでいる.
kaće N5【中】後悔.
kawč F7【女】カウチ.
kawka F2【女】コガラス. hłupa *kawka*！この間抜けが！*kawki* předawać 口をあんぐり開けて見る；ぼんやりしている.
kawsalny A1【形】原因の；因果律の.
Kazachstan M1【男】カザフスタン.
kazać V7【不完】[někomu něšto]（誰に何を)命令する；[na něšto// k něčemu]（何に)招く. na kwas [k wobjedu] *kazać* 婚礼［食事］に招く. **- sej** [něšto] 要求する，求める，強いる. njedajće *sej kazać* 遠慮なくどうぞ，自由に［進んで］なさってください.
kaznja F6【女】命令；掟. Boža *kaznja* 神の掟.
kazus M1【男】〔文法〕格.
kazyć V6【不完】[něšto] 損なう，傷める. (*někomu*) naladu *kazyć* (誰の)機嫌を損なう；měr *kazyć* 平和を乱す. **- so** 傷む，駄目になる. jabłuka so *kaža* りんごが腐る；zub so *kazy* 歯が悪くなった.
kaž【副】ように. beły *kaž* sněh 雪のように白い；spać *kaž* zaraženy 死んだように眠る；*kaž* dołho である限り；*kaž* so praji いわば；

kažer

kaž praja = *kaž* so praji；*kaž* na přikład 例えば；*kaž* jeho znaju 私が彼を知る限りでは；dźěći *kaž* tež starši 子供たちも両親同様に，子供も親も；wón čini, *kaž* by wo tym wědźał 彼はそれについて知っているかのような様子だ；*kaž* by so něšto prašeć chcyła 彼女はまるで何か尋ねたいかのようだった.

kažer M4【男】平和を乱す人，ごたごた屋.

kažkuli【副】何であれ. njech je, *kažkuli* chce なるようになれ.

kecarski A2【形】異端の.

kedźba F1【女】注意，注目；心遣い．(někoho/něšto) *kedźbu* měć (誰／何に) 注意する；(něčeho//na něšto) *kedźbu* njeměć (何を) 考慮しない，注目しない；*kedźbu* dawać 注意を払う；na *kedźbu* so brać 自分 (の体) に気をつける.

kedźbliwosć F7【女】注意，注目，心遣い.

kedźbliwy A1【形】注意深い.

kedźbnosć F7【女】注意，注目，心遣い. wulku *kedźbnosć* (k něčemu) wěnować 大いに注目する；(na něšto) *kedźbnosć* złožić (何に) 注意を向ける.

kedźbny A1【形】注意深い.

kedźbować V4【不完】[na někoho/něšto] 注目する，注意する.

kedźbu!【間投】注目！注意！

kedźbyhódny A1【形】注目に値する.

kehel M3【男】ボーリングの柱. *kehele* kuleć ボーリングをする.

keheler M4【男】；-ka F2【女】ボーリングの選手.

kehelnja F6【女】ボーリング場.

kehelojty A1【形】円錐形の.

kehelowanje N5【中】ボーリング.

kehelować V4【不完】ボーリングをする.

kejžor M1【男】；-ka F2【女】皇帝.

kejžorski A2【形】皇帝の. *kajžorska* króna 皇帝の冠.

kejžorstwo N1【中】帝国；帝政.

kekler M4【男】；-ka F2【女】手品師；コメディアン.

keklija F5【女】手品，喜劇.

keklować V4【不完】おどける，手品をして見せる.

kelko【副】《疑問》どれだけ. *kelko* to płaći? それはいくらですか？

kelkož【副】それだけ，…の限り. *kelkož* wěm 私の知る限り.

keluch M2【男】(台のついた) 杯；(花の) 萼 (ガク).

keluchojty A1【形】杯状の；萼状の.
kemšacy A1【形】ミサの，ミサ用の. *kemšaca* drasta ミサに着ていく服，晴れ着；*kemšacy* dźak！どうもありがとう！
kemše PL2【複】ミサ. *kemše* hić [chodźić] ミサに行く.
kemšer M4【男】；**-ka** F2【女】ミサに通う人.
kepsanka F2【女】やっつけ仕事.
kepsać V7【不完】ぞんざいな仕事をする；不細工にやる.
kerami|ka F2【女】窯物，陶器；セラミック. **-ski** A2【形】.
kerčina F1【女】藪，灌木(の植え込み).
kerčinaty A1【形】藪の繁った.
kerčk M2【男】(レタスなどの)球；地下茎で越冬する多年草.
kerk M2【男】藪，しげみ；(《複》で)叢林. jahodowy *kerk* イチゴのしげみ；do *kerka* bić 様子[相手の腹]を探る；do *kerkow* so winyć こっそり姿をくらます；za jednym *kerkom* sydać ぐるになる，つるむ.
kermuš|a F5【女】教会記念祭(創立の縁起となった事柄や聖人に因んだ祭日). **-ny** A1【形】.
ketchup M1【男】ケチャップ.
kěrchow M1【男】墓地.
kěrluš M3【男】賛美歌.
kibut M1【男】タゲリ(鳥).
kič M3【男】俗悪なもの，キッチュ.
kičojty A1【形】俗悪な，まがいものの.
kidać V7【不完】注ぎ出す. hnój *kidać* (肥桶の)肥料を撒く，ぶちまける. **-so** 注ぎ出る，勢いよく流れ出る. dešć so *kida* 雨がザーザー降る.
kidnyć V3【完】勢いよく流し出す.
kij M3【男】杖. **-ešk** M2【男】《指小》.
kikernač M3【男】ジャガイモの芽.
kilogram M1【男】キログラム.
kilomet|er, -ra M1【男】キロメータ.
kilop M1【男】つるはし.
kilowattowy A1【形】キロワットの.
kimjelčka F2【女】キャラウェー(ヒメウイキョウ).
kino N1【中】映画(館). **-wy** A1【形】.
kiosk M2【男】キオスク. nowinski *kiosk* 新聞スタンド.
kiprić V6【不完】[někoho/něšto] 弱くする，弛緩させる，無力に

kiprosć

する；ゆるむ，力がなくなる．

kiprosć F7【女】弱さ，無力；衰弱．

kipruš M3【男】虚弱者，弱虫．

kipry A1【形】虚弱な，弱々しい．

Kirgiziska A2【女】キルギスタン．

kisało N1【中】酢．

kisały A1【形】酸っぱい．*kisałe kórki* 酢づけキュウリ；*kisałe mloko* サワークリーム；*kisałe wišnje* サワーチェリー．

kisalc M1【男】スイバ（植物）．

kisale【副】酸っぱく．mloko *kisale* wonja 牛乳はすえた臭いがする；（*na něšto*）*kisale* reagować（何に）いやな顔をする．

kisalina F1【女】酸．salpetrowa *kisalina* 硝酸；słona *kisalina* 塩酸．

kisalić V6【不完】酸っぱくする，発酵［酸敗］させる；酸性にする．

kisalši A3【形】《比》＜kisały．

kisać V7【不完】酸っぱくなる．

kislik M2【男】酸素．

kisnyć V3【不完】→kisać．

kista F1【女】木箱，長持ち．

kisykał M1【男】酢漬けキャベツ．

kitka F2【女】《指小》＜kić．

kitl M3【男】仕事用の上着，白衣．

kić F7【女】（ぶどうなどの）房．

kiwać V7【不完】頷く，合図する．

kiwka F2【女】ミミズク．

kiwkadło N1【中】シーソー．

kiwkaty A1【形】揺れる，ぐらぐらする．

kiwkać V7【不完】[něšto] 傾ける；（上下・前後に）揺り動かす．– so 傾く，揺れ動く．zob *so kiwka* 歯がぐらぐらする．

kiwknyć V3【完】[něšto] 倒す，ひっくり返す．

kiwnyć V3【完】頷く，合図する．z hłowu *kiwnyć* 頭をコックリさせる．

kiž【代名】《関係》（先行詞を受けてその）人，物〈関係節で主格の場合に使用できる．その他の格については kotryž を使用．ただし単数造格／前置格，複数与格には wo kimž, z kimž, kimž の形もある〉wšitcy, *kiž* chcedźa 望む者は全員；holca, *kiž* dźěła tam そこで働いている娘．

kjawčeć V5【不完】クンクン［キャンキャン・ピーピー］泣く.
kłapać V7【不完】トントン叩く. wo durje *kłapać* ドアをノックする.
kłasć, kładu, kładźeš; kładu; 過去 kładźech, kładźeše; 命 kładź!; kładźće!; 完分 kładł, kładła; 受動分 kładźeny; 能動分 kładźacy V9【不完】置く; 設置［配置］する. wodowód [milinu] *kłasć* 水道［電気］を引く; karty *kłasć*（トランプ占いやプレーのために）カードを置く; wažnosć *kłasć*（*na něšto*）（何に）重きをおく, 尊重する; zličbowanje *kłasć* 精算する, けりをつける.
kłobuk M2【男】帽子. *kłobuk* zejeć（挨拶のために）帽子を取る; *kłobuk* sej stajić 帽子をかぶる.
kłóda F1【女】監獄, 牢;〔史〕足かせ.
kłok M2【男】矢.
kłokownica F3【女】矢筒.
kłonić V6【不完】曲げる, 傾ける, 斜めにする. –so 傾く, 曲がる.
kłosa F3【女】穂.
kłóska F2【女】《指小》＜kłosa. *kłóski* zběrać 穂を拾う.
kłóć V2（古形ではまた kolu, koles; 過去 kolech; 命 kol!; kolće!）【不完】刺す. prawda woči *kole* 真実は眼を刺す（真実を直視するのは辛い）.
kłóćić V6【不完】（果物を）叩き落とす.
kłubach M2【男】（毛糸などの）玉; もつれ, からみ.
klacać V7【不完】不足している, 思わしくない. z pjenjezami pola nas *klaca* 私どもの所では金に窮している.
klakać so V7【不完】; **klaknyć so**【完】膝をつく, 立て膝になる.
klama F1【女】（動物の）口. dźerž *klamu*! 口をつぐめ!
klamorčka F2【女】クリップ, 洗濯ばさみ.
klanka F2【女】あやつり人形.
klankodźiwadło N1【中】人形劇.
klankodźiwadźelnik M2【男】人形劇の人形使い.
klarineta F1【女】クラリネット.
klasa F3【女】クラス, 階級. dźěłaćerska *klasa* 労働階級; knježaca *klasa* 支配階級; prěnja *klasa* 一級, ファーストクラス.
klasifikacija F5【女】等級わけ, 分類. decimalna *klasifikacija*（図書の）十進分類法.
klasifikować V4【不完】分類する.
klasika F2【女】古典時代; 古典作品.

klasikar M4【男】古典作家.
klasiski A2【形】古典(古代ギリシャ・ローマ)の；古典主義の；古典的な.
klasowy A1【形】階級の. *klasowa towaršnosć* 階級社会.
klatwa F1【女】呪い；破門, 追放.
klawěr M1【男】ピアノ. na *klawěrje* hrać ピアノを弾く.
klawěrny A1【形】ピアノの. *klawěrny* koncert ピアノ協奏曲；*klawěrny* přewod ピアノ伴奏.
klawsla F5【女】条項；但し書き, 条件.
klawsura F1【女】(僧院の)世俗者立ち入り禁止区域；筆記試験, 答案.
klečeć V5【不完】ひざまずく, 膝を折る.
klecha F2【女】牛の足；(人の)不格好な足.
klemić so V6【完】怒る, 悪態をつく.
klempnar M4【男】ブリキ職人, 板金工.
klempnarić V6【不完】板金［配管］作業をする.
klepać V7【不完】叩く, (ハンマーなどで)打つ. *klepać* kosu (切れを良くするためにハンマーで)大鎌を叩く；*klepać* skót 家畜［牛］を(杭に)つないでおく.
klepnjeny A1【形】ばかな, 頭のおかしな.
klepnyć V3【完】叩く, (ハンマーなどで)打つ.
klepot M1【男】うるさく叩く音.
klepotanje N5【中】叩くこと, その音.
klepotać V7【不完】カタカタ［ゴトゴト・カチカチ］音をたてる. baćon *klepota* コウノトリがカタカタ啼く.
kleskać V7【不完】ぺちゃくちゃしゃべる；ぴしゃぴしゃ音をたてる；拍手する.
kleskawa F1【女】他人の悪口をしゃべりまくる女.
kleski PL1【複】噂話, おしゃべり.
klesnyć V3【完】ぴしゃりと叩く.
kleć, kliju, kliješ；klija；過去 klijach, kliješe；複二 kliješće；双二 kliještaj, -štej；命 klij!；klijće!；完分 klał, klała；受動分 klaty；能動分 klijacy V9【不完】呪う, 罵る.
klěšć M3【男】ダニ.
klěšće PL2【複】ペンチ, 鉗子. *šćipate klěšće* ペンチ.
klětka F2【女】檻, 鳥かご；説教壇, 講壇.
klětu【副】来年. *klětu* budźe wón 18 lět 来年彼は18歳になる；*klě-*

tu w januarje 来年の一月に．
klětuši A3【形】来年の．*klětuše* žnĕ 来年の収穫；*klětuši* januar 来年の一月．
klibora F1【女】足，脚．
klij M3【男】膠(ニカワ)，グルテン質．
klijidło N1【中】接着剤．
klijić V6【不完】糊[膠]づけする．
klika F2【女】徒党，(派)閥．
klima F1【女】または《不変》【男】気候．kontinentalna *klima* 大陸性気候；měrna *klima* 温暖な気候；srjedźomórska *klima* 地中海性気候；chabłanje *klimy* 気候の変動．
klimatiski A2【形】気候上の，風土の．
klimowy A1【形】気候の．*klimowa* hranica 気候の境目；*klimowe* pasmo 気候帯．
klimpotać V7【不完】(楽器を下手に・でたらめに)かき鳴らす，つまびく；カチャカチャ音をたてる．
klin M1【男】楔(クサビ)；膝(座ったときの腿の上)．pjasćowy *klin* (石器時代の)石斧；dźěćo na *klin* wzać 子供を膝の上に抱き上げる；ruce do *klina* złožić 手を膝の上に載せる(手をこまねく；何もせずにいる)；(*někomu*) do *klina* padnje (誰の)膝の上に落ちる(棚からぼたもち)．
klinčacy A1【形】よく響く，甲高い．
klinčeć V5【不完】響く；聞こえる，感じがする．we wušomaj *klinčeć* 耳鳴りがする；耳に残っている；to hinak *klinči* それは違う[別の]ように聞こえる．
klinika F2【女】病院，医院．wóčna *klinika* 眼科医院；źónska *klinika* 婦人科医院．
kliniski A2【形】臨床の．
klinka F2【女】ドアの取っ手，掛け金．
klinkačk M2【男】呼び鈴．
klinkać V7【不完】ベルを鳴らす；ベルが鳴る．
klinojty A1【形】楔状の．
klišej M3【男】クリシェ(決まり文句)．
kloc M1【男】(短く切った)丸太．
klock M2【男】《指小》＜kloc；木片，かけら；積み木．*klock* mydła 石鹸一個．
klofter, -ra M1【男】尋(ヒロ，両手を広げた長さで約1.9m)；ク

ラフター（材木の単位，約 4 m³）；堆積物，積み上げたもの．

klon M1【男】カエデ，モミジ．kónčkaty *klon* ノルウェーカエデ．

klóšt|er, -ra M1【男】修道院．*klóšter* Marijina hwězda 聖マリエンシュテルン修道院．

klub M1【男】クラブ．spěwny *klub* 合唱クラブ．

klubownja F6【女】集会所，クラブハウス．

klubu【副】つらあてに，いやがらせに；[někomu]（誰に）反して．*klubu* činić（*někomu*）（誰に）面当てに[からかって・いやがらせに]する；tebi *klubu* 君に逆らって．

klubučinjenje N5【中】からかうこと，怒らせること，面当て．

kluč M3【男】鍵．wěstotny *kluč* 安全キー；*kluč* wot pincy 地下室の鍵；*kluč* tči 鍵が（ドアに）ささっている．

klučik M2【男】《指小》＜kluč；čerwjene *klučiki* プリメラ（サクラソウ）．

klučowc M1【男】鍵束．

klučowka F2【女】鎖骨．

klučowy A1【形】鍵の，鍵となる；鍵状の．*klučowa* dźěrka 鍵穴；*klučowa* kósć 鎖骨（=klučowka）；*klučowa* pozicija 重要地点，鍵を握る位置[立場]．

kludźer M4【男】；-ka F2【女】動物の調教師；猛獣使い．

kludźić V6【不完】（動物を）飼い慣らす；（人を）言いなりにさせる．

kluka F2【女】クランク，L字型ハンドル．

klukać V7【不完】鶏がクックと鳴く；（液体が）コクコク音をたてる；蜂の巣から蜜をとる；[někoho] 搾取する．

klukotać V7【不完】鶏がクックと鳴く；（液体が）コクコク音をたてる；うがいをする．

klumpa F1【女】ポンプ．

klumparnja F6【女】ポンプ場，ポンプ装置．

klumpać V7【不完】ポンプで汲み上げる．wodu *klumpać* 水をポンプで汲み上げる．

klun|dry PL1；-kory, PL1【複】古着，着古し．

klusk|ać V7；-otać V7【不完】（水・波が）ぴちゃぴちゃ音をたてる．

klusnyć V4【完】ぶちまける，勢いよく浴びせる．šaty přez powjaz *klusnyć* シャツ類を物干ロープに勢いよく広げる；płašć na so *klusnyć* コートをさっと身に羽織る．

kmanosć F7【女】能力．po *kmanosći* a zamóžnosći 能力と可能性に応じて；znać swoje *kmanosće* a słabosće 自分の能力と弱点を

knjejski

わきまえる.

kmańši A3【形】《比》＜kmany.

kmany A1【形】能力のある，できる．*kmany* za ničo 何もできない，何にも適さない．

kmjen M1【男】族．

kmót, 複主 kmótra, 生 kmótow M1【男】名親，洗礼父（赤ん坊の洗礼の付き添い人）．*dźiwny kmót* 変り者，奇人；*strowy kmót*! あきれた奴だ．

kmótra F1【女】名親，洗礼母（赤ん坊の洗礼の付き添い人）．

kmótřistwo N1【中】名親[洗礼親]であること．

kmótřić V6【不完】名親になる，名親である；[někomu/něčemu] 後ろ楯になる．

knakotać V7【不完】ぱちんと割る，砕く．

kneblować V4【不完】さるぐつわをかませる；言論を抑圧する．

knedlik M2【男】クヌーデル（小麦粉などで作る団子）．

knefl M3【男】ボタン，ボタン状のもの．

kničomny A1【形】役に立たない，ろくでなしの．

kniha F2【女】本．*dźěćaca kniha* 児童書；*kapsna kniha* 文庫本；*wobrazowa kniha* 絵本；*zapis knihow* 図書目録．

kniharnja F6【女】書店．*Smolerjec kniharnja* スモーレル書店（ブディシンのソルブ書籍専門店）．

knihikupc M1【男】書籍商，本屋．

knihićišć M3【男】書籍印刷．

knihićišćer M4【男】印刷業者．

knihiwjazar M4【男】製本業者．

knihiwjedni|k, M2【男】; **-ca** F3【女】帳簿[会計]係り．

knihiwjednistwo N1【中】簿記，会計．

knihowanje N5【中】簿記，記帳．

knihować V4【不完】記帳する，（記録などに）つける；予約する．

knihowni|k M2【男】; **-ca** F3【女】司書．

knihownja F6【女】図書館，本屋；双書，文庫．

knižka F2【女】《指小》＜kniha；手帳．*lutowanska knižka* 貯金通帳．

knižny A1【形】本の，書店の．*knižna polca* 本だな；*knižna wobalka* 表紙，装丁；*knižne wudaće* 書籍出版；*knižny kamor* 本箱．

knjejski A2【形】領主の，主人の．*knjejski hrib* ヤマドリタケ（食

knjejstwo

用キノコの一種）．

knjejstwo N1【中】支配；支配階級．*knjejstwo* luda 民衆支配；klasowe *knjejstwo* 階級支配；kolonialne *knjejstwo* 植民地支配；namócne *knjejstwo* 専制政治．

knje|ni, -nje F6【女】婦人；婦人の名前に冠する敬称，―さん．*knjeni* wučerka（女の）先生；krawc za *knjenje* 婦人服の仕立て屋；wotdźěl za *knjenje* 婦人用客室（コンパートメント）；*knjeni* domu 主婦，女主人．

knjez, 呼 knježe；複主 knježa M1【男】紳士；男性の名前に冠する敬称，―さん．*knjez* direktor（男の）支配人；*knjez* Bóh 主なる神；z *knjezom być*（nad čim）（何を）支配している；sym swój *knjez być* 私は自分自身の運命の主人だ．

knježacy A1【形】支配する．*knježaca* klasa 支配階級．

knježer M4【男】；-ka F2【女】支配者，統治者．

knježerstwo N1【中】政府；支配，統治．byrgarske *knježerstwo* 市民政府；prowizoriske *knježerstwo* 臨時政府．

knježerstwowy A1【形】政府の．*knježerstwowe* wozjewjenje 政府声明；*knježerstwowa* delegacija 政府代表団．

knježi A3【形】支配者［領主］の．*knježi* dom 領主の館；貴族院；*knježi* dwór 騎士領，荘園．

knježić V6【不完】支配［統治］する．

knježićel M3【男】；-ka F2【女】支配者，統治者．

knježk M2【男】ユンカー（ドイツの土地貴族）．

knježna F1【女】若い娘さん．

knježničkecy!【間投】なんてこった！

knorje: *knorje* měć (*někoho*)（誰を）からかう，担ぐ．

knot M1【男】モグラ；その毛皮．wodny *knot* カモノハシ．

knotwišćo N3【中】もぐらの盛り土．

knoćenje N5【中】掘り返すこと．

knoćić V6【不完】掘り返す；〔比喩〕引っ掻き回す，滅茶滅茶にする．

knuta F1【女】革鞭．

knyka|čk M2【男】；-wka F2【女】プラム．

knykotać V7【不完】ぱちんと割れる，砕ける．

knysk M2【男】指の付け根の関節．

knyskotać V7【不完】ピチピチ［パチパチ］鳴る．

koalicija F5【女】連盟．

kobjel F7【女】編み籠，バスケット．z *kobjelu* chodźić 身重である．
kobła F1【女】雌馬；雌ロバ．
kobłarnja F6【女】馬の飼育場．
kob|łuk M2；**-ołk** M2【男】ニンニク．
kocor M1【男】雄猫．*kocora* ćahać (*z někim*)(誰と)いがみあっている．
kocor|ić so V6；**-ować so** V4【不完】[z někim] 喧嘩する，争う．
koči A3【形】猫の．*koča* koža 猫の毛皮；*koče* woko 猫の目；キャッツアイ(反射で光るテールランプなど)，反射鏡；*koča* wopica オナガザル；*koče* mydło ゴマノハグサ；*koče* tupki エゾノチチコグサ；*koče* zbožo měč 頭より運がいい，愚か者には幸せがある．
kóčka F2【女】猫．za staru *kóčku* 役に立たない，価値がない；jeho słowa běchu za staru *kóčku* 彼の言葉は無駄[無意味]だった．
koeksistenca F1【女】共存．měrniwa *koeksistenca* 平和共存．
koeksistować V4【不完】共存する．
kofej M3【男】コーヒー．bunjacy *kofej* コーヒー豆；*kofej* palić コーヒーをローストする；plahowanje *kofeja* コーヒー栽培；po *kofeju* chodźić (客として)家々を訪ね歩く．
kofejownja F6【女】カフェー．
kofejowy A1【形】コーヒーの．*kofejowy* młynčk コーヒー用ミル．
kofejpiće N5【中】コーヒーを飲むこと；休憩，一服．
kóf|er, -ra M1【男】スーツケース．
kohlica F3【女】イタチ．
kocht M1【男】(穂の)芒(ノギ)．
kokač M3【男】(鳥の)尾，尾底部；(物の)底の部分．
kokać V7【不完】しゃがんでいる，うずくまっている．doma *kokać* 家にじっとしている；nad nastawkom *kokać* レポートにかかり切りである．
kokosowy A1【形】ココナツ[ココヤシ]の．*kokosowa* palma ココヤシ(の木)；*kokosowy* worjech ココナツ(の実)．
kokoš F7【女】鶏．
kokošacy A1【形】鶏の．*kokošace* jejo 鶏卵．
kokot M1【男】雄鶏．
koksownja F6【女】コークス製造所．
kokula F5【女】カッコウ．
kołbasa F3【女】ソーセージ．běła *kołbasa* 白ソーセージ；dobra *kołbasa* (血や脂を入れて作る)黒ソーセージ；domjaca *kołbasa* 自

kołbaska

家製ソーセージ；jatrowa *kołbasa* レバーソーセージ.
kołbaska F2【女】《指小》＜kołbasa. pječena *kołbaska* 焼きソーセージ.
kołč M3【男】ミツバチの巣箱.
kołk M2【男】判，スタンプ.
kołkować V4【不完】スタンプを押す.
kołkownica F3【女】スタンプパッド.
kołmaz M1【男】車両用グリース.
koło N1【中】円，環；車輪；(文化活動などの)サークル. wódne *koło* 水車；motorske *koło* オートバイ；prědnje [zadnje] *koło* 前 [後]輪；do *koła* so stupić 円陣に加わる，仲間[サークル]にはいる；*Koło* serbskich spisowaćelow ソルブ作家サークル；dźiwadłowe *koło* 演劇サークル；wón běžeše pjec *kołow* 彼は5周走った；*koło* časow 時の巡り[経過]；spytać wróćo zwjerćeć *koło* časow 時の流れを逆戻させようとする.
kołoběh M2【男】循環，回転，周行.
kołoch M2【男】芽，胚.
kołojězba F1【女】周遊，一周.
kołospěw M1【男】(宴の席の)回し歌；輪唱.
kołowokoło 1.【副】周囲に，ぐるりと. jónu *kołowokoło* so zwjertnyć くるりと一回転する. 2.【前置】+《生》回りに. *kołowokoło* meje メイポール(五月柱)の回りに，メイポールを囲んで.
kołp M4【男】白鳥.
kołsać V7【不完】はや足で駆ける；ぶらんこで揺れる.
kołsy kołsy【副】ピョンピョン，ヒョイヒョイ；(馬の)パッカパッカ.
kołwrót M1【男】糸車，紡ぎ車.
kołwrótnosć F7【女】狂気，気違い沙汰.
kołwrótny A1【形】頭のおかしな.
kolebak M2【男】揺り椅子.
kolebać V7【不完】揺らす. do spanja *kolebać* (*někoho*)(誰を)寝かしつける. ‐so 揺れる. *kolebać* so w sebjespokojnosći 自己安堵する.
kolebawka F2【女】子守歌.
kolebka F2【女】揺りかご.
kolega M5【男】同僚.
kolegialnosć F7【女】同僚のよしみ，仲間同士.

kolegialny A1【形】同僚の；合議の.
kolegij M3【男】全職員；(大学の)全教官；弁護団.
koleg|ina F1；**-owka** F2【女】同僚(女性).
kolekcija F5【女】収集；見本，カタログ.
kolektiw M1【男】(生産・研究などの)集団組織. *dźěłowy kolektiw* 労働団体.
kolektiwny A1【形】集団の；団体の. *kolektiwny duch* 集団心；*kolektiwne zrěčenje* 団体協約，共同条件.
koleno N1【中】膝. na *kolenomaj prosyć* 懇願する；po *kolenomaj łazyć* 膝をついて這う.
kolesko N1【中】《指小》< *koło*. *zubate kolesko* 歯車；*jedne kolesko přewjele měć* 頭がおかしい，妙なことを考える.
koleso N2【中】車輪；自転車. *prědnje [zadnje] koleso* 前[後]輪；*běžne koleso* (飛行機などの)車輪；*koleso jězdźić* 自転車で通う. 自転車に乗る.
kolesowanje N5【中】自転車に乗ること，サイクリング.
kolesowar M4【男】；**-ka** F2【女】サイクリスト.
kolesować V4【不完】自転車に乗る，自転車で行く.
kolesyna F1【女】車輪[歯車]装置.
kolid|ować V4；**-ěrować** V4【不完】ぶつかる，衝突する.
kolij M3【男】タデ(植物).
kolija F5【女】轍；(列車の)軌道；《複》線路. *z kolije wujěć* 脱線する；*do swojich prawych kolijow přińć* 平常の生活[運行]になる.
kolik M2【男】杭；支柱.
kolika F2【女】疝痛.
kolizija F5【女】衝突.
kólnja F6【女】小屋，納屋. *gratowa kólnja* 道具小屋.
kolokwij M3【男】コロキウム(討論式講義).
kolona F1【女】縦列. *awtowa kolona* 自動車の列；*jězba w kolonje* 数珠つなぎになっての走行.
kolonializm M1【男】植民地主義.
kolonialny A1【形】植民地の. *kolonialne wuklukowanje* 植民地開発[搾取]；*kolonialne knjejstwo* 植民地支配.
kolonija F5【女】植民地；集団居住地，コロニー.
kolonizacija F5【女】植民地化.
kolonizować V4【不完】植民地化する.

koma¹ F1 または《不変》【女】昏睡(状態).
koma² F1 または《不変》【女】コンマ，句点.
komander M1【男】司令官.
komando N1【中】指令；コマンド；特別部隊.
komandować V4【不完】指令[指揮]する；命令する.
kombajn M1【男】コンバイン. *běrnjacy kombajn* じゃがいも用コンバイン.
kombinacija F5【女】コンビネーション.
kombinować V4【不完】組み合わせる.
komdźenje N5【中】遅延，遅滞. bjez *komdźenja* 遅滞なく，即座に.
komdźić V6【不完】引き留める，遅らせる. **- so** 遅れる，手間取る. *komdźić so z wotmołwu* 返答を引き延ばす.
komedija F5【女】コメディー.
komentar M1【男】解説，コメント. bjez *komentara* コメントなしの.
komentować V4【不完】注釈[解説・論評]する.
komfortabelny A1【形】快適な，便利な.
komika F2【女】滑稽さ.
komisariski A2【形】委員の，委任された.
komisija F5【女】委員会，代表団，代行(者). *knježerstwowa komisija* 政府委員団.
komiski A2【形】コミカルな.
komitej M3【男】委員会.
komora F1【女】部屋；委員会；議会. *Ludowa komora* (旧東ドイツの)人民議会.
komorka F2【女】《指小》＜komora；小部屋.
komorny A1【形】室内の. *komorna hudźba* 室内音楽；*komorne jewišćo* 小劇場.
kompaktny A1【形】密な.
kompanija F5【女】会社，商社.
komparacija F5【女】(言語の)比較；(修辞の)漸層法.
komparatiw M1【男】〔文法〕比較級.
komparatiwny A1【形】比較の. *komparatiwna linguistika* 比較言語学.
kompas M1【男】コンパス. **-owy** A1【形】.
kompensować V4【不完】埋め合わせる，補償する.

kompetenca F3【女】資格, 権限；管轄.
kompetentny A1【形】資格[権限]のある, 所轄の.
kompleks M1【男】複合(体), 集合, 集団. *kompleks* prašenjow (諸テーマの複合した)問題全体；*kompleks* mjenjehódnosće 劣等複合, コンプレックス.
kompleksny A1【形】複合の. *kompleksny* bydlenjotwar 総合的な住宅(地)建設；*kompleksny* program 総合計画.
kompletny A1【形】完全な, コンプレット(衣装の一式)の.
kompletować V4【不完】完全にする, 全部そろえる.
komplica M5【男】共犯者.
komplikacija F5【女】紛糾, 複雑化.
komplikowany A1【形】複雑な, 錯綜した.
komplikować V4【不完】[něšto] 複雑にする, 錯綜させる.
komponist M1【男】；**-ka** F2【女】作曲家.
komponować V4【不完】作曲する.
kompostowy A1【形】堆肥の. *kompostowa* hromada 堆肥の山；*kompostowa* pjeršć 堆肥土.
kompot M1【男】コンポート.
kompozicija F5【女】構成, 構造；構図. *kompozicija* wobraza 絵の構図.
kompozitum M1【男】合成語, 複合語.
kompresa F3【女】湿布.
komprimować V4【不完】圧縮[圧搾]する.
kompromisowy A1【形】妥協の. *kompromisowy* namjet 妥協案.
kompromitować V4【不完】[někoho] 名を汚す；危ない目に合わせる. **-so** 面目をつぶす.
komudny A1【形】怠惰な, ぐずぐずした.
komuna F1【女】コミューン. Pariska *komuna* パリ・コミューン.
komunalny A1【形】自治体の. *komunalne* zarjadnistwo 地方行政；*komunalne* wólby 地方選挙.
komunikaci|ja F5【女】通信, コミュニケーション. **-ski** A2【形】.
komunikej M3【男】コミュニケ. zhromadny *komunikej* 共同コミュニケ；kónčny *komunikej* 最終コミュニケ.
komunist M1【男】共産主義者.
komunistiski A2【形】共産主義(者)の. *komunistiski* manifest 共産主義宣言；*komunistiska* strona 共産党.
komunistka F2【女】共産主義者(女性).

komunizm M1【男】共産主義.
kóń, konja M4【男】馬. na *konju* 騎馬で；hlahowanje *koni* 馬の飼育.
kónc M1【男】終り，端. *kónc* tydźenja 週末；*kónc* swěta 地の果て；*kónc* lěsa 森の外れ；wot *kónca* do *kónca* 端から端まで；bjez *kónca* 終のない；hač do *kónca* 最後まで；ze wšěch *kóncow* 四方八方から；rjany *kónc* puća 道路の一区画；to je na *kóncu* to samsne それは結局は同じことだ.
koncentracija F5【女】集中(化)；濃縮.
koncentraciski A2【形】集中の. *koncentraciske* lěhwo 強制収容所.
koncentrat M1【男】濃縮；要約, 凝縮.
koncentrować V4【不完】集中させる；濃縮[凝縮]する. **- so** 集中する；濃縮される.
koncepcija F5【女】構想. bjez *koncepcije* 構想なしに.
koncepcion|alny A1；**-elny** A1【形】構想の.
koncept M1【男】草案, 計画.
koncern M1【男】コンツェルン.
koncernik M2【男】コンツェルンの所有者.
koncert M1【男】コンサート. komorny *koncert* 室内コンサート；na *koncert* hić コンサートに出かける. **-y** A1【形】.
koncertować V4【不完】演奏会を開く；協奏する.
koncesija F5【女】認可；譲歩.
koncipować V4【不完】[něšto] 構想する，腹案を練る.
kóncować V4【不完】[někoho/něšto] 破壊する，始末する.
kóncowka F2【女】〔文法〕語尾.
kónctydźenski A2【形】週末の. *kónctydźenski* domčk 週末を過ごす郊外の家；*kónctydźenski* wulět 週末の旅行.
kónčina, 複生 kónčin F1【女】地方；《複》地区. płodna *kónčina* 多産な地方；w Budyskich *kónčinach* ブディシン地区，ブディシン近郊；ze wšěch *kónčin* republiki 共和国のすべての地方から.
kónčić V6【不完】終える. **- so** 終わる.
kónčk M2【男】《指小》＜kónc；一角，一辺；《複》指先. *kónčk* wołojnika 鉛筆の先；*kónčk* zahrodki 庭の一角；わずかばかりの庭.
kónčk|aty A1；**-ojty** A1【形】先の尖った，先細の.
kónčkować V4【不完】[něšto] 先を尖らせる；(鉛筆などを)削る.

kónčny A1【形】終わりの，最終の．*kónčne* pruwowanje 最終試験．
kondicija F5【女】条件．
kondicional M1【男】〔文法〕条件文；条件法．
kondicionalny A1【形】条件(付き)の．
konfekcija F5【女】既成服(製造業)．
konferenca F3【女】会議；会談．stronska *konferenca* 党大会；nowinarska *konferenca* 記者会見．
konferencny A1【形】会議[会談]の．*konferencna žorla* 会議場．
konfesija F5【女】信条；信仰告白．
konfesion|alny A1；**-elny** A1【形】信仰[信条]の，告白の．
konfirmacija F5【女】(プロテスタントで)堅信礼．
konfirm|ować V4；**-ěrować** V4【不完】堅信礼を施す．
konfitira F1【女】ジャム；砂糖漬けの果物．
konflikt M1【男】紛争．rozrisać *konflikt* 紛争を調停する．**-ny** A1【形】．
konfrontacija F5【女】対決；対比．
konfrontować V4【不完】対決[対比]させる．
konfuzny A1【形】混乱した．*konfuzna* wotmołwa 支離滅裂な答え．
kongres M1【男】会議；国会．zwjazkowy *kongres* 連邦会議；wobdźělnik *kongresa* 会議参加者．
kongresowy A1【形】会議の．
kongruen|ca F3【女】合同；〔文法〕一致．**-tny** A1【形】．
konik M2【男】《指小》<kóń；(チェスの)ナイト；木馬，竹馬．
konjacy A1 1.【形】馬の．*konjacy* grat 馬具；*konjace* mjaso 馬肉；*konjaca* móc 馬力．2.【男】馬丁．
konjenc M1【男】馬小屋，廏舎．
konjugacija F5【女】〔文法〕活用．
konjugować V4【不完】(動詞を)変化させる．
konjunkcija F5【女】〔文法〕接続詞；連言．
konjunktiw M1【男】〔文法〕接続法．**-ny** A1【形】．
kónk M2【男】砥石を入れる容器；鉢，ボール；(治療用)吸い玉．
konkawny A1【形】凹面の．
konkluzija F5【女】結論，推論．*konkluziju* sćahnyć 結論を導く．
konkretizować V4【不完】具象化する，具体的に表わす[示す]．
konkretn|osć F7【女】具体性．**-y** A1【形】具体的な．

konkurenc|a F3【女】競争. **-ny** A1【形】.
konkurować V4【不完】張り合う, 競争[競合]する.
konkurs M1【男】コンクール; 破産宣告. wupisać *konkurs* 公募する.
konop F7【女】麻, 大麻.
konopej M3【男】ソファー.
konsekwenca F3【女】帰結; 首尾一貫; 徹底.
konsekwentny A1【形】帰結の; 首尾一貫した, 徹底した.
konserwa F1【女】缶詰. mjasowa [rybjaca] *konserwa* 肉[魚]の缶詰.
konserwatiwny A1【形】保守的な.
konserwować V4【不完】[něsto] 保存する; 缶詰にする.
konserwowka F2【女】缶詰(の缶).
konsolidacija F5【女】強化; 合併, 統合.
konsonant M1【男】子音. mjechki [twjerdy] *konsonant* 軟[硬]子音. **-iski** A2【形】.
konspiracija F5【女】共謀, 陰謀.
konstantny A1【形】持続する; 一定の, 不変の.
konstatować V4【不完】[něsto] 確認する, 認める, 確立する.
konstelacija F5【女】星座, (星占いで)星位; 状況.
konstitucija F5【女】構成, 構造; 憲法.
konstituować V4【不完】構成する; 設立[創設・制定]する. **-so** 成立する, 設立される.
konstrukcija F5【女】組み立て, 構造. awto najnowšeje *konstrukcije* 最新の作りの車; syntaktiska *konstrukcija* 統語構造.
konstrukciski A2【形】構造の, 設計の. *konstrukciski* běrow 設計事務所; *konstrukciska* rysowanka 設計, 製図.
konstrukter M1【男】設計者, 考案者.
konstruktiwny A1【形】設計[構成]の; 構成的な; 建設的な. *konstruktiwne* mysle 建設的な考え; *konstruktiwna* kritika 建設的[有益]な批判.
konstruować V4【不完】設計[構成]する; 作り上げる.
konsultacija F5【女】相談, 面接指導; (政府間)協議, 審議.
konsultować V4【不完】相談する; 協議する.
konsum M1【男】消費[生活]共同組合; その販売店.
konsumować V4【不完】消費する.
konterrewoluci|ja F5【女】反革命. **-onarny** A1【形】.

kontinentalny A1【形】大陸の. *kontinentalna* klima 大陸性気候.
kontinu|ita F1【女】連続性, 持続性. **-owany** A1【形】.
kontowy A1【形】口座の. *kontowe* čisło 口座番号; *kontowy* wućah 口座残高通知(書).
kontrarny A1【形】反対の, 逆の.
kontribucija F5【女】貢献.
kontrola F5【女】検査; 監視, 制御. *kontrola* jězdźenkow 検札; pasowa *kontrola* パスコントロール; cłowna *kontrola* 税関検査.
kontroler M1【男】; **-ke** F2【女】検査[監視]官; 検札係り, 車掌.
kontrolny A1【形】検査の; 制御の. *kontrolne* dźěło 監査業務; *kontrolny* wotrězk (切符の)半券.
kontrolować V4【不完】検査[監視]する; 制御する.
kontura F1【女】輪郭.
konweksny A1【形】凸面の.
konwencionelny A1【形】通常の, 慣習的な. *konwencionelne* brónje 通常兵器.
konwergentny A1【形】収束性の, 収斂する.
konwersacija F5【女】会話, 談話; おしゃべり.
konwoj M3【男】護送船団; (車の)隊列.
kooperaci|ja F5【女】共同, 提携. **-ski** A2【形】.
kooperatiwny A1【形】(旧東ドイツなどの)共同組合の; 共同経営体の.
kooperować V4【不完】協力[提携]する.
kooptować V4【不完】(欠員を)補充する, (補欠選挙で)選ぶ.
koordinacija F5【女】調整;〔文法〕並列, 等位.
koordinata F1【女】(数学の)座標.
koordinować V4【不完】調整する.
kopa F1【女】コパ(60個. 古い数量単位でドイツ語の Schock に相当). *kopa* jejow 卵1コパ(60個).
kopački PL1【複】サッカーシューズ.
kopańca F3【女】サッカー. *kopańcu* hrać サッカーをする.
kopanski A2【形】: *kopanski* bul サッカーボール.
kopar M4【男】サッカープレーヤー.
koparski A1【形】サッカーの. *koparske* mustwo サッカーチーム; *koparske* mišterstwo サッカー選手権; *koparski* zwjazk サッカー同盟.

kopaty A1【形】積み上げた. *kopata* łžica スプーン山盛り一杯；*kopaty* połny dom 家中いっぱいの；*kopata* połna žurla ludu 人でいっぱいのホール.

kopać V7【不完】たたき割る，切り刻む；掘る；蹴る. *rěpu kopać* かぶを掘り出す；bul *kopać* ボールを蹴る（サッカーをする）.

kopc M1【男】（丸い）山頂，先端.

kopěrowac V4【不完】コピーする，写しを作る.

kopica F3【女】ひと山，沢山. *kopica* pjenjez 大金；to činí *kopicu* dźěła それは山のような仕事になる；*kopicu* knihow měć 山のように本を持っている.

kopija F5【女】コピー，写し.

kopić V6【不完】積み上げる. naběrki *kopić* 備蓄品［蓄え］をためる. **– so** 積み上がる，たまる. skóržby so *kopić* 苦情［不平］がたまる.

kopjenje N5【中】塊［球状］になること；密集. wobwod *kopjenja* （産業・人口の）密集地帯，過密地域.

kopjeno N1【中】（干し草の）山.

koplować V4【不完】連結させる，結び合わせる.

kopnyć V3【完】蹴る.

kopoł M1【男】（堆肥用の）鋤，まぐわ.

kopolić so V6【不完】よろめく，ふらふら歩く. mysle so *kopolachu* 思いがあれこれ入り乱れた.

kopor M1【男】銅.

kopororytwa F1【女】銅版画.

koporowy A1【形】銅の. *koporowy* kotoł 銅の鍋；*koporowy* blach 銅板；*koporowy* grót 銅線.

koprica F1【女】ウイキョウ.

koprik M2【男】ディル，ヒメウイキョウ.

kopřiwa F1【女】イラクサ.

kopytač M3【男】有蹄（ユウテイ）類.

kopytnik M2【男】フキタンポポ（咳止めとして用いる）.

kopyto N1【中】蹄；靴型. wšo na jedne *kopyto* bić 何もかも一律に扱う.

korala F5【女】珊瑚.

korališćo N3【中】珊瑚礁.

korb M1【男】籠，ざる.

korbar M4【男】籠［ざる］細工師.

korbik M2【男】《指小》<korb；（キクなどの）頭状花序.

korbjałka F2【女】《指小》＜korb. chlěbowa *korbjałka* パン籠.
kórc M1【男】古い面積単位；(穀物の)量単位, 升. po *kórcach* 升で計って.
korčeć V5【不完】(犬・豚などが)うなる；ゴロゴロ言う. mi w brjuše *korči* 私は腹が(グーグー・ゴロゴロ)鳴る.
korčma F1【女】居酒屋, 食堂.
korčmar M4【男】; **-ka** F2【女】居酒屋の主人.
korčmička F2【女】《指小》＜*korčma*.
kordowy A1【形】コーデュロイの. *kordowe* cholowy コーデュロイのズボン.
Koreja F5【女】朝鮮, 韓国.
Korejčan M1【男】; **-ka** F2【女】朝鮮[韓国]人.
korejski A2【形】朝鮮[韓国]の. *korejska* demokratiska ludowa republika 朝鮮民主主義人民共和国；Južna *korejska* 韓国.
korejšćina F1【女】朝鮮語.
korejta F1【女】馬車.
korektn|osć F7【女】正確さ, 正しいこと. **-y** A1【形】.
korektura F1【女】訂正, 矯正；(誤植の)訂正.
korespondenca F3【女】文通, 通信；通信文；一致, 対応.
korespondent M1【男】; **-ka** F2【女】通信員；(商社などの)駐在員.
korespondować V4【不完】文通する, 通信記事を送る；一致[対応]する.
koridor M1【男】回廊.
korigować V4【不完】修正する, 校正する.
korjeń M4【男】根. čopojty *korjeń* 直根；powětrny *korjeń* 気根；*korjenje* pušćeć 根をおろす；*korjeń* złeho 悪の根；zło z *korjenjom* wutorhnyć 悪を根断する.
korjenina F1【女】香辛料. kuchinska *korjenina* 調味料.
korjenić V6【不完】根をおろす.
korjenizna F1【女】ブーケガルニ(スープ用の根菜)；植物の根の部分.
kórk|a F2【女】キュウリ. kisała *kórka* 酢漬けのきゅうり. **-owy** A1【形】. *kórkowe* symjo キュウリの種.
kormić V6【不完】肥育[飼育]する, 太らせる.
kormiwo N1【中】肥育飼料.
kormjenje N5【中】肥育[飼育]；餌.

kormny A1【形】肥育[飼育]の. *kormna pica* 肥育飼料；*kormny skót* 肥育用の家畜[牛].

kornar M1【男】襟. *sej jedyn za kornar kidnyć* 一杯やる.

kornarowy A1【形】襟の. *kornarowy knefl* カラーボタン；*kornarowa wulkosć* (シャツの)カラーサイズ.

korozija F5【女】(化学)腐食；(地形)溶食. *kruty přećiwo koroziji* 耐食性の；*škit přećiwo koroziji* 腐食防止加工.

korpulentny A1【形】肥満した.

kortko N1【中】《指小》<korto.

korto N1【中】箱型の桶(家畜の餌入れやパン生地を作る用途で使用する).

korupcija F5【女】腐敗.

koruptny A1【形】腐敗した.

korušk M2【男】《指小》<korjeń.

kós, kosa M1【男】ツグミ.

kosa F3【女】大鎌. *kosu klepać* 鎌の刃を(打って)鍛える.

kosma F1【女】髭, 動物の毛. *bjez kosmow* 毛の(生えてい)ない；*po kosmach jězdźić* おべっかを使う.

kosmačk M2【男】セイヨウスグリ.

kosmaty A1【形】毛の生えた, 毛むくじゃらの.

kosmetika F2【女】美容, 化粧.

kosmetikarka F2【女】美容師.

kosmetiski A2【形】美容[化粧]の. *kosmetiske srědki* 化粧品.

kosmička F2【女】《指小》<kosma. *korjenjowe kosmički* 根毛.

kosmiski A2【形】宇宙の. *kosmiski lět* 宇宙飛行.

kosmjatka F2【女】エーデルワイス.

kosmonawt M1【男】; **-ka** F2【女】宇宙飛行士.

kósny A1【形】斜めの. *kósny meter* 立方メートル.

kostim M1【男】スーツ(上下揃いの婦人服)；衣装, 装束. *póstniski kostim* カーニバルの衣装.

kóstka F2【女】《指小》<kósć；魚の骨；さいころ.

kóstkojty A1【形】立方体の. *kóstkojty cokor* 角砂糖.

kóstkowanje N5【中】さいころ賭博.

kóstkować V4【不完】さいころ賭博をする.

kóstny A1【形】骨の. *kóstne žro* 骨髄.

kostrjanc M1【男】ヤグルマギク.

kósć, kosće F7【女】骨. *čelesnowa kósć* 顎骨；*hrudźna kósć* 胸

骨；křižowa *kósć* 鎖骨：licowa *kósć* 頬骨；*kósć* a koža być 骨と皮ばかりに痩せている．

kosćany A1【形】骨の，骨製の．

kosćaty A1【形】骨ばった，骨太の，骨だらけの．

kosćowc M1【男】骸骨．

kosydło N1【中】輪，投げ輪；罠；(鳥の)風切羽．*kosydła* lac 罠を仕掛ける．

kosyšćo N3【中】大鎌の柄．

koš M3【男】籠．

košić V6【不完】接吻する．- so (互いに)接吻する．

košla F5【女】シャツ．spódnja *košla* アンダーシャツ；sportowa *košla* スポーツシャツ．

kóšty PL1【複】出費，費用．to dźe na moje *kóšty* それは私が負担する．

kotelet M1【男】カツレツ．

kotoł, kotoła/kótła M1【男】大鍋，釜．tepjenski *kotoł* 暖房用ボイラー．

kotry A1【形】《疑問》どの．*kotry* dźeń dźensa je? 今日は何曜日ですか？

kotryž A1【代名】《関係》(先行詞を受けて)それ〈関係節中で主格になる場合には kiž も使える．関係代名詞は関係節の先頭におかれる〉．wjeska, w *kotrejž* bydlu, je mała 私の住んでいる村は小さい；to je stwa, *kotrejež* wokna do zahrody gladaja これが，窓が庭に面している部屋です；pjero, z *kotrymž* pisaš, je křiwe 君が書くのに使っているペンは曲がっている．

kotryžkuli A1【代名】《関係》(どれでもいい)それ．wubjer sej knihu, *kotružkuli* chceš 君の好きな本を選びなさい；wuzwol sej pućik žiwjenja, *kotryžkuli* ludej pomha どんなものでもよいから，人を助ける生き方を選びなさい．

kótwica F3【女】錨(イカリ)．

kótwička F2【女】《指小》< kótwica；(矢尻・釣針などの)鈎．

kow M1【男】金属．

kowar M4【男】鍛冶屋．

kowarnja F6【女】鍛冶場．

kować V7【不完】(金属を)鍛える；(馬に)蹄鉄を打つ．

koza F3【女】山羊．*koza* mje lizny 私はいっぱい食わされた，運が悪かった；kóžda *koza* swoju brodu chwali 誰でも自画自賛する．

kozak M2【男】ヤマイグチ(白樺などの下に生えるキノコ).
kózłopiwo N1【中】ボックビール(中部ドイツの黒ビール).
kózły PL1【複】小屋組, 桁組；大型のバグパイプ.
kózlatko N1【中】《指小》<kózlo.
kózlik M2【男】《指小》<kozoł. *kózlika wjazać* むくれる, へそを曲げる.
kózlić so V6【不完】ふざけ回る；山羊が子供を産む.
kózlo N3 (a)【中】子山羊.
kozoł, -a/kózła M1【男】雄山羊；(体操の道具の)跳馬；強情張り.
koža F5【女】皮膚；皮, 革. *kumštna koža* 人工皮；*jeho koža swjerbi* 彼は肌がかゆい；*kožu so slěkać* 皮膚が剥ける；*swoju kožu pod suche přinjesć* わが身を守る；*na kožu lězć (někomu)* (誰に)間近に[しつこく]迫る, つきまとう.
kožany A1【形】皮の, 革の. *kožane cholowy* レザーのズボン；*kožane twory* 革製品.
kóždolětny A1【形】毎年の.
kóždy [kójʒdy] A1【形】毎…, 各…. *kóždy króć* 毎回；*kóždy dźeń* 毎日.
kóždyžkuli A1【形】《不定》ありとあらゆる, どんな(こと・もの)でも. *při kóždejžkuli składnosći* あらゆる機会に際して；*wobaj lěkarjej staj mi nětko kruće zakazałoj kóždeżkuli duchowne dźěło* 二人の医者はどちらも今や私にあらゆる精神的活動を禁じたのだった.
kóždźički A2【形】毎…, 各…, どんな…も.<kóždy と基本的に同義. 通常は kóždy が用いられる> *kóždźički dźeń* 毎日；*počeštaj kóždźičkeho hosća wobkedźbować* 彼等二人は客という客に注目し始めた.
kóžka F2【女】《指小》<koža.
kóžny A1【形】皮膚の. *kóžna klinika* 皮膚科病院；*kóžna krema* 肌用クリーム.
kožuch M2【男】(動物の)毛. *zymski kožuch* (動物の)冬毛.
kožuchač M3【男】毛皮動物.
kožušina F1【女】毛皮製品.
kradnyć V3【不完】盗む. **- so** こっそり歩く, 忍び寄る[出る].
kraj M3【男】土地, 地方；国；田舎. *agrarny kraj* 農地；*horinski kraj* 山国, 山の多い土地；*nutřkowny kraj* 内陸地；*pobrjóżny kraj* 沿岸地帯；*pozadni kraj* 後背地；奥地；*pusty kraj* 荒れ地；

industrijny *kraj* 工業地域；maćerski *kraj* 生まれ故郷；namjezny *kraj* 境界地帯；ničeji *kraj* 無人[中立]地帯；wuwićowy *kraj* 開発途上国；zamórske *kraje* 海外；na *kraju* bydlić 田舎に住む.

krajak M2【男】切歯，門歯.

krajan M1【男】；**-ka** F2【女】同国[同郷]人.

krajina F1【女】(ある特定の)土地，地方；風景；地形. płódna *krajina* 豊かな地方；rěčna *krajina* 川辺(の風景)；trawna *krajina* 牧草地；bahnojta *krajina* 湿地帯.

krajny A1【形】国の，国家の. *krajna* přerada 国家反逆；*krajne* zakitowanje 国土防衛；*krajne* stawy〔史〕ラントシュテンデ(領邦議会に出る権利を持つ諸身分，領邦等族).

krajowy A1【形】国の，地方の，土地の. *krajowa* hranica 国[州]の境；*krajowa* kultura 土地改良；*krajowa* wužina 地峡.

krakać V7【不完】ガーガー鳴く；しわがれ声でしゃべる.

kral M3【男】国王.

kralestwo N1【中】王国.

kralik M2【男】ミソサザイ.

kralowna F1【女】女王.

kralowski A2【形】王の.

kramoscić V6【不完】[w něcim] かぎ回る，詮索する.

kran M1【男】クレーン. twarski *kran* 建設工事用クレーン. **-owy** A1【形】. *kranowy* wjednik クレーンの操縦者.

krasnolinka F2【女】美少女.

krasnosmykanje N5【中】フィギュアスケート.

krasnosmykar M4【男】；**-ka** F2【女】フィギュアスケートの選手.

krasno|sć F7；**-ta** F1【女】美しさ，華麗.

krasny A1【形】美しい.

krać V2【不完】切る(主にパン，チーズ，肉などの食べ物について用いる). *krać* chlěb パンを切る.

krawc M1【男】仕立て屋.

krawcować V4【不完】仕立て屋の仕事をする.

krawić V6【不完】出血[流血]する. nós mi *krawi* 私は鼻血が出る.

krawjenje N5【中】出血，流血.

krawny A1【形】流血の. *krawny* přewrót 血の革命；*krawna* rubańca 大量殺戮.

krawy A1【形】血の，血にまみれた. *krawe* koleno 血だらけの膝.

krej

krej F7【女】血. *krej* darić 献血する；darićel *kreje* 献血者，血液提供者；kapka *kreje* 血の滴；zajědojćenje *kreje* 敗血症.
krejčerwjeny A1【形】深紅の，血のように赤い.
krejlačny A1【形】血に飢えた，残虐な.
krej|ny A1；**-owy** A1【形】血の. *krejna* proba 血液検査；採血；*krejna* skupina 血液型；*krejny* ćišć 血圧；*krejny* wobtok 血液循環；*krejne* čelesko 血球；*krejowe* čelesko 血球.
krejpřeleće N5【中】流血(事件).
krejstajaty A1【形】止血の.
krema F1【女】クリーム. słónčna *krema* 日焼けクリーム；truhanska *krema* 髭剃りクリーム；tortowa *krema* ケーキ用クリーム.
krematorij M3【男】火葬場.
kremować V4【不完】クリームを塗り込む.
kriminalita F1【女】犯罪性；《集合》犯罪.
kriminalny A1【形】犯罪に関する. *kriminalny* film 犯罪映画；*kriminalna* policija 刑事警察；*kriminalny* roman 犯罪小説.
kriminelny A1【形】犯罪的な. *kriminelne* elementy 犯罪的要素；*kriminelne* zadźerženje 犯罪(的)行為.
kristalizować V4【不完】結晶化する；明確な形になる.
kristalowy A1【形】結晶の；水晶の；クリスタルガラスの. *kristalowa* waza クリスタルガラスの器；*kristalowa* skleńca クリスタルガラスのグラス.
kriterij M3【男】基準，標準.
kritika F2【女】批評，批判. wěcowna *kritika* 客観的批判；literarna *kritika* 文芸批評.
kritikar M4【男】；**-ka** F2【女】批評家.
kritiski A2【形】批評の，批判的な.
kritizować V4【不完】[někoho/něšto] 批判[批評]する.
kriza F3【女】危機；(病気の)発作. cykliska *kriza* 周期的な発作；chory je *krizu* přetrał 病気は峠を越した.
krizowy A1【形】危機の；発作の. *krizowy* staw 危機的状態；(病気が)重大な容態；*krizowe* lěta 危機的な年.
krjechk|osć F7【女】脆さ. **-i** A2【形】.
krjeń|ca F3【女】パンの切れ端[耳]. **-čka** F2【女】《指小》.
krjepić V6【不完】[něšto] (液体を)注ぐ；水をやる，灌漑する. rjadki *krjepić* 畝に水をまく.
krjepjawa F1【女】ジョウロ，水差し.

krjepjel F7【女】大粒の滴. *krjepjel* kreje 血の一したたり；wusaty *krjepjel* 伝説に出て来る小人の名前.

krjepjenski A2【形】水撒きの. *krjepjenska připrawa* スプリンクラー.

krjepki PL1【複】(液状の)薬. *krjepki* brać 薬を飲む.

krjózkaty A1【形】: *krjózkaty* kał チリメンタマナ.

krjud M1【男】天罰；災厄.

krjudowanje N5【中】罰；災難, 苦しみ, 拷問.

krjudowar M4【男】拷問者, 責め苦を与える者.

krjudować V4【不完】罰する, 拷問する, 責め苦を与える.

kročałka F2【女】<*kročel*; ani *kročatki* z domu njepřińć [njestupić] 家から一歩も外に出ない.

kročel F7【女】歩み, 一歩. *kročel po kročeli* 一歩一歩；z kóždej *kročelu* 一歩歩く度に；*kročel dopředka sčinić* 一歩前進する；rozsudne *kročele sčinić* 最終決断をする.

kročić V6【不完】歩む. *kročić dopředka* 前へ進む.

krok M1【男】歩み, 一歩. *krok po kroku* 一歩一歩；wulki *krok dopředka* 大きな前進の一歩；dobry *krok dale* 重要なさらなる一歩.

krokawa F1【女】ヒキガエル, ガマ. pólna *krokawa* ヒキガエル.

kroma F1【女】縁；縁かざり. *kroma* puća 道端, 道の縁；při *kromje* 端に；južna *kroma* města 町の南のはずれ；hač do *kromy* połny 縁までいっぱいの.

króna F1【女】冠, 王冠. što da je wam do *króny* zajeło？一体何を思いついたんだ？

krónowanje N5【中】戴冠；最高頂, クライマックス.

krónować V4【不完】[někoho] 冠を載せる；[něšto] 仕上げる, 完成させる.

krop M1【男】熱湯.

krosna PL1【複】機織り機.

krosnić so V6【不完】(やっとのことで)よじ登る.

krosnjer M4【男】ロッククライマー.

krosnować so V4【不完】→*krosnić so*.

kroš M3【男】グロッシェン(古い通貨). slěborny *kroš* グロッシェン銀貨.

krošik M2【男】《指小》<*kroš*. ani *krošika* njeměć 一文無しだ；kóždy *krošik* wobroćeć びた一文無駄にしない.

krótki A2【形】短い. *krótki* rukaw 半袖；*krótke* twory 雑貨（小間物，化粧品など）；*krótka* žołma 短波；*krótke* dny po swjedźenju 祭日の後間もなく；před *krótkim* 少し前に；w *krótkim* času 短時間で，短い間に.

krótko【副】短く. *krótko* do toho そのすぐ前に；*krótko* do hód クリスマスの直前に；*krótko* před startom スタートの直前に；*krótko* po njedźeli 日曜日のすぐ後；*krótko* dźeržeć (*někoho*)（誰を）手荒に［そっけなく］扱う.

krótkodobny A1【形】短期間(用)の.
krótkofilm M1【男】短編映画.
krótkopowědančko N1【中】短編小説.
krótkorukawaty A1【形】半袖の.
krótkowidn|osć F7【女】近視. -y A1【形】.
krótši A3【形】《比》<krótki.
krótšić V6【不完】短くする. -**so** 短くなる. dny so *krótši* 日が短くなってきた.
króć《不変》【男】回，度. tři *króć* 三度；preni *króć* 最初に，初めて；dźesać *króć* wjace さらに10回；někotry *króć* 何度か；wjele *króć* 何度も.
kruh M2【男】輪，円. přeměr *kruha* 円の直径；w *kruhu* přećelow 友人の輪［仲間］の中に；sewjerny polarny *kruh* 北極圏.
kruhojty A1【形】円形の.
kruch M2【男】一片，一部. rjany *kruch* drjewa 薪一本；*kruch* mjasa 肉一切れ；*kruch* puća 道路の一部；dźiwadłowy *kruch* 芝居一本；do *kruchow* [na *kruchi*] hić ばらばらになる.
krupa F1【女】ひきわり麦（の粒）；雹（ヒョウ），霰（アラレ）.
krupica F1【女】粗びきの粉；粗い粒状のもの（小石，砂，ざらめ）.
krupicowy A1【形】粗びき粉の. *krupicowy* wusmuž 粗びき麦粉で作ったかゆ.
krupički PL1【複】《指小》<krupa.
krupjany A1【形】：*krupjana* kołbasa（オートミールを詰めた）ブラッドソーセージ.
krupobiće N5【中】雹［霰］(が降ること).
krupy PL1【複】雹［霰］. *krupy* bija 雹［霰］が降る.
kruswa F1【女】ナシ.
kruswina F1【女】ナシの木.
kruswowy A1【形】ナシの.

kruty A1【形】固い，しっかりした；厳しい．*krute* paliwo 固形燃料；*kruta* zyma 厳しい冬；*krute* chłostanje 厳罰；*kruty* porok 厳重戒告；*kruty* wojowar 不屈の闘士；běše *kruteje* mysle, zo... 彼［彼女］は…を確信していた．

kruće【副】しっかりと；固く；厳しく．(*něšto*) *kruće* přiwjazać (何を)しっかりと結び付ける；zemja je *kruće* zmjerznjena 地面が固く凍り付いた；(*někoho*) *kruće* pochłostać (誰を)厳罰に処す．

kručiši A3【形】《比》＜kruty.

kručić V6【不完】固定する，結び付ける．- so 固定される，しっかりする．

kruwa F1【女】雌牛．

kruwar M4【男】；**-ka** F2【女】(雌牛の)牛飼い．

kruwjacy A1【形】雌牛の．*kruwjaca* mloko 牛乳；*kruwjacy* plinc 牛糞．

kruželić V6【不完】縮らせる．- so 縮れる，パーマをかける．

kružidło N1【中】コンパス．

kružk M2【男】《指小》＜kruh. dźiwadłowy *kružk* 演劇サークル．

kružny A1【形】円の．*kružna* čara (鉄道の)環状線；*kružna* přestreń 円の面積；*kružna* piła 丸鋸；*kružny* wobchod 環状交差路，ロータリー．

kryda F1【女】チョーク；白亜．

krydowy A1【形】チョークの，白亜の．*krydowa* skała 白亜の岩；*krydowa* rysowanka パステル画．

kryty A1【形】覆われた．*kryte* blido テーブルセッティングができた食卓．

kryć V2【不完】［něšt］覆う．blido *kryć* テーブルを整える(食卓を準備する)；třechu *kryć* 屋根を葺く．- so 隠れる，カモフラージュされる；ぴったり重なる，一致する．třiróžkaj so *kryjetej* 二つの三角形は合同である．

kryw M1【男】覆い，カバー．

křemjeń M4【男】玉砂利；石英．

křesawc M1【男】火打ち石．

křesło N1【中】肘かけ椅子．

křesćan M1【男】；**-ka** F2【女】キリスト教徒．

křesćanski A2【形】キリスト教(徒)の．*křesćanska* nabožina キリスト教；*Křesćansko*-demokratiska unija キリスト教民主同盟．

křesćanstwo N1【中】キリスト教(の信仰)；教会；キリスト教の精

神.
křičeć V5【不完】叫ぶ.
křida F1【女】ふるい,漉し器,ろ過器.
křidka F2【女】《指小》＜křida；料理用の漉し器,ふるい.
křidło N1【中】翼；(軍・スポーツの)ウィング；グランドピアノ. prawe křidło 右ウィング.
křik M2【男】叫び.
křiknyć V2【完】叫ぶ.
křińčka F2【女】バターの押し型；バターで作った羊(婚礼の贈り物).
křinja F6【女】長持ち,(衣類などを入れる)箱.
křipa F1【女】滑車,電気ホイスト.
křipić V6【不完】ぎしぎしいう. sněh křipi 雪がきしみ音をたてる；ze zubami křipić 歯ぎしりする.
křiwda F1【女】誤り,不正；中傷.
křiwdźić V6【不完】[někomu] 中傷する,誹謗する.
křiwica F1【女】カーブ. nahła křiwica U字型(カーブ).
křiwić V6【不完】曲げる,歪める. hubu křiwić 口を曲げる.
křiwizna F1【女】曲げ,湾曲,歪み.
křiwka F2【女】(地形の)湾曲部.
křiwonohaty A1【形】O脚の.
křiwopřisažny A1【形】偽証の.
křiwy A1【形】曲がった. křiwe puće 間道；křiwa přisaha 偽証；křiwa wěža 斜塔.
křiž M3【男】仙骨；十字型のもの,十字架. bolosće w křižu 腰痛；Němski čerwjeny křiž ドイツ赤十字；hokaty křiž 鈎十字；přez křiž 十文字に.
křižak M2【男】巡洋艦；オニグモ.
křižer M4【男】復活祭の騎馬行進の騎手；〔史〕十字軍の騎士.
křižik M2【男】《指小》＜křiž；苦しみ,苦難.
křižnišćo N3【中】交差点[箇所]；分岐点. železniske křižnišćo 鉄道分岐点.
křižny A1【形】十字の. křižna cyrkej 十字教会；〔史〕křižna wójna 十字軍(遠征).
křižowanišćo N3【中】(道路の)交差点.
křižować V4【不完】十字にかける. －so 交差する. puće so křižuja 道が交差している.

křižowka F2【女】クロスワードパズル.

křižowy A1【形】十字[型]の；仙骨の. *křižowa* kósć 仙骨；*křižowa* chódba（修道院などの）回廊；*křižowy* puć〔聖書〕十字架への道.

křćeńca F3【女】洗礼.

křćić V2【不完】[někoho] 洗礼する.

křćizna PL1【複】洗礼の祝い.

křud M1【男】鞭.

kćejaty A1【形】花の咲いている.

kćenje N5【中】（実をつける）花. hubičkate *kćenje* 唇形花冠；jazyčkojte *kćenje* 舌状花冠；křižne *kćenje* 十字花冠；lipowe *kćenje* ボダイジュの花.

kćěć V2【不完】花盛りである，花が咲く.

Kuba F1【女】キューバ.

Kubačan M1【男】；**-ka** F2【女】キューバ人.

kubłanišćo N3【中】学校，教育施設.

kubłanje N5【中】教育.

kubłanski A2【形】教育の. *kubłanska* naprawa 教育方針；*kubłanski* material 教材；*kubłanske* zeńdźenje nowinarjow ジャーナリストの研修会.

kubłany A1【形】教育を受けた.

kubłar M4【男】；**-ka** F2【女】教育者.

kubłarnja F6【女】教育施設，学校.

kubłać V7【不完】[někoho] 教育する. **- so** 教育を受ける，学ぶ. *so* dale *kubłać* 進学する；*kubłać so* w modernej technice 現代の技術を学ぶ.

kubło N1【中】資産，農場. ludowe *kubło*（旧東ドイツの）人民農場（VEG）；robotne *kubło* 夫役農場；cuze *kubło* 他人の財産.

kubler M4【男】；**-ka** F2【女】農場主，地主.

kubleško N1【中】《指小》< kubło.

kubołčik M2【男】家の精.

kuča F5【女】馬車.

kudźer F7【女】髪の（カールした）房.

kudźerić V6【不完】（髪を）縮らす，カールさせる. **- so**（髪が）縮れる.

kudźerjaty A1【形】巻毛の.

kuchar M4【男】コック.

kucharić V6【不完】コックの仕事をする；料理をする.

kucharka

kucharka F2【女】コック(女性).
kucharski A2【形】料理の. *kucharska* kniha 料理の本.
kuchina F1【女】= kuchnja.
kuchinski A2【形】料理の, 台所の. *kuchinski* grat 調理道具.
kuchnja F6【女】調理場.
kukač M3【男】(ドアの)覗き窓.
kukawa F1【女】巣箱.
kukurica F3【女】とうもろこし.
kula F5【女】球. zemska *kula* 地球; powjerch *kule* 球の表面; storkanje *kule* 砲丸投げ; *kula* ludźi 人の山; do *kule* přińć (*z někim*) (誰と)争うようになる.
kuleć V8【不完】[něšto] 転がす. kehele *kuleć* ボーリングをする. – so 転がる.
kuli M4【男】ボールペン.
kulirabij M3【男】カブキャベツ.
kulirěpa F1【女】スェーデンカブ.
kulisa F1【女】舞台装置.
kulka F2【女】《指小》< kula; ダンプリング(団子); 球, 弾; くるぶし. sněhowa *kulka* 雪玉; běrnjaca *kulka* じゃが芋のダンプリング; hibana *kulka* イーストの玉.
kulkować so V4【不完】雪投げをして遊ぶ.
kulkowc M1【男】玉軸受け, ボールベアリング.
kulojty A1【形】丸い, 球形の.
kulojćić V6【不完】丸くする. – so 丸くなる.
kulostork M2【男】砲丸投げ.
Kulow M1【男】ヴィヒテナウア(ラウジッツの地名).
kultiw|ować V4; **-ěrować** V4【不完】開発する; 開墾する.
kultura F1【女】文化.
kulturny A1【形】文化の. *kulturne* dźěło 文化事業; *kulturny* dom 公民館; *kulturny* fonds 文化基金; *kulturne* herbstwo [namrěwstwo] 文化遺産; *kulturna* politika 文化政策.
kuluch M2【男】丸木, 丸太; 円筒形のもの, ローラ.
kumšt M1【男】芸術(品).
kumštny A1【形】人工の, 人工的な. *kumštna* koža 人工皮革; *kumštne* zežiwjenje 人工栄養.
kuna F1【女】テン.
kundroz M1【男】イノシシ.

kunkawa F1【女】スズガエル.
kuntwora F1【女】蚊.
kup F7【女】買うこと，買い物.
kupa F1【女】島.
kupanišćo N3【中】水浴場.
kupanje N5【中】泳ぐこと，水浴び；入浴.
kupanski A2【形】水浴びの；入浴の. *kupanske* cholowy 水泳パンツ；*kupanski* płašć バスローブ；*kupanske* třenje バスタオル；*kupanski* woblek 水着.
kupać V7【不完】[někoho] 水浴びさせる. dźěćo *kupać* 子供に水浴びさせる，入浴させる. **- so** 水浴びする；入浴する.
kupc M1【男】；**-owka** F2【女】買い手，客.
kupić V6【完】買う.
kupjel F7【女】プール；風呂. halowa *kupjel* 室内[温水]プール；parna *kupjel* 蒸し風呂.
kupjele PL2【複】湯治場.
kupla F5【女】ドーム状の天井，丸屋根.
kuplowanka F2【女】連結；クラッチ.
kuplować V4【不完】連結[結合]させる.
kupnica F1【女】デパート.
kupny A1【形】買う，購入の. *kupna* móc 購買力；*kupna* płaćizna 買入価格；*kupne* zrěčenje 売買契約.
kupowar M4【男】；**-ka** F2【女】買い手，客.
kupować V4【不完】買う.
kur M1【男】煙.
kura F1【女】治療. lěkowanska *kura* 医薬治療；profylaktiska *kura* 予防治療.
kuraža F5【女】勇気，果敢.
kuražěrowany A1【形】勇気のある.
kurěr M1【男】急送，急報.
kurioz|ita F1；**-nosć** F7【女】珍しいこと[もの]. **-ny** A1【形】.
kurić V6【不完】[něšto] 吸う. cigaretu *kurić* たばこを吸う. **- so** 煙を出す，煙る.
kurjacy A1【形】煙りの出る；鶏の. *kurjace* jejo 鶏卵；*kurjace* woko ウオノメ.
kurjak M2【男】喫煙者.
kurjawa F1【女】もや，霧.

kurjawojty A1【形】霧のかかった.
kurjenc M1【男】鶏舎.
kurjer M4【男】; **-ka** F2【女】喫煙者.
kurj|o, -eća N4(a)【中】雛鳥, 若鳥.
kurkać V7【不完】; **kurkotać** V7【不完】(鳩が)クークー鳴く.
kurotwa F1【女】シャコ.
kurs M1【男】為替相場; コース. *kurs* dollara spaduje ドルの相場が落ちている; wobdźělić so na *kursu* serbšćiny ソルブ語のコースに参加する.
kursěrować V4【不完】流通している.
kursist M1【男】コースの参加者.
kurwjerch M2【男】; **-ka** F2【女】〔史〕選帝侯, 選挙侯; (-ka) その夫人.
kurwjerchowstwo N1【中】〔史〕選帝侯国.
kury, kurow/kur PL1【複】鶏, 家禽(カキン)類. z *kurami* stawać 早起きする.
kus M1【男】一片, 少量. *kus* drjewa 薪一本; *kus* chlěba パン一切れ; z jednoho *kusa* 一塊りから; *kus* dale もう少し; *kus* hlupy ちょっとまぬけな.
kusadło N1【中】歯(全体), 歯並び.
kusaty A1【形】刺すような; 噛む. *kusaty* čłowjek 辛辣な[いじわるな]人; *kusaty* dym 有毒ガス.
kusać V7【不完】噛む. pos *kusa* その犬は噛む(癖がある). **- so** [z někim] 争う.
kusčičk M2【男】《指小》<kus. po *kusčičkach* 少しずつ; *kusčičk* cokora 砂糖一かけら; štyri *kusčički* tykanca ケーキ4切れ.
kusk【副】ちょっと. *kusk* wjace もうちょっと; *kusk* dlěje čakać もう少し待つ; ani *kusk* 少しも.
kuskaty A1【形】小片になった.
kusnyć V3【完】噛む, かみつく.
kuši A3【形】短い. *kuša* kokoš 尾のない雌鶏; *kuše* křidło (アップライト型の)ピアノ; *kuši* pomjatk すぐ忘れてしまう記憶(覚えの悪いこと).
kušić V6【不完】短くする.
kut M1【男】角. *kut* stwy 部屋の隅.
kuta F1【女】修道服; (ソルブの)婦人用上着.
kutłač M3【男】太鼓腹, ほてい腹.

kutło N1【中】胃袋.
kutoměr M1【男】分度器；測角器.
kućik M2【男】《指小》＜kut. zanjeseny *kućik* 辺鄙な片隅.
kuzłapołny A1【形】魅惑的な，魔法のような.
kuzłar M4【男】；**-ka** F2【女】魔法使い.
kuzłarstwo N1【中】魔法，妖術.
kuzłać V7【不完】魔法を使う，魔術をかける.
kuzło N1【中】魔法，魔術.
kužmot M1【男】つむじ風，竜巻.
kužoł M1【男】渦；泉.
kužolić V6【不完】湧き出る，泡立つ；渦を巻く.
kwadrat M1【男】平方.
kwadrat|ny A1；**-owy** A1【形】平方の. *kwadratny* meter 平方メートル(m^2).
kwakla F5【女】頸木(家畜の頸にかけて引かせる).
kwalifikacija F5【女】資格；適性.
kwalifikować V4【不完】資格を与える；評価する. **- so** 資格を与えられる.
kwalita F1【女】質；属性. **-tiwny** A1【形】.
kwalitny A1【形】質の良い. *kwalitne* dźěło 優良品；優良労働.
kwantita F1【女】量. **-tiwny** A1【形】.
kwarantena F1【女】検疫.
kwartet M1【男】カルテット.
kwartěr M1【男】地区，区画.
kwas M1【男】結婚式，婚礼. slěborny *kwas* 銀婚式. ptački *kwas* 鳥の婚礼(ソルブ民族の伝統行事).
kwasar M4【男】；**-ka** F2【女】婚礼の客.
kwasny A1【形】婚礼の. *kwasna* poliwka 結婚式のスープ(婚礼の祝い用スープ).
kwasować V4【不完】結婚式を祝う.
kwěkańca F3【女】(皮膚の)ひび割れ.
kwěkać so V7【不完】：*kwěka so*(皮膚が)ひび割れる.
kwět M1【男】花.
kwětak M2【男】カリフラワー.
kwětka F2【女】花. zahrodna *kwětka* 園芸花；butrowa *kwětka* キンポウゲ；husaca *kwětka* ヒナギク；naleć *kwětkam* 花に水をやる.

kwětkaty A1【形】花の多い.
kwětkowy A1【形】花の. *kwětkowy* kaščik 植木箱, プランター; *kwětkowa* rjadka 花壇; *kwětkowy* wobchod 花屋.
kwětnišćo N3【中】花壇；植木箱.
kwěćel M3【男】花束. **-k** M2【男】《指小》.
kwičeć V5【不完】キーキー音をたてる.
kwitowan|ka F2【女】領収書. **-ski** A2【形】.
kwitować V4【不完】[nešto]（領収書を）出す；（署名して）証明する.
kwocient M1【男】（割り算の）商.
kwoli【副】：(někomu) *kwoli* (誰の)ために.
kwota F1【女】割り当て，分担；配当.
kyberneti|ka F2【女】サイバネティクス. **-ski** A2【形】.
kyrk M2【男】喉，首.

Ł, ł

łahodnić V6【不完】和らげる，軽くする，静める. *lěkarstwa bolosće łahodnja* 薬が痛みを和らげる.
łahodny A1【形】柔らかい，和らげる，優しい. *łahodne swětło lampy* 電灯の柔らかな明り；*to je łahodnje prajenje wulke swinstwo* それは穏やかに言ってもひどい醜悪ざただ.
łakanca F3【女】待ち伏せ，その場所.
łakać V7【不完】[na někoho/nešto] 待ち伏せる. *na dobru składnosć łakać* 好機をじっと窺う；*kóčka łaka na myša* 猫がねずみを待ち伏せる.
łakomstwo N1【中】強い欲望；欲張り，強欲.
łakomy A1【形】物欲しげな；[za něčim] 欲しがる. *z łakomymi wočemi hladać na jědź* ひどく物欲しげな目つきで食べ物を見る.
łamadło N1【中】かなてこ.
łamak M2【男】破砕機，クラッシャー.
łamanina F1【女】木材，砕いた石.
łamać V7【不完】折る，割る，損なう. *łamać cuzu rěč* 外国語をゆ

がめる(間違って話す・発音する);přisahu łamać 誓いを破る;hłowu sej łamać 頭を悩ます. - so 割れる,壊れる;škruty so łamaja 氷塊が割れる;łamać so (do něčeho) 押し入る;do domu so łamać 家に侵入する.

łamk M2【男】分数. čisty łamk 真分数;decimalny łamk 小数.

łamkowy A1【形】分数の. łamkowa ličba 分数;łamkowa smužka 分数線.

łamołać so V7【不完】粉々になる,砕ける.

łapanje N5【中】捕えること.

łapać V7【不完】;**łapić** V6;**łapnyć** V3【完】[někoho/něšto] 捕える. wódny muž tež na niłkim łapa 水男(民話に登場する水の精)でも浅瀬で(獲物を)捕える.

łapaw M4【男】探偵;本の虫.

łastojči A3【形】ツバメの. łastojče hnězdo ツバメの巣.

łastojčka F2【女】ツバメ. łastojčki so suwaja ツバメが低く飛ぶ(雨になる予兆).

łata F1【女】木舞,貫板(3〜5メートルの半丸太材). płotowa łata 塀板.

łaćonski A2【形】ラテンの. Łaćonska Amerika ラテン・アメリカ.

łaćonskoameriski A2【形】ラテン・アメリカの.

łaćonšćina F1【女】ラテン語.

ławka F2【女】ベンチ.

ławrjenc M1【男】月桂樹,その葉.

ławrjencowy A1【形】月桂樹の. ławrjencowe łopješko 月桂樹の葉;ławrjencowy wěnc 月桂冠;栄冠.

łazyć V6【不完】《不定》(不定方向に・繰り返し)這う. dźěćo po kolenomaj łazy 子供が膝をついて這い回る;poštyrjoch łazyć 四つんばいになる,這いつくばる.

łazak M2【男】這う動物(爬虫類など);浮浪者,のらくら者.

łažaty A1【形】這う;のらくらしている. na šiju łažaty 図々しい,しつこい.

łhać [fatɕ] V2【不完】うそをつく,でたらめを言う.

Łobjo N5【中】エルベ河.

łoboda F1【女】ハマアカザ(野草の一種).

łódź F7【女】船. nakładna łódź 貨物船;pasažěrska łódź 客船;přewozna łódź 連絡船,フェリー;rybarstwowa łódź 漁船;

łódźer

šěrokomórska *tódź* 遠洋船；wikowanska *tódź* 商船；z *tódźu* [na *tódźi*] pućować 船旅する.
łódźer M4【男】船主.
łódźernja F6【女】船会社；船舶業.
łódźnica F3【女】造船所.
łódźnistwo N1【中】航行，航海；海運. nutřkokrajne *tódźnistwo* 内陸航行.
łódźotwar M1【男】造船.
łodźstwo N1【中】艦隊，船団.
łochć M3【男】肘. z *łochćemi* sej puć rubać がむしゃらに進む.
łój, łoja M3【男】(牛・羊の)脂.
łojenišćo N3【中】狩り場，狩猟区.
łójić V6【不完】猟[漁]をする. myše *łójić* 鼠を追う；ryby *łójić* 漁をする；(někoho) za słowa *łójić* (誰の)言質をとる，揚げ足をとる；dych *łójić* 一息つく；za dychom *łójić* 喘ぐ，ハアハア言う. – **so** おにごっこをする.
łónco N2【中】一抱え. *łónco* drjewa 薪一抱え.
łóncko N1【中】《指小》<*łónco*. na *łóncku* njesć 腕に抱えて運ぶ.
łono N1【中】肘の内側. do *łona* wabić 腕に抱き寄せる.
łopač M3【男】鋤；スペード.
łopata F1【女】シャベル，スコップ.
łopatka F2【女】《指小》<*łopata*；シャベル，スコップ；肩甲骨.
łopać F7【女】=łopata.
łopjenaty A1【形】葉の多い，葉の大きな.
łopjeno N1【中】葉；(紙の)一枚. *łopjeno* papjery 紙一枚.
łopjenowy A1【形】葉の. *łopjenowa* šiška 葉柄.
łopješko N1【中】《指小》<*łopjeno*.
łós, łosa M1【男】オオシカ.
łoskobizna F1【女】口の中が渋くなる[麻痺する]こと.
łoskotać V7【不完】くすぐる.
łoskoćiwy A1【形】扱いにくい，厄介な，やばい. *łoskoćiwe* prašenje 面倒な質問[問題]；*łoskoćiwa* situacija いやな状況.
łosos M1【男】サケ.
łožišćo N3【中】地層，鉱床. brunicowe *łožišćo* 褐炭の層；naftowe *łožišćo* 石油の層.
łóžko N1【中】《指小》<*łožo*. dźěcace *łóžko* 子供のベッド.
łožo N3【中】ベッド. *łožo* słać ベッド[寝床]を整える.

łubja F6【女】屋根裏部屋．łódźna *łubja* 船のデッキ．
łučina F1【女】美しい景色．rěcna *łučina* 水郷．
łučwo N1【中】松材，やにの多い木材．
łuh M2【男】灰汁(アク)；炭酸カリウム；湿地，沼地．
łuhowy A1【形】沼地の，湿地の．*łuhowa* kupjel 泥土浴．
łuk M2【男】弧；湾曲．
łuka F2【女】草地．
łuknadź M3【男】リュウキンカ，エンコウソウ．
łupak M2【男】ミヤマカケス．
łupać V7【不完】(クルミなどを)割る；さやをとる．
łuskač M3【男】クルミ割り器；頭のおかしい奴．
łuskać V7【不完】(クルミが)割れる，ぱちん[ポン，ドン]と音をたてる．
łušćina F1【女】殻，外皮，さや．
łuža F5【女】水たまり．
łužaty A1【形】水たまりだらけの．
Łužica F3【女】ラウジッツ(ソルブ人の居住地域)．Hornja *Łužica* 上ラウジッツ地域；Delnja *Łužica* 下ラウジッツ地域．
Łužičan M1【男】；**-ka** F2【女】ラウジッツの住人．
łužiski A2【形】ラウジッツの．*Łužiski* Serb ソルブ人(南スラブの Serb セルビア人と対比させて)．
łža F5【女】嘘．kormjena *łža* 途方もない嘘っぱち；(*někomu*) *łžu* dopokazać (誰の)嘘を非難する．
łžeć, łžu, łžiš；łža；過去 łžach, łžeše；複二 łžešće；双二 łžeštaj, -štej；命 łži！；łžiće！；完分 łžał, łžała；能動分 łžacy V9【不完】嘘をつく．
łžica F3【女】スプーン；柄杓．mulerska *łžica* 左官ごて；po *łžicach* 一さじずつ，さじですくって．
łžička F2【女】《指小》<łžica，ティースプーン．po *łžičkach* 一さじずつ，さじですくって．

L, l

laban M1【男】大男, 巨漢.
labial M1【男】唇音 (p, m など発音に唇を用いる音).
labilny A1【形】不安定な. *labilny* cłowjek (精神的に) 変わりやすい人.
laborant M1【男】; **-ka** F2【女】実験助手.
laboratorij M3【男】実験室.
lac, laku, lečeš, laku；過去 lečech, lečeše；命 leč !; lečće !；完分 lakł, lakła；受動分 lečeny；能動分 lečacy V9【不完】: pasle [wlečicy] *lac* 罠を仕掛ける. **- so** 穂がつく. *žito so leče* 穀物に穂がついた.
lac M1【男】(男性用) ベスト.
lačnosć F7【女】渇き.
lačny A1【形】渇いた. ja sym *lačny* 私は喉が渇いた.
ladko N1【中】《指小》<lado；村の共同牧草地. fararjec *ladko* 墓地.
lado N1【中】休墾地；荒れ地.
lahnyć V3【不完】卵を抱いている. **- so** 雛が卵からかえる, 殻からこそっと出る.
lajk M2【男】世俗の人；素人.
lajski A2【形】世俗の；素人の. *lajske dźiwadło* アマチュア演劇.
lak M2【男】ラック；エナメル；マニキュア.
lakěrar M4【男】(ラッカーの) 塗装工.
lakěrarnja F6【女】塗装業. awtowa *lakěrarnja* 自動車塗装業.
lak|ować V4；**-ěrować** V4【不完】[něšto] (塗料・エナメル・漆などを) 塗る.
lakowar M4【男】塗装工.
lampa F1【女】ランプ, 照明灯. blidowa *lampa* 電気スタンド；awtowa *lampa* 車の照明灯.
lampion M1【男】提灯.
lampka F2【女】《指小》<lampa. kapsna *lampka* 懐中電灯；

kontrolna *lampka* パイロットランプ.
lany A1【形】亜麻[リネン]の. *lany* wolij 亜麻仁油；*lane* symjo 亜麻仁(亜麻の種).
lapa F1【女】布切れ；下ソルブの婦人の頭飾り.
lapka F2【女】《指小》<lapa. myjaca *lapka*（ボダイジュの樹皮などを束ねた）たわし；wušaca *lapka* 耳たぶ.
laptać V7【不完】がぶがぶ[ぴちゃぴちゃ]飲む.
larik M2【男】カラマツ.
larwa F1【女】幼虫；仮面.
latarnja F6【女】ランタン，カンテラ. nadróžna *latarnja* 街路灯.
laty A1【形】鋳造の. *late* železo 鋳鉄.
law M1【男】ライオン. sym hłódny kaž *law* 私はひどく腹が空いている.
lawica F3【女】雌ライオン；キンギョソウ.
lawina F1【女】雪崩.
lawreat M1【男】受賞者. *lawreat* Narodneho myta 国民栄誉賞受賞者.
ledźba F1【女】腰；尻；(牛の)腰肉.
legalizować V4【不完】[něsto] 法制化する，法的に認める.
legalny A1【形】法的な，合法の.
legenda F1【女】伝説；記号の説明. kartowa *legenda* 地図の記号一覧.
legendarny A1【形】伝説的な.
legěrować V4【不完】合金する；配合する.
legěrunka F2【女】合金，配合.
legija F5【女】軍団，部隊. Čestwa *legija* レジオン・ドヌール勲章.
legitimacija F5【女】公認，(子供の)認知；身分証明(書)；資格認定，権能付与.
legitimny A1【形】法で認められた，正当な；嫡出の.
lehnidło N1【中】卵のふ化；ふ化装置.
lehnišćo N1【中】ふ化所.
lehnjak M2【男】抱卵中の鳥.
lehnyć V3【完】: *lehnyć* hić 床につく，就寝する；čas *lehnyć* ベッドに入る時間. **-so** 横になる. *lehnyć so* dozady do stólca 椅子の背に身をもたせかける.
lekcija F5【女】レクチャー；課.
leksika F2【女】語彙. **–liski** A2【形】.

leksikon M1【男】(百科)辞典，辞書.
lektor M1【男】；**-ka** F2【女】講師.
lektorat M1【男】授業，レッスン．*lektorat* hornjoserbšćiny 上ソルブ語の授業；*lektorat* za rjanu literaturu 文学の授業.
lektura F1【女】読書；読み物.
lekwica F3【女】カンゾウ(煎じ薬にする).
lemić V6【不完】折る，割る，こわす.
len M1【男】亜麻.
leninizm M1【男】レーニン主義.
lepić V6【不完】[někoho] 現行犯で捕える.
lesny A1【形】繊細な，柔らかい；かわいらしい.
lestny A1【形】ずる賢い.
lesć F7【女】策略；悪知恵.
lesćiwosć F7【女】悪だくみ.
lesćiwy A1【形】悪賢い.
Letiska A2【女】ラトヴィア．**letiski** A2【形】.
leć, liju, liješ；lija；過去 lijach, liješe；複二 liješće；双二 liještaj, -tej；命 lij！；liće！；完分 lał, lała, leli；łałoj；受動分 laty；能動分 lijacy V9【不完】[nešto] 注ぐ．*leć* wodu 水を注ぐ；z kowa *lija* wotliwki 金属を合金に鋳造する．**- so** 流れ出る．*lije so* 雨がザーザー降る.
lećeć V5【不完】《定》(特定方向へ)飛ぶ；大急ぎでいく.
leutnant M1【男】(陸軍)少尉．wyši *leutnant* 中尉，二等陸尉.
ležaty A1【形】横になっている，水平の；置いてある.
ležernosć F7【女】気楽さ，無頓着.
ležerny A1【形】気がねのない；弛んだ.
ležeć V5【不完】横たわる；ある．we łožu *ležeć* ベッドに横になっている；na čim to *leži*？それは何が原因なのか？何にかかっているのか？*ležo* wostać 置かれた(横になった)ままである；*ležo* wostajić そのままにしておく；žito *leži* 穀物は貯蔵され[てい]る；wón mi na koži *leži* 私には彼が厄介だ；to mi *lěži* na wutrobje それが私の気にかかっている；to njemu *njeležeše* それが彼には気に入らない.
ležity A1【形】平らな.
ležownostny A1【形】土地の．*ležownostny* zapis 土地登記簿，土地台帳；*ležownostny* dawk 土地[固定]資産税.
ležownosć F7【女】土地，地所.

ležownosćer M4【男】土地所有者.

lědma ; lědom ; lědy【副】ほとんど(…でない) ; かろうじて. *lědma* [*lědom*/*lědy*] hdy めったに起こらない ; *lědma* hdže めったにない ; wón *lědom* stejeŠe 彼はやっとのことで立っていた ; wón přińdźe dźensa? *lědma* 彼は今日来るだろうか？たぶん来ないだろう ; dny běchu tak rjane kaž *lědy* w lěću 夏にも滅多にないくらい好天の日々だった.

lěhadło N1【中】寝台. **-wy** A1【形】. *lěhadłowy* wóz 寝台車.

lěhak M2【男】デッキチェア.

lěhanski A2【形】眠るための. *lěhanska* stwa 寝室(=lěharnja).

lěharnja F6【女】寝室.

lěhać V7【不完】横たわる. dołho *lěhać* 長いこと眠る. **-so** 横たわる,(ある状態に)ある ; *lěhać so* na (*něšto*)(何に)身をもたせる. kurjawa so lěha もやがたちこめている.

lěhwo N1【中】キャンプ(場). stanowe *lěhwo* (テントの)キャンプ, 幕営地 ; prózdninske *lěhwo* (余暇用の)キャンプ場 ; koncentraciske *lěhwo* 強制収容所.

lěhwowy A1【形】キャンプの. *lěhwowy* nawoda キャンプのリーダー ; *lěhwowy* woheń キャンプファイアー.

lěk M2【男】薬. *lěk* nałožić 薬を服用する.

lěkar M4【男】医者. wóčny *lěkar* 眼科医 ; zubny *lěkar* 歯科医 ; wyši *lěkar* 医長.

lěkarić V6【不完】医者である, 医者の職にある.

lěkarka F2【女】医者(女性).

lěkarnik M2【男】; **-ca** F3【女】薬剤師.

lěkarniški A2【形】薬剤の, 薬局の.

lěkarnja F6【女】薬局.

lěkarski A2【形】医者の ; 薬の. *lěkarska* njedźelska słužba 医師の日曜当直 ; *lěkarske* rostliny 薬草.

lěkarstwo N1【中】医療品, 薬.

lěkowanišćo N3【中】治療施設, 療養所.

lěkowanje N5【中】治療.

lěkowar M4【男】医師.

lěkowarnja F6【女】診療所.

lěkować V4【不完】[někoho/něšto] 治療する. **-so** 治療を受ける, 快癒する.

lěni A3【形】怠惰な. *lěni* na hubu 口の重い ; *lěni* duh 怠け者 ;

lěnjoch

lěnjeho pasć 怠ける.
lěnjoch M2【男】怠け者.
lěnjojty A1【形】怠惰な, ぐずぐずした.
lěnjosć F7【女】怠惰.
lěnjošić V6【不完】怠ける, のらくらしている.
lěnjoška F2【女】安楽椅子.
lěp M1【男】; **-idło** N1【中】接着剤, 糊. mukowy *lěp* デンプン糊.
lěpić V6【不完】くっつける, 貼り付ける. **-so** くっつく.
lěpjaty A1【形】粘りつく, ねっとりした.
lěpje【副】《比》<derje. より良い. dźeń a *lěpje* ますます良い; čim prjedy, ćim *lěpje* 早ければ早いほど良い; mi so *lěpje* dźe 私には一層良い, より都合がよい.
lěpjenk M2【男】ムシトリナデシコ.
lěpjeny A1【形】くっつけた, 継ぎ合わせた. *lěpjene* drjewo 合板.
lěpk M2【男】=lěp.
lěpši A3【形】《比》<dobry. k *lěpšemu* 改良のため; prěni *lěpši* 行き当たりばったりの, 手近な; k *lěpšemu* měć (*někoho*)(誰を)嘲る, 笑いものにする.
lěpšina F1【女】長所, 優越; 利点, 特典.
lěs M1【男】森. jehlinowy *lěs* 針葉樹林; lisćowy *lěs* 広葉[落葉]樹林.
lěsar M4【男】森の住人.
lěsarstwo N1【中】林業.
lěsaty A1【形】森の多い.
lěsk M2【男】《指小》<lěs.
lěska F2【女】ハシバミ.
lěsnistwo N1【中】林業.
lěsnišćo N3【中】森林地帯.
lěsny A1【形】森の. *lěsna* krajina 森林地方; *lěsne* pasmo 森林地帯.
lěsyca F3【女】格子; 格子状のもの.
lěška F2【女】(庭の)苗床.
lět M1【男】飛行.
lětadło N1【中】飛行機. pasažerske *lětadło* 旅客機; wobchadne *lětadło* 民間[商業]機.
lětadłonošak M2【男】航空母艦.

lětak M2【男】ビラ，リーフレット．
lětanišćo N3【中】飛行場．
lětar M4【男】；**-ka** F2【女】飛行機の操縦士，パイロット．
lětarstwo N1【中】航空業．
lětać V7【不完】《不定》(不定方向に・繰り返し) 飛ぶ．
lětdźesatk M2【男】十年．
lětni A3【形】夏の．*lětni* čas 夏時間；*lětni* płašć 夏用のコート．
lětnik M2【男】学年；(雑誌の) 巻．
lětny A1【形】年の．*lětny* dowol 年休暇．
lěto N1【中】年．nowe *lěto* 新年；přestupne *lěto* 閏 (うるう) 年；běh *lěta* 一年 (の経過)；do *lěta* 一年 (の期間) のうちに，年 (度) 末前に；*lěto* wob *lěto* 年がら年中，年々歳々；*lěta* dołho 長年の；přez *lěto* 一年を通して；za *lěto* 一年後に；*lěta* [w *lěće*] 1970 1970年に；*lěta* bóle 年ごとに良い；muž w najrjeńšich *lětach* 働き盛りの男；čłowjek wysokich *lět* 年配の人．
lětoličba F1【女】紀元年数．
lětopis M1【男】年報．
lětsa【副】今年．
lětstotk M2【男】世紀．
lěttysac M1【男】千年．
lětuši A3【形】今年の．
lěćny A1【形】夏の．*lěćna* horcota 夏の暑さ；*lěćny* dźeń 夏の日．
lěćo N3【中】夏．w *lěću* 夏に．
lěwica F3【女】左手；(政治的) 左翼集団．
lěwicar M4【男】；**-ka** F2【女】左利き；(政治的) 左翼家．
lěwy A1【形】左の．*lěwy* bok 左側；*lěwy* běhar (サッカーの) 左のハーフバック．
lězć, lězu, lězeš；lězu；過去 lězech, lězeše；命 lěz!；lězće! 完分 lězł, lězła V9【不完】《定》(特定方向へ) 這う．wón horje *lěze* 彼がよじ登っていく；dźěsću zubički *lězu* 子供に歯が生えてきた；na šiju *lězć* (někomu) (誰には) うんざりだ；mi *lěze* na mysle 思い浮かぶ，思いが念頭からはなれない；wóčce jej hromadźe *lězeštej* 彼女は眠くて両のまぶたがくっついた；*lěz* mi na pěc! ほっといてくれ！*lěz* mi z wočow! 出てけ！失せろ！
liberalny A1【形】リベラルな．*Liberalno*-demokratiska strona (LDP) 自由民主党．
libity A1【形】筋の，筋ばった．*libite* mjaso 筋っぽい肉．

libj|o, -eća N4(a)【中】ガチョウ.
libojty A1【形】痩せた, 肉の落ちた.
libotawka F2【女】肉の煮こごり.
licenca F3【女】ライセンス.
lico N1【中】頬.
ličak M2【男】計算機. elektroniski *ličak* 電算機；kapsny *ličak* 電卓.
ličba F1【女】数. přirodna *ličba* 自然数；cyłkowna *ličba* 総数；*ličba* ludnosće 人口；*ličba* wobdźělnikow 参加者数.
ličbnik M2【男】数詞. zakładny *ličbnik* 基数詞；rjadowy *ličbnik* 順序数詞.
ličboslěd M1【男】数列.
ličenje N5【中】計算；勘定. *ličenje* luda 人口調査, センサス.
ličenski A2【形】計算上の, 計算の. *ličenski* zešiwk (算数の)計算ノート.
ličić V6【不完】[něšto] 計算する, 数える；数がある. hodźiny *ličić* 時間を数える；město *liči* tři miliony wobydlerjow 町には300万の住民がいる；wón *liči* sobu do najaktivnišich čłonow towaršnosće 彼は協会のもっとも活動的な会員だと自分をみなしている；- so (z něčim) 予想される, 見込まれる. *liči so* ze zmjerzkami hač do dwaceći stopnjow (マイナス)20度にまで至る寒さが予想される.
ličko N1【中】《指小》＜lico.
lift M1【男】リフト.
liga F2【女】リーグ, 連盟.
lichowar M4【男】；-ka F2【女】高利貸し.
lichowarstwo N1【中】高利貸し業.
lichować V4【不完】高利貸しをする, 暴利を貪る.
lijak M2【男】水差し, ジョウロ.
lijeńca F3【女】突然の豪雨；〔聖書〕ノアの洪水.
lijer M4【男】鋳造工.
lijernja F6【女】鋳物工場.
lik M2【男】漏斗；漏斗状のもの.
likać V7【不完】舐める.
liker M1【男】リキュール. jejkowy *liker* 卵酒.
likojty A1【形】漏斗状の. *likojty* wuliw (河口の)三角口.

likwidować V4【不完】精算する；抹消する，粛正する．
lilija F5【女】ユリ．*žołta lilija* スイセン．
limonada F1【女】レモネード．
lina F1【女】テンチ（ヨーロッパ産コイ科の淡水魚）．
linać V7【不完】毛が生え変る．
lineal M3【男】定規．
liniatura F1【女】罫；（絵で）線の引き方．
linija F5【女】線．*pobrjóžna linija* 海［川・湖］岸線；*wysokostna linija* 等高線．
linijowy A1【形】線の．*linijowy* bus 路線バス；*linijowy* wobchad 路線交通；*linijowa* łódź 主力艦，戦艦；*linijowy* sudnik（サッカーの）線審．
link F2【女】線；行（ギョウ）．
linolorězba F1【女】リノリウム版（印刷）；リノリウム版画．
linyć V3【完】注ぐ．
lipa F1【女】ボダイジュ．
lipotać V7【不完】ちびちび飲む［食べる］．
lipowy A1【形】ボダイジュの．*lipowe* kćenje ボダイジュの花．
Lipsčanki A1【形】ライプチヒの．
Lipsk M2【男】ライプチヒ．
list M1【男】手紙；証書．*list* pisać（*někomu//na někoho*）（誰に//誰宛に）手紙を書く；fachowodźěłaćerski *list* 徒弟期間修了書，熟練工検定審査合格証；smjertny *list* 死亡証明書；chwatny *list* 速達手紙；zapisany *list* 書留め手紙；dźakny *list* 感謝状．
listno N1【中】全紙（書籍の16ページ分）．
listonoš M3【男】；**-ka** F2【女】郵便配達人．
listowanje N5【中】文通；ページを繰ること．
listować V4【不完】文通する；ページを繰る．*listować* w časopisu 雑誌のページを繰る．
listowka F2【女】紙入れ，財布．
listowy A1【形】手紙の，郵便の．*listowy* kašćik 郵便箱；*listowa* papjera 便箋；*listowa* wobalka 封筒；*listowa* znamka 郵便切手．
lisćik M2【男】《指小》＜list．zastupny *lisćik* 入場券．
lisćina F1【女】リスト，一覧表；必要書類．*lisćina* kandidatow 候補者リスト；z *lisćinami* dopokazać 証書類によって証明する．
lisćo N3【中】《集合》葉．
lisćowc M1【男】広葉樹．

lisćowy A1【形】葉の. *lisćowy* lěs 広葉樹林; *lisćowy* štom 広葉樹.
lišawa F1【女】(皮膚にできる)苔蘚.
lišći A3【形】キツネの. *lišča* jama 狐の穴; *lišča* wopuš 狐の尾.
liška F2【女】キツネ. běła *liška* アオギツネ(北極キツネの一種); pusćinska *liška* フェネック(乾燥地帯に住むキツネの一種); překlepana *liška* ずるがしこい奴, 海千山千; swjata *liška* 偽善者; hdźež sebi *liški* božemje praja ひどく辺鄙なところ.
lišća|k M2【男】おべっか使い, ごますり屋. **-ty** A1【形】.
liščawa F1【女】おべっか使い, ごますり屋(の女).
liščenje N5【中】おべっか使い, ごますり.
liščić so V6【不完】[někomu] (誰に)おべっかを使う, 取り入る.
Litawčan M1【男】; **-ka** F2【女】リトアニア人.
Litawska F2【女】リトアニア. **litawski** A2【形】.
litawšcina F1【女】リトアニア語.
lit|er, -ra M1【男】リットル.
literarny A1【形】文学の. *literarna* kritika 文芸批評; *literarne* myto 文学賞; *literarne* stawizny 文学史.
literski A2【形】リットルの. *literska* škleńca リットルグラス.
litfaska F2【女】(広場などにある)広告柱.
litrowka F2【女】リットル升.
liwki A2【形】温かい, ぬるめの. *liwki* kofej ぬるめのコーヒー; *liwki* čłowjek 無頓着[無関心・投げやり]な人.
liwkosć F7【女】温かい[ぬるい]こと; 無関心, 無頓着.
lizak M2【男】ポップキャンディー; (赤ん坊の)オシャブリ.
lizać V7【不完】[něšto] なめる. **- so** [někomu//pola někoho] (誰に)おべっかを使う.
liznyć V3【完】[něšto] なめる. (*někoho*) koza lizny いっぱい食わされた; 運が悪かった.
lód, loda M1【男】氷; アイスクリーム. nakopjeny *lód* 積氷, 流氷群; nutřkokrajny *lód* 内陸氷; lodowcowy *lód* 氷河氷; šokoladowy *lód* チョコレートアイスクリーム.
lódhładki A2【形】氷のようにつるつるの.
lódka F2【女】大箱, ひつ.
lodohokej M3【男】アイスホッケー.
lodojty A1【形】氷のような, 氷のように冷たい. *lodojty* wětr 凍てつくような風.
lodołamak M2【男】砕氷船. atomowy *lodołamak* 原子力砕氷船.

lodowc M1【男】氷河.

lodowy A1【形】氷の. *lodowa* swěčka 氷柱；*lodowa* doba 氷河期；*lodowy* hokej アイスホッケー；*lodowy* kofej アイスコーヒー.

lódzymny A1【形】凍えるように寒い.

lodźany A1【形】氷の，氷製の.

logika F2【女】論理学. formalna *logika* 形式論理学.

logiski A2【形】論理的な.

lochce【副】軽く. so *lochce* drasćić 軽装する.

lochki A2【形】軽い，容易な. *lochka* waha（スポーツの）軽量；*lochka* hudźba 軽音楽；*lochki* nadawk 簡単な課題.

lochko【副】容易に. *lochko* zrozumliwy 明快な，容易に理解できる；*lochko* brać (*něšto*)（何を）軽く受け止める；njepadnje mi *lochko* 私には容易ではない.

lochkoindustrija F5【女】軽工業.

lochkometal M3【男】軽金属.

lochkomysln|osć F7【女】安易さ，気楽さ. **-y** A1【形】.

lochkosć F7【女】軽いこと；容易なこと.

lochkowěriwy A1【形】信じやすい.

lochkozapřimliwy A1【形】用意に感知できる.

lojta M5【男】素朴で正直な男.

lokal M1【男】軽食堂，居酒屋.

lokalizować V4【不完】[*něšto*]（伝染病，火事などを）特定の範囲内に抑える；場所を特定する，局所化する.

lokalny A1【形】地域の，地方の. *lokalne* poměry 地域関係.

lokatiw M1【男】〔文法〕所格.

lokomotiwa F1【女】機関車. dieselowa *lokomotiwa* ジーゼル機関車；elektriska *lokomotiwa* 電気機関車；parna *lokomotiwa* 蒸気機関車.

lokomotiwnik M2【男】機関車の運転手.

loni【副】昨年.

lońši A3【形】昨年の. *lońše* lěto 昨年.

lora F1【女】トロッコ.

los M1【男】くじ（引き券），抽選（券）.

losować V4【不完】くじ引きをする.

loši A3【形】；**lošo**【副】《比》<lochki.

lóšt M1【男】気分，乗り気. bjez *lóšta* いやいや，乗り気でなく；*lóšt* zańdźe その気がなくなった，興ざめした.

lóštny A1【形】気乗りのする，楽しみな.
loterij|a F5【女】宝くじ. **-owy** A1【形】.
loto《不変》【中】ロット（ナンバーくじ）. **-wy** A1【形】.
lózosć F7【女】粗いこと，粗野.
lózy A1【形】粗い，粗野な，乱暴な.
lózysce【副】いきなり，露骨に. smjeć so *lózysce* あからさまに笑う.
lózysk|osć F7【女】悪意のあること；厚かましさ，厚顔無恥. **-i** A2【形】.
lózystwo N1【中】いじわる；厚かましさ，厚顔無恥.
lóže【副】《比》<lochki. to so *lóže* praji, hač čini 言うは易く，行うは難し.
luba A1【女】愛しい人，恋人.
lubc M1【男】愛しい人，恋人.
lubčička F2【女】《指小》愛しい人，恋人.
lubčić V6【不完】[z někim] おべっかを使う，ご機嫌を取る.
Lubij M3【男】レーバウ（ラウジッツの地名）. **-ski** A2【形】.
Lubin M1【男】リュッベン（ラウジッツの地名）. **-ski** A2【形】.
lubić V6【不完】約束する. čiste njebjo rjany dźeń *lubješe* 晴れた空で好天になりそうだった；sej *lubić* dać (*něšto*)（何に）満足する，甘んじる；to sej njedam *lubić* 私はそれに我慢できない. **-so** [někomu]（誰の）気にいる. mi *so* wona lubi 私は彼女が好きだ；mi *so* to jara lubi 私はそれが大のお気に入りだ.
lubje【副】親しく，よろこんで.
lubjenje N5【中】約束.
lubjerad【副】よろこんで，心から.
lubka F2【女】愛しい人.
lubkować V4【不完】[z někim] おべっかを使う.
Lubnjow M1【男】リュベナウ（ラウジッツの地名）. **-ski** A2【形】.
lubo【副】《述語》好きだ；よい. to je mi *lubo* それは私には都合がよい；piwo *lubo*? ビールはいかがですか？ *lubo* měć 好む，好きだ；za *lubo* wzać (*něšto*)（何に）満足する.
lubočinki PL1【複】おべっか，追従.
lubostny A1【形】=lubościnski. *lubostny* list ラブレター；*lubostne* horjo 失恋，恋の痛手.
lubosć F7【女】愛情. bjez *lubosće* 愛情[思いやり]のない；wudać so z *lubosće*（女性が）恋愛結婚する.
lubościnski A2【形】恋の. *lubościnski* list ラブレター；*lubościn-*

ski spěw 恋歌.
lubośćiw|osć F7【女】親切. **-y** A1【形】.
lubowanc M1【男】お気に入り.
lubowany A1【形】愛された，気に入られた. wšudźe *lubowany* どこでも人気のある.
lubowar M4【男】；**-ka** F2【女】愛好家. *lubowar* lochkeje hudźby 軽音楽ファン.
lubować V4【不完】[někoho/něšto] 愛する. mam će rady, ale *njelubuju* će. あなたのことは好きだけれど愛してはいない. **- so** 愛しあう.
lubowólnosć F7【女】任意，勝手気まま；専横.
lubowólny A1【形】任意の，勝手気ままな.
lubozn|osć F7【女】優雅さ，優美. **-y** A1【形】.
lubši A3【形】《比》＜luby.
lubušk M2【男】人気者. *lubušk* publika 大衆のアイドル.
luby A1【形】愛する，親愛な. *lubu* nuzu měč (*z něčim*)（何で）大忙しである；budź tak *luby* お願いだから（依頼する時の表現）.
luby A1【男】恋人.
lud, -a/-u M1【男】民；人々. wjele *luda* [*ludu*] 沢山の人.
ludačny A1【形】偽善の，ネコかぶりの；見せ掛けの.
ludak M2【男】偽善者，ネコかぶり.
ludanje N5【中】偽善.
ludar M4【男】＝ludak.
ludarski A2【形】偽善の，みせかけの.
ludaty A1【形】人の多い.
ludać V7【不完】ねこかぶりする，ふりをする.
ludawy A1【形】偽善的な；装った，見せかけの.
ludličenje N5【中】人口調査.
ludnosć F7【女】（ある地域の）全住民. wjesna *ludnosć* 村の人口；zemska *ludnosća* 地球人口.
ludodemokratski A2【形】人民民主主義の.
ludohospodarski A2【形】国民経済の.
ludospyt M1【男】人民［民族］問題研究. Institut za serbski *ludospyt* ソルブ人民問題研究所（ソルブ研究所の東ドイツ時代の名称）.
ludowěda F1【女】民俗学.
ludowědnik M2【男】民俗学者.
ludowosć F7【女】民族性；大衆性.

ludowuměłski A2【形】民族[大衆]芸能の.
ludowy A1【形】民族の，人民の. *ludowa* armeja 人民軍；*ludowa* hudźba 民族音楽；*ludowa* policija（東ドイツの）人民警察；*ludowa* reja 民族舞踊；*ludowa* republika 人民共和国；*ludowe* swójstwo（東ドイツの）人民財産；*ludowe* zastipnistwo 人民議会.
ludźacy A1【形】人の；世間の. *ludźace* rěče 世間のうわさ.
ludźičkecy！【間投】なんてこった！
ludźidrač M3【男】鬼のようなやつ，ひどい[悪い]やつ.
ludźo, 生／対 ludźi, 与 ludźom, 前 ludźoch, 造 ludźimi【複】人人.
lukratiwny A1【形】利益の，儲けになる.
lumpak M2【男】ならず者，ごろつき.
lunk M2【男】一飲み，一口；休憩期間. *lunk* piwa ビール一飲み；pić w małych *lunkach* ちびちび飲む；trochu *lunka* měć ちょっと時間がある.
lunta F1【女】（ろうそくなどの）芯.
lupa F1【女】ルーペ.
lupina F1【女】ハウチワマメ.
lutherski A2【形】ルター派の.
lutk M2【男】小人，地の精.
lutki A2【形】〈sam(a)と用いて〉たった一人，独りぼっちで.
lutowanka F2【女】貯蓄，蓄え.
lutowanski A2【形】貯蓄の. *lutowanska* knižka 貯金通帳；*lutowanska* naprawa 節約措置.
lutowar M4【男】；**-ka** F2【女】預金者；節約家.
lutowarnička F2【女】貯金箱.
lutowarnja F6【女】貯蓄銀行；貯金.
lutować V4【不完】[něšto] ためる，節約する；[z něčim] 切り詰める. pjenjezy *lutować* 貯金する；wón njebudźe mocow *lutować* 彼は労を惜しまないだろう.
luty A1【形】ただの；まったくの；まじりけのない. *luta* woda まじりけなしの水（まずいワインのこと）；*lute* jebanje まったくの嘘；*lutu* kołbasu jěsć（パンも何もなしに）ソーセージだけ食べる；wón rěči *luty* njezmysł 彼はただ無意味なことをしゃべる.
Luxemburgčan M1【男】；**-ka** F2【女】ルクセンブルグ人.
Luxemburgska A2【女】ルクセンブルグ. **luxemburgski** A2【形】.

lyrika F2【女】叙情詩.
lyrikar M4【男】; **-ka** F2【女】叙情詩家.
lyriski A2【形】叙情的な.

M, m

macocha F2【女】継母.
macoška F2【女】パンジー.
mačaty A1【形】濡れた. *mačate* wjedro 湿っぽい天気.
mačeć V8【不完】濡らす, 湿らす. *deščik mača* 雨がじとじと降る.
Madžar M1【男】; **-ka** F2【女】ハンガリー人.
Madžarska A2【女】ハンガリー. **madžarski** A2【形】.
madžarščina F1【女】マジャール [ハンガリー] 語.
magnetiski A2【形】磁石の, 磁性の; 磁気を帯びた.
magnetofon M1【男】テープレコーダ.
magnetowy A1【形】磁石の. *magnetowa* jehła 磁石の針; *magnetowe* polo 磁場.
magnezij M1【男】マグネシューム.
mach M2【男】揺れ, 振動.
machadło N1【中】振り子.
machaty A1【形】揺れる.
machać V7【不完】振る, 揺らす. z rukomaj *machać* 両手を振る; ジェスチャーを交えて話す.
machawka F2【女】《指小》＜machot; (時計の) 振り子.
machnyć V3【完】振る.
machot M1【男】振動, 揺れ.
machotać V7【不完】振る, 揺する. z křidłomaj *machotać* はばたきする.
majkać V7【不完】; **majknyć** V3【完】可愛がる, なでさする.
majoneza F3【女】マヨネーズ.
majs M1【男】トウモロコシ.
majsnišćo N3【中】トウモロコシ畑.
mak M2【男】ケシ.

Makedonjan M1【男】；**-ka** F2【女】マケドニア人.
Makedonska A2【女】マケドニア. **makedonski** A2【形】.
makedonšćina F1【女】マケドニア語.
makojca F3【女】ケシの花，ケシの実(の殻).
makowy A1【形】ケシの. *makowa* całta ケシ入りの丸型パン；*makowy* tykanc ケシの実入りのケーキ.
maksimalny A1【形】最大限の.
maksimum M1【男】最大量，最大値.
makulatura F1【女】刷り損じ，反古紙.
małki A2【形】小さな.
mało【副】: *mało* hdy 滅多におこらない；*mało* hdźe 滅多にない；*mało* štó ほとんどいない；*mało* što ほとんどない.
małobyrkar M4【男】；**-ka** F2【女】プチブル，都市の中産階級. **-ski** A2【形】.
małohódny A1【形】価値の低い，粗悪な.
małolětny A1【形】未成年の.
małomĕšćan M1【男】；**-ka** F2【女】小さな町の住民；小市民.
małomĕšćanski A2【形】小さな町の；せせこましい，俗物的な.
małomyslny A1【形】臆病な，勇気のない.
małoratar M4【男】小農夫. **-ski** A2【形】.
małoratarstwo N1【中】小農.
małoŕečny A1【形】口数の少ない.
małostnik M2【男】〔文法〕指小形.
małosć F7【女】小さいこと. wot *małosće* 幼少の頃から.
małowikowar M4【男】小売り商.
małowobchodnistwo N1【中】小売り業.
małozawod M1【男】中小工場.
małoznaty A1【形】あまり知られていない.
małušk M2【男】(手・足の)小指.
małuški A2【形】とても小さな.
mały A1【形】小さな.
mały róžk A1-M2【男】二月.
malarija F5【女】マラリヤ.
malen|a F1【女】ラズベリー. šćipać *maleny* ラズベリーを摘む. **-owy** A1【形】.
malički A2【形】非常に小さな；ちっぽけな.
maličkostny A1【形】こせこせした，些末な.

maličkosć F7【女】取るに足りないこと[もの], 些細なこと. lute *maličkosće* 全くくだらない[些末な]こと.
malta F1【女】モルタル.
mamla F5【女】腰抜け, 臆病者. **-wy** A1【形】.
mamlić V6【不完】モゴモゴ話す.
mamut M1【男】マンモス.
mandarina F1【女】ミカン.
mandla F5【女】アーモンド.
mandle PL2【複】ヘントウ(腺). zahorjenje *mandlow* ヘントウ炎.
mandolina F1【女】マンドリン.
mandźelska A2【女】妻.
mandźelsk|aj, -ow A2【双】夫婦.
mandźelski A2【形】結婚の, 夫婦の. *mandźelske* wopismo 婚姻届, 結婚証明書.
mandźelski A2【男】夫.
mandźelstwo N1【中】結婚, 夫婦(生活).
mandźelstwołamanje N5【中】不倫.
manew|er, -ra M1【男】演習；策略, 戦術.
maneža F5【女】サーカスの演技場.
mango《不変》【中】マンゴ.
mangowc M1【男】マンゴの木.
manifest M1【男】宣言.
manifestacija F5【女】明示, 顕示；表明.
manija F5【女】熱狂.
manikěrować V4【不完】マニキュアを施す.
manikira F1【女】マニキュア.
manipulacija F5【女】マニピュレーション.
manipulować V4【不完】マニピュレーションする.
manira F1【女】流儀, やり方；態度.
mansarda F1【女】屋根裏部屋.
manšeta F1【女】カフ, 袖口.
mantl M3【男】コート.
manuelny A1【形】マニュアルの, 手動の.
manuscript M1【男】手稿, 草稿.
mapa F1【女】ブリーフケース, (学生の)鞄. rysowanska *mapa* 紙ばさみ, 画ばん.
marathon M1【男】マラソン. **-ski** A2【形】.

margarina F1【女】マーガリン.
margla F5【女】アンズ(の実).
marglowc M1【男】アンズ(の木).
marina F1【女】海軍.
marinada F1【女】マリネー.
marinĕrować V4【不完】マリネーにする.
marka F2【女】印, マーク.
markĕrować V4【不完】マークする.
markhrabinka F2【女】辺境伯夫人.
markhrabinstwo N1【中】辺境領.
markhrabja M6【男】辺境伯.
markiz M1【男】侯爵.
markiza F1【女】女侯爵, 侯爵婦人.
marmelada F1【女】マーマレード.
marmor M1【男】大理石.
marona F1【女】栗.
maršal M3【男】元帥.
maršĕrować V4【不完】行進[進軍]する.
martra F1【女】拷問, 責め苦. boža *martra* 磔刑.
martrować V4【不完】拷問する, 責め苦を負わせる.
maruša F5【女】桑の実.
marušnja F6【女】桑の木.
marxizm M1【男】マルクシズム.
masa F3【女】群れ, 塊. powětrowa *masa* 気団.
masačk M2【男】触角, 触手.
masać V7【不完】[za něčim] 触れる, さわる. ‐so 触れて分かる, 感じる. to so derje *masa* それは手触りが良い.
masaža F5【女】マッサージ.
maser M1【男】マッサージ師.
masiwny A1【形】量感のある. どっしりした；(建物が)頑丈な造りの.
maska F2【形】マスク.
maskulinum M1【男】〔文法〕男性.
masla F5【女】; ‐k M2【男】のらくら者, ぐず.
maslaty A1【形】のろくさい, ぐずぐずした.
maslić so V6【不完】のろのろ[だらだら]する.
masnyć V3【完】触れる.

maćernorěčny

masowy A1【形】大衆の. *masowy* sport 大衆スポーツ.
mašina F1【女】機械. njebowoza *mašina* 中ぐり機, ボーリング用機械；pisanska *mašina* タイプライター；ratarska *mašina* 農耕機械；šijaca *mašina* ミシン.
mašinelny A1【形】機械による, 機械的な.
mašinotwar M1【男】機械製作.
mašinowy A1【形】機械の. *mašinowy* zamkar 機械(修理)工.
mašinski A2【形】機械の, 機械による. *mašinska* třělba 機関銃.
mata F1【女】マット, ござ.
matematika F2【女】数学.
matematiski A2【形】数学の. *matematiska* runica 方程式.
material M3【男】材料, 原料, 資源. potrjeba *materiala* 原料の需要；zalutowanje *materiala* 資源の節約.
materialistiski A2【形】唯物論の. *materialistiski* swětonahlad 唯物論的世界観.
materializm M1【男】唯物論. dialektiski *materializm* 弁証論的唯物論；historiski *materializm* 史的唯物論.
materialowy A1【形】原料[材料, 資源]の.
materielny A1【形】物質的な.
materija F5【女】物質, 質料.
materijalije PL2【複】資材, 材料.
matka F2【女】女王蜂.
matraca F3【女】マットレス.
matura F1【女】高校卒業試験. złožić *maturu* 高校卒業試験に合格する.
maturant M1【男】；**-ka** F2【女】matura の資格を持つ者.
maturita F1【女】＝matura.
maturować V4【不完】matura を受ける.
mać, maćerje, 与／前 maćeri, 対 mać, 造 maćerju, 呼 maći！；複 主／対 maćerje, 生 maćerjow, 与 maćerjam, 前 maćerjach, 造 maćerjemi；双 主／対 maćeri, 生 maćerjow, 与／造／前 maćerjomaj【女】母親. přichodna *mać* 姑, 義理の母；přirodna *mać* 継母.
maćerka F2【女】《指小》＜mać.
maćernica F3【女】子宮.
maćernoreěčny A1【形】母語の. *maćernorěčna* wučba 母語の学習.

maćerny A1【形】母親の. *maćerna* starosć 母親の保護；*maćerna* rěč 母語.
maćerski A2【形】母親の，生みの親の. *maćerski* dowol 出産休暇；*maćerski* kraj 母国.
maćerstwo N1【中】母親であること，母権；母性.
maćeršćina F1【女】母語.
maćica F3【女】: *Maćica* Serbska マチッツァ・セルブスカ（ソルブの文化団体）.
maćizna F1【女】材料；物質. *dźěłana maćizna* 合成物質；*wučbna maćizna* 学習教材；*wuchadna maćizna* 原料；*zakładna maćizna* 原材料，素材.
maćiznowy A1【形】素材の，物質の. *maćiznowa* zestawa 材質.
maz M1【男】潤滑材[剤]；鼻ぐすり. ze wšěmi *mazami* mazany 抜け目のない，海千山千の.
mazany A1【形】汚れた.
mazać V7【不完】(油や塗料で)塗る. pomazki *mazać* パンに（バタを）塗る.
mazawka F2【女】刷毛ブラシ.
meble PL2【複】家具.
medalja F6【女】メダル. złota *medalja* 金メダル.
medicina F1【女】医学；薬. *medicinu* studować 医学を勉強する；skutkownu *medicinu* wupisać 特効薬を処方する.
medicinar M4【男】；**-ka** F2【女】医学生；医局員.
medicinski A2【形】医学[医療]の. *medicinske* zastaranje 医療ケア.
medij M3【男】メディア. masowe *medije* マスメディア.
meditacija F5【女】瞑想.
meduza F3【女】クラゲ.
mechanika F2【女】機械工学；機構，仕組み.
mechanikar M4【男】機械工，技師.
mechaniski A2【形】機械[仕掛け]の.
mechanizm M1【男】メカニズム.
mechanizowanje N5【中】機械化. *mechanizowanje* produkciskeho procesa 生産過程の機械化.
mechanizować V4【不完】機械化する.
meja F5【女】五月；五月柱[メイポール]. prěnja *meja* 五月一日（メーデー）；w *meji* 五月に；*meju* stajeć メイポールを立てる.

mejemjetanje N5【中】五月柱[メイポール]を倒すこと.
mejski A2【形】五月の. *mejski* bruk コフキコガネ(昆虫).
melancholiski A2【形】メランコリックな.
melioracija F5【女】土地改良.
meliorować V4【不完】土地改良する.
melodija F5【女】メロディー.
melona F1【女】瓜, メロン. wódna *melona* スイカ.
membrana F1【女】薄膜, 皮膜.
mensa F1【女】学食.
mentaliteta F1【女】メンタリティー.
mentor M1【男】教師, 指導教官.
meridian M1【男】子午線.
metafer F4【女】メタファー.
metal M3【男】金属. drohi *metal* 貴金属; nježelezowy *metal* 非鉄金属; předźěłanje *metala* 金属加工.
metal|iski A2; **-owy** A1【形】金属の.
metalojty F1【形】金属加工の; 金属的な.
metalurigija F5【女】冶金学.
meteorologija F5【女】気象学.
meteorologiski A2【形】気象(学)の. *meteorologiska* stacija 気象台.
met|er, -ra M1【男】メートル. kubikny *meter* 立方メートル; kwadratny [kósny] *meter* 平方メートル.
metoda F1【女】方法. plahowanska *metoda* 栽培[作付け]方法; wobdźěłanska *metoda* 加工[処理]法.
metodiski A2【形】方法論的な; 方法の整った, きちんとした.
metrowka F2【女】メートル尺.
měća F3【女】帽子, (民族衣装の)被り物.
měd, mjedu M1【男】蜂蜜. dźěłany *měd* 人造蜂蜜; płast *mjedu* 蜂の巣; 蜂の巣状のもの.
mědlizanje N5【中】: žane *mědlizanje* それは甘くない.
mědny A1【形】蜜の.
mědsłódki A2【形】蜜のように甘い.
měch M2【男】袋; ふいご, 蛇腹. spanski *měch* 寝袋.
měchawa F1【女】ふいご; 小型のバグパイプ.
měji|ćel, 複主 **-ojo** M3【男】; **-ka** F2【女】所有者, 持ち主.
měna F1【女】為替, レート.

měnić V6【不完】思う，意味する；[něšto z něčim] 替える，交換する；変える. ja *měnju, zo wón ma prawo* 私は彼が正しいと思います. **-so** 替わる；変化する.
měnjaty A1【形】変わりやすい；交換する. *měnjate wjedro* 変わりやすい天気；*měnjaty prud*（電流の）交流.
měnjenje N5【中】考え；変化，交換.
měnjeć V8【不完】[něšto z něčim] 替える，交換する. **-so** 替わる，交替する.
měnowy A1【形】通貨の，為替の. *měnowa unija* 通貨同盟.
měr M1【男】平和. *bój [wojowanje] wo měr* 平和のための戦い；*měr lubowacy* 平和を愛する.
měra F1【女】分量；割合，尺度；寸法. *paskowa měra* 巻尺；*měra po wočomaj* 目分量；*runu měru* まっすぐに，真一文字に；*w połnej měrje* 十分に；*z měru jěsć* 程々に食べる；*pře wšu měru* 非常に，極めて；*přez měru* 度を越して；*na [pod] měru hić* 徴兵の検査を受ける.
měrc M1【男】三月. *kónc měrca* 三月の末に.
měridło N1【中】測量器，ゲージ.
měritko N1【中】規模，尺度. *w měritku jedyn k štyrceć* 40分の1の縮尺で.
měrić V6【不完】計測［計量］する. *dołhosć měrić* 長さを測る；*třělbu měrić* 照準を合わせる. **-so** [na někoho/něšto] 狙う，目指す，向かう；[z někim] 競う；[přećiwo někomu/něčemu] 向く，向かう.
měrjenski A2【形】尺度の，測量の. *měrjenska jednotka* 度量単位；*měrjenska hódnota* 測定値；*měrjenski nastroj* 測定器.
měrkažer M4【男】ごたごたを起こす人，邪魔者.
měrliwy A1；**měrniwy** A1【形】平和を愛する；穏やかな，平穏な. *měrliwa koeksistenca* 平和共存.
měrny A1【形】平穏な. *měrne klimowe pasmo* 温暖な気候帯.
měrowy A1【形】平和の. *měrowy bój* 平和のための戦い；*měrowe hibanje* 平和運動.
měsac M1【男】（暦の）月. *po měsacach* 月ごとに；*mjedowy měsac* ハネムーン.
měsačk M2【男】（天体の）月. *połny měsačk* 満月；*woteběrany [přiběracy] měsačk* 下弦［上弦］の月；*zaćmiće měsačka* 月食；*do měsačka hladać* 無駄［無意味］なことをする，得るところがない.

měsačnik M2【男】月刊誌.
měsačny A1【形】月ごとの. *měsačne* wotličenje 月払い；*měsačna* rozprawa 月報.
městačko N1【中】《指小》＜město.
městno N1【中】場所. dźěłowne *městno* 職場；*městno* njezboža 事故現場；wopomnjenske *městno* 記念の地；z *městnami* 所々に；hnadowne *městno* 巡礼地；*městno* k sedźenju 座る所，座席.
městnostny A1【形】場所の. *městnostne* mjeno 地名.
městnosć F7【女】空間，間；部屋.
městny A1【形】地方の，地域の；当地の. *městne* poměry 地域間の関係；*městny* wuběrk 地域(町，村など)の委員会.
město N1【中】町. industrijowe *město* 工業都市；nutřkowne *město* 内陸都市；kroma *města* 町の周辺部，郊外；hłowne *město* 首都.
město【前置】+《生》代わりに. *město* nana 父の代理で；wotmołwich *město* njecho 彼の代わりに私が答えた；*město* předsydy poreča jeho zastupnik 首席の代わりに彼の代理人が演説した；*město* zo する代わりに；*město* zo by čitał, dźěše do kina 彼は読書する代わりに映画に行った；*město* toho その代わりに；dokelž njemóžeše sam přińć, pósła *město* toho bratra 彼は自分で来ることができなかったので代わりに弟をよこした；*město* toho zo by pomhał, woteńdźe かれは手伝う代わりに出て行ってしまった.
městopředsyd|a, 複主 -ojo M5【男】副議長；長の代理人.
měsćenka F2【女】座席指定券.
měšadło N1【中】ミキサー.
měšawa F1；**-ka** F2【女】調理用スプーン，おたま.
měšeńca F3【女】混合(物)；ごたまぜ.
měšenina F1【女】＝měšeńca.
měšeć V8【不完】混ぜる，かき混ぜる. *měšeć* karty トランプを切る；měšany chór 混声コーラス. **-so** [do něčeho] 介入する.
měšk M2【男】《指小》＜měh；小袋.
měšnik M2【男】神官，祭司；(カトリックの)司祭.
měšny A1【形】ミサの，祈禱の. *měšne* knihi 祈禱書.
měsćan M1【男】；**-ka** F2【女】市民，町の住人.
měsćanosta M5【男】市長，町長.
měsćanski A2【形】市の，町の. *měsćanski* radźićel 市[町]会議員；*měsćanski* wobwod (市の)区部.

měšćanstwo N1【中】市(議)会；(集合)市民.

měć, mam, maš; maja; 否定現在 nimam, nimaš; 過去 mějach, měješe; 未来 změju, změješ; 命 měj！; mějće！; 完分 měł, měła; 能動分 mějacy V9【不完】1.[někoho/něšto] 持つ，持っている；[za něšto] とみなす，評価する． *maš* wołojnik? 鉛筆を持っている？ *mam* dobreho přećela 私には良い友達がいる；*mam* wjele za dźěło 私には仕事が山ほどある；tu *maš* pjenjezy ほら君にお金をあげよう；*měj* dźak! ありがとう！ *měć* za trjeba 必要とみなす；*měć* za swoju winowatosć 自分の義務と考える；*mače* wy to za móžne? あなたはそれが可能だとお考えですか？ *mamy* to za dobry namjet 私たちはそれをよい提案と考えた；*njemějće* za zło 悪くとらないで[怒らないで]ください．2.〈不定詞と用いて〉ねばならない，べきだ．*mam* dźěłać 私は仕事をしなければならない；to *mamy* hišće přepruwować それはさらにチェックする必要がある；wón *měješe* doma wostać 彼は家に残らなければならなかった．3.〈受動分詞と用いて結果の状態を表わす〉…してある．Wón *měješe* ruce wo kolenje złoženej 彼は両手を膝の上に乗せていた；wón *ma* hižo nóclěh pola mnje wot našeje Hańže přihotowany 彼はもう，うちのハンジャからその夜の泊まりの準備をされていた；do Serbow hić *mam* zakazane 私はソルブ人たちのところへ行くことは禁じられていた；wučer *ma* swoju rjadownju zestupanu 先生は自分のクラスを並ばせていた．4.〈能動分詞と用いて対象の状態を表わす〉ja *mam* wonka koło stejo 私は外に自転車を置きっぱなしにしてある．

měć so V9【不完】(ある状態で)ある，いる；[po někim/něčim] (物，人に)添う，従う．tak *so* to ze mnu *ma* 私の状況はこんな具合です；*měj so* rjenje! ごきげんよう！ *měć so* po zasadźe 原則に従う；*mam so* po jeho woli 私は彼の意思に従います．

měza F3【女】樹液．

měznik M2【男】境界石，(建物の)礎石；犬歯．

micki PL1【複】尾状花序．

mihel M3【男】こぬか雨．

miholić so V6【不完】こぬか雨が降る；(明りが)かすかに光る．

migrena F1【女】偏頭痛．

mik M2【男】瞬間．

mikač M3【男】センモウチュウ．

mikać V7【不完】またたく．

mikawčka F2【女】睫；細毛.
miknjenško N1【中】《指小》＜mik, 瞬間.
miknyć V3【完】瞬きする，ウィンク［目配せ］する.
mikotać V7【不完】瞬きする；軽く動かす. *mikotać z wočomaj* 瞬き［目配せ］する；（*na někoho*）（誰に）目配せする；*mikotać z wušomaj* [hubu] 耳［唇］をひくひくさせる.
mikroskopować V4【不完】顕微鏡で見る.
mikser M1【男】攪拌器.
miksować V4【不完】混ぜる，攪拌器にかける.
miłosć F7【女】慈悲. *čakanje bjez miłosće* 当てもなく待つこと.
miłosćiwy A1【形】慈悲深い.
miły A1【形】優しい，穏やかな. *miła klima* 温暖な気候；*miłe wašnje* 穏やかなやり方；*miły hłos* 優しい声；*miły wětřik* そよ風.
mila F5【女】マイル. *mórska mila* 海里.
miliarda F1【女】10億.
milicionar M1【男】警官.
milimet|er, -ra M1【男】ミリメートル. **-erski** A2；**-rowy** A1【形】.
milina F1【女】電流，電力. *nócna milina* 夜間電力；*přetrjeba miliny* 電力消費.
milinarnja F6【女】発電所. *jadrowa* [atomowa]*milinarnja* 原子力発電所.
milinoličak M2【男】電気のメータ.
milinow|ód, -oda M1【男】電線(路) *pokrajny milinowód*（長距離の）送電線.
milinowy F1【形】電気の，電流の. *milinowy kruh* [電流]回路；*milinowa syć* 電力供給網；回路網.
milion M1【男】100万.
militarizować V4【不完】軍国化する，軍国主義を鼓舞する.
miljej M3【男】境遇，環境.
mimika F2【女】身振り；物まね.
mina F1【女】地雷，機雷；(ボールペンの)替え芯.
Minakał M1【男】ミナカウ(ラウジッツの地名)
mineralny A1【形】鉱物(性・質)の. *mineralne hnojiwo* 鉱物性肥料；*mineralna woda* ミネラルウォーター.
minimalny A1【形】最小の.
minimum M1【男】最小値，最小量. *znižić na minimum* 最小限

minist|er, -ra M1【男】大臣. wonkowny *minister* 外務大臣. -erski A2【形】.
ministerstwo N1【中】省. *ministerstwo za wobchadnistwo* 通産省；*ministerstwo za nutřkowne naležnosće* 内務大臣.
minus M1【男】マイナス，負(極). *šěsć minus dwaj* 6引く2. -owy A1【形】.
minuta F1【女】分.
minyć so V3【完】・【不完】消える，なくなる. *dźeń so miny* 一日が過ぎた，日が暮れた；*ani dźeń so njeminy* 一日とて過ぎなかった.
misija F5【女】ミッション，任務.
misnjenje N5【中】誤り，しくじり.
misnyć V3【完】誤る，しくじる.
miškorić V6【不完】火の始末が悪い，火の扱いが悪い. *– so* 火が(よく燃えずに)ちらちらする.
mišt|er, -ra M1【男】親方；名人，達人；チャンピオン. *swětowy mišter* 世界チャンピオン；*twarski mišter* 建築士，棟梁.
mišterka F2【女】(女性の)名人，達人；チャンピオン.
mišterski A2【形】マイスターの；完璧な. *mišterske pruwowanje* 親方(職業長)試験；*mišterske wopismo* 親方免状.
mišterstwo N1【中】熟練，名人業；選手権. *swětowe mišterstwo* 世界選手権.
mjadro N1【中】白内障.
mjakliwy A1【形】むかつく，吐き気を催させる.
mjaknyć V3【不完】[někomu] 気分が悪い. *mi mjaknje* 私は気分が悪い.
mjakotać V7【不完】(山羊が)なく.
mjas|aty A1；-nity A1【形】肉の多い，肉付きの良い.
mjasny A1【形】肉の. *mjasna jědź* 肉料理.
mjaso N2【中】肉. *naselene mjaso* 塩づけ肉；*sušene mjaso* 乾燥肉；*howjaze mjaso* 牛肉；*swinjace mjaso* 豚肉；*wot mjasa přińć* やせる.
mjasojědny A1【形】食肉の.
mjasojty A1【形】肌色の；肉の.
mjasowy A1【形】肉の. *mjasowa juška* 肉汁，ブイヨン；*mjasowa sekera* 肉切り斧；*mjasowe twory* 肉製品；*mjasowe jětki* 肉屋.

mjasožerny A1【形】肉食の.
mjasožrack M2【男】肉食動物.
mjasć, mjatu, mjećeš；mjatu；過去 mjećech, mjećeše；命 mjeć！；mjećće！；完分 mjatł, mjatła；受動分 mjećeny；能動分 mjećacy V9【不完】押し潰す；こねる，練る.
mjatka F2【女】(野菜などの)マッシュ，ピュレー.
mjecki PL1【複】パン生地.
mječ M3【男】剣．wótry kaž *mječ* 剣のように鋭い.
mječik M2【男】《指小》<mječ；グラジオラス.
mjedojty A1【形】蜜の多い，蜜のように甘い.
mjedorstwo N1【中】蜜売り.
mjedowy A1【形】蜜の，甘い．*mjedowy* hłós 甘い声；*mjedowy* měsac ハネムーン.
mjedwjedź M3【男】熊．běły *mjedwjedź* 白熊；bruny *mjedwjedź* ヒ熊.
mjedź F7【女】青銅，ブロンズ．**-any** A1【形】.
mjedźić V6【不完】蜜を含む．lipa lětsa *mjedźi* ボダイジュが今年は蜜をよく含んでいる.
mjechce【副】柔らかく.
mjechčić V6【不完】柔らかくする，緩める.
mjechki A2【形】柔らかい．*mjechki* konsonant 軟子音；njebudź tak *mjechki*！そんなに甘やかさないで！
mjechknyć V3【不完】柔らかくなる，柔軟になる.
mjechko【副】柔らかく．*mjechko* přizemić 軟着陸する.
mjechkosć F7【女】柔らかさ.
mjechši A3【形】《比》<mjechki.
mjelčak M2【男】無口な人.
mjelčaty A1【形】無口な，口数の少ない.
mjelčenje N5【中】沈黙，無言.
mjelčer M4【男】=mjelčak.
mjelčeć V5【不完】黙る，黙している.
mjelčicy【副】無言で，静かに．*mjelčicy* płakać 声をたてずに泣く.
mjelčo【副】そっと，静かに；内密で．*mjelčo* nana 父に内緒で.
mjelknyć V3【完】黙り込む.
mjelnik M2【男】大臼歯.
mjelnić V6【不完】(耕地を)耕して柔らかくする.
mjeniny, mjenin/mjeninow PL1【複】名の日の祝い.

mjenje【副】《比》＜mało. *mjenje* hač …より少なく；*mjenje* bóle 多かれ少なかれ.

mjenjehódn|osć F7【女】劣等，粗悪；(化学)低価. **-y** A1【形】.

mjeno N1【中】名前. swójbne *mjeno* 姓；skrótšene *mjeno* 愛称；wsudźe dobre *mjeno* měć どこでも評判がいい；w *mjenje*（někoho）（誰の）名義で，名前において.

mjenowak M2【男】分母；〔文法〕主格.

mjenowany A1【形】言われた，言及された. na *mjenowanym městnje* (n.mj.m と略記) 上記の箇所で；tak *mjenowany* いわゆる.

mjenować V4【不完】名付ける.

mjeńši A3【形】《比》＜mały.

mjeńšina F1【女】少数派；(時間)分. narodna *mjeńšina* 少数民族.

mjenujcy【助】つまり.

mjerwić so V6【不完】[z někim/něčim] うごめく. čerwje *so* tu *mjerwja* ここにはウジ虫がうようよいる；*mjerwi so* z ludźimi 人がうようよいる；před žurlu *mjerwi so* z dźěćimi ホールの前に子供たちが群がっている.

mjerwjeńca F3【女】雑踏，群衆，群れ.

mjerzacy A1【形】不機嫌な，怒った；嫌な.

mjerzanje N5【中】怒り，嫌悪.

mjerzaty A1【形】＝mjerzacy.

mjerzać V7【不完】[někoho] 怒らせる. to mje *mjerza* それが私のカンにさわる. **-so** [na někoho] 腹を立てる，怒る. *mjerzać so* na susoda 隣人に腹を立てる.

mjerznyć V3【不完】凍える，冷える.

mjesć, mjetu, mjećeš；mjetu；過去 mjećech, mjećeše；命 mjeć！；mjećće！；完分 mjetł, mjetła；受動分 mjećeny；能動分 mjećacy V9【不完】掃く.

mješikorić V6【不完】摑む；口ごもる；ぐずぐずする.

mjetańca F3【女】ハンドボール.

mjetanje N5【中】投げること. *mjetanje* hamora [hlebije] ハンマー[槍]投げ.

mjetar M4【男】；**-ka** F2【女】投げ手；ハンドボール選手.

mjetać V7【不完】投げる；(肥料を)播く. *mjetać* bul [z bulom] ボールを投げる；z rukomaj *mjetać* 手を振る(身振りを交えて話す)；*mjetać* z wočomaj 目配せする，流し目を送る；ちらちら見る.

mjetawka F2【女】掃除用ブラシ，デッキブラシ.

mjetel F7【女】蝶. snĕhowa *mjetel* 雪片. **-čka** F2【女】《指小》.
mjetło N1【中】ホウキ.
mjetla F3【女】(木の)ムチ.
mjećawa F1【女】＝mjetło.
mječel M3【男】吹雪.
mjez【前置】1.＋《対》間へ. napisać *mjez* rynčki 行[罫線]の間に書く；*mjez* durje a sćěnu stajić ドアと壁の間に置く；*mjez* ludźi hić 世間に顔を出す，人々に交わる. 2.＋《造》間に，間の. *mjez* njebjom a zemju 天と地の間に；*mjez* druhim とりわけ，中でも；*mjez* porstami 指の間をすり抜けて(なくなる)；rozdźěle *mjez* wsu a městom 村と町の違い；*mjez* nami nichto njeje, kotryž... 私たちの中には…のような人は一人としていない.
mjeza F3【女】境界, 境. štomowa *mjeza* 樹木[森林]限界線；na *mjezy* 境界[限界]で；*mjezu* překročić 境界を超える；*mjezu* stajić 限界[期限]を定める.
mjezota F1【女】隙間, 空間.
mjezować【不完】限界を持つ，境を接する. ležownosć *mjezuje* s lěsom その土地は森に接している.
mjezsobnje【副】互いに. *mjezsobnje* so wudospolnjeć 相補う.
mjezsobny A1【形】相互の. *mjezsobna* pomoc 相互援助.
mjezsobu【副】互いに.
mjeztym【助】その間；一方. bórze jemu list napisam, prajće jemu *mjeztym* wjele dobreho もうすぐ彼に手紙を書きますが，それまでの間彼に宜しくと伝えてください；*mjeztym* zo my trawnik hrabachmy, rjedźachu druzy pućiki 私たちが草を刈っている間に他の者は小径を掃除した.
mjezwoči【副】面と向かって；顔中. zbić *mjezwoči* 顔をはり飛ばす；pohladać *mjezwoči* (*někomu*) (誰の)顔をまともに見る；(*někomu něšto*) *mjezwoči* prajić (誰に何を)面と向かって言う；wón je *mjezwoči* rozdrapany 彼は顔中傷だらけだ.
mjezwočo N3【中】顔.
mjezyběh M2【男】準決勝(の競走).
mjezyčas M1【男】間の時間，インターバル.
mjezyhra F1【女】幕あい劇，間奏；合間の出来事.
mjezynarodny A1【形】国際的な. *mjezynarodne* poćahi 国際関係；*mjezynarodne* prawo 国際法.
mjezypłód, -oda M 1【男】間の作物.

mjezyposchod M1【男】中二階.
mjezypowěsć F7【女】中間報告；仮判決.
mjezyprodukt M1【男】半製品，半完成品.
mjezyrěčny A1【形】二つの川に挟まれた.
mjezyschodźenk M2【男】中間段階.
mjezysmuha F2【女】中間地帯.
mjezystatny A1【形】国家間の.
mjezysćěna F1【女】間仕切り壁.
mjezyworšta F1【女】中間層，層.
mjezywuslědk M2【男】途中の成果，中間成績.
mła F1【女】霧，もや. tołsta *mła* 濃霧；woršta mły スモッグ；we *mle* もやの中で.
młódny A1【形】若い，新鮮な.
młodojty A1【形】若々しい.
młodoserbski A2【形】〔史〕青年ソルブ(19世紀の民族運動)の. *młodoserbske* hibanje 青年ソルブ運動.
młodostna A1【女】少女.
młodostny A1【形】青少年の，若々しい.
młodostny A1【男】少年.
młodosć F7【女】若さ，青年(期).
młodownja F6【女】ユースホステル.
młódši A3【形】《比》＜młody.
młody A1【形】若い. *młody* měsačk 新月；z *młodych* lět 若い時から.
młodźenc M1【男】青年，若者.
młodźička F2【女】若いめんどり.
młodźinski A2【形】若者の.
młodźić so V6【不完】[za něčim] 望む，願う.
młodź|o, -eća N3(a)【中】若い動物.
młóćawa F1【女】脱穀機.
młóćić V6【不完】脱穀する；(棒などで)叩く.
młowić so V6【不完】霧が出る，霞む.
młowojty A1【形】霧でかすんだ；霧状の.
młyn M1【男】精粉機；製粉所；粉挽き用の水車. wódny *młyn* 水車小屋.
młynčk M2【男】《指小》＜młyn；kofejowy *młynčk* コーヒーミル.
młynk M2【男】粉挽き屋.

mlask|ać V7【不完】; **-nyć** V3【完】; **-otać** V7【不完】（舌など
を)パチッと[ピチャピチャ]鳴らす（舌打ちなど）．
mlějak M2【男】大臼歯．
mlěć V2【不完】挽く．kofej *mlěć* コーヒーを挽く；pšeńcu *mlěć*
製粉する；młyn *mlěje* dreje このミルはよく挽ける．
mlóč M3【男】タンポポ；(魚の)白子．
mlóčnak M2【男】乳歯；雄の魚．
mlóčny A1【形】ミルクの．*mlóčna* šklefca ミルク用グラス；
mlóčna žałza 乳腺；*mlóčny* zub 乳歯；*mlóčna* dróha 天の川．
mlokar M4【男】牛乳売り．
mlokarić V6【不完】牛乳を売る．
mlokarnja F6【女】牛乳屋；酪農場．
mlokarstwo N1【中】牛乳販売所，牛乳屋．
mloko N1【中】ミルク．kruwjace [kozace] *mloko* 牛乳[羊の乳]；
kisałe *mloko* サワークリーム；wuwjerćane [wuzběrane]
mloko 脱脂乳；w *mloce* rajs ミルク粥；wjelče *mloko* トウダイグ
サ．
mlokowy A1【形】ミルクの．*mlokowy* karan ミルクピッチャー；
mlokowy tuk 乳脂肪．
mnich, 複主 mniša M2【男】修道僧．
mniška F2【女】修道尼．
mnohi A2【形】多くの．w *mnohim* nastupanju 多くの点において．
mnoho 【副】たくさん．*mnoho* razow 何度も；je nam *mnoho*
pomhał 彼は私たちを大いに助けてくれた．
mnohobarbny A1【形】多彩な，多色の．
mnohokróć【副】何度も．(*někomu*) so *mnohokróć* džakować
（誰に）幾度も感謝する．
mnohokróćny A1【形】何度もの．
mnoholětny A1【形】多年(生)の；長年の．
mnohonarodnostny A1【形】多民族の．*mnohonarodnostny*
stat 多民族国家．
mnohostnik M2【男】〔文法〕複数のみで用いる名詞(pluralia tan-
tum)．
mnohostronski A2【形】多面の．
mnohosć F7【女】多数，多いこと．
mnohota F1【女】多数；〔文法〕複数．
mnohotwarny A1【形】多種多様な形の，形態の多様な．

mnóstwo N1【中】量. *mnóstwo* spadkow 降水量；wudobywane *mnóstwo* 運搬[配送]量.
množenje N5【中】増加，繁殖.
množić V6【不完】増やす. **- so** 増える.
mobilizować V4【不完】動員する.
mobilny A1【形】可動の；機動的な.
móc, móžu, móžeš；móža；過去 móžach, móžeše；複二 móžešće；双二 móžeštaj, -tej；命 móž！；móžće！：完分 móhł, móhła V9【不完】できる，可能である. *móžu* wam pomhać 私はあなたを手助けできます；*móžu* z awtom jězdźić 私は車で行けます（車を運転できます）；*njemóžu* za to 私はそれはできない；*njemóžu* přeto それは私のせいではない；štó za to *móže*? それは誰ができるのか（誰が責任を負うべきなのか）；*móže* być もしかしたら，たぶん.
móc, mocy F4【女】力；権力. organ *mocy* 権力機関；dźěłowa *móc* 労働力；kupna *móc* 購買力；ćěrjaca *móc* 駆動力；wobrónjene *mocy* 兵力；nałožowanje *mocy* 権力行使；力ずくの実行；rozkazowaca *móc* 指揮権；statna *móc* 国家権力；z cyłej *mocu* 全力で；ze swojimi *mocami* 自力で；*mocow* nabyć 鋭気を養う；k *mocam* přińć 力を得る[取り戻す]；njelutować *mocy* (za *něšto*)（何のために）力を惜しまない；to přesahuje moje *mocy* それは私の力に余る.
mócnar M4【男】君主，支配者.
mócnarski A2【形】権力の.
mócnarstwo N1【中】帝国；国家，権力. feudalne *mócnarstwo* 封建国家；kolonialne *mócnarstwo* 植民地の支配国.
mócnota F1【女】力，強さ，影響力.
mócny A1【形】力のある，強い.
mocować so V4【不完】[něčeho] わがものとする，乗っ取る.
moč M3【男】尿.
močowina F1【女】尿素.
moda F1【女】流行. žónska [muska] *moda* 流行の婦人[紳士]服；do *mody* přińć 流行になる.
model M1【男】モデル.
model|ować V4；**-erować** V4【不完】ひな型[モデル]を作る；型に合わせて作る.
moderěrować V4【不完】抑制する，程よくする.
modernizować V4【不完】近代化する.

moderny A1【形】近代の；流行の. *moderna* drasta 流行の服.
modifikować V4【不完】修正する.
modiski A2【形】流行の，ファッションの. *modiske* debjenki 最新流行のアクセサリー.
modla F5【女】偶像.
modlerski A2【形】祈りの. *modlerske* knihi 祈禱書.
modlitwa F1【女】祈り.
modlić so V6【不完】祈る. *modlić so* k bohu 神に祈る；*modlić so* (k někomu) こびる，へつらう.
modowy A1【形】モード［流行］の. *modowa* přehladka ファッションショー.
módrawka F2【女】アオガラ(鳥)
módrina F1【女】青さ. *módrina* njebja 空の青さ.
módrić V6【不完】青くする，青く染める［塗る］. – **so** 青くなる.
módrjeńca F3【女】青痣.
módrojty A1【形】青みがかった.
módročišć M3【男】ブループリント，青写真.
módrowóčkaty A1【形】青い眼の.
módry A1【形】青い. *módra* sykorka アオサギ；*módra* swěca 青い光；青ランプ(緊急車両の)；*módro-čerwjeno-běła* chorhoj 青赤白の三色旗(ソルブ人の民族旗).
móhłrjec【副】いわば. wón stara so *móhłrjec* wo wšitko sam かれはまあいわば一人であらゆることを気にかけている.
moch M2【男】苔. z *mochom* porosćeny 苔で覆われた；z *mochom* a prochom 根こそぎ，徹底的に.
mój, moja, moje A3【代名】《所有》私の. po *mojim* wědźenju 私の知っているところでは；po *mojim* zdaću 私の見るところ，私の考えでは.
mojedla【副】私のために；私の見るところ；私は構わない，同じことだ. *mojedla* čiń, štož chceš 私はいいから，君のやりたいことをしなさい.
mokaty A1【形】湿っぽい. *mokate* wjedro 湿っぽい天気.
mokać V7【不完】水を含ませる，湿らす. w sylzach *mokać* 涙にくれる.
mokawy A1【形】濡れた，湿った.
mokrica F3【女】藻.
mokrizna F1【女】液体；水気，湿気.

mokrojty

mokrojty A1【形】湿気ぽい，じめじめした．
mokry A1【形】濡れた，湿った．
mola F5【女】蛾．drastowa *mola* イガ（毛織物などにつくガ）
mólba F1【女】絵．wolijowa *mólba* 油絵；nasćěnowa *mólba* 壁画．
moler M4【男】；**-ka** F2【女】画家．
molerstwo N1【中】絵画．realistiske *molerstwo* 写実主義の絵画．
mólički A2【形】小さな，ちっぽけな．
mološ M3【男】イモリ．
molowanje N5【中】絵を描くこと．*molowanje* jutrownych jejkow 復活祭の卵の模様付け．
molować V4【不完】描く．
momentany A1【形】瞬間の．
monarch M2【男】君主．
monarchija F5【女】君主国．parlamentarska *monarchija* 議会制君主国．
monĕrować V4【不完】クレームをつける；[někoho] 催促する．
Mongol M3；**-a** M6【男】；**-ka** F2【女】モンゴル人．
Mongolska A2【女】モンゴル．**mongolski** A2【形】．
mongolšćina F1【女】モンゴル語．
monitor M1【男】モニター．
monopol M1【男】専売，独占．**-owy** A1【形】．
monoton|ija F5【女】単調．**-y** A1【形】．
montaža F5【女】組み立て；モンタージュ．
monter M1【男】組み立て工；（車，航空機などの）機械工．
montować V4【不完】組み立てる；取り付ける．
moped M1【男】モーターバイク，軽二輪車．
mór, mora M1【男】ペスト．
moraliski A2【形】道徳上の，道徳心の．
moralizować V4【不完】説教する．
moralka F2【女】教訓，教え．dźěłowa *moralka* 勤労道徳．
mórańca F3【女】おべっか，お世辞．
mórać V7【不完】汚す，しみをつける．**-so** [wokoło někoho] 取り入る，おべっかを使う．
morbidny A1【形】病的な，病んだ；腐った．
mórčeć V5【不完】［ブンブン・ぶつぶつ］音をたてる．
mordar M4【男】；**-ka** F2【女】殺人者．

môšnička

mordarstwo N1【中】殺人. rubježne *mordarstwo* 強盗殺人(罪).
mordować V4【不完】殺人罪を犯す.
morfem M1【男】〔文法〕形態素.
morfologija F5【女】〔文法〕形態論.
morchej F7【女】《集合》ニンジン.
morić V6【完】[někoho/něšto] 殺す.
morićel M4【男】殺人者.
morjo N4【中】海. nutřkokrajne *morjo* 内海；šěroke *morje* 外洋；Baltiske *morjo* バルト海；Čorne *morjo* 黒海；Lodowe *morjo* 北氷洋；Sewjerne *morjo* 北海；chodźenje *morja* 潮の満干；při *morju* 海に面して；jězba po *morju* 航海, 船旅.
mórkotać V7【不完】ぶつぶつ言う, 不平[愚痴]を言う.
morsk M2【男】一撃, 殴打.
morskać V7【不完】殴る.
mórski A2【形】海の. *mórske* kupjele 海水浴；*mórske* žołmjenje 波の状態；*mórski* přiwal 寄せ波；*mórski* puć 海路；*mórska* wužina 海峡；*mórski* zaliw 湾岸；*mórski* prud 海流.
morsknyć V3【完】打つ, 一撃を加える.
morsować V4【不完】モールス信号で通信する.
morsowy A1【形】モールス信号の.
moršćić V6【不完】[něšto] しわをつける, しわを寄せる. **- so** しわができる；しかめ面をする.
mortwica F3【女】麻痺. spinalna *mortwica* 小児麻痺.
mortwy A1【形】死んだ. *mortwy* wulkan 死火山；z *mortwych* stanyć（死者が）復活する.
morž M3【男】セイウチ.
mosaz M1【男】シンチュウ, 黄銅. **-ny** A1【形】.
Moskwa F1【女】モスクワ；モスクワ河.
mosor M1【男】木目入木材；木目.
móst, mosta M1【男】橋. kamjentny [železniski] *móst* 石[鉄]橋；wisaty *móst* 吊り橋；pontonowy *móst* 浮き橋；ćahany *móst* 跳ね橋.
mošeja F5【女】モスク（回教寺院）
móšeń F7【女】財布. to *móšeń* skuba それは金がかかる, 散財ものだ.
môšk M2【男】羽毛, にこ毛.
môšnička F2【女】《指小》< môšeń.

móšničkar M4【男】スリ.
motać so V7【不完】よろめく, よろよろ歩く.
motiw M1【男】動機, モチーフ. *motiw* jednanja 行動の動機; wobrazowy *motiw* 絵のモチーフ.
motiwować V4【不完】動機づける, 理由を説明する.
mótk M2【男】; **-a** F2【女】名付け子.
moto N1【中】モットー.
motorske A2【中】オートバイ.
motyčka F2【女】《指小》＜motyka.
motyka F2【女】鍬(クワ); つるはし.
motykować so V4【不完】よろよろ歩く.
mozaik M2【男】モザイク.
mozl M3【男】(手足の)たこ, まめ.
mozl|aty A1; **-ojty** A1【形】まめ[たこ]だらけの.
mozowc M1【男】骨髄. rjapowy *mozowc* 脊髄.
mozowy A1【形】脳の. *mozowa* koža 脳膜.
mozy PL1【複】脳. střasenje *mozow* 脳震盪(ノウシントウ).
móžno【副】可能だ, できる. tak spěšnje kaž *móžno* できる限り早く; *móžno*, zo... …はありうるかもしれない.
móžnostny A1【形】: *móžnostne* wašnje 〔文法〕条件法.
móžnosć F7【女】可能性.
móžny A1【形】可能な. wšo *móžne* すべての可能なこと.
mrějacy A1【形】死にゆく, 消えつつある.
mrětwa F1【女】(家畜の)疫病死; 疫病. čorna *mrětwa* ペスト.
mrěć V2【不完】死ぬ. zymu *mrěć* 凍える; hłodu *mrěć* 飢え死ぬ.
mróčałka F2【女】《指小》＜mróčel.
mróčaty A1【形】曇った.
mróčel F7【女】雲. wěžata *mróčel* 積雲.
mróčelak M2【男】摩天楼.
mróčelaty A1【形】雲の多い, 曇った.
mróčić so V6【不完】雲が出る, 曇る.
mróčny A1【形】曇った, どんよりした.
mrok M2【男】黒雲.
mrowišćo N3【中】アリ塚.
mrowja F6【女】アリ.
mróz M1【男】霜; 寒気.
mrózojty A1【形】霜の降りた, 霜で覆われた.

mša F5【女】ミサ. *božu mšu swjećić* ミサをとりおこなう.
mučnaty A1【形】(芋・果物などが)粉を吹いた.
mučnić V6【不完】粉を入れる(とろみをつけるためなど);疲れさせる;疲れる.
mučno|sć F7;**-ta** F1【女】疲労, 倦怠.
mučny A1【形】疲れた;粉の. *mučny měh* 粉袋;*mučna jědź* 小麦粉料理(パスタなど).
mudo N1【中】金玉(キンタマ).
mudračk M2【男】知ったかぶり屋.
mudračkować V4【不完】知ったかぶりで[利口ぶって]しゃべる.
mudrosć F7【女】賢さ.
mudrować V4【不完】利口ぶって[賢しく]しゃべる.
mudry A1【形】賢い.
mucha F2【女】ハエ. **-cy** A1【形】.
muchor|az M1;**-izna** F1【女】ベニテングダケ.
muka F2【女】粉. *pšeńcna muka* 小麦粉;*ržana muka* ライ麦粉.
mukojty A1【形】粉状の.
mul M1【男】ラバ.
muler M4【男】石工, 左官.
mulerjować V4【不完】石工[左官]の仕事をする.
mulerski A2【形】石工[左官]の. *mulerska łžica* 左官ごて.
multiplikacija F5【女】乗法, 掛け算.
multiplikować V4【不完】掛ける, 乗じる.
mumija F5【女】ミイラ.
municija F5【女】弾薬.
murja F6【女】壁. *cyhelowa murja* レンガの壁;*měsćanska murja* 町を囲う壁.
murjować V4【不完】*něšto* (石・煉瓦を積んで)壁を作る;取り囲む. *wuheń murjować* 火が壁のように包む.
mur|ka F2;**-čka** F2【女】《指小》<murja.
muskatowy A1【形】ナツメグの. *muskatowy worjech* ナツメグの実.
muski A2【形】男の. *muski ród*〔文法〕男性;*muski chór* 男声コーラス.
muski A2【男】男.
muskl M3【男】筋肉.
musklaty A1【形】筋肉質の.

muskosć F7【女】男らしさ.
must|er, -ra M1【男】型, 見本. přirězny *muster* 型紙, パターン.
mustrować V4【不完】検査する；じろりと[検閲するように]見る. z wótrym wóčkom *mustrować* 鋭い目つきで(探るように)見る.
mustwo N1【男】チーム. koparske *mustwo* サッカーチーム；narodne *mustwo* ナショナルチーム.
mustwowy A1【形】チームの. *mustwowe* hódnoćenje チームのランク付け；*mustwowy* kapitan チームの主将.
muška F2【女】《指小》< mucha. swjatojanska *muška* ホタル.
mušla F5【女】貝, 貝殻；耳殻；貝殻状のもの；受話器.
mutlička F2【女】《指小》泡立て器.
mutny A1【形】(液体が)濁った.
mućić V6【不完】濁らせる. – so 濁る. jemu *so* hłowa *mući* 彼は頭が混乱している.
muza F1【女】ミューズ(学問・芸術の女神)
muzej M3【男】博物館.
muzejownik M2【男】博物館の案内係, 学芸員.
muzejowy A1【形】博物館の. *muzejowy* wodźer 博物館の案内係り.
muzika F2【女】音楽.
muzikalny A1【形】音楽的な.
muziski A2【形】音楽の.
muž M3【男】夫；男. sněhowy *muž* 雪男；wódny *muž* 水男(民話に登場する水の精).
mužacy A1【形】男の, 男性用の. *mužaca* drasta 紳士服.
mužik M2【男】《指小》< muž. pěskowy *mužik* 砂男(目に砂を撒いて眠らせる).
mužny A1【形】男らしい.
mydło N1【中】石鹸. kupanske *mydło* 浴用石鹸；toaletowe *mydło* 化粧石鹸.
mydłowy A1【形】石鹸の. *mydłowy* próšk 粉石鹸.
mydlić V6【不完】[něšto/někoho] 石鹸を塗る. – so 自分の顔や手に石鹸をつける.
mydliznojty A1【形】石鹸(質)の, 石鹸だらけの.
mydlizny PL1【複】石鹸水.
myjacy A1【形】洗う, 洗浄の. *myjaca* lapka 手拭い.
myjadło N1【中】洗面器.

myjernja F6【女】浴室.
myjnica F3【女】洗面器.
mylaty A1【形】じゃまになる；人を欺く，ごまかしの．
mylenje N5【中】じゃま，妨害；いつわり；思い違い，誤り．
mylić V6【不完】妨げる；思い違いさせる，欺く．— **so** 思い違いする．
mylnje【副】うっかりして，(見)誤って．
mylny A1【形】誤りのある，間違いの．
myrta F1【女】ミルテ(テンニンカ)；ミルテの花輪(花嫁が頭に載せる)
mysl F7【女】考え，意見. zakładna *mysl* 基本思想；wuměna *myslow* 意見の交換；dobreje *mysle* być 機嫌がよい；ćicheje *mysle* być 柔和な[優しい，穏和な]人だ；*mysle* měć 意図する；so z *myslu* nosyć 考えに夢中になる；přińdźe mi na *mysle* 私の頭に浮かんだ；to mi njeby na *mysle* přišło それは夢にも思わなかった；wón nje ječłowjek spěšneje *mysle* かれはあまり頭の回転の早いほうではない；じっくり考える人だ．
myslenje N5【中】思索，考えること．
myslenski A2【形】考えの. *myslenski* zmylk 推論の誤り．
mysler M4【男】思索家，思想家．
myslička F2【女】《指小》＜mysl；考え，思いつき．
myslić V6【不完】考える，思う. na nana *myslić* 父のことを思う；*myslić* při sebi 内心[ひそかに]思う；*myslić* runja (*někomu*) (誰と)同意見である．— **sej** 思う. što *sej* wo tym *mysliš* これはどういう意味？何を言いたいの？
mysteriozny A1【形】不可解な，神秘な．
myš F7【女】ネズミ. pólna *myš* 野ネズミ；wulka *myš* ラット；skakata *myš* トビネズミ．
myšacy A1【形】ネズミの. *myšace* pasle 鼠取り．
myška F2【女】《指小》＜myš；muskl.
mytahódny A1【形】賞に値する．
mytiski A2【形】神話上の．
myto N1【中】勲章. Narodne *myto* (東ドイツ時代の)国民賞．
mytować V4【不完】賞を与える. namakarja z hódnym darom *mytować* 発見者にそれ相応の贈り物をしてたたえる．
myć V2【不完】[někoho/něšto] 洗う．— **so**（自分の体・顔を）洗う．
mzda F1【女】報酬，稼ぎ. měsačna *mzda* 月給；tydźenska *mzda*

mzdownik

週給；płaćenje *mzdy* 手当の支給.
mzdownik M2【男】給料で働く人.
mzdowy A1【形】給料の. *mzdowy* dźeń 給料日；*mzdowa* přirażka 加給，手当の追加.

N, n

na【前置】1.＋《対》上へ〈場所〉*na* blido połožić テーブルの上へ置く；kwěćel *na* blidko stajić 花束をサイドテーブルに載せる；*na* papjeru namolować 紙の上に描く；*na* ławku so sydnyć ベンチに腰掛ける；〈目標〉*na* reje chodźić ダンスに通う；póńdźemy *na* Čornoboh チョルノボーに行こう；*na* dźěło hić 仕事にいく；*na* puć so pować 出発する，旅立つ；〈対象〉wotmołwa *na* dopis 手紙の返事；*na* časnik pohladać 時計を見る；dohladać so *na* někoho 誰に気付く；*na* so kedźbować 互いに注意[注目]する；*na* jutry so wjeselić 復活祭を楽しみにする；*na* swjedźeń so přihotować 祭日の準備をする；*na* někoho swarić 誰を罵る；*na* někoho čakać 誰を待つ；zabyć *na* něšto 何を忘れる；*na* hrudź so bić 自分の胸をたたく；〈時間〉*na* tři dny 3日間（の予定で）；požčić knihu *na* tydźeń 一週間の予定で本を貸す；1000 wobrotow *na* minutu 一分間に1000回転；〈時刻〉*na* swjateho Jakuba 聖ヤコブの日に；štwórć *na* jednu 1時15分；〈用途〉butra *na* pomazki パンに塗るためのバタ；jěd *na* muchi ハエ退治の毒薬；〈分割〉*na* tři dźěle rozdźělić 三つの部分に分ける；dźesać jabłukow *na* dwě dźěsći rozdźělić 10個のりんごを二人の子供の間で分ける；〈様態〉*na* bosy nohu 素足で；rozrubać *na* ščerpki 粉々に砕く；〈限度・近似〉*na* 20 baćonow コウノトリが20羽近く；w žurli běše *na* sto ludźi ホールには100人近くいた；temperatury spadnychu *na* minus 15 stopnjow 気温は氷点下15度近くまで下がった；*na* poslednju kapku wupić 最後の一滴まで飲みほす；〈その他〉*na* husle [pišćalku] hrać ヴァイオリン[笛]を演奏する；zwučeny *na* něšto być 何に慣れている；wumrěć *na* raka 癌で死ぬ；schorić *na* gripu 流感にかかる；bohaty *na* železo 鉄に富ん

だ；*na* smjerć chory 瀕死の病で；*na* samsne wašnje 同じやり方で；*na* koždy pad いずれにせよ，何にしても；*na* žadyn pad 決して，いかにせよ(…ない)；*na* zbožo 幸いにして；*na* pomoc! 助けて！wjele zboža *na* puć! よい旅を！道中ご無事で！

2.＋《前》上で〈場所〉*na* dwórnišću 駅で；*na* njebju 空に；*na* rózku コーナーに；*na* cyłym swěče 世界中で；*na* blidźe ležeć テーブルの上に置いてある；*na* wsy bydlić 村に住んでいる；*na* polu dźěłać 畑で仕事をする；*na* druhim kóncu 反対の端で；*na* dompuću 帰宅途中に；*na* rjedźe być 列にいる，順番が来ている；〈時・機会〉*na* sydmym dnju 七日目に；*na* njedźelskim dnju 日曜日に；*na* kóncu měsaca 月末に；*na* směrkach 黄昏時に；kak *na* času je？いま何時ですか？

nabarbić V6【完】[něšto]（塗料などで）塗る；[někomu nešto]（誰に何を）信じこませる，嘘をつく．

nabać V2【完】[někomu něšto]（誰に何を）信じこませる，嘘をつく．

naběhować V4【不完】[někoho] うんざりさせる．

naběl《不変》【形】【副】白っぽい；白っぽく．

naběrk M2【男】蓄え，備蓄．

naběženca F3【女】人出，群集；むくみ，腫れ．

naběžeć V5【完】駆け出す，動き出す；増す，膨れる．

nabitk M2【男】積み荷；銃弾；電荷．

nabić V2【完】；**nabiwać** V7【不完】損なう，傷つける；（一杯に）積む，充填する．akumulator *nabić* 蓄電池に充電する；ćah je *nabity* połny 列車は満載された．

nablaku【副】即座に，遅れずに．*nablaku* wotpućować すぐに出立する．

nabóčnik M2【男】（ソルブ人既婚女性の）フードのレース飾り．

nabóčny A1【形】サイドの．*nabóčna* železnica 鉄道の支線；*nabóčny* zachod 通用口．

nabojeć so V5【完】[někoho/něčeho]（誰/何が）恐ろしくなる．

nabok【副】傍らへ，脇へ．*nabok* pohladnyć 横をちらりと見る；*nabok* stupić 脇にのく．

naboku【副】傍らに，脇に．

nabožina F1【女】宗教．

nabožinski A2【形】宗教の．

nabožny A1【形】宗教的な，敬虔な．

nabrać, 過去 nabrach, nabra ⟨brać⟩ V9【完】[něčeho]（少しずつ・徐々に）蓄える；集める．*nabrać* mocow 力をためる［奮い起こす］．

nabrěmjenić V6【完】；**nabrěmjenjeć** V8【不完】[něčemu/někomu něšto]（何/誰に何を）積む，課す．

nabruń《不変》【形】【副】褐色がかった．

nabubnić V6【完】；**nabubnjeć** V8【不完】膨らます，増大させる．− **so** 膨れる，増す．

nabytk M2【男】獲得，入手．

nabyć, nabudu, nabudźeš ; nabudu ; 過去 nabych, naby ; 命 nabudź! ; nabudźće! ; 完分 nabył, nabyła ; 受動分 nabyty (być) V9【完】；**nabywać** V7【不完】[něšto//něčeho] 手に入れる，獲得する．formu *nabyć* 形作る，形成する；mocow *nabyć* 力をつける，力を奮い起こす；prawomocy *nabyć*（法的）効力を持つ．− **so** [něčeho] うんざりする；飽食［満腹］する；たっぷりある．*nabyć so na wopyće* 客に行ってうんと長居する．

nacija F5【女】国民；国家．

nacionaldemokratiski A2【形】国民民主主義の．

nacionalizm M1【男】ナショナリズム．

nacionalny A1【形】国民［国家］の．

nacistiski A2【形】ナチの．

nacizm M1【男】ナチズム．

načakać V7【完】[sebi něšto]（じっと・ずっと）待ちおおせる．− **so** さんざん待つ，待ちくたびれる．

načasny A1【形】現代の；当面の．*načasna* literatura 現代文学；*načasne* wumělstwo 現代芸術；*načasne* prašenje アクチュアルな問題；*načasny* pobyt [*načasne* přebywanje] 一時的な滞在．

načasu【副】時期だ．je *načasu, zo to sčinimy* 今がそれをする時だ．

načaty A1【形】（パン・食べ物が）切られた，（包み・封を）開いた．*načaty* chlěb 切りかけのパン．

načerwjeń《不変》【形】【副】赤っぽい；赤っぽく．

načeć, načnu, načnješ ; načnu ; 過去 načach, nača ; 複二 načešće ; 双二 načeštaj, -tej ; 命 načni! ; načniće! ; 完分 načał, načała ; načeli ; načatoj ; 受動分 načaty V9【完】[něšto]（パンを）切りとる；始める；（議論などを）持ち出す．chlěb *načeć* パンの最初の一切れを切る；problem *načeć* 問題を持ち出す．

načěrać V7【完】汲む，汲んで満たす．*načěrać* poliwku do talerja スープを皿に満たす．

načinić V6【完】；**načinjeć** V8【不完】[někomu něšto] 引き起こす．wjele škody *načinić* 大損害を引き起こす；*načinić* sej dołha 借金を背負い込む．

načolni|k M2【男】；**-ca** F3【女】指導者，（会議や業務上の）長．

načolnistwo N1【中】指導部，幹部，《集合》役員．

načolny A1【形】指導の．*načolna* wosoba 中心[主要]人物；na *načolnym* městnje skutkować 幹部職についている．

načorń《不変》【形】【副】黒っぽい；黒っぽく．

načwutrobu【副】空腹で．

nad(e)【前置】1. +《対》上の方へ．〈場所〉lampu *nad* blido pójsnyć 灯りをテーブルの上に吊す；wobraz *nad* łožo powěsnyć ベッドの上方に絵を掛ける；〈超過〉ličbniki *nad* sto mjenować 100を越える数を言う；woda saha *nad* kolena 水が膝の上にまで至る．2. +《造》上の方に．〈場所〉*nad* Sprjewju シュプレー川を臨んで；Budyšin *nad* Sprjewju シュプレー河畔のブディシン；lapma wisa *nad* blidom 灯りがテーブルの上に掛かっている；〈行為の及ぶ対象〉(*nad něčim/někim*) so dźiwać（何/誰に）感嘆する；smil so *nad* nami 私たちのことを不憫に思って下さい；(*nad někim/něčim*) dobyć 勝利する；měr dobudźe *nad* wójnu 平和は戦いに打ち勝つだろう．

nadal【副】さらに．(*něšto*) *nadal* sobu činić（何を）さらに一緒にやる．

nadarjenje N4【中】才能．

nadarjeny A1【形】才能のある．

nadarmo【副】無駄に．

nadać, nadam, nadaš；nadźa；過去 nadach, nada；命 nadaj！；nadajće！；完分 nadał, nadała V9【完】[něšto]（謎などを）課す；（たっぷり）与える．

nadawać V7【不完】[něšto]（謎などを）課す；罵る，叱る．(*někoho*) hłupakow *nadawać*（誰を）阿呆と罵倒する．

nadawk M2【男】課題；注文．domjacy *nadawk* 宿題；pisomny *nadawk* 作文，レポート；w *nadawku*（w.n. と略記）委託[注文]により，代理で．

nadawkidawar M4【男】委託者，発注者．

nadawkowy A1【形】課題の；委託[注文]の．*nadawkowy* zešiwk 宿題帳．

nadběh M2【男】攻撃；(サッカーの)フォワード. kral *nadběhow* (サッカーで)エースストライカー.
nadběhać V7【不完】→nadběhować.
nadběhowar M4【男】攻撃者；フォワードの選手.
nadběhowaty A1【形】しつこい，うるさい.
nadběhować V4【不完】[někoho/něšto] 攻撃する，襲いかかる；*nadběhować přećiwnika* ライバルを攻撃する；*žołmy nadběhowachu mału łódź* 波が小船に襲いかかる.
nadbytk M2【男】豊富；余剰. **-owy** A1【形】.
nadčłowjeski A2【形】超人的な.
nadeńć, nadeńdu, nadeńdźeš；nadeńdu；過去 nadeńdźech, nadeńdźe；命 nadeńdź！；nadeńdźće！；完分 nadešoł, nadešła；受動分 nadeńdźeny V9【完】[někoho/něšto] 見つける，出会う，出くわす. *hdyž so wona wróći, njenadeńdźe jeho hižo doma.* 彼女が家に戻ったとき，彼はまだ家にいなかった.
nadeščować so V4【完】たっぷり雨が降る. *je so nadeščowało* ひどい雨だった.
nadhódnota F1【女】付加価値；(マルクス経済で)剰余価値.
nadhódnoćenje N5【中】過大評価.
nadhódnoćeć V8【不完】；**nadhódnoćić** V6【完】[něšto] 過大評価する. *jeho wukon nadhódnoćeć* 彼の業績を過大評価する.
nadhodźina F1【女】超過勤務；(学校での)居残り.
nadhrěć V2【完】過熱する，熱し過ぎる.
nadiktować V4【完】(罰などを)科す；義務付ける. (*někomu*) chłostanje *nadiktować* (誰に)罰を与える.
nadknjejstwo N1【中】主権，統治権.
nadkoleno N1【中】太腿.
nadkyrk M2【男】喉頭，のどぼとけ.
nadłochć M3【男】上腕部.
nadlět M1【男】飛来，急襲.
nadměr|a F1【女】過度，過多. **-ny** A1【形】.
nadměru【副】過度に. *nadměru jěsć* 過食する.
nadoba F1【女】家具，調度品. *domjaca nadoba* 日用品，家財道具.
nadobny A1【形】ひときわ高い，隆起した；高貴な，上流の.
nadobo【副】とつぜん；同時に，ちょうどそのとき. *nadobo zaskočić* 急に跳び上がる；*dóńdźeštaj wobaj nadobo* 両者はちょうど同時に

やってきた.

nadobytk M2【男】儲け；余り.

nadobyć, 過去 nadobych, nadoby 〈dobyć〉 V9【完】；**nadobywać** V7【不完】獲得する，手に入れる；大きくなる，増大する.

nadóstać, 過去 nadóstach, nadósta 〈dóstać〉 V9【完】(たっぷり)受け取る.

nadosć【副】十分に，たっぷり；いやというほど. dosć a nadosć 十二分に.

nadpad M1【男】攻撃. rubježny nadpad 略奪のための襲撃；nadpad słabosće 卒倒；nadpad wotwobarać 攻撃をはね返す.

nadpadać V7【完】→nadpadnyć.

nadpadnik M2【男】攻撃者，襲撃者.

nadpadnyć V3【完】；**nadpadować** V4【不完】[někoho/něšto] 攻撃する. črjódu pěškow nadpadnyć 歩行者の集団に襲いかかる.

nadpažić V6【完】両手を高く差し伸べる.

nadpěrać V7【不完】目覚めさせる；その気にさせる，教唆する.

nadpis M1【男】=nadpismo.

nadpisać V7【不完】(表面に)書く，書き込む.

nadpismo N1【中】(記事などの)見出し，表題.

nadpłaćizna F1【女】法外な価格.

nadprodukcija F5【女】生産過剰.

nadprodukt M1【男】過剰生産.

nadpřirodny A1【形】超自然の.

nadra PL1【複】胸，乳房.

nadračować so V4【完】さんざん苦労する[苦しむ].

nadrapać V7【完】引っ掻く，引っ掻いて線を引く.

nadrěć V2【完】(羽を)よくむしる. -so 苦労する.

nadrjadowany A1【形】上位の，上級の. ministerstwo je tutomu organej nadrjadowane 省は当機関の上位にある.

nadrjadować V4【完】・【不完】[něšto] 上位に置く.

nadrjebić V6【完】細かく砕く. sej nadrjebić (ごたごたを)引き起こす.

nadro N1【中】(女の)胸，乳房.

nadrobn|osć F7【女】詳細，精密さ，正確. -y A1【形】.

nadrowc M1【男】ブラジャー.

nadróžna A1【女】路面電車.

nadróžny A1【形】通りの. nadróžny wobchad 道路交通；

nadćišć

nadróžne wobswětlenje 道路照明.
nadćišć M3【男】超過圧力. *nadćišć* kreje 高血圧.
nadutosć F7【女】威張ること, 横柄.
naduty A1【形】威張った, 態度の大きな.
naduć V2【完】[něsto] 膨らます. bul *naduć* ボールを膨らます. − **so** 膨れる. *naduć so* z hordosću 誇らしさにはちきれんばかりになる.
naduwak M2【男】自慢屋, 威張り屋.
naduwać V7【不完】→ naduć.
nadwis M1【男】突出部; (山の)急斜面.
nadwisny A1【形】突き出した, 覆いかぶさるような.
nadwoblec, 過去 nadwoblečech, nadwobleč ⟨woblec⟩ V9【完】; **nadowoblěkać** V7【不完】[něsto] 重ね着する.
nadwodny A1【形】水面上の, 水上の.
nadych M2【男】微風, 息吹.
nadychać V7; **nadychnyć** V3【完】(風が)吹く; 息を吹きかける, 息をする.
nadypać V7【完】ついばむ. skoru *nadypać* (鳥が)木の外皮をすっかりついばんでしまう.
nadzemski A2【形】この世のものでない, 神々しい.
nadźeć so, nadźiju so, nadźiješ so; nadźija so; 過去 nadźijach so, nadźiješe so; 複二 nadźiješće so; 双二 nadźiještaj so, -tej so; 命 nadźij so!; nadźijće so!; 完分 nadźał, nadźała; nadźeli; nadźałoj V9【不完】[něčeho] 望む, 期待する.
nadźědźić V6【完】受け継ぐ.
nadźěłać V7【完】働いて得る; (ある時間・量)働く, 十分働く. *nadźěłać* 300 dźěłowych hodźin 300就労時間働く. − **so** 働いてへとへとになる.
nadźěrać so V7【不完】[za něčim//na něšto] 手を伸ばす; 関心を示す.
nadźija F5【女】望み. bjez *nadźije* 希望もなく; na slepu *nadźiju* 当てもなく; *nadźiju* zhubić 希望を失う; stajeć *nadźiju* (na něšto) (何に)望みを託す; jeje *nadźija* spadny 彼女の望みは果てた.
nadźijepołny A1【形】希望に満ちた.
nadźijeć so V8【不完】[něčeho] 願う, 望む. nadźijam so, zo... …だとよいのですが.

nadźijomnje【副】願わくは. *nadźijomnje* bórze přińdźeš きっと君がすぐに来てくれると願っています.

nafta F1【女】石油. wudobywanje *nafty* 石油産出.

naftowišćo N3【中】油田.

naftow|ód, -oda M1【男】石油パイプライン.

nahanjeć V8【不完】[někoho/něšto] 追い立てる, 駆り立てる.

nahi A2【形】裸の, むき出しの. z *nahej* hłowu 無帽で.

nahibać V7；**nahibnyć** V3【完】ちょっと動く；動き出す. - **so**（パン生地が）膨らむ.

nahłosć F7；**nahłota** F1【女】急傾斜, 険しさ；いらだち, 性急さ.

nahłownik M2【男】ヘルメット. škitny *nahłownik* 安全帽.

nahłowny A1【形】頭の, 頭にかぶる.

nahły A1【形】険しい；急な；いらだった, 気の短い. *nahły* brjóh 切り立った岸；*nahły* člowjek かんしゃく持ちの人；*nahły* charakter きつい性格；*nahła* inwazija 突如の侵入.

nahlad M1【男】様子；見通し, 意見.

nahladać so V7【完】たっぷり見る, 見飽きる.

nahladnosć F7【女】評価, 価値；人望. zdobyć sej *nahladnosć* 人望を集める.

nahladny A1【形】人望のある, りっぱな；相当の. *nahladny* fachowc 高く評価されている専門家；*nahladne* město 美しい町；*nahladna* ličba かなりの数.

nahle【副】急に；苛立って. puć *nahle* spaduje 道は急に下っている；*nahle* schorjeć 急病になる；*nahle* reagować かんしゃくを起こす.

nahlić V6【不完】せき立てる, 急がせる. - **so** 急ぐ.

nahnity A1【形】腐りかけた；腐敗性の.

nahnić V6【完】；**nahniwać** V7【不完】腐りかける, 表面が腐る.

nahódnoćić V6【完】[něšto] 価格を上げる.

nahon M1【男】欲求,（心理的な）駆動力. měć *nahon*, wosebite zdokonjeć (*něšto*)（何を）特に遂行したいと強く思う.

naho|sć F7；**-ta** F1【女】むき出し, はげ. do *nahosće* wuslěkać 服を脱いで裸になる.

nahotować V4【完】[někoho] しっかりくるむ, 厚着させる. - **so** 厚着する.

nahrabać V7【完】掻き集める, ひったくる.

nahrabni|k M2【男】；**-ca** F3【女】欲張り屋.

nahrabn|osć F7【女】欲張り，がめついこと．-y A1【形】．
nahrać V2【完】; **nahrawać** V7【不完】(録音用に)演奏する；録音する．
nahromadźeć V8【不完】; **nahromadźić** V6【完】[nešto] だんだん集める．bohatstwo *nahromadźeć* 富を蓄積する．- so 集まる，たまる．wjele hněwa je *so nahromadźiło* 怒りが鬱積した．
nachileny A1【形】傾斜した．
nachileć V8【不完】; **nachilić** V6【完】[nešto] (やや)傾ける．- so 傾く．
nachilnosć F7【女】傾斜；志向，傾向．
nachłodźić V6【完】(幾らか)冷ます．
nachribjetnik M2【男】リュクサック．
nachwatać V7【完】; **nachwatować** V4【不完】[nešto] 取り戻す，埋め合わせる；[někoho] 追いつく；(時計が)進む．zakomdźenje *nachwatać* 遅れを取り戻す；mój časnik *nachwatuje* 私の時計は進む(進んでいる)．
nachwilny A1【形】一時的な．*nachwilne* postajenje 仮処分；*nachwilne* rjadowanje 一時的な規定．
naiw|ita F1; -**nosć** F7【女】素朴さ，無邪気．-ny A1【形】．
najaty A1【形】雇われた；賃借りした．
najaty A1【男】雇われ人．
najbóle【副】《最上》<jara；最も，何よりも．*najbóle* wužiwana forma 最もよく使用される形．
najebać【前置】+《対 // 生》にもかかわらず．*najebać* wše pokiwy あらゆる指摘[示唆]にもかかわらず；*najebać* wšeho それでもやはり．
najenk M2【男】雇われ人，小作人．
najenski A2【形】雇いの，賃借りの．*najenski* pjenjez 借地料，用益賃借り料；*najenske* zrěčenje 賃貸契約．
najenstwo N1【中】賃貸料；賃貸物件．
najeć, najmu, najmješ；najmu；過去 najach, naja；複二 naješće；双二 naještaj, -tej；命 najmi！; najmiće！; 完分 najał, najała；najeli；najałoj；受動分 najaty V9【完】[někoho] 雇う；[nešto] 賃借りする．
najědźeny A1【形】満腹した．
najěsć so, 過去 najěch so, naje so <jěsć> V9【完】十分食べる，食べ飽きる．

najězd M1【男】（車の）入り口；到着；（乗り物で）向かうこと．*najězd* na awtodróhu 高速道路入り口．

najgroš M3【男】グロッシェン；10ペニヒ貨幣．(*pola někoho*) je *najgroš* padnył (誰が)何かに気がつく，わかる．

najhórje【副】《最上》<zlě；最悪で．

najhórši A3【形】《最上》<zły；最悪の．

najimać V7【不完】[někoho] 雇う；[nešto] 賃借りする．

najprjedy【副】第一に，まず，さしあたり．*najprjedy* dyrbjemy snědać まず朝食をとらなければ；*najprjedy* móžeš pola mnje bydlić とりあえずは私のところに泊まれますよ．

najrjeńši A3【形】《最上》<rjany；最良の，最も美しい．muž w *najrjeńšich* lětach 男盛りの時期の人．

najskerje【副】おそらく．*najskerje* wón přińdźe おそらく彼はやってくるでしょう；*najskerje* dojědźe wón něšto pozdźišo 彼はおそらく少し遅れて着くだろう．

najskeršo【副】＝najskerje．

najwjace【副】《最上》<wjele；大部分，たいていは．w *najwjace* kónčinach 大部分の所[地域]で；*najwjace* ludźi ほとんどの人々．

najwjetši A3【形】《最上》<wulki；最大の．

najwyši A3【形】《最上》<wysoki；最高の．*najwyši* poschod 最上階；*najwyši* rozkazowar 最高司令[指揮]官．

nakałać V7【完】割る．*nakałać* drjewa 薪を割る．

nakazać V7【完】；**nakazować** V4【不完】[někoho/nešto] 改心させる；改宗[転向・回心]させる．– so 改心する，改宗[転向・回心]する．

nakažaty A1【形】伝染性の．

nakaženje N4【中】伝染，感染．

nakažliwy A1【形】伝染性の；感化作用のある．

nakažować V4【不完】伝染させる．

nakidać V7【完】[něšto] 注ぐ，注いで満たす；撒く．hnoja *nakidać* 肥やしを撒く；hornčk kofeja *nakidać* コーヒーポットを一杯にする；wón je cyłu kanu z wolijom *nakidał* 彼は缶をオイルで一杯にした．

nakisal《不変》【形】酸っぱい；すねた，気難しい．

nakład M1【男】積み荷；（本の）版，発行部数．

nakładnistwo N1【中】出版社．

nakładnja F6【女】（港などの）保管倉庫．

nakładny A1【形】積み荷の，貨物の．*nakładne* dwórnišće 貨物駅；*nakładna* taksa 貨物タクシー；*nakładny* čah 貨物列車．

nakładowak M2【男】充電器．

nakładować V4【不完】；**nakłasć**, 過去 nakładźech, nakładže ⟨kłasć⟩ V9【完】[něsto] 積む；(本を)出版する．twory do wagona *nakładować* 製品を車両に積む．

nakłona F1【女】傾き；勾配．

nakłonić V6【完】；**nakłonjeć** V8；**nakłonjować** V4【不完】[něsto] 傾ける，斜めにする．- **so** 傾く．

naklijeć V8【不完】；**naklijić** V6【完】[něsto] 糊付けする，くっつける．

naklumpać V7【完】[něsto] (ポンプで)満たす，汲み上げる．

nakónčkować V4【完】(鉛筆などを)削って尖らす．

nakopić V6【完】積み上げる．

nakopjeny A1【形】積み上げられた．*nakopjeny* lód 積氷．

nakosa F1【女】傾き，歪み．

nakosny A1【形】斜めの，かしいだ．

nakow M1【男】金敷(カナシキ)．

nakrajny A1【形】陸の；田舎の．*nakrajne* zwěrjata 陸上動物．

nakrany A1【形】スライスした．*nakrane* mjaso スライス肉．

nakrać V2【完】[něsto] (肉・ハムなどを)スライスする；(たくさん)切る．

nakromny A1【形】周辺の，縁の．*nakromne* morjo 沿海，周辺海域；*nakromne* pasmo 辺境地帯，外縁地帯．

nakruchi【副】真っ二つ[粉々]に．*nakruchi* hić 真っ二つになる．

nakružeć V8【不完】；**nakružić** V6【完】端数を除く，切りあげる．

nakup F7【女】買うこと；買い集め．

nakupić V6【完】[něsto] 買う；買い集める，買い占める．

nakupnišćo N3【中】買い付け[仕入れ]所；店舗．

nakupowar M4【男】；**-ka** F2【女】購入者；買い付け人．

nakupować V4【不完】[něsto] 買い集める．

nakusać V7；**nakusnyć** V3【完】食いつく．

nałamać V7【完】折り目をつける，ちょっと折り曲げる．

nałhać [naˈfatɕ] V2【完】→ nałžeć．

nałožić V6【完】[něsto] 使用する，適応させる；(金を)投資する．srědk prawje *nałožić* 薬を正しく用いる．

nałožk M2【男】しきたり，習慣．ludowy *nałožk* 民俗，民衆の習

慣.
nałožowanje N5【中】使用, 利用, 適応. *nałožowanje* namocy 権力行使；強権発動.
nałožowany A1【形】使用された；応用の, 適応された. *nałožowane* wuměłstwo 応用芸術.
nałožować V4【不完】[něšto] →nałožić.
nałžeć, 過去 nałžach, nałža；複二 nałžešće, 双二 nałžeštaj, -tej ＜łžeć＞V9【完】[někomu//někoho] 嘘をつく；騙す, ごまかす. wón je nam *natžał*, zo je pruwowanje jara derje wobstał. 彼は試験にうまく通ったと私たちに嘘を言った.
nalada F1【女】気分, 機嫌.
naleć, 過去 nalach, nala；複二 nalešće, 双二 naleštaj, -tej ＜leć＞ V9【完】注ぐ；水をやる. *naleć* kwětkam 花に水をやる.
naležnosć F7【女】事, 件；依頼事. mazana *naležnosć* 不正事件.
naležny A1【形】しつこい, 強要する. *naležne* słowo 有無をいわさぬ調子の言葉.
nalěpić V6【完】; **nalěpjeć** V8; **nalěpjować** V4【不完】貼り付ける.
nalěpka F2【女】ステッカー, 貼り付け用の紙(ラベルなど).
nalětni A3【形】春の. *nalětni* dźeń 春の日; *nalětnja* kwětka 春の花; *nalětnje* dźěła 春の耕作, 春蒔き.
nalětnik M2【男】三月.
naleto【副】春に.
nalěćo N3【中】春. zažne *nalěćo* 早春; w *nalěću* 春に. **-wy** A1【形】.
nalěwo【副】左へ. *nalěwo* presćahnyć 左側を追い越す; *nalěwo* wotbočić 左折する.
naličeć V8【不完】; **naličić** V6【完】数え上げる；(例などを)挙げる；(リストに)記載する.
nalika F2【女】カーネーション, ナデシコ. kuhinska *nalika* チョウジ.
nalinyć V3【完】注ぐ；水をやる.
naliw M1【男】煮だし汁, 煎汁；エキス；(果物などの)浸し酒.
naliwać V7【不完】注ぐ.
nalutowanka F2【女】蓄え, 貯蓄.
nalutowarnja F6【女】貯蓄銀行, 貯金.
nalutować V4【完】蓄える, 残しておく. *nalutować* sej wjele

namačeć

pjenejz 貯金をたっぷりする.
namačeć V8【不完】湿らせる.
namakanka F2【女】発見；拾得物；見つけ物.
namakar M4【男】発見者.
namakać V7【完】発見する. – so（ある場所・状態に）ある，いる. je so namakał k nam 彼はわれわれの中にいた；dyrbimy so do cyłka namakać われわれは団結しなければならない.
namasać V7【完】手探りで見つける.
namazać V7【完】；**namazować** V4【不完】塗る. butru namazać na pomazku パンにバターを塗る.
naměrić V6【完】；**naměrjeć** V8；**naměrjować** V4【不完】向ける. pistol naměrić (na někoho)（誰に）銃を向ける. – so [k něčemu] 意図する，しようとする.
namĕstni|k M2【男】；–ca F3【女】〔史〕総督；代理人，代表；〔文法〕代名詞. wosobowy naměstnik 人称代名詞；přiswojowacy naměstnik 所有代名詞；pokazowacy naměstnik 指示代名詞；prašacy naměstnik 疑問代名詞；poćahowy naměstnik 関係代名詞；njewobmjezowany naměstnik 不定代名詞.
namĕsto N1【中】広場.
naměšeć V8【完】；**naměšować** V4【不完】混ぜる.
namjet M1【男】提案. polěpšowanski namjet 改訂案.
namjetować V4【不完】提案する.
namjezny A1【形】境界の. namjezne jednotki 国境警備隊；namjezny pad きわどい（どっちつかずの）ケース.
namnožak M2【男】乗数.
namnožeć V8【不完】；**namnožić** V6【完】；**namnožować** V4【不完】倍する；掛ける.
nam|óc, -ocy F4【女】力；権力，暴力. bjez namocy 暴力なしの.
namócny A1【形】力による，力ずくの. namócny skutk 暴力行為；namócne knjejstwo 専制政治.
namočeć V8【不完】；**namočić** V6【完】；**namočować** V4【不完】（水に浸して）ふやかす，湿らせる.
namołwa F1【女】アピール，呼びかけ. wólbna namołwa 選挙のアピール；měrowa namołwa 平和のアピール；namołwa do diskusije 議論参加の呼び掛け.
namołwić V6【完】；**namołwjeć** V8【不完】[někoho] (k něčemu // do něčeho)（何への参加を）呼びかける.

namórać V7【完】なぐり書きする，下手に書く．
namórnik M2【男】水夫．
namórnistwo N1【中】航行；船団，海軍．
namrěć V2【完】相続する．ležownosć wot wuja *namrěć* 叔父から土地を相続する．
namrěw|c M1【男】；**-ča** F5【女】相続人．
namrěwstwo N1【中】相続(財産)．
namydleć V8【不完】；**namydlić** V6【完】；**namydlowač** V4【不完】石鹸を塗る．
namyslić V6【完】思いつく，考え出す．
nan M1【男】父．*nan* swójby 家父；přirodny *nan* 義父，養父；přichodny *nan* 岳父(妻の父)，舅(夫の父)．
nanajchudši A3【形】この上なく悪い，最悪の．
nanajlěpši A3【形】この上なく素晴らしい．
nanajprjedy【副】まず何よりも．
nanajrjeńši A3【形】この上なく美しい．
nanajwjace【副】なんにしても，最低でも．to traje *nanajwjace* dźesać minutow それは少なくとも10分は続く．
nanajwutrobniši A3【形】心からの，この上なく心をこめた．
nanajwyši A3【形】最高の．
nanihdy【副】もはや二度と；決して(ない)．wón so *nanihdy* njewróći 彼は二度と戻っては来ないだろう；to njejsym nihdy *nanihdy* twjerdźił ぼくはそれを断言したことなど一度もない．
nanjesć, 過去 nanjesech, nanjese ⟨njesć⟩ V9【完】運んで来る；(たくさん)もたらす．
nank M2【男】《指小》< nan．
nanosyć V6【完】；**nanošeć** V8【不完】→nanjesć；押し寄せる．
nanowy A1【形】父の．
nańć, nańdu, nańdźeš；nańdu；過去 nańdźech, nańdźe；命 nańdź！；nańdźće！；完分 našoł, našła；受動分 nańdźeny V9【完】見つける．
nanućić V6【完】；**nanućowač** V4【不完】強いる．(*někomu*) swoje měnjenje *nanućić* 自分の考えを押し付ける．
nanuzować V4【完】・【不完】強いる．**- so** しつこく迫る；(考えなどが)湧き上がる．mi so tajka myslička *nanuzuje* 私にはそんな思いがどうしても湧いてくる．
napad M1【男】考え；思いつき．

napadny A1【形】目立つ.
napadnyć V3【完】[někomu] (誰の)目につく，注意を引く.
napancać V7【完】しみをつける，汚す. **- so** 汚れる.
naparać V7【完】(ばかなこと・ごたごたを)引き起こす，しでかす. štož sy sej *naparał*, dyrbiš tež wulikać 自分のしでかしたことは自分で始末しなければならない.
naparić V6【完】(茶・コーヒーを)沸かす.
napinacy A1【形】骨の折れる，厄介な，疲れさせる.
napinanje N5【中】骨折り，苦労；骨の折れる仕事.
napinać V7【不完】緊張させる，引き締める. mocy *napinać* 力を込める. **- so** 努力する，骨を折る.
napis M1【男】銘，銘題，表題；上書き，宛名；記録.
napisać V7【完】書く.
napismo N1【中】銘，表題.
napić so V2【完】たっぷり飲む.
napjatosć F7【女】緊張；興奮.
napjaty A1【形】緊張[興奮]した.
napjec, 過去 napječech, napječe ⟨pjec⟩ V9【完】焼き上げる.
napjelnić V6【完】; **napjelnjeć** V8【不完】; **napjelnjować** V4【不完】満たす. škleńčku *napjelnić* グラスを満たす; stwu *napjelnić* z meblemi 部屋を家具でいっぱいにする; *napjelnić* (někoho) z hordosću (誰を)誇りでいっぱいにする.
napječe N5【中】圧；緊張. elektriske *napječe* 電圧.
napječe【副】緊張して. *napječe* słuchać 神経を集中して聞く.
napłaće|nje N5【中】; **-nka** F2【女】分割払い(の支払金)；頭金.
napłaćeć V8【不完】; **napłaćić** V6【完】; **napłaćować** V4【不完】手付け金[頭金]を払う.
napławić V6【完】; **napławjeć** V8; **napławjować** V4【不完】(流れ・水が泥を)流し寄せる. wjele pěska *napławić* 大量の砂を堆積させる.
napłóšeć V8【不完】; **napłóšić** V6【完】; **napłóšować** V4【不完】脅かして追い払う.
naplesć, 過去naplećech, napleće ⟨plesć⟩ V9【完】(ある量)編む.
napletk M2【男】編んだもの；編みカゴ.
napluskać V7【完】はねかし散らす.
napodobnić V6【完】[někoho/něšto] 模倣する.
napodobnjenka F2【女】模造品.

naprašowanje

napodobnjeć V8; **napodobnjować** V4【不完】[někoho/něsto] →napodobnić.
napodobny A1【形】類似した.
napohlad M1【男】光景, 眺め.
napoj M3【男】飲み物. alkoholski *napoj* アルコール飲料; karta *napojow* 飲み物表(メニューの).
napojeć V8【不完】; **napojić** V6【完】; **napojować** V4【不完】 飲ませる. konje *napojeć* 馬に(水を)飲ませる; z kreju *napojena* zemja 血をたっぷり吸った土地.
napoł【副】半分, なかば. wokno steji *napoł* wočinjene 窓は半開きになっている; *napoł* dwanaćich 11時半に; *napoł* rozrězać 半分に切る; *napoł* spicy 寝ぼけて.
napołožeć V8【不完】; **napołožić** V6【完】; **napołožować** V4【不完】課す. *napołožeć* pjenježnu pokutu 罰金を科す.
napołožk M2【男】税.
napominanje N5【中】警告, 勧告.
napominać V7【不完】警告する, 勧告する.
napomoc F4【女】援助, 支援. **-ny** A1【形】助けになる.
naporjad M1【男】用具, 設備.
naporst M1【男】ジギタリス.
naporstnik M2【男】ゆびぬき.
naposledk(u)【副】ついに, とうとう. wón tomu dołho přihladowaše, ale *naposledku* zhubi sćerpnosć かれはそれを長いこと見守っていたが, とうとうしびれをきらした; wón dóńdźe cyle *naposledku* かれは一番最後に[最後には]やって来た.
napowědać V7【完】; **napowědować** V4【不完】[něsto] 信じ込ませる, 説き付ける; (こっそり)教える. **-so** 存分に話す.
napowěšeć V8【完】全部つるす; [někomu něsto] 帰する, (誰の)せいにする.
napožčować V4【不完】: *napožčować* sej たくさん借り込む.
napraskać V7【完】バチン[ドタン・バタッ]と音をたてる; やっつけ仕事で仕上げる; しでかす. *napraskać* dołha 借金を背負い込む.
naprašenka F2【女】問い合わせ(状).
naprašeć so V8【不完】問い合わせる; 質問調査を実施する.
naprašnik M2【男】調査票, アンケート用紙.
naprašowanje N5【中】質問, 調査. ludowe *naprašowanje* 世論調査.

naprašować so V4【不完】→naprašeć so.
naprawa F1【女】処理, 手配. hnydomna *naprawa* 緊急処置；napřećiwna *naprawa* 対抗策, 報復措置；pomocna *naprawa* 救済処置, 援助策.
naprawić V6【完】；**naprawjeć** V8【不完】正す, 直す；準備する.
naprawo【副】右に；右側へ. *naprawo* pódla duri ドアの右手のほうに；so *naprawo* wobroćić 右折する.
napřečny A1【形】頑固な, 不屈の；反対の；緊張した. w *napřečnym* směrje 反対方向に.
napřeki【副】斜めに, はすに. (*něšto*) *napřeki* sfałdować (何を) 斜めにたたむ；rub *napřeki* położić テーブルクロスを斜めにかける；so (*něčemu*) *napřeki* stajić (何に) 逆らう.
naprosyć V6【完】言い聞かせる；(客を) 大勢招く. wón so njeje dał *naprosyć* 彼は絶対に説き伏せられない.
napřemo【副】競争で. *napřemo* běžeć 競走する.
napřemoběh M2【男】競走.
napřemobrónjenje N5【中】軍拡競争.
napřećiwić V6【完】；**napřećiwjeć** V8【不完】反対する；反論する. - so 対立する, 相対する.
napřećiwk M2【男】対立. klasowe *napřećiwki* 階級対立.
napřećiwny A1【形】対立の, 反対の；敵対する. *napřećiwne* prašenje stajić 質問に質問で応じる.
napřećiwo【副】向かって, 対して. naleću *napřećiwo* 春に向かって；*napřećiwo* přińć 迎えに行く；*napřećiwo* stajić 対立させる.
napřećo 1.【副】向かって, 反対して. *napřećo* hić 向かって行く. 2.【前置】+《与》向かって. *napřećo* dwórnišću 駅に向かって；*napřećo* domu steji wěža 家の向かいに塔が立っている；zdwórliwy być *napřećo* starym ludźom 年長者に対して礼儀正しい；*napřećo* (*něčemu*) wustupować (誰に) 対抗する.
napukać V7；**napuknyć** V3【完】(少し) 裂く, 破く. - so (少し) 裂ける.
napušćeć V8【不完】；**napušćić** V6【完】いっぱいにする；芽を出す. *napušćić* spjaty jězor 貯水池をいっぱいにする；*napušćić* muchow ハエをたくさん入れてしまう.
naramjenica F3【女】スカーフ；肩あて, 肩章.
narano【副】明け方に.
narańši A3【形】東の. *narańši* kraj 東の国；*narańši* wětřik 東

の風.

naraz【副】一度に；急に. woni přińdźechu wšitcy *naraz* 彼等はいつもいきなりやって来た；wšitko *naraz* zdokonjeć すべてを一気に解決[処分]する.

narazyć V6【完】ぶつける，打ちつける；鳴らす. akord na klawěrje *narazyć* ピアノで和音を出す.

naražnik M2【男】緩衝器，バンパー.

naražować V4【不完】→narazyć.

narcisa F3【女】スイセン.

narěč F7【女】挨拶，演説；方言. swjedźenska *narěč* 祝辞.

narěčeć V5【完】[někoho] 頼む，説得する；[někomu něšto] 信じ込ませる，説き付ける. **- so** 話し疲れる.

narěčny A1【形】方言の.

narězać V7；**naręznyć** V3【完】(ナイフ・鋸で)切り込み[刻み目]を入れる；十分に切る；切り込む. skoru štoma *narězać* 木の皮に切れ目を入れる；prašenje *narězać* 質問を持ち出す.

narjada F1【女】体操用具.

narkotizować V4【不完】麻酔させる.

narkoza F3【女】麻酔[法].

naročny A1【形】要求の多い[高い]. *naročne* nadawki (要求水準が高くて)難しい課題；kniha za *naročnych* čitarjow 要求の高い読者のための本.

narod M1【男】民族，国；出生. Zjednoćene *narody* 国際連合；wobswědčenje *naroda* 出生証明；wot *naroda* na *narod* [k *narodu*] 世代から世代へ.

narodninar M4【男】；**-ka** F2【女】誕生日を祝ってもらう人.

narodninski A2【形】誕生日の. *narodninske* blido 誕生祝いのテーブル(花や贈り物を置く).

narodni|ny, -n/-now PL1【複】誕生日. dar k *narodninam* 誕生日のプレゼント；zbožopřeće k *narodninam* 誕生日の祝い.

narodnostny A1【形】国籍の；民族の. *narodnostna* politika 民族政策.

narodnosć F7【女】国籍；民族.

narodny A1【形】生まれの；民族の. *narodna* mjénšina 少数民族；*narodna* hymna 民族の歌，国歌；*narodna* drasta 民族衣装.

narodowc M1【男】愛国者.

narodźić so V6【完】生まれる. nichtó *so* mišter *narodźit* njeje

生まれた時からの名人はいない.
narok M2【男】要求, 主張. wysoke *naroki* měć 高い要求を出す.
narosć, 過去 narosćech, narosće ⟨rosć⟩ V9【完】成長[生長]する.
narownik M2【男】墓石, 墓標(板).
narowny A1【形】墓の. *narowny* kamjeń 墓石.
naručnica F3【女】腕輪.
naručny A1【形】腕の. *naručny* časnik 腕時計.
narunanje N5【中】代理, 代用；補充；代償.
narunanka F2【女】補充用の部品.
narunać V7【完】; **narunować** V4【不完】[někoho/něšto] 代用する；補充する, 補償する. *narunać* nana 父親代りとなる；ranjeneho koparja *narunać* z druhim 負傷したサッカー選手を他の者と交代させる.
narys M1【男】構想, 腹案；下書き.
narysować V4【完】・【不完】スケッチする；覚え書きする.
nasadźeć V8【不完】; **nasadźić** V6【完】; **nasadźować** V4【不完】(雌鶏に卵を)抱かせる；植え付ける. *nasadźeć* wino 葡萄を植え付ける. **-so** (ほこりが)溜まる；加わる；[z někim] 事を構える.
naselić V6【完】塩を入れる；塩漬けにする.
naskok M2【男】(時間的)優位. měć *naskok* (*před někim*) (誰に対して)時間的に優位である.
nasłódki A2【形】甘ったるい；甘味のある.
naslědk M2【男】結果.
naslědnik M2【男】; **-ca** F3【女】後継者；弟子.
naslědny A1【形】後続の.
naslědować V4【不完】[někoho/něšto] 後を継ぐ, 後に続く.
nasměšny A1【形】可笑しい.
naspjet【副】後戻りして.
naspomnić V6【完】; **naspomnjeć** V8【不完】[někoho/něšto] (誰/何について)言及する；ほのめかす. kaž *naspomnjene* 既に言及したように.
nasrěbać V7【完】(十分に)吸う. dych *nasrěbać* 息を吸い込む, 一息入れる. **-so** [něčeho] たっぷり吸う. čerstweho powětra *so nasrěbać* 新鮮な空気をたっぷり吸う；*nasrěbać so* zmužitosće 勇気を奮い立たせる.
nasrjedźny A1【形】中央の, 中心の.
nastajenje N5【中】編成；志向, 立場. *nastajenje* mustwa チー

ムの編成；politiske *nastajenje* 政治的立場．

nastajeć V8【不完】；**nastajić** V6【完】編成する，設ける．třelbu *nastajić* 銃口を向ける，狙いを定める；*nastajić* radijo ラジオをつける；plan *nastajić* 計画を立てる；wuši *nastajić* 耳をすます［そばだてる］．- so：*nastajić so*（*k někomu*）（誰のもとに）赴く；*nastajić so* na puć 旅に出る．

nastajnosći【副】絶えず，休みなく；恒常的に．*nastajnosći* po puću być 始終旅行をしている；*nastajnosći*（*na někoho/nešto*）myslić いつも（誰/何のことを）思っている；wón *nastajnosći* rěči かれは間断なく語る．

nastajny A1【形】常の，間断ない．

nastaty A1【形】起こった，生じた．

nastać, nastanu, nastanješ；nastanu；過去 nastach, nasta；命 nastań!；nastańće!；完分 nastał, nastała V9【完】起こる，生じる．*nasta* prašenje 問題が起こった．

nastać so, nasteju so, nastejiš so V9【完】立ち疲れる．

nastaće N5【中】発生，成り立ち．stawizny *nastaća* 発生論；w času *nastaća* 発生期において．

nastawać V7【完】→ nastać．

nastawk M2【男】作文；論文．zawodny *nastawk* 巻頭論文；社説．

nastork M2【男】刺激，動因．

nastroj M3【男】道具，器具．

nastróžeć V8【不完】；**nastróžić** V6【完】[někoho] 驚愕させる．- so 驚愕する．

nastudować V4【完】・【不完】覚えこませる，学習させる．

nastup M1【男】（ある状態に）入ること；（軍の）進入．*nastup* dowola 休暇にはいること．

nastupajo【前置】+《対》関連して，対応して．*nastupajo* tutu naležnosć この状況に鑑みて；*nastupajo* twój list 君の手紙に関連して．

nastupanje N5【中】関連；見方．w tym *nastupanju* これに関連して，この見方においては；w kóždym *nastupanju* いずれにしても．

nastupać V7【不完】[někoho/nešto] 該当する．štož mje *nastupa* 私に関して言えば；štož dźěło *nastupa* 仕事に関しては；was to *njenastupa* それはあなたには当てはまらない，あなたには関係ないことだ．

nastupišćo N4【中】(駅の)プラットホーム.
nastupić V6【完】現れる；並ぶ；[něšto] 着任する. słužbu *nastupić* 就任する；w jednym rynku *nastupić* 整列する.
nastupni|k M2【男】；**-ca** F3【女】代理人，代役，補欠；後任.
nastupny A1【形】導入の，最初の. *nastupny* wopyt 最初の訪問.
nastupować V4【不完】[někoho/něšto] 該当する. **- so**（ある状態に）入る，着任[就任]する.
nasćin M1【男】スケッチ，概要.
nasćinić V6【完】；**nasćinjeć** V8【不完】スケッチ[概要]を描く.
naswarić V6【完】；**naswarjeć** V8【完】叱りつける.
naswětleć V8【不完】；**naswětlić** V6【完】光にさらす，照射する.
nasydać so V7【完】（さび，かびなどが）生える；長い時間すわる，すわり疲れる.
nasylny A1【形】強制的な；暴力的な.
nasyp M1【男】ダム，堤防；壁. měsćanski *nasyp* 都市を囲う壁；železniski *nasyp* 鉄道用築堤.
nasypać V7【完】振りかける，注ぎかける.
nasypnišćo N4【中】塚，小山；(溶岩などの)堆積. wotsypowe *nasypnišćo* ぼた山.
nasyćeny A1【形】満腹した，飽食した.
nasyćeć V8【不完】；**nasyćić** V6【完】満腹させる. **- so** 満腹する.
naš A3【代名】《所有》我々の.
našijnik M2【男】首飾り.
našić V2【完】；**našiwać** V7【不完】(表面に)縫い付ける；(ある量)縫い合わせる.
naškarać V7【完】[někoho/něšto] そそのかす，扇動する；引き起こす.
našočasowy A1【形】今日的な；差し迫った.
našćipać V7【完】たくさん摘み取る.
našćuwar M4【男】扇動者.
našćuwać V7【完】そそのかす，扇動する.
natočeć V8【不完】；**natočić** V6【完】研いで鋭くする，尖らせる；ボーリングして掘り出す；(テープに)録音する；(ビールを)注ぐ.
natorhać V7；**natorhnyć** V3【完】破って[裂いて]取る，むしり取る.
natřelić V6【完】撃って傷を負わせる.
natura F1【女】自然.

naturalije PL1【複】食料品.
naturalny A1【形】自然の.
naturski A2【形】天然の. *naturski* kawčuk 天然ゴム.
natwar M1【男】構成, 構造, 構築.
natwarić V6【完】; **natwarjeć** V8【不完】構築する, 建てる, 築く.
natyk M2【男】コンセント, プラグ.
natykać V7【完】詰め込む, 充填する; 感染させる, 感化させる.
natykliwy A1【形】伝染性の. *natykliwa* chorosć 伝染病.
natyknjenje N5【中】伝染.
natyknyć V3【完】; **natykować** V4【不完】(樽に)穴をあける(中味を出すため); 病気をうつす, 伝染させる. **-so** 伝染[感染]する. dać *so natyknyć* (*wot někoho*) (誰に)感化される.
nać F7【女】(芋やカブの)葉・茎の部分.
naćahać V7【完】; **naćahahnyć** V3【完】; **naćahować** V4【不完】ぴんと引っぱる, 張る, 引き伸ばす. časnik *naćahać* 時計(のねじ)を捲く; wuši *naćahać* (罰として)耳を引っぱる. **-so** ピンとなる, 伸びる. *naćahać so* (*za něčim*) (何に)身体を伸ばす.
naćehnjeny A1【形】(時計が)捲かれた; 延[伸]ばされた.
naćisk M2【男】構想, スケッチ. twarski *naćisk* 設計図.
naćisnyć V3【完】立案する, 構想をたてる; デザインする, (スケッチのように)描く. program festiwala *naćisnyć* 祭りのプログラムを立てる.
naćišć M3【男】印刷物; (布地の)プリント.
naćišćeć V6【完】印刷する, プリントする.
nawab M1【男】勧誘; (誘き寄せの)エサ.
nawabić V6【完】誘惑する, 誘き寄せる.
nawabny A1【形】誘き寄せの.
nawal M3【男】襲来, 押し寄せること.
nawalić V6【完】積み重ねる. **-so** 積み重なる, 集まる.
nawalnik M2【男】侵攻者, 攻撃者; 海鳥(アホウドリなど).
nawaln|osć F7【女】激しさ, 猛烈(さ). **-y** A1【形】.
nawědźity A1【形】経験を積んだ.
nawěšk M2【男】(新聞・雑誌の)広告.
nawětrny A1【形】風上の. *nawětrna* strona 風上側.
nawěw M1【男】砂丘.
nawis M1【男】斜面, 傾斜. **-owaty** A1【形】.

nawisować

nawisować V4【不完】急傾斜している，斜になっている．
nawitk M2【男】ロール．
nawić V2【完】巻きつける．štryk na rólku *nawić* 紐を芯棒に巻きつける．
nawjazać V7【完】；**nawjazować** V4【不完】結ぶ．pocáhi *nawjazać* 関係をつける；na stare tradicije *nawjazać* 古いしきたりを守る．
nawječor【副】夕方．
nawječorny A1【形】西の；西欧の．*nawječorne* wětry 西風；*nawječorny* pobrjóh 西岸．
nawjednik M2【男】指導者，引率者．
nawjedowacy A1【形】指導的な，主たる．*nawjedowacy* redaktor 編集長；*nawjedowace* wrota 決勝ゴール
nawjedowar M4【男】；**-ka** F2【女】指導者，引率者．
nawjedować V4【不完】指導［引率］する．
nawjes F4【女】村の広場；村の共同牧草地．
nawoblec, 過去 nawoblečech, nawobleče〈woblec〉V9【完】；**nawoblěkać** V7【不完】糸を通す；処理［手配］する．nitku *nawoblec* 糸を通す；jehłu *nawoblec* 針に糸をつける；poslešćo *nawoblec* 羽根ふとんでベッドを支度する；mudrje *nawoblěkany* plan 巧妙に作られた計画．**- so** 服を着込む．
nawoči PL2【複】眼鏡．słónčne *nawoči* サングラス；stajić sej *nawoči* 眼鏡をかける；wotewzać sej *nawoči* 眼鏡をはずす．
nawod M1【男】指導，指示；案内．pod *nawodom*（*někoho*）(誰の)指導のもとで；knižka je dobry *nawod* この冊子はよいガイドになる．
nawod|a M5【男】；**-nica** F3【女】リーダー，指導者．
nawodnistwo N1【中】指導，指揮，監督，管理．dźěłać pod jeho *nawodnistwom* 彼の指揮下で働く；wotedać *nawodnistwo* 指導権を渡す．
nawodować V4【不完】指導する．
nawopačny A1【形】反対の，逆の．wón činješe to *nawopačne* 彼は反対［あべこべ］にやっていた．
nawopak【副】逆に．runje *nawopak* je prawje まったく逆が正しい．
nawótreć V8【不完】；**nawótřić** V6【完】十分尖らす．
nawozyć V6【完】たくさん運んで来る．

nawoženja M6【男】花婿，許婚(男性).
nawožeć V8【不完】運んで来る，調達する.
nawrót M1【男】後戻り，帰還.
nawrótni|k M2【男】; **-ca** F3【女】(故郷への)帰還者.
nawrótny A1【形】帰りの，反対の. *nawrótna jězba* 復路; *nawrótna jězdźenka* 往復切符.
nawróćaty A1【形】傾いた.
nawróćeć V8【不完】; **nawróćić** V6【完】ちょっと傾ける. **-so** 戻る，帰る.
nawučenje N5【中】習慣.
nawučić V6【完】[někoho něšto] 教え込む；習慣をつけさせる；[sej něšto] (何に)慣れる. **-so** [něšto činić] 学習する，習得する.
nawuknyć V3【完】[něšto] 習得する.
nawušnica F3【女】イヤリング.
nazad【副】後戻りして. *nazad jěć* バックする.
nazajtra【副】翌朝.
nazběh M2【男】高み，高所；小高い丘.
nazběhnyć V3【完】; **nazběhować** V4【不完】持ち上げる.
nazběrać V7【完】(ある量を)集める. **-so** (集まって)かさむ，(出費が)累積して大きくなる.
nazdala【副】遠くから.
nazdalny A1【形】遠くの，離れた.
nazdaty A1【形】架空の，想像上の.
nazeleń《不変》【形】【副】緑がかった.
nazhonity A1【形】経験を積んだ，実績のある.
nazhonić V6【完】経験[体験]する. *poniženje nazhonić* 屈辱を味わう.
nazhonjenje N5【中】経験，体験. *po nazhonjenju* 経験によって；*nabyć nazhonjenje* 経験を積む.
nazhonjeć V8; **nazhonjować** V4【不完】→ nazhonić.
nazornosć F7【女】明白さ.
nazorny A1【形】一目瞭然の.
nazwučować V4【完】・【不完】[něšto] 学習して覚える；[někoho] 学習して覚えさせる.
nazwuk M2【男】語頭音.
nazyma F1【女】秋. *započatk nazymy* 初秋.
nazymnik M2【男】十一月.

nazymnić so V6【完】風邪を引く.
nazymnjenje N5【中】風邪.
nazymski A2【形】秋の. *nazymske prózdniny* 秋休み；*nazymski syw* 秋の種播き.
nazymu【副】秋に.
nazynk M2【男】アクセント, 韻律.
nazynkować V4【不完】アクセントを置く.
nažel【副】残念だが, あいにく.
nažołć《不変》【形】【副】黄色っぽい；黄色っぽく.
nažrać, 過去 nažrach, nažra〈žrać〉V9【完】嚙る. **-so** たくさん食らう. *sej tołsty brjuch nažrać* (たくさん食べて)太鼓腹になる.
negacija F5【女】否定.
negatiwny A1【形】否定的な, 消極的な.
negowanje N5【中】否定, 拒否.
negować V4【不完】否定[拒否]する.
neokolonializm M1【男】新植民地主義.
neonowy A1【形】ネオンの. *neonowa swěca* ネオン灯, 蛍光灯；*neonowa rołka* ネオン管, 蛍光管.
nerw M1【男】神経. **-owy** A1【形】.
nerwoz|ita F1; **-nosć** F7【女】神経質, 神経過敏. **-ny** A1【形】.
nettomzda F1【女】手取りの賃金.
nettowaha F2【女】正味重量.
neutral|ita F1; **-nosć** F7【女】中立(性). **-ny** A1【形】.
neutrum M1【男】〔文法〕中性.
ně【助】いいえ.
něčeji A3【代名】《所有》《不定》誰かの. *něčeji hłós bě tam słyšeć* そこで誰かの声がしたようだった.
něčejižkuli A3【代名】《所有》《不定》誰のものであれ, (誰でもよい)誰かの.
něhdy [nedy]【副】かつて, ある時. *něhdy je Budyšin tři mjena měł: Budissin, Bautzen, Budyšin.* かつてブディシンは3つの名称を持っていた：ブディッシン, バウツェン, ブディシンである.
něhdyši A3【形】かつての.
něhdyžkuli【副】《不定》いつだったか；一度ならず.
něhdźe ['nedʒe]【副】《不定》どこか；おおよそ, だいたい. *něhdźe na wsy* 村のどこか；*něhdźe 20 metrow* だいたい20メートル；*něhdźe dźewjatnaćelětna holca* 19才くらいの娘；*wón je něhdźe*

jěł 彼はどこかへ出かけた.

něhdźežkuli ['nedʒejʃkuli]【副】《不定》どこかで，さまざまな所で．

něchtó P5【代名】《不定》誰か．

něchtóžkuli P5【代名】《不定》さまざまな人．

někajki A2【形】《不定》何らかの，ある．

někajkižkuli A2【形】《不定》何やかやの，さまざまな，多くの．

někak【副】《不定》何とかして；おおよそ. tak někak 何とか；je tomu někak dźesać lět かれこれ10年になる；někak kilometer およそ1キロ.

někotry, 複主 někotři/někotre A1【形】《不定》ある；さまざまな，いくつかの. je zestajił někotre chrestomatije 彼はいくつかのアンソロジーを編集した.

někotryžkuli A1【形】あれやこれやの，さまざまな，多くの．

Němc M1【男】ドイツ人（男性）．

němcować V4【不完】ドイツ語で話す．

němčina F1【女】ドイツ語. hodźina němčiny ドイツ語の授業；wučer němčiny ドイツ語の教師.

němčinar M4【男】; **-ka** F2【女】ドイツ語の教師．

Němka F2【女】ドイツ人（女性）．

němsce【副】ドイツ語で. němsce rěčeć ドイツ語で話す．

Němska F2【女】ドイツ. **němski** A2【形】．

němy A1 1.【形】唖の． 2.【男】唖．

něsć F7【女】ストーブの焚き口, かまど．

něšto P6【代名】《不定》何か；いくらか. něšto pozdišćo 少し後で；wot něšto časa 少し前から；něšto króć 幾度か；wón ma něšto přez 50 hriwnow 彼は50マルクと幾らか持っている．

něštožkuli P6【代名】《不定》何か；何やかや，いろいろなもの．

nětčiši A3【形】現在の，今の．

nětko; **-le**【副】今．

něwěrno【助】（発言を確認して）じゃない？

něžnosć F7【女】（感触・性質などの）柔らかさ，穏やかさ．

nězny A1【形】柔らかな，穏やかな．

nic【助】否定の助詞. nic wšudźe 何もかもというわけでない；nic kiješka drjewa 薪の一本も（ない）；ženje nic 決して，全く（ない）；nic werno? じゃないの？ nic wšitko, štož so błyšći, je złoto 輝くものが常に金ではない；nic jeno (...), ale tež ... (…)のみ

ničeji

ならず…も；*nic* mjenje hač... 少なくとも…；wón móže spěwać, ja pak *nic* 彼は歌が歌えるがわたしは全く駄目だ.

ničeji A3【形】《所有》《否定》誰の(でもない). *ničeji* ród〔文法〕中性.

ničić V6【不完】滅ぼす, 処分[始末]する；(人を)踏みにじる.

ničo P6【代名】《否定》何も(…ない). *ničo* hódne 何の価値もない；*ničo* wo to それでも, それにもかかわらず；*ničo* za zło あしからず；docyła *ničo* 全く…でない；docyła *ničo* njewě (彼は)全く何も知らない；pre a za *ničo* 全くの無駄骨で, いたずらに；k *ničemu* njebyć 何の役にも立たない.

ničota F1【女】取るに足らないこと.

ničotny A1【形】些細な.

nihdy【副】《否定》決して, 一度も(ない). *nihdy* nanihdy 一度たりとも；*nihdy* nic；*nihdy* nic na swěće (否定の強調)決して.

nihdźe【副】《否定》どこにも(ない)

nichtó P5【人代】《否定》誰も(ない). dźeńsa *nichtó* to njewužiwa 今日では誰もそれを使いはしない.

nikajki A2【形】取るに足りない；哀れな.

nikak【副】《否定》いかにしても(ない).

nikl M3【男】ニッケル.

niłki A2【形】浅い. *niłka* wodźizna 浅い水(河川・海・池など).

nimale【副】ほとんど, もう少しで. *nimale* by wón do Drezdźana dojěł もう少しで彼はドレスデンに行き着くところだった.

nimašnik M2【男】文無し.

nimo 1.【副】通過して, 過ぎて. *nimo* hić 脇を通る；je *nimo* 終った, 過ぎた；zyma je *nimo* 冬は終った. 2.【前置】＋《生》除いて；他に, 加えて；傍らに, 脇を. *nimo* šule hić 学校の脇を通る；wšitcy *nimo* jednoho 一人を除いて全員；*nimo* toho 加えて, さらに；wón chcyše *nimo* pomocy tež ... 彼は援助に加えてさらに…を望んでいる.

nimoducy【副】ついでに, 通りすがりに.

nimokulić so V6【完】・【不完】失敗する, 間違う. wěc je so *nimokuliła* 事はうまくいかなかった.

nimoměry【副】非常に, とてつもなく. to je *nimoměry* ćežko それはとてつもなく重い.

nimorjadny A1【形】非常な, とてつもない.

nimowólny A1【形】無意識の, 意図したのでない；うっかりした.

niski A2【形】低い. *niski* lěs 背の低い林；*niski* taler 浅い皿.
nisko【副】低く.
niš|i A3【形】；**-o**【副】《比》<niski, nisko.
nit M1【男】鋲(ビョウ)，リベット.
nita F1【女】(宝くじなどの)からくじ.
nitka F2【女】糸. płatanske *nitki* かがり糸；wušiwanske *nitki* 刺繡糸；zašiwanske *nitki* 縫い糸.
nitkaty A1【形】糸の；繊維の.
nitkojty A1【形】糸の；糸状の.
nitować V4【不完】リベット打ちする，鋲で止める.
nić F7【女】糸；繊維.
niwa F1【女】草地，谷間.
niwow M1【男】水平面；レベル，水準. žiwjenski *niwow* 生活水準；docpěć wysoki *niwow* 高いレベルに達する；*niwow* hładźiny je postupił 水面が上がった.
niže 1.【副】《比》<nisko. 2.【前置】+《生》下に，以下に. *niže* 10 lět 10才以下；*niže* města 町の下方に.
nižina F1【女】平地(海抜200メートル以下)；低気圧.
nižić V6【不完】下げる，低くする. **-so** 下がる.
Nižozemjan M1【男】；**-ka** F2【女】オランダ人.
Nižozemska A2【女】オランダ. **nižozemski** A2【形】.
njeběžny A1【形】使用されない；不慣れな.
njebjesa PL1【複】天国.
njebjesačk M2【男】月(天体).
njebjeska PL1【複】口蓋.
njebjeski A2【形】天空の. *njebjeske* čeleso 天体.
njebjeskowy A1【形】口蓋の. *njebjeskowy* zwuk 口蓋音.
njebjo N4【中】空. pod hołym *njebjom* 屋外で.
njeboh《不変》；**-i** A2【形】故，亡き.
njebojazn|osć F7【女】大胆不敵さ，恐れ知らず. **-y** A1【形】.
njebolić V6【不完】ぶらぶら暮らす.
njeboz M1【男】穴あけ用の道具(錐，ボーリング機など).
njeboz|ny A1；**-owy** A1【形】穴あけ用の.
njebožatko N1【中】あわれなやつ.
njebytostny A1【形】重要でない，取るに足りない.
njecyły A1【形】不完全な，だめになった，故障した.
nječas M1【男】折の悪い時.

nječasny A1【形】折の悪い；早すぎる．
nječepjel M3【男】魔物．
nječestny A1【形】恥知らずな；不名誉な．
nječist|ota F1【女】不純，不浄．**-y** A1【形】．
nječitajomny A1【形】読みにくい，判読不可能な．*nječitajomne podpismo* 読めない署名．
nječłowje|k M2【男】冷酷な人，人でなし．**-ski** A2【形】．
nječućiwy A1【形】無感覚な，鈍感な．
njedaloko 1.【副】遠くないところに．*njedaloko wottud* ここからほど遠くないところに；*wón bydli njedaloko* 彼はほど近いところに住んでいる．2.【前置】＋《生》ほど遠くないところに．*njedaloko našeho domu* わが家からそう遠くないところ．
njedawno【副】最近，先ごろ．*kniha je hakle njedawno wušła* その本はつい最近出版された；*hač do njedawna* 少し前まで．
njedawny A1【形】最近の，新生の．
njedobry A1【形】良くない，好ましくない．
njedobytny A1【形】難攻不落の．
njedocpěj|ny A1；**-omny** A1【形】到達し難い．
njedočink M2【男】役立たず，のらくら者．
njedokładny A1【形】不確かな，精密でない．
njedokonjany A1【形】未完了の；不完了の．
njedomysleny A1【形】考えの足りない，軽率な．
njedopłatk M2【男】滞納金，借金．
njedopokazany A1【形】証明されない．
njedorozumić V6【完】誤解する．**- so** 誤解する．
njedorozumjenje N5【中】誤解．*dóńć k njedorozumjenjam* 誤解が生じる．
njedosahacy A1【形】不十分な．*na njedosahace wašnje* 不完全なやり方[形]で．
njedoslědny A1【形】首尾一貫しない．
njedospołny A1【形】欠陥のある，不完全な．
njedostatk M2【男】不足；不備，欠陥．*dla njedostatka pjenjez* 金が足りないために．
njedótkliwy A1【形】手の届かない，手が出せない；非常用の；耐え難い．
njedowěra F1【女】不信，疑い．
njedowěrić V6【完】；**njedowěrjeć** V8【不完】疑う．**- so** 本心を

njejapki

打ち明けない，身を任せない．*so* swojej maćeri *njedowěrić* 母親に心を打ち明けない[身の世話をさせない]．
njedowěrliwy A1【形】懐疑的な，疑っている．
njedowoleny A1【形】容認[許可]できない．
njedypkownosć F7【女】几帳面でないこと，時間厳守でないこと．
njedypkowny A1【形】時間を守らない，几帳面でない．
njedwělomny A1【形】疑いのない．
njedźak M2【男】恩知らず．**-liwy**；**-ny**；**-owny** A1【形】．
njedźela F5【女】日曜日；《複/双》週．za dwě *njedźeli* 二週間で[後に]；tři *njedźele* 三週間；*njedźelu* 日曜日に；na *njedźelach* 日曜毎に．
njedźelniča F5【女】産婦．
njedźelniši A3【形】日曜日の．*njedźelniša* služba 日曜の勤め．
njedźělny A1【形】分割されない，完全な．
njedźiwajcy 1.【副】無視して；にもかかわらず．što da so tu *njedźiwajcy* stawa? にもかかわらずそこで何が起きたのか？ 2.【前置】+《生》//na+《対》にもかかわらず．*njedźiwajcy* toho それにもかかわらず，それには関係なく；*njedźiwajcy* wšěch problemow あらゆる問題にもかかわらず．
njedźiwajo【前置】+《生》//na+《対》にもかかわらず．*njedźiwajo* na wšě ćeže あらゆる困難にもかかわらず．
njehańbi|ty A1；**-ćiwy** A1【形】恥知らずな，厚かましい．
njehladajo na【前置】+《対》にもかかわらず，に関係なく．
njehladany A1【形】監督されていない；ぞんざいな，うっちゃられた，だらしのない．
njehódny A1【形】価値のない，値しない．
njehotowostnik M2【男】〔文法〕不完了体動詞．
njehotowostny A1【形】〔文法〕不完了(体)の．*njehotowostna* zańdźenosć 未完了過去(不完了体過去によって表される過去時制)．
njehotowy A1【形】未完(成)の．
njech【助】1.＜動詞の現在形と用いて間接命令を表わす＞…させよ．*njech* je, kaž chce なるようになるがよい；*njech* dźe 行かせるがよい．2. それでも．*njech* tež たとえ…であっても．
njechabła|ty A1；**-wy** A1【形】不動の，確固とした．
njejapcy【副】突然，不意に．*njejapcy* schorjeć 急病になる；*njejapcy* běše to それは急な[予期せぬ]ことだった．
njejapki A2【形】急の，予期せぬ．*njejapki* rozsud 即決，急な決

定.
njejasn|osć F7【女】不明瞭. **-y** A1【形】.
njejěeźny A1; **-omny** A1【形】食べられない, 食用でない.
njekazanstwo N1【中】堕落, 淫蕩, 姦通.
njekazany A1【形】自発的な; 招かれざる.
njekedźbliw|osć F7【女】不注意; 軽率. **-y** A1【形】.
njekmanik M2【男】ろくでなしの役立たず.
njekmany A1【形】[za něšto//k něčemu] 役に立たない, 不適当 [不適格] な; 無能な.
njekničomny A1【形】いやらしい, どうしようもない.
njekow M1【男】メタロイド.
njekrawny A1【形】無血の, 流血のない.
njekurjak M2【男】非喫煙者.
njelepy A1【形】不手際な, ぎこちない, 不細工な.
njeličomny A1【形】数え切れない(程)の.
njelóšt M1【男】気が進まないこと, 嫌気.
njelubozny A1【形】無作法[不躾]な; 不愉快な, 嫌な.
njemało【副】少なからず, かなり.
njemandźelski A2【形】内縁関係の, 庶出の.
njemdrić V6【不完】荒れ狂う, 騒ぐ. wichor *njemdri* 嵐が荒れ狂う.
njemdry A1【形】荒れ狂う, ものすごい.
njeměr M1【男】不穏, 不和, 騒乱. **-ny** A1【形】.
njemnohi A2【形】幾らかの, 幾つかの.
njem|óc, **-ocy** F4【女】無力. **-ócny** A1【形】.
njemóžny A1【形】不可能な. *njemóžna* wěc 不可能なこと.
njemyleny A1【形】妨害[邪魔]のない, 妨げられない.
njemylny A1【形】間違いのない.
njenadźicy【副】不意に, 思いがけず. won wotpućowa *njenadźicy* 彼は不意に旅に出た.
njenahladny A1【形】みすぼらしい; つまらない.
njenapadny A1【形】目立たない.
njenaprošny A1【形】仮借のない, 容赦ない.
njenarunajomny A1【形】代わりのない, かけがえのない.
njenasytny A1【形】飽くことを知らない.
njenuzowany A1【形】強制[拘束]のない, 自然な, 巧まざる.
njeparujomny A1【形】必要不可欠な. *njeparujomne* prawo 議

論の余地のない権利.
njepłaćiwy A1【形】失効した，通用しない.
njepłódny A1【形】不毛な，不妊の.
njeplech M2【男】粗野な人；賎民.
njepóććiwy A1【形】不道徳な.
njepočink M2【男】悪習，欠点，過失.
njepodobny A1【形】似ていない，異なる. wěrje *njepodobny* ありそうもない，信じ難い.
njepohoda F1【女】不幸，災厄；不愉快なこと.
njepokoj M3【男】不穏，騒乱.
njepokupny A1【形】買収されない.
njepoměr M1【男】不均衡，不釣り合い.
njepoměrny A1【形】不釣り合いな，均整のとれていない.
njepopřaty A1【形】妬んだ，悪意のある. *njepopřaty* susod 妬みを持つ[悪意ある]隣人.
njepopřeće N5【中】妬み.
njeporadźeny A1【形】やり損なった，失敗の.
njeporadźić so V6【完】失敗する，うまく行かない.
njeporjad|k M2【男】無秩序. **-ny** A1【形】.
njeposłušny A1【形】服従しない.
njeposrědn|i A3；**-y** A1【形】直接の，仲介を経ない.
njepowalny A1【形】動じない；曲がらない.
njeprawda F1【女】不当，不公平.
njeprawidłowny A1【形】不規則な.
njeprawo N1【中】不当，不公平；嘘.
njeprawy A1【形】不当な，不公平な；適当でない；嘘の，偽りの. w *njeprawym* wokomiku přińć まずい時にやってくる.
njeprošeny A1【形】頼まれない；招かれない. *njeprošeny* hósć 招かれざる客.
njepředajny A1【形】譲渡[売却]できない.
njepřehladny A1【形】見通しの悪い，見渡せない. *njepřehladne* křižowanišćo 見通しの悪い交差点.
njepřechodny A1【形】非他動詞の.
njepřeměnjomny A1【形】変更できない，変わらない.
njepřemokawy A1【形】防水の.
njepřemysleny A1【形】軽率な，思慮にかけた.
njepřepušćiwy A1【形】透過[貫通]させない，貫けない.

njepřeražliwy A1【形】貫けない，通さない．
njepřestajnje【副】絶え間なく．cyły dźeń so *njepřestajnje* dešćowaše 丸一日雨が降っていた．
njepřestajny A1【形】絶え間ない．
njepřetorhnjeny A1【形】間断のない．
njepřećel M3【男】；**-ka** F2【女】敵．
njepřećelnosć F7【女】敵意．
njepřećelny A1【形】敵意ある，敵の．
njepřećelski A2【形】敵意ある．
njepřećelstwo N1【中】敵意，敵対行為．
njepřewidny A1【形】不透明な．*njepřewidna* skleńca 曇りガラス．
njepřewidźomny A1【形】見通せない，見通しの利かない．
njepřezjedny A1【形】一致しない，矛盾した．
njepřihódny A1【形】不適切な；不便な，不都合な．
njepřijomny A1【形】不愉快な，居心地の悪い．
njepřirodny A1【形】不自然な．
njepřistojny A1【形】無礼な，けしからぬ．
njepřistupny A1【形】近づけない，近寄り難い．
njepřitomny A1【形】不在の，そこにいない．
njerady【副】嫌々．(*něšto*) jenož *njerady* činić (何を) ようやく [嫌々ながら] する．
njeradźeny A1【形】できそこないの，不良の．
njerjad M1【男】ごみ，汚物．
njerjany A1【形】嫌な，不親切な．
njerjedź F7【女】汚れ，ごみ，汚物．
njerk M2【男】(魚などの塊になった) 卵．žabjacy *njerk* カエルの卵．
njerkać V7【不完】(魚などが) 産卵する．
njeroda F1；**-nosć** F7【女】無秩序，だらしないこと．
njerodny A1【形】無秩序な，だらしない．
njerodź F7【女】雑草；害虫．
njerodźić V6【不完】[wo někoho/něšto] 好まない，関心をもたない．
njerozdwójny A1【形】分けられない，分離不可能な．
njerozdźělny A1【形】分離不可能な．
njerozrisany A1【形】不溶性の；解けない．*njerozrisany* nadawk

解決できない課題.

njerozsudny A1【形】決まらない，決断のつかない；(スポーツで)引き分けの. sym *njerozsudny*, što činić 私はどうしたらいいか決心がつかない.

njerozum M1【男】無分別，非常識. **-ny** A1【形】非常識な，無茶な；理解できない.

njerunostajny A1【形】一様でない，均衡のとれていない.

njeruny A1【形】平らでない. *njeruna* ličba 奇数.

njeryzy《不変》【形】【副】模造の；不純な.

njesamostatny A1【形】依存した，独立していない.

njesebičny A1【形】無私の，私欲のない.

njeschwalić V6【完】[něšto] 認めない, 非とする. nan žeńtwu dźowki *njeschwali* 父は娘の結婚を認めなかった.

njeskaženy A1【形】腐敗していない；純な，混ぜもののない.

njeskónčny A1【形】終わりのない，無限の.

njeskromny A1【形】厚かましい.

njeskutk M2【男】悪事，犯罪.

njeskutkowny A1【形】効果のない.

njesłódny A1【形】味のない，おいしくない.

njesłyšany A1【形】前代未聞の.

njesměrny A1【形】計り知れない，途方もない.

njesmilny A1【形】無慈悲な.

njesmjertny A1【形】不死の，不滅の.

njesnadny A1【形】相当な，少なからぬ.

njespěwny A1【形】無声の. *njespěwny* konsonant 無声子音.

njespodobny A1【形】不愉快な，気に入らない.

njespokojacy A1【形】不満足な，不充分な.

njespokojeny A1【形】満足していない，不満な.

njespokojom《述語》: być *njespokojom* 満足していない. sym z tobu *njespokojom* 私は君に不満足だ.

njesprawn|osć F7【女】不当，不公平；不誠実. **-y** A1【形】.

njesprócn|y；**-iwy** A1【形】疲れを知らない，不屈の.

njespušćomn|osć F7【女】当てにならないこと. **-y** A1【形】.

njestajny A1【形】均等でない，不安定な.

njestrašny A1【形】危険の少ない.

njestronity A1【形】無所属の，党派に属さない.

njestrowy A1【形】不健康な.

njesć, njesu, njeseš ; njesu ; 過去 njesech, njeseše ; 命 njes！; njesće！; 完分 njesł, njesła ; 受動分 njeseny V9【不完】運ぶ, 担う. zamołwitosć *njesć* 責任を担う ; što tam *njeseš*? 何をそこへ運んでいるの？

njesćerpliw|osć F7【女】性急, せっかち, 待ち切れないこと, 焦り. **-y** A1【形】.

njesćerpn|osć F7【女】=njesćerpliwosć. **-y** A1【形】.

njeswědomity A1【形】良心のない ; 無責任な.

njeswěr|a F1 ; **-nosć** F7【女】背信, 不誠実.

njeswěrny A1【形】不誠実な, 背信的な.

nješkitany A1【形】保護されていない, 監督されていない.

nješkódny A1【形】無害な.

njetopyr M4【男】こうもり.

njetrěbny A1【形】不必要な, 余計な.

njetrjebany A1【形】未使用の.

njetrjebawši 1. A3【形】不必要な. bjez *njetrjebawšich* słowow 余計な言葉なしに ; *njetrjebawše* starosće sej činić 余計な心配をする. 2.【副】不必要に. *njetrjebawši* so napinać 不必要に気張る.

njećesany A1【形】(木などが)切られていない ; 磨かれていない ; 粗野な, 無神経な.

njewažić sej V6【不完】[někoho/něšto] 軽視する, 無視する. wón sej młódšich kolegow *njewaži*. 彼は年下の同僚たちを軽んじている.

njewažny A1【形】重要でない, 些細な.

njewěcowny A1【形】事実によらない ; 客観的でない.

njewěda F1【女】(ある)事実を知らないこと ; 無知, 無学, 無経験.

njewědomy A1【形】事情に疎い ; 気付いていない.

njewěriwy A1【形】信じていない, 疑い深げな.

njewěrn|osć F7【女】不正, 偽り, 真実でないこと. **-y** A1【形】.

njewěstosć F7【女】不確か, 不確実.

njewěsty A1【形】不確かな, 不確実な. być sej *njewěsty* 確信がない, 心が定まらない.

njewidźomny A1【形】目に見えない.

njewina F1【女】無罪, 無垢.

njewinowat|osć F7【女】無罪, 無垢 ; 無害. **-y** A1【形】.

njewjedro N1【中】嵐, 雷. *njewjedro* so zběha 嵐になった ; *njewjedro* dyri do štoma 雷が木に落ちた.

njewjes|ta F1【女】花嫁. **-ćinski** A2【形】.
njewobhladniwy A1【形】軽率な, 不注意な.
njewobkrućeny A1【形】確かでない, 確定されていない；固定されていない.
njewobmjezny A1【形】限り無い.
njewobstajny A1【形】安定していない.
njewob|sydleny A1；**-ydleny** A1【形】人の住んでいない.
njewočak|any A1；**-owany** A1【形】予期しない.
njewola F5【女】不満, 憤り.
njewólni|k M2【男】；**-ca** F3【女】奴隷.
njewólnikar M4【男】奴隷所有者.
njewólnistwo N1【中】奴隷状態；奴隷制.
njewoprawnjeny A1【形】不当な, 権利のない；根拠のない.
njewosobinski A2【形】個人的でない；非個性的な.
njewosobny A1【形】非人称の.
njewotpohlad|any A1；**-ny** A1【形】故意[意図的]でない, ふとした.
njewotwisnosć F7【女】独立, 自立.
njewotwisny A1【形】依存しない, 独立した.
njewotwisować V4【不完】自立している. *dźowka financielnje wot nana njewotwisuje* 娘は経済的に父に依存していない.
njewróćić V6【完】(返さずに)残しておく, とめ置く. **- so** 戻らない.
njewróćliwy A1【形】不可逆の.
njewšědny A1【形】普通でない, 珍しい.
njewudata A1【形】(女性が)未婚の.
njewuchilny A1【形】不可避の, 避けられない, 宿命的な.
njewunošny A1【形】収穫の少ない, 不毛な. *njewunošne předeuzaće* 利益の上がらない企業.
njewuspany A1【形】寝不足の.
njewuspě|ch M2【男】失敗, 不成功. **-šny** A1【形】不成功の.
njewušny A1【形】役に立たない, 下らない；不適当な.
njewuwity A1【形】未発達の.
njewužitny A1【形】役に立たない, 使えない.
njezachodny A1【形】不滅の, 不朽の.
njezajimawy A1【形】面白くない.
njezakonski A2【形】不法の, 違法の.

njezaměrny A1【形】目的に合わない；無目的の.
njezamołwity A1【形】無責任な.
njezamołwjeny A1【形】弁明のない，無断の.
njezapomnička F2【女】忘れな草.
njezapomnity A1【形】忘れられない.
njezbožo N3【中】事故；不幸. na *njezbožo* 不幸にも；do *njezboža* přinjesć (*někoho*)（誰を）不幸に陥れる；k wšemu *njezbožu* 不幸なことに，よりによって；挙げ句の果てに；bjez *njezboža* 無事故で，息災で.
njezbožowny A1【形】事故の，不幸の.
njezbytny A1【形】不可避の，義務的な.
njezdwórliwy A1【形】無作法な.
njezdźěłany A1【形】無教育な.
njezmysł M1【男】無意味；ばかげたこと.
njezmyslny A1【形】無意味な，ばかげた.
njeznaty A1【形】知られていない，知らない. być *njeznaty* (*z něčim*)（何について）知らずにいる.
njezrały A1【形】未熟な.
njezrozumliwy A1【形】理解できない，不可解な.
njezwučeny A1【形】慣れていない，慣習的でない.
nježenjenc M1【男】独身男性.
nježenjeny A1【形】（男性が）独身の.
nježiwy A1【形】生きていない，生命のない；不活動体の.
nó 【間投】で，まあ，だから. dźi *nó* とにかく行けよ！ *nó*, hladajće! ほら，見てよ；*nó*, wo tym hodźi so rěčeć まあ，それについては言うことができる.
nóc, nocy F4【女】夜. w *nocy* 夜に；w *nocy* na wutoru 火曜日にかけての夜；po *nocach* 幾夜も通して；přez *nóc* 一晩中；夜の間に；一夜にして；dobru *nóc*! おやすみなさい！
nóclěh M2【男】寝台；宿泊.
nócny A1【形】夜の. *nócna* změna 夜勤；*nócny* hawron 夜更かし遊び人.
nocować V4【不完】宿泊する，夜を過ごす.
noha F2【女】足. prědnja [zadnja] *noha* 前[後]足；*noze* na křiž połožić 足を組む；na *nohomaj* być cyły dźeń 一日中立ち通しでいる；*nohu* podtyknyć つまずかせる，引っかける；*noze* pod pažu wzać 急いで走る；dołha *noha* 長期間；do kwasa je hišće dołha

noha 結婚式まではまだ長い(何が起こるかわからない).
nohajca F3【女】ストッキング, 靴下.
nohowy A1【形】足の. *nohowa kósć* 足の骨.
nochcyć, nochcu, nochcyš; nochceža; 過去 nochcych, nochcyše; 完分 nochcył, nochcyła; 受動分 nochcyty; 能動分 nochcyjacy V9【不完】＜chcyć の否定＞望まない, 欲しくない. mi so *nochce* 私には嫌だ, 気が進まない.
nochć M3【男】(指の)爪. **-owy** A1【形】.
nomen M1【男】名詞.
nominatiw M1【男】〔文法〕主格.
nominować V4【不完】指名する.
nop M1【男】頭骨. *přeraženje nopa* 頭骨骨折.
nopach M2【男】小鉢, 杯状の容器. *nopachi wuwaleć [wupinać]* 目をむく, 目を見開く.
nopašk M2【男】《指小》＜nopach. *cokorowy nopašk* (卓上用)砂糖入れ.
nopawa F1【女】カメ.
nora M5【男】愚か者, 阿呆; 道化師. k *norje měć* からかう.
norić V6【不完】からかう, 愚弄する.
norma F1【女】規範, 基準. *dźěłowa norma* 労働基準; *normu spjelnić [přepjelnić]* ノルマを達成する.
normalizować V4【不完】正常化する.
normalny A1【形】正常な.
normować V4【不完】規格化する.
Norweg M2; **-a** M5【男】; **-owka** F2【女】ノルウェー人.
Norwegska A2【女】ノルウェー. **norwegski** A2【形】.
norwegšćina F1【女】ノルウェー語.
nós, nosa M1【男】鼻. *nós krawi* 鼻血が出る; pod *nosom* 鼻先で; *wótry nós* 鋭い嗅覚; *nós pokazać* ちょっと顔を出す; *nós chrěnić* (鼻にしわを寄せて)人をばかにする.
nósnik M2【男】ハンカチ.
nósny A1【形】鼻の.
nosorohač M3【男】犀(サイ).
nosowka F2【女】鼻音.
nosowy A1【形】鼻の. *nosowa dźěrka* 鼻孔; *nosowy zwuk* 鼻音.
nosydło N1【中】担架.
nosyć V6【不完】運ぶ. won *nosyć* 運び出す.

nošadło N1【中】担架.
nošak M2【男】桁, 梁；荷台.
nošer M4【男】運搬人；担い手. *nošer* myta 賞の受賞者.
nošnosć F7【女】負担能力, 積載能力.
nota F1【女】音符, 楽譜；成績の評点；注, ノート.
notěrować V4【不完】書きとめる.
notica F3【女】メモ.
notic|ny ; -owy A1【形】メモの. *noticny* blok メモ帳.
nowačk M2【男】新入り, 新参者.
nowela F5【女】短編小説.
nowemb|er, -ra M1【男】十一月. **-erski** A2【形】.
nowina F1【女】ニュース；新聞；開拓地. do *nowin* stajić 新聞に掲載する；*nowiny* woteběrać 新聞を購読する.
nowinar M4【男】; **-ka** F2【女】ジャーナリスト.
nowinarski A2【形】ジャーナリストの；報道の. *nowinarska* konferenca 記者会見；*nowinarski* zarjad 報道局.
nowinarstwo N1【中】ジャーナリズム.
nowinka F2【女】ニュース.
nowinowy A1【形】新聞の.
nowinski A2【形】新聞の, 報道の. *nowinska* powěsć 新聞報道；*nowinski* dopisowar 特派員.
nowić V6【不完】刷新する, 新しくする.
nowočasny A1【形】近代の；最新の.
nowolětny A1【形】新年の. *nowolětny* postrow 新年の挨拶.
nowonarodźeny A1【形】新生の.
noworjadowanje N5【中】新制度, 新規則.
nowostka F2【女】刷新, 改新, 新しいもの.
nowosć F7【女】刷新, 新しさ.
nowotar M4【男】改革者, パイオニア. **-ski** A2【形】.
nowotwar M1【男】新築；再建, 復興. **-ski** A2【形】.
nowotwórba F1【女】新作.
nowoćišć M3【男】再版, 改訂版.
nowowěk M2【男】近代.
nowowólba F1【女】再選挙, 改選.
nowowučer M4【男】; **-ka** F2【女】〔史〕新教師（戦後のドイツ民主共和国で教職をとった教師を指す）.
nowozałoženy A1【形】再建された, 新たに設立された.

nowy A1【形】新しい. *nowe* lěto 新年；*Nowe* lěto 元旦；na *nowy* tydźeń 来週に；na *nowe* 新たに，改めて，再び.
nózdro N1【中】鼻孔.
nož【助】だけ，ただ (=jenož). ale dočakaj *nož* まあ待ちなよ.
nóž, noža M3【男】ナイフ. kapsny *nóž* ポケットナイフ；kuchinski *nóž* 包丁；rězniski *nóž* 肉きりナイフ.
nožicy PL1【複】はさみ. płotowe *nožicy* 刈込みばさみ.
nožički PL1【複】《指小》＜nožicy. nochćowe *nožički* 爪切り.
nožik M2【男】《指小》＜nóž.
nóžka F2【女】《指小》＜noha；脚；キノコのじく. stólcowa *nóžka* テーブルの脚；*nóžka* lampy ランプの脚.
nóžkować V4【不完】徒歩で[駆けて]行く.
nóžnje PL2【複】(ナイフの)鞘.
nudla F5【女】(ふつう《複》) ヌードル.
nuhel M3【男】角. wótry [tupy] *nuhel* 鋭[鈍]角.
nuchadło N1【中】嗅覚(器官).
nuchać V7【不完】[něsto] 嗅ぐ，臭いを感じる；臭いがする.
nukl M3【中】イエウサギ. **-acy** A1【形】.
nuklearny A1【形】核の. *nuklearne* brónje 核兵器.
nul《不変》；**-a** F1【女】. *nul* zmylkow ミスゼロ.
nulodypk M2【男】零点；零度.
nulowy A1【形】ゼロの.
numeral M3【男】数詞.
numerować V4【不完】番号を付ける.
nurina F1【女】くぼ地，低地.
nurić V6【不完】[něsto] 沈める. **- so** 沈む.
nurjacy A1【形】潜水の. *nurjacy* aparat 潜水用具.
nurjak M2【男】潜水夫.
nurjowarjak M2【男】 投げ入れ式電熱器.
nušlak M2【男】；**-wa** F1【女】密偵，スパイ，嗅ぎ回り屋.
nušlić V6【不完】嗅ぎ回る.
nutri|ny, -now/-n PL1【複】内臓.
nutrn|osć F7【女】情熱；敬虔さ，信心. **-y** A1【形】.
nutro N1【中】内部. *nutro* zemje 地球の内部, 地身.
nutř【副】中へ. pój *nutř* お入りなさい！durje so *nutř* wočinjenja ドアは内側に開く.
nutřka【副】中で，中に. w kašćiku njebě ničo *nutřka* 箱の中に

nutřkokrajny

は何もなかった；nichtó njeje *nutřka* 中には誰もいない；*nutřka* wostać 屋内にずっといる．

nutřkokrajny A1【形】内陸の；内の．*nutřkokrajne* łódźnistwo 内陸水運；*nutřkokrajne* wikowanje 国内取り引き；*nutřkokrajne* morjo 内海；*nutřkokrajne* wodźizny 内陸水域（河・湖など）．

nutřkopolitiski A2【形】国内政治の．

nutřkowny A1【形】内部の．*nutřkowne* organy 内部器官；*nutřkowne* bolosće 心痛；*nutřkowny* minister 内務大臣．

nutřkozawod|ny A1；**-owy** A1【形】企業内部の，社内の．

nućeny A1【形】強いられた．*nućene* wusydlenje 強制移住．

nućić V6【不完】強いる．

nuza F3【女】必要；窮乏，困窮．bydlenska *nuza* 住宅難；w *nuzy* 緊急に際して；k *nuzy* いざとなれば，必要とあらば；pomocnik w *nuzy* 緊急の際の救助者；*nuzu* ćerpjacy（手形が）不渡りの，（債権が）期限切れの；lubu *nuzu* měć（z *něčim*）（何で）手を焼く，忙しい思いをする．

nuznik M2【男】トイレ．

nuzno|sć F7；**-ta** F1【女】必然，必要(性)，不可欠．

nuzny A1【形】必要な；緊急の．*nuzny* pjenježk トラの子の貯金，へそくり；njeje *nuzne* 急を要さない；*nuzne* měć 急ぐ．

nuzować V4【不完】強いる．wón so *nuzowany* posměwaše 彼は無理に笑った．

nuzowy A1【形】緊急の，非常用の．*nuzowe* spinadło 非常ブレーキ；*nuzowy* wuchod 非常口．

nužłować V4【不完】鼻声で話す．

nygać V7【不完】；**nygnyć** V3【完】うなずく，首を縦に振る．

nylon [najlon] M1【男】ナイロン．

Nysa F3【女】ナイセ河．

nyšpor M1【男】晩課．

O, o

oaza F3【女】オアシス.
objekt M1【男】事物, 対象；〔文法〕目的語.
objektiw M1【男】レンズ.
objektiwn|ość F7【女】客観性, 現実性. **-y** A1【形】.
objektowy A1【形】目的(語)の. *objektowa* sada 目的文.
obligatorski A2【形】義務的な.
obskurny A1【形】暗い, 見えない.
ocean M1【男】大海. Ćichi *ocean* 太平洋.
ocon M1【男】オゾン.
oda F1【女】頌歌.
ofensiw|a F1【女】攻撃. **-ny** A1【形】.
oficěr M1【男】士官. **-ski** A2【形】.
oficěrstwo N1【中】士官階級.
ofici|alny A1；**-elny** A1【形】公式の. *oficialne* zdźělenje 公式発表.
oh!【間投】おお！ *oh!*, kak rjenje！おおなんと素晴しい！
oker M1【男】黄土. **-owy** A1【形】.
oks|id M1；**-yd** M1【男】酸化物.
oktawa F1【女】オクターヴ.
oktob|er, -ra M1【男】十月. **-erski** A2【形】.
okupaci|ja F5【女】占領. **-ski** A2【形】.
okupować V4【不完】占領する.
oliwa F1【女】オリーヴ.
oliwojty A1【形】オリーヴ色の.
oliwowy A1【形】オリーヴの. *oliwowy* wolij オリーヴオイル.
olympiada F1【女】オリンピック.
olympiski A2【形】オリンピックの. *olympiskie* hry オリンピックゲーム.
omnibus M1【男】バス. **-owy** A1【形】.
opera F1【女】オペラ.

operacija

operacija F5【女】操作；作戦；手術；演算．čežka *operacija* 大手術；matematiska *operacija* 演算．
operater M1【男】オペレータ．
operatiwny A1【形】オペレーションの．
operet|a F1【女】オペレッタ．**-owy** A1【形】．
operować V4【不完】操作[運転]する；手術する；作戦を行う．
operowy A1【形】オペラの．*operowy* spěwar オペラ歌手．
oponować V4【不完】反対[反論]する，対抗する．
opozicija F5【女】対立．
opozicionalny A1【形】敵対する，反対の．
opoziciski A2【形】対立の．*opoziciska* strona 対立政党．
optika F2【女】光学，光学機器(類)；(レンズの)光学系．
optikar M4【男】；**-ka** F2【女】メガネ屋，光学機器の専門職人，光学機器店(の人)．
optimalny A1【形】最適の．*optimalne* wuměnjenja 最適条件．
optimist M1【男】楽天主義者．
optimi|zm M1【男】楽天主義．**-stiski** A2【形】．
optiski A2【形】光学の，光学上の．
oranža F5【女】オレンジ．
oranžada F1【女】オレンジエード．
oranžojty A1【形】オレンジ色の．
oranžowy A1【形】オレンジの．*oranžowa* brěčka オレンジジュース．
oratorij M3【男】オラトリオ．
orbitalny A1【形】軌道の，周円の．
ordinacija F5【女】叙聖．
ordinal M3【男】順序数詞．
ordinalny A1【形】順の．*ordinalny* ličbnik 順序数詞．
ordinarny A1【形】下級な；並の．
organ M1【男】器官；機関；機関紙；部分．
organizacija F5【女】組織化，組織．
organizaciski A2【形】組織(化)の．
organizator M1【男】組織者，主催者．
organizatorski A2【形】組織的な；組織力のある．
organizm M1【男】有機体；生体．
organizować V4【不完】組織する．
organowy A1【形】有機体の．*organowa* transplantacija 生体移

植.
organski A2【形】有機(的)な，組織の，組織的な.
orchest|er, -ra M1【男】管弦楽団. **-rowy** A1【形】.
orchideja F5【女】ラン.
orient M1【男】東洋.
orientacija F5【女】方向付け；指導，オリエンテーション，手引き.
orientaciski A2【形】指導となる，方向性を示す.
orientaliski A2【形】東洋の.
orientować V4【不完】[po někin/něčim//na někoho/něšto]（誰/何に向けて）方向付ける，指導して向ける. politiku na realitach *orientować* 政治を現実に対処させて指針付ける. **- so**（自分の）方向を定める；調べる；自分の位置がわかる.
original M3【男】原物，オリジナル；変わり者.
originalnosć F7【女】原物であること；独自性.
originalny A1【形】原物の，オリジナルな. *originalna* wulkosć 原物大.
originelny A1【形】奇抜な，滑稽な.
orkan M1【男】嵐，激風.
orkanojty A1【形】嵐のような.
ornament M1【男】装飾，文様.
ornamentika F2【女】装飾法.
ornamentowy A1【形】装飾のある. *ornamentowa* skleńca 文様入グラス.
ortogragija F5【女】正書法.
ortoped M1【男】整形外科医.
ortopedi|ja F5【女】整形外科. **-ski** A2【形】.
ostensibelny A1【形】見本の；示威の.
ostentacija F5【女】示威，これ見よがし.
owal M3【男】楕円. **-ny** A1【形】.

P, p

paca F3【女】(動物の)前足.
pačak M2【男】てこ, レバー.
pačidło N1【中】かなてこ.
pačić V6【不完】割る, 砕く. kamjenje *pačić* 石を砕く.
pad M1【男】場合, ケース;〔文法〕格. na kóždy *pad* いずれにしても, 何にせよ; na žadyn *pad* いかなる場合にも(ない); w *padźe* wójny 戦争の場合には.
padak M2【男】パラシュート. z *padakom* skakać パラシュートで飛び降りる.
padać V7【不完】落ちる. krupy *padaja* あられが降る; sněh *pada* 雪が降る; mi ćeško *pada* 私には辛い.
padla F5【女】(カヌーの)パドル.
padlowak M2【男】カヌーの漕ぎ手, カヌー選手.
padlować V4【不完】カヌーを漕ぐ.
padlowy A1【形】パドルの. *padlowy* čołm カヌー.
padnyć V3【完】落ちる, 倒れる. do womory *padnyć* 気絶する; wokoło šije *padnyć* 首にかじりつく, 抱きつく; na jedyn rub *njepadnje* dub ただの一撃で樫は倒れない; kameń wot wutroby *padny* 胸のつかえが落ちる, 気が楽になる.
padoruna A1【女】垂(直)線.
padoruny A1【形】垂直な.
paduch M2【男】泥棒, ペテン師.
padustwo N1【中】盗み.
padušni∥k M2【男】; **-ca** F3【女】泥棒.
pahórčina F1【女】丘陵地.
pahórkaty A1【形】丘の多い, 起伏した.
pachać V7【不完】パッパッと吸う.
pachoł, 複主 pacholjo M1【男】青年, 若者.
pak【助】しかし, でも; あるいは. to *pak* njeje derje! それはでもよくない!;〈pak... pak...で〉…か, …か; *pak* dźensa *pak* jutře

今日か明日.
paka F2【女】てこ, ジャッキ.
paket M1【男】小包. zapisany *paket* 書留小包.
paketowy A1【形】小包の. *paketowe* woknješko 小包窓口.
pakluč M3【男】合鍵.
pakostni|k M2【男】; **-ca** F3【女】泥棒, 盗賊.
pakosćić V6【不完】くすねる.
pakować V4【不完】荷造りする. kófer *pakować* スーツケースを詰める.
pakčik M2【男】小包. zapisany *pakčik* 書留小包.
palacy A1【形】燃えている; 火急の. *palace* prašenje 火急の問題.
palak M2【男】バーナー, 火口. płunowy *palak* ガスバーナ.
palast M1【男】宮殿, 御殿.
palaty A1【形】燃えている; 鋭い, 刺すような.
palc M1【男】親指. po *palcach* hić つま先で歩く; (*někomu*) na *palc* stupić (誰の)痛いところを突く.
palčik M2【男】《指小》<palc; 小人, 親指小僧.
palenc M1【男】スピリッツ, シュナプス.
paler M4【男】酒造り職人.
paleta F1【女】パレット.
palidło N1【中】燃料.
palić V6【不完】燃す, 焼く; ひりひりさせる. wuhlo *palić* 炭を燃やす; cyhele *palić* レンガを焼く; mje žaga *pali* 私は胸やけがする. **- so** 燃える, 焼ける.
paliwaka F2【女】ドラゴン.
paliwo N1【中】燃料. krute *paliwo* 固形燃料; zastaranje z *paliwom* 燃料補給.
palnišćo N3【中】焦点; バーナー, 火口; かまど; 火元. wójnske *palnišćo* 戦争の火種.
palnosć F7【女】可燃性.
palny A1【形】燃える, 燃やせる. *palne* drjewo 薪.
pampuch M2【男】パンケーキ.
panc M1【男】水っぽい食べ物, まずい粥, ごった煮.
pancać V7【不完】(水で)薄める; (水を)かける.
pancer M1【男】装甲, よろい.
paněrować V4【不完】パン粉をつける.
panik M2【男】旦那.

panocht M1【男】(動物の)蹄，かぎ爪．
panochćica F3【女】(動物の)腐蹄症．
panoš M3【男】小姓．
papjera F1【女】紙．pisanska *papjera* 筆記用紙，便箋；překlepkowa *papjera* 複写[タイプ]用紙；listne *papjery* 全紙．
papjerc M1【男】厚紙，ボール紙．**-owy** A1【形】．
papjerjany A1【形】紙製の．*papjerjane* pjenjezy 紙幣；*papjerjany* nósnik ちり紙．
papjerka F3【女】《指小》＜papjera．
papjernik M2【男】紙工場．
papjernistwo N1【中】紙屋，文房具屋．
papjerowy A1【形】紙の．
papjery PL1【複】有価証券．
paprik|a F2【女】パプリカ．pjelnjana *paprika* パプリカの詰め物．**-owy** A1【形】．
paproć F7【女】シダ．
para F1【女】蒸気．wodowa *para* 水蒸気；*para* stupa z wody 水から蒸気が上がる；z *paru* tepić 蒸気で暖める；mi je *para* do porstow zalězła 指にしもやけができた；z połnej *paru* dopředka 全速前進．
parad|a F1【女】パレード．dobyćerska *parada* 凱旋行進．**-owy** A1【形】．
paralela F5【女】平行線．
paralelka F2【女】平行したもの，平行線；類似したもの．
paralelny A1【形】平行な．
parać V7【不完】ぐずぐずする．**-so** ふざける，いちゃつく．
parazit M1【男】寄生虫．
parić V6【不完】蒸す．zeleninu *parić* 野菜を蒸す．**-so** 蒸される，暑くなる．
parjak M2【男】蒸し器，圧力釜．
park M2【男】公園．
parkowanišćo N1【中】駐車場．
parkować V4【不完】駐車する．
parkowy A1【形】公園の．*parkowe* pućiki 公園の小道．
parla F5【女】真珠．
parlament M1【男】議会．
parlička F2【女】《指小》＜parla．

parlowina F1【女】螺鈿(らでん),貝細工.
parnica F3【女】蒸気機関.
parnik M2【男】汽船.
parny A1【形】蒸気の. *parny* kotoł 蒸し器; *parne* tepjenje スチーム暖房.
parod M1【男】流産.
parohi PL1【複】鹿の角.
parow M1【男】斜面,傾斜.
parować V4【不完】[něšto/někoho] ない,欠いている.
parow|ód, -oda M1【男】蒸気管.
particip M1【男】分詞.
partikla F5【女】助詞.
partner M1【男】; **-ka** F2【女】パートナー.
partnerstwo N1【中】パートナーシップ.
pas M1【男】ベルト,帯;通過許可書. wuwozny *pas* コンベヤベルト; čěrjacy *pas* (機械の)ベルト; woborny *pas* 軍人手帳,軍人の通行パス.
pasać V7【不完】帯で締める,帯を巻く.
pasažer M1【男】; **-ka** F2【女】乗客.
pasažerski A2【形】乗客の,旅客の.
pasiw M1【男】受動.
pasiwnosć F6【女】受動性,消極性.
pasiwny A1【形】受け身の.
pask M2【男】《指小》<pas; (録音用)テープ.
paskulica F3【女】ノスリ(野鳥の一種).
pasle PL2【複】罠. myšace *pasle* 鼠取り; *pasle* lac 罠を仕掛ける; do *paslow* hić 罠に落ちる.
pasmo N1【中】地帯;群れ. měrne klimowe *pasmo* 温暖地帯; *pasmo* jehlinoweho lěsa 針葉樹林帯; *pasmo* psow 犬の群れ.
pasowy A1【形】ベルトの;パスの,通行許可書の. *pasowy* zaspinak バックル; *pasowa* linija ウエストライン; *pasowa* piła 帯鋸; *pasowa* kontrola パスコントロール.
pasta F1【女】ペースト. zubna *pasta* ねり歯磨き.
pastelowy A1【形】パステルの.
pastwa F1【女】牧場,草地.
pastwišćo N1【中】放牧場. hórske *pastwišćo* (高原の)放牧場.
pastyr M4【男】; **-ka** F2【女】牧人.

pasć, pasu, paseš；pasu；過去 pasech, paseš；命 pas！；pasće！；完分 pasł, pasła；受動分 paseny；能動分 pasacy V9【不完】放牧する；見張る，監督する．lěnjeho *pasć* 怠ける；wostudu *pasć* 暇をもてあます，退屈する．

pata F1【女】めんどり，母鶏．

patoržica F3【女】クリスマスイヴ．*patoržicu* 聖夜に．

paćer M4【男】祈り；《複》堅信礼(の準備)．*paćerje* spěwać 祈禱を唱える．

paćerka F2【女】真珠，ビーズ玉．koralowe *paćerki* 珊瑚の首飾り．

paćerkaty A1【形】真珠[ビーズ]を埋め込んだ．

paw M1【男】孔雀．

pawči A3【形】蜘蛛の．

pawčina F1【女】蜘蛛の巣．

pawčnica F3【女】ベール．

pawk M2【男】蜘蛛．

pazora F1【女】鈎，蹄．

pazoraty A1【形】鈎のある．

pazorki PL1【複】引用符．mjez *pazorkami* 引用符に入れて，カッコ付きで．

paža F5【女】脇の下．pod *pažu* wzać 小脇に抱える．

pažeń F7【女】(穀倉の中の)穀物置き場．

pčoła F1【女】蜜蜂．

pčołar M4【男】；-ka F2【女】養蜂家．

pčołarstwo N1【中】養蜂，養蜂業．

pčołka F2【女】《指小》<pčoła．

pčołkacy A1【形】蜜蜂の．*pčołkacy* měd 蜂蜜．

pčołnica F3【女】蜂の巣．

pedagog M2【男】；-a F2【女】教育学者．

peklować V4【不完】(肉を)塩漬けにする．

perfekt M1【男】完了時制．

perfektiwny A1【形】完了体の．*perfektiwne* słowjeso 完了体動詞．

perfektny A1【形】完全な，完璧な；効力を発した．

perfektowy A1【形】完了時制の．*perfektowa* forma 完了形．

periodiski A2【形】定期の，周期の．*periodiski* časopis 定期雑誌．

periodowy A1【形】周期の．*periodowy* system (元素の)周期系．

personal M3【男】職員，人員．
personalije PL2【複】身上書；個人データ．
personalny A1【形】個人の，人の．*personalny* wupokaz 身分証明書；*personalny* běrow 人事課．
personifikować V4【不完】人格化する，具現する．
perspektiwny A1【形】遠近法の；将来を見通した．
peticija F5【女】請願．
petrolej M3【男】石油．**-owy** A1【形】．
pěc, pjecy F4【女】オーブン，炉．wysoka *pěc* 高炉，溶鉱炉；do *pjecy* sadźeć オーブンに入れる；*pěc* pyrić オーブンを熱する；do *pjecy* hić ダメになる，無に帰す；dań wot *pjecy* pominać 物乞いする；*pěc* wumjesć (*někomu*)(誰を)うちのめす；njeje zady *pjecy* pobył (彼は)目先のことしか考えていない；sebi na *pěc* kazać (*někoho*)(誰の)頼みをはねつける，追い払う；dźi do *pjecy*! 失せろ！．
pěcny A1【形】オーブン[炉]の．*pěcna* dań 残り物；po *pěcnej* dani chodźić 物乞いして歩く．
pěkn|osć F7【女】繊細，精緻，上品．**-y** A1【形】．
pěna F1【女】泡．
pěnić V6【不完】泡立てる；泡立つ．**-so** 泡立つ；怒りをぶちまける．
pěnowy A1【形】泡の．*pěnowy* kupjel 泡風呂．
pěsčina F1【女】砂層．
pěsčišćo N3【中】砂州，浅瀬．
pěseń F7【女】歌．lodowa *pěseń* 民謡．
pěsk M2【男】砂．drobny [hruby] *pěsk* 細かい[粗い]砂．
pěskaty A1【形】砂の，砂状の．
pěski PL1【複】砂地．
pěskojty A1【形】砂の，砂状の．
pěskowc M1【男】砂岩．
pěskowy A1【形】砂の．*pěskowy* časnik 砂時計；*pěskowe* nawěwe 砂丘．
pěsnička F2【女】《指小》< pěseń．
pěsnjer M4【男】；**-ka** F2【女】歌読み，作詞[作曲]家．
pěsta F1【女】(車輪と軸を固定する)こしき，ハブ．
pěston M1【男】パトロン，保護者．jandźel *pěston* 守護神．
pěstonča F5【女】子守女．
pěstonić V6【不完】世話をする，お守をする．

pěstowarka F2【女】幼稚園の先生，保母．
pěstowarnja F6【女】幼稚園．
pěstować V4【不完】世話する，養育する．ludowe nałožki *pěstować* 民衆のしきたりを育成する．
pěsć F7【女】すりこぎ，乳棒．
pěši【副】歩いて．
pěšk M2【男】歩行者；歩兵．
pěškować V4【不完】徒歩で行く．
pětrkluč M3【男】セイヨウサクラソウ．
pětršilka F2【女】パセリ．
pcha F2【女】蚤．
pica F3【女】飼料，まぐさ．
piclić V6【不完】みじん切りにする，細かく裂く．
picnišćo N3【中】（家畜の）餌場．
picny A1【形】飼料の．*picne* běrny 飼料用のじゃがいも．
picowadło N1【中】飼料．
picowanišćo N3【中】（家畜の）餌場．
picowanje N5【中】餌をやること．
picowanski A2【形】飼育の．*picowanski* čas 餌の時間．
picować V4【不完】飼育する，餌をやる．
pičel F7【女】樽．
pičelojty A1【形】樽状の．
pičk M2【男】酒飲み，酔っ払い．
piha F2【女】そばかす，斑点．
pihawy A1【形】そばかすのある．
pijaty A1【形】酔った．
pijawka F2【女】吸取紙．
pijelca F3【女】ヒル，吸血虫．
pikać V7【不完】；**piknyć** V2【完】つつく，啄む；つぶやく．wón ani słowčka *njepikny* 彼は一言もつぶやきもしなかった．
pikotać V7【不完】パチパチ［ギシギシ］言う．lód *pikota* 氷が音をたてる．
piła F1【女】鋸．kružna *piła* 丸鋸．
piłka F2【女】《指小》＜piła．*piłka* k wurězowanju 糸ノコギリ．
pila F5【女】若鴨；丸薬．
piln|osć F7【女】熱心，熱意．**-y** A1【形】．
pilo N4(a)【中】子ガモ，子ガチョウ．

pimpla|k M2【男】; **-wa** F1【女】泣き虫.
pimplić V6【不完】取り澄ます, 堅物ぶる; びくびくする.
pimplk M2【男】ほんの少し, 少量.
pimpus M1【男】ぬかるみ, 泥沼.
pinać V7【不完】張る, 張り渡す, 反らす.
pinca F3【女】地下室. winowa *pinca* ワインセラー; čwělowanska *pinca* 拷問部屋.
pinčni|k M2【男】; **-ca** F3【女】給仕.
pinčny A1【形】地下室の; 酒場の. *pinčne* wokno 地下室の窓.
pioněr M1【男】パイオニア; (共産主義国で)ピオネール.
piplić V6【不完】[něšto] 手作業で作る, 組み立てる; いじくる. *piplić* w nosu 鼻をほじる. **- so** (仕事を)ダラダラやる.
pisak M2【男】鉛筆, 鉄筆.
pisanić V6【不完】色をつける, カラフルにする. **- so** 色鮮やかになる. mi so wšo *pisani* 何もかもが私の目には鮮やかに見える.
pisanje N5【中】書くこと.
pisanski A2【形】書く, 書くための. *pisanska* mašina タイプライター; *pisanske* blido 机; *pisanski* zmylk 書き間違い.
pisany A1【形】書かれた; さまざまな; 色とりどりの. *pisana* papjera 便箋, (書くための)紙; *pisana* kryda 色チョーク.
pisar M4【男】; **-ka** F2【女】書記, 秘書, タイピスト, 速記者.
pisarnja F7【女】事務所.
pisać V7【不完】[něšto] 書く; [někomu//na někoho] (誰宛てに)(手紙を)書く. *pisać* dočista 清書する; *pisać* pod so 重ね書きする; *pisać* z mašinu タイプライターで書く. **-sej** 文通する.
piskać V7【不完】(楽器を)鳴らす. na huslach *piskać* ヴァイオリンをかき鳴らす; na poslednjej trunje *piskać* 力を使い果たす; (někomu) wěrnosć *piskać* (誰に)はっきり意見を言う; sněh *piska* 雪がきしむ; kara *piska* 荷車がきしむ.
pismik M2【男】文字. spočatny *pismik* 頭文字.
pismikować V4【不完】一文字一文字読む.
pismo N1【中】文字; 字体; 文書. wobrazowe *pismo* 絵文字, 象形文字; klinowe *pismo* 楔形文字; oficialne *pismo* 公文書; po *pismje* 命令書に基づいて; Swjate *pismo* 聖書.
pisomny A1【形】書かれた, 文書の; 筆記の. *pisomny* nadawk 筆記のレポート.
pišpolić V6【不完】ささやく; ざわめく.

pišpot M1【男】ささやき．
pišpotać V7【不完】ささやく．
pišćałka F2【女】たて笛．
pišćel F7【女】（パイプオルガンの）パイプ；腓骨（ヒコツ）．
pišćele PL2【複】オルガン．na *pišćelach* hrać オルガンを演奏する．
pišćeler M4【男】；**-ka** F2【女】オルガン奏者．
pišćeć V5【不完】泣く．sněh *pišći* 雪が軋む．
pitny A1【形】飲める，飲用の．*pitna* woda 飲み水；*pitna* šklenca 飲水用のコップ．
pić V2【不完】[něšto] 飲む．mi chce so *pić* 私は喉が乾いている；to so *pije* それは飲める［飲んでよい］；słónco *pije* wodu 太陽で水が蒸発する．
piće N5【中】飲み物．
piwarnja F7【女】ビール製造工場．
piwnica F3【女】ビアホール．
piwo N1【中】ビール．swětłe *piwo* 白ビール；ćmowe *piwo* 黒ビール；*piwo* warić ビールを醸造する；*piwo* točić ビールを注ぐ．
pižmo|ń, -nja M4【男】ジャコウネズミ．
pižmowa šćura A1-F1【女】＝pižmoń．
pjanka F2【女】雑草．
pjany A1【形】酔っ払った．*pjany* kaž motyka ぐてんぐてんに酔った．
pjasć F7【女】拳．*pjasć* spinać 拳を握る．
pjasćić V6【不完】握り締める．ruku *pjasćić*（手を握り締めて）拳を作る．
pjasćowanje N5【中】ボクシング．
pjasćowar M4【男】ボクサー．
pjasćować V4【不完】拳で殴る；ボクシングをする．
pjata F1【女】踵．*pjaty* lizać おべっかを使う，へつらう；so z *pjatomaj* prać ひそかに痛快がる；(*někomu*) so na *pjaty* powěsyć（誰に）付きまとう；za *pjatomaj* być (*někomu*)（誰に）くっついている，離れずにいる．
pjatk M2【男】金曜日；金曜日に．wulki [ćichi] *pjatk* 聖金曜日（復活祭の前の金曜日）；swjatk a *pjatk* 年がら年中，いつも．
pjatka F2【女】5番（の数の付いたもの）．
pjatnaty A1【数】《序》15番目の．
pjatnaće L2【数】15．

pjatnaćina F1【女】15分の1．

pjaty A1【数】《序》5番目の．*pjaty rôžk* 5番目の隅（トイレのこと）．

pjatylizanje N5【中】へつらい，ごますり．

pjatylizar M4【男】ごますり屋．

pjec, pjeku, pječes; pjeku; 過去 pječech, pječeše; 命 pječ!; pječće!; 完分 pjekł, pjekła; 受動分 pječeny; 能動分 pječacy V9【不完】焼く．- **so** 焼ける．*něšto so pječe* 何事かが起きつつある．

pjecak M2【男】暖炉（中が窯になっている）．

pječa【助】（当事者あるいは誰かが）言うところでは；らしいが．*to pječa wěrno njeje* それは本当じゃないという話だ；*jutře pječa přijědźe*（彼は）明日到着するらしい；*pječa špatnych wukonow dla* 言うところのまずい結果のせいで．

pječat M1【男】印．

pječeń F7【女】ステーキ，ロースト．*howjaza [swinjaca] pječeń* 牛［豚］のステーキ．

pječenje N5【中】焼くこと．*pónoj k pječenju* 焼き肉用の鍋，フライパン．

pječeny A1【形】焼いた．*pječena kołbaska* 焼きソーセージ；*wón je tam warjeny a pječeny* 彼はあそこでは常連だ，入りびたりだ．

pječwo N1【中】クッキー．

pjedź F7【女】指尺（古い長さ単位で約20cm）．

pjekar M4【男】パン屋（職人）．

pjekarnja F6【女】パン屋（店）．

pjekarski A2 1.【形】パン屋の．*pjekarski chlěb* パン屋の（自家製でない）パン．2.【男】パン職人，パン屋の店員．

pjekarstwo N1【中】パン作り，製パン業．

pjelcha F2【女】おむつ．w *pjelchach ležeć* おむつがとれていない，まだ子供だ．

pjelchować V4【不完】[někoho] おむつを当てる．

pjelnić V6【不完】[něšto z něčim] 一杯にする．- **so** 一杯になる．*stwa so z ludźimi pjelnješe* 部屋は人で一杯だった．

pjelnjak M2【男】万年筆．

pjelnjenje N5【中】詰めること；（ソーセージなどの）詰め物．

pjelnjenka F2【女】詰め物．

pjelski A2【形】つるつるの，すべる．*pjelske puće* 滑りやすい道；*pjelska koža wuhorja* ウナギのつるつるした皮．

pjelsć F7【女】フェルト；(動物の)柔らかい毛.
pjelsćojty A1【形】フェルト状の；綿毛で覆われた.
pjelsćowy A1【形】フェルト(製)の. *pjelsćowe* škórnje フェルトのブーツ.
pjeluška F2【女】《指小》＜pjelcha.
pjenjez, 複生 pjenjez M1(b)【男】貨幣；(《複》で)金銭. wobběch *pjenjez* 貨幣の流通；*pjenjezy* bić 貨幣を鋳造する；papjerjane *pjenjezy* 紙幣；płaćenje w hotowych *pjenjezach* [z hotowymi *pjenjezami*] 現金で払う；*pjenjezy* měnić 両替する；rjany *pjenjez* 端数を除いた金額；たいした額；*pjenjezy* přečinić 金をばらまく，浪費する.
pjenjezyměnjernja F6【女】両替所.
pjenježk M2【男】《指小》＜pjenjez；ペニヒ.
pjeńk M2【男】木の切り株；靴の踵. *pjeńki* kopać 切り株を根こそぎにする；wón steji kaž *pjeńk* かれはただつっ立っている(呆然としている)；črije z wysokimi *pjeńkami* ハイヒールの靴.
pjeńkaty A1【形】切り株の；踵の. *pjeńkate* črije ハイヒールの靴.
pjerach M2【男】小人.
pjerd M1【男】おなら.
pjerdnyć V3【完】おならをする.
pjerchać V7【不完】(蝶・花びらなどが)舞う；飛び散る.
pjerchotać V7【不完】(蝶・花びらなどが)舞う；(旗が)はためく.
pjeric|a F3【女】；**-o** N2【中】(魚の)ヒレ.
pjerizna F1【女】家禽, 肉食用の鳥.
pjeriznar M4【男】；**-ka** F2【女】家禽の飼育係り.
pjerjo N5【中】《集合》羽；ペン(軸). pisanske *pjerjo* ペン；*pjerjo* dréć (鳥の)羽をむしる；*pjerjo* zdréć (*někomu*) (誰の)悪事にけりをつけさせる, 悪行をやめさせる.
pjerjodrěće N5【中】羽をむしること.
pjerkobul M3【男】バドミントン.
pjerkowy A1【形】羽の. *pjerkowa* waha (ボクシングの)フェザー級.
pjero N1【中】バネ，スプリング，ぜんまい；ペン；羽. spiralne *pjero* 渦巻きバネ；pisanske *pjero* ペン；*pjero* wjesć 文筆業を営む.
pjerorysowanka F2【女】ペン画.
pjerowka F2【女】ペンケース.
pjersk M2【男】ペルカ(スズキ類の淡水魚).

pjeršć F7 【女】土, 耕地. dobra *pjeršć* 肥沃土.
pjeršćeń M4 【男】輪；指輪. mandźelski *pjeršćeń* 結婚指輪.
pjeršćenjak M2 【男】薬指.
pjeć L3 【数】5. *pjeć* stow 500；*pjeć* tysac 5000；po *pjećoch* 5時以後.
pjećadwacety A1 【数】《序》25番目の.
pjećadwaceći L3 【数】25.
pjećdnjowski A2 【形】5日間の.
pjećdźesat L3 【数】50.
pjećdźesaty A1 【数】《序》50番目の.
pjećdźesaći|ny, -now/-n PL1 【複】50才の誕生日.
pjećhriwnowka F2 【女】5マルク貨幣.
pjećib|ój, -oja M3 【男】五種競技.
pjećlětny A1 【形】5年の.
pjećory A1 【形】5回の.
pjećróžk M2 【男】5角形.
pjećróžkaty A1 【形】5角形の.
pjezl M1 【男】カーディガン；ソルブ人女性の上着の一種(キルティング地で袋袖になっている).
płač M3 【男】泣くこと.
płachta F1 【女】シーツ；帆；ほろ. *płachty* rozpjeć 帆を張る.
płachtak M2 【男】帆船.
płachtakowar M4 【男】帆船の乗り手.
płachtakować V4 【不完】帆走する.
płachtno N1 【中】帆布, キャンバス.
płachćička F2 【女】(ソルブの民族衣装で)白いレースの頭飾り.
płakać V7 【不完】; **płaknyć** V3 【完】泣く；[wo někoho] (誰を)忍んで[悼んで]泣く；[nad někim/něčim] (誰／何のことで)泣く. z radosću *płakać* うれし泣きする.
płast M1 【男】蜂の巣.
płašć M3 【男】マント, コート. dešćowy *płašć* レインコート；běły *płašć* 白衣.
płat M1 【男】布, 亜麻布. rubjany *płat* 粗い亜麻布.
płatać V7 【不完】繕う, 継ぎを当てる. dźeru *płatać* 穴を(継ぎを当てるなどして)繕う.
płatno N1 【中】布地, 布切れ.
płaćenje N5 【中】支払い.

płaćenka F2【女】払い込み[振替]用紙.
płaćidło N1【中】支払手段；金.
płaćić V6【不完】支払う；価値がある. *płaćić* z hotowymi pjenjezami 現金で支払う；wróćo *płaćić* 返金する；*płaćimy* měsačnje dźesać hriwnow 私たちは月に10マルク支払っている；wupokaz hišće *płaći* 証明書はまだ有効だ；to *njepłaći* それは有効でない、通用しない；što [kelko] to *płaći*? それはいくらになるの？
płaćiwosć F7【女】有効性. nabywać *płaćiwosće* (法的)効力を発する.
płaćiwy A1【形】価値のある，有効な.
płaćizna F1【女】価格. stupace *płaćizny* 上昇する物価.
płaćomny A1【形】支払うべき，支払い期限の来た.
pławidło N1【中】いかだ.
pławić V6【不完】(木をいかだにして・いかだに乗せて)流す.
pławny A1【形】航行可能な.
płód, płoda M1【男】果実. jadrowy *płód* 核果；wolijowy *płód* 油脂作物；*płody* njesć 実を結ぶ.
płódnica F3【女】胚芽，胎児.
płodnik M2【男】(植物の)子房.
płodnistwo N1【中】(パイナップルやバナナのような)複果，集合果.
płodnić V6【不完】実りあるものにする. –so 増える.
płodn|osć F7【女】実をつけること，実りのあること. –y A1【形】.
płodźer M4【男】オス；生産者.
płodźerka F2【女】メス.
płodźidło N1【中】生殖器.
płodźić V6【不完】子供を作る；産み[生み]出す.
płokanski A2【形】洗濯の. *płokanska* mašina 洗濯機；*płokanski* próšk 粉洗剤.
płokarnica F5【女】洗濯女.
płokarnja F6【女】洗濯屋.
płokać V7【不完】洗う. *płokać* z płokanskej mašinu 洗濯機で洗う.
płokawa F1【女】洗濯機.
płomjenina F1【女】火の海(あたり一面の火事など).
płomjenić so V6【不完】燃え上がる.
płomjenjaty A1【形】燃える.
płomjo N4(c)【中】炎. z *płomjom* so palić 炎と燃える.

płonina F1【女】平地，平面，台. wustajenska *płonina* 展示台.
płonić V6【不完】平らにする，ならす.
płonoměra F1【女】平方積.
płononohajty A1【形】扁平足の.
płony A1【形】平らな，滑らかな. *płona* stopa 偏平足.
płóšić V6【不完】ひるませる，脅かす. **- so** おびえる，怖じ気づく.
płóšiwy A1【形】怖じ気づいた，びくびくした.
płót, płota M1【男】垣，柵. žiwy *płót* 生け垣.
płowić V6【不完】色をなくさせる，青ざめさせる.
płowy A1【形】青ざめた，血の気のない.
płuca PL1【複】肺. zahorjenje *płucow* 肺炎；na *płuca* chory 肺病である.
płuco N1【中】肺翼.
płuh M2【男】犁，鋤. drjewjany *płuh* 木の鋤；sněhowy *płuh* 雪かき器，除雪用鋤.
płujadło N1【中】グライダー.
płun M1【男】ガス. jědojty *płun* 毒ガス；měšćanski *płun* 都市ガス；zemski *płun* 天然ガス；zajědojćenje z *płunom* ガス中毒.
płunarnja F6【女】ガス製造工場.
płunojty A1【形】ガス状の.
płunomaska F2【女】ガスマスク.
płunoměr M1【男】ガスメータ.
płunow|ód, -oda M1【男】ガスの配管，ガス管.
płunowy A1【形】ガスの. *płunowy* honač ガス栓；*płunowy* palak ガスバーナー；*płunowy* warjak ガスレンジ.
płuwačk M2【男】水泳選手；ブイ，浮き標.
płuwanišćo N1【中】プール.
płuwanje N5【中】水泳. *płuwanje* na chribjeće 背泳ぎ.
płuwanski A2【形】水泳の. *płuwanski* swětowy rekord 水泳の世界記録；*płuwanski* stadion 競泳場.
płuwar M4【男】；**-ka** F2【女】泳者.
płuwać V7【不完】泳ぐ. na wodźe *płuwać* 水面で泳ぐ；pod wodu *płuwać* 潜って泳ぐ.
plac【副】=plic.
placać V7【不完】（手で）打つ，叩く.
placawa F1【女】叩く［突く］道具；突き棒. muchaca *placawa* ハエ叩き.

placěrować V4【不完】(金を)預ける，投資する．**- so**（ある場所に）落ち着く．

plack M2【男】キャンディー．

placnyć V3【完】(平手で)打つ．*placnyć* wo ramjo 肩を叩く．**- so** 音をたてて落ちる，倒れる．*so placnyć* do blida テーブルの上にドスンと落ちる．

plahowanišćo N3【中】植物栽培業，動物飼育業；栽培[飼育]場，苗床．

plahowanje N5【中】栽培，飼育．*plahowanje* židźakow 養蚕；*plahowanje* zeleniny 野菜栽培；*plahowanje* skotu 畜産．

plahowanski A2【形】栽培の，飼育の．*plahowanski* přestrěń 耕地[栽培]面積；*plahowanski* kóń 飼育馬．

plahowar M4【男】；**-ka** F2【女】栽培[飼育]者．

plahowarnja F6【女】栽培[飼育]場．

plahować V4【不完】[někoho/něšto] 栽培する，飼育する．*pčoły plahować* 蜂を育てる；*sad plahować* 果樹栽培をする

plakat M1【男】プラカード．

plampa F1【女】動物の顔，口．

plampaty A1【形】嫌らしい；ふしだらな．*plampate* rěče 猥談．

plampać V7【不完】悪態をつく，淫らな話をする．

plan M1【男】計画．jězbny *plan* 運行[旅行]計画；wučbny *plan* 学習計画，カリキュラム；hodźinski *plan* 時間割り；po *planje* 計画により；pod *planom* 計画に遅れて．

planc M1【男】牛糞；どろどろのもの(泥・ぬかるみ)．

planěrować V4【不完】平らにする，ならす．

planet M1【男】惑星．

planowanje N5【中】計画(を立てること)．

planowanski A2【形】計画立案の．

planowar M4【男】；**-ka** F2【女】計画者．

planować V4【不完】計画する．

planowity A1【形】計画による，計画的な．

planowy A1【形】計画の．*planowe* hospodarstwo 計画経済．

plapotać V7【不完】ぺらぺらしゃべる．

plapotawa F1【女】おしゃべり女．

plasta F1【女】プラスティック．

plastika F2【女】造形芸術．

plastiski A2【形】可塑性の；(作品などが)造形的な，表現力のある．

plastowy A1【形】プラスティックの.

plata F1【女】板, プレート；皿；レコード；(料理の)品. blidowa *plata* テーブル板；zymna *plata* 冷たい料理(前菜など).

plawsibelny A1【形】本当らしい.

plecaty A1【形】尻の大きな.

pleco N2【中】(牛や豚の)太腿肉.

plečica F3【女】板. kamjentna *plečica* 石板.

plečity A1【形】(圧力で)つぶされた, 平らな.

pleńčaty A1【形】かわいい, 甘やかされた.

pleńčić V6【不完】かわいがる, あやす, 甘やかす. -**so** 戯れる. *pleńčić so* z džěćimi 子供をかわいがる.

pleńčo N3【中】(一家の)末っ子, 甘えっ子.

plenum M1【男】総会, 本会議.

plest|er, -ra M1【男】舗道；絆創膏.

plesternak M2【男】敷石.

plesć, pletu, plećeš；pletu；過去 plećech, plećeše；命 pleć！；pleć- će！；完分 pletł, pletła：受動分 plećeny；能動分 plećaty V9【不完】編む. sej włosy *plesć*(自分で)髪を編む；nohajcy *plesć* 靴下を編む. -**so**(植物が)巻きつく. rozmołwa *so plece* 会話がだらだら続く.

pletwa F1【女】編んだもの；花を編んで作った輪. sćinowa *pletwa* アシで編んだマット.

plećenski A2【形】編物の. *plećenska* jehła 編み針；*plećenska* mašina 編み機.

plěch M2【男】頭の禿げ.

plěcha|č M3【男】禿げ頭. -**ty** A1【形】.

plěseń F7【女】かび.

plěsniwić V6【不完】かびが生える, かび臭くなる.

plěsniwizna F1【女】かび；かびの生えたところ.

plěsniwjeć V5【不完】→ plěsniwić.

plěsniwy A1【形】かびの生えた.

plěć V2【不完】除草する. zahrodu *plěć* 庭の草取りをする.

plěće N5【中】除草.

plic【副】不意に, 突然.

plinc M1【男】パンケーキ.

plista F1【女】平手打ち, びんた.

plistować V4【不完】平手打ちをくわす.

pliška

pliška F2【女】セキレイ.
plumpa F1【女】ポンプ. wodowa *plumpa* 水ポンプ；powětrowa *plumpa* 空気ポンプ.
plunč M3【男】口をへの字に曲げること，しかめ面.
plunyć V3【完】唾を吐く. na to móžeš *plunyć* そんなものはいらないよ，お断りだ.
plural M3【男】〔文法〕複数.
plus《不変》【男】プラス. štyri *plus* jedyn je runja pjeć 4 プラス 1 は 5.
plusk M2【男】しぶき，飛沫；インクの滴.
pluskać V7【不完】(水などが)飛び散る，ほとばしる. *pluskać* do wody 水に飛び込む.
plusker M4【男】水ぶくれ.
plusknyć V3【完】→ pluskać.
pluskotać V7【不完】(水が)ピシャピシャ音を立てる.
pluskwamperfekt M1【男】〔文法〕前過去，過去完了.
plusowy A1【形】プラスの. *plusowe* znamješko プラスの記号.
pluwanka F2【女】つば，唾液.
pluwać V7【不完】唾を吐く.
pluwy PL1【複】わらくず，もみがら.
plyš M3【男】プラッシュ(毛長ビロード).
po【前置】1.＋《対》〈目的〉求めて. *po* wodu hić 水を汲みにいく. *po* lěkarja posłać 医者を呼びに行かせる. 2.＋《前》〈場所・範囲〉*po* cyłej zemi 世界中；pućować *po* Łužycy ウジッツァを旅して回る；*po* brjoze 岸沿いに；*po* puću 途中で，道々；*po* cyłym čěle 体中；*po* ćmě 暗闇の中；*po* sněze 雪の中で；*po* hasach chodźić 通りから通りへと歩き回る；*po* rěblu lězć 梯子(伝い)によじ登る；*po* kolenach łazyć 膝をついて這う；〈時間・順序〉後に；従って. *po* dźěle 仕事の後で；pjeć minutow *po* třoch 3 時 5 分過ぎ；*po* hodźoch クリスマスの後で；*po* třoch dnjach 3 日後；*po* dešću 雨の後で；*po* šuli 放課後；*po* rjedźe 順に，順序よく；krok *po* kroku 一歩また一歩；jedyn *po* dryhim hić 一人ずつ順に行く；*po* swojim přeću 自分の望みにしたがって；*po* starym nałožku 古いしきたりに従って；*po* słowje 文字どおりの；*po* warjenskich knihach warić 料理の本のとおりに料理する；*po* wšěm zdaću どう見ても，あらゆる様子からして；〈毎に〉*po* njedźelach 日曜毎に；〈数量表現〉*po* tysacach 何千と；*po* stach 何百と；*po* litrach měrić リッ

トル単位で量る；*po* pjeć hriwnach rozdźělić 5マルクずつ分ける；*po* dwemaj hriwnomaj płaćić 二マルクずつ支払う．

poběhać V7【完】少しの間走る．
pobić V2【完】打ち砕く，ノックアウトする．
pobóčny A1【形】脇の，サイドの．*pobóčna* dróha 横町；*pobóčna* rěka 支流．
poboku 1.【副】脇に．*poboku* być 脇に立つ，助ける．2.【前置】+《生》…方の．*poboku* maćerje 母方の．
pobožn|osć F7【女】敬虔，信仰深さ．-y A1【形】．
pobrachować V4【不完】不足する，欠ける．nam něchtó *pobrahuje* 私たちには誰か欠けている；ničo *njepobrahuje* 何一つ不足していない．
pobrj|óh, -oha M2【男】岸．mórski *pobrjóh* 海岸．
pobrjóžny A1【形】岸の，沿岸の．*pobrjóžna* krajna 沿岸地方．
pobyt M1【男】滞在．
pobyć, pobudu, pobudźeš；pobudu；過去 pobych, poby；命 pobudź！；pobudźće！；完分 pobył, pobyła；受動分 pobyty V9【完】滞在する，ある期間留まる．sym tam derje *pobył* そこで私は楽しく過ごした．
pocokrować V4【完】砂糖を入れる．
pocpula F5【女】鶉（ウズラ）．
póććiwosć F7【女】純潔，清く正しいこと．
póććiwy A1【形】清く正しい，道徳的な，純潔な．
pocybać V7【完】ちょっと引っぱる，つまむ．
pocynkować V4【完】・【不完】亜鉛メッキする．
počapnyć so V3【完】うずくまる，しゃがみこむ．
počas M1【男】季節，シーズン．
počasu【副】だんだん，少しずつ．
počatk M2【男】開始，始め．
počatnik M2【男】創始者．
počatny A1【形】開始の．
počerwjenojty A1【形】赤みがかった．
počesćić V6【完】名誉を与える，尊敬する．
počesćowanje N5【中】尊敬，敬意．
počesćować V4【不完】→ *počesćić*．
počeć, pócnu, pócnjes；pócnu；過去[未完了] počach, počeše；複二 počešće；双二 počeštaj, -tej；[アオリスト] počach, poča；複

počinanje

二 počešće；双二 počeštaj, -tej；命 póčni！；póčniće！；完分 počał, počała；poceli；počałoj；受動分 zapoczaty V9【完】・【不完】〈不完了体動詞の不定詞と用いて〉始める，し出す．*póčnje so deščować* 雨が降り出す；*poča zajimawe być* 面白くなった．

počinanje N5【中】開始；《複》陰謀，企み．

počinać V7【不完】始める．- **so** ふりをする，装う．*počina so*, jako by... あたかも…であるかのように振る舞う．

počink M2【男】性質，性格．dobry *počink* 徳，善；złe *počinki* 悪徳，悪業．

póčka F2【女】(果物の)核，核果

počornić V6【完】；**počornjeć** V8【不完】黒くする，黒く塗る．

počornojty A1【形】黒っぽい．

póčrěć V3【完】水浸しにする．

pod(e)【前置】1.＋《対》下へ．*pod blido położić* テーブルの下に置く；*pod kamor pohladać* 戸棚の下を覗く．2.＋《造》下に；の元で，以下で；周辺で．*pod blidom ležeć* テーブルの下にある；*pod pažu njesć* 腕[脇]に抱えて運ぶ；*pod woknami* 窓の下に；*pod hołym njebjom* 戸外で，野外で；*pod Budyšinom* ブディシンの周囲で；*pod knjejstwom (někoho)* (誰の)支配下で，治政下で；*pod wuměnjenjom* 条件下で；*pod druhimi wobstejnosćemi* 異なる状況下では；*pod płaćiznu předawać* 実際の価値以下で売る．

póda F1【女】土地，土壌．*družina pódy* 土質；*wobdźěłanje pódy* 耕作．

podarmo【副】無駄に．smy *podarmo* čakali 私たちは待ったが無駄だった．

podać, 過去 podach, poda 〈dać〉 V9【完】；**podawać** V7【不完】申し述べる，挙げる，示す；教える．*podać přednošk* 講義を行う；serbšćinu *podać* ソルブ語を教える；*podawamy* někotre přikłady いくつか例を挙げましょう．- **so** 赴く．*podać so na puć* 旅に出る；*podać so (k někomu)* (誰の元に)赴く；*podać so (někomu)* (誰に)降伏する．

podawizna F1【女】出来事，事件；伝承，言い伝え．

podawk M2【男】出来事，事件．

podbroda F1【女】下顎．

poddan M1【男】家臣．

poddanstwo N1【中】服従．

poddany A1【形】服従した．
podeńdźenje N5【中】出来事，事件．
podeprěć V2【完】; **podeprěwać** V7【不完】柱で支える，つっかい棒をする．
podeśćować V4【完】（スプリンクラーなどで）水を撒く．- **so** ちょっと雨が降る．
podhlad M1【男】疑念，疑い，不信の念．
podhladny A1【形】疑わしい．
podhódnoćeć V8【不完】; **podhódnoćić** V6【完】過小評価する，低く見積もる．
podjanski A2【形】カトリック教（徒）の．
podjeć, 過去 podjach, podja ⟨jeć⟩ V9【完】妊娠する．wona je *podjała* 彼女は身ごもった．
podkład M1【男】土台，基礎，基盤．
podkładować V4【不完】; **podkłasć,** 過去 podkładźech, podkładźe ⟨kłasć⟩ V9【完】下へ置く，入れる; つけ足す．
podkłóće N5【中】ぎっくり腰．
podkołkować V4【完】・【不完】印［スタンプ・刻印］を押す．
podkolenki PL1【複】ハイソックス．
podkopk M2【男】坑道，鉱坑．
podkopki PL1【複】鉱山，炭鉱．
pódkowa F1【女】蹄鉄; 馬蹄型のもの．
pódkować V7【不完】蹄鉄をつける．
podłoha F2【女】床; 土台．
podłochć M3【男】前腕．
podłožić V6【完】下に置く; 根拠とする，根底に置く．
podłožk M2【男】基礎，土台;《複》証拠書類，文書．
podłu【前置】+《生》沿って．*podłu* rěki 川沿いに．
pódla 1.【副】一緒に，並んで．*pódla* być 仲間になる，一緒になる; to hnydom *pódla* steji それはすぐ並んでいる．2.【前置】+《生》並んで，隣に，すぐ近くに．*pódla* dworniśća 駅と並んで; *pódla* Budyšina ブディシンのすぐ近くに; *pódla* maćerje sedźeć 母の隣に座る．
pódlanski A2【形】隣の，脇の．*pódlanska* rumnosć 控えの間; *pódlanska* wěc 副次的なこと．
podlemić V6【完】壊す，砕く;（健康を）害する．
podležeć V5【完】・【不完】[někomu] 屈服する，圧倒される，負け

る.

podlěsk M2【男】アネモネ.
podlěšenje N5【中】延長, 伸長, 延期.
podlěšeć V8【不完】; **podlěšić** V6【完】; **podlěšować** V4【不完】長くする, 延ばす, 延期[延長]する. suknju *podlěšeć* スカート丈を延ばす; dowol *podlěšeć* dać 休暇を延長させる.
podlěćo N3【中】初夏.
podlězć, 過去 polězech, polěze ⟨lězć⟩ V9【完】這って通る.
podměšeć V8【完】; **podměšować** V4【不完】混ぜる, 混ぜ込む.
podmjet M1【男】〔文法〕主語.
podmlěć V2【完】(水で)下を崩す, 掘る. *podmlěty* brjóh so do rěki wali (水で洗われて)崩れた岸が川に崩れ落ちた.
podmurjować V4【完】・【不完】基礎を構築する. twarjenje *podmurjować* 建築の基礎工事をする; tezu teoritisce *podmurjować* 持論を理論的に基礎固めする.
podnajenk M2【男】転借人, 又借りする人.
podnalěćo N3【中】春の初め.
podnazyma F1【女】初秋, 晩夏.
podnoha F2【女】足, 土台, 支え.
podnurić V6【完】; **podnurjeć** V8【完】; **podnurjować** V4【不完】[někoho/něšto] 水に沈める. – so 水に潜る.
podnurjak M2【男】潜水艦.
podnurjowak M2【男】潜水夫.
podoba F1【女】類似性; 姿, 形相.
podobizna F1【女】肖像画.
podobnić V6【完】・【不完】; **podobnjeć** V8; **podobnjować** V4【不完】同化[適応]させる; 似せる.
podobnosć F7【女】類似性.
podobny A1【形】[někomu/něčemu//na někoho/něšto] 似ている. Jurij je nanej [na nana] *podobny* ユーリは父親に似ている; prawdźe *podobny* je 本当らしい.
podoficer M1【男】下士官.
podołhojty A1【形】長めの, 楕円形の.
podótk M2【男】接触.
podótkać so V7; **podótknyć so** V3【完】[někoho/něčeho] (誰/何に)触れる. *podótkać so* jeje lica 彼女の頬に触れる; łoskóciweho prašenja so *podótkać* デリケートな問題に触れる.

pódowy A1【形】土壌の.
podpaž|a F5【女】脇の下. **-ny** A1【形】.
podpěra F1【女】支援, 援助. *podpěry* potrěbny 支援を必要とする.
podpěrać V7【不完】; **podpěrowač** V4【不完】支援する, 助成する.
podpis M1【男】署名. swojoručny *podpis* 自筆の署名.
podpisać V7【完】[něšto] 署名する. **- so** 署名する.
podpismo N1【中】署名.
podpisowač V4【不完】→ podpisać.
podpołožič V6【完】下に置く.
podrěmač V7【完】まどろむ.
podrězač V7【完】(木の幹・根元を)鋸で切る,
podrjadowač V4【完】・【不完】[něšto něčemu/někomu] 下につかせる, 従わせる. swoje plany planam druhich *podrjadowač* 彼は自分の計画を他人の計画に従わせた. **- so** [něčemu/někomu] 下につく, 従う. *podrjadowač so* jeho woli 彼の意思に従う.
podrobn|osč F7【女】詳細. **-y** A1【形】.
podr|óst, -osta M1【男】下生え.
podróšeč V8【不完】; **podróšič** V6【完】(価格を)高くする. **- so** (価格が)高くなる
podrustwo N1【中】貸し家. na *podrustwje* 間借りの.
podruž F7【女】賃貸(料). **-ny** A1【形】.
podryč V2【完】; **podrywač** V7【不完】下を掘る, 掘って削る, 埋める.
podskupina F1【女】下位部, 亜種.
podspódk M2【男】地下. pěskojty *podspódk* 砂状の地盤.
podstajenje N5【中】従属, 支配；仮定.
podstajeny A1【形】支配された, 従属した；仮定された
podstaječ V8【不完】; **podstajič** V6【完】; **podstajowač** V4【不完】下に置く, 管理[支配]する. zawod *podstaječ* ministerstwu 企業を省の管理下に置く. **- so** 管理される. meble *so* tuchwilu pola nas *podstaja* 家具は目下われわれの元で管理している.
podstawk M2【男】土台, 基礎；下部構造.
podstup M1【男】待避所.
podsunyč V3【完】; **podsuwač** V7【不完】[něšto někomu] (何を誰の)せいにする, 押し付ける.
podšič V2【完】(服に)裏地をつける.

podšmórnyć

podšmórnyć V3【完】下線を引く；強調する．
podtyknyć V3【完】；**podtykować** V4【不完】押し付ける，下に突っ込む．zranjenemu přikryw *podtyknyć* 怪我人の下に毛布をあてがう．
podćisnjenje N5【中】征服，制圧．
podćisnyć V3【完】(sej)征服する，支配下に置く．
podusyć V6【完】鎮火する；鎮める．*podusyć* woheń [hłód] 火[飢え]を鎮める．
poduš F7【女】靴底．
podušeć V8【不完】→ podusyć．
póduška F2【女】(靴の)敷革．
podušować V4【不完】→ podusyć．
pódušować V4【不完】靴底をつける．
podwědo|mje N5【中】潜在意識．**-my** A1【形】．
podwjazk M2【男】靴下どめ．
podwječor M1【男】夕方．
podw|ód, -oda M1【男】地下道．
podwódny A1【形】水面下の，水底[水中]の．
podwojeć V8【不完】；**podwojić** V6【完】倍加させる．**- so** 二倍になる．
podwoleć V8【不完】；**podwolić** V6【完】[někomu/něčemu někoho/něšto]（誰／何に誰／何を）譲歩させる，屈服させる．(někoho) swojemu knjej-stwu *podwoleć*（誰を）自分の支配に隷属させる．**- so** [někomu/ně-čemu] 譲歩する，屈服する，言いなりになる．*podwoleć so* jeho přikazej 彼の命令のとおりにする．
podwólnosć V7【女】屈服，隷属，言いなりになること．
podwólny A1【形】従順な，御しやすい；簡単に譲歩する．wón je swojemu předstajenemu napřećo jara *podwólny* być 彼は自分の提案に関してすぐ譲歩する．
podwolować V4【不完】→ podwoleć．
podworać V7【完】(畑を)鋤き返す，耕す．
podwu【副】ペアで，二人一組で．
podzemjo N5【中】地下室；冥界．
podzemski A2【形】地下の．
podzyma F1【女】晩秋．
podžakować so V4【完】感謝する．
podžěl M3【男】分け前，分担，配当．*podžěl* na dobytku 利益の

配当分；*podźěl* měč（*na něčim*）分け前をもっている，（何に）関与している．
podźělnik M2【男】関与者，参加者，共同者．
podźělny A1【形】参与している，共有している．
pohan M1【男】；**-ka** F2【女】異教徒（キリスト教に対して）．
pohanski A2【形】異教徒の．
pohib M1【男】運動．werby *pohiba*〔文法〕運動動詞．
pohibliwy A1【形】動く；活動的な．
pohibnyć V3【完】；**pohibować** V4【不完】動かす，揺らす．**‑so** 動く，揺れる．ze swoju teroiju so *pohibnyć* 自分の理論に揺らぐ．
pohłubšenje N5【中】深くすること；没頭，専心．
pohłubšeć V8【不完】；**pohłubšić** V6【完】；**pohłubšować** V4【不完】深める．znajomosće *pohłubšeć* 知識を深める．
pohłušacy A1【形】マヒさせる，麻酔性の．
pohłušeć V8【不完】；**pohłušić** V6【完】マヒさせる，感覚をなくさせる．
pohlad M1【男】一瞥；視界，視野．*pohlad* wot horjeka 鳥瞰図；na prěni *pohlad* 一見したところ．
pohladać V7【完】一瞥する，見る，見渡す．
pohladnica F3【女】絵葉書．
pohladnjenje N5【中】眺め，眺望．
pohladnyć V3【完】一瞥する，視線を投げる．
pohnuć V2【完】；**pohnuwać** V7【不完】動かす；影響を及ぼす，感動させる；[někoho k něčemu]（誰を何に）仕向ける．
pohódnoćenje N5【中】評価．
pohódnoćić V6【完】；**pohódnować** V4【不完】評価する．
pohon M1【男】牽引；刺激．elektriski *pohon* 電気牽引．
pohonč M3【男】御者．
pohonjować V4【不完】牽引する；拍車をかける，追い立てる．
pohóršeć V8【不完】；**pohóršić** V6【完】（一層）悪化させる．**‑so**（一層）悪くなる，こじれる．
pohórsk M2【男】怒り，憤慨，苦情．*pohórsk* zbudźić 憤慨を引き起こす．
pohóršować V4【不完】→ pohóršeć．
pohosćenje N5【中】もてなし，待遇；ごちそう．
pohosćeć V8【不完】；**pohosćić** V6【完】；**pohosćować** V4【不完】もてなす，ご馳走する．

pohrajkać sej V7【完】(子供が)遊ぶ.
pohrjeb M1【男】埋葬, 葬儀. na *pohrjeb* hić 葬儀に行く.
pohrjebać V7【完】埋葬する；すこし掘る, ひっかく.
pohrjebnišćo N3【中】墓地.
pohubjeńšeć V8【不完】; **pohubjeńšić** V6【完】悪くする. -so 悪くなる.
poch M2【男】泥炭(地).
pochad M1【男】出生, 血統, 由来. po *pochadźe* 血筋は.
pochadźeć V8【不完】発生する, 由来する.
pochłostanje N5【中】処罰.
pochłostać V7【完】処罰する.
pochmurjeny A1【形】曇った, 陰気な.
pochod M1【男】行進. zwučowanski *pochod* 行軍演習.
pochodować V4【不完】行進する.
pochować V7【完】埋める, 埋葬する.
pochroma F1【女】口蹄炎.
pochwalić V6【完】賞賛する, 表彰する.
pojednanje N5【中】論文, 研究.
pojednać V7【完】; **pojednawać** V7【不完】報告する, 議論する.
pojědź F7【女】デザート；料理(の一皿).
pojěsć, 過去 pojěch, poje ⟨jěsć⟩ V9【完】少し食べる, (おやつを)食べる.
pójsnyć V3【完】; **pójšeć** V8【不完】吊す, 懸ける. šatu *pójsnyć* テントを張る. -so ぶら下がる, 掛る.
pokaz M1【男】合図, 指示；手本, 見本, 試供品；兆候.
pokazać V7【完】[na někoho/něšto] 指し示す. -so 明らかになる, 姿を見せる；出頭する.
pokazka F2【女】手本, 見本；指示. na *pokazku* 試しに.
pokazowak M2【男】人さし指.
pokazowar M4【男】(時計などの)針, 指針；登録簿；名簿.
pokazować V4【不完】→ pokazać.
pokiw M1【男】目配せ.
pokład M1【男】宝. zemske *pokłady* 地下資源.
pokładni|k M2【男】; **-ca** F3【女】出納係.
pokładnja F6【女】金庫.
pokładźeny A1【形】覆った, 載せた. *pokładźene* pomazki オープンサンドイッチ.

pokłasć, 過去 pokładźech, pokładźe 〈kłasć〉 V9【完】覆う，載せる．
pokłon M1【男】お辞儀．
pokłonić so V6【完】；**pokłonjeć so** V8；**pokłonjować so** V4【不完】お辞儀する．
poklaknyć so V3【完】跪く．
poklaty A1【形】呪われた．
pokleć, 過去 poklach, pokla 〈kleć〉 V9【完】呪う．
pokleće N5【中】呪いの言葉．
pokoj M3【男】平穏，平静，平和．na *pokoj* wostajić そっとしておく；wo to *pokoj*! そのことは心配いらない；daj mi *pokoj* そっとしておいてよ！
pokojenje N5【中】慰め．
pokojeć V8【不完】；**pokojić** V6【完】慰める．
pokorić V6【完】；**pokorjeć** V8【不完】おとしめる，抑えつける．− **so** [někomu]（誰に）従属[服従]する．
pokorn|osć F7【女】従属，従順；卑下．**-y** A1【形】．
pokradnyć V3【完】盗む．
pokrjepić V6【完】；**pokrjepjeć** V8【不完】[někoho/něšto]（水などを）注ぎかける．
pokročować V4【不完】先に進む，続ける．*pokročować* z dźěłom 仕事を続ける；*pokročować* w zwučowanju 練習を続ける．
pokrok M2【男】進行，進歩．
pokruta F1【女】（パンの）塊．
pokryć V2【完】覆う．z třěchu *pokryć* 屋根を付ける，屋根で覆う．
pokryw M1【男】覆い；毛布．
pokrywać V7【不完】覆う．
pokřižować so V4【完】十字を切る．
pokulojty A1【形】丸い形の，丸みのある．
pokup F7【女】買い占め．
pokupić V6【完】買い占める，買いあさる；[někoho] 買収する．
pokupnosć F7【女】買収できること．
pokupny A1【形】買収できる，賄賂の効く．
pokuta F1【女】悔い改め，贖罪；懲罰．pjenježna *pokuta* 罰金．
pokutny A1【形】悔い改めの，贖罪の；懲らしめの．*pokutny* dźeń 贖罪の日．
pokućeć V8【不完】；**pokućić** V6【不完】罪ほろぼしをする，贖

poł

罪する. hrěchi *pokućeć* 罪をつぐなう；za njeskutk *pokućeć* 悪業の罪ほろぼしをする. **- so** 悔いる.

poł【副】半分. *poł* dnja 半日；za *poł* pjenjez 半額で；na *poł* dźesaćich 8 時半.

połbra|tr, 複主 -třa M1【男】片親違いの兄弟.

połčas M1【男】半時間.

połdnjo N4【中】昼，午后；南. k *połdnju* 南へ.

połdnjowski A2【形】半日の.

połdnjowy A1【形】南の.

połdra【副】1 と半分の. *połdra* hodźiny 一時間半；*połdra* sta lět 150年.

połfinale《不変》【中】準決勝.

połhodźinski A2【形】半時間の.

połhotwy A1【形】半ばできた，半製品の.

połk M2【男】連隊.

połkoło N1【中】半円.

połkownik M2【男】陸軍大佐.

połkruh M2【男】半円.

połkula F5【女】半球. sewjerna *połkula* 北半球.

połkupa F1【女】半島.

połlět|o N1【中】半年. prěnje *połlěto* 年の前半. **-ny** A1【形】.

połměsač|k M2【男】半月（ハンゲツ）. **-ny** A1【形】.

połn|óc, -ocy F4【女】真夜中；北. **-ócny** A1【形】.

połnohódny A1【形】価値の基準を満たした，十分な価値のある.

połnolětny A1【形】成年の.

połnoličbny A1【形】全部の，数のそろった.

połnom|óc, -ocy F4【女】全権. *połnomóc* dać 全権を与える. **-ócny** A1【形】.

połnopłaćiwy A1【形】十分な価値のある.

połnosć F7【不完】完全.

połnožitny A1【形】全粒の. *połnožitny* chlěb 全粒パン.

połny A1【形】完全な. *połny* měsačk 満月；*połna* broda 顎髭；z *połneho* žiwy być 贅沢な暮らしをしている；z *połnym* hłosom 大声で.

połobski A2【形】エルベ川の；ポラブ（滅亡した西スラヴ族）の.

połojca F3【女】二分の一. po *połojcy* 半分まで，半分ずつ；do *połojcy* 半ば満ちた.

połojčny A1【形】途中の，半分の．
połon M1【男】ニガヨモギ．
połoženje N5【中】状況，事情，境遇．žiwjenske *połoženje* 暮らし向き．
položić V6【完】置く．*položić* wěnc 花輪を手向ける．
połspicy【副】夢うつつで．
połsta《不変》【数】50．
połstačiny, połstačin/połstačinow PL1【複】50回目の誕生日．
połsćin M1【男】薄暗がり，半陰影．
połć M3【男】ベーコン，脂身．pretykać z *połćom* ベーコンをたっぷり詰める，はさみ込む．
połwodźak M2【男】半導体．
połwótře【副】小声で．
połzawrjeny A1【形】半分閉じた．
pola【前置】+《生》もとで．wón bydli *pola* mje 彼は私のところに住んでいる．
polak M2【男】ポーランド人．
polarny A1【形】極の．*polarna* hwězda 北極星；*polarny* kruh 極圏．
polaty A1【形】耕地の豊かな．
polca F3【女】棚．knižna *polca* 本棚．
polčka F2【女】《指小》＜polca．
poleć, 過去 polach, pola；複二 polešće, 双二 poleštaj, -tej〈leć〉V9【完】注ぐ．
polěkować V4【不完】[někomu/něčemu] 助成する，助ける，可能にさせる．žadosćam *polěkować* 自分の情欲のままになる．
polěpić V6【完】（糊で）貼る．*polěpić* z tapetami 壁紙を張る．
polěpšenje N5【中】改善，改良．
polěpšeć V8【不完】；**polěpšić** V6【完】改善[改良]する．- **so** 改まる，立ち直る．
polěpšowanski F2【形】改善の．*polěpšowanski* namjet 改善策，是正案．
polěpšować V4【不完】→ polěpšeć．
polětać V7【完】ちょっと飛ぶ．
policaj M3【男】巡査．
policija F5【女】警察，警察官．wobchadna *policija* 交通巡査；Němska ludowa *policija*（旧東ドイツの）ドイツ人民警察．

poliklinika F2【女】外来の病院, 診療所.
politika F2【女】政治；政策. hospodarska *politika* 経済政策；nutřkowna *politika* 内政；wonkowna *politika* 外交(政治).
politikar M4【男】政治家.
politiski A2【形】政治的な. *politiske* prašenja 政治的問題.
poliw M1【男】(茶などの)煮だし液；湯・水などを注ぐこと, 撒水.
poliwać V7【不完】注ぐ. z wodu *poliwać* 水を注ぐ.
poliwka F2【女】スープ. kwasna *poliwka* 婚礼スープ(ソルブ人の伝統的な結婚式で供される, 肉やヌードルの入った澄んだスープ).
pólka F2【女】(舞踊の)ポルカ；小ビン. mlokowa *pólka* 牛乳ビン；*pólka* palenca 小ビン1本のリキュール.
Pólka F2【女】ポーランド人(女性).
pólnistwo N1【中】耕作, 農業.
pólny A1【形】畑の, 農業の. *pólny* płód 畑作物；*pólna* kuchnja 野営炊飯場, 炊飯車.
polo N3【中】畑, 野；フィールド. *polo* wobdźělać 野を耕す；magnetiske *polo* 電磁界；dźěłowe *polo* 作業範囲, 活動領域；na *polu* wuměłstwa 芸術の分野で.
polodźić V6【完】氷で覆う.
Pólska A2【女】ポーランド. Republika *Pólska* ポーランド共和国.
pólski A2【形】.
polstrować V4【不完】詰め物をする, 布[皮]を張る.
pólščina F1【女】ポーランド語.
pomajkać V7【不完】あやす, 愛撫する. *pomajkać* ličo (*někomu*) (誰の)頬を撫でる.
pomałk|i A2【形】ゆっくりした, 穏やかな. **-u**【副】.
pomałš|i A3【形】；**-o**【副】《比》＜pomałki.
pomał|y A1【形】ゆっくりした, 穏やかな. **-u**【副】.
pomazać V7【完】塗る. pomazki z butru *pomazać* パンにバタをつける；papjeru z lěpidłom *pomazać* 紙に糊をつける.
pomazka F2【女】(塊から切った)パン. butrowa *pomazka* バタをつけたパン；to běše jemu *pomazka* それは彼におあつらえだった；witana *pomazka* うれしい驚き, 歓迎すべきこと.
poměr M1【男】関係；割合；境遇, 状況. wobsydstwowe *poměry* 資産状況；towaršnostne *poměry* 社会的関係；dobry *poměr* měć (k *někomu*) (誰に対して)良い関係を持つ；žiwy być nad *poměry* 分相応以上の暮らしをする.

poměrnje【副】比較的，割合に．*poměrnje dobre znamki* 比較的良い成績．

poměrny A1【形】まあまあの，不可ではない；相対的な，比較的な．

pomhać V7【不完】[někomu] 助ける．*pomhaj Bóh!* ごきげんよう！*pomhać sej mjez sobu* 互いに助けあう；*što nam to scyła pomha?* これがわれわれに一体何の助けになるというのだ？

pominać sej V7【不完】[pola někoho něšto]（誰に何を）思い出させる，催促する；求める，要求する．

pominyć so V3【完】消滅する，消え去る．

pomjatk M2【男】記憶，記憶力．*dobry pomjatk měć* 物覚えがいい．*wobchować w pomjatku* 記憶にとどめる．

pomjatnik M2【男】メモ帳．

pomjatny A1【形】記念の，記憶すべき．*pomjatny dźeń* 記念日；*pomjatny skutk* 忘れてはならない行為．

pomjedź F7【女】うどん粉病．

pomjenowanje N5【中】命名，指名．

pomjenować V4【完】・【不完】[někoho/něšto] 命名する；[někoho na [za] něšto] 指名［任命］する．*města pomjenowa jeho na [za] čestneho měšćana* 市は彼に名誉市民の称号を与えた．

pomjeńšenje N5【中】縮小，削減；縮小形．

pomjeńšić V6【完】；**pomjeńšować** V4【不完】縮小［削減］する．

pomjerznyć V【完】少し凍る．*běrny su pomjerznyli* じゃがいもが少し凍った．

pomnik M2【男】記念碑，記念物．*narowny pomnik* 墓碑；*přirodny pomnik* 天然記念物；*rěčny pomnik* 言語文化遺産．

pomnić V6【不完】[někoho/něšto] 覚えている，思い出す．

pomoc F4【女】援助，助け．*z pomocu być* 役に立つ，助けになる；*na pomoc chwatać* 援助に駆けつける；*wo pomoc wołać* 助けを呼ぶ；*pomocy potrěbny* 助けを必要としている，困っている；*z pomocu* …の力で，…を用いて；*prěnja pomoc* 応急手当，救急．

pomocni|k M2【男】；**-ca** F3【女】援助者，助力者．

pomocniwy A1【形】手助けの用意のある．

pomocny A1【形】手助けの用意のある；補助の．*pomocny dźěłaćer* 臨時雇い；*pomocne słowjeso* 助動詞；*pomocny srědk* 助け［参考］となるもの．

pomodlić so V6【完】祈る．

pomolować V4【完】・【不完】色を塗る，彩る．

pomorjo

pomorjo N4【中】海岸部, 沿岸地方.
pomórski A2【形】海沿いの.
pomróčenje N5【中】曇り.
pomróčić so V6【完】; **pomróčować so** V4【不完】曇る.
pomuchla F5【女】マダラ(魚).
pomyć V2【完】ちょっと洗う. －**so** 自分の体をちょっと洗う.
ponazdala【副】遠くから.
póndžela F5【女】月曜日. *póndželu* 毎月曜日に.
poněčim【副】徐々に, 少しずつ；時折.
poněčimny A1【形】徐々の, 次第しだいの.
poněmčeny A1【形】ドイツ化された.
poněmčić V6【完】; **poněmčować** V4【不完】ドイツ化する.
ponižacy A1【形】おとしめる, 卑しめる.
poniženje N5【中】蔑み, 卑下；左遷.
poniżeć V8【不完】; **poniżić** V6【完】おとしめる, 卑しめる. －**so** (自分で自分を)おとしめる, 卑下する.
poniżnosć F7【女】服従, 卑下, 卑屈.
poniżny A1【形】服従した；卑屈な.
poniżować V4【不完】→ poniżeć.
pónoj F7【女】フライパン, 鍋；骨盤.
ponošk M2【男】棟(ムネ).
ponowić V6【完】; **ponowjeć** V8【不完】刷新する, 再建する.
ponuchać V7【完】匂いを嗅ぐ, 鼻から吸い込む. wón hišće prawje do žiwjenja *ponuchał* njeje 彼はまだ真実人生というものを経験していない.
ponurić V6【完】; **ponurjeć** V8【不完】沈める, 潜らせる. －**so** 沈む, 潜る.
popa F1【女】刈り束；厚紙, ボール紙. *popy* stajeć 刈り束にする.
popad M1【男】狩猟の獲物(魚・鳥など).
popadnyć V3【完】; **popadować** V4【不完】捕まえる. *popadnyć* za kornar [włosy] 襟首[髪]をつかむ; ryby *popadnyć* 魚を獲る.
popis M1【男】記述, 描写；説明書き.
popisać V7【完】記述[描写]する, 説明する.
popjec, 過去 popječech, popječe 〈pjec〉 V9【完】ちょっと焼く.
popjeł M1【男】灰. na *popjeł* spalić (焼いて)灰にしてしまう. －**owy** A1【形】.
popjelawka F2【女】灰かぶり姫(シンデレラ).

popjelnica F3【女】骨壺，灰壺．
popjelnik M2【男】灰皿．
popjer M4【男】コショウ．
popjerica F3【女】シソ科(香辛料)．
popjerić V6【不完】コショウを振る[入れる]．
popka F2【女】人形，操り人形．
popłatk M2【男】料金．
popodnjo N4【中】午後．*popodnju* 午後に．
poposkać V7【完】そっと聞く；ちょっと耳をそばだてる．
popowědać V7【完】ちょっと話す．**-sej** ちょっと雑談する．
poprawa F1【女】改良，改修，修正．
poprawić V6【完】; **poprawjeć** V8【不完】改良する，改修する．
poprawny A1【形】基準の，基準となる；本来の．
poprawom【副】本来，そもそも，実際のところ．*čehodla poprawom* nic? そもそもなぜそうではないのだ？
poprica F3【女】シソ．
poprik M2【男】ディル，イノンド(香草の一種)．
poprjanc M1【男】コショウ入りクッキー(クリスマス用のクッキー)．
poprosyć V6【完】請う．
popróšenje N5【中】噴霧；受粉．
popróšić V6【完】ちょっと吹き付ける．**-so** 雨がぱらつく．
popryskać V7【完】はねかける．
popřeć, 過去 popřach, popřa; 複二 popřešće; 双二 popřeštaj, -tej ⟨přeć⟩ V9【完】[někomu něšto]（誰に何を)願う．*popřeć (někomu) zbožo* (誰に)幸せを願う；*njepopřeć ani sebi ani druhim pokoja* 自分にも人にも安らぎを与えない；*kusk chlěba njepopřeć* 一切れのパンでも出し惜しむ；*popřeć sebi (něšto)* 自分に(何を)許す．
popularny A1【形】ポピュラーな．
popušćaty A1【形】弱い，言いなりになる．
popušćeć V8【不完】; **popušćić** V6【完】; **popušćować** V4【不完】弱まる，和らぐ．*mróz [horocota] popušća* 寒さ[猛暑]が和らいだ；*jeho mocy popušćachu* 彼の力は弱まった．
por M1【男】ペア．*por črijow* 靴一足；*w porach* ペアで．
pora F1【女】気孔，汗孔．
poradnik M2【男】; **-ca** F3【女】助言者．

poradźeny A1【形】助言を受けた；うまくいった.
poradźeć V8【不完】; **poradźić** V6【完】助言する，忠告を与える. **-so** 相談する；うまくいく. mi *so* nje *poradźiło* 私はうまく行かなかった.
poradźowanje N5【中】相談，助言.
poradźowar M4【男】; **-ka** F2【女】顧問，助言者.
poradźowarnja F6【女】相談室.
poradźować V4【不完】→ poradźeć.
porazyć V6【完】; **poražeć** V8【不完】打ち倒す.
poražka F2【女】打撃，敗北.
poražować V4【不完】→ porazyć.
porcija F5【女】一人前；取り分.
pórclin M1【男】磁器. Mišnjanski *pórclin* マイセン磁器. **-owy** A1【形】.
porej M3【男】ニラ.
porěčeć V5【完】（ちょっと・ある時間）話す.
porědko【副】まれに.
porědkosć F7【女】まれなこと.
porchać V7【完】（猫などが）フーッという.
porchawa F1【女】ホコリダケ.
porik M2【男】カップル，アベック. **-ojty**;**-owy** A1【形】.
porjad M1【男】秩序，規則，制度，体制. šulski *porjad* 校則; towaršnostny *porjad* 社会秩序; dnjowy *porjad* 議事日程.
porjadk M2【男】《指小》<porjad. w *porjadku* 秩序だって，順調で; něšto tu njeje w *porjadku* 何かうまくいってない.
porjadny A1【形】整然とした，正常の；規則的な.
porjadu【副】順に；個々に；交互に.
porjedźenka F2【女】訂正；補正.
porjedźeny A1【形】訂正した，補正した.
porjedźernja F6【女】修理場. awtowa *porjedźernja* 自動車修理（工）場.
porjedźeć V8【不完】; **porjedźić** V6【完】; **porjedźować** V4【不完】修正[補正]する，修理する. piwo *porjedźeć* ビールを注ぐ. **-so** 改まる.
porjeńšenje N5【中】美化.
porjeńšeć V8【不完】; **porjeńšiš** V6【完】; **porjeńšować** V4【不完】美化する. **-so** 美しくなる.

pos

porno【前置】+《与》に比べ，対して，と並んで. hić na hasy *porno* sebi 通りを互いに並んで歩く；za blidom wšitcy sedźa *porno* sebi 皆並んでテーブルについている；*porno* tebi nichtó njeje 君に並ぶ者は誰もいない；*porno* nanej sy ty palčik. お父さんに比べれば君はまるで小人だ.

porod M1【男】出産，出生. dočasny *porod* 早産.

porodźernja F6【女】産院.

porodźeć V8【不完】；**porodźić** V6【完】産む，生み出す.

porok M2【男】非難，欠点. kruty *porok* wuprajić (*někomu*) (誰を)厳しく叱責する；bjez *poroka* 非のうちどころのない.

porokować V4【不完】[někomu něšto] (何について誰を)非難する.

porosć, 過去 poroscech, porosče 〈rosć〉 V9【完】一面に生える. z trawu *poroscheny* 草で覆われた.

porować V4【不完】ペアにする，組み合わせる. **-so** ペアになる.

porozny A1【形】多孔性の.

porskać V7【不完】鼻を鳴らす，くしゃみをする.

porskawa F1【女】鼻風邪，くしゃみ.

porsknyć V3【完】→ porskać.

porst M1【男】指. kónčk *porsta* 指先；wobrotnosć z *porstami* 手先の器用さ；na *porstach* sej wuličić 指折り数える；wucycać sej z *porstow* でっちあげる；měć swoje *porsty* (w *něčim*) (何と)関わり合いになる.

porstowy A1【形】指の. *porstowyy* wotćišć 指紋.

porsćanki PL1【複】手袋.

Portugalčan M1【男】；**-ka** F2【女】ポルトガル人.

Portugalska A2【女】ポルトガル. **portugalski** A2【形】.

porubać V7【完】(木を)切り倒す.

poručenje N5【中】命令，指示；推薦.

poručenka F2【女】推薦状.

poručeć V7【不完】；**poručić** V6【完】[někomu něšto] 命令する；勧める.

poručnik M2【男】命令者，主人；(軍隊)少尉.

poruny A1【形】よく似た，ほぼ等しい.

pos, psa M1(a)【男】犬(現代語で普通は psyk を使用). za *psa* dobre 何の役にも立たない；*psam* ćeknyć a do wjelkow zlećeć 犬から逃げて狼に出会う (より大きな災いに出会う)；znaty kaž pisany *pos* (彼のことは)誰でも知っている.

posadźeć V8【不完】; **posadźić** V6【完】; **posadźować** V4【不完】下に置く；植える.

posedźe|nje N5【中】会議. **-nski** A2【形】.

posedźeć V5【完】しばらく座る.

poseleć V8【不完】; **poselić** V6【完】塩を振る，塩味をつける.

poselstwo N1【中】(公式の)書状；知らせ.

posesiwny A1【形】所有(者)の；〔文法〕所有格の. *posesiwny* pronomen 所有代名詞.

poschod M1【男】階.

poskakać V7【完】小躍りしながら行く；飛び跳ねる.

poskitk M2【男】供給.

poskićenje N5【中】提供，差し出す［示す］こと，供給.

poskićeć V8【不完】; **poskićić** V6【完】[někomu něšto] 提供する，差し出す，供する. swoju službu *poskićeć* 奉仕する；škit *poskićeć* 保護する；přiležnosć *poskićeć* 機会を与える；třechu *poskićeć* 宿を貸す，かくまう；sćin *poskićeć* 陰をつくる；ruku *poskićeć* 手を差し伸べる.

pósłanstwo N1【中】大使［公使］館.

pósłać, pósćelu, pósćeleš; pósćelu; 過去 pósłach, pósła；命 pósćel!; pósćelće!；完 分 pósłał, pósłała；受 動 分 pósłany V9【完】送る．[po někoho/něšto] 呼びに[取りに]遣わす；(床を)敷く. *pósłać* po lěkarja 医者を呼びにやる；*pósłać* łožo ベッドを用意する.

posłowny A1【形】文字どおりの.

posłuchar M4【男】; **-ka** F2【女】聞き手，聴者.

posłucharnja F6【女】講堂；(大学の)大教室.

posłuchać V7【不完】聴く；[někoho] (誰に)従う；[na někoho/něšto] 耳を傾ける.

posłušn|osć F7【女】従順，すなお. **-y** A1【形】.

posłužba F1【女】勤務；サービス(業).

posłužbnistwo N1【中】サービス業.

posłužb|ny A1; **-owy** A1【形】サービスの.

posłužeć V8【不完】; **posłužić** V6【完】仕える.

posłužowanje N5【中】応対，サービス，給仕.

posłužowar M4【男】; **-ka** F2【女】接客係り，給仕.

posłužować V4【不完】→ posłužeć.

posledk M2【男】終り，最後. do *posledka* 最後まで；na wšón *po-*

sledk 最後に，結局．
posledni A3【女】最後の，最近の．*poslednja* wola 遺言；w *poslednim* času 最近；hač do *poslednjeho* hić ぎりぎり［極端・最悪］のところまで行く．
poslešćo N3【中】布団，寝床．spódnje *poslešćo* 敷布団；žabjace *poslešćo* 蛙の卵．
poslěbornić V6【完】；**poslěbornjeć** V8【不完】銀張りする．
posměch M2【男】嘲り，からかい．
posmějkotać so V7【完】ちょっと笑う．
posměšeć V8【不完】；**posměšiš** V6【完】からかう，笑いものにする．
posměwk M2【男】微笑み；薄笑い．
posměwknyć so V3【完】；**posměwkować so** V4【不完】少し笑う．wón so *posměwkny* 彼の顔が少しほころんだ．
posmjertniny PL1【複】命日．
posmjertny A1【形】死後の．*posmertna* maska デスマスク；*posmertna* wustajeńca 追悼記念展．
posněda V7【完】朝食をとる．
posoł, posoła/pósła M1【男】；-ka F2【女】使者．
pospać, 過去 pospach, pospa 〈spać〉V9【完】少し眠る．
pospěch M2【男】至急；あわただしいこと．
pospěšenje N5【中】アクセル；加速装置．
pospěšeć V8【不完】；**pospěšić** V6【完】加速させる．-so 急ぐ．
pospěšny A1【形】急ぎの．*pospěšny* ćah 急行列車．
pospochi【副】絶え間なく，いつも．
pospyt M1【男】試み，試験．na *pospyt* 試みに．
pospytać V7【完】試みる．-so [na něčim]（何で）自分の力試しをする．
pospytny A1【形】試験の．*pospytny* labor 実験室；*pospytna* škleńca 試験管；*pospytne* pola 実験用の畑，実験範囲．
pospytowarnja F6【女】試験場，実験場．
pospytować V4【不完】試みる，試験する．
posrědkowanje N5【中】仲介，伝達．
posrědkowar M4【男】；-ka F2【女】仲介者；斡旋屋，仲買人．
posrědkować V4【完】・【不完】取り次ぐ，仲介［斡旋］する，伝える．lišćik *posrědkować* 手紙を渡す；pokiwy *posrědkować* 指示を伝える；nazhonjenja *posrědkować* 経験を伝える．

posrědni A3【形】間接の.
posrědni|k M2【男】; **-ca** F3【女】仲介者；連絡係り.
póst[1] M1【男】郵便局. hłowny *póst* 中央郵便局; Němski *póst* ドイツ郵便.
póst[2] M1【男】〔キリスト教の〕四旬節.
postajenje N5【中】指定, 規定, 設定, 配置. wuwjedźenske *postajenje* 実施規定（1960年代に施行された教育法を指す）.
postajeć V8【不完】; **postajić** V6【完】指定[規定]する, 配置する, 立たせる. pomnik *postajeć* 記念碑を設立する; směr *postajeć* 方向を定める; noweho direktora *postajeć* 新しい責任者を配置する; porjadk *postajeć* 秩序を整える.
postarać so V7【完】[wo někoho/něšto] 世話する, 気にかける.
postawa F1【女】像, 姿.
postěrować V4【不完】配置する, 位置につかせる.
póstnicar M4【男】; **-ka** F2【女】謝肉祭[カーニヴァル]の道化師.
póstni|cy PL1【複】謝肉祭[カーニヴァル]. **-ski** A2【形】.
póstny A1【形】四旬節の.
postoj M3【男】立場, 位置, 地位. zakładny *postoj* 基本的立場[姿勢].
postorčić V6【完】突く, 押す, 突き当たる. **-so** つまずく, 気を悪くする.
postork M2【男】ひんしゅく, ひんしゅくを買う行い.
postorkować V4【不完】→ postorčić.
postowni|k M2【男】; **-ca** F3【女】郵便局員.
postronk M2【男】綱, ロープ. přez *postronki* bić 度を越える, 無茶をする; za jedyn *postronk* ćahnyć 同じ目標を追う.
postrow M1【男】挨拶.
postrowić V6【完】; **postrowjeć** V8【不完】[někoho] 挨拶する. **-so** 挨拶を交す.
postrowny A1【形】挨拶の.
postup M1【男】進歩；昇進, 発展.
postupić V6【完】前進する, 向上する. niwow žiwjenja je *postupił* 生活水準が高くなった; płaćizna *postupi* 賃金が上がった; *postupić* do wyšeje ligi 上位リーグに進出する.
postupny A1【形】進歩的な；少しづつの.
postupowanje N45【中】処置, 手順, 進行, 進歩.
postupować V4【不完】進む；[přeciwo někomu/něčemu] 処置

をとる．wěc dejre *postupuje* 事態は順調に進行している．
posćić so V6【不完】断食する．
posudk M2【男】判定，評価．kónčny *posudk* 最終審査[評価]．
posudźić V6【完】審査[評価]する．
posudźowanje N5【中】審査，評価．
posudźowar M4【男】；**-ka** F2【女】審査員，評価者．
posudźować V4【不完】→ posudźić．
poswačić V6【完】おやつ[軽食]をとる．
poswarić V6【完】；**poswarjeć** V5【完】少し非難する．
poswjećenje N5【中】落成[除幕]式；伝授．
poswjećić V6【完】聖別する，叙階する；捧げる．
posyc, 過去 posyčech, posyče ⟨syc⟩ V9【完】刈り取る．
posydnyć so V3【完】着席する．
posyłka F2【女】郵便物，小包．
posylnić V6【完】強化する．*posylnić* mocy 力を入れる．**‐ so** 強くなる．
posylnjenje N5【中】強化．
posylnjeć V8【不完】→ posylnić．
posypać V7【完】振りかける，撒く．
posypk M2【男】振りかけるもの（ケーキの粉砂糖など）．
poškarać V7【完】（火を）かき起こす；煽り立てる．
poškodźenje N5【中】破損，毀損．
poškodźeć V8【不完】；**poškodźić** V6【完】破損する，損なう，害する．
poštyrjoch【副】四つんばいで．*poštyrjoch* łazyć 四つんばいで進む．
pót, pota M1【男】汗．smjertny *pót* 冷や汗；*pót* wustupuje 汗が吹き出る．
potajeć V8【不完】；**potajić** V6【完】秘密にする，隠す．
potajkim【副】従って，だから．
potajnosć F7【女】秘密．
potajnosćiwy A1【形】秘密にみちた，いわくありげな．
potajnostwo N1【中】秘密．słužbne *potajnostwo* 職務上の守秘義務；zjawne *potajnostwo* 公然の秘密．
potajny A1【形】秘密の．
potajować V4【不完】→ potajeć．
potepić V6【完】ちょっと暖める，燃やす；沈める．**‐ so** 沈む．

poteptać V7【完】踏む，踏みつける．
pótknyć so V3【完】つまずく，よろめる．
potłóćeć V8【不完】；**potłóčić** V6【完】抑圧する，抑え込む．- **so** 抑圧される，抑え込まれる．
potłóčowanje N5【中】抑圧，鎮圧．
potłóčowar M4【男】；**-ka** F2【女】抑圧者．
potłóčować V4【不完】→ potłóćeć．
pótnica F3【女】汗孔．
potom【副】それから，ついで．*potom* hakle …して始めて．
potomni|k M2【男】；**-ca** F3【女】子孫；後継ぎ．
potomnistwo N1【中】(集合)子孫．
potorhać V7【完】；**potorhnyć** V3【完】ちぎる，引っぱる，引き倒す．*potorhać* za włosy 髪を引っぱる．
potowy A1【形】汗の．*potowa* žałza 汗腺．
potrěbn|osć F7【女】必要，要求．**-y** A1【形】．
potrojeć V8【不完】；**potrojić** V6【完】三倍[三重]にする．
potrusyć V6【完】；**potrušeć** V8【不完】振りかける．
potřělić V6【完】撃ち殺す，射止める．
potuleć V8【不完】；**potulić** V6【完】下方に曲げる．- **so** 下に曲がる．
potupić V6【完】全滅させる，壊滅させる．
potwjerdźenje N5【中】固定，強化；確認．
potwjerdźeć V8【不完】；**potwjerdźić** V6【完】；**potwjerdźować** V4【不完】固定[強化]する；確認する．
potwora F1【女】怪物，怪獣．
poćah M2【男】関係，přećelske *poćahi* 友好的関係；wikowanske *poćahi* 取り引き[貿易]関係．
poćahać V7【完】；**poćahnyć** V3【完】ちょっと引っぱる；(カバー・シーツなどを)張る．
poćahować V4【不完】(カバー・シーツなどを)張る；[na něšto/někoho] 関係付ける．
poćahowy A1【形】関連の．*poćahowy* dypk (座標などの)基準点，標点．
poćehnjenje N5【中】覆い物(カバー・シーツなど)．
poćeńšeć V8【不完】；**poćeńšić** V6【完】(液体を)薄める．
poćerpjeć V5【完】(損害を)受ける；耐える．
poćeženje N5【中】積み荷；負担．

počežić V6【完】（荷・負担・罪などを）負わせる．města z dawkami *počežić* 町々に税金を課す．
počežkać V7【完】（手で持って）目方を量る．
počežowacy A1【形】困難にする，負荷をかける．*počežowace* wokolnosće 罪状加重の状況；*počežowace* dopomnjenki 辛い思い出．
počežować V4【不完】→ počežić．
poćišćeć V5【完】印刷する；ちょっと押す．
poćmje【副】暗闇の中で（＝po ćmě）．
powabk M2【男】そそのかし；刺激．
powabn|osć F7【女】優雅，優美．-y A1【形】．
powaha F2【女】気質，性質．
powaleć V8【不完】；**powalić** V6【完】投げ倒す，ひっくり返す．
powarić V6【完】さっとゆでる［煮る］．
powažny A1【形】まじめな；卑しからぬ，立派な．*powažny* člowjek まじめな［立派な］人．
powěčko N1【中】《指小》＜powěko．
powědančko N1【中】物語．
powědanje N5【中】語り，物語．
powědar M4【男】；-ka F2【女】語り手．
powědać V7【不完】語る，物語る；話す．bajku *powědać* 民話を語る；*powědać* (*po někim*)（誰の）言葉をくり返す；*powědaj* to druhemu その手は食わないぞ；*powěda* so 話によると；naša wowka nam přeco bajki *powědaše* うちの祖母はいつも私達に物語を語ってくれた；štó je ći to *powědał*?誰があなたにそれを話したの？pola nas doma jenož serbsce *powědamy*. 我が家ではソルブ語だけで話しています．
powěko N1【中】まぶた．
powěsnyć V3【完】吊す，掛ける．na hózdź *powěsnyć* 釘に掛ける．
powěsć F7【女】ニュース．
powěsćernja F6【女】通信社．
powěsćownistwo N1【中】通信［報道］業務．
powěšak M2【男】ハンガー，洋服掛け．
powěšeć V8【不完】吊す，掛ける．
powětr M1【男】空気．zymny *powětr* 冷気，極地の空気；na *powětře* 戸外で；*powětr* srěbać 空気を吸う，散歩する．
powětroškit M1【男】防空．

powětrowka F2【女】空気銃.
powětrowy A1【形】空気の. *powětrowa* plupma 空気ポンプ.
powitanje N5【中】挨拶.
powitać V7【完】挨拶する.
powjaz M1【男】綱, ロープ. skakanski *powjaz* 縄跳びのなわ; łódźne *powjazy*（船の）索具.
powjaznica F3【女】ロープウェー.
powječerjeć V8【完】夕食をとる.
powjerch M2【男】表面. zemski *powjerch* 地表.
powjeršina F1【女】外形.
powjeršny A1【形】表面の, 外側の.
powjetšadło N1【中】拡大鏡.
powjetšić V6【完】; **powjetšować** V4【不完】拡大する.
powobjedować V4【完】昼食をとる.
powobličenje N5【中】見積り, 概算.
powobličeć V8【不完】; **powobličić** V6【完】見積もる, 概算する.
powočinić V6【完】; **powočinjeć** V8【不完】ちょっと開ける.
powod M1【男】水道管, 配管; パイプライン.
powodźeć V8【不完】; **powodźić** V6【完】水を引く, 潅漑する;（川が）溢れる.
powodźowanje N5【中】潅漑, 引水.
powodźować V4【不完】→ powodźeć.
powołanje N5【中】職業.
powołanski A2【形】職業の. *powołanska* šula 職業学校; *powołanski* wobchad 通勤ラッシュ.
powołać V7【完】[někoho za něšto] 任用する. *powołachu* jeho za profesora 彼は教官として任用された. – **so** [na někoho/něšto] 参照する, 引用する.
powólnić V6【完】ちょっと緩める, ほぐす. – **so** 緩む, ほぐれる.
powoptać V7【完】ちょっと味見する; 試みる.
powostanki PL1【複】残り（物）, 余り（物）. tworowe *powostanki* 店（タナ）ざらし物.
powrjerstło N1【中】（穀物を束ねる）わら縄.
powróćeć V8【不完】; **powróćić** V6【完】ひっくり返す. – **so** ひっくり返る, 転覆する.
powska F2【女】漉し布.
powšitkowny A1【形】一般の. *powšitkowny* rěčespyt 一般言語

学；*powšitkowne* zdźěłanje 一般教養；*powšitkownje* płaćiwy 普遍妥当の.
powučacy A1【形】教訓[啓発]的な.
powučenje N5【中】教示，指導.
powučeć V8【不完】；**powučić** V6【完】；**powučować** V4【不完】教え(さと)す. -**so** 人の言うことを聞く.
powyšić V6【完】；**powyšować** V4【不完】高くする，持ち[取り]上げる；昇進させる. wuwoz *powyšić* 輸出を拡大させる；*powyšichu* jeho na generalneho połkownika 彼は陸軍大将に昇進した.
pozabyty A1【形】忘れられた.
pozabyć, 過去 pozabych, pozaby ⟨zabyć⟩ V9【完】；**pozabywać** V7【不完】だんだんと忘れる.
pozadk M2【男】背景. w *pozadku* 背景に.
pozastać, 過去 pozastach, pozasta ⟨stać⟩ V9【完】ちょっとの間留まる.
pozběh M2【男】飛躍，躍進，高揚.
pozběhnyć V3【完】；**pozběhować** V4【不完】持ち上げる，高揚させる. *pozběhnyć* woči 目を上げる. -**so** そびえる.
pozbudźić V6【完】；**pozbudźować** V4【不完】刺激する，目覚めさせる；応援する.
pozdatny A1【形】外見上の，見たところの. *pozdatny* pohib słónca po ekliptice 太陽の黄道上の見かけの動き.
pózdni A3【形】遅い. *pózdnja* hodźina (夜の)遅い時間；*pózdnja* gotika 後期ゴシック様式；časnik je *pózdni* 時計が遅れている.
pózdnička F2【女】イヌサフラン.
pozdźe【副】遅くに. je hižo *pozdźe* もう遅い；*pozdźe* wječor 夜遅く.
pozdźiši A3【形】《比》< pózdni.
pozdźišo【副】《比》< pozdźe. hakle *pozdźišo* もっと後になって初めて.
pozhubić V6【完】；**pozhubjować** V4【不完】失う. -**so** 失われる，なくなる；次第に弱まる.
pozicija F5【女】ポジション.
pozitiw M1【男】(写真)ポジティヴ.
pozłotk M2【男】金張り，金めっき；(刺繍用の)金糸.
pozłoćeć V8【不完】；**pozłoćić** V6【完】金めっき[金張り]する；豪華にする.

póznać V2【完】; **póznawać** V7【不完】識別する, 見分ける; 知る, 知り合いになる. *póznać* nowych ludźi 新しい人々と知り合いになる.
pozynk M2【男】反響, 残響.
požadanje N5【中】熱望, 望み.
požadać V7【完】望む, 熱望する, 要求する.
požadliwosć F7【女】熱望, 欲望.
požadliwy A1【形】渇望している; 情欲に取りつかれた.
požadosć F7【女】熱望, 欲望, 情欲. **-tny** A1【形】.
požčeć V8【不完】; **požčić** V6【完】[někomu něšto] 貸す; 借りる. (*někomu*) pjenejezy *požčeć* (誰に)金を貸す. **-sej** 借りる. *požčeć sej* pjenjezy (*wot někoho*) (誰から)借金する.
požčonka F2【女】貸付, 借款;〔文法〕借用語.
požčowarnja F6【女】金融業, 質屋.
požčować V4【不完】→ požčeć.
póžeradło N1【中】= póžerk.
póžerać V7【不完】飲み込む. tablety *póžerać* 錠剤を飲み込む; při płuwanju wjele wody *póžerał* (彼は)泳ぎながら大量の水を飲み込んだ.
póžerk M2【男】咽頭.
požić V2【完】(傷が)少し良くなる;(料理を)楽しむ; 消化する.
požiwadło N1【中】嗜好品.
požiwanski A2【形】消化の. *požiwanske* organy 消化器官.
požnjenc M1【男】十一月.
požohnować V4【完】祝福する.
póžrěć V2【完】飲み込む.
pracl M3【男】ブレーツェル(生地を編んで焼いた塩味のパン).
pračłowjek M2【男】原始人.
pradźěd M1【男】曾祖父.
Praha F2【女】プラハ.
prahnyć V3【完】尽きる, 涸れ果てる. *prahnyć* (*za něčim*) (何を)渇望する.
prajidmo N1【中】言い回し, 慣用句, 決まり文句; 金言.
prajić V6【完】・【不完】言う, 伝える. božemje *prajić* いとまを告げる; wjele dobreho *prajić* よろしく伝える, 挨拶を送る; prawdu do wočow *prajić* 面と向かって本当のことを言う; ma so *prajić* 言わねばならない; mjez namaj prajene ここ[我々二人]だけの話

だが；to je lohko *prajene*！言うは易し；kaž so *praji* 言わば；*Prajiče* prošu, kak na času je？今何時でしょうか？

prak M2【男】無頼者．

praksa F3【女】実習；実地，実践．za *praksu* zwužić 実地に応用する．

praktikować V4【不完】実習する．

praleš M1【男】原生林；ジャングル．

pranc M1【男】（犬の）口輪．

pranjepřećel M3【男】宿敵；悪魔．

pras！【間投】ガシャン！バリッ！

prask M2【男】ガシャン[バリッ・ドシン]という音．

praskać V7【不完】；**prasknyć** V3【完】ガシャン[バリッ・ドシン]という音をたてる．z křudom *praskać* 鞭をバシッと鳴らす；z durjemi *praskać* ドアをバタンと閉じる．

praskot M1【男】カタカタ[パチパチ・ゴロゴロ]いうこと，その音．

praskotak M2【男】雷管，起爆物．

praskotać V7【不完】カタカタ[パチパチ]と音をたてる．całty *praskota* パン（の皮）がパチパチいう．

prasłowjanski A2【形】スラヴ祖語の．

prasłowjanščina F1【女】スラヴ祖語．

praslica F3【女】コブラ．

prasnyć V3【完】→praskać．

prasować V4【不完】圧する，（ぶどうを）搾る．

prastary A1【形】原始の．

prastawizny PL1【複】古代史，先史．

prašacy A1【形】質問の．*prašaca sada* 疑問文．

prašak M2【男】疑問符．

prašenje N5【中】質問，問題．njerozrisane *prašenje* 未解決の問題；narodne *prašenje* 民族問題；stajeć *prašenje* 質問する，問題を課す；rozrisać *prašenje* 問題を解決する．

prašeć so V8【不完】[někoho za někim/něčim]（誰に何／誰について）尋ねる；[za někim/něčim] 気にかける．*praša so* 問題だ，問われるところだ．

prašliwy A1【形】問題の，問題となる．

pratowaršnosć F7【女】原始社会．

prać, pjeru, pjerješ；pjeru／過去 pjerjech, pjerješe；命 pjer！；pjerće！；完分 prał, prała；受動分 prany V9【不完】殴る，殴打

する．**-so** 殴り合う；戦う；[wo něsto] 到達する，手に入れる．
prawak M2【男】ヤマドリダケ(食用キノコ)．
prawda F1【女】真実；正義． *prawdu* rěčeć 真実を語る； *prawdu* znać 正直である；z *prawdu* 率直に；po *prawdźe* rěčane 真実を言えば；na *prawdu* božu woteńć 神の真実の元に行く(死ぬ)．
prawdosć F7【女】率直，誠実．**-iwy** A1【形】．
prawdźepodobny A1【形】本当らしい．
prawdźiwy A1【形】正直な，率直な；本当の．
prawěk M2【男】原始時代，始生代．
prawica F3【女】右手；(思想)右翼．na *prawicy* 右手[右側]に．
prawicar M4【男】右翼(政治家・思想家)．
prawidłar M4【男】舵手，舵取り．
prawidło N1【中】規則，決まり；舵．
prawidłować V4【不完】舵を取る．
prawidłown|osć F7【女】規則通りであること，正規，定例．**-y** A1【形】．
prawiznik M2【男】弁護士．
prawiznistwo N1【中】弁護士の仕事，弁護士界．
prawje【副】まさしく，実に，正しく． *prawje* derje 大変良い；cyle *prawje* まったくもって正しい；to je *prawje* そのとおりである；dać (*někomu*) *prawje* (誰に)同意する，主張を認める；je mi *prawje* 私は同意だ，私もそう思う； *prawje* měć もっともである，正しい；stawa so ći *prawje* 君には当然の成り行きだ，そうなって然るべきだ．
prawniski A2【形】正しい；法律上の，合法の．
prawnistwo N1【中】法学．
prawnu|čka F2【女】：**-k** M2【男】ひ孫．
prawny A1【形】正しい，正直な；法的な．
prawo N1【中】権利；法，法律．bjez *prawa* 権利のない，違法の；čłowjeske *prawa* 人権；z dobrym *prawom* 正当に，当然のこととして； *prawo* měć 権利がある；činić sebi (*něšto*) za *prawo* (何を)不当に用いる；wužiwać *prawo* 権利を行使する；studować *prawo* 法律を勉強する；ciwilne *prawo* 民法．
prawobydler M4【男】原住民，先住民．
prawočasny A1【形】時期を得た，(時間的に)ちょうどよい．
prawokutny A1【形】直角の． *prawokutny* triróžk 直角三角形．
prawomócny A1【形】法的力を持つ．

prawopadna A1【女】垂線.
prawopis M1【男】正書法. **-ny** A1【形】.
praworóžk M2【男】長[正]方形. **-aty** A1【形】.
prawosławny A1【形】東方正教会の. *prawosławna* cyrkej 東方正教会.
prawostronski A2【形】右側の. *prawostronski* nadrožny wobchad 右側通行.
prawo|ta F1; **-sć** F7【女】正しさ, 正当, 当然.
prawowědomosć F7【女】法学.
prawowka F2【女】曾祖母.
prawy A1【形】右の；まっすぐな；正しい, 真の. *prawy* bok 右サイド；*prawy* rózk 直角；*prawy* třirózk 直角三角形；*prawy* přećel 真の友；*prawa* wulkosć ぴったりの大きさ；w *prawym* času まさに良い時に.
pražak M2【男】トースター.
praženka F2【女】トースト.
praženy A1【形】焼いた, ローストした. *pražena* kołbaska 焼きソーセージ；*pražene* běrny じゃがいもの炒め料理.
pražić V6【不完】乾かす, 焙る；じりじり焼く. **-so** 焼ける. *pražić so* na słóncki 太陽で自分の肌を焼く.
pražnik M2【男】七月.
precizny A1【形】正確な.
preč【副】去って, なくなって. dźi *preč*! 失せろ！あっちへいけ！*preč* z tym! それをどけてくれ！*preč* ćahnyć 引き離す, 引っぱって取る；*preč* stupić 脇へどく.
prečki PL1【複】（詩などで）遠方, 異国.
predikat M1【男】述語, 述部. **-iwny** A1【形】.
prefiks M1【男】〔文法〕接頭辞.
premier M1【男】首相.
premija F5【女】賞与, 補助金, プレミア. kóncletna *premija* 年末の特別配当[賞与].
premjera F1【女】初演.
prepozicija F5【女】〔文法〕前置詞.
preteritum M1【男】〔文法〕過去時制.
prezens M1【男】〔文法〕現在時制.
prezensowy A1【形】現在時制(形)の. *prezensowa* kóncowka 現在形語尾；*prezensowy* zdónk 現在語幹.

prezentowy A1【形】プレゼントの. *prezentowy* koš プレゼントの入った籠.
prěčišćo N1【中】交点.
prěčić V6【不完】[něšto] 横切る. - **so** 交差する.
prěčnik M2【男】側柱；直径.
prěčny A1【形】横［斜め］の. *prěčny* piščałka 横笛；z *prěčnymi* smuhami 横縞［罫］の.
prědar M4【男】；**-ka** F2【女】説教者.
prědk M2【男】前面, 前景, 先. w *prědku* 前に, 前面に；łódźny *prědk* 船のへさき；při *prědku* ćaha 列車の先頭で.
prědkowny A1【形】前面の, 前の. *prědkowny* napohlad 正面図, 前景.
prědku【副】先に.
prědni A3【形】前の, 先の. *prědni* dźěl 前部；*prědnje* koło 前輪.
prědniši A3【形】〈比〉〈prědni；過ぎ去った, 先立つ.
prědować V4【不完】説教する.
prěki【副】横［斜め］に. na *prěki* přińć 横切って来る；*prěki* a podłu あちこちに；wšo ležeše *prěki* a podłu あらゆるものが無秩序に置かれていた；wot *prěki* 向こうから.
prěkować V4【不完】横断する；(計画などを)台なしにする, 妨げる. dróhu *prěkować* 道路を横断する；dobru wěc *prěkować* 良いものを台なしにする.
prěni A3【女】第一番目の, 最初の. *prěnjeho* 一日（ツイタチ）に；*prěnjeho* septembra 9月1日；*prěni* lěpši 手当りしだいの, 行き当たりばったりの；*prěni* króć 初めて；*prěnja* pomoc 応急手当；kupić z *prěnjeje* ruki 直接買う；na *prěni* pohlad 一目見て；za *prěnje* まず第一に；*prěnje* husle 第一ヴァイオリン, (物事の)音頭取り, 指導者.
prěnička F2【女】(人・家畜の)最初の子供；第一作.
prěnjopis M1【男】第一稿, 原稿.
prěnjorjadn|osć F7【女】第一級. **-y** A1【形】.
prěnjorodźeny A1【形】初出の, 長子の.
prěnjotny A1【形】オリジナルの, 原…. *prěnjotne* wudaće 原版, 初版.
prěć V2【不完】否定［拒絶］する, 認めない.
primarny A1【形】第一義的な, 基本的な.
primitiwny A1【形】プリミティヴな.

princ M1【男】王子, 公子.
princesna F1【女】王女, 公女.
priwatny A1【形】私的な. *priwatne* wobsydstwo 私的所有; *priwatne* swójstwo 私有財産.
prjedawši A3【形】先の, 以前の. *prjedawšje* lěto 前年; w *prjedawšich* lětach かつて, 以前には.
prjedownik M2【男】先祖; 先駆者.
prjedy【副】以前に; 早い. *prjedy* hač ... …より以前に; wjace hač hdy *prjedy* これまでになく; čim *prjedy*, čim lěpje 早ければ早いほどよい; *prjedy* abo pozdźišo 遅かれ早かれ.
proba F1【女】試み, リハーサル. generalna *proba* 総稽古.
problem M1【男】問題. njerozrisany *problem* 未解決の問題.
probować V4【不完】試みる; リハーサルする.
próca F3【女】骨折り, 苦労. bjez *prócy* 苦もなく, 楽々と; z *prócu* 苦労して; bojazna *próca* たいへんな苦労; wšu *prócu* nałožować あらゆる労を払う.
prócniwy A1【形】用意周到な, 綿密な.
prócowanje N5【中】努力, 骨折り.
prócowar M4【男】; **-ka** F2【女】活動家; 努力家. narodny *prócowar* 愛国者.
prócować so V4【不完】[wo někoho/něšto] 世話する, 労を払う.
prodrustwo N1【中】(旧ドイツ民主共和国の)農業生産組合(LPG).
produkcija F5【女】生産, 生産品[高]. cyłkowna *produkcija* 総生産(額); lětna *produkcija* 年間生産; *produkcija* na wosobu 一人当り生産高[量].
produkować V4【不完】生産[製造・制作]する.
produkt M1【男】生産物, 製品. hotowy *produkt* 完成品, 工場製品; pódlanski *produkt* 副産物.
produktiwita F1【女】生産性, 生産力. zwyšić dźěłowu *produktiwitu* 労働生産力を高める.
produktiwny A1【形】生産の, 生産的な. *produktiwna* móc 生産力.
prognoza F1【女】予測, 予報.
program M1【男】計画, 予定; 番組, プログラム. po *programje* プログラムに従って; wječorny *program* 夜のプログラム; *program* na wučbu 学習計画; *program* nastajić プログラムを組む; *program* spjelnić 計画を遂行する.

programować V4【不完】プログラムを組む.
programowy A1【形】プログラムの.
próh, proha M2【男】敷居；入り口. rěcny *próh* 貯水地, ダム；na *proze* lětstotka 世紀の初めに；přez *próh* stupić 敷居をまたぐ.
proch, 前 proše/próše M2【男】埃, 塵；火薬. *proch* trěć 埃を払う；třělny *proch* 火薬；so z *procha* měć こっそりずらかる；so w *próše* walić 埃まみれになる；(人の前で)ぺこぺこする；z *prochom* a mochom 残らず, 何もかも.
prochnawić V6【不完】朽ちる, もろくなる.
prochniwy A1【形】朽ちた, 腐った.
prochojty A1【形】ほこりっぽい.
prochsrěbak M2【男】吸塵機, 電気掃除機.
prok M2【男】弓. z *prokom* a kłokom 弓と矢で.
prokar M4【男】射手.
prokawa F1【女】石弓, クロスボウ.
proklamować V4【不完】宣言する.
promjenić V6【不完】(熱・光を)発散する, 放射する.
promjenjak M2【男】放射体, 放射器.
promjo N4【中】光線；流れ. *promjo* pruhow 光束；*promjo* słónča 太陽光線；*promjo* rěki 川の支流.
promowować V4【不完】学位を与える；学位をとる.
pronomen M1【男】〔文法〕代名詞. personalny *pronomen* 人称代名詞.
propaganda F1【女】プロパガンダ.
propagować V4【不完】宣伝する.
proso N3(a)【中】子ブタ. dźiwje *proso* イノシシの子ども.
prosta A1【女】直線.
prostosć F7【女】実直, 素朴さ；謙虚；硬直；堅苦しさ, ぎこちなさ.
próstwa F1【女】請願, 願い. pisomna *próstwa* 請願書；*próstwa* wo pomoc 手助けの依頼；*próstwa* wo dowolu 休暇願い；*próstwu* zapodać 申し立てる, 提案する；*próstwu* wotpokazać 願いをはねつける.
prosty A1【形】真直ぐな, 素朴な, 実直な；堅苦しい；[něčeho] (何の)ない. *prosty* čłowjek 素朴[単純]な人；*prosty* wsěje sebićnosće いかなる利己主義もない.
prosyć V6【不完】[někoho] 請う, 願う. *prošu*! お願いします；どうか；どうぞ；(問いかけに対し)はい？；směm *prosyć* お願いでき

ますか；k blidu *prosyć* 食卓に招く；na kwas *prosyć* 婚礼の宴に招待する；*prosyć* naležnje どうしてもと［切に］頼む；wo wodaće *prosyć* 詫びる，赦しを請う；wo słowo *prosyć* スピーチを頼む．
prošaty A1【形】請う，請うような．
próšaty A1【形】雨の降りそうな．*próšate* wjedro 降りそうな天気．
prošer M4【男】；**-ka** F2【女】乞食．
próšić V6【不完】埃まみれにする．**- so** 埃っぽい状態である；霧雨が降る．
próšk M2【男】細かい埃；埃状のもの．płokanski *próšk* 粉洗剤．
próšny A1【形】埃だらけの，埃っぽい．
protokol M1【男】議事録；議定書；調書．
protokolant M1【男】；**-ka** F2【女】記録係り．
protokolować V4【不完】記録する，議事録にとる．
protyka F2【女】カレンダー．sćěnowa *protyka* 壁掛け式カレンダー；*protyki dźěłać* プランを練る；空中楼閣を建てる（空想にふける）．
próć V2【不完】(縫い目などを)ほどく．**- so** (縫い目が)ほどける．
prowokacija F5【女】挑発；誘発．
proza F3【女】散文．
prózdnica F3【女】空洞．
prózdnin|y PL1【複】休暇．w *prózdninach* 休暇中で．**-ski** A2【形】．
prózdnjeńca F3【女】洞穴，洞窟．kapnikowa *prózdnjeńca* 鍾乳洞．
prózdnosć F7【女】空(カラ)，虚ろ，中身のない状態．
prózdny A1【形】空(カラ)の，虚ろな，中身のない．*prózdny* kófer 空のトランク；*prózdna* papjerka 真っさらの紙片；*prózdne* słowa 中身のない[空虚な]言葉；*prózdne* nawušnicy 吹ガラスのイヤリング；do *prózdneho* hladać 空(クウ)を見つめる；*prózdny* ležeć (農地などが)使われないままになっている；z *prózdneho* pić グラスを飲み干す；z *prózdnymaj* rukomaj 空手で，手ぶらで，徒らに．
prozowy A1【形】散文の．*prozowe dźěło* 散文作品．
prud M1【男】流れ；電流．jenakosměrny *prud* 直流；měnjaty *prud* 交流；powětrowy *prud* 気流．
prudlo N1【中】罠．*prudla* lac 罠を仕掛ける．
prudženje N5【中】流れ，光線．mórske *prudženje* 海流；kos-

prudźić 292

miske *prudženje* 宇宙線.
prudźić V6【不完】(光・流れが)出る，発散[放出]される.
pruha F2【女】光線，流れ. słóncne *pruhi* 太陽光線；*pruhi* so łamaja 光が屈折する.
pruhaty A1【形】光線の.
pruhojty A1【形】放射状の；光線の様な.
pruskel F7【女】みみず腫れ；筋，縞.
prut M1【男】小枝，若枝.
prućik M2【男】《指小》＜prut.
prućo N3【中】小枝，若枝.
pruwa F1【女】試験，試み，リハーサル. hłowna *pruwa* 総稽古；na *pruwu* stajić 試験する.
pruwowanc M1【男】受験者，被験者.
pruwowanje N5【中】試験；試練. *pruwowanje* zrałosće (ギムナジウムの)卒業試験；přijmanske *pruwowanje* 採用試験；w *pruwowanju* zwrěsćić 試験に落ちる.
pruwowanski A2【形】試験の. *pruwowanski* nadawk 試験の課題；zasudźić z *pruwowanskim* časom jednoho lěta 執行猶予一年の刑を言い渡す.
pruwowar M4【男】；**-ka** F2【女】試験官.
pruwować V4【不完】試す，試験する.
pruženje N5【中】光；光の放射.
pružitosć F7【女】弾力.
pružn|osć F7【女】弾力性，柔軟さ. **-y** A1【形】.
pryskać V7【不完】→ prysknyć.
pryskawa F1【女】水撒き用のポンプ.
prysknyć V3【完】ほとばしらせる，はねかす. sylzy jemu do wócow *prysknychu* 彼の目に涙が溢れた.
pryskotać V7【不完】ほとばしらせる，；(水が)噴出する.
pryzl M3【男】冗談，おふざけ. **-ojty** A1【形】.
předło N1【中】紡糸.
předowarnja F6【女】紡績工場.
přah M2【男】繋馬(馬を車につけること)；馬をつけた車.
přahać V7【不完】馬を車につける，車を仕立てる. **- so** [z někim] (誰と)言い争う.
přasć, předu, předźeš；předu；過去 předźech, předźeše；命 předź！；předźće！；完分 předł, předła；受動分 předźeny；能動分 předźa-

cy V9【不完】紡ぐ．mysle *přasć* 考えをめぐらす；hromadźe *přasć* つるむ，一緒に遊び歩く；ći ničo dobreho *njepřadu* 彼等はよからぬことばかりたくらむ．

přaza F3【女】紡ぎ糸；糸紡ぎ(の作業)，糸紡ぎの宵(農家で夜，糸紡ぎをしながら語り合う習慣)．ćeńku *přazu* měć 下痢をしている．

pře【前置】+《対》対して，ために．krjepki *pře* kašel 咳止めシロップ；*pře* nana płakać 父を偲んで泣く；*pře* ničo a za ničo 無駄に，徒に；dobre *pře* woči 目にとって良い；*pře* to njemóžu それについては私には何ともしがたい．

pře-《接頭辞》形容詞，副詞に付加して'非常に''あまりにも'の意を添える．*pře*wulki 大きすぎる；*pře*leni あまりにも怠惰な；*pře*zbožowny この上なく幸せな；*pře*spěšnje jěć 運転が早すぎる．

přebarbić V6【完】；**přebarbjeć** V8【不完】塗り直す[替える]，染め直す[替える]．

přeběh M2【男】経過，成り行き，流れ．

přeběhać V7【完】(靴を)すり切らす；歩き回る．sym wše wobchody *přeběhał* 私は店という店を歩き回った．

přeběžeć V5【完】溢れ出る；逃げる，投降する．mloko je *přeběžało* ミルクが吹きこぼれた；wón je k přećiwnikej *přeběžał* 彼は敵方に寝返った．-**so** ちょっと散歩する；思う存分走る．

přebić V2【完】；**přebiwać** V7【不完】打ち抜く，打ち破る；ぶちのめす．

přebłyskować so V4【不完】稲妻が起こる，闇からほのかに光って見える．

přeborkać V7【完】ほじくり返す，掘ってひっくり返す；(物事を)ごり押しする．

přebrodźeć V8【不完】；**přebrodźić** V6【完】浅瀬を渡る．

přebrojić V6【完】浪費する．

přebytk M2【男】滞在．

přebytnišćo N3【中】= přebywanišćo．

přebytny A1【形】定住の．*přebytny* ptak 定住の鳥．

přebywanišćo N3【中】滞在地，逗留地．

přebywanje N5【中】滞在．za čas mojeho *přebywanja* 私の滞在中に．

přebywać V7【不完】滞在する．

přeco【副】いつも．kaž *přeco* いつものように；*přeco* znowa 何度も，繰り返し；*přeco* bóle ますます；*přeco* hišće 依然として，ま

přecydźeć

だなお；*přeco*, hdyž... ...時はいつも；na *přeco* いつまでも；na *přeco* to njeje いつまでもそんなではない，それは長くは続かない．

přecydźeć V8【不完】；**přecydźić** V6【完】；**přecydźować** V4【不完】濾過する．

přecydźowak M2【男】フィルタ．

přecydźowanski A2【形】濾過の．*přecydźowanska* papjera 濾紙．

přečakać V7【完】（あることの終了を）待つ．

přečasto【副】非常に［あまりにも］頻繁に．

přečinić V6【完】；**přečinjeć** V8；**přečinjować** V4【不完】浪費する，使い果たす．

přečitać V7【完】通読する．

přečo【副】どうして．*přečo* sy to činił? あなたはなぜそうしたの？

přečušleć V8【不完】；**přečušlić** V6【完】くまなく探す．

před(e)【前置】1.＋《対》前へ．stupić *před* chěžu 家の前に出る；sydnyć so *před* wokno 窓の前にすわる；žadać *před* sud 法廷に呼び出す；doběhnyć *před* wjes 村へと駆けこむ．2.＋《造》前に．〈場所〉stać *před* chěžu 家の前に立つ；*před* wočkomaj so bórkotać 目の前でちらつく；*přede* mnu 私の前で；přednošować *před* (*někim*)（誰の）前で発表［講演］する；ćah *před* nosom woteńdźe 列車が目の前で行ってしまった；〈時間〉*před* wobjedom [wotchadom] 食事［出発］前に；*před* hodźinu [tydźenjom] 一時間［一週間］前に；*před* lětami 数年前；*před* krótkim ちょっと前に，先ごろ．

předaloki A2【形】あまりにも遠い．

předaloko【副】あまりにも遠く．

předań F7【女】販売．na *předań* 売りに出て．

předać, předam, předaš；předadźa；過去 předach, předa；命 předaj!；předajće!；完分 předał, předała；受動分 předaty V9【完】売る．*předać* pod pławiznu 捨て値で売る．

předawanski A2【形】売りの．*předawanska* płaćizna 販売価格．

předawar M4【男】；**–ka** F2【女】販売人；売り子．

předawarnja F6【女】販売所，店．

předawać V7【不完】売る．*předawać* kawki 口をあんぐり開けて見る．

předběh M2【男】（スポーツの）予選；（製品の）残留分．

předčasny A1【形】予定前の，早過ぎる．

předčitać V7【完】読み上げる，音読する．

předčuć V2【完】予感する.
předčuće N5【中】予感.
předehra F1【女】前口上, 序幕；序曲, 序奏.
předeńć, předeńdu, předeńdźeš；předeńdu；過去 předeńdźech, předeńdźe；命 předeńdź!；předeńdźće!；完分 předešoł, předešła V9【完】先に立つ；[něšto] 予見する, 予防する. chorosći *předeńć* 病気を予防する.
předešćnik M2【男】雨傘.
předewšěm【副】とりわけ, なによりも.
předewzać, 過去 předewzachu, předewza ⟨wzać⟩ V9【完】[sej nešto] 引き受ける, 取り扱う.
předewzaće N5【中】企業, 事業；会社.
předewzaćel M3【男】；**-ka** F2【女】企業家, 請負人.
předhodowny A1【形】クリスマス前の.
předchadni|k M2【男】；**-ca** F3【女】先任者, 先輩.
předcha|dny A1；**-dźacy** A1【形】先行する, 前の.
předchadźeć V8【不完】先行する.
předchěža F5【女】(家の)玄関.
předchłostany A1【形】前科のある.
předisktuować V4【完】議論し通す, 議論し尽くす.
předjězba F1【女】(交差点などの)先行(権).
předkoło N1【中】予選リーグ.
předkurs M1【男】予備[準備]コース.
předłoha F2【女】原本, オリジナル, ひな型；案. zakonska *předłoha* 法案.
předłóžka F2【女】〔文法〕前置詞.
předležacy A1【形】前に横たわっている, 目下の, 当面の.
předležeć V5【不完】前にある, 前に横たわる；出ている, 提案されている.
předměstno N1【中】前広場, 入り口の前の間, 踊り場.
předměsto N1【中】郊外；場末.
předmjeno N1【中】名, ファーストネーム.
předmjet M1【男】対象；科目. wučbny *předmjet* 授業科目.
přednjesć, 過去 přednjesech, přednjes ⟨njesć⟩ V9【完】述べる, 申し立てる；提出する；演奏[上演・披露]する. próstwu *přednjesć* 請願する；baseń z hłowy *přednjesć* 詩の暗唱を披露する.
přednošk M2【男】講義, 講演, 発表.

přednošowar M4【男】; **-ka** F2【女】講演[発表]者.
přednošować V4【不完】講演[発表]する.
předobry A1【形】非常に[あまりにも]よい.
předobyć, 過去 předobych, předoby 〈dobyć〉 V9【完】打ち勝つ, 圧倒する. – **so** 成功する, 自分の価値[存在・意見]を認めさせる.
předobyće N5【中】圧倒, 勝利.
předobywać V7【不完】→ předobyć.
předołhi A2【形】長すぎる.
předpis M1【男】処方; 規定, (行政的な)命令. po *předpisu* 規定[規則]に従って.
předpisać V7【完】; **předpisować** V4【不完】処方する; 規定する, まえもって整理[規定]しておく.
předpłatk M2【男】前払い; 前貸し.
předpłaćić V6【完】; **předpłaćować** V4【不完】前払いする.
předpokład M1【男】前提, 仮定, 想定.
předpokładować V4【不完】前提[仮定・想定]する.
předpołožić V6【完】提出[提起・提案]する.
předposledni A3【形】最後から二番目の, 前の前の.
předpostajić V6【完】予定する.
předpowědź F7【女】予言, 予報. *předpowědź* wjedra 天気予報.
předprawo N1【中】優先権, 特権.
předpředań F7【女】前売り.
předrasćeć V8【不完】; **předrasćić** V6【完】着替えさせる. – **so** 着替える.
předrěč F7【女】前置き, 序文.
předrěć V2【完】; **předrěwać** V7【不完】折る, 裂く. – **so** 通り抜ける. haćenje je **so** *předrěło* ダムが決壊した.
předrěwk M2【男】決壊; 穴, 決壊したところ.
předrohi A2【形】高価な.
předróžeć V8【不完】; **předróžić** V6【完】(値段を)法外につり上げる.
předskazanka F2【女】予約.
předskazać V7【完】; **předskazować** V4【不完】予約する.
předskok M2【男】(時間や距離の)優位, リード.
předsłowo N1【中】序文, まえがき.
předspěwać V7【完】コーラスでソロを歌う, 音頭をとる.
předspomnjenje N5【中】(条約などの)前文.

předstajenje N5【中】上演；紹介；表出；表象，概念. *předstajenje* kandidatow 候補者の紹介；*předstajenje* za dźěći 子供のための公演；ty sej njemóžeš žane *předstajenje* činić これについて君はきっと想像もできないだろう.

předstajen|y A1【男】；**-a** A1【女】上役，上司.

předstajer M4【男】；**-ka** F2【女】出演者，俳優.

předstaječ V8【不完】；**předstajić** V6【完】紹介する；表わす，見せる；演じる；思い浮かべさせる. **- so** 自己紹介する. **- sej** [něšto] 思い浮かべる.

předstawa F1【女】観念，理解. činić sej *předstawu* (wo něčim) (何について)観念[イメージ]を持つ.

předstawizny PL1【複】先史，前史.

předsud M1；**-k** M2【男】先入見，偏見. bjez *předsuda* 先入観なしに.

předsy|da, 複主 -dojo/-dźa M5【男】；**-dka** F2【女】(会議・団体の)長. ministerski *předsyda* 首相.

předsydstwo N1【中】幹部，首脳.

předšula F5【女】幼稚園，保育園.

předšulski A2【形】就学前の. *předšulska* staroba 就学前の年齢.

předtwar M1【男】建物の前部，ポーチ.

předuć V2【完】；**předuwać** V7【不完】(風が)吹き抜ける.

předwěšk M2【男】〔文法〕接頭辞.

předwidźeć V5【完】・【不完】予見する，予知する.

předwječor M1【男】前夜.

předwjedźenje N5【中】上映.

předwjes F4【女】村の入り口の広場.

předwjesć, 過去 předwjedźech, předwjedźe ⟨wjesć⟩ V9【完】見せる，上演[上映]する.

předwólby PL1【複】予備選挙.

předwurisanje N5【中】予選.

předyrić V6【完】うち倒す.

předznamjonja N4【中】前兆，予兆.

předzwučowanje N5【中】予行演習.

předzwučować V4【不完】予行演習する.

předźeno N1【中】拠り糸，紡ぎ糸.

předźeržeć V5【完】やり抜く，貫き通す，持ちこたえる.

předźěłanje N5【中】改造；加工，処理.

predźěłać

predźěłać V7【完】改造する；加工[処理]する.
predźěłk M2【男】加工品.
predźěłować V4【不完】→ predźěłać.
predźiwny A1【形】このうえなく素晴らしい.
preformować V4【完】・【不完】変形させる，改造する.
přehanjeć V8【不完】駆け抜ける.
přehłosować V4【完】投票で圧倒する.
přehlad M1【男】概観，概要.
přehladać V7【完】概観する，目を通す. knihu zwjeršnje *přehladać* 本にざっと目を通す. – so 見落とす.
přehladka F2【女】目を通すこと；校閲；ショー，レビュー. modowa *přehladka* ファッションショー；*přehladka* ludoweho wuměłstwa 民芸品の展示会.
přehladnosć F7【女】見通し，展望.
přehladny A1【形】見通せる，見通しの利く.
přehladować V4【不完】→ přehladać.
přehnaty A1【形】誇張した，過度の，大袈裟な.
přehnać V2【完】; **přehnawać** V7【不完】誇張する，やりすぎる.
přehnić V2【完】完全に腐ってしまう.
přehon M1【男】線分.
přehórki A2【形】苦すぎる.
přehotować V4【完】[někoho] 着替えさせる. – so 着替える.
přehrabk M2【男】やりこそない，失敗.
přehrać V2【完】上演する.
přehrěšić so V6【完】; **přehrěšować so**【不完】[přećiwo někomu/něčemu] 罪を犯す.
přehrěć V2【完】暖める，温める. – so 暖まる，温まる.
přehusto【副】非常に[あまりに]しばしば.
přehusty A1【形】濃すぎる.
přechad M1【男】移行，過渡；通路 (=přechod).
přechadźeć V8; **přechadźować** V4【不完】横切る.
přechłóšćeć V8【不完】; **přechłóšćić** V6【完】金を無駄遣いする.
přechod M1【男】横断，通過；越える場所(横断歩道・踏切など)；通路.
přechodny A1【形】通過の，通過できる；暫定的な. *přechodny* dwór 通り抜け可能な中庭；*přechodny* móst 横断橋；*přechodne* rozrisanje 仮[一時的]決定；*přechodne* knježerstwo 暫定政府.

přechodźić V6【完】（ある時間）歩き通す；歩き回る；（歩いて）すり減らす．*přechodźić cyłu wjes* 村中をくまなく歩く；*přechodźić črije* 靴を履きつぶす．

přechodźowanje N5【中】散歩．

přechodźowar M4【男】；**-ka** F2【女】散策者．

přechodźować so V4【不完】散歩する．*přechodźować so po lěsu* 森の中を散策する．

přechwatać V7【完】せきたてる．**- so** 慌てる，急ぐ．

přechwatny A1【形】慌てた，急ぎすぎた．

přejara【副】あまりにも．

přejasny A1【形】あまりにも明らかな．

přejěsć so, 過去 přejěch so, přejě so ⟨jěsć⟩ V9【完】食べ過ぎる．

přejěć, 過去 přejědźech, přejědźe ⟨jěć⟩ V9【完】（乗り物で）回る．

přejězba F1【女】（川・海などを）渡ること．

přejězd M1【男】通り抜け，通過；通路，航[水]路．

překałać V7【完】；**překałnyć** V3【完】突き通す，突いて穴を開ける．

překapać V7【完】（隙間から）したたり落ちる．

překasanc M1【男】昆虫，ムシ．

překipić V6【完】溢れかえる，（沸騰して）一面に溢れる；（でき物が）潰れる．

překisany A1【形】[z něčim] 入り交じった，混在した；（何で）満ちた．*překisany z hidu* 妬みで一杯の，妬みのこもった；*organizacija bě z njespušćomnymi elementami překisana* 組織には必要不可欠な要素がたくさん含まれていた．

překisać V7【完】酸っぱくする；パン生地にイーストを入れる；[z něčim]（何で）一杯にする．

překładować V4【不完】；**překłasć**, 過去 překładźech, překładźe ⟨kłasć⟩ V9【完】積み替える．**- sej** よく考える．

překłóć V2【完】貫く，突いて穴を開ける．

překlepany A1【形】抜け目のない．*překlepana liška* 抜け目のない人．

překlepać V7【完】打つ，叩く，打ちのめす．

překlepk M2【男】複写（タイプの）；コピー．

překlus M1【男】ヘルニア，脱腸．

překop M1【男】坑道，（掘った）溝．*wuwozny překop*（坑山の）横穴．

překopać V7【完】; **překopowač** V4【不完】(坑道・地下道・トンネルなどを)掘る.

překrasnić V6【完】; **překrasnjeć** V8【不完】賛美する, ほめそやす.

překrawić V6【完】; **překrawjeć** V8【不完】血でにじませる. koža [wobalka] je *překrawjena* 皮膚[包帯]に血がにじんでいる.

překročeć V8【不完】; **překročić** V6【完】; **překročowač** V4【不完】踏み越える. *překročeć* normu 基準[規範]を越える; *překročeć* mjezy やりすぎる, 度を越す.

překrótki A2【形】あまりにも短い.

překřiwić V6【完】; **překřiwjeć** V8【不完】曲げる;(金を)横領する, 着服する.

překřižowač V4【完】・【不完】[něšto]バツ印をつける; 交差させる. *překřižowač* ruce 腕組みをする.

překřćić V2【完】再度洗礼する; 改名する.

překčeć V2【完】; **překčěwač** V7【不完】(花が)盛りを過ぎる. *překčěta* kwětka 色褪せた花.

překubłać V7【完】再教育する.

překupc M3【男】商人, バイヤー.

překusać V7【完】; **překusnyć** V3【完】食いちぎる. pos je štryk *překusnył* 犬がロープを食いちぎった. - so 血路を開く, 切り抜ける. smy so dyrbjeli sami *překusać*. 我々は自らの力でなんとか切り抜けなければならなかった.

překwapić V6【完】→ překwapjeć.

překwapjenka F2【女】びっくり仰天, 不意打ち. (někoho) z małej *překwapjenku* zwjeselić (誰を)ちょっとした驚きで喜ばせる.

překwapjeć V8【不完】仰天させる. tuta powěsć nas přijomnje *překwapja* その知らせは我々にはうれしい驚きだ.

přełam M1【男】裂け目, 割れ目;決壊, 崩壊;大変革.

přełamać V7【完】割る, ぶち抜く. *přełamać* zakitwanske pozicije 防衛線を突破する; woda je *přełamała* haćenje 水が貯水池から氾濫した. - so 氷が割れて落ちる.

přełožeć V8【不完】; **přełožić** V6【完】翻訳する.

přełožk M2【男】翻訳(されたもの).

přełožowanje N5【中】翻訳.

přełožowanski A2【形】翻訳の.

přełožowar M4【男】; **-ka** F2【女】翻訳者.

přełožować V4【不完】→ přełožeć.
přelehnyć so V3【完】寝返りを打つ.
přelesćić V6【完】策略でだます.
přeleć, 過去 přelach, přela ⟨leć⟩ V9【完】注ぎ移す, 流し出す[入れる]. krej *přeleć* 血を流す.
přelećeć V5【完】飛び越える；ざっと見る, 目を通す. *přelećeć* list 手紙をさっと読む；morjo *přelećeć* 海を越える.
přeležeć V5【完】(ある時間)横たわる, そのままに置かれる, 放置される；(寝て)押しつぶす. matracu *přeležeć* マットレスを(長い間寝て)ぺしゃんこにする. – **so** 床ずれを作る.
přelět M1【男】飛んで渡ること, (渡り鳥などの)飛行.
přelězć, 過去 přelězech, přelěze ⟨lězć⟩ V9【完】よじ登って越える[たどり着く]；乗り換える.
přeličić V6【完】; **přeličować** V4【不完】数え上げる, 通算する.
přeliw M1【男】注ぎ替え；狭い所を通って流れること. mórski *přeliw* 海峡；Beringowy *přeliw* ベーリング海峡.
přeliwać V7【不完】注ぎ移す, 詰め替える.
přeludnjenje N5【中】人口過剰, 過密人口.
přelutować V4【完】容赦する, 煩わさない. wójna *je* lědma jednu swójbu *přelutowała* 戦争はほとんどすべての家庭をそのままにはしておかなかった.
přemały A1【形】あまりに小さな[少量の]. **-o**【副】.
přeměna F1【女】変換, 変更, 交換.
přeměnić V6【完】変換[変更・交換]する. – **so** [do něčeho]（何に）変わる.
přeměnjenje N5【中】変換, 変更, 交換.
přeměnjeć V8【不完】→ přeměnić.
přeměnliwy A1【形】変わりやすい；交換できる.
přeměr M1【男】直径.
přeměrić V6【完】; **přemjěrjeć** V8【不完】計[量・測]る.
přeměrowy A1【形】直径の.
přeměsćeć V8【不完】; **přeměsćić** V6【完】; **přeměsćować** V4【不完】置き換える, 移す. – **so** 移る, 引っ越す. *přeměsćeć so* do města 町に移る.
přeměšeć V8【完】混ぜる, かき混ぜる. *přeměšeć* karty トランプを混ぜる.
přemjenować V4【完】改名[改称]する.

přemjerznjeny A1【形】凍えた.
přemjerznyć V3【完】すっかり凍らせる.
přemjetać V7【完】; přemjetować V4【不完】無造作に投げる, ひっくり返す. – so ひっくり返る.
přemlěć V2【完】(全部)粉にする；粉々にする.
přemo 【前置】+《生》競って. jedyn přemo druheho běžeše 互いに競って走っていた.
přemóc[1], 過去 přemóch, přemó または přemóžech, přemóže 〈móc〉 V9【完】圧倒する, 打ち負かす, 制圧する. spar je mje přemóhł. 私は眠気に負かされた, 眠り込んだ.
přem|óc[2], -ocy F4【女】優勢, 優越. podležeć přemocy njepřećela 敵の優勢に打ち負かされる.
přemokać V7【完】; přemoknyć V3【完】水分が滲み出す. zawalene jerje přemokaja 包装されたニシンから(液が)滲む.
přemórać V7【完】すっかり汚す；(訂正などのために)線を引いて消す.
přemosćeć V8【不完】; přemosćić V6【完】橋をかける, 橋渡しする.
přemóžacy A1【形】圧倒的な, 強烈な. to je přemóžace! それはすごい! přemóžaca wjetšina 圧倒的多数; wuslědk bě přemóžacy 結果は予想をはるかに上回った.
přemóženy A1【形】圧倒された.
přemóžić V6【完】打ち勝つ, 圧倒する.
přemóžny A1【形】= přemóžacy.
přemrěć V2【完】: zymu přemrěć 寒さでかじかむ, 凍えつく.
přemysł M1【男】; -o N1【中】産業, 商工業；工芸. wuměłske přemysło 工芸(品).
přemyslenje N5【中】熟考, 考慮. bjez přemyslenja よく考えずに.
přemyslenosć F7【女】精神の混乱, 錯乱.
přemysleć V8【不完】; přemyslić V6【完】; přemyslować V4【不完】よく考える. – sej よく考える.
přenahły A1【形】あまりにも急な；唐突な.
přenajaty A1【形】賃貸の.
přenajer M4【男】賃貸者.
přenajeć, 過去 přenajach, přenaja 〈najeć〉 V9【完】賃貸する.
přenapinać V7【完】酷使する, 過度に使う. – so 酷使される, 疲

労する．

přenasyćić V6【完】食べ過ぎさせる；飽食させる；過飽和にする．- **so** 食べ過ぎる；過飽和になる．

přeńdźenje N5【中】踏み越えること；違反，悪事．

přeněmčenje N5【中】ドイツ化，ドイツ風になる[する]こと．

přeněmčeć V8【不完】；**přeněmčić** V6【完】ドイツ化する．

přenjesenje N5【中】運び移すこと；転用；委譲．

přenjesć, 過去 přenjesech, přenjese ⟨njesć⟩ V9【完】移す，移し替える．*přenjeseny* woznam 転義的な意味．- **so** 移る；感染する．koncert *so* w televiziji *přenjese* コンサートはテレビで放送される（だろう）；chorosć *přenjese so* přez krej その病気は血液を通して感染する．

přenocowanje N5【中】宿泊．

přenocować V4【完】・【不完】宿泊する．

přenos M1【男】繰り越し(高)；転記．

přenošować V4【不完】→ přenjesć．

přeńć, přeńdu, přeńdźeš；přeńdu；過去 přeńdźech, přeńdźe；命 přeńdź！；přeńdźće！；完 分 přešoł, přešła；受動 分 přeńdźeny V9【完】（向こうへ）渡る，踏み越える，移っていく；無視する，見過ごす．*přeńć* k druhej tematice 別の主題に移る；zakon *přeńć* 法を犯す；k njepřećelej *přeńć* 敵方に鞍替えする；z mjelčenjom *přeńć* 黙殺する，黙って見過ごす；tute fakty njemóžeš *přeńć* これらの事実は見逃す[無視する]ことはできない；wón so čuje *přeńdźeny* 彼は無視された感じがしている；mje su *přešli* 私は無視された．- **so** [přećiwo něčemu] 違反する．*přeńć so* přećiwo zakonjam 法に違反する．

přepadnyć V3【完】（間から）落ちる．při pruwowanju *přepadnyć* 試験に落ちる．- **so**（氷が割れて）落ちる．

přepaleć V8【不完】；**přepalić** V6【完】焼き切る，焼いて穴を開ける．- **so** 焼け切れる，燃え尽きる．

přepasć, 過去 přepasech, přepase ⟨pasć⟩ V9【完】（チャンスなどを）逃す．

přepisać V7【完】書き直す，書き移す；処方する．

přepitk M2【男】チップ，心付け．

přepić V2【完】（酒を）飲んで過ごす，飲んで使い果たす．

přepjat|osć F7【女】誇張，行き過ぎ，極端．**-y** A1【形】．

přepjelnić V6【完】；**přepjelnjeć** V8【不完】入れ[詰め]すぎる．

přepjeć

přepjelnjeny ćah 荷を山と積んだ列車.
přepjeć, 過去 přepjach, přepja；複二 přepješće, 双二 přepještaj, -tej ⟨pjeć⟩ V9【完】誇張する；(電流を)切り替える.
přepjeće N5【中】過電圧.
přepłakać V7【完】泣き通す.
přepław M1【男】(川・海の)渡航；水門.
přepławić V6【完】；**přepławjeć** V8【不完】(向こう側へ)流す, 渡す.
přepłuwać V7【完】泳ぎ渡る. řeku [pod mostom] *přepłuwać* 川を[橋の下を]泳いで渡る.
přeplapnyć so V3【完】；**přeplapotać so** V7【不完】(秘密を)ぺらぺらしゃべる.
přepodać, 過去 přepodach, přepoda ⟨podać⟩ V9【完】手渡す. *přepodać* list 手紙を渡す.
přepodaće N5【中】手渡しすること, 交付.
přepodawać V7【不完】→ přepodać.
přepójsnyć V3【完】；**přepójšeć** V8【不完】(別の場所に)掛け替える.
přepokazanka F2【女】振替.
přepokazać V7【完】振り替える.
přepołožić V6【完】置き換える.
přepomały A1【形】あまりにもゆっくりな. **-u**【副】.
přepoćeny A1【形】汗まみれになった.
přepoćić V6【完】汗まみれにする. košlu *přepoćić* シャツを汗まみれにする. **- so** 汗まみれになる.
přepowědać V7【完】よく話し合う；伝える.
přepowěsnyć V3【完】掛け替える.
přepozdźe【副】遅すぎる.
přepóznaty A1【形】気付かれない.
přepóznać V2【完】(気付かずに)見逃す；見くびる.
přeprajić so V5【完】言い誤る.
přepraskać V7【完】浪費する, 湯水のごとく使う.
přepřěćić V6【完】横断する. křižowanišćo *přepřěćić* 十字路を横切る.
přeprosyć V6【完】招待する. *přeprosyć* na wobjed 夕食に招く；*přeprosyć* na kwas 婚礼に招待する.
přeprošenje N5【中】招待.

přeprošeć V8【不完】；**přeprošować** V4【不完】→ přeprosyć.
přepruwowanje N5【中】試験.
přepruwować V4【完】・【不完】試験する.
přepřimnyć V3【完】(棒などを)掴み直す. ‒ **so** 掴み損なう, 失敗する.
přepušćeć V8【不完】；**přepušćić** V6【完】通す, 通過させる；大目にみる.
přepušćiwosć F7【女】透過性.
přepušćiwy A1【形】透過性の；臨機応変な, 大目に見る.
přepusćować V4【完】→ přepušćeć.
přepućować V4【不完】歩き回る, さすらって旅する.
přepytać V7【完】くまなく探す, 捜査する；調査する, 吟味する.
přepytowanje N5【中】捜査；検査, 点検. lěkarske *přepytowanje* 健康診断, 医者の検査, 検診.
přepytowanski A2【形】捜査の；検査[点検]の. *přepytowanski* přikaz 捜査命令；*přepytowanska* maćizna 検査[試験]材料.
přepytować V4【不完】→ přepytać.
přerada F1【女】反逆, 背信.
přeradni|k M2【男】；**-ca** F3【女】反逆者, 裏切り者.
přeradny A1【形】反逆の, 背信の.
přeradźeć V8【不完】；**přeradźić** V6【完】[někoho/něšto] 裏切る；[někomu něšto] 密告する. jeho rěč *přeradźa* jeho pochad 彼の話ぶりに彼の出生が現われている. ‒ **so** 秘密を漏らす. kedźbuj, zo so *njepřeradźiš* 秘密を漏らさないように気をつけなさい.
přerazyć V6【完】；**přeražeć** V8【不完】打抜く, 壊して真っ二つにする. z jednym machnjenjom desku *přerazyć* 一撃の元に板を真っ二つにする.
přeražować V4【不完】打抜く, 壊して真っ二つにする；(間から)光が通る, 透き通る.
přerěčeć V5【完】；**přerěčować** V4【不完】[něšto] よく話し合う；[někoho] 説得する.
přerědki A2【形】あまりにも薄い, まばらな；あまりにも稀な.
přerězać V7【完】切断する. z piłu *přerězać* 鋸で切断する.
přerězk M2【男】切断面；平均, 標準. po *přerězku* 平均して, 標準では；mesačny *přerězk* 月平均.
přerězny A1【形】平均の, 標準の；切断面の. *přerězna* staroba 平均年齢.

přerěznyć V3【完】→ přerězać.
přerjadowanje N5【中】編成替え，配置替え．
přerjadować V4【完】・【不完】編成替えする，配置替えする．
přerjejić V6【完】自分の声で(他の音・声を)圧倒する．
přerosć, 過去 přerosćech, přerosće 〈rosć〉 V9【完】(育って)追い越す，凌ぐ；生い茂る．
přerubać V7【完】(手斧で)二つに割る．
přeryć V2【完】；**přerywać** V7【完】掘り返す．zahrodku *přeryć* 庭を掘り返す．
přesadźeć V8【不完】；**přesadźić** V6【完】；**přesadźować** V4【不完】(別の場所・鉢などに)植え替える；配置替えする．*přesadźeć* (*něšto*) do praktike (何を)実践に移す．- **so** 持ちこたえる；[přećiwo někomu] 誰に打ち勝つ，負かす．
přesahnyć V3【完】；**přesahować** V4【不完】[někoho/něšto] (力・大きさなどで)上回る．*přesahnyć* na inteligency (*někoho*) (誰に)知性の上で上回る；to *přesahuje* moje mocy それは私の力には余ることだ．
přesakać V7【完】しみ通る，漏れる；漏洩する．
přesakliwosć F7【女】通過[浸透]性．
přesać V2【完】ふるいにかける．muku *přesać* 粉をふるう．
přesedźeć V5【完】(ある時間)座って過ごす；(長時間座って)つぶす．
přeselić V6【完】塩を入れすぎる．
přeserbšćeć V8【不完】；**přeserbšćić** V6【完】；**přeserbšćować** V4【不完】ソルブ語に訳す；[někoho/něšto] ソルブ(人)らしくする．
přeskakować V4【不完】；**přeskočić** V6【完】飛び越す，飛び移る．hłós *přeskoči* 声がひっくり返る，裏声になる；stronu w knize *přeskakować* 本の1ページを飛ばす；woheń *je přeskočił* 火が飛び移った．
přeskok M2【男】飛び越す[移る]こと，ジャンプ．
přesłaby A1【形】あまりにも弱い．
přesłapić V6【完】落胆させる；慌てさせる，はっとさせる．
přesłapjenje N5【中】落胆；狼狽．
přesłapjeć V8【不完】→ přesłapić.
přesłóńcnik M2【男】日傘．
přesłyšeć V5【完】；**přesłyšować** V4【不完】聞き漏らす，聞き損

なう.
přeslědźenje N5【中】徹底的な調査, 探究.
přeslědźić V6【完】; **přeslědźować** V4【不完】調査[探究]する.
přesmyk M2【男】狭い通り道, 抜け道, 抜け穴. horinski *přesmyk* 峠.
přespać, 過去 přespach, přespa ⟨spać⟩ V9【完】(ある時間を)寝て過ごす;一晩寝て考える. dopołdnjo *přespać* 午前中寝て過ごす;problem hišće raz *přespać* 問題を一晩寝てもう一度考える.
přespěšny A1【形】あまりに速い, 急ぎすぎの.
přespěwać V7【完】通して歌う.
přestajeć V8【不完】; **přestajić** V6【完】; **přestajować** V4【不完】置き換える;切り替える;再調整する. časnik *přestajeć* 時計を合わせる. – so 順応[適応]する. wón njemóžeše so *přestajeć* 彼は順応できなかった[適応性がなかった].
přestarjeny A1【形】古くさくなった.
přestać[1], přestanu, přestanješ;přestanu;過去 přestach, přesta;命 přestań!;přestańće!;完分 přestał, přestała;受動分 přestaty V9【完】やめる;止む. tu wšitko *přestanje*! そりゃあんまりだ;*přestań* mi z tym! それはご免こうむりたい.
přestać[2], přesteju, přestejiš;přesteja;過去 přestach, přesta;命 přestej!;přestejće!;完分 přestał, přestała;受動分 přestaty V9【完】(ある時間)立ち通す.
přestače N5【中】中止. bjez *přestača* 休みなく, 果てしなく.
přestawać V7【不完】→ přestać[1].
přestawka F2【女】休止, 中断. bjez *přestawki* 休みなく.
přestorčić V6【完】; **přestorkować** V4【不完】突き抜く, 貫く;(期限を)延ばす. *přestorčić* wólby 選挙を延期する.
přestrašny A1【形】あまりにも危険な.
přestrěń F7【女】平面. *přestrěń* pódy 地表;床面(積);bydlenska *přestrěń* 居室面積;wužitna *přestrěń* 有効面積, 利用面積.
přestrěnc M1【男】敷物, カーペット. nasćenowy *přestrěnc* 壁掛け.
přestudować V4【完】十分研究する;研究して過ごす.
přestup M1【男】横断;移動, 移行;乗り換え;踏み越え;違反.
přestupić V6【完】横断する;移動[移行]する;乗り換える;踏み越える;犯す. při dalokoskoku *přestupić* 幅跳びで踏み越えをする;wón je *přestupił* k druhej wěrje 彼は別の宗派に転向した;

přestupjenje

jemu woči *přestupitej* 彼の目から涙があふれた；彼はびっくり仰天した．

přestupjenje N5【中】横断；移動, 移行；違反．
přestupnik M2【男】違反者；脱走者, 転向者．
přestupny A1【形】横断の, 乗り換えの；移動［移行］の．*přestupne* dwórnišćo 乗り換え駅；*přestupne* lěto 閏年．
přestupować V4【不完】横断する；移動［移行］する；乗り換える；踏み越える；犯す．*přestupować* z jedneje nohi na druhu 足を踏み変える, 足踏みする；jětřenje *přestupuje* do kreje 膿が血液に回った．
přesćahnyć V3【完】; **přesćahować** V4【不完】[něšto] 追い越す．awto nalěwo *přesćahnyć* 車を左側から追い越す；zakaz *přesćahnyć* 追い越し禁止．
přesćehnjenje N5【中】追い越し．
přesćěhak M2【男】追い回す者；厄介者．
přesćěhanje N5【中】追跡；狩り．
přesćěhać V7【不完】追い回す；苦しめる, 厄介をかける．zwěrjo *přesćěhać* 獣を追う；wot njezboža *přesćěhany* być 不幸に付きまとわれている．
přesćěhnyć V3【完】追い越す．susodny kraj w industrielnej produkciji *přesćěhnyć* 隣国を工業生産で追い越す．
přesćěhowanje N5【中】追跡；苦労, 厄介．
přesćěhować V4【不完】→ přesćěhać．
přesunyć V3【完】ずらす, シフトさせる；置き換える；密輸する．– so ずれる, 移動する．
přesuwanje N5【中】移動, シフト；密輸．
přesuwar M4【男】闇屋, 密輸人．
přesuwać V7【完】→ přesunyć．
přeswědčacy A1【形】信服させる, 納得させる．*přeswědčacy* wuspěch 人を納得させる成功；na *přeswědčace* wašnje 信頼のおける［決定的な］やり方で．
přeswědčeć V8【不完】確信させる, 納得させる．twoje argumenty mje *njepřeswědčeja* 君の議論には僕は承服しかねる．– so 確信［納得］する．
přeswědčenje N5【中】確信, 納得．po mojim *přeswědčenju* 私の確信するところでは．
přeswědčeny A1【形】確信した．sym kruće *přeswědčeny* 私は断

固として信じている.
přeswědčić V6【完】確信させる, 納得させる. – so 確信[納得]する.
přeswědčiwy A1【形】納得させる, もっともな.
přeswědčowač V4【不完】→ přeswědčeć.
přeswětlenje N5【中】透射[透視］；レントゲン(撮影による検査).
přeswětleć V8【不完】; **přeswětlić** V6【完】; **přeswětlowač** V4【不完】透射[透視]する；レントゲン(撮影)で検査する. pacienta *přeswětleć* 患者をレントゲンで診る.
přeswěćeć V8【不完】; **přeswěćić** V6【完】; **přeswědowač** V4【不完】透射[透視]する；光で照らす；光が通る, 透けて見える. tutón problem *přeswěćić* この問題に光を当てる；słónčko *přeswěćeše* přez zawěški 太陽がカーテンを通して差し込んでいた.
přesydać V7【完】(ある時間)座る；(座ってズボンを)ぺしゃんこにする.
přesydle|nc M1【男】; **-ńca** F5【女】移住者.
přesydlenje N5【中】移住.
přesydleć V8【不完】; **přesydlić** V6【完】[někoho] 移住させる. – so 移住する.
přesydnyć so V3【完】; **přesydowač so** V4【不完】席を替える. *přesydnyć so* na druhi stólc 別の椅子に移る.
přesypać V7【完】; **přesypnyć** V3【完】; **přesypowač** V4【不完】(粉などを別の容器に)詰め替える, 入れ替える.
přešić V2【完】; **přešiwać** V7【不完】縫い直す；刺子に縫う.
přešmórać V7【完】; **přešmórnyć** V3【完】(訂正のために)線を引く, 線を引いて消す.
přeščipać V7【完】; **přeščipnyć** V3【完】(ペンチで)切る.
přešudrowač V4【完】こすって穴を開ける；摺り切らす. rukawy *přešudrowač* 袖を摺り切らす.
přetepić V6【完】十分暖める；暖めすぎる；全部燃料に使う. cyłe wuhlo *přetepić* 炭を全部燃してしまう.
přeteptać V7【完】踏み潰す, (靴を)履き潰す；(ある時間を)歩いて潰す.
přetłać V2【完】朽ちる, 腐る.
přetłóčeć V8【不完】; **přetłóćić** V6【完】; **přetłóčowač** V4【不完】押して[圧して]通す, 絞り出す；貫く, 押し通す.
přetorhać V7【完】→ přetorhnyć.

přetorhnjenje

přetorhnjenje N5【中】裂け目，割れ目；遮断，中断.
přetorhnyć V3【完】ブツッと切る，引き裂く；遮断する. *přetorhnyć* zwiski (*z někim*)（誰との）関係を絶つ；*přetorhnyć* rozmołwu 会話を中断する；*přetorhnyć* (*někoho*)（誰の話を）遮る. **- so** ブツッと切れる，途切れる.
přetož【接】なぜなら. dyrbiš chwatać, *přetož* hra so bórze započnje 急がなくてはいけない，というのもまもなく芝居が始まるから.
přetrjeba F1【女】消費；需要. *přetrjeba* energije エネルギー消費（量）；*přetrjeba* čěriwa 燃料の消費［需要］.
přetrjebać V7【完】；**přetrjebować** V4【不完】消費する.
přetrjechić V6【完】越える，勝る. *přetrjechić* swětowy rekord 世界記録を破る.
přetřěleć V8【不完】；**přetřělić** V6【完】撃ち抜く；（弾薬などを）使い果たす.
přetřihać V7；**přetřihnyć** V3【完】；**přetřihować** V4【不完】（鋏で）切断する.
přetwar M1【男】改築，改造.
přetwarić V6【完】；**přetwarjeć** V8；**přetwarjować** V4【不完】改築［改造］する，建て直す；（建築資材を）使い果たす.
přetwórba F1【女】変形，変換，変身.
přetworić V6【完】変形［変身・変換］させる，作り替える.
přetworjenje N5【中】変形，変身，改造.
přetworjeć V8；**přetworjować** V4【不完】→ přetworić.
přetykać V7；**přetyknyć** V3【完】；**přetykować** V4【不完】差し込む，突き刺す；（髪を）留め直す；（スイッチを）切り替える. **- so** 食べすぎる；（電流を）転極する. 差し込む，突き刺す；（髪を）留め直す；（スイッチを）切り替える.
přetywadło N1【中】消化器官.
přeć, přeju, přeješ；přeja；過去 přejach, přeješe；複二 přeješče；双二 přeještaj, -tej；命 přej！；přejće！；完分 přał, přała；přeli；přałoj；受動分 přaty；能動分 přejacy V9【不完】[někomu něšto]（誰に何を）願う. zbožo *přeć* 幸せを願う；*přeć* wjele zboža k Nowemu lětu よい新年をと願う；*přeju* dobru noc おやすみなさい. **- sebi/sej** [něšto]（何を）自分に望む，欲する.
přećahać V7；**přećahnyć** V3【完】引いて移動させる，引っぱる；引っ越す. **- so** 伸びをする，伸びる.

přećahowanje N5【中】引っ越し；間引き.
přećahować V4【不完】→ přećahać.
přeće N5【中】願い，希望. wuprajić *přeće* 願いを口にする；po *přeću* 希望［望み］に応じて.
přećehnjene N5【中】引っ越し.
přećel, přećelja, 複主 přećeljo M3【男】友人. luby *přećeljo*！親愛なる友よ！dobri *přećeljo* よき友人たち；(*někoho*) za *přećelja* měć (誰を) 友とする.
přećelić so V5【完】[z někim] 親しくする.
přećelka F2【女】友人(女性). (*někoho*) za *přećelku* měć (誰を) 女友達とする，親しくする.
přećelniwy A1【形】友好的な，親切な.
přećelnosć F7【女】好意，親切.
přećelny A1【形】親愛のこもった，親切な. *přećelny* postrow 親しみをこめた挨拶.
přećelski A2【形】友好的な. *přećelske* styki 友好的な接触.
přećelstwo N1【中】友好，親善. **-wy** A1【形】.
přećerpjeć V5【完】苦しむ；(損害・不幸を) 被る.
přećeženy A1【形】過負荷の，負担過剰になった.
přećežeć V8【不完】；**přećežić** V6【完】；**přećežować** V4【不完】負担をかけすぎる，疲弊させる. **- so** 負担過剰になる.
přećiwić so V6【完】；**přećiwjeć so** V8【不完】[někomu/něčemu] 抵抗する，対立する.
přećiwk M2【男】対立；矛盾.
přećiwni|k M2【男】；**-ca** F3【女】反対者，対立相手.
přećiwnosć F7【女】反対；矛盾.
přećiwo【前置】+《与》反対に，対して. *přećiwo* (*něčemu*) być (何に) 反対［対立］している；*přećiwo* (*něčemu*) rěčeć (何に対し) 異議を唱える；*přećiwo* tomu それに反して，それとは逆に.
přećiwonadběh M2【男】反撃，逆襲.
přećiwy A1【形】反対の，矛盾する. *přećiwe* hibanje 反対運動；to je mi *přećiwe* 私にはそれは嫌だ，それは私の意に反する.
přećopły A1【形】暖かすぎる.
přewaha F2【女】超過重量；優勢. *přewahu* měć 優位を占める；重量を超過する.
přewaleć V8【不完】；**přewalić** V6【完】；**přewalować** V4【不完】転がす，ひっくり返す. **- so** ひっくり返る.

přewarić V6【完】; **přewarjeć** V8【不完】十分煮る. - **so** 十分煮える.
přewažnje【副】とりわけ, なによりも.
přewažny A1【形】あまりにも重要な, 重すぎる; 圧倒的な, 有力な.
přewětrić V6【完】; **přewětrować** V4【不完】換気する.
přeweć V2【完】（穀物を）ふるいにかける.
přewěw M1【男】通風, すき間風.
přewidn|osć F7【女】透明度. **-y** A1【形】.
přewidźeć V5【不完】見渡す, 見晴らす; 見落とす. stražnik *přewidźi cyły lěs* 警備係りは森全体を見渡した; *přewidźeć zmylki w manuskripće* 手稿の誤りを見落とす.
přewinjenje N5【中】制圧, 克服.
přewinyć V3【完】打ち勝つ, 克服する. *přećiwnika w boju přewinyć* 敵を戦いで打ち負かす. - **so** 自分に打ち勝つ, 自制する.
přewisować V4【不完】垂れ下がる, 覆いかぶさる.
přewjazać V7【完】（周りに）巻きつける.
přewjedźenje N5【中】実行, 実施, 完遂.
přewjedźomny A1【形】実行できる.
přewjele【副】多すぎる.
přewjertnyć V3【完】; **přewjerćeć** V5【完】ひねる, 絞る; ねじ切る, ねじを回しすぎる; （ひねって）歪める, 曲げる. *šrub přewjertnyć* ネジを回しすぎて切ってしまう; *mjaso přewjertnyć* 肉を挽く; *wón je cyle přewjerćany* 彼はすっかり興奮している.
přewjesć, 過去 přewjedźech, přewjedźe 〈wjesć〉 V9【完】上を渡す; 実行する, 実現させる. *rozkaz přewjesć* 命令[指令]を実施させる.
přewjezć, 過去 přewjezech, přewjeze 〈wjezć〉 V9【完】（乗り物で）運び移す. *choreho přewjezć do chorownje* 病人を病院に運ぶ; *z čołmom přewjezć* ボートで渡す.
přewobalić V8【不完】; **přewobalić** V6【完】包帯を巻き代える.
přewoblec, 過去 přewoblečech, přewobleče 〈woblec〉 V9【完】; **přewoblěkać** V7【不完】着替えさせる. *košlu přewoblec* シャツを替える; *dźěćo přewoblec* 子供を着替えさせる. - **so** 着替える. *přewoblec so za dźiwadło* 劇場に出かけるために着替える.
přewobroćeć V8【不完】; **přewobroćić** V6【完】向きを変えさせる, 反対にする; 変形させる; 歪める; [něšto na něšto//do něče-

ho] 変える. syno *přewobroćeć* 干草をひっくり返す；fakty *přewobroćeć* 事実をねじ曲げる.
přewobuć V2【完】；**přewobuwać** V7【不完】(靴・靴下・ズボンなどを)履き替える. – **so** (自分の靴・靴下・ズボンを)履き替える.
přewod M1【男】随行, 同伴.
přewodnistwo N1【中】随行, 同伴；一行；コンヴォイ.
přewodny A1【形】同伴の. *přewodna* muzika 伴奏曲.
přewodźenje N5【中】随行, 同伴；葬式の列, 埋葬.
přewodźer M4【男】；**-ka** F2【女】同伴者, 随行人；葬儀の参列者.
přewodźeć V8【不完】；**přewodźić** V6【完】同伴[随行]する；伴奏する. k rowu *přewodźeć* 墓まで一緒にいく；na klawěrje *přewodźeć* ピアノで伴奏する.
přewochlować V4【完】・【不完】(麻などを)十分に扱(こ)く；こき下ろす；さんざん打つ.
přeworać V7【完】掘り返す；耕し直す.
přewostajeć V8【不完】；**přewostajić** V6【完】[někomu něšto] (誰に何を)任せる. wšo samoběhej *přewostajeć* すべてを成り行きに任せる；stat *je* za to milion hriwnow *přewostajił* 国家はそのために100万マルクを当てた.
přewoz M1【男】輸送, 運送, 運搬. železniski *přewoz* 鉄道輸送.
přewrót M1【男】転覆, 革命, 大変革. statni *přewrót* 政変, クーデター.
přewrótnik M2【男】革命家.
přewróćeć V8【不完】；**přewróćić** V6【完】；**přewróćować** V4【不完】転覆させる, 革命を起こす. – **so** 転覆する.
přewšo【副】何よりも；徹底して, どこまでも.
přewuknyć V3【完】学び直す.
přewulki A2【形】大き過ぎる.
přewuski A2【形】狭過ぎる.
přewutrobno N1【中】横隔膜.
přewysoki A2【形】高過ぎる.
přewyšeć V8【不完】；**přewyšić** V6【完】；**přewyšować** V4【不完】[někoho/něšto] (誰／何より)高い, 抜きん出る.
přewzać, 過去 přewzach, přewza 〈wzać〉 V9【完】引き受ける, 請け負う；(学校の教材を)勉強する；掌握する. nadawk [funkciju] *přewzać* 課題[任務]を引き受ける；kmótřistwo *přewzać* 後見

přewzaće

者となる，後援する；maćiznu *přewzać* z šulerjem 生徒たちと教材をやる；strach mje *přewza* 恐怖が私を捕えた；*přewzaty* ze sprócnosću 疲労感に捕われた． – **so** やり過ぎる．*so* financielnje *přewzać* 財政的に無理する；z tym sy so *přezwał* 君はやり過ぎた，無理しすぎた．

přewzaće N5 【中】引き受け，担当；教材の使用；掌握．*přewzaće* mocy 権力の掌握．

přez(e) 【前置】+《対》通して，通じて，越えて．〈場所〉*přez* rěku 川を越えて[渡って]；*přez* dróhu hić 道を横切る，道を越えていく；*přez* kerčinu so předobywać やぶ[茂み]を通り抜ける；*přez* nawoči hladać 眼鏡越しに見る；položi lěwu nohu *přez* prawu （彼は）左足を右足の上に組んだ；〈時間〉*přez* cyłe lěto 一年を通して；*přez* nóc 一夜で；〈量〉*přez* poł miliona 50万を越えて；to je *přez* moje mocy それは私の力を越えたことだ；〈その他〉diwiděrować dźesać *přez* pjeć 10を5で割る；*přez* swoje dźěło pomhać 自分の仕事を通じて援助する；*přez* cyłe mjezwočo so mjeć 相好を崩して笑う．

přezahe 【副】あまりにも早い；早朝の．

přezcyłny A1 【形】一般の，汎用の，万能の．

přezhibnyć V3 【完】；**přezhibować** V4 【不完】ぎりぎりまで曲げる． – **so** たわむ．

přezjednosć F7 【女】統一，団結．

přezjedny A1 【形】団結した，一致した．*přezjedny* być (z někim / něčim) (誰／何)と一致する，団結する．

přezměrny A1 【形】過多[過度]の．

přezpólny A1 【形】野原の．*přezpólny* běh クロスカントリー；*přezpólna* hra 野外ゲーム．

přezrawić V6 【完】；**přezrawjeć** V8 【不完】熟し過ぎる．

přezuć V2 【完】；**přezuwać** V7 【不完】（靴・靴下・ズボンを）履き替える． – **so** (自分の靴・靴下・ズボンを)履き替える．

přezwuk M2 【男】ウムラウト．

přezymowanje N5 【中】越冬，冬ごもり；冬眠．

přezymować V4 【完】・【不完】越冬する，冬ごもりする．

přežiwić V6 【完】；**přežiwjeć** V8 【不完】体験[経験]する，(時を)過ごす．čas *přežiwić* 時間を過ごす；derje *přěžiwjeć* prózdniny 休暇を楽しく過ごす；ja to *njepřežiwju* 私はこれには耐えられない．

přežuwak M2 【男】反芻動物．

přičina

prežuwać V7【不完】; **prežwać,** 過去 prežwach, prežwa 〈žwać〉 V9【完】反芻する.

přehračk M2【男】敗者.

přehrać V2【完】; **přehrawać** V7【不完】負ける. *přehrać* při kartyhraću (*na někoho*)(誰に)トランプで負ける.

při【前置】+《前》もとで, 際して.〈場所〉hnydom *při* domje 家のすぐ近くで; *při* durjach ドアの所で; *při* swěcy 明りをつけて, 明りのもとで; *při* řěce steji dom 川のほとりに家は建っている; jedyn *při* druhim 相並んで;〈機会・出来事〉*při* dźěle 仕事において, 仕事上で; *při* wobjedźe 食事の折に; *při* pisanju 書く際に; *při* rjanym wjedrje 良い天気の折に; *při* wšěm tym そうした(あらゆる)ことにもかかわらず, それでもやはり;〈その他〉*při* sebi myslić 心中思う; *při* sebi rěčeć こっそり言う, つぶやく.

přiběracy A1【形】増える, 満ちる. *přiběracy* měsačk 上弦の月; z *přiběracej* nerwoznosću 苛立ちが増すに連れて.

přiběrać V7【不完】増大する, 満ちる. měsačk *přiběra* 月が満ちてくる; wobydlerstwo *přiběra* 人口が増す.

přiběrk M2【男】前菜; 追加, 増大.

přiběžeć V5【完】走り寄る, 走って来る.

přibić V2【完】; **přibiwać** V7【不完】打ち付ける, 釘で止める.

přibližeć V8【不完】; **přibližić** V6【完】近づける. - **so** 近づく.

přibližnje【副】近似で, おおよそ.

přibližny A1【形】おおよその.

přibližować V4【不完】近づける. - **so** 近づく. lódź *so* k brjohej *přibližuje* 船は岸に近づく.

přib|óh, -oha M2【男】偶像; 崇拝の対象.

přibóžnistwo N1【中】偶像崇拝.

přibrać, 過去 přibrach, přibra 〈brać〉 V9【完】上乗せする, 増やす, 追加で取る; 増える. *přibrać* na waze 重さが増える.

přibrj|óh, -oha M2【男】岸. mórski *přibrjóh* 海岸; kupanski *přibrjóh* (海, 湖の)水浴場.

přibyć, 過去 přibych, přiby 〈być〉 V9【完】; **přibywać** V7【不完】増える, 大きくなる. wón *njepřibudźe* 彼は太らない.

přicpěć V2【完】; **přicpěwać** V7【不完】[někomu něšto](権利・知識などを)与える, 任せる, 認める. - **so** 我がものと[自分の権利として]当然に思う.

přičina F1【女】原因. z kotreje *přičiny*? どんな理由で? wěstych

přičinić

přičin dla 何らかの理由で; zwisk mjez *přičinu* a wuskutom 原因と結果の間の関係, 因果関係.
přičinić V6【完】; **přičinjeć** V8; **přičinjować** V4【不完】(材料・調味料などを)加える, 調合する; 補強する.
přidat|k M2【男】おまけ, 付録. **-ny** A1【形】.
přidać, 過去 přidach, přida ⟨dać⟩ V9【完】; **přidawać** V7【不完】付け加える; 認める, 打ち明ける. *přidać* na mzdźe 給与を上増しする; swoje zmylki *přidać* 自分の誤りを認める; do kroku *přidać* 足を早める. **- so** [někomu] 仲間[味方]になる.
přidawk M2【男】おまけ, 補足, 付録.
přidobyć, 過去 přidobych, přidoby ⟨dobyć⟩ V9【完】; **přidobywać** V7【不完】得する, (節約して)浮かす; 給与の上乗せを得る.
přidružeć so V8【不完】; **přidružić so** V6【完】加わる, 仲間になる.
přidźěłać V7【完】作り足す, 仕上げる.
přidźělenka F2【女】割り当て, 配分, 配当.
přidźěleć V8【不完】; **přidźělić** V6【完】配分する, 割り振る.
přihłosowanje N5【中】賛同, 同意.
přihłosować V4【完】・【不完】[někomu/něčemu] 賛同する, 合意する.
přihladowanišćo N4【中】観客席, ホール.
přihladowar M4【男】; **-ka** F2【女】観客.
přihladowarstwo N1【中】(集合としての)観客, 観衆.
přihladować V4【不完】観る.
přihódn|osć F7【女】便利さ, 快適さ; 適性. **-y** A1【形】.
přihot M1【男】準備.
přihotowanje N5【中】準備; 料理.
přihotowanski A2【形】準備の. *přihotowanski* wuběrk 準備委員会.
přihotować V4【不完】準備する; 料理する. **- so** [na něšto] 支度する. *přihotować so* na puć 旅支度をする; *přihotować so* na najhóršo 最悪の場合に備える.
přihrać V2【完】; **přihrawać** V7【不完】(球技で)パスする.
přihrawka F2【女】パス.
přihrěć V5【完】温め直す.
přihrěwany A1【形】温め返した. *přihrěwane* běrny 炒めじゃがいも.

přijomny

přihrěwać V4【不完】→ přihrěć.
přichad M1【男】到着, 到来.
přichadźeć V8; **přichadźowač** V4【不完】到着する, 到る. nóc přichadźa 夜が近づいている.
přichileć V8【不完】; **přichilić** V6【完】傾ける. – so [(k) někomu/něčemu] 傾く, 愛着・親密さを示す.
přichilnosć F7【女】愛着, 傾倒.
přichilny A1【形】傾倒した, 愛着を持った. (někomu) přichilny być (誰に)愛着[親愛の情]を持っている.
přichod M1【男】未来;〔文法〕未来時制(形).
přichodny A1【形】来る; 未来の. přichodny tydźeń 来週; přichodny króć 次の折に. 義理. přichodny nan 義理の父, 舅; přichodna mać 義理の母, 姑; přichodny syn 婿; přichodna dźowka 嫁.
přichwatać V7【完】急いでやって来る.
přijaty A1【形】受け入れられた, 認められた.
přijeć, přijmu, přijmješ; přijmu; 過去 přijach, přija; 複二 přiješče; 双二 přiještaj, -tej; 命 přijmi!; přijmiće!; 完分 přijał, přijała; přijeli; přijałoj; 受動分 přijaty V9【完】受け入れる, 受容する.
přijeće N5【中】受け入れ, 受容.
přijěć, 過去 přijědźech, přijědźe ⟨jěć⟩ V9【完】(乗り物で)到着する, 来る. přijěć (po někoho) 誰を(車で)迎えに行く[来る]; přijěć na wopyt (乗り物で)来訪する.
přijězd M1【男】乗り物の[乗り物での]到着. přijězd ćaha 列車の到着; přijězd k domej 車で家に着くこと.
přijimak M2【男】受信機.
přijimanje N5【中】受け入れ, 受容.
přijimanski A2【形】受け入れの. přijimanske pruwowanje 採用試験.
přijimarnja F6【女】(郵便物などの)受け付け(窓口), 取扱所.
přijimać V7【不完】受け入れる, 受容する.
přijimliwosć F7【女】受け入れ能力, 受容[感受]力.
přijimowanje N5【中】受け入れ, 受容.
přijimowar M4【男】; **-ka** F2【女】受信者, 受け取り手.
přijimowač V4【不完】受け入れる, 受容する.
přijomny A1【形】心地よい, 喜ばしい; 都合の良い, 有利な.

přikaz M1【男】命令. po *přikazu* 命令に従って；*přikaz* wukonjeć 命令を実行する.
přikazać V7【完】；**přikazować** V4【不完】命令する.
přikiwnyć V3【完】合図する，目配せする.
přikład M1【男】例. na *přikład* 例えば；sćěhować(*něčeji*)*přikład* (誰の)例に従う.
přikładny A1【形】例となる，模範的な.
přikłasć, 過去 přikładźech, přikładźe ⟨kłasć⟩ V9【完】追加[補足]する，(付け)加える.
přiklepać V7【完】；**přiklepnyć** V3【完】釘[リベット]で留める；(家畜を)杭につなぐ.
přiklesk M2【男】拍手，喝采.
přikleskować V4【完】・【不完】喝采する.
přikoplować V4【完】・【不完】つなぐ，連結させる.
přikrać V2【完】；**přikrawać** V7【不完】(鋏で)切りそろえる，切って短くする.
přikrótšeć V8【不完】；**přikrótšić** V6【完】短くする，短縮する. čas *přikrótšeć* 時間を潰す.
přikryć V2【完】覆う，包む，蓋を被せる. *přikryć* blido テーブルクロスを掛ける，食卓の準備をする. − so 覆われる；布団[毛布]にくるまる.
přikryw M1【男】毛布，布団.
přikrywać V7【不完】→ přikryć.
přikupić V6【完】；**přikupować** V4【不完】買い足す.
přikusk M2【男】間食；デザート.
přikusnyć V3【完】食いつく；軽く食べる，つまむ. − sej (jazyk) 舌をはさむ(言いたいことをがまんする).
přiłoha F2【女】添付(物)；(新聞の)折り込み広告. sobotniša *přiłoha* (新聞の)土曜版(広告・特別記事など).
přilehnyć so V3【完】[k něčemu] ぴったりくっつく，寄り添う；[na něšto] 肘をつく.
přileć, 過去 přilach, přila ⟨leć⟩ V9【完】注ぎ足す.
přilećeć V5【完】飛来する，飛ぶようにして来る.
přiležnosć F7【女】機会. při *přiležnosći* (*něčeho*) (何の)機会に；*přiležnosć* zakomdźić 機を逃す；*přiležnosć* wužiwać 機に乗じる，折をつかむ.
přiležny A1【形】ついでの折の，偶発的な；隣接した；体に密着し

た．*přiležny* šat 体にぴったりするドレス．
přilěpić V6【完】; **přilěpjeć** V8; **přilěpjować** V4【不完】糊で貼り付ける．
přilět M1【男】飛来;（飛行機の）到着．
přilězć, 過去 přilězech, přilěze ⟨lězć⟩ V9【完】這い寄る．
přiličeć V8【不完】; **přiličić** V6【完】加算する，追加計上する．
přilišćeć so V8【不完】; **přilišćić so** V6【完】取り入る，へつらう．
přiliw M1【男】満潮，高潮．
přiliwać V7【不完】注ぎ足す．
přilizowak M2【男】おべっか使い．
přilizować so V4【不完】取り入る，へつらう．
přilubić V6【完】約束する．
přimadło N1【中】柄，握り，取っ手．
přimać V7【不完】取る，握る．- so [něčeho] 手にする，着手する．*přimać so* pjera 筆を執る，執筆する; *přimać so* brónjow 武器を取る．
přiměr M1【男】停戦．
přiměrić V6【完】; **přiměrjeć** V8【不完】計る[測る・量る]；（寸法などを）合わせる；[něšto něčemu] 適合させる．*woči swěcy přiměrić* 目を光に慣らせる．- so [něčemu] 適応する，順応する．*přiměrić so* situaciji 状況に適応する; *přiměrić so* kóždemužkuli 誰とでもうまく合わせる．
přiměšeć V8【完】添加する，混ぜて加える．
přiměšk M2【男】混入物，添加物．
přimikać V7【完】; **přimiknyć** V3【完】瞬きして見る，合図する．
přimjeno N1【中】別名，あだ名．
přimjerznyć V3【完】[k něčemu] 凍ってくっつく．
přimjet M1【男】添加物;〔文法〕修飾語．
přimjezny A1【形】境界地域の，境界付近の．
přimliwy A1【形】触知できる．
přimnyć V3【完】取る，握る．*přimnyć pod pažu* 二の腕を摑む．-so [něčeho] 取る，手を出す．*přimnyć so* knihi 本を取る; *přimnyć so* brjoha 基盤ができる; *štom je so přimnył* 木が根付いた．
přimolować V4【完】描き足す．
přinarodźeny A1【形】生まれつきの，先天性の．
přinjesć, 過去 přinjesech, přinjese ⟨njesć⟩ V9【完】持って来る，運んで来る．*přinjesć wróćo* 元に戻す; *přinjesć do porjadka* 整

přinošk 320

理する；přikład *přinjesć* 例を挙げる．
přinošk M2【男】貢献，寄与；寄稿．
přinoškizběranje N5【中】分担金［会費］の徴収．
přinošować V4【不完】[k něcemu] 寄与［貢献・寄付］する；寄稿する．
přinóžkować V4【完】・【不完】（小刻みな足取りで・チョコチョコと）歩いて来る．
přińć, přińdu, přińdźeš；přińdu；過去 přińdźech, přińdźe；命 přińdź！；přińdźće！/pój！；pójće！；完分 přišoł, přišła V9【完】歩いて来る，到着する．*přińć* domoj 家に帰りつく；nutř *přińć* 中に入る；*přińć* najdale dopředka 誰よりも先に進む；*přińć* do štwórćfinala 準々決勝に進出する；*přińć* na zhromadźiznu 集会に出席する；*přińć* na wopyt 訪問する；*přińć* na mysle 考えが及ぶ；*přińć* (*na něšto*) 思いつく，推測する；*přińć* na swoje 採算が取れる，損しない；*přińć* na rjad 順番が来る；*přińć* (*po někoho*/*něčeho*)（誰を）呼びに／（何を）取りに来る；*přińć* (*za něčim*)（何が）はっきりわかる；*přińć* zaso 帰還する，再来する；*přińć* napřećo 迎えに来る；*přińć* k sebi 我に返る．
přinygnyć V3【完】会釈する，うなずく．
připad M1【男】偶発事，事故．přez *připad* 偶然に；*připad* chcyše, zo... たまたま…となった．
připadnje【副】偶然に，たまたま．wěš ty *připadnje*, hač... ひょっとして君は知らないだろうか．
připadny A1【形】偶然の．
připadnyć V3【完】手に入る，譲渡される．jemu je ležownosć *připadnyła* 彼は土地が手に入った．
připalić V6【完】焦がす．
připasać V7【完】；**připasować** V4【不完】安全ベルト［シートベルト］を締めさせる．– **so** 安全ベルト［シートベルト］を締める．
připinać V7【不完】→ připjeć．
připinawka F2【女】画鋲．
připis M1【男】追記；脚注．
připisać V7【完】書き足す，書き加える；[někomu něšto]（何を誰の）せいにする，（誰に）帰する．
připismo N1【中】（公的）文書，（公人・公的機関に宛てた）手紙．
připitk M2【男】乾杯（の辞）．
připić V2【完】；**připiwać** V7【不完】（乾杯して）飲む．*připiju* na

připowědźić

waše strowjo あなたの健康を祈って飲みます. **− sej** 乾杯する.
připjeć, 過去 připjach, připja ⟨pjeć⟩ V9【完】とじ[縫い・張り]つける, 留める.
připłaćenka F2【女】割り増し[特別]料金.
připłaćić V6【完】; **připłaćować** V4【不完】追加で払う.
připławić V6【完】航行して[泳いで]来る. *připławić z łódźu* 船で到着する.
připłuwać V7【完】泳いで来る.
připódla【副】ついでに. *připódla prajene* ついでにいうと, ちなみに.
připodobnić V6【完】; **připodobnjeć** V8; **připodobnjować** V4【不完】適応させる;[někomu/něčemu] 似させる, 似せて作る. **− so** 適応する, 順応する.
připójsnyć V3【完】; **připójšeć** V8【不完】掛ける; 連結させる. dwaj wozaj k ćahej *připójsnyć* 列車に車両を2台つける.
připokazanka F2【女】割り当て, 指定; 振り込み, 為替. *póstowa připokazanka* 郵便為替.
připokazać V7【完】; **připokazować** V4【不完】指定[指示]する; 割り当てる, (年金を)支給する; 振り込む. wón je nowe dźěło *připokazane* dóstał. 彼は新しい仕事を割り当てられた.
připółdnica F3【女】(民話の中の)昼女. prašeć so kaž *připółdnica* 根掘り葉掘り尋ねる.
připołdniši A3【形】昼の. *připołdniša* přestawka 昼休み.
připołdnjo N4【中】昼, 正午. do *připołdnja* 昼前, 午前中; po *připołdnju* 午後, 昼過ぎ; wokoło *připołdnja* 昼ごろ.
připołdnju【副】昼[正午]に. dźens *připołdnju* 今日の昼に.
připołožeć V8【不完】; **připołožić** V6【完】; **připołožować** V4【不完】添える, 同封する;(石炭などを)置き足す.
připósłać, 過去 připósłach, připósła ⟨pósłać⟩ V9【完】送付する.
připosłuchar M4【男】; **-ka** F2【女】聞き手, 聴取者.
připosłucharstwo N1【中】聴衆.
připosłuchać V7【完】(耳を澄まして)聞く, 聞き入る.
připowědanje N5【中】告知, 通達; 予告, 結婚予告の公示.
připowědar M4【男】; **-ka** F2【女】司会者, 口上係り.
připowědować V4【不完】→ připowědźić.
připowědź F7【女】告知, 予告.
připowědźić V6【完】告知[通達・予告]する, 案内する. *připowě-*

dźič swój wopyt 訪問を前もって知らせる. - **so** 現われる, (季節などが)近づく.

připowěsnyć V3【完】掛ける；連結させる.

připowěšak M2【男】被引車, 付随車, (トレーラーの)後車.

připóznaty A1【形】(一般に)認められた. *připóznaty* wědomostnik 定評のある学者；kaž je powšitkownje *připóznate* 一般に認められているように.

připóznać V2【完】；**připóznawać** V7【不完】認める.

připrajenje N5【中】承諾, 同意；約束.

připrajeć V8【不完】；**připrajić** V6【完】；**připrajować** V4【不完】承諾する；約束する.

připrawa F1【女】設備, 装置, 器具；準備, 備え. industrijowe *připrawy* 工業施設, プラント；*připrawa* za wodeśćowanje 散水[潅漑]設備.

připrawić V6【完】；**připrawjeć** V8；**připrawjować** V4【不完】用意[手はず]を整える；(料理を)作る.

pǐprěć V2【完】；**připrěwać** V7【不完】[k něčemu] (何に対し)突っ張って支える.

připušćić V6【完】；**připušćować** V4【不完】通してやる；許す；(家畜を)交尾させる.

připućowar M4【男】；**-ka** F2【女】移住者, 入植者.

připućować V4【完】旅して来る；移住して来る.

přirada F1【女】顧問(団). staršiska *přirada* 父兄会；čłon *přirady* 顧問団のメンバー.

přiražka F2【女】追加金, 増額. mzdowa *přiražka* 追加[特別]手当.

přirěčować V4【不完】説得する, 承服させる.

přirězać V7【完】細かく切る；(植え込みなどを)刈込む.

přirjadowanje N5【中】そろえて付け加えること.

přirjadować V4【完】・【不完】[někoho/něšto k někomu/něčemu] 付け足して一緒にする, 合わせる, 含める.

přiroda F1【女】自然. zakoń *přirody* 自然法則；hić do *přirody* 野外へ出る.

přirodnosć F7【女】自然であること.

přirodny A1【形】自然の；(家族で)義理の. *přirodny* podawk 自然現象, 自然界のこと；*přirodny* wuběr 自然選択[淘汰]；*přirodna* ličba 自然数；*přirodny* nan 継父；*přirodny* bratr 片親の異な

る兄［弟］；*přirodna dźowka* 継娘；*přirodna mać* 継母．
přirodospyt M1【男】自然研究．
přirodospytnik M2【男】自然研究家．
přirodoškit M1【男】自然保護．
přirodowěda F1【女】自然科学．
přirodowědnik M2【男】自然科学者．
přirodowědny A1【形】自然科学の．
přirost M1【男】成長，増大．na *přirost* kupić 成長［増加］を見込んで買う．
přirosć, 過去 přirosćech, přirosće ⟨rosć⟩ 9【完】根付く；増大する，成長する．
přirosćeny A1【形】根が生えた，固定された．wón steji kaž *přirosćeny* 彼はまるで根が生えたかのように立っている．
přirow M1【男】堀，濠．
přiručka F2【女】参考書，便覧．
přiručny A1【形】手で持てる，小型の．*přiručny* słownik ポケット版の辞書．
přirunanje N5【中】比較；たとえ話，比喩．*přirunanje* wulkosće 大きさ［容積］比較．
přirunanka F2【女】比較．
přirunać V7【完】［něšto/někoho s něčim/někim］ 比較する；参照する．*přirunać* rukopisy 筆跡を比べる；*přirunaj* stronu 5 5 ページを参照せよ；*přirunajo* (*z něčim*) (何と) 比して，(何と) 並べて見れば；*přirunajo* z tym je to jednore それに比べればこれは単純だ．
přirunowanje N5【中】比較，比較すること．
přirunować V4【不完】→ přirunać．
přisadźeć V8【不完】；**přisadźić** V6【完】；**přisadźować** V4【不完】追加して植える；(財産，金などを) 失う．žiwjenje *přisadźeć* 人生を無駄にする．
přisaha F2【女】誓い．wopačna *přisaha* 偽証；město *přisaha* 宣誓に代えて；*přisahu* łamać 誓いを破る；pod *přisahu* wuprajić 誓って言う．
přisahać V7【不完】誓う．křiwje *přisahać* 偽って誓う；na chorhoj *přisahać* (軍旗に対し) 忠誠を誓う；na žiwjenje *přisahać* 命にかけて誓う．na to móžu *přisahać* それは誓ってもいい．
přisamom【副】ほとんど，間一髪の差で．

přisažnik M2【男】; **-ca** F3【女】参審員(裁判に加わる民間人).
přisažny A1【形】誓いの. *přisažne* sudnistwo 陪審裁判(所); *přisažna* formula 宣誓書; 宣誓の方式.
přiselić V6【完】塩を足す.
přiskakać V7【完】; **přiskočić** V6【完】走り[駆け]寄る, 駆け込む.
přisłód, -oda M1【男】後味, 添え味;〔比喩〕余韻.
přisłodźenje N5【中】中傷.
přisłodźeć so V8; **přisłodźować so** V4【不完】[na někoho] 中傷する.
přisłowjesnik M2【男】〔文法〕副詞.
přisłow|o N1【中】諺. **-ny** A1【形】.
přisłušeć V8【不完】[(k) něčemu](何に)属する. **-so** ふさわしい.
přisłušk M2【男】付属品, アクセサリー.
přisłušni|k M2【男】; **-ca** F3【女】身内; 所属員, メンバー.
přisłušnosć F7【女】所属; (公権力などに対する)義務. statna *přisłušnosć* 国籍; *přisłušnosć* k dźěłu [do dźěła] 労働義務.
přisłyšny A1【形】所属の; (法律上)当然の, 然るべき. prawe a *přisłyšne* 当然しごくの.
přismudźić V6【完】(料理を)焦がす. **-so** (料理が)焦げる.
přispominać V7【不完】; **přispomnić** V6【完】書き留める, 付記する; 指摘する.
přispomnje|nje N5【中】; **-nka** F2【女】注, 付記.
přisporić V6【完】; **přisporjeć** V8【不完】増やす, 増大させる. **-so** 増える.
přisprawny A1【形】適する, ふさわしい.
přistajenje N5【中】雇用; 役職, 地位.
přistajeny[1] A1【形】立てかけられた; 立てかけ式の, 取り付けの; 付け足された.
přistajen|y[2] A1 1.【男】; **-a** A1【女】雇用人, 勤め人. 2. [形]雇われた.
přistajeć V8【不完】; **přistajić** V6【完】; **přistajować** V4【不完】雇う, 職につける; (梯子を)立てかける; (船を)係留する; 付け足す.
přistać, přisteju, přistejiš; přisteja; 過去 přistach, přista; 命 přistej!; přistejće!; 完分 přistał, přistała V9【完】[někomu] 適合する, 誰のものである; (服などが)似合う. tutón podźěl jemu *přisteji* この配当は彼のものだ; kłobuk jemu *přisteji* 彼には帽子

が似合う．

přistaw M1【男】港．nutřkokrajny *přistaw* 内港，河口港．
přistawić V6【完】; přistawjeć V8【不完】(船が)接岸する，港に着く．
přistawk M2【男】添付物，付録；埠頭，桟橋．
přistojnosć F7【女】礼儀正しさ．
přistojny A1【形】礼儀正しい．
přistup M1【男】加入，参加；立ち入り．darmotny *přistup* 無料入場．
přistupić V6【完】加わる，入る．- so 並ぶ，列につく．
přistupn|osć F7【女】近づきやすさ．-y A1【形】．
přistupować V4【不完】→ přistupić．
přisudk M2【男】〔文法〕述語．
přisudźeć V8【不完】; přisudźić V6【完】; přisudźować V4【不完】判決を言い渡す，刑を科す．
přisunyć V3【完】押しやる，押し付ける．
přiswojenje N5【中】わが物とすること，獲得，合併；同化，摂取．
přiswojeć V8【不完】; přiswojić V6【完】; přiswojować V4【不完】[sej něšto] わがものとする，合併する；取得する，摂取する．*přiswojeć* sej mačiznu 教材を習得する; *přiswojeć* spóznaća wědomosće 学識を身につける．
přisydnik M2【男】陪審員．
přisydnyć so V3【完】並んで[近くに]座る．wona *je so* k njemu *přisydnyła*. 彼女は彼の隣に着席した．
přisypać V7【完】さらに振りかける．
přišeptać V7【完】耳打ちする．
přišic V2【完】; přišiwać V7【不完】縫い付ける．zlochka *přišic* 仮綴じにする．
přitłóčeć V8【不完】; přitłóčić V6【完】; přitłočować V4【不完】押し付ける．
přitłusnyć V3【完】: - sej porst (戸などに)指をはさむ．
přitok M2【男】支流．
přitomnostny A1【形】現在の，現代の；〔文法〕現在(時制)の．*přitomnostna* literatura 現代文学; *přitomnostna* forma 現在形; *přitomnostny* zdónk 現在語幹．
přitomnosć F7【女】現在，現代．
přitomny A1【形】現在の，現代の；その場にいる．*přitomny* być

出席している.
přitřih M2【男】(布地の)裁断.
přitřihać V7【完】; přitřihować V【不完】(鋏で)裁断する, 切りつめる.
přituleć so V8【不完】; přitulić so V6【完】[někomu] 寄り添う, しなだれかかる.
přitulny A1【形】寄り添うような, 柔かい; 心地よい. přitulna stwička 居心地の良い小部屋.
přitwar M1【男】建て増しの部分, 新館.
přitwarić V6【完】; přitwarjeć V8; přitwarjować V4【不完】建て増す.
prityknyć V3【完】; prityková ć V4【不完】(釘・ピンなどで)留める, くっつける. prityknyć z jehličkami kornar 針で襟を留める. -sej [něšto] 感染する, うつる.
pričahać V7【完】→ pričahnyć.
pričahliwosć F7【女】引力.
pričahliwy A1【形】引き付ける, 引き付ける力のある.
pričahnyć V3【完】; pričahować V4【不完】引き付ける; (黒雲が)近づく; (他国へ)移住する. njewjedro pričahny 荒れ模様になった.
pričerić V6【完】駆り立てて[急き立てて]来させる. -so 大急ぎで[走って]来る.
pričisnyć V3【完】投げ入れる, さらに投げる.
přiwabić V6【完】; přiwabjeć V8【完】誘き寄せる, 引き寄せる.
přiwalić V6【完】; přiwaleć V8【不完】; přiwalować V4【不完】転がし寄せる. -so 転がってくる; (人, 大波などが)押し寄せる.
přiwarić V6【完】; přiwarjeć V8; přiwarjować V4【不完】さらに煮る, 煮返す. -so 再度煮える.
přiwěrk M2【男】迷信. -aty A1; -ojty A1【形】.
přiwěšeć V8【不完】懸ける, 吊す.
přiwěšk M2【男】付録, 付属品, アクセサリー.
přiwěškować V4【不完】(注意深く)懸ける.
přiwisk M2【男】(党・チームの)支持者; (動・植物の)突起, 隆起.
přiwisliwosć F7【女】心服, 忠誠.
přiwisliwy A1【形】心服した, 慕っている.
přiwisni|k M2【男】; -ca F3【女】信奉者, 慕う者.

přiwisny A1 【形】心服した，慕っている．
přiwitać V7 【完】挨拶する．
přiwjazać V7 【完】; **přiwjazować** V4 【不完】結び付ける，繋ぐ．psa *přiwjazać* 犬を繋ぐ．
přiwjertnyć V3; **přiwjerćeć** V5 【完】; **přiwjerćować** V4 【不完】(栓・スイッチなどを)ひねって出す，つける，開ける；ねじを締める．
přiwjesć, 過去 přiwjedźech, přiwjedźe 〈wjesć〉 V9 【完】連れて来る，案内して来る．
přiwjezć, 過去 přiwjezech, přiwjeze 〈wjezć〉 V9 【完】乗り物で運んで[連れて]来る；輸送する．
přiwlec, 過去 přiwlečech, přiwleče 〈wlec〉 V9 【完】引きずって来る．- **so** 這い寄る．
přiwobroćeć V8 【不完】; **přiwobroćić** V6 【完】向けさせる．- **so** [k němkomu/něčemu] (何／誰のほう)へ向く．
přiwod M1 【男】供給，輸送，補給．
přiwołanje N5 【中】呼びかけ；歓呼．
přiwołać V7 【完】呼びかける；呼び寄せる．
přiwótřenje N5 【中】尖らせること．
přiwótřeć V8 【不完】; **přiwótřić** V6 【完】尖らせる，鋭くする．- **so** 尖る，鋭くなる．
přiwoz M1 【男】輸送，(食料などの)供給，(物資の)補給．
přiwožować V4 【不完】運搬して来る，乗せて来る．
přiwučenje N5 【中】習慣，癖．
přiwučić V6 【完】慣れさせる，習慣化する．- **so** [něčemu//na něšto] 慣れる．
přiwuknyć V3 【完】さらに[余分に]学習する．
přiwuznistwo N1 【中】親戚(集合)，血族，血縁．
přiwuznosć F7 【女】血縁性．
přiwuzn|y A1 1. 【形】親戚の，血縁の．2. **-y** 【男】; **-a** 【女】親戚，血縁者．
přiwyskać V7 【完】拍手喝采する．
přiwzać, 過去 přiwzach, přiwza 〈wzać〉 V9 【完】追加する，さらに取る；受け入れる，採用[採択]する．zakoń *přiwzać* 法案を採択する；*přiwzać* křesćanstwo 洗礼を受ける；za swoje *přiwzać* 養子とする．
přizačinić V6 【完】; **přizačinjeć** V8 【不完】少し閉じる，(ドア

přizamk

を)完全に閉めない状態にする.
přizamk M2【男】(回線・システムなどへの)接続.
přizamknjenje N5【中】(回線・システムなどへの)接続；(自治体などの)併合.
přizamknyć V3【完】；**přizamkować** V4【不完】接続する；併合する.
přizasłužba F1【女】副収入.
přizemišćo N3【中】(着陸用)滑走路.
přizemić V6【完】(飛行機を)着陸させる，(飛行機が)着陸する；(アンテナを)接地させる.
přizemjenje N5【中】上陸；着陸.
přizemjeć V8【不完】→ přizemić.
přizemjo N4【中】一階，地階；(劇場の)平土間. bydlić w *přizemju* 一階に住む.
přizemski A2【形】一階の，地上近くの.
přizjewić V6【完】告げる，知らせる，登録する. dźěćo do šule *přizjewić* 子供を学校に入学させる；*přizjewić* za wubědźowanje コンクールに出す. - so 申し込む，登録する；(電話に)出る.
přizjewjernja F6【女】届出所.
přizjewjeć V8【不完】→ přizjewić.
přiznać V2【完】；**přiznawać** V7【不完】認める；見分ける. - so 打ち明ける，告白する.
přizwolenje N5【中】許可，承認.
přizwoleć V8【不完】；**přizwolić** V6【完】許可する，認めてやる，承認する.
přizwuk M2【男】アクセント.
přizwukowanje N5【中】アクセント付け，強調.
přizwukować V4【不完】アクセントを置く，強調する.
přižiwnik M2【男】寄生生物.
pstruha F2【女】カワマス，イワナ.
psyca F3【女】雌犬.
psyči A3【形】犬の. *psyča* hěta 犬小屋；*psyče* dny 盛夏；*psyče* cholowy ワタスゲ(植物).
psyk M2【男】犬. znaty kaž pisany *psyk* よく知られている，誰でも知っている.
pšeńca F3【女】コムギ.
pšeńčnišćo N1【中】コムギ畑.

pšeńčny A1【形】コムギの. *pšeńčny* chlěb 白パン；*pšeńčna* muka 小麦粉.

ptači A3【形】（小）鳥の. *ptači* kwas 小鳥の結婚式（ソルブ人の伝統儀式. 1月25日に行われる）；*ptača* klětka 鳥かご；*ptača* chěžka 小鳥の巣箱；*ptače* hnězdo 鳥の巣.

ptačk M2【男】鳥. ćahawe *ptački* 渡り鳥；wódne *ptački* 水鳥；měć *ptačka* 頭が少々おかしい.

ptak M2【男】鳥. rubježny *ptak* 猛禽.

publikum M1【男】公衆, 世間, 読者；聴衆.

puck M2【男】針刺し；（埃, 羽などの）小さな塊.

puč M3【男】反乱, 暴動. wojerski *puč* 軍隊の反乱.

pudrować V4【不完】おしろいをつける, 粉を振りかける.

pucher M4【男】気泡, 水泡. wón so naduwa kaž *pucher* 彼ははちきれんばかりに威張っている.

pucherjaty A1【形】泡の, 水膨れのできた.

puchotny A1【形】膨れた, 張り切った.

pukać so V7【不完】はじける, ぱちんと割れる. pupki *so pukaja* つぼみが開く.

puki PL1【複】パンチ, ぶん殴り.

puklina F1【女】裂け目, ひび, 割れ目.

puklot M1【男】狭い空間, ウサギ小屋.

puknyć so V3【完】はじける, ぱちんと割れる. *puknyć so ze* smjećom どっと笑う, 笑い出す；šow *je so puknyl* 縫い目がはじけた.

pukot M1【男】コツコツ[ボトボト・トントン]いう音. *pukot* wutroby 心臓の鼓動音.

pukotać V7【完】コツコツ[トントン]と叩く；（心臓が）鼓動する.

pulow|er, -ra M1【男】プルオーバー, セーター.

pumpaty A1【形】膨らんだ, 胴の太い. *pumpate* cholowy ニッカーボッカーズ型のズボン；*pumpata* blěša 胴太のビン.

pumplróža F5【女】シャクヤク.

pumpotać V7【不完】ぶつぶつ（不平を）言う.

punt M1【男】ポンド（1ポンドは500グラム）.

pupk M2【男】つぼみ；ヘソ. kčenjowy *pupk* 花のつぼみ.

pupkaty A1【形】つぼみの豊富な. *pupkaty* kał 芽キャベツ.

pupkowy A1【形】つぼみの；へその. *pupkowa* šnóra へその緒.

pustota F1【女】荒涼；荒野.

pusty

pusty A1【形】荒れた，荒涼とした．*puste ležeć*（耕地が）放置されている，休んでいる；*pusty wječor* 通夜．
pusćina F1【女】荒野，不毛の地．*pěskowa pusćina* 砂漠．
pušćenje N5【中】解放，放つこと．*pušćenje z jastwa* 刑務所からの釈放，出所；*pušćenje drjewa* 伐採．
pušćeć V8【不完】；**pušćić** V6【完】放つ，落とす，行かせる．*pušćeć drjewo* 伐採する；*pušćić kamjeń* 石を落とす；*nutř pušćić* 中に入れる；*pušćić ludźi do žurle* 人々をホールに通す；*pušćeć wodu* 水を流す；*z dźěła [słužby] pušćić* 解任[解雇・免職]する；*pušćeć barbu* 色が褪せる；*pušćić z wočow* 見失う；*pušćić z myslow* 忘れる；*pušćeć wotežki* 大目に見る．– **so** 落ちる．*barba so pušća* 色が落ちる[褪せる]．
puta PL1【複】（囚人の）枷，鎖．
putacy A1【形】枷をはめられた，縛られた．
putać V7【不完】枷をはめる，縛りつける；強く心を捕える．
putnikowanje N5【中】巡礼，聖地訪問．
putnikowar M4【男】巡礼者．
putnikować V4【不完】巡礼する．
puć M3【男】道．*dychanske puće* 気道；*pólny puć* 野道，田舎道；*křižny puć* 十字路，交差路；*słužbny puć* 出張旅行；*prawy puć kročić* 正しい道を行く；*zwučeny puć hić* 歩きなれた[容易な]道を行く；(ducy) *po puću* 道すがら，道中；*na puću być* 旅に出ている，途上にある；*z puća hić*（*něcemu*）（何を）避ける，よける；*chodźić z puća*（*někomu*）（誰に）道を開ける，（誰を）避ける；*sej puć wurubać* (*k něcemu*)（何に）道を開く；*na puć hotowy* 旅支度のできた；*so na puć dać* 旅に出る，旅の準備をする；*wjele zboža na puč* よいご旅行を！
pućik M2【男】道標，案内図．
pućowanje N5【中】旅；徒歩旅行，ハイキング．*hórske pućowanje* 山歩き．
pućowanski A2【形】旅の，ハイキングの．*pućowanski běrow* 旅行会社，旅行案内所．
pućowar M4【男】；**-ka** F2【女】旅行者．
pućować V4【不完】旅行する；歩き回る．
pućrubar M4【男】；**-ka** F2【女】先達．先駆者．
puzolić so V6【不完】ぼやく，こぼす．*puzolić so na wšo* あらゆることをぼやく．

pycha F2【女】飾り，装飾品．
pyr M4【男】カモジグサ(植物)．
pyrić V6【不完】(オーブンを)燃す．– **so**（怒って・興奮して）顔をほてらせる．
pysk M2【男】くちばし；(豚の)口，鼻面．
pyskojty A1【形】口先の伸びた，くちばし状の．
pyšić V6【不完】飾る．– **so** 着飾る，装う．
pyšny A1【形】美しい，(着)飾った．
pytańca F3【女】探求，追及，調査．
pytanje N5【中】探すこと，追及，調査．*pytanje* za dźěłom 職探し．
pytać V7【不完】探す，探究[追及・調査]する．*pytać* hriby キノコを探す；*pytać* za nowymi pućemi 新たな道を探る．
pytnyć V3【完】気付く，見て取る．wón njeda sej ničo *pytnyć* 彼は気付いた素振りも見せない．

R, r

račina F1【女】甲殻類．
rada[1] M5【男】相談役，評議員，顧問．měsćanski *rada* 市議会議員．
rada[2] F1【女】助言，忠告；評議会．*rady* dawać 助言を与える；wo *radu* prosyć 助言を求める；sej žiwje *rady* njewědźeć どうしていいかわからない．
radar M1【男】レーダー．
radijo N1 または《不変》【中】ラジオ．
radijowy A1【形】ラジオの．*radijowy* sćelak ラジオ放送．
radło N1【中】鋤．
radlubje【副】喜んで．
radnica F3【女】市庁舎．
radnik M2【男】市議，相談役．
radostny A1【形】喜ばしい．
radosć F7【女】喜び．z *radosće* płakać うれし泣きする．

radosćiwy A1【形】喜ばしい，楽しい．
radować so V4【不完】[nad někim/něčim] 喜ぶ．
radšo【副】《比》<rady；むしろ，もっと好んで．(*něšto*) *radšo* činić むしろ（何を）するほうがいい（*někoho/něšto*）*radšo* měć 好む，ひいきにする．
rady【副】好んで．pomham ći *rady* 喜んで君の手伝いをしよう；*rady* měć (*někoho*)（誰に）好意を持つ；měj mje *rady* 君となんか絶交だ；君のことなど知らない．
radźer M4【男】相談役．
radźernja F6【女】相談室．
radźić V6【不完】[někomu] 助言する．*radźić* dać sej (*wot někoho*)（誰に）助言を求める，相談する．− **so** うまくいく．
radźomny A1【形】勧められる，当を得た．je *radźomnje* するのがよい．
raj M3【男】天国．
rajs M1【男】米．w młóce *rajs* ミルク粥．
rajsnišćo N3【中】稲作用の畑．
rajsowy A1【形】米の．
rak M2【男】蟹；癌．chory na *rak* 癌病；wobrotnik *raka* 北回帰線；čerwjeny kaž *rak* 蟹のように真っ赤．
raket M1【男】ラケット．
raketa F1【女】ロケット．
rakuski A2【形】オーストリアの．*rakusko*-wuherski オーストリア=ハンガリーの．
ramjo N4(c)【中】肩．z *ramjenjomaj* sukać 肩をすくめる；*ramjo* při *ramjenju* 肩を並べて．
rampa F1【女】（乗り物の）通路，（高速道路や建物の）傾斜路．
rana F1【女】傷．*rana* syri. 傷がジクジクする；žałba na *rany* 傷用の軟膏．
ranca F3【女】エース（トランプの）．
ranić V6【不完】傷つける．na smjerć *ranić* 瀕死の重傷を負わせる；*ranić* na česći 名誉を傷つける．− **so** 負傷する．
ranjacy A1【形】傷を与える．
ranje N5【中】朝；東．běte *ranje* 早朝；dobro *ranje*！おはようございます；z *ranja* 朝から；東から；k *ranju* 東へ；dołhe *ranje* 北東；krótke *ranje* 南東．
ranjen|y A1 1.【形】傷ついた，負傷した．2. **-y**【男】；**-a**【女】

怪我人.
rano【副】朝に. *rano* zahe stawać 朝早く起きる.
rańši A3【形】朝の. *rańše* zerja 朝焼け.
ranžěrować V4【不完】操作[操縦]する, 編成する.
rapak M2【男】烏;ならず者, いたずら者.
rasa F1【女】種族;人種.
rasowy A1【形】種族の;人種の. *rasowa* diskriminacija 人種差別.
rata F1【女】割り当て, 部分. w *ratach* płaćić 分割で払う.
ratar M4【男】; **-ka** F2【女】農夫, 農婦.
ratarski A2【形】農夫の. *ratarske* graty 農具.
ratarstwo N1【中】農業.
raz[1]【副】あるとき, かつて;一度. *raz* sym tam była かつて私はそこに行ったことがある;běše *raz* žiwy... 昔あるところに…がいた.
raz[2], -a/-u M1【男】打つこと;(物事の)特徴, 性質;回, 度. na jedyn *raz* njepadnje wjaz ニレの木は一撃では倒れない;cyle wosebiteho *razu* きわめて独特の;dwaj *razaj* 二度;přeni *raz* 初めて;kóždy *raz* 毎回;hišće *raz* もう一度.
raznosć F7【女】行動力, 力.
razny A1【形】正確な;断固とした. *raznje* protestować 断固として抵抗する.
razyć V6【不完】打つ, 鋳造する. pjenjezy *razyć* 貨幣を鋳造する.
reagować V4【不完】[na něšto] 反応する.
reakcionar M1【男】; **-ka** F2【女】反動主義者, 反動家.
reaktor M1【男】原子炉, 核反応炉.
realita F1【女】現実(性).
realizm M1【男】現実主義;写実主義.
realizować V4【不完】実現させる.
realny A1【形】物的な;現実の.
rebel M3【男】反乱者, 暴徒.
rebelija F5【女】反乱, 暴動.
rebelować V4【不完】反乱[暴動]を起こす.
recensent M1【男】; **-ka** F2【女】批評家, 評論家.
recensija F5【女】批評;書評.
recensować V4【不完】批評[論評]する.
recipować V4【不完】受け入れる.
reciprokny A1【形】相互の.

recitacija F5【女】朗読；(詩の)吟唱.
recitator M1【男】朗読者.
recitować V4【不完】朗読する，吟唱する.
redakcija F5【女】編集(部).
redaktor M1【男】；**-ka** F2【女】編集者.
redigować V4【不完】編集する，校訂する.
redliši A3【形】《比》<dobry；より良い，好都合の.
redukować V4【不完】縮小[削減]する.
referat M1【男】報告，講演.
referent M1【男】；**-ka** F2【女】報告者，講演者.
referować V4【不完】報告[講演]する.
refleksija F5【女】反射，反映；反省.
refleksiw M1【男】再帰代名詞.
refleksiwny A1【形】反射の，反映の；反省の；再帰の. *refleksiwny* pronomen 再帰代名詞.
reforma F1【女】改革，改良. zemska *reforma* 土地改革.
reformacija F5【女】宗教改革.
reformować V4【不完】改める.
regal M3【男】本棚，戸棚.
regata F1【女】レガッタ，短艇競争.
regeneracija F5【女】再生，刷新.
regenerować V4【不完】再生させる，刷新する．**-so** 再生する，刷新する.
regist|er, -ra M1【男】記録[登記]簿，名簿；索引；音域. wěcny *register* 事項索引.
regula F5【女】規則，法則；掟，戒律.
regulacija F5【女】規則；(時計・秤の)検査，調整.
regulatiw M1【男】指令，指示.
regulować V4【不完】規制[統制]する，調整する；整える.
reja F5【女】ダンス，舞踏. ludowa *reja* 民族舞踊；na *reje* hić [chodźić] 踊りに行く；hudźba k *rejam* 舞踏曲.
rejka F2【女】《指小》<reja. nětko so ta *rejka* započnje さあ例の大騒ぎが始まるぞ.
rej(o)wanje N5【中】踊ること，舞踏.
rej(o)wanski A2【形】ダンスの. *rej(o)wanska* žurla ダンスホール.
rej(o)war M4【男】；**-ka** F2【女】ダンサー，踊り手.

rej(o)wać V4【不完】踊る．*rej(o)wać* po (*něčjim*) hwižku (誰の) 言いなりになる，踊らされる．
rekapitulować V4【不完】要約する．
reklama F1【女】宣伝，広告．
reklamować V4【不完】異議を申し立てる，クレームをつける．
rekonstrukciski A2【形】復元の，再現の．
rekonstruować V4【不完】復元する，再構成する，再現する．
rekord M1【男】記録，レコード．swětowy *rekord* 世界記録．
rekordnik M2【男】；-ca F3【女】記録保持者．
rekordowy A1【形】記録の，記録的な．*rekordowy* skok 記録的跳躍．
rekwiem M1【男】鎮魂歌．
relacija F5【女】関係；報告．
relatiwny A1【形】相対的な，比較の；関係した．*relatiwna* sada 関係文．
renesansa F3【女】ルネサンス．
renow(ěr)ować V4【不完】更新する，刷新する．
renta F1【女】年金．
rentabelny A1【形】有利な，利を生む．
rentěrować so V4【不完】儲けになる，採算がとれる．
rentnar M4【男】；-ka F2【女】年金生活者．
rentowy A1【形】年金の．
reorganizacija F5【女】再編成．
reparacija F5【女】修繕，修理．
reparować V4【不完】修繕する，修理する．
repeticija F5【女】反復．
reportaža F5【女】ルポルタージュ．
reporter M1【男】；-ka F2【女】リポーター．
reprezentacija F5【女】代表，代理；表出．
reprezentant M1【男】；-ka F2【女】代表[代理]人，代議士．
reprezentować V4【不完】代表[代理]する；表わす，意味する．
reprodukcija F5【女】写し，複製；模造品；再生産(物)．jednora *reprodukcija* 単純再生産．
reprodukować V4【不完】複製[複写]する，模造品を作る；再現する，再生させる．
republika F2【女】共和国．
resonanca F3【女】共鳴，反響．

respektiwnje【副】あるいは，別の言い方をすれば；むしろ.
respektować V4【不完】敬う，尊重する.
restawracija F5【女】レストラン；再建，復興，復元.
restawrować V4【不完】再建する，復興させる.
retl M3【男】棍棒.
retomas M1【男】大量のもの，一揃い. *retomas* knihow 本の山.
retuša F5【女】修正.
reuma F1【女】リューマチ.
rewanša F5【女】復讐，報復.
rewanšować so V4【不完】復讐する.
rewidować V4【不完】検査する，監査する.
rewizija F5【女】検査，監査；校閲，検閲.
rewizijny A1【形】検査の，監査の；校閲の. *rewizijna* komisija 監査委員会.
rewolucija F5【女】革命. techniska *rewolucija* 技術革命.
rewolucionar M1【男】；**-ka** F2【女】革命家.
rewolucionarny A1【形】革命の；革命的な. *rewolucionarny* přewrót 革命的転換.
rewolwer M1【男】リヴォルバー.
rezerwa F1【女】予備（金・品），備蓄.
rezerwat M1【男】留保；保留地.
rezerwować V4【不完】蓄える，取って置く；予約する；留保する.
rezidenca F3【女】邸宅，官邸.
rezignacija F5【女】あきらめ，諦観.
rezignować V4【不完】[z něčeho] あきらめる.
rezimej M1【男】要約.
reziměrować V4【不完】要約する.
rezolucija F5【女】決断，決議.
rezolutny A1【形】断固とした，不動の.
rezultat M1【男】結果. wudobyć sej dobry *rezultat* 良い結果を得る.
rezultować V4【不完】結果として出る，帰着する.
režija F5【女】監督，演出；国営，公営（管理制度）.
režim M1【男】政体，統治.
režiser M1【男】；**-ka** F2【女】監督. dźiwadłowy *režiser* 舞台監督.
rěbl M3【男】梯子. po *rěblu* lězć 梯子伝いに登る；na *rěbl* zalězć

梯子の上に登る；*rěbl přistajić* (*k něčemu*) 梯子を(何に)立てかける．
rěblowany A1【形】: *rěblowany* wóz 梯子車．
rěč F7【女】言葉．*maćerna rěč* 母語；*cuza rěč* 外国語；*spisowna rěč* 文章語；*wobchadna rěč* 口語，日常語；*k rěčam być* 面会可能，その場にいる；*do rěče so dać* 話に加わる，話し始める；*do rěče podnyć* (*někomu*) (誰の)話に割って入る；*wulke rěče wjesć* 大言壮語を吐く；*to njeje rěče hódne* それは言うに値しない；*na rěči jeho spóznaju* 話し方で彼だと私にはわかる．
rěčespyt M1【男】言語学．
rěčespytnik M2【男】言語学者．
rěčeć V5【不完】話す．*serbsce rěčeć* ソルブ語で話す；*tebi so derje rěči* 言うのは容易いよ；*kaž so rěči* 聞くところの，いわゆる；(*za něšto*) *rěčeć* 弁護する；*po hubje rěčeć* お世辞を言う，へつらう；*Šimanec dźowčička hižo rěči* シマネッ家の女の子はもう話すようになった；*naša susoda rady a wjele rěči* うちのお隣さんは話好きでよくしゃべる；*rěčće prošu pomałšo, ja wam [was] njerozumju.* すみませんがもう少しゆっくり話して下さい，あなたの話が分かりません；*wo tym so tola wšudźe rěči* でもそれについてはどこでも話題になってます；*ja chcu prošu z knjezom direktorom rěčeć* 所長とちょっとお話したいのですが．
rěčewěda F1【女】言語学．
rěčewědnik M2【男】言語学者．
rěčewědny A1【形】言語学の．
rěčka F2【女】小川．*pót w rěčkach po wobliču ćeče* 汗が顔を流れ落ちる．
rěčni|ca F3【女】; **-k** M2【男】発言[演説]者，アナウンサー；仲介人，弁護人．
rěčnišćo N3【中】河床．
rěčny[1] A1【形】話の，言葉の；面談の．*rěčny wobrot* 言い回し，語法；*rěčne čuće* 語感；*rěčne hodźiny* 診察[面会]時間．
rěčny[2] A1【形】川の．*rěčna zawěra* ダム．
rědki A2【形】稀な；薄い，まばらな．
rědko【副】稀に．*rědko hdy* めったにない．
rědkosć F7【女】稀少，稀なこと．
rědnyć V3【不完】まばらになる，稀になる．
rědšić V6【不完】まばらにする，稀にする．

rěka

rěka F2【女】川，流れ．po *rěce* dele [horje] 川を下って［上って］；přećiwo *rěce* 流れに逆らって；wulka *rěka* 大河；pódlanska *rěka* 支流；z *rěkami* běžeć とうとうと流れる．
rěkać V7【不完】名乗る，名前である．kak *rěkaš*? 君の名前は？kak to *rěka*? それは何と言うのですか？to *rěka*... つまり…ということだ；to ničo *njerěka* それは何も意味しない．
rěpa F1【女】ビート，蕪．cokorowa *rěpa* サトウ大根．
rěpik M2【男】アブラナ．
rěpjank M2【男】乳歯．
rěpka F2【女】《指小》<rěpa．
rěpnišćo N3【中】ビート畑．
rěz M1【男】切ること，切断；刃；おがくず．
rězadło N1【中】(馬具)はみ．
rězak M2【男】肉切り包丁．
rězańca F3【女】まぐさ小屋，干草置き場．
rězany A1【形】(ハサミ・鋸で)切られた；屠殺された．*rězana* kwětka 切り花．
rězarnja F6【女】屠殺場，畜肉処理場．
rězaty A1【形】切るような，鋭い．*rězaty* wětřik 切るような風．
rězać V7【不完】切る，屠殺する．nóž *rěza* そのナイフは切れる；drjewo *rězać* 木を(鋸で)切る；skót *rězać* 牛を屠殺する；mje w žiwoće *rěza* 私は腹が刺すように痛い．
rězba F1【女】切ること．
rězbar M4【男】彫刻家．
rězbarstwo N5【中】彫刻．
rězbować V4【不完】彫刻する；刻む．
rězk M2【男】切断；刃；カツレツ．złoty *rězk* (本の)金縁．
rěznik M2【男】肉屋，屠殺業者．
rězniski A2【男】肉屋(店員)．
rěznistwo N5【中】肉屋(店)，精肉(肉加工)業．
rězny A1【形】食肉用の，屠殺された；(味・音が)強い，刺すような．
rěznyć V3【完】切断する．-so (自分で)切る．*rěznyć so* do porsta 自分の指を切る．
ricinusowy A1【形】ヒマ(植物)の．*ricinusowy* wolij ヒマシ油．
ridrowańca F3【女】ガラガラ［ガタガタ］鳴る音．
ridrować V4【不完】ガラガラ［ガタガタ］鳴る．

rigorozny A1【形】厳格な.
ripać V7【不完】[na někoho/něšto] 毒舌をふるう，悪態をつく.
riskanty A1【形】リスクのある.
riskěrować V4【不完】一か八かやる.
rić F7【女】肛門，尻，ケツ.
riwalita F1【女】競争，張り合い.
riwalizować V4【不完】競争する，張り合う.
riziko N1【中】リスク，危険. *riziko* na so wzać リスクを負う.
rjaba F1【女】刈草，刈り取った穀物の列.
rjad M1【男】列；序列；勲章. po *rjedźe* 順に；po *rjedźe* so zestupać 列を作る；na *rjedźe* być 順番が来ている；w prěnim *rjedźe* まず第一に；wotměnjaty *rjad* 男女が交互に並んで；ryćerski *rjad* 騎士の勲章.
rjadka F2【女】《指小》＜rjad；行；畝.
rjadnica F3【女】修道女.
rjadny A1【形】正規の. *rjadny* profesor 正教授.
rjadowak M2【男】レギュレータ；書類とじ，ファイル. napjećowy *rjadowak* 電圧調整器；aktowy *rjadowak* 書類ファイル.
rjadowanje N5【中】整理，管理，秩序(だてること).
rjadowar M4【男】；**-ka** F2【女】管理者，支配人.
rjadować V4【不完】管理する，整理する. *rjadować* sej swój čas 自分の時間を管理する；*rjadować* wobchod 交通整理する.
rjadowniski A2【形】クラスの，教室の. *rjadowniski* wučer クラス担任；*rjadowniska* kniha 学級日誌，出席簿.
rjadownja F6【女】クラス；教室.
rjadowy A1【形】秩序の；順序の. *rjadowy* ličbik 序数；*rjadowe* přepytowanje 集団検診.
rjanolinka F2【女】美少女.
rjanopis M1【男】きれいな字；(ペンの)習字；清書.
rjanosć F7【女】美しいこと. čuće za *rjanosć* 美意識.
rjany A1【形】美しい. *rjana* dźowka 美しい娘；*rjaneho* dnja ある日.
rjap M1【男】背骨；葉脈.
rjapnik M2【男】脊椎動物.
rjapowka F2【女】脊椎.
rjapowy A1【形】背骨の. *rjapowy* mozowc 脊髄.
rjebło N1【中】肋骨.

rjec, rjeknu, rjeknješ；rjeknu；過去 rjeknych, rjekny；命 rjekń！；rjekńće！；完分 rjekł, rjekła；受動分 rjeknjeny V9【完】話す，言う．kaž by rjekł いわば；rjec sej dać 聞き及んでいる．
rjedźawa F3【女】掃除機．
rjedźenje N5【中】掃除．
rjedźerka F2【女】掃除女．
rjedźernja F6【女】ドライクリーニング屋．
rjedźidło N1【中】洗剤．
rjedźić V6【不完】掃除する．wokna rjedźić 窓を掃除する；rjedźić sej zuby（自分の）歯を磨く．
rjehot M1【男】ばか笑い；いななき．
rjehotać V7【不完】(さかんに)いななく；ばか笑いする．
rjechtać V7【不完】(カエル・アヒルなどが)グェッグェッとなく；(人間が)ギャーギャー騒ぐ．
rjejeńca F3【女】吠え声，わめき．
rjejić V6【不完】吠える，わめく．na so rjejić 悪態をつく．
rjek, 複主 rjekojo M1【男】英雄；主人公．
rjeknyć V3【完】言う．
rjekospěw M1【男】英雄叙事詩．
rjekowka F2【女】主人公(女性)．
rjekowski A2【形】英雄的な．
rjekowstwo N1【中】英雄らしさ；英雄的行為，偉業．
rjemjeń M4【男】革紐，革のベルト．
rjemjeńca F3【女】革の鞭．
rjemjesło N1【中】手工業．
rjemjeslni|k M2【男】；**-ca** F3【女】手工業者，職人．
rjemjeslnistwo N1【中】職人組合；職人(集合としての)．
rjenje【副】すばらしく．to je rjenje, zo... は素敵なことだ；rjenje činić ご機嫌をとる；měj́će so rjenje！ご機嫌よう！
rjenjećinjenje N5【中】ご機嫌とり．
rjeńši A3【形】《比》<rjany. dźeń a rjeńši ますます美しい．
rjepik M2【男】葉柄；円錐花序．
rjepot M1【男】くすくす笑い．
rjepotać V7【不完】くすくす笑う．
rjepotawa F1【女】ガラガラ(おもちゃ)；クイナ(鳥)．
rjepuch M2【男】ごつごつした[節のある]根；角の先．
rjetkej F7【女】ダイコン，ラディッシュ．

rjećaz M1【男】鎖. hórski *rjećaz* 山脈; być na *rjećazu* (犬が)鎖につながれて.
rjećazk M2【男】《指小》＜rjećaz.
rjećaznik M2【男】番犬.
robota F1【女】夫役, 重労働.
robočan M1【男】; **-ka** F2【女】夫役人.
robočić V6【不完】夫役につく.
robustny A1【形】がっしりした, 逞しい.
rock M2【男】コバシコマドリ(鳥).
róčnica F3【女】記念日.
róčny A1【形】年の. *róčne* časy (降誕祭・復活祭など)記念祭.
ród, roda/rodu M1【男】生まれ, 出自; 種類;〔文法〕性. z rodom Serb ソルブ人である; ničeji *ród*〔文法〕中性.
ródny A1【形】生まれの. *ródna* wjes 故郷の村; *ródny* dom 生家.
rodopis M1【男】家系図.
rodoštom M1【男】家系(図).
rodźenca F3【女】(動物の)子宮.
rodźeny A1【形】生まれた.
rodźina F1【女】血族; 種族.
rodźić V6【不完】生む; [něsto//wo něsto] 好む; [wo někoho] 敬愛する.
rodźićelka F2【女】助産婦.
roentgen M1【男】レントゲン, X線撮影.
roentgować V4【不完】レントゲン撮影をする.
róh, roha M2【男】角; ホルン. na *rohu* trubić ホルンを吹く.
rohač M3【男】角獣; クワガタ虫; カジキマグロ.
rohaty A1【形】角のある.
rohizna PL1【複】(シカなどの)角.
rohodź F7【女】アシ, ヨシ, イの類.
rohojty A1【形】角状の.
rohowina F1【女】角質, 角素.
rohowka F2【女】角質層, 硬皮.
rój, roja M3【男】(ハチなどの)群れ.
rojeńca F3【女】群れ, 大群, 群衆.
rojić so V6【不完】(ハチなどが)群れをなす.
rokokowy A1【形】ロココ式の. *rokokowy* stólc ロココ様式の椅子.

rokot M1【男】てんやわんやの騒動, ごたごた.
rokotać V7【不完】騒ぐ, がたがた音をたてる.
rokotnik M2【男】反乱者.
rokoćić V6【不完】反乱[暴動]を起こす.
roła F1【女】パイプ, 管. *roły kłasć* 排水する, 排水管を設置する.
rołka F2【女】《指小》<roła.
rołow|ód, -oda M1【男】配管, 管路.
rola F5【女】畑. *rolu dźěłać* 畑を耕す.
róla F5【女】(体操の)回転；(芝居, 映画の)役；洗濯機のローラー；オーブン・ストーブの室内パイプ.
roler M1【男】スクータ.
rólka F2【女】《指小》<roler.
rólnik M2【男】農夫.
rólnistwo N1【中】畑作, 耕作.
rólny A1【形】畑の, 野の. *rólna póda* 耕作地；*rólny wóst* 野アザミ.
rólować V4【不完】転がす；(洗濯物を)仕上げ機にかける, ローラーで伸ばす.
romanca F3【女】叙情的物語詩；華想曲.
romantika F2【女】ロマネスク(様式).
romantiski A2【形】ロマン主義の；ロマンティックな.
romantizować V4【不完】ローマ風[ロマネスク様式]にする.
romsko-katolski A2【形】ローマカトリックの.
ronić V6【不完】[něšto] こぼす, 投げ落とす；脱ぎ捨てる. *jeleń roni* 鹿が角を落とす；*had roni* 蛇が脱皮する；*žito roni* 穀物が粒を落とす；*sylzy ronić* 涙を流す. -**so** こぼれ落ちる. *jemu so sylzy ronjachu* 彼の涙がこぼれ落ちた.
ropot M1【男】騒動, 大騒ぎ.
ropotać V7【不完】カタカタ[ガタガタ]言わせる；反乱を起こす.
ropucha F2【女】クレソン.
rosa F3【女】露. *boža rosa* モウセンゴケ.
rosojty A1【形】露の, 露にぬれた.
róst M1【男】成長.
rostlina F1【女】植物.
rostlinar M4【男】；-**ka** F2【女】植物学者.
rostlinarnja F6【女】温室.
rostlinarstwo N1【中】植物学.

rostlinowy A1【形】植物の. *rostlinowa* jědź 菜食.
rostlinožračk M2【男】草食動物.
rostlinski A2【形】植物性の，植物の. *rostlinski* wolij 植物油.
rostlinstwo N1【中】植物界.
rosć, rostu, rosćeš ; rostu ; 過去 rosćech, rosćeše ; 命 rosć! ; rosćce! ; 完分 rostł, rostła ; 受動分 rosćeny V9【不完】育つ. njeměr *rosće* 不安[動揺]が広がる.
rosćacy A1【形】成長する，育ちつつある.
róštować V4【不完】足場を組む.
rószty PL1【複】足場.
rót M1【男】口.
rotačka F2【女】(印刷用)輪転機.
roterować V4【不完】回転する.
row M1【男】墓. nad *rowom* 墓で ; nad samym *rowom* stać 死にかかっている ; k *rowej* přewodźeć 葬る ; *row* ryć 墓を掘る ; 破滅させる ; *row* hladać 墓を守る.
rowjen|k M2【男】; –ica F3【女】同時代人.
rownišćo N3【中】納骨堂；墓地.
rózarije PL2【複】ロザリオ.
rozběh M2【男】解散，散り散りになること.
rozběhnyć so V3【完】散り散りになる，解散する，(軍が)展開する.
rozběrać V7【不完】分解する，バラバラにする.
rozběrk M2【男】分解，分析.
rozběžeć V5【完】(方々に)流れ去る，走り去る ; 拡散する. – **so** 散り散りになる ; (軍が)展開する.
rozběžity A1【形】溶解する.
rozbić V2【完】; **rozbiwać** V7【不完】打ち砕く. – **so** 粉々になる.
rozborkać V7【完】(豚などが)ほじくり返す.
rozbosć, rozbodu, rozbodźeš ; rozbodu ; 過去 rozbodźech, rozbodźe ; 命 rozbodź! ; rozbodźće! ; 完分 rozbodł, rozbodła ; 受動分 rozbodźeny V9【完】(細かく・あちこち)割る，砕く ; (角で)つき回る.
rozbrojić V6【完】分散させる，ばらまく. *rozbrojić* swoje mocy 自分の力を使い果たす. – **so** (金・力を)浪費する.
rozbudźenje N5【中】興奮；騒ぎ.
rozbudźenosć F7【女】興奮，取り乱し，騒ぎ.

rozbudźić V6【完】; **rozbudźować** V4【不完】興奮させる，慌てさせる．‐**so** 興奮する，取り乱す，騒ぐ．
rozbuchadło N1【中】爆発物．
rozbuchać V7【不完】; **rozbuchnyć** V3【完】爆発させる．
rozcybać V7; **rozcybnyć** V3【完】細かく引き裂く．
rozčerćić V6【完】怒らせる．‐**so** 怒る．
rozčesać V7【完】; **rozčesować** V4【不完】（髪を）とかす；（毛・麻などを）梳く．
rozčinić V5【完】; **rozčinjeć** V8; **rozčinjować** V4【不完】分解する，バラバラにする．
rozčłonkować V4【完】・【不完】解体する，分解する．
rozdajeć V8【不完】; **rozdajić** V6【完】開け放つ．hubu *rozdajić* 口を開ける；*rozdajić* tlamu 大口を開ける．
rozdać, rozdam, rozdaš; rozdadźa; 過去 rozdach, rozda; 命 rozdaj！; rozdajće！; 完分 rozdał, rozdała; 受動分 rozdaty V9【完】; **rozdawać** V7【不完】配る．karty *rozdać* カードを配る．
rozdrapać V7【完】引っ掻く，引っ掻いて一面に掻き傷を作る．
rozdrěńca F3【女】穴，裂け目．
rozdrěć V2【完】; **rozdrěwać** V7【不完】引き裂く．
rozdrěwk M2【男】決壊，侵食；裂け目．*rozdrěwk* mróčeli 豪雨．
rozdrjebić V6【完】細かく砕く．
rozdrobnić V5【完】; **rozdrobnjeć** V8【不完】細かくする；（金を）崩す．
rozduć V2【完】; **rozduwać** V7【不完】膨らます；吹き飛ばす．‐**so** 膨れる，膨張する；高慢になる．
rozdwojenje N5【中】仲違い．
rozdwojeć V8【不完】→ rozdwojić.
rozdwojity A1【形】分裂した，相反する．
rozdwojić V6【完】; **rozdwojować** V4【不完】仲違いさせる；半分にする．
rozdypać V7【完】; **rozdypować** V4【不完】（先の尖ったもの・くちばしなどで）切り刻む，つついて細かくする．
rozdźěłać V7【完】; **rozdźěłować** V4【不完】（石・木などを）切り刻む，細かくする．
rozdźěl M3【男】差異．*rozdźěl* w płaćiznje 価格差，差額；bjez *rozdźěla* 区別なく，無差別に；na *rozdźěl* wot (*něčeho/někoho*)（何/誰）と違って．

rozdźělernja F6【女】配給所.
rozdźěleć V8【不完】; **rozdźělić** V6【完】分配する；分ける，区別する. karty *rozdźěleć* カードを配る. − **so** 分かれる，区別される.
rozdźělnosć F7【女】違い(のあること).
rozdźělny A1【形】異なる.
rozdźělować V4【不完】分配する；分ける，区別する.
rozdźěrać V7【不完】(手足など)延ばす，広げる. *rozdźěrać* woči 目を見開く；*rozdźěrać* hubu 口を開ける. *rozdźěrać* so (*za něčim*) (何に)手を延ばす.
rozeběrać V7【不完】分解する，分析する.
rozebrany A1【形】分解された，分析された.
rozebrać, rozebjeru, rozebjerješ; rozebjeru; 過去 rozebrach, rozebra; 命 rozebjer!; rozebjerće!; 完分 rozebrał, rozebrała; 受動分 rozebrany ⟨brać⟩ V9【完】分解する，分析する.
rozehnać, rozćerju, rozćeriš; 過去 rozehnach, rozehna; 完分 rozehnał, rozehnała ⟨hnać⟩ V9【完】; **rozehnawać** V7【不完】追い払う；解散させる.
rozeńć, rozeńdu, rozeńdźeš; rozeńdu; 過去 rozeńdźech, rozeńdźe; 命 rozeńdź!; rozeńdźće!; 完分 rozešoł, rozešła V9【完】分解する，ばらばらにする. − **so** 分かれる，ばらばらになる.
rozesłać, rozesćelu, rozesćeleš; rozesćelu; 過去 rozesłach, rozesła; 命 rozesćel!; rozesćelće!; 完分 rozesłał, rozesłała; 受動分 rozesłany ⟨słać⟩ V9【完】送付する，ばらまく，撒き散らす.
rozestajenje N5【中】分析，検討，解析；分割.
rozestajeć V8【不完】; **rozestajić** V6【完】分割する；分析する，解説する；議論する. − **so** (*z někim*) (誰と)討論する；話をつける.
rozesyłać V7【完】送付する.
rozeškrěć V2【完】; **rozeškrěwać** V7【不完】(金属・バターを)溶かす.
rozeznać V2【完】区別する，識別する. − **so** 区別される，異なっている.
rozeznawanje N5【中】区別；識別，弁別.
rozeznawanski A2【形】区別の，識別の. *rozeznawanske* kriterije 識別基準.
rozeznawać V7【不完】→ rozeznać.
rozfórmanić V6【完】(財産などを)浪費する.

rozhał(u)zować so V4【完】・【不完】枝を出す．
rozhibać so V7【完】発酵する，膨れ上る．
rozhł|ós, -osa M1【男】ラジオ放送．městny *rozhłós* ローカル放送；přez *rozhłós* ラジオ放送で；po žołmach *rozhłosa* [přez *rozhłós*] słuchać ラジオを聞く；w *rozhłosu* słyšeć ラジオ放送で聞く．
rozhłosowni|k M2【男】；**-ca** F3【女】ラジオ放送の局員．
rozhłosowy A1【形】ラジオ放送の．*rozhłosowy* rěčnik ラジオのアナウンサー．
rozhlad M1【男】展望，視界．*Rozhlad*『展望』（ソルブ文化雑誌）．
rozhladać so V7【完】見回す；展望を持つ．
rozhladniwosć F7【女】展望(のあること)；先見性．
rozhladniwy A1【形】展望のある；先見性のある．
rozhladnyć so V3【完】見回す；展望を持つ．
rozhněwać V7【完】怒らせる．**-so** [na někoho/něšto] (誰/何に対して)怒る．**-sej** [někoho] (誰の)不興を買う，(誰を)敵に回す．
rozhnić V2【完】腐る．
rozhnuć V2【完】；**rozhnuwać** V7【完】感動させる，心をつかむ．
rozhorić V6【完】怒らせる，憤慨させる．**-so** 憤慨する．
rozhorjenje N5【中】憤慨．
rozhorjeny A1【形】憤慨した．
rozhorjeć V8；**rozhorjować** V4【不完】怒らせる，憤慨させる．**-so** 憤慨する．
rozhotować V4【完】・【不完】服を脱がせる．**-so** 服を脱ぐ．
rozhrěć V2【完】十分に暖める．**-so** 十分に暖まる．
rozhrjebać V7【完】掘り出す；掘り返す．
rozchad M1【男】別れ，別離．
rozchadźeć V8；**rozchadźować** V4【不完】別れる，分離する．**-so** 別れる．
rozchod M1【男】分離，離散．
rozchodźić V6【完】(靴を)履きへらす，履きつぶす．**-so** 動き出す，歩き出す；敵対する．
rozjasnić V6【完】[někomu něšto] (誰に何を)説明する，啓発する．**-so** 明らかになる；啓発される．
rozjasnjenje N5【中】啓発；解説，説明．
rozjasnjenka F2【女】説明，解説；声明．

rozjasnjeć V8【不完】→ rozjasnić.
rozjasnjowanje N5【中】啓発(すること)；解説(すること).
rozjasnjowar M4【男】啓蒙運動家；解説者.
rozjasnjować V4【不完】→ rozjasnić.
rozjěć, rozjědu, rozjědźeš；rozjědu；過去 rozjědźech, rozjědźe；命 rozjědź！；rozjědźće！；完分 rozjěł, rozjěła；受動分 rozjědźeny 〈jěć〉 V9【完】；**rozjězdźić** V6【完】；**rozjězdźować** V4【不完】別れる，離れる，分離[分裂]する.
rozjimanje N5【中】討議，論究.
rozjimać V7【完】；**rozjimować** V4【不完】討議する，論究する.
rozkałać V7【完】；**rozkałnyć** V3【完】(斧で)割る，分断する；突き刺す. drjewo *rozkałać* 薪を割る.
rozkaty A1【形】悔いた，後悔している.
rozkać so V2【完】後悔する.
rozkaz M1【男】命令. na *rozkaz* 命令で；kaž na *rozkaz* 命令として.
rozkaznik M2【男】指令官.
rozkaznistwo N1【中】指令部.
rozkazowanje N1【中】命令.
rozkazowar M4【男】；**-ka** F2【女】指令官.
rozkazować V4【不完】命令[指揮]する.
rozkazowy A1【形】命令[指揮]の. *rozkazowy* wobwod 指揮圏.
rozkidać V7【完】；**rozkidnyć** V3【完】(液体を)こぼす，流してしまう. **-sej** (*z někim*)(誰と)仲違いする.
rozkidować V4【不完】(液体を)こぼす，流してしまう；(肥料を)まく.
rozkład M1【男】分解，解体；計画表，時間[時刻]表.
rozkładować V4【不完】；**rozkłasć,** rozkładu, rozkładźeš；rozkładu；過去 rozkładźech, rozkładźe；命 rozkładź！；rozkładźće！；完分 rozkładł, rozkładła；受動分 rozkładźeny 〈kłasć〉 V9【完】分解する，解体する，展開させる，広げる. *rozkładować* aparat 装置を分解する；*rozkłasć* nósnik ハンカチを広げる.
rozkłóć V2【完】叩き割る，打ち砕く.
rozklepać V7【完】；**rozklepnyć** V3【完】叩き壊す，叩き潰す.
rozklučenje N5【中】解読，解明；分割.
rozklučić V6【完】；**rozklučować** V4【不完】解読する，解明する；分ける.

rozknóćić V6【完】(もぐらが)ほじくり返す.
rozkol̹ M1【男】; **-lina** F1【女】すき間, 亀裂.
rozkólnik M2【男】(教会改革の)分離主義者; 騒動の張本人; (植物)キリンソウ.
rozkólny A1【形】割れた, 裂けた; 割れる, 裂ける.
rozkopać V7; **rozkopnyć** V3【完】掘り起こす, 掘り返す. *puć rozkopać* 道を掘り返す.
rozkora F1【女】争い, 不和.
rozkorić V6【完】仲違いさせる. **-so** 仲違いする.
rozkorjenić so V6【完】(根が)伸び広がる.
rozkrać V2【完】; **rozkrawać** V7【不完】(ナイフで)切る. *rozkrać do kuskow* 小片に切り分ける.
rozkročić V6【完】(足を)広げる.
rozkćěć V2【完】花が開く, 盛りとなる.
rozkćěw M1【男】開花; 発展; 開花期, 全盛期.
rozkćěwać V7【不完】花が開く, 盛りとなる.
rozkuleć V8【不完】; **rozkulić** V6【完】(巻いたものを)転がして伸ばす, 繰り伸ばす.
rozkusać V7【完】嚙み砕く, 食い破る.
rozkuskować V4【完】・【不完】小片にする.
rozkusnyć V3【完】→ rozkusać.
rozkwěk M2【男】裂け目, ひび.
rozkwěkańca F3【女】裂け目, ひび, あかぎれ.
rozkwěkać V7【完】裂ける, ひびが入る; (皮膚が)あかぎれる.
rozłamać V7【完】壊す, 割る, 折る. **-so** 壊れる, 折れる.
rozłamk M2【男】かけら, 断片.
rozłamliwy A1【形】割れる; 壊れやすい.
rozłožeć V8【不完】; **rozłožić** V6【完】(畳んだものを)広げる; 解説する. *rozłožeć lěhwo* キャンプを設営する; *politiske položenje rozłožeć* 政治的立場を説明する.
rozłožk M2【男】説明, 解説.
rozłožować V4【不完】→ rozłožeć.
rozłušćeć V8【不完】; **rozłušćić** V6【完】さやをとる.
rozleć, rozliju, rozliješ; rozlija; 過去 rozlach, rozla; 複二 rozlešće; 双二 rozleštaj, -tej; 命 rozlij!; rozlijće!; 完分 rozlał, rozlała; rozleli; rozlałoj; 受動分 rozlaty ⟨leć⟩ V9【完】流す, こぼす.

rozlećeć V5 ; **rozlětać** V7 【完】飛び散る，飛び去る，砕け散る.
rozlězć, rozlězu, rozlězeš ; rozlězu ; 過去 rozlězech, rozlěze ; 命 rozlěz! ; rozlězće! ; 完分 rozlězł, rozlězła ⟨lězć⟩ V9 【完】広がる，(体を)伸ばす.
rozličenje N5 【中】精算，決済.
rozličić V6 【完】; **rozličować** V4 【不完】精算する，決済する.
rozlinyć V3 【完】注ぐ，こぼす.
rozliwanski PL1 【複】液体，注ぐもの.
rozliwać V7 【不完】注ぐ，こぼす.
rozmačeć V8 【不完】(水に浸して)柔らかくする.
rozmach M2 【男】ジャンプ，跳ね，弾み；躍動；一振り. z *rozmachom* 弾みをつけて ; *rozmach křidłow* 羽の一はばたき.
rozmazać V7 【完】塗り付ける，塗りたくる. *žałbu rozmazać* 軟膏をすり込む.
rozměr M1 【男】; -a F1 【女】大きさ，規模；韻律，詩脚. *rozměr(a) kolijow* 軌道の幅，軌間.
rozměstnić V6 【完】; **rozměstnjeć** V8 【不完】(いろいろな場所に)配置する，並べる.
rozměstnjenje N5 【中】配置，配列.
rozměsćić V6 【完】(いろいろな場所に)配置する，並べる. - so 並ぶ，配置される.
rozměšeć V8 【完】混合する，かき混ぜる.
rozměšk M2 【男】溶液；発酵させたもの.
rozměšować V4 【不完】→ rozměšeć.
rozmjasć, rozmjatu, rozmjećeš ; rozmjatu ; 過去 rozmjećech, rozmječe ; 命 rozmjeć! ; rozmjećće! ; 完分 rozmjatł, rozmjatła ; 受動分 rozmjećeny ⟨mjasć⟩ V9 【完】押しつぶす；粉砕する.
rozmjerzany A1 【形】怒った，不機嫌な，むしゃくしゃした.
rozmjerzać V7 【完】不機嫌にする，むっとさせる. - so [na někoho/něšto] 不機嫌になる，むしゃくしゃする.
rozmjerznyć V3 【完】; **rozmjerzować** V4 【不完】(凍っていたものを)解凍する.
rozmjesć, rozmjetu, rozmjećeš ; rozmjetu ; 過去 rozmjećech, rozmječe ; 命 rozmjeć! ; rozmjećće! ; 完分 rozmjetł, rozmjetła ; 受動分 rozmjećeny ⟨mjesć⟩ V9 【完】掃き清める，掃いて片付ける.
rozmjetać V7 【完】; **rozmjetować** V4 【不完】まき散らす，投げ

rozmjećeny

散らす；浪費する.
rozmjećeny A1【形】押しつぶされた, 粉々になった；きれいに掃いた.
rozmlěć V2【完】；**rozmlěwać** V7【不完】挽き砕く, すり潰す, 粉にする.
rozmnožadło N1【中】印刷機, 謄写機.
rozmnožak M2【男】(掛け算の)乗数.
rozmnoženje N5【中】複写, 複製；繁殖.
rozmnožeć V8【不完】；**rozmnožić** V6【完】複写する；倍増させる；掛ける. *rozmnožeć* na rotaprinće オフセット印刷で複写する. − **so** 増える, 増殖する.
rozmnožowanje N5【中】複写, 複製；増殖.
rozmnožować V4【不完】→ rozmnožeć.
rozmócnić V5【完】；**rozmócnjeć** V8【不完】強化する.
rozmočić V6【完】→ rozmokać.
rozmochtany A1【形】(精神的に)消耗した, 弱った.
rozmokać V7【完】；**rozmoknyć** V3【完】(水につけて)柔らかくする；水にふやける, 水に溶ける.
rozmołwa F1【女】会話.
rozmołwjeć so V8【不完】歓談する；[z někim wo něčim](誰と何について)話をする.
rozmołwnica F3【女】話し相手(女性).
rozmołwnik M2【男】話し相手；会話帳.
rozmórać V7【完】(消しゴムで)こすって消す；塗りつぶす, 上から塗ってわからなくする.
rozmysleć V8【不完】；**rozmyslić** V6【完】；**rozmyslować** V4【不完】[sej něšto] 考慮する, 考える.
roznjemdrić V6【完】；**roznjemdrjeć** V8【不完】腹をたてさせる. − **so** カンカンに怒る.
roznjemdrjeny A1【形】カンカンに怒った.
roznjesć, roznjesu, roznjeseš；roznjesu；過去 roznjesech, roznjese；命 roznjes！；roznjesće！；完分 roznjesł, roznjesła；受動分 roznjeseny ⟨njesć⟩ V9【完】(方々・皆に)送り届ける, 配る. − **so** (噂などが)広まる.
rózno【副】別々に, それぞれ. *rózno* hić 別れる, 離れる；*rózno* pisać 分かち書きにする；smy *rózno* 私たちは仲違いした.
róznopisanje N5【中】分かち書き.

roznosyć V6【完】(方々・皆に)送り届ける，配る．-so（噂などが）広まる．

roznošowar M4【男】；**-ka** F2【女】配達人；宣伝人，噂などを広める人．

roznošować V4【不完】(方々・皆に)送り届ける，配る．-so（噂などが）広まる．

rôznota F1【女】隔たり，間隔．

rozpačeć V8【不完】；**rozpačić** V6【完】(道具を用いて)砕く，割る．*rozpačeć* worjech クルミを割る．

rozpad M1【男】崩壊，破壊．

rozpadanki PL1【複】廃墟．

rozpadać V7【完】；**rozpadnyć** V3【完】；**rozpadować** V4【不完】崩壊する，崩れる；崩壊しつつある．

rozpal M3【男】発火，引火，点火；情熱．

rozpaleny A1【形】火のついた；燃え盛る，熱烈な．

rozpality A1【形】熱烈な，情熱的な．

rozpalić V6【完】点火する，燃やす．-so 燃える，火がつく．

rozpancać V7【完】(液体を)流す，こぼす．

rozpasać V7【完】ベルト[帯]を解く．

rozpinany A1【形】引き伸ばされた，引っ張られた，広がった；ボタンをはずした，打ち解けた．

rozpinać V7【不完】；**rozpinyć** V3【完】引き伸ばす，広げる；ボタンをはずす．

rozpis M1【男】(書面による)解説．

rozpisać V7【完】；**rozpisować** V4【不完】(書面で)解説する，説明する．

rozpjaty A1【形】引き伸ばされた，広がった．paža je *rozpjata* 腕が伸ばされた．

rozpjeńkować so V4【完】・【不完】(木が)根をおろす．

rozpjeršenje N5【中】(追い)散らし，拡散；気晴し；散漫．

rozpjeršenosć F7【女】分散；散漫，気が散ること．

rozpjeršeny A1【形】気が散った，ぼんやりした．

rozpjeršeć V8【不完】；**rozpjeršić** V6【完】(追い)散らす，拡散させる；散漫にする．-so 散る，四散する；気晴しをする．

rozpjeće N5【中】(飛行機・鳥の)翼幅；(建物の)張り間；範囲．

rozpłakać so V7【完】泣き出す．

rozpłomjenić V6【完】火をつける，燃え上がらせる．-so 燃え上

rozpłunić

がる．
rozpłunić V6【完】；**rozpłunjeć** V8【不完】蒸発させる，気化させる．- **so** 気化する，蒸発する．
rozplacać V7【完】；**rozplacnyć** V3【完】平らにする，のす．
rozplesć, rozpletu, rozplećeš；rozpletu；過去 rozplećech, rozpleće；命 rozpleć！；rozplećće！；完分 rozpletł, rozpletła；受動分 rozplećeny 〈plesć〉V9【完】（編んだものを）ほどく．
rozpokazać V7【完】；**rozpokazować** V4【不完】[někoho w něčim] 指示する．
rozpołoženje N5【中】気分．
rozpołožeć V8【不完】；**rozpołožić** V6【完】説明する，解説する．
rozpominanje N5【中】考慮，検討．
rozpominać V7【不完】；**rozpomnić** V6【完】考慮する，検討する．
rozpor M1【男】；**-a** F1【女】分散；解消．
rozporkać V7【完】（金銭などを）浪費する．
rozpósłać, rozpósćelu, rozpósćeleš；rozpósćelu；過去 rozpóslach, rozpósla；命 rozpósćel！；rozpósćelće！；完分 rozpósłał, rozpósłała；受動分 rozpósłany 〈pósłać〉V9【完】（方々へ）発送する，送付する．
rozpowědać V7【完】；**rozpowědować** V4【不完】詳しく説明する．- **sej** 協議する．
rozpowěšeć V8【完】（いろいろな場所に）かける，吊す．wobrazki na sćěny *rozpowěšeć* 壁のあちこちに絵をかける．
rozpóznać V2【完】；**rozpóznawać** V7【不完】見分ける，識別［認識］する．
rozpožčeć V8【不完】；**rozpožčić** V6【完】；**rozpožčować** V4【不完】（大勢に・皆に）貸す．
rozprawa F1【女】報告．lětna *rozprawa* 年次報告；*rozprawu* pisać 報告書を作成する．
rozprawjeć【不完】報告する，通知する．*rozprawjeć* wo dowolu 休暇について報告する．
rozprawnik M2【男】報道記者，通信員．
rozprawniski A2【形】報告の，報道の．
rozprochnjenje N5【中】風化（作用）．
rozprochnyć V3【完】朽ち果てる；風雨にさらされる，風化する．
rozpróšeć V8【不完】；**rozpróšić** V6【完】（種・粉を）撒き散ら

す；粉にする.
rozpróć 過去 rozproch, rozpro V2【完】(縫い目を)ほどく.
rozpredaty A1【形】売り切れの；満員御礼の.
rozpředać, rozpředam, rozpředaš；rozpředadźa；過去 rozpředach, rozpředa；命 rozpředaj！；rozpředajće！；完分 rozpředał, rozpředała 〈dać〉V9【完】；**rozpředawać** V4【不完】売り切る, (売り物を)一掃する.
rozpřestrěć【完】；**rozpřestrěwać** V7【不完】(折り畳んだもの・結んだものを)広げる, (手・翼などを)伸ばす. rub *rozpřestrěć* テーブルクロスを広げる. ‒ so 広がる, 伸びる, (自分の体を)伸ばす.
rozpřestrjeny A1【形】広げられた, 広がった, 伸びた.
rozpřesćěrać V7【不完】広げる, 伸張させる. ‒ so 広がる.
rozpřećeleć V8【不完】；**rozpřećelić** V6【完】[někoho] (友人を)次々に失う. ‒ so [z někim] 仲違いする.
rozpukać so V7【完】はじける, 破裂する, 裂ける. lód *je so rozpukał*. 氷が割れた.
rozpuklina F1【女】裂け目, ひび, 割れ目.
rozpuknyć so V3【完】はじける, 破裂する, 裂ける.
rozpušćadło N1【中】溶剤, 溶媒.
rozpušćaty A1【形】溶解性の, 溶ける.
rozpušćeny A1【形】溶解された；液化した；(髪が)乱れた；自堕落な；腕白な.
rozpušćeć V8【不完】；**rozpušćić** V6【完】；**rozpušćować** V4【不完】溶かす, 液状にする；放つ, 出す. butru *rozpušćić* バターを溶かす；*rozpušćeć* korjenje 根を伸ばす.
rozputać V7【完】解放する. *rozputać* tworićelske mocy 創造力を解き放つ.
rozpuć M3【男】岐路, 交差路.
rozpyrić V6【完】熱くする；熱中させる. ‒ so 熱くなる；熱中する.
rozradować V4【完】喜ばせる. ‒ so 喜ぶ.
rozrazyć V6【完】；**rozražeć** V8【不完】打ち砕く, 粉砕する, 破壊する. worjech *rozrazyć* くるみを砕く. ‒ so 粉々[ばらばら]になる, 破壊される. lódź *so rozrazy* 船は滅茶滅茶になった；*rozrazyć sej* čoło (失敗などに対して)自分の額を叩く.
rozrěč F7【女】相談, 話し合い.
rozrěčeć V5【完】；**rozrěčować** V4【不完】話し合う, 協議[相談]する. ‒ sej 相談する. ‒ so 協議する；言い争う.

rozrěz M1【男】切断面.
rozrězać V7【完】; **rozrěznyć** V3【完】; **rozrězować**【不完】(ナイフ・鋸で)切る.
rozrisanje N5【中】判決, 裁定; 解決.
rozrisać V7【完】(課題などを)解決する. stajene nadawki wuspěšnje *rozrisać* 提示された課題をうまく解決する.
rozrjad M1【男】予定表. *rozrjad* hodźinow 時間割り表.
rozrjadowanje N5【中】細分化, 分化, 分割.
rozrjadować V4【完】・【不完】細分化する, 分割する; 整理する.
rozrost M1【男】(生産の)増大, 成長.
rozrosć, rozrostu, rozrosćeš; rozrostu; 過去 rozrosćech, rozrosće; 命 rozrosć!; rozrosćće!; 完分 rozrostł, rozrostła; 受動分 rozrosćeny ⟨rosć⟩ V9【完】増大する, 成長する. – **so** 伸びる, 拡大[拡張]する. produkcija *je so rozrostła* wo 100 procentow 生産が100％増大した.
rozrubać V7【完】細かく刻む.
rozsadźeć V8【不完】; **rozsadźić** V6【完】(いろいろな場所に)植える.
rozsah M2【男】広がり, 範囲.
rozsahać V7【不完】; **rozsahnyć** V3【完】; **rozsahować** V4【不完】広がる, 伸びる.
rozsažny A1【形】広がった, 伸びた; 広範な, 膨大な.
rozskubać V7【完】; **rozskubować** V4【不完】むしり取る, かき乱す; [někoho] 叱りつける, 厳しく非難する.
rozstorčić V6【完】; **rozstorkać** V7【不完】(あちこちへ・大勢を)突きとばす, 押しのける.
rozstup M1【男】間, 隔たり.
rozstupać so V7【完】; **rozstupić so** V6【完】脇へ寄る, (左右に別れて)道を開く.
rozsud M1【男】判決, 裁定.
rozsudnosć F7【女】断固としていること, 決定的であること.
rozsudny A1【形】決定的な; はっきりした. *rozsudny* wokomik 決定的瞬間.
rozsudźenosć F7【女】断固としていること, 決定的であること.
rozsudźeny A1【形】決定的な; 決定した, はっきりした.
rozsudźeć V8【不完】; **rozsudźić** V6【完】; **rozsudźować** V4【不完】決定する, 判定する. zwadu *rozsudźeć* 係争を裁定する;

hru za sebje *rozsudźić* 勝負[ゲーム]に勝つ．**-so** 決心する，決める．
rozsukać V7【完】；**rozsukować** V4【不完】(結び目を)ほどく．**-so** (結び目が)ほどける．
rozswětlenje N5【中】照明；啓発．
rozswětler M4【男】；**-ka** F2【女】照明係り；〔史〕啓蒙主義者，啓蒙活動家．
rozswětlerstwo N1【中】〔史〕啓蒙主義(運動)．
rozswětleć V8【不完】；**rozswětlić** V6【完】；**rozswětlować** V4【不完】照らす；啓蒙[啓発]する．**-so** 啓蒙[啓発]される．
rozswěćeć V8【不完】；**rozswěćić** V6【完】；**rozswěćować**【不完】照明をつける．
rozsydać V7【完】[něšto] 席を占める；座って過ごす．**-so** 居座る．
rozsydnyć so V3【完】座って場所を取る，どっかと座る．
rozsykać V7；**rozsyknyć** V3【完】；**rozsykować** V4【不完】撒き散らす；細かく刻む．
rozsyłać V7【不完】(方々へ・全部)発送する，送付する．
rozsymjenjeć V8【不完】；**rozsymjenić** V6【完】(種を)ばら撒く．
rozsypać V7【完】ばら撒く，撒き散らす，ばらばらにする．**-so** ばら撒かれる，ばらばらになる．
rozšerić V6【完】；**rozšerjeć** V8【不完】[někoho] 驚かす．
rozšěrić V6【完】広げる，拡長[延張]させる；(うわさなどを)広める．**-so** 広がる，拡長[延張]される．
rozšěrjenje N5【中】拡張，延長；販売．
rozšěrjenski A2【形】拡張[延長]の；販売の．*rozšěrjenske* wodawki 販売経費．
rozšěrjeny A1【形】広がった，拡張の．*rozšěrjena* reprodukcija 拡大再生産；*rozšěrjena* sada 拡大文(基本成分である主語，述語以外の要素を含む文)．
rozšěrjer M4【男】；**-ka** F2【女】販売人，(うわさなどの)広め手．
rozšěrjeć V8【不完】；**rozšěrjować** V4【不完】→ rozšěrić．
rozškarać V7【完】；**rozškarować** V4【不完】掘り返す，掘って穴を開ける；引き裂く．
rozškrabać V7【完】(一面に)掻き傷を作る，引っ掻いて傷だらけにする．
rozškrěć V2【完】；**rozškrěwać** V7【不完】(金属・脂などを)溶かす．**-so** (金属・脂などが)溶ける．

rozšmjatać V7【完】; **rozšmjatować** V4【不完】(もつれを)解く，収拾する．

rozšrubować V4【完】・【不完】ねじで締める，ねじを留める．

rozšćěp M1【男】割れ目，亀裂．

rozšćěpić V6【完】(縦に)割る，裂く；分裂させる．

rozšćěpjeńca F3【女】分裂，分離．

rozšćěpjenje N5【中】分裂(すること)．atomowe *rozšćěpjenje* 核分裂．

rozšćěpjeć V8【不完】縦割りにする，裂く；分裂させる．

roztać V2【完】; **roztawać** V7【不完】(雪・氷などが)溶ける．

rozteptać V7【完】踏みつける，踏んで割る；履き潰す．wobuće *rozteptać* 靴を履き潰す．

roztłać V2【完】朽ち果てる，腐る．

roztłóčić V6【完】; **roztłóčować** V4【不完】もんで[押して]しわくしゃ[ぐにゃぐにゃ]にする．

roztoč M3【男】ダニ．

roztočić V6【完】(キクイムシなどが)穴だらけにする，食い荒らす；(モグラが)掘り返す．

roztołc, roztołku, roztołčeš；roztołku；過去 roztołcech, roztołče；命 roztołč！；roztołčće！；完分 roztołkł, roztołkła；受動分 roztołčeny 〈tołc〉 V9【完】粉々にする，すり潰す，挽き砕く．

roztorh M2【男】ひび．

roztorhanosć F7【女】ずたずたであること，引き裂かれていること．

roztorhać V7【完】; **roztorhnyć** V3【完】; **roztorhować** V4【不完】引き裂く，ずたずたにする；破棄する．*roztorhać* zwjazk 関係を断ち切る；*roztorhać* ćišinu 静寂を破る．- **so** 裂ける，ぷっつり切れる．

roztrubić V6【完】言いふらす，吹聴する．

roztřasć, roztřasu, roztřaseš；roztřasu；過去 roztřasech, roztřase；命 roztřas！；roztřasćće！；完分 roztřasł, roztřasła；受動分 roztřaseny 〈třasć〉 V9【完】激しく揺さぶる；撒き散らす．

roztřihać V7; **roztřihnyć** V3【完】; **roztřihować** V4【不完】(ハサミで)切り裂く．

roztwarić V6【完】; **roztwarjeć** V8; **roztwarjować** V4【不完】拡大する，発展させる．

roztworić V6【完】; **roztworjeć** V8【不完】歪める；溶かす；分

rozwarić

解する．‒so 溶ける，分解する．

roztykać V7【完】；**roztykować** V4【不完】（いろいろな所に）植える，入植させる．

rozćahać V7【完】；**rozćahnyć**, 過去 rozćahnych/rozćežech V3【完】；**rozćahować** V4【完】（カーテン・幕などを）引く，上げる；（テーブルの上板を）引き出す．zawěsk *rozćahać* カーテンを開ける．‒ **so** 広がる，伸びる．mróćéle *su so rozćahnyli* 雲が広がった．

rozćěkać V7【完】；**rozćěkować** V4【不完】四方八方へ広がる，四散する，敗走する．

rozum M1【男】知力，分別，理解力．bjez *rozuma* 無分別に，愚かに；po *rozumje* 理にかなって，分別にしたがって；ze strowym *rozumom* 冷静に，まじめに；wužiwaj *rozum*！頭を使え！まじめに考えろ！to žadyn *rozum* njeje そんなバカな，とんでもない話だ；wjace zboža hač *rozum* měć 頭より運のほうがいい．

rozumić V6【不完】[něšto/někoho// něčemu/někomu] わかる，理解する．zmysł sady *rozumić* 文の意味を理解する；wo tym ničo *njerozumju* それについては私には何もわからない；ja wam wjace *njerozumju* 私にはもうあなたのことが理解できない．‒ **sej** [z někim] 理解し合う．‒ **so** 理解し合う；[na něšto] 理解される，明らかである．to so *rozumi*. それはわかる；samo *so rozumi* 自明のことである，明らかである；wonaj *staj so* přeco derje *rozumiłoj* 彼等二人はいつもよく理解し合っていた；płaćizna za přenocowanje *so rozumi* hromadźe ze snědanju 宿泊料金は朝食込みと了解ください．

rozumliwy A1【形】理解できる．

rozumnosć F7【女】思慮分別，慎重さ．

rozumny A1【形】思慮分別のある，慎重な，よく考えた．

rozwaleć V8【不完】（巻いたものを）広げる，延ばす；破壊する．*rozwaleć* woči 目を見開く．‒ **so** 破壊される，めちゃくちゃになる；（人が）太る，（太って）腹が出る．

rozwalina F1【女】廃墟．

rozwality A1【形】（幹・胴が）太い，どっしりした．

rozwalić V6【完】；**rozwalować** V4【不完】（巻いたものを）広げる，延ばす；破壊する．‒ **so** 開く，広がる．kćenja z pupkow *so rozwaluja* つぼみが開いている．

rozwarić V6【完】；**rozwarjeć** V8【不完】ぐたぐたに煮る．‒ **so** ぐたぐたに煮える，煮くずれる．běrny *so razwarja* じゃがいもが

rozważenje

煮くずれる．
rozważenje N5【中】熟考，考慮．
rozważeć V8【不完】；**rozważić** V6【完】（一部を取って）量る；熟考する，よく考える．
rozważliwy A1【形】慎重な，思慮深い．
rozważnosć F7【女】慎重さ，入念さ．
rozważowanje N5【中】慎重，入念．
rozważować V4【不完】→ **rozważeć**．
rozwěšeć V8【完】（多くのものを）吊す，（ロープに）かける．
rozwěć V2【完】；**rozwěwać** V7【不完】吹き散らす，方々へ吹き飛ばす．
rozwity A1【形】発展した，（巻いたものが）解かれた．
rozwić V2【完】発展させる，（巻いたものを）解く．– **so** 発展する，広がる．
rozwiće N5【中】発展，展開．
rozwiwak M2【男】現像液．
rozwiwać V7【不完】→ **rozwić**．
rozwjazać V7【完】；**rozwjazować** V4【不完】ほどく，解く．
rozwjedować V4【不完】→ **rozwjesć**．
rozwjedźenje N5【中】分離．
rozwjerhać V7【完】投げ散らす．
rozwjertować V4【不完】；**rozwjerćeć** V5【完】；**rozwjerćować** V4【不完】（穴を）削って広げる；（攪拌機などで）かき混ぜる．*rozwjerćeć* wohen 火を掻き起こす．
rozwjeseleny A1【形】非常に喜んだ．
rozwjeselić V6【完】喜ばす．– **so** 喜ぶ．
rozwjesć, rozwjedu, rozwjedźeš ⟨wjesć⟩ V9【完】（いろいろな所へ）配置する；分ける，分離させる．– **so** 別れる．
rozwjezć, rozwjezu, rozwjezeš ⟨wjezć⟩ V9【完】（いろいろな所へ）運ぶ．
rozwlec, rozwleku, rozwlečeš ⟨wlec⟩ V9【完】方々へひきずる．
rozwod M1【男】分離，分割；離婚；分岐（線）．wódny *rozwod* 分水線．
rozwodźeć V8【不完】；**rozwodźić** V6【完】；**rozwodźować** V4【不完】分ける，分離させる．
rozwólnik M2【男】好色家．
rozwólny A1【形】ふざけた；好色の．

rozworać V7【完】開墾する.
rozwozyć V6【完】; **rozwožeć** V8 ; **rozwožowač** V4【不完】(いろいろな所へ・次々に)運ぶ.
rozwučić V6【完】[někoho wo něčim] 教え込む.
rozwučowanje N5【中】指導, 教示.
rozwučowar M4【男】; **-ka** F2【女】指導者, 教師.
rozwučować V4【不完】[někoho wo něčim] 指導する, 教える.
rózynka F2【女】レーズン. *rózynki do hłowy nasypać*（*někomu*）褒めそやしてボーッとさせる, バラ色の未来を空想させる.
rozzłobić V6【完】腹を立てさせる. **- so** 腹を立てる.
rozžahłosć F7【女】立腹; 激情.
rozžahły A1【形】腹を立てた, 怒った.
rozžehleć V8【不完】; **rozžehlić** V6【完】; **rozžehlować** V4【不完】熱くする, 燃え上がらせる. **- so** 灼熱する.
rozžohnowanje N5【中】別れ, 暇（イトマ）乞い.
rozžohnowanski A2【形】別れの.
rozžohnować V4【完】・【不完】暇乞いをする. **- so** [z někim] 別れる.
rozžołmić V6【完】; **rozžołmjeć** V8【不完】(波を)立てる. **- so** 波立つ.
rozžrany A1【形】(かじられて)ぼろぼろになった, 食い荒らされた.
rozžrawać V7【不完】; **rozžrać,** rozžeru, rozžerješ〈žrać〉V9【完】(齧って)ぼろぼろにする, 食い荒らす.
rozžuwać V7【不完】; **rozžwać,** rozžuju, rozžuješ〈žwać〉V9【完】; **rozžwjenkać** V7【完】噛み砕く, 噛みつぶす.
róža F5【女】バラ; (一般に)花. *słónčna róža* ヒマワリ.
róžeń, -nje F7【女】焼き串. *pjec na róžni* 串焼きにする.
róžička F2【女】《指小》<*róža*.
rózk M2【男】(通り・部屋・布地などの)角（カド）, 隅; 三ヵ月型パン; (楽器)ホルン; *lěsny rózk* (狩などに使う)ホルン; フレンチホルン; *pjaty rózk* トイレ; *dom na rózku* 通りの角の家; *ze wšěch rózkow* あらゆる所から, 四方八方から; *mały rózk* 一月; *wulki rózk* 二月.
rožka F2【女】ライ麦.
rózkaty A1; **rózkojty** A1【形】角のある, 角ばった.
rózkowc M1【男】(建物の)礎石, へり石.
rózkowy A1【形】角の, 隅の. *rózkowy dom* 角の家.

rózojty A1【形】バラ色の.
rózowc M1【男】ロザリオ, 数珠.
rózownik M2【男】五月.
rózownja F6【女】バラ園.
rózowy A1【形】バラの. *rózowy* pjenk バラの株；*rózowy* kwěcel バラの花；*rózowa* barba バラ色.
rub¹ M1【男】殴打, 一撃.
rub² M1【男】シーツ, 覆い布. bliwody *rub* テーブルクロス.
rubać V7【不完】(斧・ナイフで)切る；刻む. kał *rubać* キャベツを刻む；hłowu *rubać* 首を切る；puć *rubać* 道を敷く.
rubawa F1【女】菜切り包丁.
rubčk M2【男】(花嫁の)縫い取りのある白いハンカチ.
rubiško N1【中】ネッカチーフ, スカーフ.
rubišćo N3【中】白い麻布(主にネッカチーフなど).
rubić V6【完】[někomu něšto](誰から何を)奪う, 取り上げる. *rubić* apetit 食欲をなくさせる；wójna *je* jemu nana *rubiła* 戦争が彼から父を奪った.
rubjany A1【形】麻の, 亜麻の. *rubjana* tkanina 麻[亜麻]布, カンバス地.
rubjenje N5【中】略奪.
rubjenstwo N1【中】略奪品, 獲物；略奪.
rubježni|k M2【男】; **-ca** F3【女】略奪者, 強盗, 追い剥ぎ.
runježnistwo N1【中】略奪, 強盗；強盗仲間.
rubježny A1【形】略奪の, 強盗の；強欲な. *rubježne* zwěrjo 猛獣, 肉食獣；*rubježne* mordarstwo 強盗殺人.
rubl M3【男】ルーブル(ロシアの通貨単位). **-owy** A1【形】.
rubnyć V3【完】(斧・ナイフで)切る, 刻む. do porsta sej *rubnyć* 自分の指を切ってしまう.
rubrika F2【女】(新聞・雑誌記事など)表題, 見出し；分類項目；部門.
ruče【副】素早く. tak *ruče* hač するやいなや.
ručenje N5【中】責任；債務履行[損害補償]義務.
ručež【副】するやいなや.
ručica F3【女】柄, 取っ手, ハンドル, レバー.
ručić V6【不完】[za někoho/něšto] 責任を負う, 保証人になる.
ručny A1【形】手の, 手による. *ručne* dźěło 手仕事, 手作業.
ruda F1【女】鉱石. železowa *ruda* 鉄鉱石.

Rudne hor(in)y A1-PL1【複】エルツ山脈.
rudnik M2【男】鉱夫.
rudnišćo N3【中】鉱床. **-wy** A1【形】.
rudnohórski A2【形】鉱山の.
rudny A1【形】鉱山の.
rudojty A1【形】鉱石を含有する；鉱山の.
rudowy A1【形】鉱山の.
rudźany A1【形】鉱石の，鉱石を含有する.
rudźawy A1【形】悲しみの，悲哀に満ちた.
rudźić V6【不完】(気分を)暗くする，滅入らせる. **- so** (気分が)暗くなる，滅入る.
rudźizna F1【女】鉄分を多く含む土地.
ruina F1【女】廃墟.
ruinować V4【不完】破壊する，喪失する. swoju strowotu *ruinować* 自分の健康を損なう.
ruka F2【女】手；腕. *ruce* do pažow zepřéć (腕を両脇に当てて)身を反り返す；*ruce* stykować 指を組む；*ruku* w *ruce* 手に手を取って，協力して；*ruce* łamać (悲しみ・絶望の身振りで)手を握り合わせる；*ruce* do klina połožić 手を膝に置く(手が出せない，なすすべがない)；na *ruku* slubić 宣誓する，厳かに誓う；z prózdnymaj *rukomaj* sedźeć 何もすることがない，手持ちぶさたでいる；pod *ruku* předawać こっそり売る，闇取り引きする；*ruku* na so złožić 自殺する；mahnyć z *ruku* na wšitko すべてに見切りをつける；měć z *rukam* 手元[手近]にある；wzać do swojich *rukow* (権力を)掌握する，管理下に置く；pod *ruku* lězć (*někomu*)(誰に)援助を差し延べる；dwě lěwej *ruce* měć (*w něčim*)(何が)うまくできない，処理が下手だ；ot *rukow* hić 進行中である，はかどる；dźěło wot *rukow* dźe 仕事がどんどん進んで行く；wo *ruku* prosyć (*někoho*)(誰に)結婚を申し込む；to mi do *rukow* hlada それは私の目前に迫っている，私を待ち受けている；na *rukomaj* nosyć ちやほやする；za *ruku* wjesć 案内する.
rukajca F2【女】手袋. porsćana *rukajca* 指付きの手袋；pjasćowar *rukajca* ミトン；(ボクシングの)グローブ.
rukaw M1【男】袖. *rukawy* wuhornyć 袖をまくり上げる；pod *rukaw* pohladać 袖の下を覗く(物事の裏を見る).
rukawaty A1【形】袖のある，袖付の.
rukopis M1【男】筆跡；写本；手稿，草稿.

rukopisny A1【形】手書きの；写本の；原稿の．
rukowanje N5【中】保証．
rukowanka F2【女】保証，保証状．
rukowar M4【男】保証人；管財人．
rukować V4【不完】保証する．*rukować* za wuspěch 成功を保証する．
rukowaćel M3【男】；**-ka** F2【女】保証人．
rum¹ M1【男】空間，域，場所，間．*rum* za kófry（車の）荷台，トランク．
rum² M1【男】ラム酒．
rumnosć F7【女】空間，部屋；空間性，立体性．
rumny A1【形】広々した．*rumna* stwa ゆったりした部屋．
rumować V4【不完】片付ける，整理する．*rumować* hrajki おもちゃを片付ける．
rumpodich M2【男】クリスマスのお爺さん（西欧のサンタクロースに当たる）．
rumpotać V7【不完】大音響をたてる，音を立てて動く．
Rumun M1【男】；**-ka** F2【女】ルーマニア人．
Rumunska A2【女】ルーマニア．**rumunski** A1【形】．
rumunšćina F1【女】ルーマニア語．
runa A1【女】直線．
runar M4【男】；**-ka** F2【女】マッサージ師．
runać V7【不完】平らにする．**- so** [z někim] 肩を並べる；[někomu/něčemu] 対等になる．
runawka F2【女】アルニカ（薬用植物）．
runda F1【女】一回り．jednu *rundu* z motorskim jěč オートバイで一周する；jednu *rundu* piwa ビールの一回り（着席者全員への）．
runica F3【女】方程式；緯度線．
runina F1【女】平面；レベル，水準．na samsnej *runinje* 同じ平面で，同じレベルで；na *runinje* wyšich zarjadow より高度なレベルで；podać so na *runinu*（něčeho）（何の）面［水準］まで下がる．
runja《述語》まったく同じである．myslić *runja*（někomu）（誰と）まったく同意見である；jemu njeje nichtó *runja* 彼には誰も匹敵しない；štyri plus jedyn je *runja* pjeć 4＋1は5である．
runje【副】まさに，ちょうど，きっかり．*runje* telko ちょうどそれだけ；*runje* tak まさにそのように，同じように；*runje* nawopak まったく反対に；*runje* nětko ちょうど今；wón je *runje* přišoł 彼

はたった今来たところだ．
runjež【副】とはいえ，であるけれど（＝hačrunjež）．
runjo N3【中】同じもの．mojeho *runjeća* 私のような者．
runklica F3【女】ビート．
runobóčny A1【形】等辺の．*runobóčny* třirózk 正三角形．
runočasny A1【形】同時の．
runohódny A1【形】価値の等しい，同等の．
runolětny A1【形】同年の．
runoměrny A1【形】均整のとれた，対称的な．
runomyslny A1【形】同じ心の，志を同じくする．
runopadn|a A1【女】垂直線．**-y**【形】垂直な．
runoprawny A1【形】同権の．
runoprawosć F7【女】同権．
runostajny A1【形】一様の，一定の；均整のとれた．
runostup M1【男】等歩度．
runosć F7【女】平等，同等；一定，一様；等しいこと．
runowaha F2【女】釣り合い，均衡．
runozynk M2【男】調和；協和音．
runy A1【形】等しい，同一の；平らな，まっすぐな．*runy* puć まっすぐな道；直接(的手段)；*runa* ličba 偶数；*runu* měru まっすぐに，直線に；乗り換えなしで；*runu* smuhu まっすぐに，一文字に；直ちに；po *runym* hić 直進する．
Rus M1【男】ロシア人（男性）．
rusce【副】ロシア語で．*rusce* rěčeć ロシア語で話す．
rusis|t, 複主 -ća M1【男】ロシア語・ロシア文学研究者．
rusistika F2【女】ロシア語・ロシア文学研究．
Ruska A2【女】ロシア．**ruski** A2【形】．*ruska* federatiwna republika ロシア連邦共和国．
Rusowka F2【女】ロシア人（女性）．
ruščina F1【女】ロシア語．
ruta F1【女】ヘンルーダ（ミカン科の薬草）．
rutin|a F1【女】日課，ルーティーンワーク．**-owy** A1【形】．
rutwica F3【女】セイヨウノコギリソウ．žołta *rutwica* ヨモギギク．
ruć V2【不完】（ウシ・シカが）鳴く．
ruće N5【中】（ウシ・シカなどの）唸り，吠え．
ryba F1【女】魚．běła *ryba* ローチ（コイ科の魚）；słódkowódna *ryba* 淡水魚；mórska *ryba* 海(水)魚；*ryby* łójić 魚を捕る．

ryba|k 364

ryba|k M2;-**r** M4【男】漁師.
rybarski A2【形】漁師の, 魚捕りの.
rybarstwo N1【中】漁業. nutřkokrajne *rybarstwo* 内陸漁業.
rybjacy A1【形】魚の. *rybjacy* tuk 魚油; *rybjaca* wačka ミミズ; *rybjace* mloko 白子.
rybowanje N5【中】研磨, こすること.
rybować V4【不完】こする, 摩擦する, 研磨する. -**so** こすれる, 自分の体をこする; こすれ合う.
rybowy A1【形】魚の.
rybyłójenje N5【中】漁業; 魚釣り.
rydło N1【中】(動物の長い)鼻, 鼻面.
ryhel M3【男】かんぬき, 掛け金.
rychły A1【形】素早い. *rychta* mysl 機転.
rychlić V6【不完】急がせる.
rychtar M4【男】村の長老, 村長.
rykać V7【不完】唸る, 吠える.
rym M1【男】韻.
rymować V4【不完】(語を)押韻させる. -**so** 韻を踏む.
ryna F1【女】樋, 排水溝.
rynčk M2【男】列; 行.
rynčkować V4【不完】行を引く, 行を作る.
rynk M2【男】列; 行. dołhi *rynk* 長い列; w prěnim *rynku* sedźeć 一列目に座る; po *rynku* 順に; w jednym *rynku* po wulkosći nastupić 大きさの順に一列に並ぶ.
rynka F2【女】鉄の輪; (体操の)吊り輪.
rypak M1【男】くり抜き器; 鍬.
rypać V7【不完】(歯・道具で)つつく, つついて掘り返す; (鍬で)掘り返す. (*na někoho*) *rypać* (誰に)くってかかる.
rypotać V7【不完】ギシギシ[パチパチ]いう(乾いた無機質な音をたてる).
rys[1] M1【男】(描いた)線; 線描; 目鼻立ち. wobličowe *rysy* 顔立ち; charakterowe *rysy* 特徴; w hrubych *rysach* おおざっぱに, あらましで; wulke *rysy* hnać 大言壮語する.
rys[2] M1【男】オオヤマネコ.
rysowadło N1【中】製図道具(箱入りのセット).
rysowak M2【男】クレヨン, 線画[製図]用の鉛筆.
rysowanje N5【中】線画, スケッチ(の作業).

rysowanka F2【女】線画，スケッチ(作品).
rysowanski A2【形】線画の，スケッチの. *rysowanski* blok スケッチブック.
rysowar M4【男】; **-ka** F2【女】製図工；デザイン画家.
rysować V4【不完】スケッチする，線画で描く；描写する，説明する.
rytmika F2【女】リズム論；(全体としての)リズム.
rytmiski A2【形】律動的な，リズムの良い；リズムの.
rytmus M1【男】リズム.
rytwa F1【女】彫刻.
ryć V2【不完】掘る，掘り返す；彫り刻む. do kopora *ryć* 銅版に彫る.
ryćer M4【男】〔史〕騎士；士族.
ryćerić V6【不完】騎士である，騎士として仕える.
ryćerkubło N1【中】〔史〕騎士領，荘園.
ryćerkubler M4【男】〔史〕騎士領[荘園]の領主.
ryćerski A2【形】騎士の. *ryćerski* rjad 騎士勲章；po *ryćersku* 騎士風に.
ryćerstwo N1【中】騎士階級；騎士道.
ryćina F1【女】彫刻. koporowa *ryćina* 銅版彫刻，銅版画.
ryzosć F7【女】純正，純粋，正真正銘.
ryzwo N1【中】ミサ用の服.
ryzy《不変》【形】正真正銘の，まじりけのない. *ryzy* Serb 生粋のソルブ人；*ryzy* złoto 純金.
ržany（[ʒʀany]とも発音）A1【形】ライ麦の.
ržeć（[ʒʀetʃ]とも発音）ržu, ržiš；rža；過去 ržach, ržeše, 複二 ržešće, 双二 ržeštaj, -tej；命 rži！；ržiće！；完分 ržał, ržała；rželi；ržałoj；能動分 ržacy V9【不完】振える，振動する.

S, s

sabotaža F5【女】サボタージュ，怠業.
sabotować V4【不完】怠業する.
sačk M2【男】カトリック教徒ソルブ人の花婿，花嫁の胸あてレース

飾り.
sačkować V4【不完】かぎ針で編む.
sad, -a/-u M1【男】《集合》果物. njezrały *sad* 熟していない果物；*sad* ščipać 果物を摘む；*sad* kłóćić 果物をもぐ.
sada F1【女】〔文法〕文. prašaca *sada* 疑問文；powědaca [wobkručaca] *sada* 平叙文；wolaca *sada* 感嘆文；hłowna *sada* 主文；wotwisna *sada* 従属文.
sadar M4【男】；**-ka** F2【女】果物の栽培者.
sadarstwo N1【中】果物栽培・販売業.
sadk M2【男】おり，カス，沈殿物.
sadło N1【中】ラード. mi *sadło* rosće 私は腹が立ってきた.
sadowc M1【男】果樹.
sadowy[1] A1【形】果物の. *sadowa* zahroda 果樹園；*sadowe* wino 果実酒；*sadowy* štom 果樹.
sadowy[2] A1【形】〔文法〕文の. *sadowa* struktura 文の構造；*sadowy* člon 文成分.
sadźawa F1【女】植え付け機. běrnjaca *sadźawa* じゃがいもの植え付け機.
sadźba F1【女】(音楽)楽章；賭け金；税.
sadźenk M2【男】苗木.
sadźeć V8【不完】；**sadźić** V6【完】植える；置く；賭ける. běrny *sadźeć* じゃがいもを植える；štomiki *sadźeć* 樹木を植える；chlěb do pjecy *sadźić* パンをオーブンに入れる；na to swoju hłowu *sadźu* それに首を賭けてもいい. **- so** 沈殿する；賭け金を置く. wo čo so *sadźiš*? 君は何に賭ける?
safir M1【男】サファイア.
safran M1【男】サフラン.
sagowc M3【男】ソテツ(植物).
sahać V7【不完】；**sahnyć** V3【完】[za něčim] 手を延ばして取(ろうとす)る；[k něčemu] 到達する. *sahać* za łžicu 手を延ばして匙を取(ろうとす)る；woda *saha* hač k šiji 水が首にまで達する；kaž dałoko woko *saha* 目の届く限り.
sak M2【男】網. rybjacy *sak* 魚取りの網.
sakać V7【不完】枯渇する；浸透する，にじみ出す.
sak|er, -ra M1【男】罵り.
sako N1【中】ジャケット.
sakojty A1【形】網状の.

sakowy A1【形】網の. *sakowa* košla 網シャツ.
sakrować V4【不完】罵る.
Sakska F2【女】ザクセン(州). **sakski** A2【形】.
salutować V4【不完】敬礼する, 礼砲を発する.
salutowy A1【形】敬礼の, 礼砲の.
sam P4【代名】自分で, 一人で. ja *sam* za so 私自身が自分のために; *sam* lutki [*sama* lutka, *same* lutke] 全く一人で; sčinju to *sam* それを私は自力でやります; bydlu　*sam* 私は一人暮しです; *sam* ze sobu rěčeć 独り言を言う; zachowanje sebje *samoho* 自己保存.
samo【副】さえ, そのうえ. *samo* prezident tam bě 大統領さえもそこにいた; *samo* so to rozumi それは自明のことだ; *samo* wot so ひとりでに, 自然に.
samoběh M2【男】自然の成り行き; 惰力. přewostajić *samoběhej* 自然の成りゆきに任せる.
samoběleny A1【形】: *samoběleny* běrny 皮付きのゆでじゃがいも.
samoběžny A1【形】自動の, 自動運転の.
samočinitosć F7【女】自動.
samočinity A1【形】オートマチックの.
samočuće N5【中】体調, 気分.
samodruha F2【女】妊婦. *samodruha* w šestym měsacu 妊娠6ヶ月の妊婦.
samodźěłany A1【形】自動の, オートマチックの.
samochwalba F1【女】自慢.
samoknjejs|two N1【中】独裁, 専制. **-ki** A2【形】.
samoknježiće|l, 複主 -ljo M3【男】独裁者.
samokóšty PL1【複】原価, 製造コスト.
samolubosć F7【女】うぬぼれ; 利己心.
samomordarstwo N1【中】自殺.
samón P4【人代】自分で, 一人で.
samopomoc F4【女】自助, 自己救済.
samoposłužowanje N5【中】セルフサービス.
samoposłužowarnja F6【女】スーパーマーケット.
samopostajenje N5【中】自決, 自治.
samorozmołwa F1【女】独り言.
samoručny A1【形】手製の.

samostatn|osć F7【女】自立，独立. **-y** A1【形】自立した.
samostejacy A1【形】独身の，一人身の.
samostudij M3【男】独習，独学.
samota F1【女】隔絶，隠棲.
samotar M4【男】隠者，変わり者.
samotkany A1【形】手織りの.
samotny A1【形】孤独な；隠遁した.
samowólny A1【形】随意の，意思による；気ままな.
samozapal M3【男】自然発火.
samozłoty A1【形】純金の.
samozrozumliw|osć F7【女】自明性. **-y** A1【形】自明な.
samozwuk M2【男】母音.
samsny A1【形】同じ；自分自身の. *samsny* zmylk 同じ間違い；pod *samsnymi* wuměnjenjemi 同じ条件下で；na *samsnej* woči 自分の目で；w *samsnym* kraju 自分の国で.
samy A1【形】まさにその；正真正銘の. *sama* butra 本物のバター；na *samym* kóncu 最後の最後に；při *samym* dwórnošću 駅のすぐ近く；wot *sameho* započatka 最初から.
sań F7【女】そりのすべり木.
sanatorij M3【男】サナトリウム.
san|c M1【男】(動物)オス. **-či** A3【形】.
sančka F2【女】(動物)メス.
sandwich [sendwitʃ] M2【男】サンドイッチ.
saněrować V4【不完】衛生処置を施す，健康にする.
sanitetar M4【男】；**-ka** F2【女】(救急車の)救急員；(病院の)衛生員.
sanitetny A1【形】救護の. *sanitetne* awto 救急車.
sanje PL2【複】そり；リュージュ. ze *sanjemi* jězdźić そりで行く.
sanki PL1【複】《指小》<sanje.
sankowanje N5【中】そり滑り.
sankowar M4【男】；**-ka** F2【女】リュージュ選手.
sankować V4【不完】そり滑りをする.
santorić V6【不完】；**santrować** V4【不完】罵る，どなりつける.
sapaty A1【形】火花を散らす，燃える. *sapate* płomjo 燃える炎；*sapaty* hněw 烈火のような怒り.
sapać V7【不完】燃える，熱を発散する. wot kachlow *sapa* ストーブが燃えている；słónco *sapa* 太陽が燃える.

sapawy A1【形】凶暴な，猛り狂った．
sapotać V7【不完】炎を出して燃える．
saprliška M5【男】詐欺師，抜け目のない奴．
sardin|a F1；**-ka** F2【女】イワシ．wolijowe *sardinki* オイルサーディン．
satelit M1【男】衛星．telewizijny *satelit* テレビ用衛星；kumštny *satelit* 人工衛星．
sać V2【不完】ふるう，ふるいにかける；散らす．muku *sać* 粉をふるう．**-so** 飛び散る．sněh *so saje* 雪が舞う．
sawna F1【女】サウナ．
saznik M2【男】煙突掃除夫．
sazojty A1【形】煤けた．
sazować V4【不完】いぶす，煤だらけにする．
sazy PL1【複】煤．
sažny A1【形】煤の．
scena F1【女】シーン．
scenarist M1【男】；**-ka** F2【女】脚本家．
scyła【副】まったく．to *scyła* móžno njeje. それは絶対に不可能だ．
scynić V6【完】錫めっきをする．
sčasami【副】時折．
sčasom【副】時を得て，ちょうど良い時に．
sčerwjenić V6【完】赤くする．**-so** 赤くなる．
sčesać V7【完】櫛でとかす．**-so**（自分の髪を）とかす．
sčinić V6【完】為す，行う．*sčinić* kročel dopředka 一歩前進させる；*sčinić*（*někoho*）zbožowneho（誰を）幸せにする；*njesčiń* mi to! そんなことしないで！
sčłowječeć V8【不完】；**sčłowječić** V6【完】擬人化する．
sčornić V6【完】黒くする．
sebi《与》《前》【代名】《再帰》（生／対 → sebje）．自分に．k *sebi* prińć 我に返る；přećiwo *sebi* 相対して；porno *sebi* 隣り合って，肩を並べて；rěčeć při *sebi* 独り言を言う．
sebičnik M2【男】エゴイスト．
sebičny A1【形】利己的な．
sebićiwosć F7【女】利己性，エゴイズム．
sebje《生》《対》【代名】《再帰》（与／前 → sebi）．自分を．prašam so *sebje* 自分に問う；sedźeć pódla *sebje* 並んですわる；činić to sam za *sebje* 自分のために自分でする．

sebjedowěra F1【女】自信.
sebjechwała F1【女】自慢.
sebjechwalak M2【男】自慢屋，威張り屋.
sebjejebanstwo N1【中】自己欺瞞.
sebjekritika F2【女】自己批判.
sebjemordar M4【男】自殺者.
sebjemordarstwo N1【中】自殺.
sebjeponiženje N5【中】自己卑下.
sebjepřewinjenje N5【中】自己抑制，克己.
sebjespóznaće N5【中】自己認識.
sebješkit M1【男】自己防衛.
sebjewědomy A1【形】自覚した；自信を持った.
sebjewobaranje N5【中】自己防衛，自衛.
sebjewobknježenje N5【中】克己，自制.
sedłar M4【男】鞍作り職人.
sedłarstwo N1【中】鞍[馬具]製造.
sedłać V7【不完】鞍を置く.
sedło N1【中】鞍.
sedłować V4【不完】鞍を置く.
sedleško N1【中】《指小》<sedło；bože *sedleško* "神の鞍"（ソルブ人のフォークロアで死や不幸を予告するもの）.
sedźeć V5【不完】座っている. *sedźeć* za blidom 机に向かっている；změrom *sedźeć* じっと座っている；*sedźeć* na suchim にっちもさっちも行かない，金に困っている；kokoš *sedźi* 鶏が卵を温めている；jeho słowa *sedźa* 彼の言葉は図星だ.
sej《与》【代名】《再帰》自分に，自分のために. myć *sej* ruce 自分の手を洗う；wodolić *sej* 敢えて[勝手に，思うとおりに]する；kup *sej* pjelnjak！(自分用に)万年筆を買いなさい.
sejm M1【男】：krajny *sejm* 州議会(Landtag).
sejmik M2【男】：wokrjesny *sejmik* 郡議会(Kreistag).
sejmować V4【不完】会議を開く.
sekera F1【女】斧，鉈. kałać drjewo ze *sekeru* 立ち木を斧で切る；ze *sekeru* rubać 鉈で割る.
sekla F5【女】リボン；ネクタイ.
seklaty A1【形】リボンのついた.
seklojty A1【形】リボン状の.
seklować V4【不完】リボンを結ぶ. -**so**（蛇のように）とぐろを巻

く；蛇行する.
sekretar M1【男】；**-ka** F2【女】秘書.
sekunda F1【女】秒.
sekundarny A1【形】二次的な. *sekundarne* surowizny 二次原料；*sekundarna* literatura 二次［参考］文献.
sekundowy A1【形】秒の. *sekundowy* pokazowak 秒針.
selawka F2【女】塩入れ，（食卓用の）塩つぼ.
selektować V4【不完】選ぶ.
seleny A1【形】塩の，塩をした. *seleny* jerij 塩漬け鰊；*selene* kórki 塩漬けキュウリ.
selerij M3【男】セロリ.
selić V6【不完】塩をする，塩漬けにする.
selny A1【形】塩の，塩を埋蔵した. *selne* doły 塩埋蔵谷.
selowka F2【女】ソルトスティック（塩をまぶした棒状の乾パンのような食べ物）.
sem【副】ここに. pój *sem* ここにおいで！ tam a *sem* chodźić あちらこちらと歩き回る；hač *sem* ここまで；今まで.
semest|er, -ra M1【男】学期. nalětni *semester* 夏学期.
semikolon M1【男】セミコロン.
semle【副】ちょうどここへ.
sensacija F5【女】センセーション.
sep F7【女】堆積，山積み.
sepić V6【不完】積み上げる.
septemb|er, -ra M1【男】九月. **-erski** A2【形】.
Serb, 複主 Serbja M1【男】ソルブ人. Južni *Serb* （ユーゴスラビアの）セルビア人.
serbować V4【不完】ソルブ語で話す.
Serbowka F2【女】ソルブ人女性；セルビア人女性.
serbsce【副】ソルブ語で. *serbsce* rěčeć ソルブ語で話す.
serbski A2【形】ソルブの. *Serbski* dom ソルブの家；*serbski* ludowy ansambl ソルブ民族アンサンブル；*serbska* chodźić ソルブの民族衣装を着る.
serbskosć F7【女】ソルブらしさ，ソルブ特性.
serbstwo N1【中】ソルブ人であること.
Serbstwo N1【中】（集合としての）ソルブ人.
serbščina F1【女】ソルブ語.
serbščinar M4【男】；**-ka** F2【女】ソルブ語教師；ソラビスト.

serlica F3【女】クルマバソウ.
sernawc M1【男】かびによる腐敗.
serniwjeć V5【不完】かびる, かびでしみだらけになる.
serniwy A1【形】かび臭い, かびた.
serp M1【男】鎌. *serp* klepać 鎌を研ぐ.
serpojty A1【形】鎌型の.
serpowy A1【形】鎌の. *serpowe* přimadło 鎌の柄.
seršć F7【女】(豚の)剛毛.
seršćaty A1【形】剛毛の生えた;強情な, 硬い.
seršćowc M1【男】筆, 刷毛.
sewjer M1【男】北.
sewjerina F1【女】極光.
sewjernička F2【女】北極星.
sewjerny A1【形】北の. *Sewjerne* ludowe morjo 北氷洋; *Sewjerny* čop 北極; *Sewjerny* morjo 北海; *Sewjerny* wětřik 北風.
sewjerowuchod M1【男】北東.
sewjerozapad M1【男】北西.
sezam M1【男】胡麻.
sezona F1【女】季節. dowolowa *sezona* 休暇シーズン; kupanska *sezona* 水泳のシーズン.
sfałdować V4【完】折る, 折り畳む. list *sfałdować* 手紙を折り畳む; *sfałdować* z papjery čapku 紙で帽子を折る.
sfalšować V4【完】偽造する. sfalšować podpis 署名を偽造する; *sfalšować* stawizny 歴史を改竄する.
sformować V4; **sformulować** V4【完】形成する.
schad M1【男】出現, 昇ること. *schad* słónca 日の出.
schadliwosć F7【女】発芽力.
schadźenje N5【中】昇ること;発芽, *schadźenje* słónca 日の出.
schadźeć V8【不完】昇る;発芽する. słónco *schadźa* 太陽が昇る; žito *schadźa* 穀物が芽を出す; rosa *schadźa* 露ができる.
schadźik M2【男】芽生え.
schadźikowy A1【形】芽の.
schadźowanka F2【女】大会.
schadźować so V4【不完】一同に会する, 集まる.
schileć so V8【不完】; **schilić so** V6【完】揺れる, 揺らぐ.
schmurić V6【完】暗くする, 曇らす. - **so** 暗くなる. njebjo *so schmuri*. 空が暗くなった.

schnyć V2【不完】乾く．

schód, schoda M1【男】階段，梯子．drjewjany *schód* 木の階段；kamjenty *schód* 石段；po *schodźe* horje [dele] 梯子／階段を上へ［下へ］；na jednym *schodźe* bydlić 同じ階に住む．

schodowy A1【形】階段の．*schodowy* wotstawk 踊り場．

schodźenk M2【男】段，段階．přeni *schodźenk* kubłanja 教育の初等段階．

schodźenkowy A1【形】段の．*schodźenkowe* bradła 段違い平行棒．

schodźišćo N3【男】階段吹き抜き．

schorjeć V5【完】病気になる．je na gripu *schorjeł*. 彼はインフルエンザにかかった．

schow M1【男】隠れ家；保護．

schowanka F2【女】隠れ家．

schowanosć F7【女】隠匿，秘密．

schować V7【完】隠す．－**so** 隠れる．słónco je so *schowało*. 太陽が隠れた．

schrobleć V8【不完】；**schroblić** V6【完】[někoho] 大胆にする，勇気づける．－**so** 大胆になる，勇気が湧く．

schrobliwy A1【形】大胆な；厚かましい．

schwalenje N5【中】承認，同意．

schwaleć V8【不完】；**schwalić** V6【完】；**schwalować** V4【不完】同意する，承認する．

Sibirska A2【女】シベリア．**sibirski** A2【形】．

signal M1【男】信号．alarmowy *signal* 警報．

signalowak M2【男】信号手．

signalowy A1【形】信号の．*signalowa* připrawa 信号設備．

silo N3【中】サイロ．**-wy** A1【形】．

silwest|er, -ra M1【男】ジルヴェスター（大晦日）．

sinfoni|ja F5【女】シンフォニー．**-ski** A2【形】．

singular M1【男】〔文法〕単数．

singularowy A1【形】単数の．*singularowa* forma 単数形．

skakadło N1【男】ジャンプ台，踏み切り板，トランポリン．

skakańca F3【女】ジャンプ．

skakanišćo N3【中】ジャンプ台，シャンセ．

skakanje N5【中】ジャンプ競技．*skakanje* do wody 飛び込み競技．

skakar M4【男】ジャンプ選手．

skakać V7【不完】跳ぶ，飛び跳ねる．na jednej noze *skakać* 片足で跳ねる．

skakotać V7【不完】ピョンピョン跳ねる，踊るように歩く．

skała F1【女】岩盤．twjerdy kaž *skała* 岩盤のように固い；do *skały* na dźěło chodźić 石切場で仕事する．

skałar M4【男】石切工．

skałarski A2【形】石切工の．

skałaty A1【形】岩盤のある；岩だらけの．

skałać V7【完】刺す．– so（自分の身体を）刺して怪我する．

skałojty A1【形】岩盤状の，岩だらけの．

skałowy A1【形】岩の，岩盤の．

skala F5【女】スケール．

skamjenić V6【完】石化する．

skamjenjenka F2【女】石化したもの．

skamjenjeć V8【不完】石化する．

skap M1【男】雨樋い．

skapalnić V6【完】溶かす，液化する．– so 溶ける，液化する．

skazan|ka F2【女】注文．pisomna *skazanka* 書面での注文．**-ski** A2【形】．

skazać V7【完】注文する；呼びつける．piwo (sej) *skazać* ビールを注文する；wón je do šule *skazany* 彼は学校に呼び出された．

skazowar M1【男】；**-ka** F2【女】注文者．

skazyć V6【完】駄目にする，台なしにする；堕落させる．– so 堕落する．

skaženosć F7【女】駄目になること；堕落．

skaženy A1【形】傷んだ；堕落した．*skažena* jědź 傷んだ食べ物．

skažliwy A1【形】傷みやすい；堕落を招く．

skeč M3【男】スケッチ．

skedźbliwy A1【形】注意深い，慎重な．

skedźbnić V6【完】；**skedźbnjeć** V8【不完】[někoho na ně što] 注意する．

skedźbnosć F7【女】用心，慎重．

skedźbny A1【形】注意深い，慎重な．

skepsać V7【完】だめにする；偽造する．– so だめになる．

skerje【副】より早く；むしろ．*skerje* lěpje 早ければ早いほどよい；ćim *skerje* なおさら．

skibka F2【女】片．*skibka* tykanca ケーキ一切れ．

skica F3【女】スケッチ.
skisalić V6【完】酸っぱくなる.
skićić V6【不完】申し出る, 提供する；もてなす. podrěru *skićić* 支援を差し伸べる. – **so** 現われる. *skići so* móžnosć 可能性が出てきた.
skiwla F5【女】愚痴っぽい人.
skiwlić V6【不完】めそめそする, クンクン泣く.
skład M1【男】貯蔵, ストック；倉庫. na *składźe* 在庫の.
składba F1【女】統語論.
składnik M2【男】倉庫管理人.
składnišćo N3【中】倉庫, 貯蔵庫.
składnostnje【副】特別に.
składnostny A1【形】臨時の, 特別な折の；機会の. *składnostna* baseń 慶弔などの折に作られる詩；*składnostna* kup お買い得, 格安品.
składnosć F7【女】機会, 折. při *składnosći* たまたま, ついでの折に.
składowanišćo N3【中】倉庫.
składować V4【不完】在庫させる；積み重ねる.
składowy A1【形】倉庫の.
składźišćo N3【中】貯蔵場.
skłasć, składu, składźeš；過去 składźech, składźe 〈kłasć〉 V9【完】折り重ねる, 折り畳む, 集める. *skłasć* na hromadki 一まとめにする.
skłonina F1【女】傾斜, 斜面.
skłonić V6【完】傾ける. *skłonić* hłowu 頭を傾ける. – **so** 傾く, 曲がる.
skłonjowanje N5【中】〔文法〕名詞の語形変化.
skłonjowanski A2【形】語形変化の. *skłonjowanski* muster 語形変化のパターン[モデル].
skłonjowany A1【形】語形変化した.
skłonjować V4【不完】語形変化させる.
sklepać V7【完】リベット(鋲)打ちにする.
sklijić V6【完】膠でくっつける.
sklinić V6【完】くさびで留める.
skludnosć F7【女】飼い馴らし, 調教.
skludny A1【形】調教した. *skludny* kóń 調教馬.

skludźeny A1【形】飼い馴らされた.
skludźer M4【男】調教師.
skludźić V6【完】飼い馴らす, 調教する.
skmanić V6【完】; **skmanjeć** V8【不完】[za něšto] 能力を与える, 教える.
sknadź M3【男】キアオジ（鳥）.
skocorić so V6【完】敵対する.
skočić V6【完】跳ぶ. *skočić* z łoža ベッドから跳び起きる；*skočić* do wody 水に飛び込む；(*někom*) do réče *skočić* (誰の)話に割って入る.
skok, -a/-u M2【男】跳躍.
skokšo【副】《比》＜skoku.
skoku【副】速く. *skoku* běžeć 速く走る.
skomdźić V6【完】[něšto] 遅れる, 逃す. bus *skomdźić* バスに遅れる；składnosć *skomdźić* チャンスを逃す.
skomlak M2【男】不平屋.
skomolić V6【完】ダメにする, 損なう；(切り取って)損なう.
skomuda F1【女】遅れ.
skónc【前置】+《生》端に. *skónc* lěsa 森のはずれに.
skóncowany A1【形】壊れた, おシャカになった.
skóncować V4【完】ダメにする, 壊す. - **so** ダメになる, おしまいになる.
skónčenje N5【中】成就, 終結. *skónčenje* jednanjow 交渉成立.
skónčić V6【完】終える. zhromadźiznu *skónčić* 集会を閉幕する. - **so** 終わる. to je so dejre *skónčiło*. 首尾よく終わった.
skónčnje【副】ついに, とうとう.
skónčny A1【形】最終の. *skónčne* zarjadowanje 最後の企画, 最終プログラム；*skónčny* wusud 最終判決.
skop M1【男】雄羊.
skopać V7【完】すっかり掘り起こす, 耕す.
skopčk M2【男】バッタ, イナゴ.
skopjacy A1【形】雄羊の. *skopjace* mjaso マトン.
skora F1【女】樹皮, 表皮. *skora* štoma 樹皮；čłowjek twjerdeje *skory* 殻にこもった人.
skoraty A1【形】皮のある, (皮膚が)ひび割れした.
skórčička F2【女】《指小》＜skora；(パンの)皮.
skórka F2【女】《指小》＜skora；薄皮；(パンの)皮.

skoro【副】まもなく；ほとんど，あやうく．*skoro* po schadźenju słónca 日の出後まもなく；*skoro* wšitko ほとんど全部．
skorojty A1【形】皮のある．
skorowc M1【男】コルクガシワ．
skorpizna F1【女】(卵・クルミの)殻．
skorpiznaty A1【形】殻のある，殻に入った．
skorpiznowy A1【形】(卵・クルミ)殻の．*skorpiznowy* powjerch 殻の表面．
skóržba F1【女】嘆き；訴え，訴訟．
skóržbni|k M2【男】；**-ca** F3【女】訴え人．
skoržić V6【不完】[na někoho/něšto] 嘆く，悲しむ；[wo něšto] 訴える．
skostnyć V3【完】骨化する；固くなる．
skót, skota/skotu M1【男】家畜(主に牛)．dejny *skót* 乳牛；stadło *skotu* 牛の群れ．
skotar M4【男】；**-ka** F2【女】家畜番，牛飼い．**-ski** A2【形】．
skotarstwo N1【中】畜牛，酪畜．
skótnolěkarski A2【形】獣医の．
skótny A1【形】家畜の，牛の．
skoćo N3(a)【中】一頭の牛．dréć so kaž *skoćo* 牛のように(苦労して，骨を折って)働く．
skowanje N5【中】溶接．
skowany A1【形】溶接された．
skowar M4【男】溶接工．
skować V7【完】溶接する．
skradźu【副】ひそかに．*skradźu* so zminyć ひそかに消える；*skradźu* hladać 盗み見る；*skradźu* nana 父に内緒で．
skromnosć F7【女】つつましさ，謙虚．
skromny A1【形】つつましい．*skromnje* žiwy być つつましく暮らす．
skrótka【副】手短に，簡潔に．*skrótka* prajene 手短に言うと；*skrótka* a jadriwje 単刀直入に，きっぱりと，率直に．
skrótšenje N5【中】短縮，省略，カット．
skrótšenka F2【女】省略語．
skrótšeć V8【不完】；**skrótšić** V6【完】；**skrótšować** V4【不完】短くする．*skrótšeć* suknju スカートを短くする；skrótšene mjeno 略称．

skrutny A1【形】厳しい，険しい．

skrućenje N5【中】固定強化．*skrućenje* narodneho wědomja 民族の自覚の強化．

skrućeć V8【不完】；**skrućić** V6【完】；**skrućować** V4【不完】強化する．–**so** 強化される．

skružić V6【完】丸める．*skružić* hubje 唇を丸める；*skružić* sumu 合計を丸める．

skryć V2【完】覆う，隠す．

skřiwa【副】斜めに，曲げて．

skřiwdźić V6【完】[někoho] 侮辱する．

skřiwić V6【完】曲げる，ゆがめる．hubu *skřiwić* 唇を曲げる；nikomu włósku *njeskřiwić* 誰にも指一本触れさせない．

skřižeć V8【不完】；**skřižić** V6【不完】；**skřižować** V4【完】・【不完】交差させる，十字に組む．noze *skřižeć* 足を組む．

skubać V7【不完】；**skubnyć** V3【完】引っ張る，むしり取る；毛をむしる．kokoš *skubać* 鶏の毛をむしる；to móšeń *skuba* それは大金がかかる．

skuleć V8【不完】；**skulić** V6【完】クルクルと巻く；（全部・一緒に）転がす．

skulojćeny A1【形】丸められた．

skulojćić V6【完】丸める．

skupc M1【男】けち，しみったれ．

skupin|a F1【女】グループ，支部．Domowinska *skupina* ドモヴィナの地方支部．**-ka** F2【女】《指小》．

skupinski A2【形】支部の，グループの．

skupnosć F7【女】けち，しみったれなこと．

skupy A1【形】けちな．

skusać V7【完】噛む，噛みつく．

skušić V6【完】短くする，刈込む，縮小する；探り出す．

skutk M2【男】行い，実行．do *skutka* stajić 実現させる，実行する；w *skutku* 実際，現実問題として；ze słowom a *skutkom* 言動によって；ze *skutkom* (*někoho*) hanić (誰を)殴打する；při *skutku* lepić 現行犯で捕まえる．．

skutkowanišćo N3【中】活動[行動]の場；作用域，活動範囲．

skutkowanje N5【中】活動，行動，作用．wzajomne *skutkowanje* 相互作用．

skutkować V4【不完】活動する；[na někoho/něšto] 働く，作用

する；様子である．sobu *skutkować* 協力する；lěkarstwo derje *skutkuje* 薬が良く効く；wo dźesać lět młódši *skutkuje* 10歳若く見える．

skutkownosć F7【女】効果，影響．
skutkowny A1【形】効果［影響］のある．
skućeć V8【不完】；**skućić** V6【完】(違法行為・ばかなことを)しでかす．- **so** 起こる．što *je so* ći *skućiło*? 一体何があったんだ？
skućićel M3【男】罪人．
skwačeć V8【不完】；**skwačić** V6【完】曲げる．
słabina F1【女】弱さ，弱点，欠点．(*něčeju*) *słabinu* wotkryć (誰の)欠点を暴く．
słabić V6【不完】弱らせる．
słabnyć V3【不完】弱る，消耗する．
słabojty A1【形】弱々しい．
słabomyslny A1【形】精神薄弱の；ナンセンスな．
słabosć F7【女】弱さ．
słabowidny A1【形】弱視の．
słabušk M2【男】臆病者，腰抜け．
słaby A1【形】弱い．*słaba* stronka 弱点；*słaba* swěca 弱い灯り．
słanje N5【中】送付，派遣；寝ワラ．
słać[1], sćelu, sćeleš; sćelu, 過去 sćelech, sćeleše; 命 sćel!; sćelće!; 完分 słał, słała; 受動分 słany; 能動分 sćelacy V9【不完】送る．*słać* dopisy はがきを出す；(*někoho*) do serbskeje wučby *słać* ソルブ語の勉強にやる．
słać[2] V9 (変化は słać[1] と同じ)【不完】敷く．łomu [syno] *słać* 藁[干草]を敷く；łožo *słać* ベッドを作る．
sława F1【女】栄誉，栄光．*sławu* wunjesć (*někomu*) (誰を称えて)乾杯する；*sława*! 万歳！
sławić V6【不完】誉めたたえる．
sławny A1【形】栄えある；有名な．
słód, słoda M1【男】嗜好；麦芽．to njeje mój *słód* 私の好みじゃない．
słódk M2【男】甘味料．
słódki A2【男】甘い．*słódke* drjewo カンゾウ；*słódke* njedźele ハネムーン；*słódka* woda 淡水．
słódkosć F7【女】甘み，甘さ；お菓子．
słódkowódny A1【形】淡水の．*słódkowódna* ryba 淡水魚．

słódnić V6【不完】甘くする，おいしくする．*słódnić* čaj お茶を甘くする．

słódn|osć F7【女】おいしさ，おいしそうなこと．**-y** A1【形】．

słodowy A1【形】味覚の，味の；麦芽の．*słodowy* směr 嗜好；*słodowy* cukor 麦芽糖．

słódši A3【形】《比》<słódki．

słodźeć V5【不完】おいしく食べる．to mi *słodźi* これは私にはおいしい；to *słodźi* za mjedom これは蜜の味がする；daj(će) sej *słodźeć*! おいしく召し上がれ（食事をしている人への挨拶）．

słom|a F1【女】藁．walčk *słomay* 藁の束．**-ička** F2【女】《指小》．

słomjanka F2【女】ムギワラギク．

słomjany A1【形】藁製の，藁の．*słomjany* kłobuk 麦藁帽子；*słomjana* třěcha 藁葺き屋根．

słomowka F2【女】藁ベッド．

słon M1【男】象．

słónco N2【中】太陽．na *słóncu* 日向で；při *słóncu* 日の光（の下）で；schadźenje *słónca* 日の出；chowanje *słónca* 日没；zawrót *słónca* 日至（夏至・冬至）；wot *słónca* 北に向かって；k *słóncu* 南へ向かって；*słónco* so chowa 太陽が沈む；wón je wot *słónca* spaleny 彼は日に焼けた；ju je *słónco* zežahało 彼女は熱射病にやられた；jemu přeco *słónco* swěći 彼はいつも幸福だ．

słóncowy A1【形】太陽の．*słóncowe* blaki 太陽の黒点．

słónčić so V6【不完】日光浴［ひなたぼっこ］する．

słónčko N1【中】《指小》<słonco．schadźenje [chowanje] *słónčka* 日の出［日没］；*słónčko* swěći 太陽が照る；*słónčko* w boži domčk dźe 太陽が沈む；bože *słónčko* テントウ虫．

słónčnik M2【男】日傘．

słónčny A1【形】日照の，太陽の．*słónčne* wjedro 晴れ；*słónčne* pruhi 太陽光線；*słónčna* róža ヒマワリ．

słonina F1【女】塩水．

słonić V6【不完】塩漬けにする．

słonowina F1【女】象牙．

słony A1【形】塩の，塩漬けの．*słone* mjaso 塩漬け肉．

Słowačka F2【女】スロヴァキア人（女性）．

słowačko N1【中】《指小》<słowo．ani *słowačka* njepiknyć 一言も口に出さない．

Słowak M2【男】スロヴァキア人．

Słowakska A2【女】スロヴァキア． **słowakski** A2【形】．
słowakšćina F1【女】スロヴァキア語．
Słowjan M1【男】；**-ka** F2【女】スラヴ人．
słowjanski A2【形】スラヴの．
słowjanšćina F1【女】スラヴ語．
Słowjen|c M1【男】；**-ka** F2【女】スロヴェニア人．
słowjenski A2【形】スロヴェニアの．
słowjenšćina F1【女】スロヴェニア語．
słowjeso N2【中】動詞． pomocne *słowjeso* 助動詞．
słowničk M2【男】《指小》＜słownik．
słownik M2【男】辞書． kapsny *słownik* ポケット版の辞書．
słownistwo N1【中】語彙．
słowny A1【形】語の． *słowny* zdónk 語幹．
słowo N1【中】言葉，語． cuze *słowo* 外国語，外来語；*słowa* dźaka 謝辞；po *słowje* 言葉通り，文字通りの；z jednym *słowom* 一言で言えば；chudy na *słowa* 語彙に乏しい；jimać so *słowa* 話し始める，口火を切る，発言する；k swojemu *słowu* stać；*słowo* džeržeć 約束を守る；na *słowo* posłuchać 人の話を間に受ける，言葉通りに受け取る；*słowo* wjesć 発言をリードする，話を進める；prosyć wo *słowo* 発言を求める．
słowoskład M1【男】語彙，レキシコン（語彙の総体）．
słowosłěd M1【男】語順．
słowotwórb|a F1【女】語形成，造語． **-ny** A1【形】．
słozyna F1【女】脾臓．
słuch M2【男】聴覚． wótry *słuch* 鋭い耳；njewěrić swojemu *słuchej* 自分の耳が信じられない．
słuchadło N1【中】受話器，イヤホン；聴診器．
słuchar M4【男】；**-ka** F2【女】聞き手，聴衆．
słucharnja F6【女】講義室，大教室．
słuchatko N1【中】受話器．
słuchać V7【不完】聞く，耳を傾ける；従う． na hudźbu *słuchać* 音楽を聞く；*słuchać* na klepotanje ノックする音に聞き耳をたてる；*njesłuchaj* na tajke rěče! そんな話には耳を貸すな！*słuchaj* na jeho radu 彼の助言に従いなさい．
słušeć V8【不完】[někomu/něčemu//do někoho/něčeho] 属す． ta kniha *słuša* jemu その本は彼の所有物だ；won *słuša* do najlěpšich specialistow 彼は最高の専門家の一人だ． **- so**：to *so* tak

słušny

stuša そうであるべきだ；njeby so *stušało* それはよくないだろう、あるべきではない；kaž so *stuša* しかるべく.

słušny A1【形】所属の；しかるべき，あるべき.

słužba F1【女】奉仕，サービス；仕事. čestna *słužba* 名誉職；*słužbu* měć 勤務中である，在職している；*słužbu* wukonjeć 職務を遂行する；poskićić swoju *słužbu* 奉仕する，サービスを提供する.

słužbny A1【形】仕事の，職務の，サービスの. *słužbna* jězba 出張；*słužbne* jednanje 職権行為.

słužbuwukonjacy A1【形】勤務中の；司祭職にある.

słužic V6【不完】[někomu/něčemu] 勤める，奉職する；[k něčemu] 役にたつ. *słužic* jako... …として働く.

słužowna A1【女】女中，メイド.

słužowni\|k M2【男】；**-ca** F3【女】使用人，召使.

słyšenje N5【中】聴覚；聞こえること.

słyšeć V5【不完】聞く，聞こえる. wón mało *słyši* 彼は耳が遠い；njebě ničo *słyšeć* 何も聞こえなかった.

słyšitosć F7【女】聴力.

sławist M1【男】スラヴィスト.

sławistika F2【女】スラヴィスティカ.

slec, sleku, slečeš；sleku：過去 slečech, sleče：命 sleč！；slečće！；完分 slekł, slekła；受動分 slečeny V9【完】[něšto] 脱ぐ；[někoho] 脱がせる. **- so** 脱衣する，脱皮する；[nekoho/něčeho] 逃れる，脱する. *slec so* košlu シャツを脱ぐ；*slec so* njepočinka 欠点から脱する.

slepić V6【不完】目を眩ませる，見えなくさせる；だます，惑わす.

slepjaty A1【形】目を眩ませるような.

sleposć F7【女】盲目.

slepy A1【形】盲目の. *slepe* črjewo 盲腸；*slepy* na barby 色覚障害；*slepa* ćma 真っ暗闇.

slě, slow PL2【複】ズボン吊り.

slěbornak M2【男】銀貨.

slěbornić so V6【不完】銀のように光る.

slěborny A1【形】銀の. *slěborny* kwas 銀婚式.

slěbro N1【中】銀. koče *slěbro* 雲母.

slěbrojty A1【形】銀のような. *slěbrojta* papjera 銀紙.

slěbroklinčny A1【形】銀のように響く，鈴をころがしたような.

slěbrowy A1【形】銀の. *slěbrowe* podkopki 銀の鉱山.

slěd M1【男】跡, 痕跡；順, 連続. bjeze *slěda* 跡形もなく；ličbowy *slěd* 数の順, 数列.
slědnosć F7【女】甘い物好き, 食い道楽.
slědny A1【形】甘い物好きの, 食い道楽の.
slědowacy A1【形】続く, 次の, 以下の.
slědować V4【不完】[někoho/něšto] 続く, 従う；[z něčeho] 推測する. *slědować* tradicije 伝統に従う, 伝統を受け継ぐ；*slěduju* z toho そこから私が推察するに.
slědženje N5【中】探索, 研究；食い道楽. wědomostne *slědženje* 学術研究.
slědźer M4【男】；**-ka** F2【女】研究者.
slědźerski A2【形】研究の.
slědźić V6【不完】[za někim/něčim] 追跡[追及]する.
slěkać V7【不完】[něšto] 脱ぐ；[někoho] 脱がせる. **- so** 脱衣する；脱げる, 剥ける. koža *so slěka* 皮が剥がれる[剥ける].
slěpc M1【男】役たたず, ろくでなし. na *slěpca* přińć すっかりおちぶれる.
slinać V7【不完】よだれ[唾] を出す.
slinica F3【女】唾液腺.
slinić V6【不完】→ slinać.
slinojty A1【形】粘液(性)の；よだれを出す.
slintawa F1【女】口内炎.
sliny PL1【複】唾液. mi *sliny* běža 私は唾が出る.
slipać V7【不完】[za něčim] 食らいつこうとする, 狙う；むせびなく.
slowčina F1【女】プラムの木.
slowka F2【女】プラム.
slowkowy A1【形】プラムの. *slowkowy* tykanc プラムケーキ；*slowkowa* pócka プラムの種.
slub M1【男】約束；誓い；婚約. *slub* džeržeć 約束を守る；*slub* žłožić 宣誓する；po *slubje* być 婚約している.
slubić V6【完】約束する；誓う；婚約する. *slubić* pomoc 援助を約束する, 申し出る；*slubić* na swoju česć a swoje swědomje 自分の名誉と良心にかけて誓う. **- so** 婚約する.
slubjena A1【女】婚約者(女性).
slubjenje N5【中】婚約, 誓い.
slubjeny A1【形】約束された, 誓われた.

slubjeny A1【男】婚約者(男性).
slubny A1【形】婚約の. *slubny* pjerśćeń 婚約指輪.
smahnyć V3【不完】(色)褪せる；焦がす.
smalić V6【不完】焼焦がす，照りつける；すっ飛んでいく. słonco *smali* 太陽が照りつける.
smažić V6【不完】焼いて焦がす，あぶる，煎る；乾かす.
smažnik M2【男】六月.
směch M2【男】笑い. to na *směchi* njeje 笑い事じゃない；sebi *směchi* činić (z *někim*) 人をあざ笑う，もの笑いの種にする.
smějaty A1【形】笑っている.
smějkotać so V7【不完】微笑む，にんまりする.
směr M1【男】目標，方向. nawopačny *směr* 反対方向；do *směra* (k *něčemu*) の方向へ；pokazać *směr* 方向を示す.
směrkać so V7【不完】暗くなる.
směrki PL1【複】黄昏れ，薄暗がり. zažne *směrki* 夜明け；na *směrkach* 黄昏れ[夜明け]時に；*směrki* padaja 暗くなってきた.
směrnica F3【女】指針，路線.
směrodajny A1【形】方向を示す，指導的な.
směšić V6【不完】[nekoho/něčeho] 笑わせる；笑いものにする.
směšk M2【男】ジョーク.
směšnosć F7【女】ばからしいこと[もの], くだらないもの.
směšny A1【形】可笑しい，ばかばかしい.
směć, směm, směš；smědźa；過去 smědźach, smědźeše；複二 smědźešće, 双二 smědźeštaj, -tej：完分 smět, smě ła V9【不完】許される，できる. *směm* prosyć? お願いしてもいいですか？to *njesmě* so činić それは許されない，してはならないことだ.
směw M1【男】笑い.
směwać so V7【不完】笑う.
směwkać so V7；**směwkotać so** V7【不完】微笑む，にっこり[にやりと]する.
smilić so V6【完】[nad někim/něčim] 哀れに思う.
smilnosć F7【女】憐れみ，情け. bjez *smilnosće* 情け容赦なく；*smilnosć* měć (z *někim/něčim*)(誰／何を)憐れむ.
smilny A1【形】情深い，慈悲のある.
smilować so V4【不完】→smilić so.
smjerd M1【男】悪臭.
smjerdźaty A1【形】臭い，臭(にお)う.

smjerdźeć V6【不完】臭う；[za něčim] 臭いがする. *smjerdźeć* z lěnjosću ひどい怠け者だ；to mi *smjerdźi* 私にはひどく嫌だ.
smjertny A1【形】死の. *smjertne* powostanki 遺骸；*smjertne* njezbožo 致死事故；*smjertny* wusyd 死刑；*smjertna* čwěla 死の苦しみ；*smjertny* hrěch 大罪；*smjertna* njedźela（プロテスタントの）死者慰霊日；*smjertne* łožo 臨終の床；*smjertne* wopismo 死亡証明書.
smjerć F7【女】死. na *smjerć* chory 致命的な病にかかって；na *smjerć* ranjeny 致命傷を負って；zasudźeny k *smjerći* 死刑の宣告を受けた；(*někoho*) do *smjerće* honić（誰を）死に至らしめる；so ze *smjerću* bědźić 死と戦う；přirodna *smjerć* 自然死.
smjerć-《前綴》「ものすごく」「ひどく」の意味を添える.
smjerćdrohi A2【形】ものすごく高価な.
smjerćrady A1【形】とても好きな. to *smjerćrady* jěm 私はそれがもう大好物です.
smjetana F1【女】クリーム. bita *smjetana* ホイップクリーム；kisała *smjetana* サワークリーム.
smjetanowy A1【形】クリームの. *smjetanowy* lód ソフトクリーム.
smjeć so, směju so, směješ so；směja so；過去 smějach so, směješe so；複二 směješće so；双二 směještaj so, -tej so；命 směj so!；smějće so!；完分 smjał, smjała；smjeli；smjałoj；受動分 smějaty：能動分 smějacy so V9【不完】笑う. wótře *smjeć so* 大声で笑う；wutrobnje *smjeć so* 心から笑う；mi chce so *smjeć* 笑ってしまいそうだ；*smjeć so*（na *někoho*）（誰に）笑いかける；*smjeć so* z cyłe šije ゲラゲラ笑う；*smjeć so*, zo móhł so puknyć 間の抜けた笑い方をする；*smjeć so* kaž Němc na tykanc 大喜びする（ケーキを前にしたドイツ人のように笑う）.
smjeće[1] N5【中】笑い.
smjeće[2] PL1【複】ゴミ.
smjećiny PL1【複】ゴミ，屑.
smjećišćo N3【中】ゴミ穴，ゴミ捨て場.
smoła F1【女】ピッチ.
smołojty A1【形】ピッチのような.
smołowc M1【男】タール.
smólnic|a F1【女】松明. **-owy** A1【形】.
smorčeć V5【不完】イビキをかく.

smorkać

smorkać V7【不完】：sebi nós *smorkać* 鼻をかむ．
smorkawa F1【女】鼻風邪．
smorknyć V3【完】→smorčeć．
smorž M3【男】アミガサダケ．
smorže【助】まったく（ない）．to ći *smorže* pomha それは全然君の役に立たないよ；to tebje *smorže* stara それは君には全然関係ないことだ；njestaraj so wo kóžde *smorže* つまらないことにいちいち首を突っ込むな．
smorženki PL1【複】些細なこと；ばからしいこと．
smudźenki PL1【複】お焦げ，焦がした食べ物．
smuha F2【女】線，筋，帯状のもの．runu *smuhu* hić 真直ぐに行く．
smuhaty A1【形】線状の；線で描かれた，縞の．*smuhata* kapa 縞のジャケット．
smužka F2【女】《指小》＜smuha；ライン，縞，帯．ležaca *smužka* ダッシュ（"－"）；nakósna *smužka* 斜線；*smužki* ćahać 線を引く．
smužkaty A1【形】縞の入った，細い線のある．*smužkate* nohajčki 縞の入った靴下．
smužkować V4【不完】線を引く，細い線で描く．
smyčk M2【男】ヴァイオリンの弓．
smyčkowy A1【形】弦の．*smyčkowy* instrument 弦楽器．
smyk M2【男】ひと押し，ひと衝き；（タイヤの）スリップ；空転．
smykač M3【男】スケート．
smykanišćo N3【中】スケート場．
smykar M4【男】；**-ka** F2【女】スケーター．
smykać so V7【不完】スケートをする，スケートで滑る．
smykły A1【形】滑る，滑りやすい．
snadnuški A2【形】些末な，取るに足りない；少ない，乏しい；弱々しい．*snadnuški* nadawk ごく簡単な課題．
snadny A1【形】些細な，簡単な，ちょっとした．*snadna* wěc 細事，細かい［重要でない］もの．
snadź ; snano【助】たぶん，…かな？でしょうか．*snano* sym chory 私は病気みたいだ．
sněda|ń F7【女】；**-nje** N5【中】朝食．
snědać V7【不完】朝食を取る．
sněh, 前 sněhu/sněďźe M2【男】雪．*sněh* sypać 雪かきをする；*sněh* so dźe 雪が降る；*sněh* taje 雪が溶ける；pokryty ze *sněhom*

雪で覆われる；w *snĕhu* [*snĕdźe*] 雪中に；młody *snĕh* 新雪；wĕcny *snĕh* 万年雪；wjele *snĕha* je so našło たくさん雪が降った．
snĕhaki PL1【複】スキー(用具)．
snĕhakowanje N5【中】スキー(滑り)．
snĕhakować V4【不完】スキーで滑る，スキーをする．
snĕhbeły A1【形】雪のように白い．
snĕholić so V6【不完】雪がちらつく．
snĕhowka F2【女】ユキノハナ(植物)．
snĕhowy A1【形】雪の．*snĕhowa* mjetel 雪片；*snĕhowa* kula 雪玉．
snĕženka F2【女】雪片．*snĕženki* so saja 雪が花びらのように舞う．
snĕžina F1【女】雪崩れ．
snĕžić so V6【不完】雪が降る．
snĕžny A1【形】雪の．*snĕžny* mróčel 雪雲．
snop M1【男】束．
snopować V4【不完】束にする．
snopowc M1【男】にお(干草の束などを円錐形に積んだもの)．
snuch M2【男】直感；よく利く鼻．
snuchlak M2【男】嗅ぎ周り屋，スパイ，イヌ．
snuchotać V7【不完】嗅ぎ回る．
sob M1【男】トナカイ．
soboł M1【男】黒テン．
sobota F1【女】土曜日．*sobotu* 土曜日に．
sobu[1]《造》【人代】《再帰》自分で．mjez *sobu* 互いに．
sobu[2]【副】一緒に．*sobu* dźěłać 共同で作業する．
sobučuće N5【中】同情；共感，好意．
sobudźěłaćer M4【男】；**-ka** F2【女】協力者，共同者．
sobuskutkowanje N5【中】共同，協力；参加．
sobustaw M1【男】メンバー．
sobušuler M4【男】；**-ka** F2【女】同級生，学友．
sobuzamołwity A1【形】共同責任のある．
sobuzwuk M2【男】子音．
sobuželnosć F7【女】同情，憐れみ．měć *sobuželnosć* (z *nĕkim*) (誰に)同情する．
socialistiski A2【形】社会主義の．
socializm M1【男】社会主義．

socialny A1【形】社会の. *socialne* zawěsćenje 社会保障.
sociolog M2【男】社会学者.
sociologija F6【女】社会学.
socha F2【女】立像.
sochar M4【男】；**-ka** F2【女】彫刻家.
sochor M1【男】かなてこ.
soja F5【女】大豆.
sojowy A1【形】大豆の. *sojowy* wolij 大豆油.
sokoł M1【男】タカ，ハヤブサ.
Sokoł, 複主 Sokołojo M1【男】ソコウ（第二次大戦前に作られたソルブ人のスポーツ連盟），ソコウのメンバー.
sołobik M2【男】ナイチンゲール.
sól, 生 sele F7【女】塩. kuchinska *sól* 食卓塩；kamjentna *sól* 岩塩.
Solawa F1【女】ザール川.
solidarny A1【形】連帯の.
solist M1【男】；**-ka** F2【女】ソリスト.
sólnosć F7【女】塩分.
sólny A1【形】塩分のある.
solotej F7【男】青菜，レタス；サラダ. hłójčkata *solotej* レタス（の一個）；hłójčka *soloteje* レタス一玉；mjasowa *solotej* ミートサラダ；tomatowa *solotej* トマトサラダ.
solotejowy A1【形】レタスの；サラダの.
somot M1【男】ビロード. *somot* a židа お蚕ぐるみで.
somoćany A1【形】ビロードの，ビロードのような.
són, sona M1【男】夢. hołe sony 空想，夢想.
sonaty A1【形】夢見る；空想的な.
sonina F1【女】妖精.
sonić V6【不完】夢見る，空想する.
sonjer M4【男】；**-ka** F2【女】夢見る人；空想家.
sorabist M1【男】；**-ka** F2【女】ソルブ研究家.
sorabistika F2【女】ソルブ（言語文化）研究.
sorna F1【女】ノロシカ.
sornjo N5【中】ノロシカの子供.
sotra F1【女】姉妹；修道尼. přirodna *sotra* 義理の姉妹；chorobna *sotra* 看護婦.
sotrowc M3【男】甥(姉妹の息子).

sotrowč|a F5; **-ka** F2【女】姪(姉妹の娘).
sotřička F2【女】《指小》＜sotra.
sotřiny A1【形】姉[妹]の.
sowa F1【女】フクロウ.
sowišćo N3【中】フクロウの巣.
sowjacy A1【形】フクロウの.
sowojty A1【形】フクロウに似た，フクロウのような.
spad M1【男】下降，落下.
spadanki PL2【複】廃墟，瓦礫の山；落ちた果物.
spadać V7【完】落ちる.
spadki PL1【複】降水(量).
spadnyć V3【完】；**spadować** V4【不完】落ちる，落ち込む，下がる. woda *je spadnyła* 水位が下がった；dróha *spaduje* 道が下っている；mocy *spaduja* 力が萎える.
spakosćić V6【完】盗む，だましとる.
spakować V4【完】荷造りする.
spaleny A1【形】焼いた，燃した.
spaleć V8【不完】；**spalić** V6【完】燃す，焼く. **-so** 燃える. **-sej** 火傷をする. *spaleć sej porsty* 指を火傷する.
spalnišćo N3【中】火災現場.
spanje N5【中】こめかみ；睡眠.
spanski A2【形】眠る，眠るための. *spanski* měch 寝袋；*spanski* wóz 寝台車；*spanska* stwa 寝室.
spar M1【男】眠り. lochki *spar* 浅い眠り；zymski *spar* 冬眠；do *spara* lěhać ぐっすり眠り込む.
sparić V6【完】火傷させる. **-so** 火傷する.
sparnić V6【完】蒸発させる.
sparta F1【女】部門.
spasać V7【完】結ぶ，括る.
spaslić V6【完】組み立てる.
spasć, spasu, spaseš; spasu 過去 spasech, spaseše; 命 spas!; spasće!; 完分 spasł, spasła; 受動分 spaseny; 能動分 spasucy V9【完】守る，保護する. **-so** [někoho/něčeho] (誰／何から)身を守る，避ける.
spać, spju, spiš; spja; 過去 spach, spaše; 命 spi!; spiće!; 完分 spał, spała; 能動分 spjacy V9【不完】眠る. *spać* hić 就寝する；kruće *spać* 熟睡する；mi chce so *spać* 休みたい(疲れた)；*spać*

specialist

kaž zabity 死んだように眠る；*spi* strowy！ぐっすりおやすみ！
specialist M1【男】；**-ka** F2【女】専門家．
spěch M2【男】急ぐこと，至急．do *spěcha* so měć 急ぐ．
spěchać V7【不完】急ぐ．*spěchać* na dźěło 仕事へ急ぐ；to *njespěcha* 急がない，間がある．
spěchowanje N5【中】助成，推進，援助．
spěchowanski A2【形】助成［推進，援助］の．*spěchowanske* zrěčenje 援助協定．
spěchowar M4【男】；**-ka** F2【女】助成者，援助者．
spěrać so V7【不完】逆らう，反抗する．
spěrawosć F7【女】不従順，反抗．
spěrawy A1【形】逆らう，反抗の．
spěšnosć F7【女】速さ．swětłowa *spěšnosć* 光速．
spěšny A1【形】速い．*spěšny* list 速達郵便．
spěć V2【不完】昇天する；上昇する．jemu *spěje* 彼は仕事が上手くいっている．
spěće N5【中】昇天．
spěw M1【男】歌．ludowy *spěw* 民謡．
spěwanje N5【中】歌うこと，歌．
spěwar M4【男】；**-ka** F2【女】歌手．
spěwarski A2【形】歌の．
spěwać V7【不完】歌う．pačerje *spěwać* 祈禱する．
spěwčk M2【男】《指小》＜spěw．
spěwnik M2【男】歌の本．
spěwnosć F7【女】〔文法〕有声性．
spěwohra F1【女】ジングシュピール，オペレッタ．
spicy【副】眠りながら．
spinadło N1【中】ブレーキ．
spinanca F3【女】丸天井，丸屋根．
spinanje N5【中】制動；止めること．
spinać V7【不完】制止する；引っ張る；ぴんと張る，（服が）きつい．pjasć *spinać* こぶしを握る；ćah nahle *spina* 列車が急停車する．
spinka F2【女】留めるもの，クリップ；括弧．w *spinkomaj* 括弧つきで，括弧に入れて．
spinkować V4【不完】クリップで留める，綴じる．
spis M1【男】著作．
spisać V7【完】書く，著述する．

spisaćel M3【男】筆者，著者．
spisowaćel M3【男】；**-ka** F2【女】作家．
spisowaćelski A2【形】作家の．
spisowny A1【形】文章語の，文語の．*spisowna rěč* 文章語．
spjasćić V6【完】こぶしを握る．
spjata【副】五番目に．
spjatnica F3【女】(ダムの)背水；逆流．
spjatosć F7【女】緊張．
spjaty A1【形】緊張した；せき止められた．*spjaty jězor* ダム湖．
spjec, spjeku, spječeš；spjeku；過去 spječech, spječe；命 spječ！；spječće！；完分 spjekł, spjekła；受動分 spječeny ⟨pjec⟩ V9【完】焼く，焼き上げる．
spjelnić V6【完】実行する，遂行する．*spjelnić wočakowanja* 期待に答える；*spjelnić plan [nadawk]* 計画[課題]を実行する；*spjelnić přikaz* 指令を実行する．**- so** 実行される．
spjelnjenje N5【中】実行，実現．*spjelnjenje plana* 計画の実行．
spjelnjeć V8【不完】→spjelnić．
spjelsćić V6【完】(羊毛を)フェルトにする．**- so** フェルトになる．
spjenježić V6【完】現金に替える．
spječe N5【中】(電流)抵抗．*krótke spječe* ショート．
spječowanje N5【中】抵抗，反抗，拒絶．*bjez spječowanja* 抵抗力のない，無抵抗な．
spječowanski A2【形】抵抗の．*spječowanski bój* 抵抗運動，レジスタンス．
spječowar M4【男】；**-ka** F2【女】抵抗運動活動家，レジスタンスの闘士．
spječować so V4【不完】[někomu/něčemu] 反抗する，意地になって抵抗する．
spław M1【男】流れ；(河川の)合流；筏；軟泥，ヘドロ．
spławić V6【完】筏に乗せて流す，運ぶ．
spłóšany A1【形】臆病な；びくついた，びっくりした．
spłóšić V6；**spłóšiwić** V6【完】驚かす，ぎくっとさせる．**- so** ぎくっとする，びくつく．
spłunić V6【完】；**spłunjeć** V8【不完】ガス化[気化]する．
spłunjowak M2【男】(車の)キャブレタ．
splacać V7；**splacnyć** V3【完】ひっぱたく；打ちつける，打ち落とす．*dešć je žito splacał* 雨が穀物を打ち落とした．

splah M2【男】種族；属，性；〔文法〕性. słowjanski *splah* スラヴ族；žónski *splah*〔文法〕女性.

splažny A1【形】種族の；性の.

splesć, spletu, splećeš；過去 splećech, spleće ⟨plesć⟩ V9【完】編み上げる.

splećeńca F3【女】編み細工，籠.

splećenje N5【中】編むこと，編み合わせ；もつれ.

splěsniwić V6【完】かびだらけになる.

spočatk M2【男】初め，開始. na *spočatku* 初めに，まず；wot *spočatka* do kónca 初めから終りまで；*spočatk* lěta 年の初め；ze *spočatkom* lěta 年の初めに；započeć wot *spočatka* 最初から始める.

spočatny A1【形】最初の. *spočatny* pismik 頭文字；*spočatny* stawk 初期状態，最初の位置.

spódk M2【男】下部，底，台座；(服の)裏地. wozowy *spódk* (車両の)フレーム；wot *spódka* 下[底]から；na *spódku* šklenčy グラスの底に；na samym *spódku* kófra スーツケースの一番下に.

spódni A3【形】下の，底の. *spódnje* šaty 下着；*spódnja* košla アンダーシャツ.

spódnička F2【女】下着；受け皿，下敷き.

spodobanje N5【中】好意，親切；喜び. po wašim *spodobanju* あなたの随意に，お好きなように；dobre *spodobanje*！おはよう (dobre ranje「おはよう」に対する返事).

spodobać so V7【不完】[někomu] 気に入る. to *so* mi *spodoba* 私はそれが好きだ，それは私に合っている；kaž *so* wam *spodoba* あなたの好きなように.

spodobnić V6【完】；**spodobnjeć** V8；**spodobnjować** V4【不完】似せる，なぞらえる，同化させる.

spodobny A1【形】喜ばしい，好ましい.

spodwoleć V8；**spodwolić** V6【完】従わせる. - so 従う.

spodworać V7【完】鋤き返す，鋤いて(肥料などを)まぜる.

spody 1.【前置】+《生》下に. *spody* blida テーブルの下に. 2.【副】下へ. wón sedźi *spody* 彼は下に座った；wot *spody* 下から.

spodźiwać so V7【不完】[nad někim/něčim] (誰／何に)驚嘆する，驚愕する.

spodźiwnik M2【男】変り者，奇人.

spodźiwny A1【形】風変わりな，奇妙な.

spohibać V7【完】動かす．-so 動き出す．
spochi【副】常に，絶えず．
spokojacy A1【形】満足させる，安心させる．*spokojace* wukony 満足のいく成果．
spokojenje N5【中】満足，安心，慰撫．
spokojeć V8【不完】；**spokojić** V6【完】なだめる，安心させる，充足させる．-so 満足する，安心する．
spokojnosć F7【女】満足．*spokojnosć* ze sobu samym 自己満足．
spokojny A1【形】満ち足りた，満足な．*spokojne* žiwjenje 満ち足りた生活．
spokojom【副】満ち足りた．ze wšěm *spokojom* być 全てに満足している；z tobu njejsmy *spokojom* 我々は君に不満だ．
spokojować V4【不完】→spokojeć．
spokupić V6【完】買い占める，買い込む．
społna【副】完全に，一杯に．*społna* žiwy być 満ち足りて暮らす，有り余るほどある．
społnomócnić V6【完】全権を与える．
społnomócnjeny A1【形】全権委任の．*społnomócnjeny* wulkopósłanc 全権大使．
społnomócnjeć V8【不完】全権を与える．
spomałšeć V8【不完】；**spomałšić** V6【完】速度をゆるめる．
spomalenje V4【中】減速．
spomaleć V8【不完】；**spomalić** V6【完】速度をゆるめる，遅くする．*spomaleć* jězbu（運転の）速度を落とす．
spominanje N5【中】回想，思い出，記憶．
spominać V7【不完】[na někoho/něšto]（誰／何を）思い出す，回想する．
spomjatkować sej V4【不完】記憶にとめる，覚える．
spomnić V6【完】[něšto] 思い出させる，言及する．"to nje wěrno", wón *spomni* a woteńdźe『それはうそだ』と彼は指摘して立ち去った．
spomnjenka F2【女】記憶．
spomóc, spomóžu, spomóžeš ⟨móc⟩ V9【完】[někomu] 力を貸す，役に立つ．
spomóžni|k M2【男】；**-ca** F3【女】協力者，助手．
spomóžnosć F7【女】ためになること，有益性．
spomóžny A1【形】（精神上・健康上）有益な．*spomóžne* nazhnon-

sponižeć

jenje 有益な体験；za kožu *spomóžne* mydło 皮膚によい石鹼．
sponižeć V8【不完】；**sponižić** V6【完】；**sponižować** V4【不完】辱める，屈辱を与える．-**so**（自分の）品位を落とす；へりくだる．
sporjedźeć V8【不完】；**sporjedźić** V6【完】訂正する，改良する；（ビールを）つぐ．
sport M1【男】スポーツ．wukonowy *sport* 競技スポーツ（特定の訓練・技能を要するスポーツ）．
sportnišćo N3【中】運動場．
sportować V4【不完】スポーツをする．
sportow|c M1【男】；-**ča** F5【女】運動家，スポーツ選手．
sportowy A1【形】スポーツの．
spory A1【形】豊かな，豊穣な；利益をもたらす；倹約の；節約すべき．ćopły，*spory* dešćik 暖かい恵みの雨．
sposrědkować V4【完】伝達する；引きわたす．
spotorhać V7【完】引きちぎる，めちゃくちゃにする．
spoćić so V6【完】汗をかく．
spowaleć V8【不完】；**spowalić** V6【完】ひっくり返す，引き倒す．
spowědar M4【男】告白者，懺悔する人．
spowědać V7【不完】告白［懺悔］を聞く．-**so** 告白［懺悔］する．swojich hrěchow so *spowědać* 自分の罪を告白する．
spowědnik M2【男】懺悔聴聞僧．
spowědować V4【不完】→spowědać．
spowědź F7【女】告白，懺悔．
spowróćeć V8【不完】；**spowróćić** V6【完】ひっくり返す，覆えす．
spowšitkownić V6【完】；**spowšitkownjeć** V8【不完】一般化する，普遍化する．
spóznać V2【完】[někoho/něšto//na někim/něčim] 気付く，それとわかる，認識する．-**so** 知り合いになる．
spóznaće N5【中】認識，理解．
spóznawać V7【不完】→spóznać．
spožčenje N5【中】貸与，賃貸；授与．*spožčenje* myta 賞の授与．
spožčeć V8【不完】；**spožčić** V6【完】；**spožčować** V4【不完】[někomu něšto] 貸与する；授与する．*spožčeć* pomoc 援助を差し伸べる；*spožčeć* doweru 疑う，疑いを示す；*spožčeć* wulku česć 敬意を表する．

spóžerać V7【不完】;**spóžrěć** V2【完】がつがつ食べる, 飲み込む. sylzy *spóžrěć* 涙を飲む.
spraskać V7【完】素早く作り上げる, さっとでっちあげる.
sprawa【副】右から;右側に.
sprawdu【副】公然と, 隠し立てなく. *sprawdu* prajene あからさまに言って.
sprawnosć F7【女】誠実, 正直;公正, 正義.
sprawny A1【形】正直な, 誠実な, 正しい. *sprawny* dźak 正真正銘の感謝;być (k někomu) *sprawny* (誰に対して)正直である;(někoho) za *sprawneho* měć (誰を)正直とみなす.
sprědka【副】前から.
sprěnja【副】第一に, 最初に.
sprěć so V2【完】反対する, 対立する.
Sprjewja F6【女】スプレー川.
sprócniwosć F7【女】勤勉さ, 精勤.
sprócniwy A1【形】勤勉な.
sprócnosć F7【女】疲労, 倦怠感.
sprócny A1【形】疲れた.
sprostnjeny A1【形】強ばった, 硬直した. *sprostnjene* stawy 硬直した四肢.
sprostnyć V3【完】強ばる, 硬直する.
spřećeleć so V8【不完】;**spřećelić so** V6【完】;**spřećelowaći so** V4【不完】[z někim] 親しくなる.
spřećelny A1【形】親しい, 仲のよい.
spřećiwić so V6【完】;**spřećiwjeć so** V8【不完】対立する, 相対(アイタイ)する.
spřidać, spřidam, spřidaš ⟨dać⟩ V9【完】;**spřidawać** V7【不完】[někomu/něčemu] 従う.
spřihotować V4【完】準備する.
spřijomnić V6【完】楽しませる, 心地よくする.
spřistupnić V6【完】;**spřistupnjeć** V8【不完】接近[入手・立ち入り]可能にする.
spřitomnić V6【完】[sebi něšto] 思い浮かべる, 想像する.
spurt M1【男】(スポーツでの)スパート. kónčny *spurt* ラストスパート.
spurtować V4【不完】スパートする.
spušćadło N1【中】貯水池, ダム.

spuščeć V8【不完】; **spuščić** V6【完】落とす. *spuščeć* hłowu 首を垂れる; *spuščeć* ruce 手を下ろす; *spuščeć* z wočow 見失う; *spuščeć* z pomjatka 忘れる.

spuščny A1【形】落とし式の. *spuščne* durje 落とし戸; *spuščny* móst はね橋.

spuščomnosć F7【女】信頼性, 確実度.

spuščomny A1【形】信頼できる, 確かな.

sputać V7【完】拘束する, 縛る, 枷をはめる.

spytać V7【完】[někoho/něšto] 試みる, 試す. − **so** [na něcim]（何を）試して見る; [s někim] 優劣を争う, 力比べをする.

spytny A1【形】試しの.

spytowanje N5【中】試すこと; 誘惑.

spytować V4【不完】→spytać.

srać, seru, serješ; seru; 過去 serjech, serješe; 命 ser!; serće!; 完分 srał, srała V9【不完】(罵りことばとして) 糞をたれる, 屁をひっかける.

srawa F1【女】下痢.

srěbać V7【不完】吸う, 吸い込む. *srěbać* powětr do so 空気を吸い込む; *srěbać* proch 電気掃除機をかける.

srěbk M2【男】一飲み.

srěbnyć V3【完】一飲みにする, 飲み込む.

srědk M2【男】材料, 手段; 薬. wučbny *srědk* 教材; pomocny *srědk* 補助具, 補助金; pře to njeje *srědka* それに効く薬はない.

srědni A3【形】中央の, 中間の; 中ほどの. w *srědnich* lětach 中年の.

srědnjosć F7【女】中程度, 中庸; 並, 凡庸.

srjeda F1【女】水曜日. *srjedu* 水曜日に, 水曜日ごとに; kóždu *srjedu* 毎水曜日; popjelna *srjeda* 灰の水曜日（四旬節の初日）.

srjedź【前置】+《生》の中央に. *srjedź* města 町の中央に; *srjedź* běteho dnja 昼日中に, 白昼.

srjedźa【副】中央に. naše městno je *srjedźa* 私たちの席は真ん中にある.

srjedźak M2【男】中指.

srjedźanski A2【形】中央の, 中間の. *srjedźanski* porst 中指.

srjedźišćo N3【中】中心点. *srjedźišćo* zemje 地球の中心点.

srjedźizna F1【女】中央, 中心.

srjedźiny A1【形】中央の, 中心にある. *Srjedźine* morjo 地中

海；*srjedźiny* wěk 中世；*srjedźiny* nadběhowar（サッカーの）ミッドフォワード．
srjedźowěk M2【男】中世．
srjódka F2【女】パン屑；少量．
sróči A3【形】カササギの．*sróče* hnězdo カササギの巣．
sroka F2【女】カササギ．
stacija F5【女】停留所，（放送・観測などの）局；（病院の）科，病棟．
stacijowy A1【形】停留所の，局の；病棟の．*stacijowa* sotra（病棟の）婦長．
stadion M1【男】スタジアム．lodohokejowy *stadion* アイスホッケー場．
stadło N1【中】（獣・家畜の）群れ．
stafla F5【女】段，等級；リレー競争．
staflowy A1【形】リレーの．*staflowy* běhar リレー選手．
stacheta F1【女】細長い板で作った垣根．
stajadło N1【中】台，架，支え，三脚．
stajer M4【男】植字工．
stajeć V8【不完】；**stajić** V6【完】設置する，建てる，置く．chěžu *stajeć* 家を建てる；*stajeć* do rjada 整理する，順に並べる；pismiki *stajeć* 活字を組む；kachle *stajeć* ストーブを据え付ける；*stajeć* sej čapku 帽子をかぶる．- so 定まる；[někomu]（誰に）逆らう，反する．wjedro so staja 天候が安定している．
stajnje【副】常に，いつも．
stajnohódny A1【形】価格の固定した，価値の安定した．
stajnosć F7【女】安定性，恒常性．
stajny A1【形】変わらない；平らな．*stajny* wuraz 決まり文句；*stajne* bydlenje 定住所；*stajne* městno w dźiwadle 劇場の予約席．
stalětny A1【形】数百年の，数百年を経た．
stan M1【男】テント．
stanowanišćo N3【中】キャンプ場．
stanowanje N5【中】キャンプ．
stanować V4【不完】キャンプする，テントを張る．
stanowy A1【形】テントの，キャンプの．
stańši【副】起き抜けに，立ち上がってすぐ．*stańši* z łoža 早朝に；*stańši* wot blida 食事の直後に．
stanyć V3【完】起き上がる，立ち上がる．*stanyć* z łoža ベッドから起きる；*stań*！さあ起きた！立て！

starać V7【不完】関係する，気をもませる．što to tebje *stara*？それが君に何の関係があるの？ **- so** [za//wo někoho/něšto]（誰／何に）気を配る，世話をする．

starc M1【男】老人．

starka F2【女】飼育したガチョウ．

staroba F1【女】年齢．wysoka *staroba* 高齢；rentnarska *staroba* 年金年齢；podaće *staroby* 年齢の申告［記録］；w samsnej *starobje* 同じ年の．

starobny A1【形】年齢の．*starobne* zastaranje 養老手当．

starocyrkwinosłowjanski A2【形】古代教会スラブ語の．

starodawny A1【形】古代の，太古の．

staromódny A1【形】古風な，流行遅れの．

starosławny A1【形】昔から名高い．*starosławne* město 由緒のある町．

starosć F7【女】心配，心痛．žiwy być bjez *starosćow* 何の心配もなく暮らす，のんきに暮らす；měć (*něšto*) na *starosći* (何を)気に掛ける；činić (*někomu*) *starosće* (誰の)心を痛める．

starosćić so V6【不完】心配する，気遣う．

starosćiwy A1【形】心配した，気掛かりな；気配りの良い．

starowizna F1【女】廃物．

starownja F6【女】養老院．

staroznaty A1【形】昔から知られた．

starožitnosć F7【女】骨董品．wobchod ze *starožitnosćemi* 骨董品屋．

starožitny A1【形】年代物の，骨董の．*starožitne* meble 骨董家具．

staršej A3【双】両親．přichodnaj *staršej* (婚姻による)義理の親；přirodnaj *staršej* (養子による)義理の親．

starši A3【形】《比》<stary．*starši* bratr 兄；wón je *starši* hač ja 彼は僕より年上だ．

staršiski A2【形】両親の．*staršiska* přirada 父兄会；*staršiski* dom 親元，実家．

start M1【男】スタート，出発．přihotowany na *start* スタート位置についた；出発の準備ができた．

startować V4【不完】出発させる；スタートする．*startować* motor エンジンをスタートさせる；*startować* kumštny trabant 人工衛星を発射する．

staruška F2【女】老女，おばあちゃん．

stary A1【形】古い，年老いた．*stari* a młodźi 老いも若きも；*stary* wěk いにしえ；*stary* zakoń 旧約聖書；*stare* maćizny 再生可能な廃物，リサイクル品；*stara* baja 聞き飽きた話；na *stare* dny 昔日は；kak *stary* sy? 君は年はいくつ？ *staru* lubosć njerozporješ 昔の愛情は錆びない．

stat M1【男】国家．mały *stat* 小国；zwjazkowy *stat* 連邦国家；jednoćene *staty* Ameriki アメリカ合衆国．

statny A1【形】国家の．*statne* organy 国家機関；*statny* rěčnik 検事，検察官．

statok M2【男】財産；農場，農園．

stać, steju, stejiš, steja；過去 stejach, steješe；複二 stejesće；双二 stejestaj, -tej；命 stej！; stejće！; 完分 stał, stała；能動分 stejacy V9【不完】立つ；[k něčemu] 何を認める，告白する；[za něčim] 味方する．*staċ* w rjedźe 列に並ぶ；*staċ* na hłowje 逆立ちする，逆さまである；*staċ* na čole 先頭に立つ，指導的立場にある；k swojemu słowu *staċ* 約束を守る；*staċ* na straži 見張りに立つ；ćah *steji* pjeć mjeńšin 列車は5分間停車する；wjes *steji* w dole 村は谷間にある；tak z wěcu *steji* 事はこんな具合である；z nim derje *njesteji* 彼は物事がうまく行かない．

staċ so, stanu so, stanješ so；stanu so；過去 stach so, sta so；命 stań so, stańće so！完分 stał so, stała so V9【完】起こる，なる．tak *so* sta そのようになった；to je *so* mi *stało* こんなことが私の身に降りかかった；*staċ so* z něčim 何になる．chcu *so staċ* z wučerjom 私は教師になりたい．

staċan M1【男】; **-ka** F2【女】国民．

staċanski A2【形】国民の．*staċanske* winowatosće 国民の義務．

staċanstwo N1【中】国家保証．

staċe N5【中】立っていること；静止．městno k *staċu* 立ち見席．

staw M1【男】位置；立場；事態，状態；現状；スタンド，売店；関節，節；世代；資本．nuzowy *staw* 緊急事態；w *stawje* być (あることができる) 状態にある；kniha je w špatnym *stawje* 本はひどい状態だ；mi *stawy* hraja 私は体中が震えている．

stawać V7【不完】立ち上がる，起き上がる．*stawać* na hłowje 逆立ちしている；*stawaj*！立ちなさい！

stawać so V7【不完】生じる，起こる．što *so* tu *stawa*? 一体何が起きているのだ？ to *so stawa*！それは起こりうるさ，そういうこととってあるものだ．

stawizna F1【女】事件；物語；《複》歴史. zažne *stawizny* 古代史.
stawiznar M4【男】; **-ka** F2【女】歴史家.
stawizniski A2【形】歴史の. *stawizniske* wědomje 歴史意識.
stawk M2【男】ストライキ. mzdowy *stawk* 賃金スト；generalny *stawk* ゼネスト.
stawkować V4【不完】ストライキをする.
stawni|k M2【男】; **-ca** F3【女】戸籍係り.
stawniski A2【形】戸籍の, 戸籍上の.
stawnistwo N1【中】戸籍局.
stejak M2【男】台, 架, 台座, 脚, 支柱.
stejišćo N3【中】立場, (観察の)位置. *stejišćo* zabrać 立場を取る[定める].
stejnišćo N3【中】場所, 位置, 所在地.
stejo《分詞》(<stać) 立って, (ある状態の)まま. *stejo* wostać 止まる, 止まったままで残る. časnik je *stejo* wostał 時計が止まったままだ.
steptać V7【完】踏みつける, 踏みにじる.
stil M3【男】スタイル, 文体.
stipendij M3【男】奨励金. wukonowy *stipendij* 奨学金.
stłać V2【完】朽ち果てる, 腐る.
stłóčić V6【完】押し付ける, 締め付ける, ぎゅっと丸める. *stłóčić* na knefl (呼び鈴などの)ボタンを押す；ruku *stłóčić* (握手などで)手を握る.
sto N1【中】100. před *sto* lětami 100年前；před *stami* lětami 何百年も前に；po *stach* 何百と.
stokróčny A1【形】100回の, 100倍の.
stoł M1【男】椅子, スツール. spowědny *stoł* 告解聴聞席.
stołmačić V6【完】通訳する, 代弁する. postrowy *stołmačić* 挨拶を伝える.
stołp M1【男】柱, 支柱.
stołpowc M1【男】玄武岩.
stołstnyć, stołstnu, stołstnješ V3【完】太る, 太く[厚く]なる.
stólc M1【男】椅子.
stólčk M2【男】《指小》<stólc. na *stólčku* sedźeć 椅子に腰掛ける.
stolětny A1【形】100年の. *stolětna* protyka 100年カレンダー.
stolica F3【女】首都.

stonać V7【不完】(あることを)嘆く，苦しむ．nuzu *stonać* 困窮を嘆く．

stopa F1【女】足(足首から下の部分)；足跡．

stopjeń M4【男】度．zwjertnyć so wo sto a wosomdźesat *stopjenjow* 180度までになる．

stopnjowanje N5【中】増大，拡大；度合；〔文法〕比較．

stopnjować V4【不完】高くする，上げる；〔文法〕比較変化させる．-**so** 高くなる，昇進する．

stopowka F2【女】ストップウォッチ．

storčić V6【完】突く，押す．*storčić* na bok 脇に押し退ける；*storčić* do wody 水の中に押し込む．-**so** [na něčim] (何に)つまずく，ぶつかる．

storhnyć V3【完】；**storhować** V4【不完】[někoho do něčeho] 引きずり出す，(誰を何に)駆り立てる．

stork M2【男】突き，押し，一撃．w poslednich *storkach* być 死の間際にある．

storkač M3【男】(車の)バンパ；押し棒．

storkać V7【不完】突く，押す．*storkać* do prědka 前に押し出す．

stotka F2【女】100の位(の数)．

stotnik M2【男】百人隊の長；隊長．

stotnja F6【女】百人隊．

stotoraki A2【形】ありとあらゆる．

stotory A1【形】100倍の．

stoty A1【形】100の．*stoty* króc 100回．

stoćina F1【女】100分の1．

stowaršeć so V8【不完】；**stowaršić so** V6【完】親しくなる，親交を結ぶ．

stowka F2【女】100マルク紙幣；100(の数字，数)．

stpica F3【女】(車輪の)スポーク．

strach M2【男】恐怖，恐れ，懸念，危険．bjez *stracha* 懸念[恐れ]なく，恐れ知らずの；ze *strachom* 心配して，恐れて；*strach* měć 恐れを抱く；w *straše* być ... …の危険がある；do *stracha* so podać 危険に身をさらす；žiwjenski *strach* 生命の危機；wobsteji *strach*, zo... …という危険がある．

strachoćiwy A1【形】心配した，びくびくした．

strachować so V4【不完】[někoho/něčeho//před někim/něčim] 恐れる，怖がる．-**so** [wo někoho/něšto] (誰／何を)怖がる；心配

する.

strašeć V8【不完】; **strašić** V6【完】[někoho] 怖がらせる, 脅す.
strašnosć F7【女】恐怖, 恐ろしい事; 危険.
strašny A1【形】恐ろしい, 危険な; ものすごい. *strašny napohlad* 恐ろしい光景; *strašny njeporjadk* すさまじい混乱.
straža F5【女】見張り, 監視, その詰所・時間.
stražliw|osć F7【女】注意深さ. **-y** A1【形】.
stražnik M2【男】見張り人, 守衛.
stražować V4【不完】見張る, 番する.
strěć V2【完】拭き消す, 拭い去る.
strojic V6【完】三倍にする.
strojić so V6【完】おしゃれをする, 粋に装う.
strona F1【女】(本などの)ページ; 側, サイド; 地区, 地方; 政党. *strony dołhi* 何ページにもわたる; *z tuteje strony* こちら側から; *na lěwej stronje* 左側に; *(na) stronu hić* 脇へそれる; *ze swojeje strony* 自分の側から, 自分の方から; *z mojeje strony* 私としては, 私なりに; *w tutych stronach* これらの地域では; *dźěłaćerska strona* 労働党; *(na něčejej) stronje być* (誰に)味方する.
stronitosć F7【女】党派性, 派閥性; 偏向, 不公平.
stronity A1【形】党の; 派閥の; 偏った.
stronjan M1【男】; **-ka** F2【女】党員.
stronski A2【形】党の. *stronski programm* 党の綱領.
strowić V6【不完】[někoho] 挨拶する; 健康にする, 治す.
strowosć F7【女】健康. *k strowosći!* 乾杯!
strowota F1【女】健康.
strowotnistwo N1【中】保健, 衛生(行政制度).
strowotny A1【形】健康上の, 衛生上の.
strowy A1【形】健康な, 健やかな. *strowy a čiły* 元気溌剌とした; *ze strowym rozumom* まじめに, しらふで; *spi strowy!* おやすみなさい!; *bóh dał strowy być!* お大事に(くしゃみをした人に言う); *to je jemu strowe!* そいつは(彼には)いい気味だ.
strózby A1【形】思慮深い, 落ち着いた, 平静な.
stróžel F7【女】(ふつう《複》)恐怖, 恐ろしい出来事.
stróžeć V8【不完】; **stróžić** V6【完】恐怖を与える, 怖がらせる. **- so** 驚く, 怖がる.
stróžliwy A1【形】怖がりの, 臆病な.
struchłosć F7【女】悲哀, 悲しみ.

struchły A1【形】悲しい，哀しい，悲痛な．*struchły podawk* 悲しい出来事．
strunić V6【完】；**strunjeć** V8【不完】弦を張る．
strasenje N5【中】ゆさぶること，ぶちまけること．*strasenje mozow* 脳震盪．
strasć, strasu, straseš；過去 strasech, strase 〈trasć〉 V9【完】揺さぶる，ぶちまける．*strasć sej mozy* 脳震盪を起こす．
streća【副】第三に．
student M1【男】；**-ka** F2【女】学生．**-ski** A2【形】．
studij M3【男】学問，研究．*do studijow so dać* 学問［研究］を始める．
studijo N3【中】スタジオ．*rozhłosowe studijo* ラジオ放送のスタジオ．
studnja F6【女】井戸．
studnyć V3【不完】冷える，凍える，冷たくなる．
studowarnja F6【女】書斎，勉強部屋，研究室．
studować V4【不完】勉強する，研究する．
stuch M2【男】腐敗物；腐臭，かび臭い臭い．
stuchłosć F7【女】かび臭さ，腐臭(性)；古くさいこと．
stuchły A1【形】かび臭い，腐臭の．
stuchnyć V3【完】腐る，かび臭くなる．
stuleny A1【形】打ちのめされた，落ち込んだ．
stuleć V8【不完】；**stulić** V6【完】下へ曲げる；打ちのめす．*stuleć hubu* 口をぎゅっと結ぶ．**- so** 身を屈める，(体が)締まる；へこたれる，屈服する．
stuńšeć V8【不完】；**stuńšić** V6【完】；**stuńšować** V4【不完】値下げする．**- so** 値が下がる．
stup M1【男】歩，歩み．*stup spomalić* 歩をゆるめる；*w ćežkim stupje hić* 重い足取りで進む．
stupadło N1【中】(昇降用の)ステップ；ペダル．
stupaty A1【形】足跡のつけられた；上昇する，高くなる．
stupać V7【不完】歩む，前進する；上昇する．*barometer stupa* バロメーターが上昇する；*lětadło stupa* 飛行機が上昇する；*dróha stupa* 道が上っている；*stupać do pedalow* (自転車の)ペダルを踏む；*wino stupa do hłowy* ワインが頭に回る．**- so** (場所・列などに)立つ，位置につく．
stupić[1] V6【完】歩む，歩み出る，進む．*na bok stupić* 脇に寄る；

stupić

nimo *stupić* 踏み誤る；*stupić*（*někomu*）do puća（誰の）行く手を遮る；do wubědźowanja *stupić* 競争に加わる． **- so** [za někim/něčim] 支持する，援護する．

stupić[2] V6【完】鈍らせる，鈍化させる．

stupj|en -nja M4【男】靴．

stupnica F3【女】音階；目盛，スケール．

stupnička F2【女】ゾウリムシ．

stupotać V7【不完】小股で［ちょこちょこ］歩く．

stwa（母音で終る前置詞に続く場合 jstw- となる）F1【女】部屋．dźěćaca *stwa* 子供部屋；klankaca *stwa* 人形の部屋；po *jstwě* 部屋中を；stupić do *jstwy* 部屋へ入る；wuńć ze *jstwy* 部屋から出る．

stwica F3【女】隣室；控えの間．

stwička F2【女】《指小》< stwa．

stwiny A1【形】部屋の． *stwine* durje 部屋のドア．

stwjelco N2【中】（藁などの）茎．

stwjerdnyć V3【完】固くなる．

stwjerdźeć V8【不完】；**stwjerdźić** V6【完】固くする，強固にする．

stwórba F1【女】創造；創造物，被造物；万物，世界．

stworić V6【完】創造する，作り上げる．

stworićel M3【男】創造者，創案者；造物主，神．

stworićelski A2【形】創造的な，創造力のある．

stworjenčko N1【中】《指小》生き物；奴．

stworjenje N5【中】創造；創造物，生き物．

styk M2【男】関係． pŕećelske *styki* 友好的関係：（z někim）*styki* nawjazać [wudźeržować]（誰と）関係を持つ，交流を持つ；pŕetorhnyć *styki* 関係を断つ．

stykać V7；**styknyć** V3【完】；**stykować** V4【不完】．詰め込む；一緒にする，まとめる． *stykać* do kapsa ポケットに詰め込む；wšo do jednoho měcha *stykać* 何もかもいっしょくたにする；ruce *styknyć* na kribječe 背中で手を組む． **- so** [z někim] 一緒になる，結び付く．

stysk M2【男】あこがれ，熱望；望郷；苦しみ，不安．wysk a *stysk* 楽しいときも苦しいときも．

styskać so V7【不完】[někomu za někim/něčim]（誰／何に対し）懐かしい思いがする． mi *so styska* わたしは故郷が懐かしい．

stysknosć F7【女】不安，心配．

sćahać V7【完】; **sćahnyć** V3【完】; **sćahować** V4【不完】剝ぎ取る，引きおろす，引き寄せる．kožu *sćahać* 皮を剝ぐ；hłowu *sćahać* 頭を引っ込める；brjowki *sćahać* 眉をひそめる；*sćahać* ramjeni 肩をすくめる；*sćahnyć* nós 鼻にしわを寄せる（人をばかにする表情）；*sćahać* mjezwočo 顔をゆがめる．

sćazać V7【完】（担保として）差し押さえる，没収する．

sćehno N1【中】太もも，もも肉．

sćekłosć F7【女】狂犬病．*sćěpjenje pře sćekłosć* 狂犬病の予防接種．

sćekły A1【形】狂犬病の．

sćelak M2【男】送り手，送付人．

sćenje N5【中】福音，福音書．

sćeńšeć V8【不完】; **sćeńšić** V6【完】薄く［細く］する，希薄にする．

sćerb M1【男】動物の死骸．

sćerpliwosć F7【女】忍耐強さ．

sćerpny A1【形】辛抱強い．

sćerpnyć V3【完】硬直する，（手足が）痺れる．mi je noha *sćerpnyła* 私は脚が痺れた．

sćeć, zetnu, zetnješ ; zetnu ; 過去 sćach, sćaše ; 完分 sćał, sćała V9【完】切断する．hłowu *sćeć* 頭を切り落とす．

sćežka【副】かろうじて，やっと，ほとんど（…ない）．

sćežor M1【男】支柱．telegrafowy *sćežor* 電信柱．

sćěh M2【男】結果，効果．bjeze *sćěhow* 影響のない，重要でない．

sćěhowacy A1【形】続く，以下の．

sćěhować V4【不完】従う，応じる；[z něčeho] 結果として生じる．z toho *sćěhuje,* zo... そこから以下の結果になる；přeprošenje *sćěhować* 招待に応じる．

sćěna F1【女】壁．kamor na *sćěnu* 作り付けのタンス．

sćěnowina F1【女】壁新聞．

sćěnowy A1【形】壁の．*sćěnowa* protyka 壁掛けカレンダー．

sćěwk M2【男】結果．

sćicha【副】しずかに，そっと．*sćicha* ćerpjeć (*něšto*)（何を）じっと耐える．

sćin M1【男】影，陰の部分．

sćina F1【女】ヨシ（植物）．

sćinidło N1【中】遮光装置，（カメラの）絞り．

sćopleć V8【不完】; **sćoplić** V6【完】暖める，温かくする． **-so** 暖まる，温かくなる．
subjekt M1【男】主体，存在物；〔文法〕主語．
subjektowy A1【形】主語の．
substantiw M1【男】名詞．
subtrahować V4【不完】減ずる，引く．
subtrakcija F5【女】引き算．
sučkować V4【不完】結ぶ．
sud[1] M1【男】裁判．
sud[2] M1【男】ビン；樽． winowy *sud* ワインのビン．
sudni|k M2【男】；**-ca** F3【女】裁判官．
sudniski A2【形】裁判の．
sudnistwo N1【中】裁判所． wokrjesne *sudnistwo* Budyšin（旧東ドイツ時代の）ブディシン区裁判所；před *sudnistwo* skazać 裁判所に持ち込む；*sudnistwu* přepodać 裁判所にゆだねる．
sudobjo N4【中】容器，うつわ． *sudobjo* k jědźi 食器；kuchinske *sudobja* 調理用のうつわ．
sudźić V6【不完】[někoho] 判定する，裁く；[wo někim/něčim] 評価する；[z něčeho na něšto]（何を何から）推論する．
suchi A2【形】乾いた；干からびた． *suchi* štom 枯れた木；syno je pod *suchim* 干し草が（乾燥のために）置かれている．
suchosć F7【女】干からびていること，乾燥，痩せ細った状態．
suchota F1【女】乾燥，枯れ．
suchoćina F1【女】結核．
suk M2【男】結び目． *suk* w drjewje（木の）節．
sukaty A1【形】結び目のある，節のある．
sukać V7【不完】結び目を作る，結ぶ．
sukelnik M2【男】織物職人．
suknja F6【女】スカート． spódnja *suknja* ペチコート；*suknju* so woblec スカートをはく；w *sukni* chodźić スカートを着ている．
sukno N1【中】（毛）織物．
suknyć V3【完】（からだの部分を）震わせる，ぴくりとする． *suknyć* z ramjenjomaj 肩をすくめる．
sukowanka F2【女】編み[結び]細工，マクラメレース編み．
sunyć V3【完】（引っぱって）動かす，ずらす． plistu *sunyć*（někomu）びんたをくわす． **-so** つまずく，立ち往生する；足をすべらす．
sup M1【男】トビ（鳥）．

suprošna A1【形】(雌豚・牝犬などが)妊娠している.
suprošnosć F7【女】(雌豚・牝犬などが)妊娠していること.
surowc M1【男】乱暴者, かんしゃく持ち.
surowizna F1【女】原料. domjaca *surowizna* 地元[国内]の原料.
surowy A1【形】粗い, 生の；荒々しい, 厳しい. *surowe* bolosće ひどい痛み；*surowa* zyma 厳しい寒さ.
susod, 複主 susodźa M1【男】隣人. *susod* při blidźe (食卓での)隣席者.
susodka F2【女】隣人(女性).
susodny A1【形】隣の, 隣人の. *susodny* kraj 隣国；*susodna* wjes 隣の村.
susodstwo N1【中】隣近所.
sušadło N1【中】乾燥器.
sušenka F2【女】ドライフルーツ.
sušiši A3【形】《比》＜suchi.
sušišćo N3【中】乾燥所.
sušić V6【不完】乾かす, 干す. - so 乾く.
sutać V7【不完】フクロウのような叫びをあげる.
sućelna A1【形】(雌牛が)妊娠している.
sućelnosć F7【女】(雌牛が)妊娠していること.
suwa|dło N1【中】; **-k** M2【男】かんぬき, さし錠.
suwanje N5【中】動かすこと, すべらすこと；闇取り引き.
suwać V7【不完】動かす, すべらす；闇取り引きする. chlěb do pjecy *suwać* パンをオーブンにすべり込ませる. - so すべるように動く；そり遊びをする, そりですべる. łastojčki *so* na dešć *suwaja* ツバメが雨を予測して低く飛ぶ；suchi chlěb *so njesuwa* 乾いたパンは喉につまる.
sužoh M2【男】(ろうそく・ランプの)芯.
sužrěbna A1【形】(雌馬・雌ロバが)妊娠した.
sužrěbnosć F7【女】(雌馬・雌ロバが)妊娠していること.
swačina F1【女】間食, おやつ(のパン).
swačić V6【不完】間食[おやつ]をとる.
swak M2【男】義理の兄弟(妻の兄弟, 姉妹の夫, 妻の姉妹の夫).
swakowa A1【女】義理の姉妹(夫の姉妹, 兄弟の妻).
swar M1【男】非難, 叱責；罵りの言葉.
swarjeć V5【不完】叱る, 罵る.
swat M1【男】新郎新婦の付き沿い人.

swěca F3【女】灯火. elektriska *swěca* 電灯；čerwjena *swěca* 赤色灯, 赤信号；wosłabjena *swěca* (車の)減光した光；při *swěcy* 明りの下で；*swěcu* wosłabić 減光する；zaswěćće *swěcu*！明りをつけて下さい；hasńće *swěcu*！明りを消して下さい.

swěčka F2【女】ろうそく. *swěčku* zaswěćić ろうそくを灯す；*swěčka* so swěći ろうそくが灯る；lodowa *swěčka* つらら；jemu so *swěčka* swěći 彼は鼻水を出している.

swěčnik M2【男】燭台, シャンデリア.

swědčić V6【不完】[wo něčim] 証言する, 証明する. to *swědči* wo tym, zo... それは以下の事を証明している.

swědk, 複主 swědkojo M2【男】証人. nawočny *swědk* 目撃者；přesłyšować *swědkow* 証人を尋問する, 事情聴取をする.

swědomit|osć F7【女】誠実さ, 良心的であること. **-y** A1【形】誠実な, 良心的な.

swědomje N5【中】良心. nječiste *swědomje* やましい心：bjez *swědomja* 破廉恥な, 無責任な；(*někoho*) *swědomj* hrjeba 自責の念を持つ.

swěra F1【女】誠実, 忠誠, 貞操. *swěru* dźěržeć 忠誠[貞操]を守る；*swěru* łamać 忠誠[貞操]を破る.

swěru【副】確かに, まぎれもなく. *swěru* kedźbu měć 確かに注意を払う.

swět M1【男】世界. wědomostny *swět* 学問の世界；rozbrojeny po *swěće* 方々に散り散りになった；na cyłym *swěće* 世界中で, この世で；po wšěm *swěće* 世界中で, この世で；najlěpši w *swěće* この世で最高の；běh *swěta* 世の中の流れ, 物事の移り変わり；do *swěta* być 人前での作法を心得ている, 世間を知る；na *swět* přinć 生まれる, 世に出る；nihdy na *swěće* どこにも(…ない).

swětło N1【中】光, 明るさ. dwojake *swětło* 薄明り；za *swětło* 日中, 昼間, 日の光の下で；na *swětło* přinć 明るみに出る.

swětłomjetak M2【男】投光機,(乗り物の)前照灯, サーチライト.

swětłosć F7【女】明るさ.

swětłowobraz M1【男】写真, スライド. **-owy** A1【形】.

swětły A1【形】明るい. na *swětłym* dnju 白昼に.

swětlina F1【女】明るさ, 光, 透明さ.

swětliši A3【形】《比》<swětły.

swětlić V6【不完】明るくする. **-so** 明るくなる. *swětli so* 明るくなってきた[夜が明ける].

swětnišćo N3【中】宇宙.
swětnišćowy A1【形】宇宙の. *swětnišćowy* lět 宇宙飛行； *swětnišćowa* łódź 宇宙船.
swětnosć F7【女】世俗(性).
swětny A1【形】世界の；世俗の, 現世の. *swětna* móc 世界的強国.
swětodaloki A2【形】世界的な, 全世界に広まった.
swětonahlad M1【男】世界観.
swětosławny A1【形】世に名高い.
swětowy A1【形】世界の, 世界的な. *swětowe* hospodarstwo 世界経済； *swětowa* literatura 世界文学； *swětowa* móc 列強, 強国； *swětowa* wójna 世界戦争.
swěćaty A1【形】光の, 明りの. *swěćaty* płun 灯用ガス.
swěćić V6【不完】(天体が)光る；[přez něšto] (何を通して)光る；[někomu] 照らす. — **so** 光る, 輝く. sweca so swěći 光りが輝く；płat so swěći 布地が光る.
swinjacy A1【形】豚の. *swinjace* mjaso 豚肉； *swinjacy* chlěw 豚小屋.
swinjer M4【男】；**-ka** F2【女】豚飼い人.
swinjernja F6【女】豚飼い, 養豚業.
swinjo N4(b)【中】豚. dźiwje *swinjo* 猪, 野豚； *swinjo* rězać 豚を屠殺する.
swinjorězanje N5【中】豚の屠殺；豚をつぶして祝う祭.
swinstwo N1【中】不浄, 不潔, いやらしいこと.
swisle PL2【複】切妻, 破風.
swišć M3【男】ハタネズミ.
switanje N5【中】夜明け. ze *switanjem* 明け方に, 夜明けとともに.
switać F7【不完】世が明ける；[někomu] 明らかになる, はっきりする.
swjata A1【女】(女性の)聖人.
swjatk M2【男】祝祭日. narodny *swjatk* 国の祭日； *swjatk* a pjatk 来る日も来る日も.
swjatki PL1【複】聖霊降誕祭(復活祭後の第7日曜). *swjatki* póndźelu 聖霊降誕祭後の第1月曜日に.
swjatnica F3【女】神聖な場所, 神殿, (教会の)内陣.
swjatočnosć F7【女】祝典, 祝祭(行事).
swjatočny A1【形】祝祭の；荘厳な；にぎやかな.

swjatok M2【男】閉店(時間)，終業，仕事のあとの自由時間．z tym je *swjatok* これでおしまいだ．

swjaty A1【形】聖なる．*swjaty dźeń* 祝日，祭日；*Swjate pismo* 聖書．

swjaty A1【男】聖人．

swjedźeń M4【男】祝祭，祭日．*swójbny swjedźeń* 家族の祝い(の日)．

swjedźenišćo N3【中】式場，祭りの場．

swjedźenski A2【形】祭りの，祝祭の．*swjedźenski čah* 祝賀列車；*swjedźenska drasta* 祭りの衣装，晴れ着．

swjerbjeć V5【不完】[někoho] むずむずさせる，痒い感じを持たせる．mje *swjerbi* 私は痒い，むずむずする．

swjećatko N1【中】聖人像，聖像．

swjećba F1【女】聖別(式)，叙階(式)；落成[開通・除幕](式)．

swjećeny A1【形】聖別された，叙階された．

swjećić V6【不完】祝う．*swjaty dźeń swjećić* 祝日を祝う；*narodniny swjećić* 誕生日を祝う．

swoboda F1【女】自由．*swoboda nowinarstwa* 報道の自由；*swoboda rěčenja* 言論の自由；*wzać swobody* 自由剥奪；*a swobodu pušćić* 自由にする，解放する．

swój A3【代名】《再帰所有》(主語と一致して)自分の．*lubować swoju wótčinu* 自分の祖国を愛する；*swój čłowjek* 夫，身内；*swojeje hłowy [hłójčki] być* 自分の考えに固執する，頑固一徹である．

swójba F1【女】家族．bjez *swójby* 身寄りのない；z dobreje *swójby* 家柄のよい．

swójbny[1] A1【形】家族の．*swójbne mjeno* 姓；w *swójbnych naležnosćach* 家庭の事情で．

swójbn|y[2], -eho A1【男】；-a, -eje A1【女】家族(の者)，家人．

swojorazny A1【形】独特の，特色のある，風変わりな．

swojotny A1【形】独特の，風変わりな．

swojowólnosć F7【女】わがまま，専横．

swójski A2【形】自分の，個人に属する．*swójske mjeno* 固有名詞；*swójski dom* マイホーム．

swójstwo N1【中】私有財産．

syc, syku, syčeš；syku；過去 syčech, syčeše；命 syč！；syčće！；完分 sykł, sykła；受動分 syčeny；能動分 syčacy V9【不完】刈

り取る．trawu *syčacy* 草を刈る．
syčawka F2【女】歯擦音；シューシューいう音．
syčeć V6【不完】シューシューいう．
syčomłóćawa F1【女】コンバイン．
sydadło N1【中】座席．
sydać V7【不完】座っている，(ある位置・場所に)いる，ある．-so 腰掛ける．*sydajće so*! おかけなさい．
sydło N1【中】座席，席；住居．stajne *sydło* 定住地．
sydlišćo N3【中】居住地．
sydmina F1【女】7分の1．
sydmy A1【数】《序》7番目の．
sydom L3【数】7＜名詞とともに用いる場合，数詞は不変化でよい．sedmjo, sedmjoch などの変化形は人間を表わす名詞とともに，あるいは数詞のみで人数を表わす場合に用いる＞．*sydom šulerjow je přišło* 生徒が7人来た；*widźu sydom chěžow* 家が7軒見える；w zašłych *sydom lětach* 過去7年の間；*sedmjo su za namjet hłosowacli* 7人が提案に賛成だ；smy *sedmjo wostali* 私たち7人は残った．
sydomdźesat L3【数】70．
sydomdźesaćiny, -in/-inow PL1【複】70歳の誕生日，古希．
sydomka F2【女】7(の数)，7番，(トランプの)7．
sydomnatka F2【女】17(の数)，17番．
sydomnaty A1【数】《序》17番目の．
sydomnaće L3【数】17．
syjawa F1【女】種まき機．
syjer M4【男】種まき人．
sykanina F1【女】挽き肉．*sykanina we hłowje měć* 頭が混乱している，おかしくなっている．
sykanje N5【中】切り藁．
sykany A1【形】切り刻まれた；飛び散った．
sykać V7【不完】切り刻む；飛び[撒き]散らす．
sykawa F1【女】放水機，水撒き機；空気ポンプ．
syknyć V3【完】→sykać．
sykorka F2【女】シジュウカラ．
syła F1【女】多数，大量．*njeličomna syła* 無数，大量．
sylnić V6【不完】強くする．-so 強くなる．
sylnoprud M1【男】高圧電流．

sylnosć F7【女】強度.
sylza F3【女】涙. *sylzy* ronić 涙を流す；*sylzy* přeliwać za někim（誰を思って）さめざめと泣く.
sylzojty A1【形】涙の，涙にくれた.
sylzować V4【不完】涙を流す.
symbol M3【男】象徴.
symboliski A2【形】象徴的な.
symjeńca F3【女】種子植物.
symjentny A1【形】種の.
symješko N1【中】穀粒種子.
symjo N3【中】種.
syn M1【男】息子. přichodny *syn* 義理の息子，婿；přirodny *syn* 養子.
syno N1【中】干し草. *syno* dźěłać 干し草を作る；*syno* wobroćeć 干し草をひっくり返す；*syno* domoj brać 干し草を取り入れる.
sypać V7【不完】；**sypnyć** V3【完】撒く，振りかける；投げかける，撒き散らす. z rukawa *sypać* 袖から振り払う［あることを造作もなくやる］；sněh *sypać* 雪かきをする. **‐so** どっと押し寄せる；（雪が）舞い散る.
syrota F1【女】孤児.
syrotka¹ F2【女】サンシキスミレ.
syrotka² F2【女】《指小》＜syrota.
syry A1【形】生の. *syre* mjaso 生肉；*syry* za wušomaj 青二才.
sytka F2【女】肋膜. zahorjenje *sytki* 肋膜炎.
syty A1【形】満腹した，満足した，堪能した. *syty* być (*něčeho*)（何に）飽き飽きした，うんざりした；do *syteje* いやというほど，たっぷりと；(*něšto*) *syte* měć（何を）いやというほど持つ，（何に）うんざりする.
syć¹ V2【不完】（種を）まく.
syć² F7【女】網. milinowa *syć* 電力供給網.
syćić V6【不完】満足させる，満腹させる；たっぷり与える. **‐so** 満足する.
syw M1【男】種まき. na *sywach* 種まきの時期に.

Š, š

šablona F1【女】原型，雛型；決まり文句，陳腐な言い回し．
šablonojty A1【形】型にはまった．
šablonowy A1【形】原型の，雛型の．*šablonowy* ćišć 謄写印刷．
šafner M4【男】; **-ka** F2【女】車掌．
šach M2【男】チェス．
šachownica F3【女】チェスボード．
šachowy A1【形】チェスの．
šaka F2【女】まだら牛．
šakaty A1【形】まだらの．
šalka F2【女】カップ．*šalka* kofeja コーヒー一杯．
šalmaj|a F5【女】シャルマイ(木管楽器の一種). **-owy** A1【形】.
šamałc M1【男】卑劣[俗悪]な奴，礼儀知らず．
šamałosć F7【女】卑劣，俗悪，粗野．**-y** A1【形】.
šamotownik M2【男】耐火粘土の加工職人，レンガ職人．
šamotownja F6【女】耐火粘土の加工．
šamotowy A1【形】耐火粘土の．*šamotowy* cyhel 耐火レンガ．
šampanske A2【中】シャンパン酒．
šampinjonk M2【男】マシュルーム．**-owy** A1【形】.
šampun M1【男】シャンプー．
šanda F1【女】引き綱；吊り紐．
šandka F2【女】《指小》<šanda;(ズボンなどの)サスペンダ．
šansa F3【女】チャンス．
šanson M1【男】シャンソン．
šarmantny A1【形】チャーミングな，素敵な．
šašlyk M2【男】串焼き肉．
šat M1【男】服(ワンピース・ブラウス・シャツなど). lětni *šat* 夏服．
šaty PL1【複】下着，ハンカチ，寝具など．*šaty* płokać ランジェリーを洗う．
šawl M1【男】ショール．židźany *šawl* 絹のショール．
šćeć, šću, šćiš; šća 過去 šćach, šćeše；複二 šćešće；双二 šćeštaj,

šef

-tej；命 šči！；ščiće！；完分 ščał, ščała V9【不完】おしっこする.
šef M1【男】シェフ，上司.
šeflěkar M4【男】医長.
šek M2【男】小切手. wupisać šek 小切手を振り出す. **-owy** A1【形】.
šelma M5【男】やんちゃ坊主，いたずら者.
šema F1【女】図式.
šematiski A2【形】図式の，図式的な.
šeptać V7【不完】ささやく.
šerić V6【不完】(幽霊が)出る；驚かす，騒がす. tu šeri ここは幽霊が出る.
šerjaty A1【形】不気味な，恐ろしげな. šerjate wjedro 不気味な空模様.
šerjenje N5【中】幽霊；かかし. hodźina šerjenjow 幽霊の出る時刻；šerjenje do kału 野菜畑のかかし.
šerjenjojty A1【形】幽霊のような，不気味な.
šerjenowy A1【形】幽霊の. šerjenowy hród 幽霊屋敷.
šerpatka F2【女】小銭.
šeršeń M4【男】スズメバチ；怒りっぽい人.
šesty A1【数】《序》6番目の.
šesćina F1【女】6分の1.
šešerić V6【不完】(毛を)もじゃもじゃ[ふさふさ]にする. **-so**(毛が)もじゃもじゃ[ふさふさ]になる.
šešerjaty A1【形】(毛が)もじゃもじゃ[ふさふさ]の.
šewc M1【男】靴屋.
šewcować V4【不完】靴屋の仕事をする.
šewcownja F6【女】靴屋の仕事場.
šědźiwić V6【不完】(髪が)白くなる，白髪頭になる.
šědźiwy A1【形】(髪が)白くなった.
šělhać V7【不完】[za něčim] 横目で見る，盗み見る.
šělhawy A1【形】横目の. šělhawje hladać 盗み見る，横目で見る.
šěna F1【女】レール；(骨折の手当のための)添え木.
šěnować V4【不完】(骨折の手当のための)添え木をする.
šěr F7【女】幅，厚み；緯度；灰色. wuska šěr 薄手素材；sewjerna šěr 北緯.
šěrački M2【男】ヨーロッパコマドリ.
šěrak M2【男】あし毛の馬.

šěrina F1【女】緯度. sewjerna šěrina 北緯.
šěrinowy A1【形】緯度の. šěrinowy stopjeń 緯度.
šěroki A2【形】幅広の, 広い. šěroke morjo 大洋, 外洋.
šěroko【副】幅広く, 広々と.
šěrokoramjenity A1【形】肩幅の広い.
šěrokostnik M2【男】緯度.
šěrokosć F7【女】幅, 広さ.
šěrši A3【形】; **šěršo**【副】《比》<šěroki.
šěry A1【形】灰色の. šěra pliška セキレイ(鳥).
šěsnatka F2【女】16(の数); 16番.
šěsnaty A1【数】《序》16番目の.
šěsnaće L2【数】16.
šěsnaćina F1【女】16分の1.
šěstka F2【女】6 (の数), 6番.
šěsć L3【数】6〈名詞とともに用いる場合, 数詞は不変化. šesćo, šesćoch... の形は数詞のみで人数を表わす場合に用いる〉. šěsć šulerjow je přišło 生徒が6人来た; zetkach šěsć njepřećelow 6人の敵に出会った; wšě šesćo su wotešli 6人全員が去ってしまった.
šěsćbóčny A1【形】六辺の.
šěsćdźesat L3【数】60.
šěsćdźesaćiny, -in/-inow PL1【複】還暦, 60歳の誕生日.
šěsćina F1【女】6分の1.
šěsćrózk M2【男】六角形.
šibałc M1【男】いたずら者, ひょうきん者.
šibały A1【形】おかしい, ひょうきんな.
šibjeńca F3【女】絞首台; 吊し台.
šidleško N1【中】千枚通し, 錐(キリ).
šija F5【女】首, 頸, 喉; (物の)くびれた部分. zadnja šija うなじ; zahorjenje šije 喉の炎症, 扁桃炎; naćahować šiju 首(筋)を伸ばす; mje šija boli 私は喉が痛い; čłowjek twjerdeje šije 頑固者; z cyłej šiju zarjejić あらん限りの声で叫ぶ; sebi šiju zwinyć 大怪我をする, 大失敗する; za šiju lězć (někomu) (誰に)うんざりの種になる; to mi ze šije lěze 私はそれが嫌になった; dźěło na šiji měć 問題[仕事]を抱え込んでいる; (někoho) ze šije dóstać (誰から)逃れる.
šijadło N1【中】ミシン.
šijaty A1【形】首の長い.

šijebolenje N5【中】喉の痛み.
šijerka F2【女】お針子.
šik¹ M2【男】手際, 熟練, 巧妙, 器用.
šik²【形】《不変》シックな, 粋な.
šikana F1【女】意地悪, 嫌がらせ.
šikanować V4【不完】[někoho] 嫌がらせをする.
šikorej M3【男】チコリ(野菜). **-owy** A1【形】.
šikować V4【不完】整える, 見た目をよくする.
šikwany A1【形】素敵な, シックな.
šindźel M3【男】こけら板, こけら葺きの屋根.
šindźelaty A1【形】こけら葺きの. *šindźelata třecha* こけら葺きの屋根.
šip M1【男】矢. *šipy třeleć* 矢を射る.
šipa F1【女】(鳥の羽の)羽軸.
šiplenk|a F2【女】バラ・山査子などの実. **-owy** A1【形】.
šiplić V6【不完】ほじり返す, 突きまわす.
šipowy A1【形】矢の. *šipowy kónčk* 矢の先端.
šišk|a F2【女】毬果(キュウカ), 松かさ；茎, 軸. **-ojty** A1【形】松かさ状の.
šity A1【形】縫った, 縫いものの. *šita jehła* 縫い針.
šić V2【不完】縫う.
šiće N4【中】縫い物, 縫うこと；縫い物道具. *žida k šiću* 縫い物用の絹；*cwjern k šiću* 縫い糸, 縫い物用の撚り糸.
škałbaty A1【形】ひびの入った.
škał(o)ba F1【女】ひび, 割れ目, 裂け目.
škarak M2【男】扇動者.
škarać V7【不完】つつき回す, つついてかきたてる；扇動する.
škerjedźić V6【不完】ごたごたを起こす, ものごとに口をはさむ.
škit M1【男】保護；保護するもの, 覆い. *powětrowy škit* 防風；*škit wobswěta* 環境保護；*bjez škita* 無防備な, 保護のない；*škit čłowjeskich prawow* 人権保護；*škit nopawy* カメの甲羅.
škitanc M1【男】被保護者, 守られている者.
škitanski A2【形】保護の, 保護のための. *škitanske sčěpjenje* 予防接種；*škitanske pasmo* 保護区.
škitar M4【男】保護者；(スポーツ)後衛, フルバック.
škitać V7【不完】保護する；(スポーツで)守る.
škitny A1【形】保護の, 保護用の. *škitna drasta* 防護服.

škla F5【女】鉢，深皿．

škleńca F3【女】ガラス；グラス．točena škleńca カットグラス；pitna škleńca コップ，グラス；zawarna škleńca（保存食用の）ガラス瓶；škleńca wody コップ一杯の水；nawoči z ćmowymaj škleńcomaj 濃い色のレンズの入った眼鏡．

škleńcowy A1【形】ガラスの．šklenćowa włoknina グラスファイバー素材；šklenćowa industrija ガラス産業．

šklenćudujer M4【男】ガラス細工職人，ガラス吹きの道具．

šklenćutočer M4【男】ガラスカット職人．

šklenćany A1【形】ガラス(製)の；透き通った．šklenćane durje ガラス戸．

šklenćer M4【男】ガラス屋．

šklenćernja F6【女】ガラス工場，ガラス屋．

šklenćerstwo N1【中】ガラス作り，ガラス産業．

šklenćka F2【女】グラス．wupić šklenćku wina ワインをグラスに一杯飲む．

šklička F2【女】《指小》＜škla. kompotowa šklička コンポート用の小鉢．

škoda 1. F1【女】損害．wěcna škoda 物的損害；narunanje škody 損害補塡，損害賠償；škodźe zadźěwać 損害が起きないようにする，損害を予防する；škodu načinić 損害を生じる；do škody być 損[害]になる．2.《述語》残念だ．to je woprawdźe škoda それはまったく残念だ．

škódnik M2【男】害を与える動植物；有害な人物．

škódny A1【形】有害な．

škodopřejnosć F7【女】シャーデンフロイデ(他人の不幸をいい気味だと思う気持ち)．

škodowanje N5【中】損傷，障害(を与えること)．

škodować V4【不完】[ňekoho] 損害[障害]を与える，傷つける．

škodźeć V6【不完】害になる，損ずる．

škórc M1【男】ムクドリ．

škór|ń M4【男】；**-nja** F6【女】ブーツ，長靴．

škórnjowy A1【形】長靴の．škórnjowy pjénk 長靴のヒール．

škot M1【男】スカート(3人遊びのトランプゲーム)．**-owy** A1【形】．

škowronćk M2【男】ヒバリ．

škra 複主／対 škrě F1【女】火花．škrě lětaja 火花が飛ぶ．

škrabak M2【男】削り器，皮剥き器．
škrabać V7【不完】削る，掻き取る，ひっかく．
škrabk M2【男】掻き傷，擦り傷．
škrabnyć V3【完】→škrabać．
škraholc M1【男】ハイタカ(鳥)．
škrěčak M2【男】やかましくわめく人；わめく子供．
škrěčeć V6【不完】わめく，叫ぶ．
škrějer M4【男】製錬工，溶鉱係り．
škrějernja F6【女】製錬所，溶鉱所．
škrěkać V7【不完】(鳥が)叫びを上げる．
škrěkawa F1【女】カケス，カシドリ．
škrěć V2【不完】(金属・脂肪を)溶かす；[někoho] ひやかす，からかう．
škrička F2【女】《指小》<škra．
škričkowanje N5【中】打電，無電(を打つこと)．
škričkowanski A2【形】無電の，無線の．
škričkowar M4【男】無線通信士．
škričkowarnja F6【女】無線通信局；放送局，電信局．
škričkować V4【不完】無線で通信する．
škričkowc M1【男】(クリスマス用などの)電気花火，線香花火．
škrjebot M1【男】ガチャガチャ[カタカタ]なる音．
škrjebotać V7【不完】ガチャガチャ[カタカタ]いわせる，ガチャガチャ音をたてる．
škrob M1【男】澱粉；(洗濯用)のり．
škropawy A1【形】でこぼこの，なめらかでない；粗い，ごわごわの．*škropawy hłós* しゃがれた声．
škruta F1【女】海上に浮かぶ氷原．
šlag|er, -ra M1【男】流行歌．-rowy A1【形】．
šlaha F2【女】(有料道路・踏切の)遮断器．
šlahać V7【不完】遮断する．*puć šlahać* 道を閉鎖する．
šlachotnosć F7【女】寛容，寛大[高貴]な心．
šlachotny A1【形】高貴な，気高い，心の寛大な．
šlachćić so V6【不完】[někomu] うまくいく．*jemu so wšitko šlachći*. 彼は万事うまく行っている．
šlaka F2【女】燃えかす，炭のかす．
šlapnyć V3【完】飲み込む，飲み下す．
šlebjerda F1【女】(布・紙の)長い切れ．

šlebjerdak M2【男】サナダムシ.
šlebjerdka F2【女】細紐. *šlebjerdka* papjery 紙テープ.
šlewjer M4【男】ヴェール；もや，かすみ. *šlewjer* z cunich cankow 柔らかなレースでできたヴェール；za *šlewjerjom* nocy 夜のとばりの向こうに.
šlink M2【男】カタツムリ. **-owy** A1【形】. *šlinkowa* chěžka カタツムリの殻.
šlipać V7【不完】；**šlipnyć** V3【完】鞭で打つ，叩く. *dešč šlipa* 雨がたたきつける.
šliž M3【男】ハゼ；淡水に住む小魚.
šmadrunks M1【男】プラムのムース.
šmałc M1【男】豚の脂肪，ヘット. **-owy** A1【形】.
šmara F1【女】切り傷.
šmica F3【女】アブラムシ，アリマキ；コメススキ(植物).
šmiga F2【女】折り尺.
šminka F2【女】化粧品；化粧.
šminkować V4【不完】化粧を施す. **-so**(自分の顔に)化粧をする.
šmjat M1【男】混乱，ごちゃごちゃ.
šmjatańca F3【女】混乱，無秩序，ごちゃごちゃ.
šmjatać V7【不完】混乱させる，ごちゃごちゃにする. **-so** ぐずぐずする，迷う. *šmjataj so*(z puća)!さっさとうせろ!
šmórak M2【男】字の下手な人；へぼ絵描き.
šmórać V7【不完】下手に書く；なすりつける. **-so** [wokoło někoho] へつらう，媚びる.
šmotawy A1【形】曲がった，歪んだ，鈎型の；がにまたの.
šmrěčina F1【女】松(ドイツトウヒ)のうっそうとしげった所，森.
šmrěk M2【男】松(ドイツトウヒ).
šmrěkowina F1【女】松(ドイツトウヒ)の林.
šmrěkowy A1【形】松(ドイツトウヒ)の.
šnapka F2【女】(樽の)注ぎ口.
šnapotać V7【不完】ぺらぺらしゃべる.
šnóra F1【女】リボン；(民族衣装で，花嫁に付き添う娘の)胸飾り.
šnórka F2【女】《指小》<*šnóra*；細引き. *deščik šnórka predźe* ひどい土砂降りだ.
šnórowadło N1【中】紐. *šnórowadło* za črije 靴紐.
šnórowanje N5【中】靴紐；紐で結ぶこと.
šnórować V4【不完】紐で結わえる，結ぶ.

šnypać V7【不完】; **šnypnyć** V3【完】(指を)弾く, ぱちんと鳴らす.
šofer M1【男】運転手. -owy A1【形】.
šokolad|a F1【女】チョコレート. -owy A1【形】.
šórcuch M2【男】前かけ, エプロン.
šosar M4【男】〔史〕農場管理人.
šow M1【男】縫い目; 縫い合わせた箇所. *šow so próje* 縫い目がほころびる.
šowinist M1【男】国粋主義者.
špak M2【男】とげ, (木の)ささくれ. *hdźe tón špak tči?* いったい何が問題なのだ？一体どうしたのだ？ *to je tón špak!* ここにこそ問題がある！これだ！
Španičan M1【男】; **-ka** F2【女】スペイン人.
Španiska A2【女】スペイン. **španiski** A2【形】.
španišćina F1【女】スペイン語.
šparawka F2【女】つまようじ.
špatny A1【形】悪い. *špatne žně* 不作, 凶作.
špihel M3【男】鏡. *hladać do špihela* 鏡を見る.
špihelować V4【不完】鏡に写す, 反映[反射]する, 写し出す. **- so** 鏡に写る, 反射する.
špihelowy A1【形】鏡の. *špihelowa šklénca* ミラーガラス.
špodka F2【女】帽子のひさし.
špundowanje N5【中】床.
špundować V4【不完】床を張る.
šrót M1【男】屑鉄；散弾.
šrub M1【男】ねじ, スクリュー. *šrub wjerćeć* ねじを巻く；*łódź ma hoberski šrub* 船は巨大なスクリューを装備している；*w šrubje do wody skočić* 水の中へ旋回しながら飛び込む.
šrubica F3【女】ねじ山；雌ねじ, ナット.
šrubnik M2【男】万力.
šrubowak M2【男】ねじ回し.
šrubować V4【不完】ねじを回す；ねじで留める, 締める；ねじってはめる[はずす]. *wěko na šklenću šrubować* ジョッキに蓋をねじで止める；*žehlawku z lampy šrubować* 電灯から電球をとる.
šrubowy A1【形】ねじの. *šrubowy kluč* スパナ, レンチ.
štabraty A1【形】(態度が)不自然な, もったいぶった.
štabry PL1【複】竹馬.

štałt M1【男】コルセット．**-towy** A1【形】コルセットの．
štapać V7【不完】突き回す，ほじり回す．
štelka F2【女】（はしごの）横木．
što, čeho P6【代名】1.《疑問》何が．*što je Jan prajił?* ヤンはなんて言ったの？*što je to do...* どんな；*što je to do čłowjeka* それは一体どのような人か．2.《不定》何か．*je Jan što prajił?* ヤンは何か言ったか？*bjez toho zo by što prajiła, wóna woteńdźe* 何か言うこともなく彼女は立ち去った．
štó, koho P5【代名】1.《疑問》誰が．*štó je to sčinił?* 誰がそれをしたのか？2.《不定》誰か．*wěm, zo je tam štó* むこうに誰かいるのは知っている；*štó wě hdy* いつだかわからない；*ty drje sy zaso štó wě hdźe był* おまえはまたどこぞへ行っていたのやら；*wona je bóh wě koho přeprosyła* 彼女は一体誰を招待したことか．
štom M1【男】立ち木，幹．*sadowy štom* 果樹．
štomownja F6【女】植木畑，苗木の仕置き場．
štož, čehož P6【代名】《関係》…であるそのもの．*dam, štož mam* 私は持っているものをあげよう；*štož je było, było je, naspjet nihdy njepřińdźe* 起こったことは起こったこと，元には戻らない．
štóž, kohož P5【代名】《関係》…であるその人．*štóž to hišće njewě durbi sej so prašeć* それをまだ知らない人は尋ねる必要がある．
štožkuli, čehožkuli P6【代名】《不定》何であれ．*štožkuli namakaš, njeje twoje* 何を見つけようとも，それは君のものではない．
štóžkuli, kohožkuli P5【代名】《不定》誰であれ．*štóžkuli čaka a wěri, tomu čas kopicy měri* 待ち，信じるものには時が多くを授ける．
štručka F2【女】（詩の）連；詩句；ダンスの一回り．
štručkowy A1【形】（詩の）連の；詩句の．*štručkowa měra* 韻律．
štryčk M2【男】《指小》<štryk．
štryk M2【男】拠り糸，紐．
štwórtk M2【男】木曜日；木曜日に．
štwórtka F2【女】4（の数），4番．*na dwórnišćo ze štwórtku jěč* 駅まで4番線で行く．
štwórty A1【形】4番目の．
štwórć《不変》【女】4分の1，四半分；15分；（市街地の）区画，町．*štwórć lětstotka* 四半世紀；*štwórć na štyri* 4時15分；*nowa bydlenska štwórć* 新興住宅地．
štwórčina F1【女】4分の1．

štwórćleto N1【中】四半期.

štwory A1【形】4倍の, 4重の;（複数名詞と用いて）4つの, 4組の. *štwore* hrabje くまで4本.

štyrceći L2【数】40.

štyri L3【数】4〈*štyrjo*, *štyrjoch* の形は男性人間を表わす名詞とともに, もしくは数詞のみで人数を表わす場合に用いられる. 4を含む名詞句が主格の場合, 名詞は複数主格, 述語は複数で一致. その他の格では名詞は複数の必要な格形態をとる. 名詞とともに用いられる場合, 口語で *štyri* が不変化になることもある〉*štyri* sta 400; *štyrjo* synojo padnychu w tutej krawnej bitwje この流血の戦いの中で4人の息子が倒れた; *štyri* konje běchu tam むこうに馬が4頭いた; zetkach *štyri* holcy 私は4人の娘さんたちと会った; smy *štyro* 私たちは4人です; před *štyrjomi* [*štyri*] lětami 4年前に; w běhu *štyrjoch* [*štyri*] dnjow 4日間の間に; pjeć minutow po *štyroch* 4時5分過ぎ; štwórć na *štyri* 4時15分.

štyrihłósny A1【形】四声の, 四重唱の.

štyrihodźinski A2【形】4時間の.

štyriróžk M2【男】四角形.

štyriróžkaty A1【形】四角形の, 四角張った.

štyrnaty A1【数】《序》14番目の.

štyrnaće L2【数】14.

šćebot M1【男】ガーガー［ピーピー］鳴くこと, その声; おしゃべり.

šćebotać V7【不完】ガーガー［ピーピー］鳴く, ぺちゃくちゃしゃべる.

šćedr(iw)|osć F7【女】気前のよさ. **-y** A1【形】.

šćekot M1【男】ガーガー［ピーピー」鳴くこと.

šćekotać V7【不完】= šćebotać.

šćenjo N4【中】若い動物（犬など）; 雛（ヒナ）, 甘えん坊, 末っ子.

šćerba F1【女】すき間, 裂け目, 欠けたところ.

šćerčawka F2【女】（おもちゃの）ガラガラ.

šćerčeć V5【不完】ガラガラ［カタカタ］いわせる, その音をたてる.

šćerk M2【男】ガラガラ［カタカタ］いう音, その音をたてること.

šćerkotać V7【不完】→ šćerčeć.

šćernišćo N3【中】切り株だけの畑.

šćežka F2【女】小道.

šćěkać so V7【不完】ふざける.

šćěpić V6【不完】裂く, 割る; 栓をする; 接ぎ木する; 種痘を施

す．-so 裂ける，割れる，はじける．
ščěpjel M3【男】スレート；粘板岩．
ščěpjelowy A1【形】スレートの．*ščěpjelowa* třecha スレート葺きの屋根．
ščěpjenje N5【中】割る[割れる]こと，分割；コルク，栓；接ぎ木；種痘．
ščěpjenski A2【形】分割の；接ぎ木の；種痘の，
ščěpjernja F6【女】種痘接種をする所(施設)．
ščěpjo N4【中】ほんのひとつまみ，
ščěpka F2【女】薪(の一本)，割り木．
ščěpowc M1【男】薪の山(焚刑にするための)；たき火．
ščěrič V6【不完】: zuby *ščěrič* 歯をむき出す．
ščětka F2【女】ブラシ．zubna *ščětka* 歯ブラシ；*ščětka* za włosy ヘアブラシ．
ščětki PL1【複】ナデシコ．
ščětkować V4【不完】ブラシをかける．
ščěć F7【女】ブラシ．
šćihlica F3【女】ゴシキヒワ．
šćipač M3【男】鼻眼鏡．
šćipak M2【男】(花や草などの)摘み取り機．
šćipar M4【男】; -ka F2【女】(花や草などの)摘み取り人．
šćipać V7【不完】つねる，つまむ；(風邪などで)鼻がぐずぐずする；(寒さが)凍てつく．*šćipaca* kritika 手厳しい批評；*šćipaca* zyma 厳寒．
šćipka F2【女】(塩の)ひとつまみ．
šćóna F1【女】ナンキンムシ．suchi kaž *šćóna* カラカラに干からびた，骨と皮ばかりの．
šćowkać V7【不完】(犬が)吠える，しゃがれ声を出す．
šćuka F2【女】カワカマス．
šćura F1【女】ラット，大ネズミ．jěd pre *šćury* ネズミ退治の毒．
šćuwańca F3【女】そそのかし，扇動；(狩りの)追い立て．
šćuwar M4【男】そそのかし屋，扇動家；(狩りの)勢子．
šćuwać V7【不完】追い立てる，狩る．
šubut M1【男】ワシミミズク．
šudrować V【不完】引っ掻く，こする，磨く．
šukot M1【男】ささやき．
šukotać V7【不完】ささやく．

šula F5【女】学校. wyša šula 大学, 専門教育機関；powołanska šula 職業学校；wysoka šula 高等学校；do šule chodźić 学校に通う；po šuli sedźeć 学校に居残りする；šulu wuchodźić 学校を終える, 卒業する.

šuler M4【男】；**-ka** F2【女】生徒, 就学児童.

šulerski A2【形】生徒の, 児童の.

šulski A2【形】学校の. šulska wučba 教科；šulska hodźina 授業, 授業時間；šulske lěto 学校年度.

šulstwo N1【中】学校制度.

šum M1【男】ざわめき, 沸騰, 泡立ち.

šumić V6【不完】ざわめく, 沸騰する, 泡立つ. mi we wušomaj šumi 私は耳鳴りがする.

šumjel M3【男】白馬.

šunk|a F2【女】ハム. **-owy** A1【形】.

šup M1【男】アライグマ.

šupizna F1【女】うろこ；(頭の)ふけ.

šupiznaty A1【形】うろこのある, うろこ状の；ふけだらけの.

šurowac V4【不完】こする, 磨く.

šuskać V7【不完】；**šusknyć** V3【完】せかせか[いらいら]あるきまわる；跳び跳ねて回る；(レタスなどが)上に伸びる, 育つ. šusknyć přez hłowu (考えが)ひらめく；posměwk šuskny po wobliču 笑みが顔に浮かんだ.

šwalča F5【女】裁縫師(女性).

šwalčernja F6【女】婦人服屋.

šwalčiny A1【形】(婦人服の)裁縫師の.

šwalčić V6【不完】(婦人服の)裁縫師の仕事をする.

šwarny A1【形】みごとな, すばらしい, 立派な.

Šwed M1；**-a** M5【男】；**-owka** F2【女】スウェーデン人.

Šwedska A2【女】スウェーデン. **šwedski** A2【形】.

Šwica F3【女】スイス(地方). Sakska Šwica ザクセンスイス(ドイツの地名).

Šwicar M4【男】；**-ka** F2【女】スイス人.

Šwicarska A2【女】スイス(国). **šwicarski** A2【形】. šwicarski twarožk スイスチーズ.

šwičeć V6【不完】(鳥が)さえずる. kaž stare šwiča, tak młode kwiča 親のすることは子供もする.

šwihel M3【男】大雨, 急な豪雨.

šwiholić V6【不完】(鳥のように)さえずる，歌う．
šwik M2【男】枝を束ねた鞭で打つこと(刑罰として)．
šwikadło N1【中】鞭；懲らしめ．
šwikać V7【不完】；šwiknyć V3【完】鞭で打つ；ひっぱたく．
　-so (馬などに)飛び乗る．
šwinc M1【男】アナグマ．
šwintuch M2【男】軽薄な人，無責任な人．
šwižny A1【形】すらりとした，ほっそりした．
šwjerč M3【男】(獣脂をとったあとの)かす，黒いかたまり；コオロギ．
šwjercikaty A1【形】脂をとったかすの．
šwórčeć V6【不完】ブーン[ブンブン]と音をたてる，ブーン[ブンブン]いう．

T, t

tabela F5【女】一覧表，図版．
tablet M1【男】盆．
tableta F1【女】錠剤．
tabula F5【女】[掲示用の]板；盤；図版．
tačel F7【女】レコード．-owy A1【形】．
tadźikiski A2【形】タジク[タジキスタン]の．
Tadźikistan M1【男】タジキスタン．
tafla F5【女】板，表示板．wopomjenska *tafla* 記念牌，記念板；šulska *tafla* 教室の黒板；wjesna *tafla* 村の表示板，案内板．
taflowy A1【形】板の．*taflowa* kryda 黒板用のチョーク．
tahant M1【男】修道院長；(カトリックの)主席司祭，教区司祭．
tahantstwo N1【中】《集合》教区司祭；司祭による
taifun M1【男】台風．
tajga F2【女】タイガ(シベリアの針葉樹林帯)．
tajić V6【不完】隠す．-so 否定する，否認する；隠れる．
tajki A2【形】そのような．w *tajkim* padźe そのような場合に；na *tajke* wašnje そのようにして，そのようなやり方で；*tajke* su přiči-

tak

ny そのようなことが理由である；*tajki někajki* 何ということもない（人の特徴について）；*tajki* a hinaši（誰でもよい）誰か；どうしようもない（人について）．

tak 【副】そのように．*čiń to tak kaž zrěčane!* 言われたようにしなさい！*tak mjenowany* いわゆる；*a tak dale* 等々；*tak abo znak* どれでもよい，あれかこれか；*tak někak* どうにかして；*tak a tak* ともかく，いずれにしても．

takrjec 【副】いわば．*to je takrjec twoja naležnosć* それはまあいわば君の責任だ．

taksa F3 【女】税；タクシー．

takt M1 【男】拍，拍子．*dwuštwórćinowy takt* 4分の2拍子；*walčikowy takt* ワルツのリズム．

takti|ka F2 【女】戦術．**-ski** A2 【形】．

taktnosć F7 【女】作法（の良さ），デリカシー．

taktownik M2 【男】指揮棒．

talentowany A1 【形】才能のある．

taler M4 【男】皿．*niski [niłki] taler* 平皿；*hłuboki taler* 深皿．

talerk M2 【男】《指小》＜*taler*；カップの受け皿．

talja F6 【女】胴；ウエスト，ウエストのくびれ．

tam 【副】あそこに．*tam a sem* あちこち（へ）；どこか（へ）；ときどき；*běž tam* あっちへ行け！

tamač V7 【不完】刑を言い渡す；呪う．

tamniši A3 【形】そこの，その地の．*tamniša šula* そこの学校；貴校．

tamny A1 【形】そちらの．*tamna strona drohi* 道路の向こう側；*z tamneje strony* そちら［向こう］側から；*tamnu połojcu dać* 別の半分を与える．

tampuć M3 【男】行き，往路．*na tampuću* 行きに，往路に；*tampuć a dompuć* 往復路．

tank M2 【男】タンク；戦車，装甲車．

tankist M1 【男】装甲車配備の兵士．

tankować V4 【不完】燃料［ガソリン］を入れる．

tankownik M2 【男】給油係り，ガススタンドの店員．

tankownja F6 【女】給油所，ガススタンド．

tapecěrować V4 【不完】壁紙を張る．

tapeta F1 【女】壁紙，壁布．

tapetowy A1 【形】壁紙［壁布］の．*tapetowy klij* 壁用の糊．

tarakawa F1【女】タラカワ(民族楽器の一つ、オーボエに似た木管楽器).
tarč F7【女】防楯、シールド；標的；円盤状のもの[盤・板など].
tarnować V4【不完】(迷彩で)カムフラージュする、偽装する.
tasadło N1【中】触角器.
tasać V7【不完】手で触れる、手探りする.
tać V2【不完】(雪が)解ける；霜が降りる. *dźeńsa taje* 今日は霜が降りている.
taće N5【中】雪解け(の陽気).
tčeć, tču, tčiš; tča; 過去 tčach, tčeše; 複二 tčešće; 双二 tčeštaj, -tej; 命 tči!; tćiće!; 完分 tčał, tčała V9【不完】ささっている、はまっている、(ある状態で)留まっている. kluč *tči* w zamku 鍵が錠にささっている.
tehdy【副】その時、当時.
tehdyši A3【形】その時の、当時の.
technika F2【女】テクニック.
technikar M4【男】; **-ka** F2【女】技術者.
techniski A2【形】技術の.
technolog M2; **-a** M5【男】; **-owka** F2【女】科学技術者、テクノローグ.
tejka F2【女】売り台、(バーなどの)カウンタ.
tekst M1【男】テクスト.
tekstilije PL2【複】繊維製品、織物.
tekstilny A1【形】繊維(産業)の.
telefon M1【男】電話.
telefonować V4【不完】電話する.
telefonowy A1【形】電話の.
telegram M1【男】電報. chwatany *telegram* 至急電報、ウナ電.
telewizij|a F5【女】テレビ(放送). *telewiziju* hladać テレビを見る. **-ny** A1【形】.
telewizor M1【男】テレビ(受像器). barbojty [barbny] *telewizor* カラーテレビ.
telko【副】それだけの. *telko* kaž móžno できる限り；*telko* městna それだけの席.
tema F1【女】または【男】《不変》テーマ. aktualna *tema* 差し迫った[目下の]テーマ.
tematiski A2【形】テーマの、テーマによる. *tematiske* rjadowan-

temperamentny

je テーマ別の分類.
temperamentny A1【形】血気盛んな, 活力にあふれた.
temperatura F1【女】温度, 熱. wysoka *temperatura* 高熱, 高温.
tempo N1【中】テンポ.
tenis M1【男】テニス. blidowy *tenis* 卓球.
tenisowka F2【女】(テニスの)ラケット.
teoretiski A2【形】理論的な.
teorija F5【女】理論.
tepić V7【不完】燃す, 焚く, (焚いて)暖める. *tepić* w kachlach ストーブを焚く; z wuhlom *tepić* 炭で暖める. **-so** 燃える; 溺れる.
tepiwo N1【中】燃料.
tepjenje N5【中】暖房. centralne *tepjenje* 集中暖房.
tepjer M4【男】ヒーター; 暖房係り.
tepjernja F6【女】暖房室, ボイラー室.
tepjomny A1【形】暖房の効く, 暖められる; 加熱できる.
teptać V7【不完】踏む; [někoho] しいたげる, 隷属させる. koło *teptać* 輪舞のステップを踏む, 輪舞をおどる; *teptać* do pedalow ペダルを踏む; wot jedneje nohi na druhu *teptać* 足を交互に踏みしめる, 足踏みする.
terarij M3【男】(爬虫類・両生類の)飼育箱.
terasa F3【女】テラス.
tercet M1【男】三重奏.
teritorij M3【男】領域, テリトリー.
termin M1【男】期日, 期限; (試合・法廷の)予定日.
terminowy A1【形】期日の, 予定日の. *terminowa* protyčka 日付入の手帳, 予定帳.
termomet|er, -ra M1【男】温度計. zymicowy *termometer* 体温計.
termoska F2【女】魔法瓶.
teror M1【男】テロ.
tesak M2【男】剣, サーベル.
tesakować V4【不完】剣で闘う; フェンシングをする.
testament M1【男】遺言(書). po *testamenće* 遺言に従って.
testować V4【不完】テスト[検査]する.
teza F3【女】学位論文.
tež【助】また. ja *tež* わたしもまた; nic jeno, ale *tež*... ばかりでなく…も.

tcha F2【女】蚤.
tchór M4【男】ケナガイタチ, その毛皮.
tig|er, -ra M1【男】トラ.
tigrica F3【女】雌トラ.
tikotać V7【不完】(時計などが)カチカチいう.
tinta F1【女】インク.
tipować V4【不完】トントン叩く；賭ける, 掛け金を出す；タイプする.
tita F1【女】(三角形の)紙袋；アイスクリームコーン.
titl ; titul M3【男】タイトル.
tkajernja F6【女】機織工場, 織物工の作業場.
tkalc M1【男】織物工.
tkalcować V4【不完】織物工として働く, 織物工の仕事をする.
tkalcownja F6【女】織物工場.
tkalča F3【女】織物工.
tkanina F1【女】織物, 布.
tkany A1【形】織られた. ručnje *tkany* 手織りの.
tkać V2【不完】織る.
tłać V2【不完】腐る, 朽ち果てる.
tłóčawa F1【女】圧搾機, プレス(加工)機.
tłóčeńca F3【女】混雑, 押し合いへし合い.
tłóčić V6【不完】圧す, 圧迫する, 押しつぶす. to ju *tłóčeše* それが彼女を苦しめていた；pjenjezy jeho *njetłóčachu* 彼には余分な金があったためしがない.
tłócka F2【女】押しボタン.
tłuskać V7【不完】ぎゅっとはさむ, 圧す, 押しつぶす.
tłus(k)nyć V3【完】締め付ける, はさみ込む.
to【代名】《指示》それは. za *to* そのために；pře *to* そのために；それに対して；na *to* その後で；přez *to* それゆえに, そのために；bjer *to* nimo！それを持っていきなさい！ *to* je rjenje それは素敵だ.
toaleta F1【女】晴れ着；化粧台；化粧室.
tobak M2【男】たばこ. to je sylny *tobak* こいつはすごい！
tobakowy A1【形】たばこの. *tobakowe* łopjeno たばこの葉.
točawa F1【女】研削機.
točer M4【男】研磨工；(宝石の)磨き職人.
točić V6【不完】磨く；掘抜く, ボーリングする, 掘り返す；(樽のビールを)そそぐ.

tóčnik M2【男】砥石.
tofl M3【男】スリッパ.
tohodla【接】そのために.
tohorunja【副】同じように.
tójšto【副】かなりの量の. *tójšto džěła* 多くの仕事；*tójšto zmyłkow* たくさんの間違い.
toksiski A2【形】毒(性)の.
tołc, tołku, tołčeš；tołku；過去 tolčech, tołčeše；命 tołč！；tołče！；完分 tołkł, tołkła；受動分 tołčeny；能動分 tołčacy V9【不完】練る，こねる；踏む，突く.
tołčernja F6【女】(ブドウの)搾り作業場.
tołk M2【男】押し合いへし合い. *hołk a tołk* 大騒ぎ, 大混乱.
tołkač M3【男】臼, 乳鉢.
tołkać V7【不完】練る, こねる；踏む, 突く.
tołmačer M4【男】；**-ka** F2【女】通訳.
tołmačić V6【不完】通訳する.
tołstnyć V3【不完】太る, 太く[厚く]なる.
tołstosć F7【女】厚み, 太さ.
tołsty A1；《比》**tołši** A3【形】太い, 太った, 厚い.
tola【助】でも, けれど. *sym to tola sčinił* ぼくはそれでもそれを行った；*to tola njeńdźe* でもそうはいかないよ, それはしかしだめだ；*sym wšitko přeryl, tola namakał ničo njejsym* ぜんぶひっくり返して見たけれど, やはり何も見つからなかった.
tomata F1【女】トマト.
tón, toho P4【代名】《指示》その, この. *w tym* 急に, その瞬間；*tón raz* 今回；*tydźeń do toho* 一週間前.
tona F1【女】(重量)トン.
tónčasny A1【形】この時の, 目下の；当時の.
tonidło N1【中】沼, 水たまり.
tonina F1【女】(音楽の)調.
tónkróć【副】今回；その折.
tónle, tohole P4【代名】《指示》この, まさにこの.
tonowy[1] A1【形】音調の. *tonowa stupnica* 音階.
tonowy[2] A1【形】トン(重量)の.
tonuška F2【女】カモメ, アジサシ.
topoł M1【男】ポプラ.
toporo N1【中】斧.

torhańca F3【女】取っ組み合い，(喧嘩などの)大騒ぎ．

torhać V7【不完】むしる，ひきちぎる；(繊維などを)梳く；引き倒す，破壊する．len *torhać* 麻を梳く；za włosy *torhać* 髪を引っぱる；*torhać* sej hubu (*na někoho*) (誰を)非難する．**- so** つかみあいの喧嘩をする．

torhnyć V3【完】ぐいと引っぱる，むしる；引き倒す．nitka so *torhnyła* 糸が引きちぎれた．

torhošćo N3【中】市場(イチバ・シジョウ)．

torta F1【女】トルテ(ケーキ)．

towarstwo N1【中】協会，団体．**-wy** A1【形】．

towarš M3【男】；**-ka** F2【女】会員；仲間，同志．

towaršliwy A1【形】仲間の，同志の．

towaršno(stno)wěda F1【女】社会学．

towaršno(stno)wědnik M2【男】社会学者．

towaršno(stno)wědny A1【形】社会学の．

towaršnostny A1【形】社会の．*towaršnostny* porjad 社会秩序．

towaršnosć F7【女】社会．

towaršny A1【形】会員の，仲間の；社会の．

trabant M1【男】衛星．

tradać V7【不完】[něčeho//z něčim] 困窮する，苦しむ．hłod [z hłodom] *tradać* 餓えに苦しむ．

tradicija F6【女】伝統．

tradicionalny A1【形】伝統的な．

trajacy A1【形】長く残る，永続的な，絶え間のない．*trajaca* dopomnjenka 長く残る思い出；*trajacy* měr 恒久的平和；*trajace* słowjeso 継続動詞．

trajny A1【形】持続性のある，恒常的な．*trajny* měr 恒久平和．

traktor M1【男】トラクター．

traktorist M1【男】；**-ka** F2【女】トラクターの操作[運転]者．

tramwajka F2【女】路面電車．

transparent M1【男】透視画；(スローガンなどを書いた)横断幕．

transport M1【男】輸送．

transportny A1【形】輸送の．

transportować V4【不完】輸送する．

trapić V6【不完】苦しめる，悩ます．**- so** てこずる，悪戦苦闘する．

trasa F3【女】(交通路線の)予定線；運行のルート．powětrowa *trasa* 航空路．

trašić V6【不完】心配する，懸念している．
trać V2【不完】続く．
traće N5【中】持続，継続．
trawa F1【女】草．
trawička F2【女】《指小》<trawa．
trawnik M2【男】芝(生)．
trenar M4【男】トレーナー，コーチ，監督．
trening M2【男】トレーニング．
treningowy A1【形】トレーニングの．
trenować V4【不完】トレーニングする．
trěbnosć F7【女】必要性，要求，需要．
trěbny A1【形】必要な．za *trěbne* měć [widźeć] 必要とみなす；nuznje *trěbny* どうしても必要な．
trějak M2【男】玄関口の靴拭い(マット・敷物など)．
trěnje N5【中】手拭い，ハンドタオル．
trěć V2【不完】拭う，こすって拭き取る．proch *trěć* 埃を拭き取る；*trěć* pót 汗を拭う．－ **so** (タオルで)体を拭く，汗などを拭う．
trěwka F2【女】ふきん，雑巾，
tribuna F1【女】演壇；観客席；聴衆．
triholić V6【不完】トリルをきかせる，トリルで演奏する；鳥がさえずる．
trik M2【男】トリック．
trikot M1【男】トリコット，メリヤス編み．
trikowy A1【形】トリックの．
triumf M1【男】大勝利；凱旋(式)．
trjeba《述語》必要がある．to je *trjeba* それは必要だ；jeli *trjeba* 必要であれば．
trjebać V7【不完】必要とする；必要である．*trjebać* pomoc 助けを必要とする；nuznje *trjebać* どうしても必要である；njetrjebaš pomhać 君は助けてやる必要はない．
trjebić V6【不完】開墾する；(森の木を)間伐する．
trjebjeńca F3【女】開墾，開墾地．
trjechić V6【不完】出会う，出くわす；その通りである，正しい．(*někoho*) *trjechić* doma (誰を)家で見つける，在宅しているところに出会う；*trjechić* do wočka 目に止まる；*trjechi*？ほんとう？to *njetrjechi* そんなことは起こらない，そんなことはない；to *trjechi* そのとおりだ；měnju, zo to jenož zdźěla *trjechi* 私の考えではそ

れは部分的にしか正しくない，すべてそうというわけではないだろう．– so（たまたま）起こる．

trochować V4【不完】査定する，見積もる．
trochu【副】少し，少々．*trochu* sele 塩少々；*trochu* wotpočnyć すこし休む．
trojak M2【男】三脚の台，架；（神話の海神の）三又のほこ．
trójce【副】三度．
trojić V6【不完】三倍にする．
trójka F2【女】3（の数），3番．
trojoskok M2【男】三段跳び．
trojozynk M2【男】三和音．
trompeta F1【女】トランペット．
troska F2【女】ストロー；ペン軸．
tróšku【副】少し，少々．
tróšt M1【男】慰め．słaby *tróšt* わずかな[慰めにもならない]慰め．
tróštniwy A1【形】慰めになる，元気づける．
tróštny A1【形】慰めの，慰める．*tróštne* słowa 慰めの言葉．
tróštować V4【不完】慰める，元気づける．
truba F1【女】オーブンのパイプ（主煙突につながる）；（車の）クラクション；トランペット；象の鼻．
trubić V6【不完】（管楽器を）吹く，（警笛を）ならす；大げさに吹聴する．
trubjałka F2【女】《指小》<trubjel；パイプ状のもの，ストロー；タマネギなどの茎．
trubjel M1【男】パイプ；ストロー；植物の茎．
trubka F2【女】（喫煙用の）パイプ．
trubkojty A1【形】パイプ状の，パイプの．*trubkojty* kwět 管状花．
trubkowc M1【男】アミタケ科のキノコ．
truhadło N1【中】剃刀．
truhak M2【男】鉋，削り器．
truhančko N1【中】やすり；おろし金．
truhanki PL1【複】鉋屑．
truhanski A2【形】剃刀の．*truhanski* aparat ひげそり道具．
truhać V7【不完】（鉋・やすりで）削る；髭を剃る．– so（自分の）髭を剃る．
truhawa F1【女】おろし金．
truhnyć V3【完】[někoho] ひっぱたく，横面をはりとばす．

truk

truk M2【男】インゲン・エンドウのさや.
truna F1【女】弦. na poslednjej *trunje* hrač 進退極まっている、追い詰められている.
trundl M3【男】布切れ、端切れ、ぼろ.
trundlaty A1【形】ぼろぼろにちぎれた.
trup M1【男】かさぶた.
trupaty A1【形】かさぶたのできた、かさぶたの.
truskalc|a F3【女】（オランダ）イチゴ. **-owy** A1【形】.
trusyć V6【不完】撒く、振りかける.
truta F1【女】雌の七面鳥.
trutak M2【男】雄の七面鳥.
tružak M2【男】鉋、削り器.
tružawa F1【女】削り作業用の台、鉋台、旋盤；ろくろ.
tružer M4【男】旋盤工、ろくろ工.
tružernja F6【女】旋盤工場、ろくろ細工の仕事場.
tružić V6【不完】ろくろにかける、旋盤加工する.
tružki PL1【複】削り屑、鉋屑.
trysk M2【男】いたずら、ぺてん.
tryska F2【女】噴射ノズル、噴射口.
tryskowy A1【形】いたずらの、ぺてんの；噴射の、ジェットの. *tryskowe* lětadło ジェット機.
třasć, třasu, třaseš；třasu；過去 třasech, třaseše；命 třas！；třasće！；完分 třasł, třasła；受動分 třaseny V9【不完】振る、ゆさぶる、振り落とす. jabłuka *třasć* リンゴを（木から）振り落とす；z ramjenjemi *třasć* 肩をすくめる；zymica z nim *třase* 彼は熱を出して震えている. **- so** 震える、揺れる.
třecha F2【女】屋根、ひさし. bydlenje pod *třechu* 屋根裏部屋、屋根裏住い.
třechikryjer M4【男】屋根ふき（職人）.
třechowc M1【男】屋根紙.
třelba F1【女】銃.
třelbina F1【女】砲、大砲.
třelbišćo N3【中】銃床、銃の台尻.
třelbowy A1【形】銃の.
třepotać V7【不完】振動する、震える.
třepotawka F2【女】煮こごり、アイスピック.
třeći A3【数】《序》3番目の. kóždu *třeću* hodźinu 3時間ごとに；

třeći króć 三度め.
třećina F1【女】3分の1.
třelc M1【男】射撃者, 狙撃者[兵].
třeleńca F3【女】撃ち合い, 乱射.
třelenje N5【中】射撃, 撃つこと.
třelenski A2【形】射撃の. *třelenski* sport (スポーツの)射撃.
třeleć V8【不完】; **třelić** V6【完】撃つ.
třel|ny A1 ; **-owy** A1【形】射撃の. běžeć kaž *třelny* 大慌てで逃げる.
třelwo N1【中】弾丸.
třeskać V7【不完】こごえるように寒い.
třěšny A1【形】屋根の. *třěšne* wokno 天窓, 屋根窓.
tři L3【数】3 〈*třjo, třjoch* の形は男性人間を表わす名詞とともに, もしくは数詞のみで人数を表わす場合に用いられる. 3を含む名詞句が主格の場合, 名詞は複数主格, 述語は複数で一致. その他の格では名詞は複数の必要な格形態をとる. 名詞とともに用いられる場合, 口語で tři が不変化になることもある〉. *tři* sta 300 ; za *tři* dny 三日後 ; na *tři* dny 三日間(で), 三日の内に ; w *troch* 三時に ; na poł *tři* 二時半 ; po *troch* 三時以降, 三時を過ぎて ; 三人ずつ ; *třjo* synojo mužojo běchu tam 三人の男がむこうにいた ; zetkach *tři* holcy 私は三人の娘さんたちと会った.
třiadwaceći L3【数】《序》23番目の.
třibarbny A1【形】三色の.
třibóčny A1【形】三辺の.
třicetka F2【女】30(の数), 30番.
třicety A1【数】《序》30番目の.
třiceći L3【数】30. *Ttřiceći* lětna wójna 三十年戦争.
třidnjowski A2【形】三日間の.
třih M2【男】切断, 裁断 ; 切り込み, 切り.
třihadło N1【中】バリカン ; 毛を刈る道具.
třihać[1] V7【不完】(ハサミで)切る ; (髪・毛を)刈る.
třihać[2] V7【不完】; **třichnyć** V3【完】くしゃみをする.
třikoles(k)o N1【中】三輪車.
třikróćny A1【形】三度(め)の, 三倍の.
třinaty A1【数】《序》13番目の.
třinaće L3【数】13.
třinohaty A1【形】三本足の, 三脚の.

třirózk M2【男】三角形.
třirózkaty A1【形】三角形の. *třirózkaty* kłobuk 三角帽子.
tu【副】ここに，ここで. wostań *tu*！ここにいなさい！
tučasny A1【形】この時の，今の，現代の.
tučel F7【女】虹.
tučny A1【形】肥えた；脂こい.
tudy【副】ここで.
tuchwilny A1【形】今の，目下の，さしあたりの.
tuchwilu【副】目下，いまのことろ.
tuk M2【男】脂肪，油脂.
tukać V7【不完】[na někoho] 嫌疑をかける；[na něsto] 推察する，想像する.
tukowy A1【形】脂肪の，油脂の. *tukowa* chemija 油脂化学.
tukraj M1【男】自国，国内.
tukrajny A1【形】国内の. *tukrajny* list 国内当ての手紙.
tule【副】ここで，ここに.
tulp|a F1【女】チューリップ. **-owy** A1【形】.
tuni A3【形】安い. *tuni* płat 安い布地；*tunja* jězba 格安旅行.
tunkać V7【不完】(液体に)浸す，浸ける. *tunkać* šaty 洗い物(ブラウス・シャツなど)を濯ぐ.
tunl M3【男】トンネル.
tuńši A3【形】《比》＜tuni.
tupifila F5【女】ウソ(鳥).
tupihłójčka F2【女】オタマジャクシ.
tupić V6【不完】鈍らせる. *tupić* nóž ナイフを鈍らせる. **-so** 鈍くなる.
tupohranity A1【形】角のまるい，尖っていない.
tupokutny A1【形】鈍角の.
tupomyslny A1【形】ぼんやりした，放心状態の；無感動な，鈍感な.
tupotać V7【不完】ちょこちょこ歩く.
tupy A1【形】鈍い. *tupy* nóž 鈍い[切れない]ナイフ；*tupy* kut 鈍角；*tupa* swěca 弱い光.
tura F1【女】ツアー. na połnych *turach* dźěłać 全力で働く，フル操業する.
turbina F1【女】タービン.
turist M1【男】; **-ka** F2【女】旅行者.

turizm M1【男】観光.
Turk M2【男】トルコ人.
Turkmenska A2【女】トゥルクメン共和国.
Turkowka F2【女】トルコ人(女性).
turkowski A2【形】トルコの.
turkowšćina F1【女】トルコ語.
turneja F5【女】巡業, 旅公演.
turněr M1【男】勝ち抜き戦, トーナメント.
tuša F5【女】墨, 墨汁.
tut(k)ać V7【不完】一杯やる, ちょっと飲む.
tutón, tutoho P4【代名】《指示》この.
tuž【助】で, それで, つまり, 要するに.
tužnosć F7【女】重苦しさ, 圧迫感, うっとうしさ.
tužny A1【形】重苦しい, うっとうしい；暑苦しい.
twar M1【男】建築, 構築；建造物.
twarc M1【男】建築者, 建設者.
twarić V6【不完】建てる, 建設[設立]する；[na někoho/něšto] 依存する, 当てにする. chěžu *twarić* 家を建てる；telefonski zwisk *twarić* 電話の回線を設置する；na mnje móžeće *twarić* 私をあてにしていいですよ.
twarjenje N5【中】建物.
twarnišćo N3【中】建築用地.
twaroh M2【男】凝乳, カード. **-owy** A1【形】.
twarožk M2【男】カッテージチーズ.
twarski A2【形】建設の, 建築の. *twarski* material 建築資材；*twarski* mišter 建築士, 大工.
twaršćizny PL1【複】建築資材.
twjerdnyć V3【不完】固くする.
twjerdosć F7【女】固さ, 硬さ, 硬度.
twjerdošijny A1【形】強情な, 頑固な.
twjerdši A3【形】《比》<twjerdy.
twjerdy A1【形】硬い, 固い；厳しい. *twjerdy* kamjeń 硬質の石；*twjerdy* konsonant 硬子音；*twjerdy* worješk 扱いにくい事柄, とっつきにくい人.
twjerdź F7【女】陸, 陸地.
twjerdźadło N1【中】凝固材, 硬化剤.
twjerdźenje N5【中】主張；硬化.

twjerdźić V6【不完】主張する；硬化させる.
twjerdźizna F1【女】砦, 要塞.
twochnyć V3【完】見えなくなる, 逃れる, 消え去る.
twój A3【代名】《所有》（親しい間柄の）あなたの, 君の. *twojeho* runja 君のように, 君同様に.
twojedla【副】君のために, 君のおかげで, 君の意見によれば, 君に言わせると.
twora F1【女】製品. wuwoz *tworow* 製品の輸出；industrijowe *twory* 工業製品；krótke *twory* 小間物；elektriske *twory* 電化製品.
twórba F1【女】形, 外形；作品.
tworić V6【不完】形成する, 創造する, 創作する.
tworićel M3【男】作者, 創作者.
tworjacy A1【形】造形の. *tworjace* wuměłstwo 造形芸術.
tworjenje N5【中】造成, 形成；作品.
twornja F6【女】製作所, 工房, 工場. awtowa *twornja* 自動車工場.
twornjowy A1【形】製作所の, 工場［工房］の.
tworowy A1【形】製品の. *tworowy* eksport 製品輸出；*tworowy* wóz 貨物車.
ty P2【代名】君（親しい間の二人称単数）.
tydźeń M4(a)【男】週（双数, 複数では njedźeli, njedźele を使用するのが普通）. zašły *tydźeń* 先週；na nowy *tydźeń* 来週に；za *tydźeń* 一週間後に；dźens(a) *tydźenja* 先週の今日；před *tydźenjom* 一週間前；na *tydźeń* 一週間の間, 一週間で；jónu za *tydźeń* 週に一度；*tydźenje* dołho 何週間もの.
tydźenski A2【形】週の.
tyhel M3【男】フライパン；耐熱式のるつぼ；（印刷機の）加圧盤.
tyjny A1【形】健康によい. *tyjna* jědź 体によい食べ物.
tykač M3【男】プラグ.
tykačka F2【女】コンセント.
tykanc M1【男】ケーキ, 焼き菓子. **-owy** A1【形】.
tykać V7【不完】突っ込む, 押し込む, さし込む；（手を）伸ばす. *tykać* tykač do kontakta プラグを接続部にさし込む；*tykać* nós 干渉する, 首を突っ込む. **- so** [do něčeho] 干渉する；手を出す.
tyknyć V3【完】（ちょっと・ぐいと）突っ込む, 押し込む. *tyknyć* list do kašćika 手紙を郵便箱に投げ込む；*tyknyć* do kapsy ポケッ

トに突っ込む；*tyknyć* sebi rukajcy 手袋をはめる．

tykowany A1【形】ハーフティンバー（木造家屋の様式．壁に交差して渡した木材が特徴的）の．*tykowana* chěža ハーフティンバーの家．

tył M1【男】首筋，うなじ．

tyłow M1【男】胴体，ボディー．**-owy** A1【形】．

tymjenišćo N3【中】沼地帯，湿地帯．

tymjenjaty A1【形】湿地状の，沼の多い．

tymjo N3【中】沼．

typ M1【男】型，タイプ．

typiski A2【形】型の，典型的な．

typizować V4【不完】典型化する，規格化する．

tysac M1【男】千．*tysac* króć 何回となく；dwaj *tysacaj* 二千；tři *tysacy* 三千；pjeć *tysac* 五千；*tysacy* ludźi あまたの人；do *tysaca* 千近く．

tysackróćny A1【形】度々の，数多い．

tysaclětny A1【形】千年の，長年の．

tysacty A1【形】千番目の．

tysačina F1【女】千分の1．

tyšić V6【不完】心配させる，不安にする．**- so** 心配する．

tyšniwy A1【形】不安な，気づかわしい．

tyšnosć F7【女】心配，不安．

tyšny A1【形】心配している，不安な；びくびくした；悲しんだ．

tyć V2【不完】[někomu/něčemu] 有益である，体によい．to ći *tyje* それは君（の体）に良い；to mi *njetyje* それは私には（体に）良くない．

tyz|a F3【女】小箱．**-ka** F2【女】《指小》zapalkowa *tyzkka* マッチ箱．

Ć, ć

ćah M2【男】列車；行列，隊列；たばこの一服．jěć z *ćahom* 列車で行く；wosobowy *ćah* 旅客列車；smólnicowy *ćah* たいまつ行列；demonstraciski *ćah* デモ行進；pohrjebny *ćah* 葬列．

ćahadło N1【中】牽引装置，牽引車．
ćahak M2【男】牽引車，牽引用トラクター，役役用の家畜．
ćahańca F3【女】(物事の進行の)引き延ばし，遅延；けんか，いさかい．
ćahanje N5【中】移動．ćahanje ludow 民族移動，移住．
ćahar M4【男】転々と職を変える人．
ćahaty A1【形】牽引用の；伸びる，伸縮性のある．ćahata łódź タグボート．
ćahać V7【不完】引っぱる，引きずる．za włosy ćahać 髪を引っぱる；chlěb ćahać パンを(オーブンから)引き出す．- so 体を引きずるようにして動く．
ćahawy A1【形】引っぱる；引きの．ćahawy ptačk 渡り鳥；ćahawy móst はね橋．
ćahnyć V3【不完】(人・動物・物・空気などが)移動する；[něšto] 引っぱる，引く．ćahnyć dom wot domu 家から家へと渡り歩く；ptački ćahnu do juha [na juh] 鳥たちが南へ渡っていく；tu ćehnje ここはすき間風が通る；za dymom ćehnje 煙の臭いがする；bilancu ćahnyć 決算をする；ćahnyć smužku 線を引く．
ćahowy A1【形】鉄道の．ćahowy wjednik 車掌．
ćarosćić so V6【不完】ぐずぐずする，長引く，だらだら(仕事を)する．
ćazać V7【不完】(抵当として)差し抑える．
ćec, ćeku, ćečeš；ćeku；過去 ćečech, ćečeše；命 ćeč！；ćečće！；完分 ćekł, ćekła；受動分 ćečeny；能動分 ćečacy V9【不完】流れる．woda ćeče 水が流れる．
ćečity A1【形】流れる，液状の．ćečity płun 液化ガス．
ćehnitosć F7【女】伸長性，弾力性，しなやかさ．
ćehnity A1【形】伸長性のある，弾力性のある，しなやかな．
ćeknjen|c M1【男】；-ća F3【女】逃亡者，避難者，難民．
ćeknyć V3【完】逃げる，逃れる．
ćelacy A1【形】子牛の．ćelace mjaso 子牛の肉；ćelaca koža 子牛の皮．
ćelčk M2【男】アブ．
ćelećina F1【女】子牛肉．
ćelo N3(a)【中】子牛．
ćeńki A2【形】細い，薄い．ćeńki płat 薄手のコート；ćeńke włosy 薄い髪；ćeńke słyšenje 鋭い聴覚；ćeńki kofej 薄いコー

ヒー；*ćeńka poliwka* 薄いスープ．

ćeńši A3【形】《比》<ćeńki．

ćeńšić V6【不完】薄める，薄く[細く]する；希薄[まばら]にする．

ćerń M4【男】とげ．akacijowy *ćerń* アカシアのとげ；*ćerń* być (*někomu*) (誰の)邪魔をする；*ćerńje ze zadka ćahać* (人のために)雑用をしてやる．

ćernik M2【男】バラ(の木)．

ćernity A1【形】とげの，とげのある．

ćernjowka F2【女】キイチゴ．

ćerpjeć V6【不完】苦しむ；耐え忍ぶ．nuzu *ćerpjeć* 貧困を耐え忍ぶ；tajku wobuzu *njećerpimy* あんな不平屋にわれわれは我慢できない．

ćerpliwy A1【形】辛抱強い，我慢強い．

ćesać V7【不完】(木を)削る，木材加工をする．

ćesla M6【男】大工．

ćeši A3【形】；**ćešo**【副】《比》<ćežki．

ćeta F1【女】おば，おばさん．

ćeć, tnu, tnješ；tnu；過去 ćech, ćeše；命 tni！；tniće！；完分 ćał, ćała V9【不完】打つ，叩く，叩きつける．

ćećiny A1【形】おばの．

ćeža F5【女】重さ，重量；重荷，荷；困難，苦労．*ćeža* zamołwitosće 責任という重荷；zběhać *ćežu* 荷を持ち上げる；*ćeže* činić (*někomu*) (誰に)難しくする，妨害を加える．

ćežidło N1【中】(秤の)分銅，重り．

ćežišćo N3【中】重心；重点，力点．

ćežišćowy A1【形】重心の；重点的な．

ćežić V6【不完】荷を積む，重荷を科す．

ćežkać V7【不完】(手で)重さを量る．

ćežki A2【形】重い；困難な．*ćežki* nadawk 難題；*ćežka* waha (スポーツの)重量(級)．

ćežko【副】重く，難しく．

ćežkochory A1【形】重病の．

ćežkoranjeny A1【形】重傷の．

ćežkosć F7【女】重度，難度．

ćežkozbrašeny A1【形】ひどい損傷を受けた．

ćežkozbrašen|y A1【男】；**-a** A1【女】廃疾者，重度障害者．

ćežny A1【形】荷役用の．*ćežne* skóćo 荷役用の家畜．

ćěkanc M1【男】逃亡者，避難者，難民．
ćěkańca F3【女】逃亡，逐電．so do *ćěkańcy* dać 逃げ出す，逃亡する．
ćěkać V7【不完】避難する；逃げる，逐電する；[někomu] 避ける．*ćěkać* před zetkanjem 面談をさける，敵前逃亡する．
ćěkawy A1【形】常でない，一時の．*ćěkawy* wokal〔文法〕出没母音．
ćěło N1【中】肉体，身体；遺体．njesenje *ćěła* 態度，身のこなし；na swójskim *ćele* 我が身の上に．
ćěłownja F6【女】霊安室，死体置き場．
ćěłowy A1【形】身体の：遺体の，霊安室の．*ćěłowy* spary ボディスプレー；*ćěłowa* žona 霊安室[死体置き場]係りの女．
ćěłozwučowanje N5【中】体操．
ćěłozwučować V4【不完】体操をする．
ćělesko N1【中】《指小》<*ćěleso*．小体．krejne *ćělesko* 血球．
ćěleso N2【中】物体．tepjenske *ćěleso* 発熱体；twjerde *ćěleso* 固体．
ćělnahi A2【形】全裸の．
ćělny A1【形】肉体の，身体の．*ćělne* dźěło 肉体労働；*ćělne* měry 体の寸法；*ćělna* wizitacija 身体検査，ボディチェック．
ćěmnidło N1【中】遮光装置，暗くするための道具．
ćěmn|ota F1【女】暗いこと，闇．-y A1【形】．
ćěridło N1【中】駆動[伝導]装置．
ćěridłowy A1【形】駆動の．*ćěridłowa* móc 駆動力．
ćěrić V6【不完】(hnać【不完】の現在・過去・命令形の代用としても用いられる)駆り立てる；(機械を)走らす，動かす；[za něčim] 後を追う，走る．
ćěriwo N1【中】動力用の燃料．
ćěsla M6【男】大工，家具屋．
ćěslić V6【不完】(木材で)作る，組み立てる；大工仕事をする．
ćěsnić V6【不完】締め付ける，狭める；圧迫する；心配させる．- so 苦しむ．
ćěsnosć F7【女】心配，不安；狭さ，きつさ；困窮；困難．
ćěsto N1【中】パン生地，練り粉．*ćěsto* so hiba パン生地がふくらむ．
ćěstowina F1【女】練り粉で作った食品(パン・パスタ類)．
ćěšenk M2【男】乳飲み子．

ćěšić V6【不完】授乳する．
ćichi A2【形】静かな．*Ćichi* ocean 太平洋；za *ćichim* そっと；*ćichi* pjatk 受難の聖金曜日．
ćichimichał M1【男】コウライウグイス．
ćicho【副】そっと，静かに．
ćikać V7【不完】（小鳥が）さえずる；ぺちゃくちゃしゃべる．
ćikot M1【男】さえずり；がらくた，古道具．
ćikotać V7【不完】→ćikać．
ćim【接】それだけいっそう，ますます．*čim* lěpje それならなおのこと，なおさら；*čim* ... *čim* …すればそれだけ．*čim* wjace, *čim* lěpje 多ければ多いほどよい．
ćinčerić V6【不完】いちゃつく，ふざける．
ćipka F2【女】ヒナ，ひよこ．
ćisk M2【男】投げ，投下，投射．
ćiskać V7【不完】投げる．*ćiskać* z kamjenjem 石を投げる；włosy wróćo *ćiskać* 髪を後ろに振る．− **so** 飛びつく，身を投げる．*ćiskać so* k nohomaj 足に飛びかかる，タックルする．
ćiskawa F1【女】パチンコ，投石器；石弓．
ćisnyć V3【完】投げる．
ćiše【副】《比》＜ćicho．
ćišina F1【女】静けさ．
ćišć M3【男】圧，圧力；重圧，強制；印刷，印刷物．powětrowy *ćišć* 大気圧；sylny *ćišć* wukonjeć 強い圧力を加える，圧力をかける；knižny *ćišć* 本の印刷；do *ćišća* dać 印刷に付す；prěnjotny *ćišć* 初版．
ćišćany A1【形】印刷された
ćišćeńca F3【女】混雑，押し合いへし合い．
ćišćenka F2【女】印刷物．
ćišćer M4【男】印刷工；印刷機，プリンタ．
ćišćernja F6【女】印刷所，出版所．
ćišćerski A2【形】印刷の．*ćišćerski* zmytk 印刷ミス．
ćišćeć V5【不完】圧する，押す，圧力をかける；印刷する．
ćma 1. F1【女】闇，暗黒．2.《述語》暗い．wonka je *ćma* 外は真っ暗だ．
ćmičkać so V7【不完】暗くなる，日没になる．
ćmowina F1【女】暗闇．
ćmowobruny A1【形】暗褐色の．

ćmowočerwjeny A1【形】深紅の, 暗赤色の.
ćmowojty A1【形】黒っぽい, やや暗い.
ćmowomódry A1【形】紺色の.
ćmowosć F7【女】暗さ, 暗闇.
ćmowozeleny A1【形】深緑色の.
ćmowy A1【形】暗い. čmowe mjezwočo 暗い顔.
ćopłota F1【女】熱, 温かさ.
ćopłotomilinarnja F6【女】火力発電所.
ćopłow|ód, -oda M1【男】熱伝導.
ćopłowódnik M2【男】熱伝導体.
ćopły A1【形】温かい. čopłe kraje 南国; čopłe městno 実入りのよい仕事.
ćuleń M4【男】アザラシ, オットセイ, セイウチ.

U, u

Ukraina F1【女】ウクライナ.
Ukrainjan M1【男】; -ka F2【女】ウクライナ人.
ukrainski A2【形】ウクライナの.
ukrainščina F1【女】ウクライナ語.
ultrakrótki A2【形】超短の. ultrakrótke žołmy 超短波.
ultrawioletny A1【形】紫外線の.
ultrazwuk M2【男】超音波.
uniforma F1【女】制服.
unija F5【女】連合, 連盟.
uniwersalnosć F7【女】汎用性, 普遍性.
uniwersit|a F1【女】大学. -ny A1【形】.
urin M1【男】尿.
utopija F5【女】ユートピア.
utopiski A2【形】ユートピアの, ユートピアのような.
uwertira F1【女】序曲.
uwula F6【女】口蓋垂.
Uzbek M2【男】ウズベク人.

Uzbekistan M1【男】ウズベキスタン.
Uzbekowka F2【女】ウズベク人(女性).
uzbekski A2【形】ウズベキスタンの.

V, v

Vietnam M1【男】ヴェトナム.
Vietnamjan M1【男】; **-ka** F2【女】ヴェトナム人.
vietnamski A2【形】ヴェトナムの.
vietnamšćina F1【女】ヴェトナム語.
volleyball M3【男】バレーボール.
volt M1【男】ボルト(電流).

W, w

w(e)【前置】+《前》の中に, 中で.〈空間〉*w* rjadowni 教室の中で; stwa *w* přizemi 一階の部屋; *we* wšej zjawnosći 公然と, 人前で; *w* zdalenosći sto metrow 100メートルの距離で;〈時〉*w* tym wokomiku この瞬間; *w* prózdninach 休暇中に; *w* přichodźe 将来において; *w* juniju 六月に; *w* nocy 夜に; *w* zymje [lěću] 冬[夏]に; *we* wójnje 戦争中に, 戦争の最中に;〈状態・状況〉spěwać *w* maćeršćinje 母語で歌う; *w* matematice jedynku měć 数学で優をとる; *w* tajkich myslach そのような考えで; *w* połnym přeswědčenju 完全に確信して; *w* rjedźe 順調な; napisać numerale *w* słowach 数を文字で書く.
wabidło N1【中】(猟の)おとり, 誘き寄せのための餌.
wabić V6【不完】誘惑する, 心をそそる; [za něšto] 宣伝[勧誘]する.
wabjenje N5【中】宣伝, 勧誘.

wabjenka F2【女】誘惑；宣伝.
wabjenski A2【形】宣伝[勧誘]の. *wabjenski* tekst 広告文.
wabjer M4【男】；**-ka** F2【女】誘惑者，勧誘者.
wačić so V6【不完】忍び寄る.
wačka F2【女】《指小》イモ虫，ウジ虫.
wačok M2【男】荷袋；《複》手提げバッグ. chowanje *wačokow* 手荷物預かり（所）.
wada F1【女】欠陥；妨げ；罵り，争い.
wadźak M2【男】口うるさい人，喧嘩早い人.
wadźaty A1【形】抑制の，阻む.
wadźawa F1【女】口うるさい女.
wadźawy A1【形】邪魔になる；口うるさい.
wadźić V6【不完】妨げる，阻む. to *njewadźi*! そんなことはなんでもない. **-so** 言い争う. *wadźić so* wo njewažne wěcy 些細なことで言い争う.
wafla F5【女】ワッフル.
wagon M1【男】車両.
wagonownik M2【男】車大工，馬車作りの職人.
wagonownja F6【女】車両製造所.
wagonowy A1【形】車両の. *wagonowe* durje 車両の扉.
waha F2【女】秤；重さ；重要さ．有効性. wodowa *waha* 水準器；lochka *waha* 軽量；ćežka *waha*（スポーツで）重量級；měć wulku *wahu* 重要である.
wahać V7【不完】ためらう，躊躇する.
waka F2【女】イモ虫・毛虫の類.
wakuum M1【男】真空.
wał M1【男】束. *wał* słomy 藁束.
wala F5【女】波（音波・電波など）；波動，周波数.
walca F3【女】円筒，ローラー（状のもの）.
walcować V4【不完】ローラで延ばす，ならす.
walčik M2【男】ワルツ.
walčk M2【男】《指小》<wał；小束.
walčkować V4【不完】束ねる.
waleć V8【不完】転がす，（転がして）流す，押し退ける. chlěb *waleć* パンを（転がして）丸める；*waleć* kotlety w truhanej całće カツレツにパン粉をまぶす. **-so** 転がる，勢いよく流れる. woda *so wala* 水が勢いよく流れる；ludźo *so waleja* do žurle 人々がホー

ルに殺到する．
walena F1【女】雪崩れ，土砂崩れ．
walić V6【完】転がす．kamjeń z puća *walić* 道から石を転がす． **-so** [na někoho/něšto] とびかかる．
walkować V4【不完】(金属，板など)延ばす．
wań F7【女】桶，たらい．
wańčka F2【女】《指小》深皿，小さな桶．
wanj|a F6【女】＝wań． **-owy** A1【形】．
wapnity A1【形】石灰を含む．*wapnita* póda 石灰質土．
wapno N1【中】石灰．
wapnojty A1【形】石灰質の．
wapnować V4【不完】漆喰を塗る．
wapnowc M1【男】石灰石[岩]．
war M1【男】沸騰(すること)；熱湯．
wariabelnosć F7【女】可変性，変化[変異]性．
warić V6【不完】煮る，料理する．wobjed *warić* 昼食を作る；poliwku *warić* スープを煮る；*warjaca* woda 熱湯．**-so** 煮える．woda *so wari* お湯が沸く；něšto *so wari* 何か起こりつつある．
warjacy A1【形】煮えた，沸いた．
warjak M2【男】調理器．elektriski *warjak* 電熱器．
warjenje N5【中】沸騰；調理，加熱製造．*warjenje* piwa ビールの製造．
warnowanski A2【形】警告の．*warnowanske* znamjo 警告[注意]信号．
warnować V4【不完】警告する．
waš A3【代名】《所有》あなた(がた)の．
wašedla【副】あなた(がた)のために；あなた(がた)によれば．
wašničko N1【中】気分，気質．što je do *wašničkow*？いったいどういう気紛れだ？
wašničkojty A1【形】気分的な，移り気な；気難しい．
wašnje N5【中】方法；しきたり，風俗；〔文法〕法；様相．na samsne *wašnje* 同様にして；na tajke *wašnje* そのように，そのようなやり方で；*wašnja* a nałožki 風俗習慣；tak je pola nas z *wašnjom* ここではそんなしきたりなのです；*wašnje* čina〔文法〕動作様相(Aktionsart).
wašnjowy A1【形】通常の，慣例に従った．
wata F1【女】綿．

waza F3【女】花瓶.
waženy A1【形】尊敬された.
wažić V6【不完】重さがある；量る. dźěćo *waži* wosamnaće kilogramow 子供は18キロある；kał *wažic* キャベツの重さを量る. ‒ sej [někoho] 人を評価する.
wažnosć F6【女】重要性, 意義.
wažny A1【形】重要な. hrać *wažnu* rólu 重要な役割を果たす.
wbohi A2【形】貧しい, 哀れな.
wčera【副】昨日.
wčerawši A3【形】昨日の. wot *wčerawšeho* 昨日から；hač do *wčerawšeho* 昨日まで.
wčerawšnik M2【男】過去の人, 古い人間.
wegetacija F5【女】植生.
wegetěrować V4【不完】細々と暮らす.
wentil M3【男】弁, バルブ.
wentok M2【男】排水溝.
werb M1【男】動詞.
werbalny A1【形】言葉の；動詞の. *werbalny* substantiw 動名詞.
wersija F5【女】ヴァージョン, ヴァリアント.
weterinar M4【男】獣医.
wěc F4【女】物, 事, 状況；持ち物. njemóžna *wěc* 不可能な事；tak z *wěcu* steji 状況はかくのごとしなのです；*wěc* derje postupuje 物事がうまく進む；sprawna *wěc* dobudźe 正しいことは勝つ；*wěcy* přeměrjeny 目的にかなった；zrumuj swoje *wěcy*! 自分の物を片付けなさい！
wěcka F2【女】《指小》<wěc. pohladne *wěcki* ちょっとした用事；*wěcka* bě z tym wotbyta 結局ここで事は打ち止めとなった.
wěcny A1【形】物の. *wěcna* škoda 物的損害.
wěcownik M2【男】名詞.
wěcownosć F7【女】客観性, 公平性.
wěcowny A1【形】事実に関する；公平な. *wěcownje* rěčeć 事の本質にふれる.
wěcywobdźěłar M4【男】担当官, 係り官.
wěcywustojny A1【形】専門知識の有る.
wěčko N1【中】《指小》<wěko；蓋；まぶた.
wěčnje【副】永久に. na *wěčnje* いつも；*wěčnje* a lěto 常に, 恒久に.

wěcnosć F7【女】永遠. do *wěcnosće* いつまでも.
wěcny A1【形】永遠の. na *wěcne* časy 永久に；to je *wěcna* škoda それは何とも残念だ.
wěda F1【女】知識；学問. *wědy* hódny 学ぶに値する, 誠に面白い.
wědomje N5【中】意識. narodne *wědomje* 民族意識；bjez *wědomja* 意識のない.
wědomostni|k M2【男】；**-ca** F3【女】学者.
wědomos|ć F7【女】科学；学問. **-tny** A1【形】.
wědomy A1【形】[něčeho] 知っている, 意識下にある. być sej *wědomy*（*něčeho*）（何を）知っている, 意識している；*wědomy* swojich nadawkow 自分の課題を知っている；smy sej toho połnje *wědomi* われわれはそのことはたしかに知っている.
wědźeć, wěm, wěs；wědźa；複二 wěsće；双二 wěstaj, wěstej；過去 wědźach, wědźeše；複二 wědźešće；双二 wědźeštaj, -tej；命 wěs！；wěsće！；完分 wědźał, wědźała；受動分 wědźany；能動分 wědźacy V9【不完】（内容・処理方などを）知っている；〈不定詞と用いて〉できる. hdy *bych* to *wědźał* もし私が知っていたなら；so *wě* 明らかだ；nichtó ničo wo tym *njewě* それについては誰も何も知らない；daj mi wo tym *wědźeć* それについて私に教えて下さい；*wěm* so derje dopomnyć 私ははっきりと思い出すことが出来る；wona *wě* dobre wěcy warić 彼女はおいしいものを料理することができる.
wěcha F2【女】道標, 境界標識. *wěchu* stajić（*něčemu*）（何に）ケリをつける.
wějeńca F3【女】吹雪；吹きだまり.
wěk M2【男】世紀；時代. *wěk* tehniki 技術時代；*wěki* na *wěki* いつの世も, 時代を越えて.
wěko N1【中】（鍋・瓶などの）ふた.
wěnc M1【男】冠, 花輪. *wěnc* položić 花輪を捧げる.
wěncować V4【不完】花冠で飾る.
wěnčk M2【男】《指小》< wěnc.
wěno N1【中】嫁入りの持参金.
wěnowanje N5【中】献呈, 献身；専心, 専念.
wěnować V4【不完】献呈[献身]する, 専念する. **-so** [někomu/něčemu] 献身[専念]する.
wěra F1【女】信念；信仰. *wěra* do lěpšeho přichoda より良い未来を信じること.

wěrić V6【不完】[do někoho/něčeho] 信じる；[někomu něšto] 信用する. do Boha *wěrić* 神を信じる；to wam *njewěrju* あなたの話を私は信じない.
wěriw|y A1 1.【形】信念(信頼)に満ちた；信心深い. 2. **-y**【男】; **-a**【女】信者.
wěrjepodobny A1【形】信じるに値する，本当らしい.
wěrliwy A1【形】信頼できる.
wěrno【副】ほんとに. nic *wěrno*？じゃない？ to njeje *wěrno* それはそうじゃない.
wěrnosć F7【女】真実.
wěrnosćiwy A1【形】真実を愛する，誠実な.
wěrny A1【形】真の；正しい. *wěrny* přećel 真の友.
wěrowanje N5【中】結婚式，婚礼.
wěrowanski A2【形】結婚の. *wěrowanske* wopismo 結婚証明書，婚姻届.
wěrować V4【不完】結婚させる. **- so** 結婚する.
wěryhódny A1【形】信じるに足る.
wěrywuznaće N5【中】信仰告白.
wěstosć F7【女】確実さ，確かさ.
wěstotny A1【形】確かな，安全な. *wěstotny* pas 安全帯；*wěstotny* wotstawk 車の安全距離.
wěsty A1【形】ある；確かな，安全な. *wěsty* knjez ある紳士；*wěste* prawidła 何らかの規則；*wěste* městno 安全地帯；*wěsty* srědk 確実な手段；to njeje *wěste* それは確かではない；sej *wěsty* być (*něčeho*) (何を)確信している，確かだと思っている.
wěsće【副】確かに. cyle *wěsće* まったく確かに.
wěšadło N1【中】洋服[コート]掛け(フックが並んだもの).
wěšak M2【男】ハンガー.
wěšatko N1【中】洋服[コート]掛けのフック，釘.
wěšeć V8【不完】吊す. hłowu *wěšeć* うなだれる，落胆する. **- so** [na něšto] しがみつく，付着する.
wěšćenje N5【中】予言(すること).
wěšćerka F2【女】予言，占い.
wěšćić V6【不完】予言する，占う.
wětr M1【男】風. wulki *wětr* 嵐；*wětr* wot boka 横なぐりの風；z *wětrom* powěsć dóstać たちまちニュースを入手する.
wětrić V6【不完】風に当てる，換気する.

wětrjenje N5【中】換気，風に当てること．
wětrnik M2【男】風車．
wětrny A1【形】風の．*wětrny* kčějak 風媒花；*wětrne* popróšenje 風による受粉．
wětři(č)k M2【男】《指小》＜wětr. cuni *wětřick* そよ風．
wěć V2【不完】風が吹く．
wěž|a F5【女】塔．rozhladna *wěža* 展望塔，見張り塔．**-ny** A1；**-owy** A1【形】．
wibrěrować V4【不完】振動する．
wiceprezident M1【男】副大統領．
wičny A1【形】市場の．*wične* hospodarstwo 市場経済．
wid M1【男】視界；見方，見え方；〔文法〕体（アスペクト）．
widłować V4【不完】分岐させる，分かつ．**-so** 分岐する，二股に分かれる．
widły PL1【複】熊手
widlički PL1【複】フォーク．
widlišća PL2【複】痙攣．
widlować V4【不完】（つばめなどが）さえずる．
widowy A1【形】視覚の，見方の；〔文法〕体の．*widowy* porik 体のペア．
widźany A1【形】尊敬された，名の知られた．
widźeć V5【不完】見る，見える．ja njemóžu jeho *widźeć* 私には彼の姿が見えない；あいつには我慢できない；z toho *widźimy* そこからわかるように；hišće njeje žadyn kónc *widźeć* まだ終りはまったく見えてこない；při tajkim wjedrje móžeš daloko *widźeć* こういう天気だと見通しがきく；starobu na njeje *njewidźiš* 彼女には年齢が現われない．
wichor M1【男】嵐．wjećaty *wichor*（台風・ハリケーンのような）暴風．
wichorić V6【不完】（風・流れなどが）渦巻く；猛り狂う．
wichorojty A1【形】嵐の；嵐のような；騒がしい．
wijawa F1【女】ウィンチ．
wijel M3【男】湿布．
wijenka F2【女】つる（巻）植物．
wiki PL1【複】市，市場；見本市．nutřkokrajne *wiki* 国内市場．
wikowanišćo N3【中】市（のたつ場所）．
wikowanje N5【中】商い，商業．wonkowne *wikowanje* 貿易；

wikowaski

nutřkokrajne *wikowanje* 国内取り引き；drobne *wikowanje* 小売業．

wikowaski A2【形】商業[取り引き・商い]の．
wikowar M4【男】；**-ka** F2【女】商人．
wikować V4【不完】商う，取り引きする．*wikować* z akcijemi 株の取り引きをする；*wikować* wo płaćiznu twary 品物の価格について交渉する．
wina 1. F1【女】罪．to bě moja *wina* それは私が悪いのです；bjez *winy* 罪なくして；*winu*（někomu）dawać（誰に）罪があるとする；*winu* storčić（na někoho）（誰に）責任を着せる，せいにする；měć napřećo（někomu）*winu*（誰に対し）罪がある．2.《述語》：*wina* być（na něčim）（何に対し）罪がある；kaž bych ja na wšěm *wina* był まるで私がすべてにおいて罪があるかのように．
winčeć V5【不完】遠吠えする；めそめそ泣く．
winica F3【女】ブドウ畑．
winik M2【男】罪人；〔聖書〕負債者；創始者，元祖．
wino N1【中】ワイン．
winojty A1【形】罪ある．*winojty* być（někomu něšto）（誰に何を）負うている．
winowatostny A1【形】義務的な．*winowatostne* zwučowanje 義務教育，（スポーツの）規定種目．
winowatosć F7【女】義務，負債．swoju *winowatosć* spjelnić 自分の義務を遂行する；měć za *winowatosć* 義務とする．
winowaty A1【形】義務のある，負うている．smy *winowaći* tebi pomhać 私たちは君を助ける義務がある；definitiwnu wotmołwu *winowaty*（někomu）（誰に）明確な返事をすべきである．
winować V4【不完】[někoho z něčeho]（誰に何で）罪を負わせる．z čeho mje *winuja*? 何で私は罪を問われているのか．
winowc M1【男】ブドウの木；十月．
winowy A1【形】ワインの．*winowa* šklenca ワイングラス．
winyć V4【完】回す，向きを変える．**-so** 回る，反転する．*winyć so* wokoło róžka 角をターンする．
wisaty A1【形】ぶら下がった，吊された．*wisata* mata ハンモック；*wisate* wjedro 不安定な天気．
wisać V7【不完】ぶら下がる；[na někim/něčim] 結びつく，括りつけられる．*wisajo* wostać ひっかかったままである，懸案である．
wiskoza F3【女】ヴィスコース（粘性セルロース，人絹の材料）．

wišeń F6【女】桜(木・実).
wišnina F1【女】桜の木.
wišnj|a F6【女】サクランボ. **-owy** A1【形】.
witanje N5【中】挨拶.
witać V7【不完】挨拶する，歓迎する. *witaj* k nam！ようこそ！ *witajće* do Budyšina！ブディシンへようこそ！
witka F2【女】柳の木.
witrina F1【女】ガラスのショーケース.
wity A1【形】巻いた，螺旋の. *wity* shód 螺旋階段.
wić¹ F7【女】痛風.
wić² V2【不完】巻く；巻いて作る. kranc *wić* 花冠を編む；*wić* z hłowu 頭を振る. **- so** 身をよじる. *wić* so z bolosćemi 痛みに身をよじる.
wićaz M1【男】封建家臣.
wiwa F1【女】痙攣. mam *wiwu* w noze 私は足が痙攣する.
wizěr M1【男】(銃の)照準器，照尺.
wizěrować V4【不完】狙いをつける.
wizitka F2【女】名刺.
wizum M1【男】ビザ. wujězdny *wizum* 出国ビザ；přijězdny *wizum* 入国ビザ.
wjac, wjace【副】《比》＜wjele. prošu daj mi *wjac* お願いだからもっとちょうだい；ženje *wjac* もはや(…でない)；*wjac* razow 何度も；*wjac* hač dosć 十二分に.
wjacebarbny A1【形】(モノクロに対し)多色の.
wjacebój M3【男】多種目競技.
wjacednjowski A2【形】数日の.
wjacedźělny A1【形】数部からなる.
wjacehłósny A1【形】多声の.
wjacekróć【副】何度も，数回. **-ny** A1【形】.
wjacelětny A1【形】多年の.
wjacory A1【形】幾多の，複数の. *wjacore* móžnosće いくつもの可能性；po *wjacorym* napominanju 何度も警告した後；hudźbnicy wustupichu z *wjacorymi* nowotwórbami 音楽家たちは数曲の新作を演奏した.
wjadnyć V3【不完】枯れさせる，枯らす.
wjazadło N1【中】接合剤；接合.
wjazany A1【形】束ねられた，結ばれた.

wjazać

wjazać V7【不完】束ねる，結ぶ． knihu *wjazać* 製本する；seklu *wjazać* リボンを結ぶ；*wjazać* třechu 屋根を組む． **- so** 結ばれる，束になる．
wjazawka F2【女】接続詞；ハイフン．
wjazba F1【女】結ぶ[束ねる]事；製本．
wjaznyć V3【不完】はまり込む，沈む． *wjaznyć* w bahnje 沼にはまり込む[足をとられる]．
wjazolić V6；**wjazorić** V6【不完】どもる，口ごもる．
wječer F7【女】夕食． k *wječeri* 夕食に．
wječor M1 1.【男】夕方，夕べ；西． rejwanski *wječor* ダンスの夕べ；před *wječorom* 夕刻；dołhi *wječor* 南西；krótki *wječor* 北西；k *wječoru* 西へ．2.【副】夕方に． *wječor* pozdźe 夕方遅く；jutře *wječor* 明日の夕方に．
wječork M2【男】夕べの催し．
wječorny A1【形】夕べの，夕方の． *wječorny* program 夕方のプログラム．
wjedni|ca F3【女】；**-k** M2【男】指導者．
wjednistwo N1【中】指導．
wjedrar M4【男】気象学者．
wjedrarnja F6【女】気象台，測候所．
wjedro N1【中】天気． deščikojte *wjedro* 雨模様の天気；*wjedro* so staja 好天になる．
wjedrospyt M1【男】気象学．
wjedrowy A1【形】天気の．
wjedźenje N5【中】指導，統率，管理．
wjechlawa F1【女】扇，うちわ．
wjechlować V4【不完】扇[うちわ]で扇ぐ．
wjelb M1【男】地下の貯蔵室；丸天井(の地下室)． **-ik** M2【男】《指小》．
wjelči A3【形】狼の． *wjelče* pasmo 狼の群れ；*wjelči* hłód 旺盛な食欲；*wjelča* zyma 厳寒；*wjelče* pazory ヒカゲノカズラ(薬草)．
wjele【副】たくさん． *wjele* wuspěcha！ご成功を祈ります！ *wjele* zboža！お幸せに！ *wjele* dobreho ごきげんよう！
wjelehódny A1【形】価値の高い．
wjelekróć【副】度々，何度も．
wjelelubjacy A1【形】有望な．
wjelenazhonity A1【形】経験を積んだ．

wjelenohaty A1【形】多足の.
wjeleprajny A1【形】意味深長な；重大な意味を持つ.
wjelerěčny A1【形】多言語の.
wjelerôžk M2【男】多角形.
wjelestronski A2【形】多辺の，多面の.
wjelež【副】の限り，であるだけ.
wjelhoriny PL1【複】高山，山岳.
wjelk M2【男】狼.
wjeloraki A2【形】様々な，多種多様な.
wjelryba F1【女】鯨.
wjera F1【女】魔女.
wjerba F1【女】柳.
wjerhańca F3【女】レスリング.
wjerhar M4【男】レスラー.
wjerhać V7【不完】；**wjerhnyć** V4【完】投げる，引きちぎる. **-so** [z někim] 格闘する，組む.
wjerch M2【男】頂き，頂上；部屋の天井；侯，公. z *wjerchom* wujěć いらいら[じりじり]する.
wjercholić V6【不完】最高に達する，頂点に至る.
wjerchowka F2【女】侯［公］夫人.
wjerchowstwo N1【中】侯［公］国.
wjeriny A1【形】魔女の. *wjerina* chěžka 魔女の家.
wjerjebina F1【女】ナナカマド.
wjeršk M2【男】頂上，頂き. **-owy** A1【形】.
wjert M1【男】回転，転向.
wjertawa F1【女】回転板，ターンテーブル；(電話の)ダイヤル.
wjertawka F2【女】風見鶏；日和見主義の人.
wjertel M3【男】独楽. *wjertel* šwikać 独楽を回す.
wjertliwy A1【形】回転する.
wjertnišćo N1【中】回転の中心.
wjertodypk M2【男】回転の中心点.
wjertolić so V6【不完】回る.
wjerćadło N1【中】(歯科用の)ドリル.
wjerćaty A1【形】回転する.
wjerćeć V5【不完】回す. **-so** 回る. mi *so wjerći* 私は目が回る.
wjerćity A1【形】回る，回転式の. *wjerćity* stólc 回転椅子.
wjes, wsy F4【女】村. na *wsy* 村で；na *wsach* 田舎で.

wjesele【副】喜んで，喜ばしく．

wjeselić V6【不完】喜ばせる．to mje *wjeseli* それは私にとって喜びだ．-**so** [přez něsto//na[nad] něčim//na něsto]（何に）喜ぶ．*wjeselić so* nad wuspěchami 成功に喜ぶ；*wjeselić so* na přichodne prózdniny 次の休暇を楽しみにする；*wjeselu so*, zo smy so zetkali お会いできたことをうれしく思います．

wjeselo N3【中】喜び，楽しみ．měć *wjeselo*（nad *něčim*）（何に）喜ぶ．

wjeselohra F1【女】喜劇．

wjeselši A3【形】《比》<wjesoły；一層嬉しい，非常に喜ばしい．

wjeska F2【女】《指小》<wjes.

wjesło N1【中】オール．

wjesłowanje N5【中】漕ぐこと．

wjesł(ow)ar M4【男】；**-ka** F2【女】漕ぎ手．

wjesł(ow)arski A2【形】漕ぐ，オールの．*wjesłowarski* čołm 手漕ぎのボート．

wjesłować V4【不完】オールで漕ぐ．

wjesnjan M1【男】；**-ka** F2【女】村の住人．

wjesnjanos|ta, 複主 -ća M4【男】村長．

wjesny A1【形】村の．

wjesołosć F7【女】喜び，楽しいこと．

wjesoły A1【形】楽しい，喜ばしい．

wjesć, wjedu, wjedźeš；wjedu；過去 wjedźech, wjedźeše；命 wjedź！；wjedźće！；完分 wjedło, wjedła；受動分 wjedźeny V9【不完】導く．za roku *wjesć* 手を取って行く；wójnu *wjesć* 戦闘を指揮する．-**so** [někomu]：kak so wam *wjedźe*? ご機嫌いかがですか．

wjetki A2【形】薄い；着古した．

wjetši A3【形】《比》<wulki.

wjetšina F1【女】多数，大部分．prewažaca *wjetšina* 大多数；*wjetšina* wobydlerjow 住民の大部分．

wjećba F1【女】復讐．

wjećer M4【男】；**-ka** F2【女】復讐者．

wjećić V6【完】復讐する．*wjećić* smjerć bratra 兄の死の仇をとる．-**so** [na někim] 復讐する．

wjewjerč|ka F2【女】リス．**-cy** A1；**-i** A3【形】．

wjezba F1【女】積み荷；積載．

wjezć, wjezu, wjezeš ; wjezu ; 過去 wjezech, wjezeš ; 命 wjez ! ; wjezće ! ; 完分 wjezł, wjezła ; 受動分 wjezeny V9【不完】運ぶ，運搬する. **- so** 車で移動する. *wjezć so* na wozu 荷車で行く.

wjezwo N1【中】積み荷；運送貨物.

włačić so V6【不完】身を引きずるように進む；やっとのことで…する. *włačić so hač k łožu* ベッドまで這うようにしていく.

włodyka M5【男】族長，頭.

włoha F2【女】湿気，湿度.

włohojty A1【形】湿気の多い，湿った.

włoknina F1【女】繊維素.

włosa F3【女】髪. *włosy třihać* 髪をカットする；(*někomu*) *włosy stawaja* (誰の)髪の毛が逆立つ；*ščětka za włosy* ヘアブラシ；*barba włosow* 髪の色；*sekla do włosow* 髪につけるリボン.

włosaty A1【形】髪のある，髪の長い；もじゃもじゃの髪の.

włosytřihanje N5【中】髪のカット.

włóžnota F1【女】湿気，湿度.

włóžny A1【形】湿った.

wlec, wleku, wlečeš ; wleku ; 過去 wlečech, wlečeše ; 命 wleč ! ; wlěčće ! ; 完分 wlekł, wlekła ; 受動分 wlečeny ; 能動分 wlečacy V9【不完】引きずる. *kófry wlec po zemi* トランクを地面に引きずって運ぶ. **- so** 体を引きずる. *dołhi tesak so po zemi wleče* 長剣が地面を引きずる；*kótwica so wleče po pěsku* 錨が砂地を引きずる.

wlečak M2【男】トラクター；タグボート.

wlečwo N1【中】罠.

wliw M1【男】影響. *wliw wukonjeć* (*na někoho/něšto*) 影響を及ぼす；*pod wliwom stać* 影響下にある.

wliwapołny A1【形】影響力の大きい.

wliwny A1【形】影響力のある. *wliwny čłowjek* 影響力のある人.

wliwowy A1【形】影響の. *wliwowa sfera* 影響範囲.

wnučk M2【男】；**-a** F2【女】《指小》＜wnuk.

wnuk M2【男】孫.

wo【前置】1.＋《前》ついて. *wo nowym filmje powědać* 新しい映画について話す；*myslić wo* (*něčim*) (何)かについて考える. 2.＋《対》〈衝突〉*wo stěnu wrjesnyć* 壁にぶつかる；*wo durje klepać* ドアをノックする；*zepřeć so wo* (*něšto*) (何に)寄りかかる；〈期間・量〉*wo měsac přestorčić* 一と月延期する；*wo hodźinu pozdźišo*

wob

一時間遅れて；*wo* centimeter wjetši 1センチ分大きな；*wo* dwě lěće starši 二歳年上の；wobšudźić *wo* pjeć hriwnow 5マルクごまかす；〈主題・対象〉dźe *wo* něšto（何が）問題である；*wo* čo dźe? どうしたのか？*wo* to pokoj なんでもない、心配いらない；*wo*（*někoho*）žarować（誰のことを）嘆く；*wo* to njerodźu 私はそれは好きじゃない；prosyć *wo*（*něšto*）（何かを）頼む；*wo* dowolnosć so prašeć 許可を求める；*wo* pomoc wołać 助けを求める.

wob【前置】+《対》内に、間に. *wob* dźeń 一日の内に；trójce *wob* dźeń 一日に三度；*wob* lěto 一年の内に；raz *wob* lěto 一年に一度；časopis wuchadźa *wob* tydźeń 雑誌は週に一度出る.

wobaj L2【数】双方の〈変化・用法は dwaj に準じる〉. *wobaj* chcetaj přijěć 両人とも来たがっている；*wobaj* hólcaj chodźitaj hižo do šule 少年は二人ともはもう学校に通っている.

wobaleć V8【不完】；**wobalić** V6【完】すっぽりくるむ、包む.

wobalka F2【女】カバー、覆い；包帯. listowa *wobalka* 封筒.

wobalny A1【形】包むための、包帯(用)の. *wobalna* papjera 包装紙.

wobalować V4【不完】→wobaleć.

wobaranje N5【中】防衛；弁護.

wobarać V7【不完】[někomu/něčemu]（誰／何を）寄せつけない、守る；[někoho před někim/něčim] 保護する；[něšto] 追い払う、防ぐ. kóždemu zbliženju *wobarać* どんな接近も寄せつけない；*wobarać* wójnje 戦争を防ぐ. – so 身を守る、自衛する. *wobarać so* přećiwo cuzym wliwam 外国の影響から自衛する.

wobarbić V6【完】；**wobarbjeć** V8；**wobarbjować** V4【不完】塗る、塗って飾る.

wobběh M2【男】循環、サイクル；周期. pušćić do *wobběha* 流通させる、流行させる.

wobběhać V7【完】；**wobběhować** V4【不完】循環する、巡回する. *wobběhać* wšitke wobchody 店をすべて回って歩く.

wobběžny A1【形】循環の. *wobběžna* čara（天体などの）軌道.

wobbitk M2【男】取り付け具.

wobdarić V6【完】[někoho z něčim] 贈る、授ける.

wobdarjenosć F7【女】才能.

wobdarjeny A1【形】贈られた；才能ある.

wobdarjeć V8；**wobdarjować** V3【不完】[někoho z něčim] 贈る、授ける.

wobdaty A1【形】囲まれた．
wobdać, wobdam, wobdaš；過去 wobdach, wobda 〈dać〉 V9【完】；**wobdawać** V7【不完】取り囲む．murja *wobdawa* hród 壁が城を取り囲んでいる．-**so** 囲まれる．
wobdźeržeć V5【完】；**wobdźeržować** V4【不完】保つ，維持する．
wobdźěłać V7【完】作る，加工する，手を入れる．rolu *wobdźěłać* 畑を耕す．
wobdźěłk M2【男】製品．
wobdźěłować V4【不完】作る，加工する，手を入れる．
wobdźělenje N5【中】参加．*wobdźělenje* na zhromadźiznje 集会への参加．
wobdźěleć V8【不完】；**wobdźělić** V6【完】参加させる．-**so** [na něčim] 参加する．
wobdźělni|k M2【男】；-**ca** F3【女】参加者．
wobdźělnistwo N1【中】参加．při *wobdźělnistwje* 参加に際して．
wobdźělować V4【不完】→wobedźeleć．
wobdźiwanje N5【中】（嬉しい）驚き．
wobdźiwać V7【完】；**wobdźiwować** V4【不完】[z něčim] 驚き喜ぶ．
wobeńć, wobeńdu, wobeńdźeš；wobeńdu；過去 wobendźech, wobeńdźe；命 wobeńdź！；wobeńdźće！；完分 wobešoł, wobešła V9【完】迂回する；避ける；取り囲む．*wobeńć* rozmołwu (*z někim*)（誰と）話し合いを避ける；hroza jeho *wobédźe* 恐怖が彼を捕えた．-**so** すれ違う．
woběleć V8【不完】；**wobělic** V6【完】白くする；脱色[漂白]する；皮を剥く．
wobhlad M1【男】；-**anje** N5【中】見物；観察，回診，検分．
wobhladać V7【完】[sej někoho/něšto] 見物する，観察[検分]する．-**so** 見て回る．
wobhladniw|osć F7【女】配慮，用心．-**y** A1【形】用心深い，慎重な．
wobhladowar M4【男】；-**ka** F2【女】観察者，見る者．
wobhladować V4【不完】→wobhladać．
wobhonic so V6【完】；**wobhonjeć so** V8【不完】照会する；見聞する；スパイする．
wobhospodarić V6【完】；**wobhospodarjeć** V8【不完】経営す

wobhroda

る，管理する．burski statok *wobhospodarjeć* 農場を管理する．
wobhroda F1【女】囲い．
wobhrodźeny A1【形】囲いをした；固定した．
wobhrodźeć V8【不完】；**wobhrodźić** V6【完】垣をめぐらす．-so 守りを固める．
wobchad M1【男】交際；交通．železniski *wobchad* 鉄道交通；sylny *wobchad* 渋滞．
wobchadny A1【形】交際の，会話の；交通の．*wobchadna* rěč 会話，会話言葉；*wobchadne* znamjo 交通標識；*wobchadne* njezbožo 交通事故．
wobchadźeć V8【不完】交流する，つきあう，交通がある．derje (*z někim*) *wobchadźeć* (誰と) 上手につきあう．
wobchod M1【男】店．
wobchodni|k M2【男】；-ca F3【女】店員，商人．
wobchodny A1【形】店の；商売の．*wobchodna* dróha 商店街，目抜き通り．
wobchodować V4【不完】商いする．
wobchować V7【不完】取って[しまって]置く．*wobchować* w pomjatku 記憶に留めておく，覚えている．
wobjed M1【男】昼食．při *wobjedźe* 昼食に際して；k *wobjedu* 昼食に．
wobjednać V7【完】；**wobjednawać** V7【不完】処理する．
wobjedować V4【不完】昼食をとる．
wobjedowy A1【形】昼食の．*wobjedowy* čas 昼食時間．
wobjeć, wobejmu, wobejmješ；wobjemu；過去 wobjach, wobja；複 二 wobješće；双 二 wobještaj，-tej；命 wobejmi!；wobejmiće!；完分 wobjał, wobjała; wobjeli, wobjałoj；受動分 wobjaty V9【完】[někoho/něšto] 抱き抱える．
wobjěć, wobjědu, wobjědźeš；過去 wobjědźech, wobjědźe ⟨jěć⟩ V9【完】[něšto] 周りを回る，迂回する；周行する；旅に出る．
wobjězd M1【男】迂回；周行；周遊．
wobjězdźić V6【完】→wobjěć．
wobjim M1【男】容積，規模．
wobjimanje N5【中】抱擁．
wobjimać V7【不完】抱きかかえる；中に含む．
wobkedźbowanje N5【中】注目．
wobkedźbowar M4【男】；-ka F2【女】観察者，オブザーバー．

wobkedźbowarnja F6【女】観測所.
wobkedźbować V4【不完】観察する, 観測する, 注視する.
wobkład M1【男】(板などの)上張り, 外装.
wobkładować V4【不完】; **wobkłasć**, wobkładu, wobkładźeš; 過去 obkładźech, wobkładźe ⟨kłasć⟩ V9【完】敷きつめる, (重ねて)覆う, 上張りする.
wobklučić V6【完】(塀などで)囲む, 包み込む.
wobknježić V6【不完】[něšto] 支配する, マスターする; (眼下に)見下ろす. serbšćinu derje *wobknježić* ソルブ語をマスターする; hory *wobknježa* cyłu krajinu 山々はその地方全体を見下ろしてそびえている. – **so** 自制する.
wobkopanki PL1【複】根菜植物.
wobkrać V2【完】; **wobkrawać** V7【不完】(鋏で)カットする, 切り詰める.
wobkroma F1【女】縁, 囲み, 縁飾り.
wobkrućenje N5【中】固定, 強化.
wobkrućeć V8【不完】; **wobkrućić** V6【完】固定する; 強める; (副署して)証明する.
wobkružeć V8【不完】; **wobkružić** V6【完】; **wobkružować** V4【不完】[něšto] 周囲を回る. zemja *wobkružuje* słončko 地球は太陽の周りを回っている.
wobłaznić V6【完】気が変になる; 頭をおかしくさせる.
wobłuk M2【男】弧; 枠. w *wobłuku* našich nadawkow われわれの任務の枠内で.
woblatko N1【中】(聖餐で与えられる)聖餅.
woblec, wobleku, woblečeš; wobleku; 過去 woblečech, wobleče; 命 wobleč!; wobleččе!; 完分 woblekł, woblekła; 受動分 woblečeny V9【完】[někoho něšto] 着せる. hólca kabat *woblec* 少年にジャケットを着せる. – **so** [něšto] (自分で)着る. *woblec so* košlu シャツを着る.
woblečenje N5【中】衣服, 服装.
woblek M2【男】背広.
woblеć, wobliju, woblijеš; 過去 woblach, wobla; 複二 wobleśće; 双二 wobleštaj, -tej ⟨leć⟩ V9【完】注ぎかける.
woblećeć V5【完】回り[脇]を飛ぶ.
woblеžeć V5【完】押しつぶす, へこます.
woblědnyć V3【完】青ざめる.

woblěhować V4【不完】包囲する.
woblěkać V7【不完】→woblec.
wobličenje N5【中】評価, 見積り；算出.
wobličeć【不完】；**wobličić** V6【完】見積もる, 評価する, 算出する.
wobličo N3【中】顔. wuraz *wobliča* 表情；*wobličo* sćahować 渋面を作る. **-wy** A1【形】.
woblubowany A1【形】人気のある, お気に入りの.
wobmasać V7【不完】手探りする, 手で触れる.
wobměr M1【男】容量, 範囲.
wobmjetać V7【完】；**wobmjetować** V4【不完】漆喰を塗る. *wobmjetać* dom 家を漆喰で塗装する.
wobmjezowany A1【形】限られた. čas je *wobmjezowany* 時間が限られている.
wobmjezować V4【完】・【不完】限る.
wobmyslenje N5【中】疑念, 懸念.
wobmyslić V6【完】気遣う, 恐れる.
wobnowić V6【完】；**wobnowjeć** V8【不完】新しくする, 刷新する.
wobodrěnca F3【女】擦り傷.
wobodrěć V2【完】(皮を)剥ぐ；引っ掻く. *wobodrěc* sej nós (自分の)鼻をほじる. **-so** (自分の)皮を引っ掻く.
wobohaćenje N5【中】豊かになること.
wobohaćeć V5【不完】；**wobohaćić** V6【完】；**wobohaćować** V4【不完】豊かにする. **-so** 豊かになる.
woboje A3【中】両方, 両者. kurić a alokohol pić, *woboje* je škódne 喫煙と飲酒, 両方は害だ；knihi a zešiwki, *woboje* wzmiće sobu 本とノート, 両方とも持っていきなさい.
wobora F1【女】防衛；防衛軍. wohnjowa *wobora* 消防隊.
woborny A1【形】防衛の, 防衛軍の. *woborna* winowatosć 兵役義務.
wobrada F1【女】贈り物. to je ći rjana *wobrada*！こりゃたまげた！
wobradźen|je N5【中】；**-ka** F2【女】贈り物(をすること).
wobradźeć V8【不完】；**wobradźić** V6【完】贈り物をする.
wobraz M1【男】姿, 写真. we *wobrazu* 絵のように, 目に見えるように；*wobrazy* wotćahować 写真をプリントする.

wobrazarnja F6【女】画廊, 絵画館.
wobraz|liwy A1；**-ny** A1【形】形象的な；絵のような, 生彩のある. *wobrazliwa* rěč 生き生きとした言葉.
wobrazowka F2【女】受像機, スクリーン.
wobrazowy A1【形】絵画の, 写真の. *wobrazowy* zwjazk 画集, 写真集；*wobrazowa* kniha 絵本.
wobrěčeć V5【完】説き伏せる, その気にさせる.
wobrězać V7【完】；**wobrězować** V4【不完】切り落とす, 切り縮める.
wobróna F1【女】武装, 防衛.
wobrónić V6【完】；**wobrónjeć** V8；**wobrónjować** V4【不完】武装させる. **- so** 武装する.
wobrosć, wobrostu, wobrosćeš；過去 wobrosćech, wobrosće ⟨rosć⟩ V9【完】覆う, 一面…だらけにする. wot blušča [z blušćom] *wobrosćeny* štom キヅタで覆われた樹木. **- so** 覆われる, 一面…だらけになる.
wobrot M1【男】回転, 曲がり, ターン；言い回し. rěčny *wobrot* 言い回し.
wobrotn(iw)y A1【形】抜け目のない；回転する, 折り返しの. カーブした. *wobrotny* člowjek 抜け目のない人；z *wobrotniwym* postom wotmołwić 折り返し返事をする.
wobróć, woboru, woborješ；woboru；過去 woborjech, woborje；命 wobjer！；wobjerće！；完分 wobrół, wobróła V9【完】[něčemu] こらえる, 抑止する, はね除ける. **- so** [něčeho//něčemu] はね除ける, 寄せつけない. *wobróć so* čmowych myslow 暗い思いをはね除ける.
wobroćeć V8【不完】；**wobroćić** V5【完】ひっくり返す. **- so** 向きを変える, 振り向く.
wobrub M1【男】へり, 縁, 縁どり.
wobrubać V7【完】（斧などで縁を）切り落とす.
wobrubic V6【完】；**wobrubjeć** V8；**wobrubjować** V4【不完】縁どる；縁をそろえる. z cankami *wobrubic* レースで縁どりする.
wobrubjenje N5【中】縁どること, 枠に入れること.
wubruč F7【女】輪, 輪状のもの；タイヤ覆い.
wobručka F2【女】《指小》＜wobruč；鍵輪, 腕輪.
wobrys M1【男】アウトライン.
wobrysować V4【不完】アウトラインを描く, 概要を示す.

wobsadka F2【女】占領軍；乗り組み員. stajna *wobsadka* 常勤のスタッフ.
wobsadźeny A1【形】占められた. tuto mjestno je *wobsadźene* この席はふさがっています.
wobsadźeć V8【不完】；**wobsadźić** V6【完】；**wobsadźować** V4【不完】占める，確保する. prěnje městno *wobsadźić* 第一位を確保する.
wobsah M2【男】内容；目次.
wobsahnyć V3【完】；**wobsahować** V4【不完】含む.
wobsahowy A1【形】内容の，内容に関する.
wobsažny A1【形】広範な.
wobsedźenstwo N1【中】財産，所有[物]，不動産.
wobsedźer M4【男】；**-ka** F2【女】所有者.
wobsedźeć V5【不完】所有する.
wobskóržba F1【女】訴え.
wobskóržbni|k M2【男】；**-ca** F3【女】告訴人.
wobskoržen|y A1【男】；**-a** A1【女】被告，被告訴人.
wobskoržeć V8【不完】；**wobskoržić** V6【完】[někoho] 訴える. **- so** 苦情を言う.
wobstaječ V8【不完】；**wobstajić** V6【完】取り囲む，取り巻く.
wobstajnosć F7【女】永続，持続；固執，不屈.
wobstajny A1【形】持続する；不屈の.
wobstaranje N5【中】任務，責任；処理.
wobstarać V7【完】[někomu něšto//někoho z něčim] 調達してやる，処理する. *wobstarać* přećelce knihu 女友達に本を手に入れてやる；*wobstarać* sebi wizum（自分の）ビザを取得する.
wobstarny A1【形】初老の.
wobstatk M2【男】成分，内容. *wobstatk* cokora w mjedźe 蜜の糖度；*wobstatki* na zloće 金の成分；*wobstatk* kalorijow カロリー度；w swojim *wobstatku* měć 成分として保有する.
wobstać, wobsteju, wobsteješ；wobsteja；過去 wobstejach, wobsteješe；複二 wobsteješće；命 wobstej !；wobstejće !；完分 wobstał, wobstała；受動分 wobstaty ⟨stać⟩ V9【不完】[z něčeho/někoho] から成る；ある，起こる；[na něčim] 主張する. z třoch dźěło *wobstać* 三部から成る；na swojim žadanju ja *wobsteju* 自分の要求に私は固執する；pruwowanje *wobstać* 試験に受かる；přećiwo njemu nichtó *njewobsteji* 誰も彼にはかなわない；

hižo 100 lět *wobstać* もう100年間続いている．
wobstaće N5【中】存続，持続．
wobstejenje N5【中】〔文法〕限定(辞)．
wobstejnosć F7【女】状況．
wobstupać V7【不完】；**wobstupić** V6【完】；**wobstupować** V4【不完】取り囲む，包囲する．
wobsćinić V6【完】；**wobsćinjeć** V8【不完】陰にする；陰をつける．
wobsunyć so V3【完】；**wobsuwać so** V7【不完】滑る，スリップする．
wobswědćenje N5【中】証言，言明，断言．
wobswět M1【男】外界，環境．
wobswětle|nje N5【中】照明，明り；解明．-nski A2【形】．
wobswětler M4【男】照明係り．
wobswětlić V6【完】；**wobswětlować** V4【不完】(照明で)照らす．
wobsydleć V8【不完】；**wobsydlić** V6【完】植民させる．
wobsydni|k M2【男】；-ca A3【女】所有者；地主．
wobsydstwo N1【中】所有，私有；不動産．
wobsypać V7【完】あたりに振り撒く．
wobšěr F7【女】拡大，拡張，広がり．
wobšěrn|osć F7【女】詳細．-y A1【形】．
wobšić V2【完】縫い直す，縫いつける．
wobškodźenje N5【中】損害，破損．
wobškodźeć V8【不完】；**wobškodźic** V6【完】；**wobškodźować** V4【不完】損なう，傷つける．
wobšuda F1【女】偽り，詐欺．
wobšudni|k M2【男】；-ca F3【女】詐欺師．
wobšudźenje N5【中】詐欺．
wobšudźer M4【男】；-ka F2【女】詐欺師．
wobšudźeć V8【不完】；**wobšudźować** V3【不完】；**wobšudźić** V6【完】ごまかす，欺く．wo pjeć hriwnow *wobšudźić* 5マルク分ごまかす．
wobtok M2【男】循環．krejny *wobtok* 血液循環．
wobtwarić V6【完】[něšto] 周囲に作る，周りを囲む．
wobtwjerdźenje N5【中】固定，強化．
wobtwjerdźeć V8【不完】；**wobtwjerdźić** V6【完】強化する，固定する．

wobtykać V7【完】[něšto] 周りを囲む；[někoho] 買収する.
wobtykowanje N5【中】囲い込み；買収.
wobtykowar M4【男】買収する人, 贈賄者.
wobtykować V4【不完】→wobtykać.
wobćeženje N5【中】負荷. nadměrne *wobćeženje* 過重負荷.
wobćežić V6【完】[někoho/něšto z něčim] 荷を負わせる；苦しませる. -so 苦情を言う.
wobćežnosć F7【女】辛いこと, 重荷.
wobćežny A1【形】負担をかける, 辛い, 骨の折れる.
wobćeŵowanje N5【中】重し；重荷.
wobćežować V4【不完】→wobćežić.
wobuć V2【完】(靴・ズボンなどを)履く. -so (自分で靴・ズボンなどを)履く.
wobuće N5【中】履物, 靴.
wobuwak M2【男】靴ベラ.
wobuwać V7【不完】→wobuć.
wobuza F3【女】厄介, 面倒；不平屋, 面倒を起こす人.
wobužnik M2【男】不平屋, 面倒を起こす人.
wobužny A1【形】うんざりさせる, 厄介な, いやな.
wobwaleć V8【不完】；**wobwalić** V6【完】転がす, 転がして移動させる. -so 転がる, 転げ落ちる.
wobwěnować V4【不完】冠を載せる, 戴かせる.
wobwěsnyć V3【完】絞首刑にする.
wobwěšeć V8【不完】吊るす. -so 懸かる, ぶら下がる.
wobwěšk M2【男】肩かけ, ショール.
wobwětr M1【男】環境, 雰囲気.
wobwěć V2【完】(風が)吹き寄せる.
wobwinić V6【完】[někoho z něčim//za něšto] 容疑をかける, 責める.
wobwinjenje N5【中】告訴.
wobwinjować V4【不完】→wobwinić.
wobwinyć so V4【完】(道から)それる.
wobwitk M2【男】ワイヤー；蔓.
wobwjaz M1【男】包帯；連合, 同盟.
wobwjazać V7【完】；**wobwjazować** V4【不完】紐をかける, 結ぶ.
wobwjert M1【男】回転.

wobwjertny A1【形】回転の, 可動式の. *wobwjertny* most はね橋, 開閉橋.
wobwjertnyć V3【完】回す. kluč *wobwjertnyć* 鍵を回す. – so 回転する, 振り返る.
wobwjertowy A1【形】回転の. *wobwjertowa* ličba 回転数.
wobwliwowanje N5【中】影響を与えること.
wobwliwować V4【不完】影響を及ぼす.
wobwod M1【男】県; 地区. Drježdźanski *wobwod*; *wobwod* Drježdźany ドレスデン県.
wobwodny A1【形】県[地区]の. *wobwodne* sudnistwo 地方裁判所.
wobydler M4【男】; **-ka** F2【女】住人.
wobydlerski A2【形】住人の, 市民の. *wobydlerska* zhromadźizna 住民集会.
wobydlerstwo N1【中】人口, 住民.
wobydleć V8【不完】住む, 定住する.
wobzamknjenje N5【中】決定, 判決; 終結. na *wobzamknjenju*//po *wobzamknjenju* 判決[決定]により.
wobzamknyć V3【完】決める, 決議する. jednohłósnje *wobzamknyć* 満場一致で決議する.
wobzor M1【男】地平線.
wobzorosměr M1【男】方位.
wobžarować V4【不完】[někoho/něšto] 残念[気の毒]に思う.
wobželnosćeć V8【不完】; **wobželnosćić** V6【完】[něšto] 後悔する.
wocl M3【男】スチール.
woclany A1【形】スチールの; 鋼のような. *woclana* wola 鋼の如き意思; *woclany* móst 鋼鉄製の橋.
woclojty A1【形】鋼のような.
woclownik M2【男】製鋼工.
woclownja F6【女】製鋼所.
woclowy A1【形】スチールの. *woclowy* beton 鉄筋コンクリート.
wocokorić V6【完】砂糖を入れる.
wocuzbnić V6【完】; **wocuzbnjeć** V8; **wocuzbnować** V4【不完】疎遠にする. – so 疎遠になる.
wocuzbnjenje N5【中】疎外, 疎遠.
wocydźawak M2【男】濾し器, フィルター.

wocydźeć V8【不完】; **wocydźić** V6【完】; **wocydźować** V4【不完】濾して注ぐ，濾し分ける．
wočakać V7; **wočaknyć** V3【完】待つ; [z něčim] 遅らせる． *wočakń* chwilku! ちょっと待って！
wočakowanje N5【中】待ち受けること，予期，待望． *wočakowanja* połny 期待に満ちた．
wočakować V4【完】[někoho/ něšto] 待つ，待ち受ける; 見込む．
wočerstwić V6【完】新鮮にする． **- so** リフレッシュする．
wočerstwjaty A1【形】リフレッシュさせる，爽やかな．
wočerstwjenišćo N3【中】保養所．
wočerstwjeć V8; **wočerstwjowac** V4【不完】新鮮にする． **- so** リフレッシュする．
woči N1【双／複】目． chory na *woči* 眼病; lěkarstwo za *woči* 目薬; *woči* złožić 目を伏せる; *woči* wuwaleć (驚いて) 目を大きく見開く; z *wočow* pušćić [zhubić] 見失う; na swojej *woči* widźeć 我が目で見る; na *woči* přińc 眼前に現われる; k *wočomaj* 体裁上，見せかけのために; za *wočomaj* 背後で; mjez štyrjomi *wočemi* 差し向かいで，二人きりで; do *wočow* swjaty 偽善的な; do *wočow* bić [padnyć] 目につく，注意を引く; rjane *woči* činić (*někomu*) (誰に) 色目を使う，取り入る; wón je jako by nanje z *wočow* wupadnył 彼は父親に瓜二つだ．
wočinić V6【完】(扉を) 開ける，(栓を) 抜く．
wočinjadło N1【中】栓抜き，缶切り．
wočinjak M2【男】栓抜き．
wočinjeny A1【形】開けられた，開いた．
wočinjeć V8【不完】→wočinić．
wočity swědk, A1-M2【男】目撃者．
wočiwidny A1【形】明らかに．
wóčko, 双／複 woči N1【男】《指小》< woči; 目． *wóčka* zandźelić 目を閉じる; z holym *wóčkom* 肉眼で; ze swojim *wóčkom* widźeć 我が目で見る; z *wóčka* njepušćeć 目をそらさない; zub za zub a *wóčko* za *wóčko* 歯には歯を，目には目を．
wočłowječenje N5【中】人格化．
wočnica F3【女】眼窩．
wóčny A1【形】目の． *wóčny* lěkar 眼科医．
wód, woda M1【男】送電．
woda F1【女】水． pitna *woda* 飲料水; słódka *woda* 淡水; twjer-

da *woda* 硬水；mineralna *woda* ミネラルウォーター；stejata *woda* たまり水；běžaca *woda* 流水；kapa *wody* 水滴；na *wodu* bohady 水に恵まれた，水の豊富な；přećiwo *wodźe* 流れに逆らって；swjećena *woda* 聖別水；wulke *wody* 増水，雪解けによる)大水；dźesata *woda* z powski 遠縁だ，血のつながりが薄い；ze wšitkimi *wodami* krćeny あらゆる修羅場を経験した；w mutnej *wodźe* ryby łójić 濁った水の中で魚をとる(混乱に乗じて利益を得る)；*woda* do zadka stupa 絶望的な状態にある；*wodu* do křidy kidać 無駄なことに時間[労力]を費やす；*wodu* do Sprjewja nosyć 水をスプレー川に運ぶ(余計な事をする，意味のないことをする).

wodalenje N5【中】延期. *wodalenje* płaćenja 支払いの延期.
wodaleć V8【不完】；**wodalić** V6【完】(期限を)延期する.
wodarnja F6【女】給水施設，上水道.
wodarstwo N1【中】水利経済.
wodaty A1【形】水の豊富な，河川，湖などの多い. *wodate* a zabyte! なにもかも水に流そう!
wodać, wodam, wodaš；過去 wodach, woda ⟨dać⟩ V9【完】[někomu] 許す，容赦する. *wodajće* prošu! 失礼! ごめんなさい.
wodaće N5【中】許し，容赦. prošyć wo *wodaće* 赦しを請う.
wodawanje N5【中】容赦[すること]，許可.
wodawać V7【不完】[někomu] 許す，容赦する.
wódka F2【女】ウォッカ.
wódnik M2【男】貯水地，給水塔.
wodnjo【副】昼間に，昼の間に. *wodnjo* a w nocy 昼も夜も.
wódny A1【形】水の. *wódna* hładźina [swětlina] 水鏡；*wódny* muž 水男(民話に出てくる河童).
wodoběh M2【男】水流.
wodobul M1【男】水球(スポーツ).
wodojasny A1【形】透明な，明らかな.
wodomjet M1【男】噴水，貯水池；放水車.
wodopad M1【男】滝.
wodoruny A1【形】水平な.
wodosłon M1【男】カバ.
wodoćišć M3【男】水圧.
wodowaha F2【女】水準器，比準計.
wodownja F6【女】配水塔.

wodow|ód, -oda M1【男】水道, 水路；配水管.
wodowy A1【形】水の. *wodowy* honač 蛇口；*wodowe* hospodarstwo 水利経済, 水力産業.
Wódra F1【女】オドラ河.
wodrjewić V6【完】繊維質になる, 木のようになる.
wodychać V7【不完】；**wodychnyć** V3【完】深呼吸する；一休みする.
wodźacy A1【形】導く, 指導的な. *wodźacy* wědomostnik 指導的な研究者；*wodźaca* rola strony 党の指導的役割；we *wodźacych* funkcijach skutkować 指導的な職務についている.
wodźak M2【男】導線.
wodźany A1【形】水気の多い, 水っぽい；水の. *wodźana* poliwka 水っぽいスープ.
wodźaty A1【形】指導の, 主導的な.
wodźer M4【男】運転手, 操縦士.
wodźety A1【形】覆われた. ze sněhom *wodźety* 雪に覆われた.
wodźěć V2【完】覆い尽くす. *wodźěć* łožo z bělej płachtu ベッドに白いシーツを敷く. – **so** 覆われる.
wodźěče N5【中】覆い, カバー.
wodźěw M1；**-k** M2【男】覆い, カバー, 包み.
wodźěwać V7【不完】→wodźěć.
wodźidło N1【中】(自転車などの)ハンドル；舵取りの棒.
wodźik M2【男】水素. **-owy** A1【形】.
wodźić V6【不完】《不定》導く, 運転[操縦]する. *wodźić* za ruku 手を引いて連れていく；*wodźić* awto 車を運転する；za nós *wodźić* だます, 目をくらます. – **so** ふるまう.
wodźićel M1【男】指導者.
wodźiwosć F7【女】伝導性.
wodźiwy A1【形】先導性のある.
wodźizna F1【女】水域(海, 河川, 湖など).
wograwać so V7【完】[něčeho] 吐き気がする, むかつく.
wohańbić V6【完】；**wohańbjeć** V8【不完】恥じ入らせる, 恥をかかせる. – **so** 恥じ入る, 恥をかく.
wohanić V6【完】；**wohahjeć** V8【不完】罵る.
woh|eń, -nja/-enja M3【男】火, 炎. zadźěłać [sčinić] *woheń* 火をおこす；*woheń* je wudyrił 火が燃え上がった；strach *wohnja* 発火の危険；火の用心；zawěsćenje pře *woheń* 火災保険.

woheńbluwaty A1【形】火を吹く. *woheńbluwata* paliwaka 火を吹くドラゴン.
woheńčk M2【男】《指小》<woheń.
woheńhašak M2【男】消火器具. 消火剤.
wohida F1【女】吐き気.
wohidmo N1【中】化け物.
wohidnić V6【完】ゆがめる, 醜くする.
wohidny A1【形】醜い, 醜悪な.
wohłuchnyć V3【完】耳が聞こえなくなる；ぼんやりする.
wohladać V7【完】見つける, 認める. **-so** [do někoho/něčeho] 見切りをつける, 放棄する；軽蔑する, 問題にもしない.
wohnišćo N3【中】炉床；暖炉, 炉.
wohniwy A1【形】火の, 炎の；燃えるような, 情熱的な. *wohniwa* kula 火の玉, 発光体.
wohnjomjet M1【男】火炎放射器.
wohnjostroj M3【男】花火.
wohnjoškit M1【男】防火.
wohnjowy A1【形】火の. *wohnjowa* wobora 消火隊, 消防署；*wohnjowa* hoka 火かき棒；*wohnjowy* zwónč 防火ベル, 火災報知器；*wohnjowe* zawěsćenje 火災保険.
wohórčeć V5【不完】；**wohórčić** V6【完】悲しませる, がっかりさせる.
wohrěć V2【完】暖める, 熱する. **-so** 暖まる.
wohrěwadło N1【中】発熱体, 加熱器；暖房器.
wohrěwak M2【男】湯タンポ, 電気ふとん；ヒーター, 加熱器.
wohrěwarnja F6【女】暖房室.
wohrěwać V7【不完】暖める, 加熱する. **-so** 暖まる.
wohrozyć V6【完】；**wohrožować** V4【不完】危うくする, 脅かす.
wohryzk M2【男】（果物の）芯, 核；のどぼとけ.
wocheža F5【女】玄関（の間）.
wochłódnić V6【完】冷える, 冷たくなる.
wochłódźeć V5【不完】；**wochłódźić** V6；**wochłódžować** V4【完】冷やす. **-so** 冷える.
wochla F6【女】（麻などを梳くための）すき櫛. přez *wochlu* počahać（*někoho*）こっぴどく叱りつける.
wochlować V4【不完】すき櫛で梳く；[někoho] 陰口をたたく, こ

きおろす.
wochudnyć V3【完】貧乏になる, 落ちぶれる.
wój P2【代名】あなたがた二人.
wojak M2【男】兵士.
Wojercy PL1【複】ホイェルスヴェルダ(ラウジッツの地名).
wojerski A2【形】兵士の, 軍隊の. *wojerski* spěw 軍歌, 兵士の歌；*wojerska* akademija 軍事アカデミー.
wojerstwo N1【中】軍事(制度).
wojědojćić V6【完】毒を持たせる.
wojěrić V6【完】苦くする.
wójmidło N1【中】鎖の輪, チェーンリンク.
wójna F1【女】戦争. wuswobodźenske *wójny* 解放戦争；*wójnje* zadźěwać 戦争を阻止する；*wójnu* připowědźić 宣戦布告する.
wojnar M4【男】車大工.
wójnski A2【形】戦争の.
wojo N3【中】かじ棒, 馬車のなが柄.
wojowacy A1【形】戦う.
wojowanišćo N3【中】戦場；競技場, 試合場.
wojowar M4【男】；**-ka** F2【女】戦士, 戦闘員；選手.
wojować V4【不完】戦う. *wojować* wo lěpše wuslědki よりよい成果を目指して戦う.
wójsko N1【男】軍隊. powětrowe *wójska* 空軍.
wójwoda M5【女】(ドイツの)公爵；(中世の)領主.
wokabl|a F5【女】語彙. **-owy** A1【形】.
wokal M3【男】母音.
wokamjenić V6【完】；**wokamjenjeć** V8；**wokamjenjować** V4【不完】石化させる.
wokatiw M1【男】〔文法〕呼格.
wokaty A1【形】目の大きな；たくさんの目のある.
wokeńca F3【女】シャッター, よろい戸.
wokisnyć V3【完】酸っぱくなる. mloko je *wokisnyło* ミルクが酸っぱくなった.
woknješko N1【中】《指小》＜wokno；店のショウケース.
wokno N1【中】窓. wukładne *wokno* ショーウインドー；z *woknom* hladać 窓ごしに見る；z *wokna* hladać 窓から見る.
wokmanić V6【完】能力[権能]を与える, できるようにさせる. **-so** 能力[権能]を持つ.

woko N1【中】〈通常の「目」の意味では普通 *woči, wočko* を使用〉目，眼球；（編物の）目；スープに浮いた脂肪の玉；輪結びの目．kurjace *woko* タコ，ウオノメ；na kurjace *woko* stupić 痛いところをつく．

wokoło 1.【副】そこらじゅう，周囲に．hladać *wokoło* あたりを見回す；*wokoło* łazyć 這い回る；dźěći so na hrajkanišću *wokoło* honja 子供たちは遊び場を駆け回っている．2.【前置】+《生》あたり：〈場所〉*wokoło* šule 学校の周りに；*wokoło* jězora rostu štomy 湖の回りには木が生えている；dźěći so *wokoło* nana hromadźa 子供たちは父親の回りに集まっている；〈時間〉*wokoło* připołdnja 正午ごろ；*wokoło* jutrow 復活祭の前後；〈概数〉*wokoło* štyrceći tysac wobydlerjow 約4万人の住人．

wokołopuć M3【男】回り道．

wokolina F1【女】周囲，環境．

wokolnik M2【男】回状，回覧板．

wokolnosć F7【女】環境；状況，要因．

wokolny A1【形】周囲の，近隣の．*wokolne* wsy 付近の村々．

wokomik M2【男】瞬間．we *wokomiku* 一瞬にして，瞬時に．

wokomiknity A1【形】瞬時の；即座の．

wokomiknje 【副】即座に，瞬時に；目下．

wokomikny A1【形】目下の，今の．

wokošeć V8【不完】；**wokošić** V6【完】キスする．-so キスを交す．

wokrasnić V6【完】；**wokrasnjeć** V8【不完】賛美する，賞賛する．

wokrjepić V6【完】；**wokrjepjować** V4【不完】（水を）注ぎかける．

wokrjes M1【男】郡（Kreis）．-ny A1【形】．

wokruh M2【男】範囲，領域．

wokrućić V6【完】強化する．

wokřejny A1【形】リフレッシュの．

wokřeć V2；**wokřewić** V4【完】リフレッシュさせる．-so リフレッシュする．

wokřewjacy A1【形】リフレッシュさせる．

wokřewjenje N5【中】リフレッシュ．

wokřewjenka F2【女】（リフレッシュするための）飲み物，スナック．

wokřewjernja F6【女】軽食堂，スナック(店).
wokřewjeć V8【不完】新鮮にする，リフレッシュさせる. **-so** リフレッシュする. **-sej** (dušu) 元気づく.
woł M1【男】雄牛.
wołak M2【男】呼び声；〔文法〕呼格；感嘆符.
wołać V7【不完】呼ぶ，叫ぶ. *wołać* wo pomoc 助けを呼ぶ；*wołać* za chorobnej sotru 看護婦を呼ぶ.
wołma F1【女】ウール.
wołmjanka F2【女】ウール布；(ウールの)ジャケット.
wołmjany A1【形】ウールの. *wołmjany* šat ウールの服.
wołoj M3【男】鉛. **-any** A1【形】.
wołojnik M2【男】鉛筆.
wołojowy A1【形】鉛の. *wołojowa* roła 鉛管；*wołojowa* barba 鉛色.
wołtar M4【男】祭壇，演壇.
wola F5【女】意志. poslednja *wola* 遺言；po *woli* [někomu] 思い通りに；hač do syteje *wole* 満足のいくまで；nimo *wole* 意に反して，思いがけず.
wolant M1【男】(自動車の)ハンドル.
wólba F1【女】選択，(ふつう《複》)選挙.
wólberny A1【形】まぬけな.
wólbnik M2【男】選挙人.
wólbny A1【形】選択の，選挙の. *wólbna* zhromadźizna 選挙演説会.
wólbokmanosć F7【女】選挙権.
wólbokmany A1【形】選挙権のある.
woleńca F3【女】搾油所.
wolenje N5【中】選挙. 選挙用キャンペーン.
woleny A1【形】選ばれた.
woler M4【男】；**-ka** F2【女】選挙人；選び手.
wolij M3【男】油. lany *wolij* 亜麻仁油；słóncnoróžowy *wolij* ヒマワリ油；zemski *wolij* 石油；*wolij* k jědźi 食用油；z *wolijom* mazać 油を塗る.
wolijaty A1【形】油分のある.
wolijojty A1【形】油っぽい，油状の.
wolijować V4【不完】油を塗る.
wolijowy A1【形】油の. *wolijowa* mólba 油絵(作品)；*wolijowe*

sardinki オイルサーディン.
wolić V8【不完】選ぶ. *wolić* zapósłanca 代表を選ぶ; za předsydu *wolić* 議長に選ぶ; *wolić* do parlamenta 国会に選出する.
wólny A1【形】自由な. *wólne* wiki 自由市場.
wolóžeć V8【不完】; **wolóžić** V6【完】; **wolóžować** V4【不完】軽くする, 和らげる. sebi žiwjenje *wolóžeć* 自分の生活を楽にする; *wolóžeć*（*někoho*）wo džesać hriwnow（誰の）負担を10マルク少なくする.
wólša F5【女】ハンノキ.
womačeć V8【不完】; **womačić** V6【完】; **womačować**【不完】湿らせる, 濡らす.
womazać V7【完】しみをつける, 汚す. mjeno *womazać* 名を汚す. -so しみがつく, 汚れる.
woměrje【副】しずかに, じっと. sej（*něšto*）*woměrje* wobhladać（何を）じっと見守る.
woměšk M2【男】混合物, かき混ぜたもの; 濃厚飼料.
womjechčeć V8【不完】; **womjechčić** V6【完】柔らかくする.
womjelknyć V3【完】; **womjelkować** V4【不完】静かになる, 黙り込む.
womłódnyć V3【完】若々しくなる, 若返る.
womłodźić V6【完】若返らせる.
womora F1【女】失神, 卒倒; 無力, マヒ. do *womory* padnyć 失神する; we *womorje* ležeć 気を失っている.
won【副】外に出て; むこうに, あちらへ. *won* hić 出ていく, 外へ出かける; *won* přińć 出てくる.
wón, wona, wono/wone P3【代名】三人称代名詞. 彼[彼女・それ]は.
wonajki A2【形】独特の, 風変わりな; しかじかの, これこれの. *wonajke* ludźo 奇妙な人達; to je tajka *wonajka* wěc それはそんな[その程度の・そうした]ものだ.
wóndano【副】最近, 近ごろ.
woněmčeć V8【不完】; **woněmčić** V6【完】ドイツ[ゲルマン]化させる.
woněmić V6【完】; **woněmjeć** V8; **woněmjować** V4【不完】黙り込む.
wonjaty A1【形】芳香の, 香りのたつ.
wonječesćenje N5【中】冒瀆; 名誉を汚すこと.

wonječesćeć V8【不完】; **wonječesćic** V6【完】; **wonječesćowac** V4【不完】冒瀆する, 名誉を汚す.

wonjemdrić V6【完】; **wonjemdrjeć** V8【不完】憤慨する.

wonjerjedźeć V8【不完】; **wonjerjedźić** V6【完】汚す, 散らかす.

wonjerodźenje N5【中】[někoho/něčeho] ほったらかし, 面倒みないこと.

wonjerodźeć V8【不完】; **wonjerodźić** V6【完】ほったらかしにする, 面倒をみない.

wonjeć V8【不完】香りがする, 匂いがする. *wonjeć* za kwětkami 花の香りがする.

wonka【副】外で. *wonka* stań! 外にいなさい!

wonkowny A1【形】外の; 国外の. *wonkowny* kut 外角; *wonkowny* swět 外界; *wonkowny* minister 外務大臣; *wonkowna* politika 外交政策.

wono N1【中】こと, もの, 例の件; 馬鹿なこと. to je tajke *wono* それはそんなものだ; nječiń sej žane *wono*! 厄介ごとを起こすな, 構えるなよ.

wony A1【形】《指示》あの. we *wonych* lětach 当時は.

wopačny A1【形】間違った, 誤った. *wopačny* puć 間違った道.

wopadnyć V3【完】落ちる, 減少する, 引く. začelizna *wopadny* 浮腫が引いた.

wopak(i)【副】間違って, 誤って. *wopaki* napisać 書き誤る; sy mje *wopak* zrozumił 君は私を誤解した, 私の言うことを正しく理解しなかった.

wopal M3【男】火傷.

wopaleć V8【完】; **wopalić** V6【完】焦がす. - so 焦げる, ちょっと燃える.

wopancać V6【完】汚す, しみをつける. - so 自分の名誉を汚す.

wopar M1【男】火傷(主に熱湯による).

woparić V6【完】火傷させる. - so 火傷する.

wopasać V7【完】; **wopasować** V4【不完】帯で巻く. - so 帯をする.

wopica F3【女】サル. *wopicu* měć ほろ酔い加減である.

wopičer M4【男】猿使いの芸人; 猿真似をする人, 模倣者.

wopičeć so V8【不完】[po někim] 真似る, 猿真似をする, まねをしてからかう.

wopiči A3【形】サルの. *wopiča* lubosć 猫かわいがり.
wopičić so V6【完】→wopičeć so.
wopiłc M1【男】大酒のみの人.
wopiłstwo N1【中】大酒をのむこと.
wopis M1【男】描写；目録, リスト.
wopisanje N5【中】描写.
wopisać V7【完】描写する.
wopismo N1【中】文書；証書. chorobne *wopismo* 療養[病気]証明書, 保険証；čestne *wopismo* 賞状；*wopismo* dodaća (貨物の)送り状.
wopisowanje N5【中】描写, 叙述.
wopisować V4【不完】描写[叙述]する.
wopity A1【形】酔った.
wopić so V2【完】酔っ払う.
wopjata F1【女】靴の後部(踵の上の部分).
wopjec, wopjeku, wopječeš；過去 wopječech, wopječe〈pjec〉V9【完】焼く, 焦がす.
wopłódnić V6【完】；**wopłódnjeć** V8；**wopłódnjować** V4【不完】多産にする, 豊かにする.
wopłodźenje N5【中】受精, 受胎；実りをつけさせること.
wopłodźeć V6【不完】；**wopłodźić** V6【完】；**wopłodźować** V4【不完】受精[受胎]させる.
wopłoknyć V3【完】；**wopłokować** V4【不完】(食器を)洗う.
wopłokowa|nje N5【中】食器洗い(の作業). **-nski** A2【形】.
wopodstanić V6【完】根拠づける, 基礎を与える.
wopodstanjeje N5【中】根拠づけ, 論証.
wopodstanjeć V8；**wopodstanjować** V4【不完】→ wopodstanić.
wopoj M3【男】；**-adło** N1【中】麻薬.
wopojeć V8【不完】；**wopojić** V6【完】酔わせる, うっとりさせる. **- so** 酔う, うっとりする.
wopojny A1【形】酔わせる. *wopojny* jěd 麻薬.
wopokaz M1【男】証拠.
wopokazać V7【完】；**wopokazować** V4【不完】証明する, 実証する；表わす. **- so** (自分の考えなどを)表わす；明らかになる, 判明する. jako dobre so *wopokazać* 明らかに示されるように.
wopokojeć V8【不完】；**wopokojić** V6【完】安心させる, なだめ

る.
wopołnócny A1【形】真夜中の.
wopołnocy【副】真夜中に.
wopominanje N5【中】記念,思い出;考慮,配慮.
wopominać V7【不完】→wopomnić.
wopomnišćo N3【中】記念の地.
wopomnić V6【完】[někoho/něšto]覚えている,思う;(誰／何を)思い出させる.
wopomnjenka F2【女】記念の品.
wopomnjenski A2【形】記念の,記憶の. *wopomnjenska swjatočnosć* 記念祭;*wopomnjenska medalja* 記念メダル.
wopomnjeće N5【中】記憶.
wopon M1【男】紋(章). *měšćanski wopon* 市の紋章.
wopor M1【男】犠牲者,いけにえ. *smjertny wopor* 死亡者.
wopornišćo N3【中】〔史〕いけにえを捧げる場所.
woporniwosć F7【女】犠牲になること,進んで犠牲になる精神.
wopowědź F7【女】声明,通報,アナウンス.
wopowědźić V6【完】声明を出す;申請する.
woprašeć so V8【完】; **woprašować so** V4【不完】[někoho](誰に)尋ねる.
woprašowanje N5【中】アンケート.
woprawdźe【副】ほんとうに,事実. *to je woprawdźe wěrno* それはまさにほんとうだ.
woprawdźitosć F7【女】真実(性),事実(性),現実.
woprawdźity A1【形】真実の,事実の. *woprawdźity přećel* 真の友.
woprawić V7【完】修正する,修理する.
woprawjene N5【中】(カトリックの)聖体拝領;(プロテスタントの)聖餐式.
woprawjeć V8【不完】聖体拝領[聖餐式]を授ける.
woprawnić V6【完】権利を与える,当然のものとする. *woprawnić dowěru* 信頼に答える.
woprawnjenka F2【女】資格証明(書);ライセンス. *woprawnjenka za jězdźenje z motorskim* オートバイの免許.
woprawnjeny A1【形】権利[資格・権限]のある.
wopřed M1【男】前面,前;初め.
woprowanje N5【中】生贄をささげること.

woprować V4【不完】犠牲にする，生贄にする．*woprować* žiwjenje 命を犠牲にする．
wopřijacy A1【形】内用する，含む．
wopřijeć, wopřijmu, wopřijmješ；過去 wopřijach, wopřija ⟨přijeć⟩ V9【完】含む，内包する．delegacija *wopřijmje* dweju členow 代表は二名から成る．
wopřijeće N5【中】概念．
wopřimać V7【不完】; **wopřimnyć** V3【完】手で触って調べる；含む，内包する．
woptanka F2【女】試食，試飲；試し．
woptać V7【完】; **woptawać** V7【不完】試食する，試す．
wopuchlina F1【女】腫れ，むくみ．
wopuš F7; **-ka** F2【女】しっぽ；編んだ髪，弁髪．
wopušćeny A1【形】見捨てられた，置き去りにされた．
wopušćeć V8【不完】; **wopušćić** V6【完】; **wopušćować** V4【不完】見捨てる，置き去りにする．
wopyt M1【男】訪問，来客．chorobny *wopyt* 病気見舞い；być na *wopyće* 訪問している，お客である．
wopytanski A2【形】訪問の．
wopytać V7【完】[někoho] 訪問する．
wopytowar M4【男】; **-ka** F2【女】訪問者．
wopytowarstwo N1【中】訪問者，客；聴衆，観客．
wopytować V4【不完】[někoho] 訪ねる，通う．*wopytować* šulu 学校に通う．
worakawc M1【男】浮浪者；（悪意のある）いたずら者，意地悪者．
worakawstwo N1【中】意地悪，悪意のあるいたずら．
worakawy A1【形】意地の悪い．悪意のある，陰険な．
worać V7【不完】耕す．hłuposće *worać* ばかなことをする．
worjech M2【男】木の実（主にくるみなど）．
worjeńšeć V8【不完】; **worjeńšić** V6【完】; **worjeńšować** V4【不完】より美しくする．
worješina F1【女】くるみなどの木．
worješk M2【男】《指小》＜worjech; lěsny *worješk* ヘーゼルナッツ．
worjoł M1【男】ワシ．
woršta F1【女】層；階層．*woršta* sněha 雪の積もった部分；kamjentnowuhlowa *woršta* 石炭層．

worštować V4【不完】層にする，積み重ねる．
woruch M2【男】香，香煙．kadźić z *woruchom* 香を炊く；人を褒めそやす，おべっかを使う．
wosa F3【女】スズメバチ．**-cy** A1【形】．
wosada F1【女】教区；教区の信徒．
wosadnica F3【女】；教区の信徒（女性）．
wosadnik M2【男】（カトリックの）祈禱・賛美歌集；教区の信徒（男性）．
wosadźany A1【形】植えられた．
wosadźeć V8【完】植える．
wosamoćenje N5【中】孤立化．
wosamoćeny A1【形】孤立した，見放された．
wosebitosć F7【女】特異性，独自性，特徴．
wosebity A1【形】独特の；特別の．*wosebity* wuznam 特別の意味；*wosebity* poskitk 特売；*wosebite* srědki 特別資金．
wosebje【副】特に，とりわけ．
woserniwić V6【完】かび臭くなる．
wósk M2【男】蠟（ロウ），ワックス．pčolacy [pčołkacy] *wósk* 蜜蠟；*wósk* za parket 寄せ木細工用のワックス．
wóska F2【女】軸．zemska *wóska* 地軸．
wóskojty A1【形】ワックス状の．
wóskokřiž M3【男】座標系．
wóskorěz M1【男】軸上の二点間．
wóskowany A1【形】ワックスをかけた．
wóskować V4【不完】ワックス[蠟]をかける，（復活祭の卵を）ワックスで仕上げる．
wóskowy A1【形】ワックスの，蠟の；軸の．
woskubać V7【完】むしり取る，引き抜く．*woskubać*（*někoho*）（誰から）巻き上げる，すっからかんにする．
wosłabić V6【完】；**wosłabjeć** V8【不完】弱くする．swěcu *wosłabić* 光を落とす，減光する．
wosłabnyć V3【完】弱くなる．
wosławić V6【完】；**wosławjeć** V8【不完】誉めたたえる，賛美する．
wosłódčeć V8【不完】；**wosłódčić** V6【完】砂糖を加える．
wóslacy A1【形】ロバの；愚鈍な．*wóslacy* mosćik アンチョコ，トラの巻．

woslepić V6【完】; **woslepjeć** V8; **woslepjować** V4【不完】目を見えなくする；目が見えなくなる.
wóslik M2【男】《指小》＜wósoł.
wosmička F2【女】8（の数），8番.
wosmina F1【女】8分の1.
wosmory A1【形】8倍の，8回の.
wosmy A1【形】8番目の. *wosmy* lětnik 8年生.
wosnje【副】眠ったまま；夢で. kaž *wosnje* 夢のように.
wosoba F1【女】個人，人；〔文法〕人称.
wosobina F1【女】人格，性格.
wosobinski A2【形】個人の；本人の；私的な. *wosobinski* nahlad 個人的見解；*wosobinske* swójstwo 私的財産.
wosobny A1【形】上流階級の；高潔な.
wosobowy A1【形】個人の. *wosobowy* čah 旅客［普通］列車.
wosoł, wosoła/wosła M1【男】ロバ.
wosom L3【数】8〈名詞とともに用いる場合，数詞は不変化でよい．*wosmjo, wosmjoch...* の形は人間を表わす名詞とともに，あるいは数詞のみで人数を表わす場合に用いる〉. *wosom* stow 800；we *wosmich* 8時に；*wosmjo* šulerjow je přišło 生徒が 8 人来た；widźu *wosom* stomow 家が 7 軒見える；w zašłych *wosom* dnjach この 8 日の間；*wosmjo* su za namjet hłosowacli 8 人が提案に賛成だ；Smy *wosmjo* wotešli 私たち 8 人は立ち去った.
wosomdźesat L3【数】80.
wosomdźesaty A1【数】《序》80番目の.
wosomdźělny A1【形】8つの部分からなる.
wosomhodźinski A2【形】8時間の.
wosomka F2【女】8（の数），8番.
wosomlětny A1【形】8年の，8年次の.
wosomnatka F2【女】18（の数），18番.
wosomnaty A1【数】《序》18番目の.
wosomnaće L3【数】18.
wosomrjadowniski A2【形】8クラスの.
wosomróžkaty A1【形】八角の.
wospěšnjeć V8【不完】; **wospěšnić** V6【完】急がせる，加速させる.
wospjet【副】今一度，重ねて.
wospjetnostny A1【形】複数回の，多回の. *wospjetnostne* sło-

wospjetny

wjeso 反復[多回]動詞.
wospjetny A1【形】再度の, 重ねての. *wospjetnostne* napominanje 再度の警告[督促].
wospjetowanje N5【中】繰り返し.
wospjetować V4【不完】繰り返す.
wosprawnić V6【完】; **wosprawnjeć** V8【不完】正しいと認める, 正当化する. – so 弁明する, (正当性を)説明する.
wosrjedź【前置】+《生》中に, 中央に. *wosrjedź* hata 池の真ん中に; *wosrjedź* sady 文中に; *wosrjedź* nocy 夜中に; *wosrjedź* stwy 部屋の中央に.
wóst M1【男】アザミ.
wostajeć V8【不完】; **wostajić** V6【完】放置する, そのままにする. *wostajeć* bjez wobjeda 食事を出さない[与えない]でおく; *wostajeć* ležo そのままにしておく, 放置しておく; tčacy *wostajeć* 引っ掛かったままにする; kluč tčacy *wostajeć* 鍵をさしたままにする; *wostaj* to! そのままにしておけ！放っておけ！ *wostajče* mje na pokoj! 私のことは放っといてください, 私に干渉しないで！
wostatny A1【形】残りの, 余分な.
wostać, wostanu, wostanješ; wostanu; 過去 wostach, wosta; 命 wostań!; wostańće!; 完分 wostał, wostała; 受動分 wostaty V9【完】; **wostawać** V7【不完】とどまる, 残る. doma *wostać* 家にいる, 外出しない; sedźo *wostać* じっとしている, 座ったままでいる; 留年[落第]する; stejo *wostać* 止まっている; wisajo *wostać* ぶら下がっている; wyše *wostać* 余る, 余っている; na docpětym *wostać* 現状に甘んじる; ja při tym *wostanu* 私はこのことを主張する, これについては譲らない; *wostań* strowy! 元気で！
wostrózbić V6【完】; **wostrózbjeć** V8【不完】正気に戻る, (興奮・酔いが)醒める; 正気に戻す, 醒ます.
wostrózbnić V6【完】; **wostrózbnjeć** V8【不完】→wostrózbić.
wostuda F1【女】退屈. pře *wostudu* 時間つぶしに, 退屈まぎれに; *wostudu* pasć 退屈する.
wostudły A1【形】退屈な.
wostudźeć V8【不完】; **wostudźić** V6【完】; **wostudźować** V4【不完】[někoho] 退屈させる. – so [někomu] 退屈である. mi *so wostudźa* 私には退屈だ.
wosć F7【女】魚の骨; 動植物の刺, 蜂の針.

wosud M1【男】運命. **-ny** A1【形】.
wosudźeć V8【不完】；**wosudźić** V6【完】[někomu něšto] 判決を言い渡す，(刑を)宣告する．
wosuch M2【男】(飼料用の)油かす．
wosušk M2【男】(クリスマスなどに作る)焼菓子，パウンドケーキ．
woswětleć V8【不完】；**woswětlić** V6【完】明るくする，光を当てる．
woswjećenje N5【中】奉納[落成]行事；聖別；祝賀．
woswjećeć V8【不完】；**woswjećić** V6【完】；**woswjećować** V4【不完】祝う，(落成・開通などの)記念行事を行う；聖別する． *woswjećeć* narodny swjatk 国民[民族]の祝日を祝う．
wosyca F3【女】ハコヤナギ．
wosýlnić V6【完】強化する．
wosylnjadło N1【中】強壮剤，栄養剤．
wosymjenić V6【完】；**wosymjenjeć** V8【不完】(人工)受精させる．
wosypicy PL1【複】はしか．
wosyrić V6【完】湿らせる；湿る，湿気を帯びる．
wosyroćeny A1【形】みなし子になった；孤独な，ひとりぼっちの．
wosyroćeć V8【不完】；**wosyroćić** V6【完】みなし子になる，見捨てられる；[někoho] 見捨てる．
wosyć V2【完】(ある場所を)播く，播いて覆う．
wosyw M1【男】種播き．
woš, wše F7【女】シラミ．
wošědźiwić V6【完】白髪になる．
woškrobić V6【完】；**woškrobjeć** V8【不完】(洗濯物を)糊付けする．
woškrot M1【男】(路上の)薄氷． *woškrot* pada 路面が凍って滑る，スリップする．
wošćěrać so V7【不完】歯をむき出してにやりとする，あざけるように笑う．
wošudźeć V8【不完】；**wošudźić** V6【完】[někoho] 騙す，ペテンにかける．
wot【前置】+《生》から．〈場所〉*wot* spody 下から；*wot* puća preč 道からそれて；bydlić daleko *wot* města 町から遠い所に住む；dom *wot* domu 家から家へ；*wot* pjaty hač k hłowje 爪先から頭の天辺まで；wotražeć so *wot* zemje 地面で跳ね返る；〈時間〉*wot*

nětka 今から；*wot* małosće 幼少から；*wot* naroda 生まれつき；*wot* wčerawšeho 昨日から；*wot* přenjeje hodźiny 一時間目から；*wot* nalěća 春以来，春から；*wot* 1912 1912年から；*wot* ranja do wječora 朝から晩まで；dźeń *wote* dnja 毎日，来る日も来る日も．〈対象・関係〉kluč *wot* kamora たんすの鍵；wotwisować *wot*（*něcoho*/*něčeho*）(誰／何)に依存する；*wot* nana knihu dostać 父から本をもらう；požčić *wot* susoda 隣人から借りる；žadać *wot* komiteja pomoc 委員会に援助を求める；〈原因〉*wot* chorosće słaby 病気で弱っている；〈行為者〉*wot* wučerja napisany 教師によって書かれた；baseń *wot* H. Zejlerja H. ゼイラーの詩．

wotamkać V7【不完】；**wotamknyć** V3【完】(錠を)開ける；明らかにする．

wotawa F1【女】二番刈りの牧草．

wotběh M2【男】流出；経過，プロセス；終了．*wotběh* wody 排水(口)．

wotběhać V7；**wotběhnyć** V3【完】；**wotběhować** V4【不完】走り出す，流れ出す；歩き[走り]回る，(靴を)履きつぶす．*wotběhać* sej noze さんざん走り回る．

wotbělěć V8【不完】；**wotbělić** V6【完】；**wotbělować** V4【不完】(皮・殻を)むく．

wotběrać V7【不完】穀物を束ねて結ぶ．

wotběrk M2【男】受け取り，受け入れ；録音．

wotběžeć V5【完】流れ出る；過ぎる．wjele wody *je* do morja *wotběžało* 大水が海に流れ出た；zhromadźizna *je* derje *wotběžała* 集会は順調に過ぎた．

wotbijeć V8【不完】打つ，叩きのめす．

wotbić V2【完】；**wotbiwać** V7【不完】切り落とす；(時計が)打つ．*je* runje jednu *wotbito* ちょうど一時が鳴った．

wotbłyšć F7【女】反映，反射．

wotbłyšćowanje N5【中】反映[反射](すること)．

wotbłyšćować V4【不完】反映する，反射する．－**so** 写る，映える．

wotbliska【副】近くから．

wotbočenje N5【中】横にそれること，分岐，逸脱，脱線．

wotbočeć V8【不完】；**wotbočić** V6【完】；**wotbočować** V4【不完】横にそれる，分岐する；逸脱する．－**so** 脱線する．

wotbóčka F2【女】分岐(路)，支線；支局，支店．

wotbočować V4【不完】横にそれる，分岐する；逸脱する．

wotboka 【副】横から，サイドから．
wotboleć V5【完】; **wotbolować** V4【不完】痛みが止む．
wotbrónić V6【完】武装解除する；軍備を廃止[縮小]する．
wotbrónjenje N5【中】武装解除；軍縮，軍備廃止．
wotbrónjenski A2【形】武装解除の；軍縮の． *wotbrónjenske* jednanja 軍縮交渉．
wotbrónjować V4【不完】(徐々に)武装解除する，軍備を廃止[縮小]する．
wotbytk M2【男】販売，売れ行き．
wotbytnišćo N3【中】販路，販売市場．
wotbyty A1【形】売れ行きの良い，需要のある．
wotbyć, wotbudu, wotbudźeš；過去 wotbych, wotby ⟨być⟩ V9【完】; **wotbywać** V7【不完】処理する，片付ける；[někoho] 追い払う．to je *wotbyty* それはもう片付いたことだ；(*někoho*) skrótka *wotbyć* (誰を)さっさと厄介払いする．
wótc M1【男】先祖．swjaty *wótc* 法皇．
wótcny A1【形】先祖の；父の． *wótcny* kraj 祖国．
wotcydźeć V8【不完】; **wotcydźić** V6【完】; **wotcydźować** V4【不完】濾過する．
wotcydźowak M2【男】濾過器，フィルター．
Wótčenaš M3【男】〔聖書〕主の祈り．
wotčerpać V7【不完】[z něčeho] (表面から)すくい取る，吸い上げる．
wotčěrać V7【完】; **wotčěrować** V4【不完】すくい取る，汲み集める．
wótčina F1【女】祖国．
wótčinc M1【男】愛国者．
wotčinić V6【完】; **wotčinjeć** V8【不完】片付ける，取り除く．
wotčinski A2【形】祖国の．
wotčitać V7【完】読み取る，読み上げる．
wotdaloka 【副】遠くから．
wotdobyć, wotdobudu, wotdobudźeš；過去 wotdobych, wotdoběše ⟨dobyć⟩ V9【完】; **wotdobywać** V7【不完】[něšto wot někoho] 勝ち取る．
wotdołžeć V8【不完】; **wotdołžić** V6【完】[někoho] 負債を免除する．
wotdrapać V7【完】; **wotdrapować** V4【不完】掻き落とす，削り

取る.
wotdrěć V2【完】; **wotdrěwać** V7【不完】引きちぎる, はぎ取る; 引き倒す, 壊す.
wotdrjebić V6【完】崩れる, 砕ける.
wotdrjebjenka F2【女】一かけ, 一粒.
wotduć V2【完】; **wotduwać** V7【不完】吹き飛ばす, 吹き払う.
wotdźeržeć V5【完】; **wotdźeržować** V4【不完】(あることを)させないようにする, くいとめる, 思いとどまらせる. wot dźěła *wotdźeržeć* 仕事から引き離す.
wotdźěłać V7【完】働いて(借りを)返す.
wotdźěl M3【男】区分, 仕切; コンパートメント. železniski *wotdźěl* 列車のコンパートメント.
wotdźělenje N5【中】区分, 仕切; 部局, 科, 課; コンパートメント.
wotdźěleć V7【不完】; **wotdźělić** V6【完】; **wotdźělować** V4【不完】分ける, 仕切る; (語を)分綴して送る.
wotdźělowy A1【形】区分の, 部局の. *wotdźělowy* nawoda 部局長.
wotiběrar M4【男】; **-ka** F2【女】購買者, (定期)購読者.
wotiběrać V7【不完】; **wotebrać**, wotebjeru, wotebjerješ; 過去 wotebrach, wotebra ⟨brać⟩ V9【完】[něšto] 取り去る, 取り除く; 少なくなる, 減少する; 買う, (新聞などを)購読する. słuchatko telefona *wotebrać* 受話器を取る; při štrykowanju wóčka *wotebrać* 編物をする時に眼鏡をはずす; woda w rěce *woteběra* 川の水が減る; měsačk *woteběra* 月が欠ける; mocy *woteběraja* 力が弱まる.
wotedać, 過去 wotedach, woteda ⟨dać⟩ V9【完】譲る, 引き渡す. *wotedać* hłós 投票する.
wotedaće N5【中】引き渡し, 交付, 伝達.
wotedawać V7【不完】譲る, 引き渡す.
wotehnać, (現在形なし) 過去 wotehnach, wotehna ⟨hnać⟩ V9【完】; **wotehnawać** V7【不完】追い払う; 駆逐する.
wotemerać V7【不完】= wotemrěwać.
wotemrěty A1【形】死んだ, 枯れた; 絶滅した.
wotemrěć V2【完】; **wotemrěwać** V7【不完】死ぬ, 枯れる; 絶滅する.
woteńdźenje N5【中】去る[出発]すること, 出て行くこと.
woteńć, woteńdu, woteńdźeš; woteńdu; 過去 woteńdźech,

woteńdźe；命 woteńdź！；woteńdźće！；完分 wotešoł, wotešła；受動分 woteńdźeny V9【完】去る，出発する，出て行く．wšo *je* derje *wotešto* すべてうまくいった；wot swojeho měnjenja *woteńć* 自分の意図から離れる［それる］．

wotesłać, 過去 wotesłach, wotesła 〈słać〉 V9【完】発送する，送る．

wotestaty A1【形】変質した，（ビールが）気の抜けた．

wotewěrać V7【不完】；**wotewrěć,** wotewru, wotewrješ；wotewru または wotewrěju, wotewrěješ；wotewrěja；過去 wotewrěch, wotewrě；命 wotewri！；wotewriće！または wotewrěj！；wotewrějće！；完分 wotewrěł, wotewrěła；受動分 wotewrjeny V9【完】開ける，開く．*wotewrěć* móžnosć（*někomu*）（誰に）可能性を与える．

wotewrjenje N5【中】開くこと（開会・開催・開業など）．swjatočne *wotewrjenje* 開会式典．

wotewrjenje【副】率直に．*wotewrjenje* rěčeć 率直に言う．

wotewrjenosć F7【女】開いていること，隠しだてがないこと，開放性．

wotewrjeny A1【形】開いた；隠しだてない，開放的な．*wotewrjena* rozmołwa ざっくばらんな話し合い．

wotewšudźe【副】至る所から．

wotewzać, wotwozmu, wotwozmješ；wotwozmu；過去 wotewzach, wotewza；命 wotewzmi！；wotewzmiće！；完分 wotewzał, wotewzała；受動分 wotewzaty V9【完】取り去る，取り除く，はずす；[někoho] 連れに［迎えに］行く．*wotewzać* sej nawoči 眼鏡をはずす．

woteznać V2【完】；**woteznawać** V7【不完】忘れる；[někomu něšto]（誰から何を）剥奪する，拒否する．

wotežka F2【女】手綱．

wothłós, -osa M1【男】こだま，反響．to je wulki *wothłós* namakało それは大きな反響を呼んだ．

wothłosowanje N5【中】投票；反響．

wothłosować V4【不完】投票する，採決する．

wothladajo wot【前置】+《生》除いて，別として．

wothladać V7【完】見て取る，一望する，一瞥する；[wot něčeho] 控える，棄権する．sej（*něšto*）*wothladać* ちらりと見る，カンニングする．

wothladowar M4【男】; **-ka** F2【女】看護人.
wothladowarnja F6【女】療養所, 養護施設.
wothladować V4【不完】見て取る, 一瞥する; 世話する, 面倒を見る, 看護する.
wothnić V2【完】腐って落ちる.
wothódnić V6【完】→wothódnoćeć.
wothódnoćeć V8【不完】; **wothódnoćić** V6【完】価値[価格]を下げる.
wothorjenka【副】上から.
wothrać V2【完】; **wothrawać** V7【不完】（レコードを）かける. **-so** 起こる. to *je so* tam *wothrało* それは起こってしまったことだ（どうにもならないことだ）.
wotchad M1【男】出発; 終了, 卒業.
wotchadnica F3【女】（女子の）卒業生.
wotchadnička F2【女】卒業[終了]式.
wotchadnik M2【男】（小学校などの）卒業生.
wotchadny A1【形】出発の; 終了[卒業]の. *wotchadne* wuswědčenje 卒業証書.
wotchadźeć V8【不完】（徒歩で）立ち去る, 出発する.
wotchilenje N5【中】偏向. *wotchilenje* magnetiskeje jehły kompasa コンパスの針のずれ.
wotchileny A1【形】傾いた, それた, 片寄った.
wotchileć V8【不完】; **wotchilić** V6【完】それる, 片寄る. **-so** 偏る, 偏向する.
wotchod M1【男】出発.
wotchodźeny A1【形】履き[着]古した, 履きつぶした.
wotchodźić V6【完】（靴・服を）履き[着]古す.
wotchorić V6【完】; **wothorjeć** V8【不完】健康になる, （病気から）治る.
wotjeć, wotejmu, wotejmješ; wotejmu; 過去 wotjach, wotja; 複二 wotješće; 双二 wotještaj, -tej; 命 wotjmi!; wotjmiće!; 完分 wotjał, wotjała, wotjeli, wotjałoj; 受動分 wotjaty V9【完】取り去る.
wotjěsć, 過去 wotjěch, wotjě ⟨jěsć⟩ V9【完】（ちょっと）食べる.
wotjěć, 過去 wotjědźech, wotjědźe ⟨jěć⟩ V9【完】（乗り物で）出発する.
wotjězd M1【男】（乗り物での）出発.

wotjězdźić V6【完】; **wotjězdźować** V4【不完】(乗り物で)出発する. **-so**(乗って)すり減らす.

wótka F2【女】鍬(スキ)の柄の部分. *wótku do pola ćisnyć* お手上げになる, 降参する.

wotkałać V7【完】裂く, 割る.

wotkap M1【男】排水溝.

wotkapnyć V3【完】; **wotkapować** V4【不完】滴り落ちる. *tež za tebje něšto wotkapnje* 何かあなたに転がり込んでくるよ.

wotkašlować V4【完】・【不完】咳払いする, 咳をしてたんを吐く. **-so** 咳払いをする, 咳をして喉をすっきりさせる.

wotkazanje N5【中】遺言;助成.

wotkazanka F2【女】遺産;助成金.

wotkazać V7【完】[někomu něšto](誰に何を)遺言する, 遺産として残す, 寄付[寄贈]する.

wotkazyć so V6【完】砕け落ちる. *kruh zuba je so wotkazył* 歯の一部がこぼれ落ちた.

wotkel【副】《疑問》どこから.

wotkidać V7; **wotkidnyć** V3【完】(別の容器に)注ぎ移す, 注ぎ出す, 汲み出す. *wodu wot běrnow wotkidać* じゃがいもの(茹でた)水をこぼす.

wotkiwać V7; **wotkiwnyć** V3【完】合図する.

wotkład M1【男】保管所, 荷物置き場[預かり所].

wotkładować V4【不完】; **wotkłasć**, 過去 wotkładźech, wotkładźe 〈kłasć〉 V9【完】脇へどける;(荷を)下ろす. **-so** 堆積する.

wotklepać V7【完】; **wotklepnyć** V3【完】叩いて落とす. *wotklepać pěsk wot drasty* 砂を服から叩き落とす.

wotklepk M2【男】刻印, 痕跡;複写.

wotklepować V4【不完】→wotklepać.

wotklinkać V7【完】電話を切る;ベル[警笛]を鳴らす.

wotklóć V2【完】割り取る;(動物などを)刺し殺す. *wotklóć rancu* 豚を屠殺する.

wotkosmić V6【完】毛を刈る, (皮を)なめす.

wotkrać V2【完】; **wotkrawać** V7【不完】(ナイフで)切る.

wotkryć V2【完】開く;(覆いなどを取って)見せる, 明るみに出す;暴露する;開墾[開拓]する.

wotkryće N5【中】明るみに出すこと;暴露;開墾, 開拓.

wotkrywar M4【男】;**-ka** F2【女】発見者, 開拓者.
wotkrywać V7【不完】→wotkryć.
wotkćeć V2【完】; **wotkćewać** V7【不完】花が終わりになる, 咲き終わる.
wotkupić V6【完】; **wotkupować** V4【不完】買う, 買い取る. to ći *njewotkupju* その手は食わないよ.
wotkusać V7【完】; **wotkusnyć** V3【完】噛み切る, 噛み取る.
wotłakać V7【完】追跡する; 待ち伏せする.
wotłamać V7【完】; **wotłamować** V4【不完】断ち切る, 折る, 割る, 壊す.
wotłapać V7; **wotłapić** V6【完】ひっつかむ, 奪い取る.
wotłožić V6【完】(脇へ)取って置く, 取り分ける; 延期する. plistu *wotłožić* びんたを食らわす.
wotlemić V6【完】断ち切る, 折る, 割る.
wotlemk M2【男】破片; 断片.
wotleć, 過去 wotlach, wotla; 複二 wotlešće; 双二 wotleštaj, -tej 〈leć〉V9【完】注ぐ, 汲み出す; 鋳造する. bistu w bronzy *wotleć* ビスタ(褐色顔料)をブロンズに流し込む.
wotlećeć V5【完】飛び立つ, 飛び去る. knefl *je wotlećał* ボタンがとれた[なくなった].
wotležany A1【形】遠く離れた, 辺鄙な.
wotležeć so V5【完】(ある時間)横たわる.
wotlěpić V6【完】(貼ったものを)はがす. **- so** はがれる.
wotlěpjer M4【男】役立たず, のらくら者.
wotlět M1【男】(飛行機での)出発, 離陸.
wotlětować V4【不完】飛び立つ, 跳びのく.
wotlěwa【副】左から.
wotlězć, 過去 wotlězech, wotlěze 〈lězć〉 V9【完】這って逃げる, 這って去る.
wotličenje N5【中】決済, 決算; 差し引き, 引き算.
wotličenski A2【形】計算用の; 支払いの.
wotličeć V8【不完】; **wotličić** V6【完】; **wotličować** V4【不完】差し引く; 精算する. **- so**(整列して)番号を唱える.
wotlikać V7【完】; **wotlikować** V4【不完】なめてきれいにする.
wotlišćeć V8【不完】; **wotlišćić** V6【完】V4【不完】おびき出す, 誘い出す.
wotliw M1【男】流出; 干潮, 引き潮; 鋳込み, 鋳造; 鋳物.

wotliwać V7【不完】注ぎ出す；鋳造する．
wotliwk M2【男】鋳込み，鋳造；鋳物．
wotlizać V7【完】；**wotliznyć** V3【完】；**wotlizować** V4【不完】なめてきれいにする．
wotlódnić V6【完】；**wotlódnjeć** V8【不完】(付着した)氷をとる，解かして除く．
wotmach M2【男】跳躍；勢い；ひと振り，ひと突き．z *wotmachom* 勢いよく，力一杯；z jednym *wotmachom* 一気に，一打[一撃]で；wupić škleńcu z *wotmachom* グラスを一気に飲み干す．
wotmachać V7；**wotmachnyć** V3【完】；**wotmachować** V4【不完】払い除ける．
wotmasany A1【形】着古した，使い古した．
wotmasać V7【完】；**wotmasować** V4【不完】着古す，使い古す．
wotmazać V7【完】；**wotmazować** V4【不完】拭う，拭き取る．
wotměna F1【女】交換，交替；配置替え．
wotměnić V6【完】交換する，交替させる． - so 交替する，代わる．
wotměnja|cy A1；-ty A1【形】多様な；(娯楽が)趣向に富んだ．
wotměnjenje N5【中】交換，交替；娯楽，気晴らし．
wotměnjeć V8；**wotměnjować** V4【不完】交換する，交替させる． - so 交替する，代わる．
wotměra F1【女】サイズ，大きさ．
wotměrić V6【完】；**wotměrjeć** V8；**wotměrjować** V4【不完】測定する，測量する．
wotměć V2【完】；**wotměwać** V7【不完】催す，行う． - so 催される．
wotmilitarizować V4【不完】非武装化する．
wotmjasć, 過去 wotmjećech, wotmjeće ⟨mjasć⟩ V9【完】挟みつける，踏みつける．
wotmjelčeć so V6【完】黙りこくる，返事をしない．
wotmjerznyć V3【完】凍傷[しもやけ]にかかる．
wotmjezować V4【完】・【不完】限定する，区切る．polo wot susodonjeje ležownosće *wotmjezować* 隣人の土地から畑を区切る． - so (自らを)隔てる，距離を置く．so wot tutych nahladow *wotmjezować* それらの見方と一線を画す．
wotmócnić V6【完】力を奪う．
wotmokać V7【完】湿らせてはがす．
wotmołwa F1【女】返事，回答．

wotmołwić

wotmołwić V6【完】; **wotmołwjeć** V8【不完】答える. *wotmołwić na prašenje* 質問に答える.
wotmołwny A1【形】答えの. *wotmołwny list* 返信.
wotmolować V4【完】・【不完】模写する.
wotmontować V4【完】・【不完】解体する, 分解する.
wotmórać V7【完】; **wotmórować** V4【不完】拭う, 拭き取る.
wotmróčić V6【完】はっきりさせる, 明らかにする. – so 明るくなる. *mjezwočo so wotmróčić* 顔つきが明るくなる.
wotmydleć V8【不完】; **wotmydlić** V6【完】石鹸を洗い落とす.
wotmysł M1【男】; –lenje N5【中】意図, 意向, 狙い. *z wotmysłom* 意図して, 意図的[故意]に.
wotmysleny A1【形】意図した, ねらった.
wotmysleć【不完】; **wotmyslić**【完】[sej něšto] 企てる, 狙う.
wotmysly A1【形】= wotmysleny.
wotmyć V2【完】; **wotmywać** V7【不完】洗い流す, 洗い落とす.
wotnajaty A1【形】賃借りした; 雇われた.
wotnajenski A2【形】賃借りの, 雇いの. *wotnajenski pjenjez*（土地などの）賃借り料.
wotnajer M4【男】; –ka F2【女】賃借り人, 借地人.
wotnajeć V8 または wotnajmu, wotnajmješ; 過去 wotnajach, wotnaja ⟨najeć⟩ V9【完】・【不完】; **wotnajimać** V7【不完】賃借りする; 雇う.
wotnarodnić V6【完】; **wotnarodnjeć** V8【不完】非国有化する; 民族性をなくさせる. – so 非国有化になる; 民族性を喪失する.
wotnarodźenc M3【男】民族意識をなくした人.
wotnětka【副】今から, これより.
wotnjesć, 過去 wotnjesech, wotnjese ⟨njesć⟩ V9【完】運び去る, 片付ける; 着古す.
wotnoha F2【女】枝;（山の）支脈. *winowa wotnoha* ブドウの枝.
wotnosyć V6【不完】運び去る, 片付ける; 着古す. *drastu wotnosyć* 服を着古す.
wotnošeny A1【形】着古した.
wotnošować V4【不完】→ wotnosyć.
wotnožka F2【女】支局, 支部, 支店.
wotnutřka【副】中から.
wotnuzować V4【完】強いる.
wotołstnyć V3【完】（手や足が）太くなる.

wotpačeć V8【不完】; **wotpačić** V6【完】割り取る.
wotpad M1【男】離反, 脱落, 背教.
wotpadanki PL1【複】=wotpadki.
wotpadać V7【完】離反[脱落]する; 背教的になる.
wotpadki PL1【複】ごみ, 屑, 廃物.
wotpadnistwo N1【中】背教, 脱落, 変節.
wotpadnyć V3【完】; **wotpadować** V4【不完】離反[脱落]する; 背教的になる.
wotpakosćeć V8【不完】; **wotkpakosćić** V6【完】[někomu něšto] だまし取る, 巻き上げる.
wotpalenc M3【男】(火事の)罹災者.
wotpaleć V8【不完】; **wotpalić** V6【完】焼き払う, 焼き尽くす, 焼却する. −**so** 焼け落ちる, 燃え尽きる. dom *je so wotpalił* 家が焼け落ちた.
wotpasać V7【完】; **wotpasować** V4【不完】(帯・剣などを)はずす, ほどく.
wotpasć, 過去 wotpasach, wotpase ⟨pasć⟩ V9【完】[něšto] (家畜が草・畑を)踏み[食い]荒す, 食べ尽くす.
wotpažeć V8【不完】; **wotpažić** V6【完】両手を広げる.
wotpinać V7【不完】; **wotpinyć** V3【完】(ボタンなどを)はずす; ねじをゆるめる.
wotpis M1【男】写し, コピー. zhotowić *wotpis* 写しを取る.
wotpisać V7【完】書き写す; (書面で)拒否する.
wotpisk M2【男】写し, コピー.
wotpiskać V7【完】(譜面を見て)演奏する.
wotpisowar M4【男】写字生, タイピスト.
wotpisować V4【不完】書き写す; (書面で)拒否する.
wotpić V2【完】(少し)飲む.
wotpjeć, 過去 wotpjach, wotpja; 複二 wotpješće; 双二 wotpještaj, -tej ⟨pjeć⟩ V9【完】(ボタンなどを)はずす; ねじをゆるめる.
wotpłaćenje N5【中】分割払い; 報復, 仕返し; お返し.
wotpłaćenka F2【女】分割払いの一回分.
wotpłaćeć V8【不完】; **wotpłaćić** V6【完】; **wotpłaćować** V4【不完】分割払いで支払う; [někomu něšto] (誰に何で)報復する; お返しする.
wotpławić V6【完】; **wotpławjeć** V8【不完】筏にして(木材を)流す; (水で)押し流す.

wotpłun M1【男】排気ガス.
wotpłunić V6【完】乾留する,ガス抜きする.
wotpłunyć V3; **wotpłuwać** V7【完】泳ぎ去る,(船が)岸を離れる,出航する.
wotpleść, 過去 wotplećech, wotpleće〈pleść〉V9【完】; **wotpletować** V4【不完】(編んだものを)ほどく.
wotpočink M2【男】休養,休憩;退職. na *wotpočinku* 引退した,年金生活の;hić na *wotpočink* 引退する;posledni *wotpočink* 最後の憩の地(墓のこと).
wotpočinkowy A1【形】休養の;退職の.
wotpočnyć V3【完】; **wotpočować** V4【不完】休憩する,休養をとる. -so 休養をとる,憩う.
wotpočowadło N1【中】長椅子,寝椅子.
wotpočowar M4【男】; -ka F2【女】休養[休暇]中の人.
wotpohlad M1【男】意図,意向,もくろみ. bjez *wotpohlada* 意図せずに,わざとでなく;z *wotpohladom* 意図して,故意に.
wotpohladny A1【形】意図した,計画的な.
wotpohladować V4【不完】意図する.
wotpójsnyć V3【完】; **wotpójšeć** V8【不完】(車両を)切り離す.
wotpokazanje N5【中】拒否,拒絶,却下,差し戻し.
wotpokazać V7【完】; **wotpokazować** V4【不完】[něšto] 拒否[拒絶]する,却下する. nadběh *wotpokazać* 攻撃を退ける.
wotpokućenje N5【中】悔い改め;服役,罰金.
wotpokućeć V8【不完】; **wotpokućić** V6【完】罰を受ける.
wotpołožić V6【完】脇へのける,下ろす;(コートなどを)脱ぐ. *wotpołožić* pruwowanje 試験に受かる.
wotpomhać V7【完】[někomu] 前もって注意する,未然に防ぐ.
wotposkać V7【完】; **wotposkować** V4【不完】盗み聞く;耳を済ます,聞き入る;聴診する.
wotpósłanc M1【男】使節,公使.
wotpósłanstwo N1【中】《集合》使節.
wotpósłar M4【男】; -ka F2【女】発送者,送り主.
wotpósłać, 過去 wotpósłach, wotpósła〈pósłać〉V9【完】送る,発送する.
wotposłuchać V7【完】= wotposkać.
wotposyłać V7【不完】送る,発送する.
wotpowědnje【前置】+《与》応じて,相応して. *wotpowědnje*

wobzamknjenjam 決定に合わせて.
wotpowědnosć F7【女】(幾何)一致，合同；〔文法〕一致.
wotpowědny A1【形】相当する，相応の，ふさわしい.
wotpowědować V4【不完】[něčemu] 相応する，対応する，適合する. *wotpowědować wěrnosći* 現実に合う.
wotpowědź F7【女】拒否，拒絶.
wotpowědźeć, 過去 wotpowěch, wotpowě ⟨wědźeć⟩ V9【完】拒絶する.
wotpowěsnyć V3【完】切り離す.
wotpóznaty A1【形】疎遠になった，忘れられた；拒否された.
wotpóznać V2【完】; **wotpóznawać** V7【不完】[někomu něšto] 拒絶する，(誰から何を)奪う.
wotprajenje N5【中】取り消し，キャンセル，拒絶.
wotprajeć V8【不完】; **wotprajić** V6【完】取り消す，キャンセルする；[někomu něšto] 拒絶する，拒否する.
wotpraskać V7; **wotprasnyć** V3【完】; **wotpraskować** V4【不完】叩いて割る，叩いて開く；跳ね返る.
wotprawa[1]【副】右から.
wotprawa[2] F1【女】死刑.
wotprawišćo N1【中】処刑台.
wotprawić V6【完】; **wotprawjeć** V8【不完】処刑する.
wotprědka【副】前から.
wotprěć V2【完】; **wotprěwać** V7【不完】[něšto] 否認する.
wotprosyć V6【完】; **wotprošeć** V8【不完】[někoho//někomu] 赦しを請う.
wotpróć V2【完】縫い目をほどいて取る.
wotpřahać V7【完】; **wotpřahnyć** V3【完】; **wotpřahować** V4【不完】(馬を)手綱からはずす.
wotpřimać V7【完】使い古す，すり減らす.
wotpřisahać V7【完】; **wotpřisahować** V4【不完】拒む，しないと誓う.
wotpukać so V7【完】; **wotpuknyć so** V3【完】ピンなどで留めたものが落ちる；ピンなどが抜け落ちる.
wotpusk M2【男】(カトリックの)贖宥(ショクユウ).
wotpušćeć V8【不完】; **wotpušćić** V6【完】; **wotpušćować** V4【不完】(水などを)流す，放つ；(ねじを)ゆるめる；免職する，解任する；贖罪する.

wotputanje N5【中】緩め，弛緩，緊張緩和，解放．mjezynarodne *wotputanje* 国際的緊張緩和．
wotpućać V7【完】解放する，緩める．
wotpuć M3【男】道からそれること．na *wotpuće* dowjesć 道からそれる．
wotpućować V4【完】・【不完】旅に出る．
wotra|da F1【女】；**-dženje** N5【中】引き止めること，諫め，忠告．
wotradźeć V8【不完】；**wotradźić** V6【完】[nešto]（忠告して）思いとどまらせる．
wotraz M1【男】はね返り，反動，リバウンド．
wotrazyć V6【完】はね返す，投げ返す；（皮膚を）擦りむく．*wotrazyć* nadběh 攻撃を撃退する；*wotrazyć* durje ドアを勢いよく開ける；jemu dych *wotrazy* 彼は息が詰まりそうだった．
wotraženca F3【女】擦り傷，かき傷．
wotraženje N5【中】はね返り，はね返し，反動，リバウンド；擦りむき．
wotražeć V8；**wotražować** V4【不完】はね返す，投げ返す；（皮膚を）擦りむく．**- so** 映る，反映する．
wotrěkować V4【不完】→wotrjec．
wótrěć V2【完】拭いてきれいにする．sej ruce *wótrěć*（自分の）手をきれいに拭く．
wótrěwančko N1【中】ふきん．
wótrěwać V7【不完】→wotrěć．
wótrězać V7【完】→wotrěznyć．
wotrězk M2【男】切片，断片．
wotrěznyć V3【完】；**wotrězować** V4【不完】（鋏・ナイフ・，鋸などで）切る，切り取る．
wotrězowak M2【男】切断具，カッター．
wotrhanc M3【男】浮浪者，ぼろを着た人．
wótriši A2【形】《比》＜wótry．
wotrićak M2【男】直腸．
wótrizna F1【女】鋭さ，切れ味．
wotrjad M1【男】部分；（本の）編；部局，科，課．
wotrjadni|k M2【男】；**-ca** F3【女】部局[科・課]長．
wótrje【副】鋭く，厳しく．
wotrjec, 過去 wotrjeknych, wotrjekny〈rjerjec〉V9【完】否定

する. *wotrjec* sebi (*něšto*) なしで済ませる. **- so** [něčeho] 拒否する.
wotrjeknyć so V3【完】[něčeho] 拒否する, 拒絶する.
wotrjećazkować V4【完】束ね終わる.
wótro N1【中】刃;鋭さ, 痛烈, 辛辣. na *wótro* nabity (武器が)装填された.
wotroči A3【形】下働きの, 雇農の.
wotroćk M2【男】下男, 召使;(土地所有者のもとで働く)雇農.
wotročstwo N1【中】下男[召使]であること, 下男の身分;《集合》下男.
wotr|ód, -oda M1【男】変種;変わり者.
wotrodźenc M1【男】背教者, 転向者.
wotrodźenstwo N1【中】背教, 変節, 転向, 堕落.
wotrodźeć so V8【不完】; **wotrodźić so** V6【完】衰退する, 退化する.
wotroha F2【女】拍車. stłóčić konjej *wotrohi* do bokow 馬の脇腹に拍車をとりつける.
wótrohranity A1【形】縁[角]のとがった.
wotr|ój, -oja M1【男】(蜜蜂の)分封した群れ.
wotrojeć V8【不完】; **wotrojić** V6【完】3倍にする.
wotrojić so V6【完】(蜜蜂が)分封する, 巣別れを終える.
wótrokónčkaty A1【形】先の尖った.
wótrokutny A1【形】鋭角の. *wótrokutny* třirózk 鋭角三角形.
wótromyslny A1【形】明敏な, 頭脳明晰な.
wotrosć, 過去 wotrosćech, wotrosće ‹rosć› V9【完】成長する, 成人になる.
wótrosć F7【女】鋭さ, 辛辣さ, 痛烈さ, 強烈.
wotrosćeny A1【形】成長した.
wótrota F1【女】= wótrosć.
wótrowidny A1【形】目ざとい, 良く見える.
wótrozmyslny A1【形】頭脳明晰な, 洞察力の鋭い.
wótrozubaty A1【形】歯の鋭い.
wotrubać V7; **wotrubnyć** V3【完】(手斧で)伐採する, 切り落とす, 切り倒す.
wotruby PL1【複】籾殻, ふすま.
wotrumować V4【完】・【不完】片付ける.
wotrunanka F2【女】補償金, 解雇手当て;権利放棄の代償金.

wotrunać V7【完】ならす，均等にする；報いる．－**so** [z něčim]（何で）甘んじる，満足する．

wótry A1【形】鋭い，辛辣な，強烈な．*wótry* kut 鋭角；*wótry* rozum 鋭い頭；*wótry* hłós つんざくような叫び声；*wótre* słowa 辛辣な言葉；*wótrej* wóčce 鋭い目；*wótry* jazyk 辛辣な舌．

wotrysować V4【完】・【不完】模写する，写生する．

wótřak M2【男】研ぐための道具（グラインダ，砥石，研磨機など）．

wótře【副】大声で，はっきりと．

wótřeny A1【形】研ぎすまされた．

wótřerěčak M2【男】拡声器．

wótřiši A3【形】《比》＜wótry．

wótřišo【副】《比》＜wótře．

wótřić V6【不完】鋭くする，研ぐ，磨く．*wótřič* jazyk (*na někim*)（誰に）悪口を弄する．－**so** [na někoho/něšto] 虎視眈々と狙う，悪意を持って待ち受ける．

wotsadźeny A1【形】罷免［解任］された；降ろされた．

wotsadźeć V8【不完】；**wotsadźić** V6【完】（車などから）降ろす，降りさせる；解任する，退ける；沈殿させる，堆積させる．－**so** 降りる，沈殿する．

wotsal【副】ここから去って，向こうへ．

wotsalenje N5【中】去ること，遠ざかり．

wotsaleć V8【不完】；**wotsalić** V6【完】遠ざける．－**so** 遠ざかる，去る．

wotsedźeć V5【完】刑期をつとめ上げる；（座って）消耗する，だめにする．

wotserbšćić V6【完】ソルブ（人）らしさを失わせる．－**so** ソルブ（人）らしさを失う．

wotskakować V4【不完】；**wotskočić** V6【完】跳びのく，はね返る，はじける．*wotskočić* z padakom パラシュートで飛び降りる．

wotskok M2【男】跳ぶこと，跳躍；降下．

wotskorić V6【完】；**wotskorjeć** V8；**wotskorjować** V4【不完】（木などの）皮をむく．

wotskubać V7【完】むしり取る．*wotskubać* kokoš 鶏の毛をむしる．

wotsłužeć V8【不完】；**wotsłužić** V6【完】（ある期間を）勤め上げる．

wotspěwać V7【完】歌い終える．

wotsrjedźa【副】中央から，中から．
wotsrjedźny A1【形】遠心的な．
wotstajeć V8【不完】; **wotstajić** V6【完】下ろす；(保存用に)取りのける．
wotstać, 過去 wotstach, wotsta ⟨stać⟩ V9【完】立つ，立った状態でいる；立ち通す．swojej dwě hodźinje straže *wotstać* 自分の二時間の当直[見張り]を立って通す．
wotstawk M2【男】距離，間隔；段落；改行，字下げ．we *wotstawku* dweju minutow 2分の間隔で；wěstotny *wotstawk* (車の)安全距離．
wotstejacy A1【形】立ち遅れた；立った，立っている．*wotstejace* wuši ピンと立った耳．
wotstorčić V6【完】突きのける，突き離す；ずらす，押しのける；延期する．
wotstork M2【男】突き離すこと；延期；ゴールキック．
wotstorkać V7【完】; **wotstorkować** V4【不完】突きのける，突き離す；ずらす，押しのける；延期する．
wotstronić V6【完】; **wotstronjeć** V8; **wotstronjować** V4【不完】片付ける，取り除く，処分する；遠ざける．
wotstup M1【男】引退，辞職，後退；間隔．
wotstupić V6【完】; **wotstupować** V4【不完】退く，引退[辞職]する；[někomu něšto] (誰に何を)ゆだねる，好きにさせる．
wotsćin M1【男】シルエット，影絵；ニュアンス．
wotsudźenc M1【男】受刑者，既決囚．
wotsudźeć V8【不完】; **wotsudźić** V6【完】[někomu něšto] 刑を認める，有罪とする．
wotsukać V7【完】; **wotsukować** V4【不完】(結び目を)ほどく．
wotsunyć V3【完】; **wotsuwać** V7【不完】押しのける；延期する；[něšto na někoho] (罪・責任を)転嫁する．
wotsyc, 過去 wotsyčech, wotsyče ⟨syc⟩ V9【完】刈り取る．
wotsydać V7【完】; **wotsydować** V4【不完】刑期をつとめる；(ズボンなどを)長時間座ってすり減らす．
wotsyłać V7【不完】送る，発送する．
wotsypać V7【完】ふるい落とす，ふりまく．
wotsypki PL1【複】くず，廃物．
wotsypnyć V3【完】; **wotsypować** V4【不完】ふるい落とす，ふりまく．

wotškódnić V6【完】補う，補償する，報いる．tutón wokomik jeho *wotškódni* za wšu nazhonjenu křiwdu この瞬間彼は体験したあらゆる不公平の埋め合わせを受けた．

wotškrabać V7【完】；**wotškrabnyć** V3【完】かき落とす，はがす．

wotškrěć V2【完】；**wotškrěwać** V7【不完】すっかり溶かす，溶かして分離する．

wotšmjatać V7【完】；**wotšmjatować** V4【不完】ほどく，ほぐす．

wotšmórać V7【完】拭き去る，ぬぐい去る．

wotšćěp M1【男】割りとること，分割．

wotšćěpić V6【完】；**wotšćěpjować** V4【不完】割り取る，削り取る，切り離す；加水分解する；接ぎ木する．- so 割れる；離れる，分解する．

wotšćepnik M2【男】変節者，背教者．

wotšćipać V7【完】；**wotšćipnyć** V3【完】（果実・花を）摘む．

wottam【副】あそこから．

wottać V2【完】；**wottawać** V7【不完】解け去る．

wotteptać V7【完】踏み固める，踏みつける；（靴を足拭いで）きれいにする；履き潰す．

wottkać V7【完】織り上げる．

wottłočeć V8【不完】；**wottłóčić** V6【完】；**wottłóčować** V4【不完】押しのける；押して跡をつける．

wottočić V6【完】；**wottočować** V4【不完】研磨する；濾し分ける．

wottok M2【男】流出；排水；排水口．

wottorhanje N5【中】剝ぎ取り，引き剝ぎ；取り壊し．*wottorhanje* chěže 家の取り壊し．

wottorhanski A2【形】剝ぎ取りの，引き剝ぐ．*wottorhanska* protyka 日めくり．

wottorhać V7；**wottorhnyć** V3【完】；**wottorhować** V4【不完】引き剝ぐ；折り取る；（建物を）取り壊す．- so [na někoho] くってかかる，罵る．

wottorhowanski A2【形】＝wottorhanski．

wottrašenje N5【中】威嚇．

wottrašeć V8【不完】；**wottrašić** V6【完】；**wottrašować** V4【不完】意気消沈させる；威嚇する．

wottrěć V2【完】; **wottrěwać** V7【不完】拭いてきれいにする.
wottrjebać V7【完】; **wottrjebować** V4【不完】使い古す, 消耗させる.
wottruhać V7【完】かんなで削る；磨き上げる. **‐so**（自分の）髭を剃る.
wottružki PL2【複】カンナ屑；(ニンジンなどの)むいた皮.
wottřašować V4【不完】; **wottřasć**, 過去 wottřasech, wattřase 〈třasć〉 V9【完】ふるい落とす, 振り払う. mje *wottřasuje* 私は吐き気がする, むかむかする. **‐so** 身震いがする.
wottřělić V6【完】撃ち落とす.
wottřěšk M2【男】ひさし, 出っ張り.
wottřihać V7【完】(はさみで)切り落とす.
wottřižk M2【男】切れ端, 切り屑.
wottud(y)【副】ここから.
wottwar M1【男】採掘, 採鉱；取壊し, 解体.
wottwarić V6【完】; **wottwarjeć** V8; **wottwarjować** V4【不完】採掘する；取り壊す, 解体する.
wottykać V7【完】; **wottyknyć** V3【完】; **wottykować** V4【不完】(杭などで)境界を示す, 標示する. (*někomu*) *wottykać plistu*(誰に)平手打ちを食らわす.
wotćah M2【男】複写, 謄写, 焼き増し.
wotćahać V7; **wotćahnyć** V3【完】複写[謄写]する, 焼き増しする；差し引く；引く, 引っぱる；[někomu něšto] 奪う；(渡り鳥が)飛び去る. *wotćahać* kluč 鍵を引き抜く；*wotćahnyć* z města (軍が)町から引き揚げる.
wotćahowak M2【男】外転筋.
wotćahować V4【不完】→wotćahać.
wotćeć, wotetnu, wotetnješ; wotetnu; 過去 wotćach, wotća；複二 wotćešće；双二 wotćeštaj, ‐tej；命 wotetni！; wotetniće！; 完分 wotćał, wotćała; wotćeli, wotćałoj; 受動分 wotćaty V9【完】; **wotćinać** V7【不完】切り落とす. (*někomu*) *wotćinać* hłowu (誰の)首を切る.
wotćisnyć V3【完】投げ落とす, 投げ捨てる. *wotćisnyć* bomby 爆弾を投下する.
wotćišć M3【男】複写；刻印, 押印, 跡. *wotćišć* porstow 指紋.
wotćiščeć V5【完】; **wotćiščować** V4【不完】増刷する, 複写する. sej nohu *wotćiščeć* 足に靴ずれをつくる.

wotučnić V6【完】脂肪がつく, 太る.
wotunkać V7【完】浸す, つける. -so 泥酔する.
wotućeny A1【形】目を覚ました, 目の覚めている.
wotućeć V8【不完】; **wotućić** V6【完】目覚める.
wotwabić V6【完】; **wotwabjeć** V8【不完】引きつける, 誘致する. *wotwabić* kedźbnosć 注意を引き付ける.
wotwaleć V8【不完】; **wotwalić** V6【完】; **wotwalować** V4【不完】転がして退ける, 落とす; [něšto na někoho] 転嫁する, (何を誰の)せいにする.
wotwar M1【男】煮出し汁, エキス.
wotwarić V6【完】; **wotwarjeć** V8; **wotwarjować** V4【不完】煮る, ゆでる.
wotwažić V6【完】; **wotważować** V4【不完】重さを計る; 熟考する.
wotwěra F1【女】開くこと; 開いたところ, 開口部. zadnja *wotwěra* 肛門.
wotwěrak M2【男】開ける道具(缶切り・栓抜き・開封用ナイフなど).
wotwěrać V7【不完】開ける, 開く.
wotwětrić V6【完】換気する, 風を通す.
wotwěć V2【完】吹き払う, 吹き飛ばす.
wotwisnosć F7【女】依存性.
wotwisny A1【形】依存した, 従属の. *wotwisny* być (*wot někoho*) (誰に)依存している; *wotwisna* sada 従属文.
wotwisować V4【不完】[wot někoho] 依存する. *wotwisować* wot wobstejnosćow 状況いかんである; to wot tebje *wotwisuje* それは君次第だ.
wotwić V2【完】; **wotwiwać** V7【不完】(巻いたもの・包みを)解く, 開く; (物事を)始末する, 処理する. -so (物事が)片付く.
wotwiće N5【中】ほどくこと; (物事の)行方, 成り行き.
wotwjazać V7【完】; **wotwjazować** V4【不完】(結んだものを)解く; (宗教的に)罪を許す.
wotwjertnyć V3【完】; **wotwjerćeć** V5【完】(栓・スイッチなどをひねって)止める, 消す.
wotwječorny A1【形】西の, 西から来た.
wotwjedować V4【不完】連れていく, 連れ去る; (脇へ)導く.
wotwjertnyć V4【完】スイッチを遮断する. *wotwjertnyć* radijo

ラジオを切る.
wotwjertowak M2【男】ねじ回し.
wotwjertować V4【不完】;**wotwjerćeć** V6【完】(ねじを回して)抜く, ねじを緩める;スイッチを遮断する.
wotwjesć, 過去 wotwjedźech, wotwjedźe ⟨wjesć⟩ V9【完】連れていく, 連れ去る;(脇へ)導く. *wotwjesć* wot praweho puća 正しい道からそれさせる.
wotwjezć, 過去 wotwjezech, wotwjeze ⟨wjezć⟩ V9【完】運び去る, 搬出する.
wotwlac, 過去 wotwlečech, wotwleče ⟨wlac⟩ V9【完】脇へどける;延期する. − **so** 退く, 去る, よける.
wotwlakowanje N5【中】延期;サボリ.
wotwlakowar M4【男】怠け者.
wotwlakować V4【不完】脇へどける;延期する. − **so** 退く, 去る, よける.
wotwobaleć V8【不完】;**wotwobalić** V6【完】;**wotwobalować** V4【不完】(巻いたものを)広げる, 解く;包帯をとる.
wotwobarać V7【完】(攻撃・危険を)防ぐ, 避ける.
wotwobroćeć V8【不完】;**wotwobroćić** V6【完】そらす, 脇に向ける;(攻撃を)かわす. *wotwobroćić* wobličo 顔をそむける;*wotwobroćić* woči 目をそらす. − **so** [wot někoho] (誰に)背を向ける, 避ける.
wotwod M1【男】脇へ向けること, 撤退.
wotwódnić V6【完】排水する, 脱水する.
wotwódnjadło N1【中】排水設備.
wotwódnjenje N5【中】排水, 脱水.
wotwódnjeć V8;**wotwódnjować** V4【不完】→wotwódnić.
wotwodźenka F2【女】〔文法〕派生語.
wotwodźeć V8【不完】→wotwodźić.
wotwodźěć V2【完】;**wotwodźěwać** V7【不完】覆いを取る.
wotwodźić V6【完】;**wotwodźować** V4【不完】導く, 誘導する;[z něčeho] 派生させる, 引き出す, 演繹する. − **so** [wot něčeho] (何に)由来する.
wotwołać V7【完】呼び戻す, 召還する;解任する. *wotwołać* pósłanca 使節を召還する;*wotwołać* přikaz 命令を取り消す. − **so** こだまする.
wotwonka【副】外から.

wotwosobnić V6【完】個性をなくさせる，非人称化する．-so 個性をなくす．
wotwozyć V6【完】; **wotwožować** V4【不完】(乗り物で)運ぶ，運び去る，搬出する．
wotwróćić V6【完】向きを変えさせる．
wotwučeć V8【不完】; **wotwučić** V6【完】; **wotwučować** V4【不完】[někomu něšto]（習慣を）やめさせる．sej (*něšto*) *wotwučeć*（習ったことを）忘れる．-so（習慣を）やめる．
wotwuknyć V3【完】[něčemu]（習ったことを）忘れる．
wotzady【副】後ろから．
wotzjewić V6【完】(通知，報告などを)取り消す，退出[移転]届けを出す．-so 退出[移転]届けを出す．
wotzjewjenka F2【女】退出[移転]届け．
wotzjewjeć V8【不完】→wotzjewić．
wotzwonić V6【完】; **wotzwonjeć** V8; **wotzwonjować** V4【不完】ベルを鳴らして(出発・終了などの)合図をする；ベルが止まる．
wotžarować V4【完】嘆くのを止める；喪を終える．
wotžnjeć, 過去 wotžnjach, wotžnja；複二 wotžnješće；双二 wotžnještaj, -tej ⟨žnjeć⟩ V9【完】刈り入れる．
wotžrać, 過去 wotžrach, wotžra ⟨žrać⟩ V9【完】(周囲・表面から)かじる，食べる．
wotžuwać V7【不完】次々に噛み砕く．
woćensać V7【完】; **woćensować** V4【不完】(木を)切りそろえる．
woćeńseć V8【不完】; **woćeńšić** V6【完】; **woćeńšować** V4【不完】より薄くする．
woćepać V7【完】; **woćepować** V4【不完】(亜麻などを)揉みほぐす．
woćežeć V8【不完】; **woćežić** V6【完】; **woćežować** V4【不完】重くする．
woćěmnić V6【完】; **woćěmnjeć** V8【不完】暗くする，曇らせる．
woćichnyć V3【完】静かになる．wětřik *je wočichnył* 風がおさまった．
woćoplenje N5【中】加熱．
woćopleć V8【不完】; **woćoplić** V6【完】暖房する，暖かくする．-so 暖かくなる．
wowca F3【女】羊．

wowcyny A1【形】おばあさんの.
wowčer M4【男】; **-ka** F2【女】羊飼い.
wowčernja F6【女】羊小屋.
wowčerski A2【形】羊飼いの. *wowčerski* pos 牧羊犬; *wowčerske žiwjenje* 牧歌的生活.
wowči A3【形】羊の. *wowča wołma* 羊毛; *wowči kožuch* 羊皮; *wowče jětro* 水疱瘡; *wowča rutwica* ノコギリソウ.
wowka F2【女】祖母, おばあさん.
wowrótnić V6【完】; **wowrótnjeć** V8【不完】気が変になる.
wows M1【男】カラスムギ.
wowsnišćo N1【中】カラスムギ畑.
wowsny[1] A1【形】カラスムギの.
wowsny[2] A1【形】村の, 村の中にある.
wowšědnić V6【完】日常的にする, 月並みにする.
wóz, woza M1【男】荷車, 車両, 車. *rěblowany wóz*（家畜を運ぶための) 格子荷車 (荷台に格子がはまっている); *kóń do woza* 荷車用の馬; *Wulki wóz* おおくま座.
wozabić V6【完】[sej]（体の部分が）凍傷にかかる.
woza|bizna F1; **-bjeńca** F3【女】凍傷にかかった箇所.
wozabjenje N5【中】凍傷.
wozar M4【男】荷車職人.
wozbožacy A1【形】有頂天にする, 幸福をもたらす.
wozbožeć V8【不完】; **wozbožić** V6【完】; **wozbožować** V4【不完】幸せ[有頂天]にする.
wozdebić V6【完】; **wozdebjeć** V8【不完】飾る, 飾り立てる.
wozdoba F1【女】飾り, 装飾.
wozelenić V6【完】; **wozelenjeć** V8【不完】緑色にする.
wózhor M1【男】鼻水.
wózhriwc M1【男】はなたれ小僧, 青二才.
wozjewić V6【完】告知[公示]する, 申し述べる, 公けにする.
wozjewjenje N5【中】公表, 公示; 発表, 刊行.
wozjewjenka F2【女】通知, 通知状.
wozjewjer M4【男】通知者, 布告者.
wozjewjeć V8【不完】→wozjewić.
woznam M1【男】意味.
woznamjenić V6【完】; **woznamjenjeć** V8; **woznamjenjować** V4【不完】標示[表示]する; 記号[標識]をつける; 意味する.

wóznik M2【男】(馬車の)御者.
wóznja F6【女】馬車小屋.
wozowy A1【形】車両の,車の. *wozowa* wóska 車軸；*wozowy* wordźel コンパートメント.
wozrodźenje N5【中】再生, 復活；ルネサンス.
wozybać V7【不完】凍える, 冷えている. mje ruce *wozybatej* 私は手が凍えた.
wozyčk M2【男】《指小》<wóz. dźěcacy *wozyčk* 乳母車.
wozydło N1【中】乗り物.
wozydłownistwo N1【中】輸送[運輸](業).
wozymina F1【女】秋蒔き作物の種蒔き；秋蒔き作物の畑
wozyć V6【不完】《不定》(乗り物で)運ぶ, 輸送する. **-so** 乗り物で移動する.
wožahać V7；**wožahnyć** V3【完】(イラクサで)燃す.
wožat M1【男】くすぶるように燃える火, 松明；情熱.
woženić V6【完】[někoho z někim] 妻をとらせる. **-so** [z někim] (男性が)結婚する.
woženjeny A1【形】(男性が)既婚の.
wožiwić V6【完】活性化させる, 生き生きさせる.
wožiwjacy A1【形】活気づける.
wožiwjenje N5【中】蘇生, 復活.
wožiwjeć V8；**wožiwjować** V4【不完】→wožiwić.
wožiwny A1【形】活気づける.
wožlokać so V7【完】酔っぱらうまでたっぷり飲む.
wožně【副】収穫時期に(あって).
wožnjowski A2【形】収穫期の.
wožra|nc M1；**-wc** M1【男】大食らい, 大食漢.
wožrawstwo N1【中】大食.
wrěšć F7【女】叫び.
wrěšćeć V5【不完】つんざくように叫ぶ, 鋭く叫ぶ.
wrjeskać V7【不完】；**wrjeskotać** V7【不完】ガチャガチャ[ガタガタ]音をたてる.
wrjesnyć V3【完】投げ捨てる, 放り出す. **-so** 倒れる；[wo něšto] (何に)ぶつかる.
wrjós, wrjosa M1【男】エーリカ.
wrjosowina F1【女】エーリカの茂み.
wrobl M3【男】スズメ. zeleny *wrobl* カワセミ.

wroblacy A1【形】スズメの.
wró|na F1【女】カラス. šěra *wróna* ハイイロガラス. **-njacy** A1【形】.
wrota PL1【複】門；（サッカーの）ゴール. třělić *wrota* ゴールを決める.
wrotar M4【男】；**-ka** F2【女】門番, 守衛；ゴールキーパー.
wrótka PL1【複】《指小》<wrota.
wrótny A1【形】頭のおかしな.
wrotowy A1【形】門の.
wróćadło N1【中】（鉄道の）転車台.
wróćawy A1【形】戻る；嘔吐させる, 嘔吐の.
wróćba F1【女】戻ること, 帰路；返済.
wróćeć V8【不完】返す, 戻す；吐く. wón *wróća* 彼は吐き気がする；*wróćeć* swoje słowo 前言を取り消す. **-so** 帰る, 戻る.
wróćica F3【女】転回点, 転換期；回帰点.
wróćić V6【完】返す, 戻す. **-so** 帰る, 返る.
wróćny A1【形】戻りの, 帰りの.
wróćo【副】戻って, 元へ. *wróćo* běžeć 走って戻る；*wróćo* brać 返す, 戻す；*wróćo* dać 返す；*wróćo* płaćić 返済する；*wróćo* džeržeć so 離れている；*wróćo* pósłać 返送する.
wróćobranje N5【中】取り戻し, 取り下げ.
wróćohladanje N5【中】回顧, 振り返ること.
wróćokup M1【男】買い戻し, 請け出し, 身請け.
wróćopłaćenje N5【中】払い戻し.
wróćopuć M3【男】帰路, 帰途.
wróćostajenje N5【中】延期.
wróćowjerćenje N5【中】ネジをゆるめること, 栓・コックをあけること.
wšak【助】でも；いずれにしても.
wšedny A1【形】日常の, 普通の. *wšedny* dźeń ウィークデー, 就労日；*wšedny* wojak 兵卒.
wšehom|óc, -ocy F4【女】全能. **-ócny** A1【形】.
wšelak|i A2【形】多種の, 色々な. *wšelake* barby 多彩. **-o**【副】.
wšelakorosć F7【女】多種, 多彩.
wšelatory A1【形】異なった種類の. *wšelatora* zelenina 色々な野菜.
wšelčizny PL1【複】多種, 多様.

wšitko【中】全部（本来 wšitkón の中性単数形）．*wšitko* so přeměni 全てが変わった．

wšitkón, wšitka，男複 wšitcy A2【代名】すべての，まるごと．*wšitcy* ludźo すべての人々；*wšitke* knihi すべての本；*wšitka* butra バター全部；*wšitko* powědanje 話の全部．

wšo【中】全部（本来 wšón の中性単数形）．*wšo*, štož je trěbane 必要なものすべて．

wšojedne【副】同じこと．to je *wšojedne* 同じことだ．

wšón, wša, wšo P7【代名】すべての．*wšón* čas いつも，常に；*wšě* naše kwětki 私たちの花全部；*wša* próca podarmo すべての苦労は無駄だった；*wšo* dobre! ごきげんよう！ *wšo* móžne できる限りのあらゆること；při *wšem* それでも，ともかくも；bjeze *wšeho* 単純に，率直に；pre *wšu* měru この上なく，非常に；pre *wšu* měru spěšnje 全速力で；*wšo* do hromady 全部ひっくるめて；při *wšěm* しかし，にもかかわらず；pjenjezy su *wšě* お金がなくなった．

wšostronski A2【形】全方面の，包括的な，広範な．

wšoswětowy A1【形】全世界の．

wšowak M2【男】腕白坊主．

wšowić V6【不完】シラミを取る．

wšožračk M2【男】雑食動物．

wšudźe, -žkuli【副】至るところで，どこでも．

wšudźomny A1【形】至るところの．

wćipno|sć F7；**-ta** F1【女】好奇心．

wćipny A1【形】好奇心のある．*wćipny* być (*na někoho*)（誰に関して）好奇心を持つ，知りたがっている．

wubachtać V7【完】（秘密を）漏らす，うっかりしゃべる．

wubaleć V8【不完】；**wubalić** V6【完】；**wubalować** V4【不完】（荷などを）開ける，ほどく．

wubědźić V6【完】[sej něšto] 勝ち取る．

wubědźowanišćo N3【中】競技場．

wubědźowanje N5【中】競技，コンテスト．*wubědźowanje* w spěšnosmykanju スピードスケートの競技；za *wubědźowanje* přizjewić コンクールに応募する．

wubědźowanski A2【形】競技の．*wubědźowanse* wuměnjenja 競技規定．

wubědźowar M4【男】；**-ka** F2【女】競技者，コンテストの参加者．

wubědźować so V4【不完】[z někim] 競争する，競技に参加する．

wuběh M2【男】運動場，（鶏などの）放し飼い場；流出（口）；終了；着陸の滑走；出発． *wuběh* studnje 井戸［泉］の湧き口；kury trjebaja *wuběh* 鶏には放し飼い場が必要だ．
wuběhać V7【完】[sej něsto] 走り回って手に入れる． *wuběhać* sebi nohi 走り回って足を疲れさせる．
wuběhnyć V3【完】；**wuběhować** V4【不完】走り出る，流れ出る． hodźina za hodźinu *wuběhny* 時が刻々と過ぎた；rěka tam *wuběhuje* 川はそこに流れ出る；čas *wuběhuje* 時が過ぎる．
wubělić V6【完】白く塗る． stwu *wubělić* 部屋を白く塗る．
wuběr M1【男】選択；精選品． na *wuběr* być 選び抜かれた品である．
wuběrak M2【男】選り好みのうるさい人；選別用の機械．
wuběrać V7【不完】選ぶ，選び出す．
wuběrk M2【男】委員会；選出，選択． wokrjesny *wuběrk* 郡委員会；bohaty *wuběrk* 豊富な選択．
wuběrkownik M2【男】委員．
wuběrny A1【形】優れた，選び抜かれた．
wuběžeć V5【完】流れ出る，吹きこぼれる． mloko je *wuběžało* 牛乳が吹きこぼれた．
wuběžk M2【男】支流．
wubitk M2【男】若芽，新芽．
wubić V2【完】；**wubiwać** V6【不完】壊す，折る，打つ． *wubić* zuby 歯を折る；*wubić* sej z hłowy 頭から追い払う．
wubledźić V6【完】うっかり口外する．
wubleć V2【完】；**wubluwać** V7【不完】[někoho]嘔吐させる；吐く．
wubojany A1【形】怯えた，おどおどした．
wubojeć so V6【完】怖じ気付く．
wubranka F2【女】選抜チーム．
wubrać 過去 wubrach, wubra ⟨brać⟩ V9【完】選ぶ，選択[選抜]する． *wubrane* mustwo 選抜チーム；móžeš sej *wubrać* 君は選ぶことができる．
wubrónić V6【完】武装させる．
wubudźeć V8【不完】；**wubudźić** V6【完】起こす，呼び起こす． – **so** 目覚める．
wubuch M2【男】爆発，（火山の）噴火．
wubuchnyć V3【完】；**wubuchować** V4【不完】噴火する，爆発す

る.
wubuchowy A1【形】爆発の, 起爆性の. *wubuchowa* žołma 爆発波.
wubušny A1【形】爆発の. *wubušne* materialije 爆薬, 起爆剤.
wubyć, 過去 wuběch, wubě ⟨być⟩ V9【完】減少する, なくなる; 留まる, 残る. *wubyć* hač do kónca 最後まで留まる; hnydom *wubyć* 急に停止する.
wucyrkać V7; **wucyrknyć** V3【完】洗浄する; 散布する.
wučakać V7; **wučaknyć** V3【完】[sej něšto] 待ち受ける.
wučba F1【女】学習; 教授, 授業. *wučba* z matematiki 数学の授業.
wučbnica F3【女】教科書.
wučbny A1【形】学習の. *wučbny* plan 授業計画; *wučbna* mačizna 教材.
wučenc M1【男】学者.
wučenosć F7【女】博識, 教養.
wučenski A2【形】教訓的な, 教育の.
wučeny A1【形】学んだ, 熟練の. *wučeny* zamkar 熟練機械工.
wučer M4【男】; **-ka** F2【女】教師.
wučerhać V7【完】すり減らす.
wučerić V6【不完】教師を勤める.
wučerpany A1【形】使い尽くされた, 消耗した.
wučerpać V7【完】使い尽くす, 消耗させる.
wučerski A2【形】教員の. *wučerska* stwa 教員室; *wučerski* wustraw 教員養成機関.
wučerstwo N1【中】教職員; 教職. *wučerstwo* studować 教職課程をとる.
wučesać V7【完】; **wučesować** V4【不完】櫛[ブラシ]をかける.
wučěrak M2【男】ひしゃく.
wučěrać V7【完】; **wučěrować** V4【不完】汲み尽くす, 汲み出す.
wučinić V6【完】; **wučinjeć** V8【不完】引き起こす, (あることに)至らしめる; (金額が)達する. *wučinjena* wěc 決定事項; wudawki *wučinjeja* połojcu postajeneje sumy 出費は割り当てられた額の半分になる. - sej 取り決める, 申し合わせる.
wučisćadło N1【中】洗剤.
wučisćić V6【完】; **wučisćować** V4【不完】完全にきれいにする.
wučitać V7【完】読み取る, 解読する.

wučić V6【不完】[někoho]（誰を）教える. *wučić* syna na zamkarja 息子を錠前職人に教育する.
wučom|c M1；**-nik** M2【男】；**-ca** F3【女】弟子, 徒弟.
wučuchać V7；**wučuslić** V6【完】嗅ぎつける, 嗅ぎ出す.
wučuć V2【完】感知する；我慢する. wona jeho njemóže *wučuć* 彼女はあの男に我慢できない.
wuda F1【女】釣具, 釣り針.
wudanić so V6【完】損にならない. naša próca *je so wudaniła* 我々の骨折りは無駄ではなかった.
wudata A1【形】（女性が）既婚の.
wudać, 過去 wudach, wuda ⟨dać⟩ V9【完】出す, 発令[発行]する. *wudać* nowy zakoń 新法を発令する. **- so** 金を使い果たす；（女性が）結婚する. *wudać so* na wučerja 教員と結婚する.
wudaće N5【中】出版；結婚.
wudawanje N5【中】発行；言明, 主張.
wudawar M4【男】；**-ka** F2【女】発行者；配給係.
wudawarnja F6【女】発行所；配給所.
wudawać V7【不完】出す, 発行する. zakonje *wudawać* 法を発令する. **- so** [za někoho/něšto] 自称する, と見せかける. *wudawać so* za fachowca 専門家を装う[自称する].
wudawaćel M3【男】；**-ka** F2【女】発行者；配給係.
wudawk M2【男】出費, 支出.
wudawki PL1【複】出費.
wudebić V6【完】；**wudebjeć** V8；**wudebjować** V4【不完】飾り付ける, 装飾する.
wudiskutować V4【完】・【不完】議論を尽くす.
wudlěšeć V8【不完】；**wudlěšić** V6【完】長くする.
wudmo N1【中】あだ名.
wudny A1【形】釣り針の. *wudny* wołoj 釣り針の重り.
wudoba F1【女】飾り, 装飾.
wudobrić V6【完】改良する；（位を）高くする.
wudobytk M2【男】利益, もうけ, 収穫.
wudobyć, 過去 wudobych, wudoby ⟨dobyć⟩ V9【完】得る, 勝ち取る. *wudobyć* rudu 鉱脈を当てる；*wudobyć* sej titl mištra チャンピオンのタイトルを獲得する.
wudobyće N5【中】成果；取得.
wudobywanišćo N3【中】開発[採掘]場.

wudobywanje N5【中】採掘(量)，開発．
wudobywanski A2【形】開発の，採掘の．
wudobywać V7【不完】得る，利益を上げる；開発する．
wudokonjeć V8【完】；**wudokonjować** V4【不完】完了する，完遂する．
wudospołnić V6【完】；**wudospołnjeć** V8【不完】完成する，仕上げる，完全にする．
wudowa F1【女】[po někim]（誰の）寡婦．
wudowc M1【男】寡夫．
wudra F1【女】カワウソ．
wudrapać V7【完】；**wudrapować** V4【不完】掻き出す，こそげ取る，削り取る．- **so** [z něčeho] 苦労して逃れる．*wudrapać so z dołha* 借金からようやく逃れる．
wudrasćić V6【完】装わせる．- **so**（自分の）身なりを整える．
wudrěńca F3【女】(水で流されてできた)空洞，穴．
wudrěć V2【完】；**wudrěwać** V7【不完】もぎ取る，ちぎり取る；強請り取る．*wudrěć* kožu (動物の)皮を剝ぐ；*wudrěć* džěru 穴をあける；*wudrěć* pjenjezy (*někomu*)（誰から）金を巻き上げる．- **sej** [něšto] やっとのことで手に入れる．
wuduć V2【完】；**wuduwać** V7【不完】吹き消す，吹き飛ばす；吹いて作る．
wudych M2【男】呼気．
wudychać V7【完】；**wudychnyć** V3【完】息を止める；息を引き取る．
wudymić V6【完】蒸発させる；燻し出す．
wudypać V7【完】；**wudypować** V4【不完】つつき出す．- **so** 孵化する．
wudyr M1【男】打撃．
wudyrić V6【完】現われる；(火事・戦争などが)勃発[突発]する．
wudyrjenje N5【中】出現；勃発．
wudźenc M1【男】釣り竿．
wudźenje N5【中】釣り．
wudźenka F2【女】餌，おとり；ミミズ．
wudźer M4【男】；**-ka** F2【女】釣り人．
wudźeržeć V5【完】維持する，堅持する．*wudźerž*! ちょっと我慢しなさい！
wudźeržowanje N5【中】維持，堅持．

wudźeržować V4【不完】→wudźeržeć.
wudźeć so, wudźije so；過去 wudźa so；完分 wudźało so V9【完】[někomu] 夢に見る．mi *je so wudźało* 私は夢に見た；*što da je so tebi wudźało*！一体君は何を寝ぼけているんだ！
wudźěłać V7【完】作り上げる，練り上げる．- **so**（体を）鍛える．
wudźěłk M2【男】製品．*wudźěłki z* mloka 乳製品．
wudźělenje N5【中】分配，割り当て．
wudźěleć V8【不完】；**wudźělić** V6【完】分配する．(*někomu*) premiju *wudźěleć* (*za něšto*)（何に対して誰に）賞を授ける．
wudźěrać V7【不完】目をむく，目を見開いて見る．
wudźić V6【不完】釣りをする．
wufilować V4【完】・【不完】やすりをかける；仕上げる．
wuformować V4【完】・【不完】形成する，ある形にする．
wuformulować V4【完】・【不完】十分に言い表わす．
wuhasnyć V3【完】；**wuhašować** V4【不完】完全に消す，根絶やしにする．
wuheń M4【男】煙突．wumjesć (*někomu*) *wuheń* 鞭打ちを食わせる．
Wuher M4【男】；**-ka** F2【女】ハンガリー人．
Wuherska A2【女】ハンガリー．**wuherski** A2【形】．
wuherščina F1【女】ハンガリー語．
wuhewrjekać so V7【完】（嵐などが）静まる．
wuhibać V7【完】：ćěsto dać *wuhibać* パン生地を発酵させる．- **so** 発酵し終える；[někomu/něčemu]（誰に）道を譲る，（何を）避ける，よける．
wuhibka F2【女】（架線の）ポイント．
wuhibnišćo N3【中】（鉄道の）待避線．
wuhibnyć so V3【完】；**wuhibować so** V7【不完】[někomu/něčemu]（誰に）道を譲る，（何を）避ける，よける．
wuhładkować V4；**wuhładźić** V6【完】平らにする，滑らかにする．
wuhłódnić V6【完】飢え死にさせる．
wuhłodźeć V8【不完】；**wuhdłodźić** V6【完】；**wuhłodźować** V4【不完】＝wuhłódnić．
wuhłubić V6【完】深くする，掘り下げる．
wuhłubjeny A1【形】深くした．*wuhłubjeny* špihel 凹面鏡．
wuhłubjeć V8；**wuhłubować** V4【不完】深くする，掘り下げる．

wuhlad M1【男】（ふつう《複》）展望，見通し．bjez *wuhladow* 展望のない；měć *wuhlady*（*na něšto*）（何を）視野に入れている，考慮している．

wuhladać V7【完】見つける，認める．*wuhladać* swětło swěta 日の目を見る，（本が）発行される．-**so** 会う，出会う．

wuhladko N1【中】天窓，屋根窓．

wuhladny A1【形】展望の．*wuhladna* wěža 展望台[塔]．

wuhler M4【男】炭焼き人．

wuhličnaty A1【形】炭酸の．

wuhlik M2【男】炭素．kislikowy *wuhlik* 炭酸ガス．

wuhlikowodźik M2【男】炭化水素．

wuhlo N3【中】炭．kamjentne *wuhlo* 石炭．

wuhlowy A1【形】炭の．*wuhlowa* jama 炭鉱．

wuhnanc M1【男】追放者．

wuhnanstwo N1【中】追放．

wuhnaty A1【形】追われた．

wuhnać,（現在，命令，能動分は wućerić を代用）過去 wuhnach, wuhna ⟨hnać⟩ V9【完】追放する．-**so** 追い払われる．wjedro *je so wuhnało* 空が明るくなった．

wuhódanje N5【中】謎解き，クイズ回答．

wuhódać V7【完】言い当てる，推測する；謎を解く．

wuhódnoćenje N5【中】評価；解析，分析．

wuhódnoćeć V8【不完】；**wuhódnoćić** V6【完】有効に使う；評価する，結論を導く．

wuhojeć V8【不完】；**wuhojić** V6【完】（傷が）完治する．

wuhon M1【男】追放，放逐．

wuhonić V6【完】；**wuhonjeć** V8【不完】追放する．

wuhor[1] M1【男】日焼けした箇所．

wuhor[2] M4【男】ウナギ．

wuhorbjenje N5【中】高地，丘陵．

wuhorbjeć V8【不完】ふくらみ（丸み）をつける．

wuhorjeńca F3【女】（太陽・火で）焼かれた畑．

wuhorjeć V5【完】焼け尽くす，全焼する．

wuhork M2【男】（服の）折り返し．

wuhornyć V3【完】（袖を）まくり上げる，（ズボンを）折り返す．

wuhotować V4【完】・【不完】整える，催す；仕上げる．*wuhotować* přijeće（*za někoho*）（誰を）迎える，歓迎の準備をする；*wu-*

hotować koncert コンサートを準備する．

wuhowrić so V6【完】(天気が)明るくなる；(人が)静まる，落ち着く．

wuhrabać V7【完】；**wuhrabować** V4【不完】掻き出す，掻き集める．

wuhrać V2【完】；**wuhrawać** V7【不完】(トランプの札を)出す；演じる．scenu šěroko *wuhrać* 見事にシーンを演じる；jednoho přećiwo druhemu *wuhrać* 互いに対立する．

wuhrjebać V7【完】掻き出す．

wuhroda F1【女】塀，囲い．

wuhrodźeć V8【不完】；**wuhrodźić** V6【完】塀で囲む．

wuhrono N1【中】金言，格言．

wuhubić V6【完】；**wuhubjeć** V8【不完】根絶する，撲滅する．

wuhubny A1【形】根絶やしにする，破壊的な．

wuchač M3【男】ウサギ；ハサミムシ．

wuchad M1【男】出発．

wuchadny A1【形】出発の；出版の．*wuchadne* lěto 発行年；*wuchadna* maćizna 原料；*wuchadna* pozicija 出発点，起点．

wuchadźeć V8【不完】出発する；起点とする．nowyny *wuchadźeja* prawidłownje 新聞は定期的に発行される；*wuchadźeć* z wobzamknjenja 規定に依拠する；z nazhonjenjow *wuchadźa*, zo... 経験からして…．

wuchadźišćo N3【中】出発点，起点．

wuchaty A1【形】耳の長い；耳の出た．*wuchaty* hornc 取っ手付の鍋．

wuchawa F3【女】耳覆いのついた帽子．

wuchłódnić V6【完】冷たくする．— so 冷える，凍える．

wuchłodźeć V8【不完】；**wuchłódźić** V6【完】；**wuchłódźować** V4【不完】＝wuchłódnić．

wucho, 複主／双主 wuši N1【中】耳；(【複】wuše で)針の穴，鍋の柄．trubica we *wuchu* 耳管；kónčk *wucha* 耳タブ；*wuši* nastajić 耳をそば立てる，警戒する；mudri maja dobrej *wuši*, ale jazyk maja kuši 賢者はよい耳を持っているが舌は短い(雄弁は銀，沈黙は金)；po *wuchu* hrać 暗譜で演奏する．

wuchod[1] M1【男】東．na *wuchod* 東へ；Daloki *wuchod* 極東．

wuchod[2] M1【男】出口．

wuchodny A1【形】東の．*wuchodna* Europa 東欧；we *wuchod*-

wuchodosłowjanski

nym směrje 東の方へ.
wuchodosłowjanski A2【形】東スラヴの.
wuchodźić V6【完】歩き終わる；修学する, 卒業する. *wuchodźić ščežku* 道を踏みならす, 歩いて小道を作る；*wuchodźić šulu* 学校を卒業する. – **so** 使い[着]古される.
wuchodźowanišćo N3【中】散策の場, 公園.
wuchodźowanje N5【中】散策.
wuchodźować so V4【不完】散歩する.
wuchow M1【男】避難所, 隠れ家.
wuchowanje N5【中】保護, 救い, 救出.
wuchowar M4【男】救助者；避難所.
wuchowarnja F6【女】避難所, 隠れ家；孤児院；宿屋.
wuchować V7【完】救う, 保護する. – **so** 助かる, 逃れる.
wuchwaleć V8【不完】; **wuchwalić** V6【完】; **wuchwalować** V4【不完】誉めたたえる, 称賛する.
wuj M3【男】叔父.
wujachleny A1【形】完全に息を切らした.
wujasnić V6【完】; **wujasnjeć** V8【不完】[něšto] 説明する；[někoho] 説明して聞かせる. – **so** 明らかになる.
wujasnjowanje N5【中】説明, 明らかにすること.
wujasnjować V4【不完】→wujasnić.
wujaw M1【男】現れ, 兆候；症状.
wujebać V7【完】勘定[計り]をごまかす.
wujednanje N5【中】和解, 合意, 妥協.
wujednać V【完】和解させる, 協定する. – **so** 和解する, 合意する.
wuješć, 過去 wuječh, wujě ⟨ješć⟩ V9【完】食べる.
wujeć, wujmu, wujmješ；wujmu；過去 wujach, wuje；複二 wuješće；双二 wuještaj, -tej；命 wujmi！；wujmiće！；完分 wujał, wujał；wujeli；wujałoj；受動分 wujaty V9【完】取り出す, 引き出す.
wuječhać V7【完】; **wuječhować** V4【不完】馬に乗っていく.
wujěć, 過去 wujědźech, wujědźe ⟨jěć⟩ V9【完】去る；脱線する, それる. *wujěć na konju* 馬に乗って去る；*wujěć z puća* (*někomu/něčemu*)(誰/何を) 避けて通る, 道を譲る；*wujěć z wjerchom* (苛立ち, 腹立ちで)じりじりする.
wujězd M1【男】出口.
wujezdźić V6【完】乗り物で出かける；(乗り物で走って)道を作

る；(じゃがいもを)掘る．
wujimk M2【男】一部，抜粋．
wujk M2【男】モルモット，テンジクネズミ．
wujowy A1【形】叔父の．
wukadźeć V8【不完】；**wukadźić** V6【完】いぶし出す；[někoho] 追い出す，追放する．
wukałać V7【完】；**wukałnyć** V3【完】えぐり出す，掘り出す．
wukać V7【不完】目をむいて見る．
wukaz M1【男】指令，命令．
wukazać V7【完】；**wukazować** V4【不完】指令を出す．
wukidać V7【完】；**wukidnyć** V3【完】；**wukidować** V4【不完】(液体を)流し出す，注ぎ出す．*wukidać* hnój 糞を荒い流す．- **so** [na někoho] 悪態をつく．
wukład M1【男】展示；注釈，説明．
wukładnišćo N1【中】展示場．
wukładnja F6【女】展示場；ショーウィンドー．
wukładny A1【形】展示の；説明の．*wukładne* wokno ショーウィンドー．
wukładować V4【不完】荷を降ろす[開く]；説明する；(床板を)張る，(壁に)鏡板を張る．
wukładźenje N5【中】展示；板張り；説明．
wukładźenski A2【形】展示の．*wukładźenska* twora 展示品．
wukłasć, 過去 wukładźech, wukładźe ⟨kłasć⟩ V9【完】荷を降ろす[開く]；説明する；(床板を)張る，(壁に)鏡板を張る．
wukłóć V2【完】えぐり出す，掘り出す；(型で)抜き出す．
wuklečeć V5【完】膝をついて(ある時間)過ごす．- **so** 膝をつき通す．
wuklepać V7【完】(埃を)叩く，叩き出す．*wuklepać* tepich 絨毯を叩く．
wuklepowak M2【男】ほこり叩き，ちり払い(道具)．
wuklepować V4【不完】→wuklepać．
wukleć, 過去 wuklach, wukla ⟨kleć⟩ V9【不完】呪う，罵る．
wuklěšćić V6【完】去勢する．
wuklija F5【女】ブリーク，ギンヒラウオ(コイ科の淡水魚)．
wuklijeć V8【不完】；**wuklijić** V6【完】(壁紙などを)貼る．
wuklinčeć V5【完】鳴り止む．
wuklinić V6【完】；**wuklinjeć** V8【不完】楔で打つ．

wuklinkać V7【完】[něsto]（ベルを鳴らして)開始を合図する.
wukliwać V7【不完】呪う，罵る.
wuklubać V7【完】；**wuklubować** V4【不完】つつき出す，ほじり出す.
wuklukać V7【完】[někomu něsto] 巻き上げる，搾取する.
wuklukowanje N5【中】搾取.
wuklukowanski A2【形】搾取の.
wuklukowar M4【男】搾取する人. **-ski** M2【形】.
wuklukowarstwo N1【中】搾取.
wuklukować V4【不完】[někomu něsto] 巻き上げる，搾取する.
wuklumpać V7【完】；**wuklumpować** V4【不完】（ポンプで）汲み上げる.
wukmanić V6【完】[někoho k něčemu//za něsto] 能力［資格・権能］を与える.（někoho）k samostatnemu dźěłu *wukmanić*（誰に）独立した仕事をさせる. - **so** [k něčemu//za něsto] 能力［資格・権能］がある.
wukmanjenje N5【中】能力，資格，権能.
wukmanjeć V8【不完】→wukmanić.
wuknizna F1【女】教材.
wuknje|nje N5【中】学習. **-nski** A2【形】.
wuknyć V3【不完】学習する. serbščinu *wuknyć* ソルブ語を学ぶ；z hłowy *wuknyć* 暗記する.
wukolebać V7【完】（あやして）落ち着かせる；（重りを）釣り合わせる. dźěćo je *wukolebane* 子供が（幼児期から脱して）大きくなった.
wukon M1【男】実行；能率，性能，成果；（経済）パフォーマンス. mzda po *wukonje* 能率給.
wukónc M1【男】終り.
wukónčeć V8【不完】；**wukónčić** V6【完】研ぐ，先を尖らせる；終える.
wukonit|osć F7【女】能率性，パフォーマンス性. **-y** A1【形】.
wukonjacy A1【形】実行中の，勤務中の. službu *wukonjacy* lěkar 当直医.
wukonjenje N5【中】勤務，執務，実行；行使. *wukonjenje* prawa 権利の行使.
wukonjer M4【男】；**-ka** F2【女】実行者，履行者.
wukonjeć V8；**wukonjować** V4【不完】実行［執務］する；実施する. službu *wukonjeć* 職務を遂行する；wliw *wukonjeć* 影響を与え

る.
wukonliwosć F7【女】(作業)能力，生産力.
wukonliwy A1【形】判決の及ぶ；遂行可能な；生産の.
wukonowy A1【形】実行[能率，性能，成果]の. *wukonowa premija* 成績手当.
wukop M1【男】発掘物；発掘.
wukopanka F2【女】発掘物.
wukopać V7【完】掘り出す. – **so** 明らかになる，判明する. *je so wukopało...* 明らかになった.
wukopny A1【形】発掘の；地下の，掘り出される.
wukopnyć V3【完】掘り起こす.
wukopować V4【不完】→wukopać.
wukorjenić V6【完】；**wukorjenjeć** V8；**wukorjenjować** V4【不完】根絶やしにする.
wukormić V6【完】；**wukrmjeć** V8；**wukormjować** V4【不完】太らせる.
wukować V7【完】枷を嵌める.
wukraj M3【男】外国.
wukrajni|k M2【男】；**-ca** F3【女】外国人.
wukrajny A1【形】外国の. *wukrajny dopisowar* 特派員.
wukrać V2【完】；**wukrawać** V7【不完】切り抜く，(ナイフで)切り取る.
wukrawić V6【完】；**wukrawjeć** V8【不完】(人を)消耗させる；すっかり血を出す. – **so** 出血が止まる；出血死する.
wukročeć V8【不完】；**wukročić** V6【完】；**wukročować** V4【不完】大またに歩く.
wukrućeć V8【不完】；**wukrućić** V6【完】；**wukrućować** V4【不完】強化する.
wukryć V2【完】隠す，覆う.
wukřičeć V5【完】金切声[吠え声]を上げる.
wukřičnik M2【男】間投詞.
wukřik M2【男】悲鳴，金切声.
wukřiknyć V3【完】金切声[吠え声]を上げる.
wukubła|nje N5【中】養成，訓練. **-nski** A2【形】.
wukubłar M4【男】；**-ka** F2【女】養育[訓練]者.
wukubłać V7【完】養成[訓練]する.
wukuleć V8【不完】；**wukulić** V6【完】；**wukulować** V4【不完】

wukup

(樽・車などをを)転がし出す. - **sej** 脱臼する. wón *je sej* nohu *wukulił* 彼は足を脱臼した. - **so** 明るみに出る, 明らかになる.

wukup M1【男】買い戻し, 身請け.
wukupać V7【完】風呂に入れる. - **so** 入浴する.
wukupić V6【完】; **wukupować** V4【不完】受け出す, 質受けする. - **so** (身代金・借金を払って)自由の身になる.
wukurić V6【完】煙が消える; (煙草を)吸い終わる; (兎を)いぶし出す.
wukusać V7【完】; **wukusnyć** V3【完】噛み取る; 追い出す.
wukutlić V6【完】(鳥獣の)臓もつを抜く.
wułam M1【男】突発, 発生, 爆発.
wułamać V7【完】折り取る, (石を)切り出す; (道を)貫通させる.
wułamk M2【男】切り取った切片.
wułhać so V7【完】上手く逃れる.
wułožk M2【男】公示; 注釈, 説明.
wułožowar M4【男】解説者.
wułožować V4【不完】公示する; 説明する.
wułuščeć V8【不完】; **wułuščić** V6【完】; **wułuščować** V4【不完】(さや・殻を)剝く; 謎を解く.
wulahnyć V3【完】追い出す. *wulahnyć ideje* 考えが浮かぶ, 思い付く.
wulce【副】たいそう, 大いに. *wulce wažny* 非常に重大な; *wulce česćeny knježe!* 謹啓…様!
wulcečinjenje N5【中】自慢, ひけらかし.
wulcyšny A1【形】重要な; 有名な.
wuleć, 過去 wulach, wula ⟨leć⟩ V9【完】ぶちあける, ザーッと流す.
wulećeć V5【完】飛び立つ, 去る. - **sej** 遠足に行く.
wuležany A1【形】(ある時間)置かれた, (葡萄酒が)熟成した.
wuležeć V5【完】; **wulěhać** V7【不完】公示[展示]される; 置かれる. nowiny *wulěha* 新聞が備え付けになっている. - **so** (酒が)熟成する.
wulěhać so V7【完】; **wulěhować so** V4【不完】ゆったりと寝そべる; (手足を延ばして)場所を取る.
wulěkowac V4【完】治す, 癒す.
wulěpić V6【完】; **wulěpjeć** V8【不完】目張りする.
wulět M1【男】遠足.

wulětać V7【完】飛び立つ.
wulětnikar M4【男】; **-ka** F2【女】行楽客.
wulětnišćo N3【中】行楽地.
wulětny A1【形】遠足の.
wulětować V4【不完】遠足に行く.
wulězć, 過去 wulězech, wuleze ⟨lězć⟩V9【完】這い出す；降りる；逃れる. z awta *wulězć* 車から降りる.
wuličenje N5【中】勘定, 計算.
wuličenka F2【女】算定, 結果.
wuličeć V8【不完】; **wuličić** V6【完】算定[算出]する.
wulijawa F1【女】排水管, ドレン管.
wulinyć V3【完】ぶちあける.
wulišćeć V8【不完】; **wulišćić** V6【完】[něšto sej]（策略を用いて）手に入れる, 騙し取る；おびき出す.
wuliw M1【男】河口；流出. krawy *wuliw* z organa 内臓出血.
wuliwać V7【不完】注ぐ. - **so** 流れ込む.
wulizać V7【完】すっかり[きれいに]なめる. štož sy sej naparał, dyrbiš tež *wulizać* 自分で蒔いた種は自分で刈らなければならない.
wulkan M1【男】火山. hasneny *wulkan* 死火山.
wulki A2【形】大きな, 偉大な. *wulki* basnik 偉大な詩人；je *wulki* čas 期は熟した；*wulka* woda 洪水, 高潮；dźěći su hižo *wulke* 子供たちはもう大きい；*wulki* zrózk 一月.
wulkobłud M1【男】誇大妄想狂.
wulkobur M1【男】富農.
wulkobur|stwo N1【中】大規模農場[農業]. **-ki** A2【形】.
wulkohubaty A1【形】大ぼら吹きの；威張った.
wulkokubler M4【男】富農.
wulkoležownosć F7【女】大土地所有.
wulkoměs|to N1【中】大都会. **-ćanski** A2【形】.
wulkomilinarnja F6【女】大型発電所.
wulkom|óc, -ocy F4【女】大国.
wulkomócnarstwo N1【中】大国, 強国.
wulkomozy PL1【複】大脳.
wulkomyslny A1【形】寛大な, 心の広い.
wulkopisanje N5【中】大文字で書くこと.
wulkopósłanc M1【男】大使.
wulkopósłanstwo N1【中】大使館.

wulkopřekupc M1【男】大商人.
wulkopřerada F1【女】反逆(罪), 大逆(罪).
wulkoreka F2【女】大河.
wulkosć F7【女】大きさ, 容積, 規模.
wulkotny A1【形】素晴しい, 堂々たる；大がかりな, 大規模な.
wulkowiki PL1【複】見本市. mjeznarodne *wulkowiki* 国際見本市.
wulkowikowanje N5【中】卸し(業).
wulkowjerch M2【男】大公.
wulkowjerchowstwo N1【中】大公国.
wulkowobchod M1【男】卸売り業.
wulkowobchodnik M2【男】卸売り業者.
wulkowójwod|a, 複主 -ojo M5【男】大公.
wulkozarjadowanje N5【中】大々的行事.
wulkozawod M1【男】大企業, 大規模経営.
wulosowanje N5【中】抽選, くじ引き.
wulosować V4【完】・【不完】くじ引きする；当たりくじを引く.
wuludać V7【完】巻き上げる, だまし取る.
wuludnić V6【完】；**wuludnjeć** V8【不完】人口を減らす；住民を根絶やしにする.
wumasać V7【完】まさぐる. **- so** 自分の置かれている位置を理解する. *wumasać so* njemóc 処理できない.
wumazać V7；**wumaznyć** V3【完】；**wumazować** V4【不完】(全部)塗りつぶす；削りとる.
wuměł|c M1【男】；**-ča** F5【女】芸術家.
wumělski A2【形】芸術の. *wumětska* twórba 美術[工芸]品.
wumělstwo N1【中】美術, 工芸. filmowe *wumětstwo* 映画；ludowe *wumětstwo* 民族芸能. **-wy** A1【形】.
wuměna F1【女】交換.
wuměnitosć F7【女】制約, 条件付き.
wuměnić V6【完】交換する；条件を付ける, 制約を与える；原因となる, 引き起こす. być *wuměnjene* (*přez něšto*)(何に)制約されている.
wuměnjenje N5【中】条件. bjez *wuměnjenja* 無条件で；pod samsnymi *wuměnjenjemi* 同じ条件下で；stajić *wuměnjenje* 条件を立てる, 定める.
wuměnjeć V8【不完】→wuměnić；**- sej** [*něšto*](自分用に)とって

おく，留保する．
wuměnk M2【男】引退，隠居．na *wuměnku* 隠居して．
wuměnkar M4【男】; **-ka** F2【女】隠居人．
wuměrić V6【完】; **wuměrjeć** V8【不完】測量する．
wuměsćeć V8【不完】; **wuměsćić** V6【完】配置する，預け入れる．
wumjakotać V7【完】どもる，口ごもる．
wumjasć, 過去 wumjećech, wumjeće 〈mjasć〉 V9【完】搾り出す，搾り取る．
wumjatk M2【男】抽出物，エキス．
wumjerznyć V3【完】(苗が)霜害を受ける．
wumjesć, 過去 wumjećech, wumjeće 〈mjesć〉 V9【完】掃き出す．
wumjetk M2【男】ゴミ．
wumjetować V4【不完】投げ出す；[někomu něšto]（誰に何を）とがめる，突きつける．*wumjetować přećelej łžu* 友人の嘘をとがめる．
wumjo N4【中】家畜の乳房．
wumlěć V2【完】; **wumlěwać** V7【不完】挽き砕く；(川が岸，地面などを)洗い流す．
wumlěwk M2【男】挽いた穀物．
wumóc, 過去 wumóch, wumó 〈móc〉 V9【完】救い出す．
wumocowanje N5【中】脅し，恐喝，暴行，強姦．
wumocowany A1【形】強いられた．
wumocować V4【完】・【不完】[sej něšto] 脅す，恐喝する，暴行する；強いてわがものとする．
wumódrić V6【完】青くする．- so 青くなる．
wumokać V7【完】; **wumokować** V4【不完】すっかり湿る，湿って腐る．
wumolować V4【完】・【不完】(絵の具・ペンキなどを)塗る，塗って仕上げる．
wumóženje N5【中】救い，救済．
wumóženy A1【形】救われた．
wumóžer M4【男】; **-ka** F2【女】救済者．
wumóžić V6【完】; **wumóžować** V4【不完】救い出す，救済する．
wumóžny A1【形】救いの．
wumpawa F1【女】おたふくかぜ．
wumpjera F1【女】発疹．
wumrěć V2【完】死ぬ．na raka *wumrěć* 癌で死ぬ．

wumrěće N5【中】死.
wumyslenosć F7【女】うぬぼれ, 自負; わがまま, 頑固.
wumysleny A1【形】考案された, 工夫された; 好みのうるさい, 気難しい.
wumysleć V8【不完】; **wumyslić** V6【完】考え抜く; [sej něšto] 考え出す, 工夫する.
wumyć V2【完】洗う. *wumyć* sej ruce 自分の手を洗う. – **so**（自分の体を）洗う.
wumywadło N1【中】洗面器.
wumywać V7【不完】→wumyć.
wunamakanka F2【女】発明（品）, 考案.
wunamakar M4【男】; **-ka** F2【女】発明家.
wunamakać V7【完】発明[考案]する.
wunamakawy A1【形】発明の才のある, 創造力に富んだ.
wunjemdrić so V6【完】（嵐などが）静まる.
wunjesć, 過去 wunjesech, wunjese〈njesć〉V9【完】運ぶ, 移動させる, 持ち去る, 運び去る; 体験する, 耐える;（結果として）もたらす. nadobu ze jstwy *wunjesć* 家具を部屋から運び出す; sławu *wunjesć*（人のために）祝杯[祝いの叫び]をあげる; to ničo *njewunjese* それは何ももたらさない, 何の役にもたたない.
wunošk M2【男】収益, 上がり, 産出[収穫]高.
wunošnosć F7【女】収益性, 利益性.
wunošny A1【形】利益になる, 上がりの良い.
wunošować V4【不完】運ぶ, 配達する; 体験する, 耐える;（結果として）もたらす.
wuńć, wuńdzu, wuńdźeš; wuńdu; 過去 wuńdźech, wuńdźe; 命 wuńdź!; wuńdźće!; 完分 wušoł, wušła V9【完】出る, 出て行く;（本が）出る; 経過する, 過ぎる; 切り抜ける; [něčemu]（何を）避ける. *wuńć* strachej 危険を避ける; *wuńć* pruwowanja 試練に耐え抜く; dych *wuńdźe* 気力[意気]がなくなった; wukaz je wušoł 命令が出された; pjenjezy *su* mi *wušli* 私はお金が尽きた; wěc je derje wušła 事はうまく行った; z nim nan ne *wuńdźe* 彼とは父は折り合いが悪い; wón njemóže bjez njeje *wuńć* 彼は彼女なしではいられない.
wunućeć V8【不完】; **wunućić** V6【完】強要する.
wunuzować V4【完】強要する; 無理やり奪う. dać sej *wunuzować* 強いる.

wupačeć V8【不完】; **wupačić** V6【完】(石を)切り出す.
wupad M1【男】脱落, 抜け落ち; 休止, 休み, 中止; 欠損, 損害; 攻撃; 結果. *wupad* předstajenja 公演[上演]の中止; otrazyć njepřećelske *wupady* 敵の攻撃を撃退する.
wupadać V7【完】抜ける, 脱落する; (ある状態に)なる; 見える. to derje *wupada* それはよさそうに見える.
wupadnyć V3【完】; **wupadować** V4【不完】抜ける, 落ちる, 脱落する; 中止[休止]になる; (ある状態に)なる. lěćo je horce *wupadnyło* 暑い夏になった; budźemy widźeć, kak to *wupadnje* どうなるか, いずれわかるだろう.
wupal M3【男】焼くこと; 焼かれた箇所.
wupaleć V8【不完】; **wupalić** V6【完】焼く. dźeru *wupaleć* (do něčeho) 焼いて(何に)穴をあける.
wupalić so V6【完】燃え尽きる.
wupalnišćo N【中】焼跡; 日に焼かれた所.
wuparić V6【完】; **wuparjeć** V8【不完】煮つめる, 煮つめて[水分を蒸発させて]作る. – so 蒸発する, 気化する.
wupažeć V8【不完】; **wupažić** V6【完】板張りをする; (腕を)広げる.
wupěrak M2【男】自慢屋, 大ぶろしきを広げる人.
wupěranje N5【中】から威張り, 手に負えないこと.
wupěrać so V7【不完】威張る, 自慢する; 反抗する, 逆らう.
wupikany A1【形】粋な, しゃれた.
wupikać V7【完】飾りたてる. – so 着飾る, めかしこむ.
wupinak M2【男】スイッチ, 開閉[遮断]器.
wupinać V7【完】スイッチを切る. – so スイッチが切れる; 自慢する, 大口をたたく. *njewupinaj so* tak! そんな大言壮語を吐くなよ!
wupincować V4【完】・【不完】地下室を掘る.
wupinyć V3【完】スイッチを切る.
wupis M1【男】公募, 募集; 試合[競技]の公示[発表]; テクストの抜粋.
wupisanje N5【中】公募, 募集; 公示. *wupisanje* mytow 懸賞(募集).
wupisać V7【完】; **wupisować** V4【不完】書き抜く, 書き写す; 処方箋を書く. *wupisać* wuběd źowanje 選抜の公募をする.
wupity A1【形】すっかり飲まれた.

wupić V2【完】飲み干す.
wupjec, 過去 wupječech, wupječe 〈pjec〉 V9【完】焼き上げる；仕上げる.
wupjelnić V6【完】；**wupjelnjeć** V8【不完】満たす；書き込む. *wupjelnić* naprašnik 調査用紙に書き込む.
wupjeńk M2【男】ひこばえ, 新しい枝.
wupjerchać V7；**wupjerchnyć** V3【完】；**wupjerchotać** V7【不完】駆け出す, 逃げ出す.
wupjerk M2【男】はねぶとん.
wupłaćić V6【完】；**wupłaćować** V4【不完】支払う. – **so** 引き合う, ペイする. to *so njewupłaći* それは引き合わない.
wupław M1【男】流出；堆積した泥土.
wupławić V6【完】；**wupławjeć** V8【不完】流す. – **so** 泳ぎ出す.
wupłóčki PL1【複】下水, 汚水.
wupłód, -oda M1【男】産物, 成果.
wupłodźić V6【完】；**wupłodźeć** V8【不完】生産する；栽培する.
wupłokać V7【完】洗い落とす, 洗い流す.
wupłonić V6【完】；**wupłonjeć** V8【不完】平らにする, ならす.
wuplacać V7【完】ぶん殴る, びんたをくらわす.
wuplapotać V7【完】ぺらぺら[全部]しゃべる.
wupleć V2【完】；**wuplěwać** V7【不完】(草を)取る.
wuplunyć V3【完】；**wupluwać** V7【不完】(唾を)吐く.
wupluwanki PL2【複】痰.
wupokaz M1【男】証明書. personalny *wupokaz* 身分証明書.
wupokazanc M1【男】流刑囚.
wupokazać V7【完】；**wupokazować** V4【不完】証明する；(土地から)追放する, 立ち退かせる. – **so** (証明書で)身分を示す.
wupokojeć V8【不完】；**wupokojić** V6【完】なだめる, 落ち着かせる.
wupołozeć V8【不完】；**wupołožić** V6【完】並べる, 陳列する；(金を)用立てる, 立て替える.
wupomhać[1] V7【完】[někomu] 手助けする；救い出す；[sej z něčim] 当座間に合わせる, 何とかやりくりする.
wupomoc F4【女】臨時の手伝い；一時しのぎ.
wuporjedźenka F2【女】修正, 訂正；校正.
wuporjedźeć V8【不完】；**wuporjedźić** V6【完】修正する, 訂正する.

wuposkać V7【完】最後まで聞く．
wupósłać, 過去 wupósłach, wupósła 〈pósłać〉 V9【完】（指令などを）出す；派遣する．
wupoćić V6【完】汗だくになる．
wupowědać V7【完】語り尽くす，すっかりしゃべる．
wupowědźe|nje N5【中】解雇通知，解約告知．**-nski** A2【形】．
wupowědźeć V8【不完】；**wupowědźić** V6【完】解約［解雇］を告知する．
wupowěsnyć V3【完】吊す，掛ける；掲げる，（吊して）公示する．
wupowěsć, wupowěm, wupowěš；wupowědźa；過去 wupowěch, wupowě；命 wupowěs！；wupowěsće！；完分 wupowěł, wupowěła V9【完】述べる；[něšto] 拒否する，解雇する．
wupožčić V6【完】貸す；借りる．jemu swoju knihu *wupožčić* 彼に自分の本を貸す；pjenezy *wupožčić* 借金する；dyrbjach sej pola [wot] nana awto *wupožčić* 私は父に車を借りなければならなかった．
wupožčowanski A2【形】貸し出しの．
wupožčowarnja F6【女】貸出係り（部局）．*wupožčowarnja* knihow 図書貸出係り．
wupožčować V4【不完】借り出す，貸し出す；*wupožčować* sej（自分用に）借り出す．wón swoje knihi njerady *wupožčuje* 彼は自分の本を貸したがらない．
wuprajenje N5【中】表出，表現，発話，述べること．
wuprajeć V8【不完】；**wuprajić** V6【完】表現する，表出する．kruty porok *wuprajić* 厳しい批判を述べる；*wuprajić* přeće 希望を述べる；*wuprajić* dźak 謝辞を述べる．**- so** 自分の考えを述べる；[k něčemu] 態度［立場］を示す，見解を示す．
wuprawa F1【女】出兵；遠征，遠足，研修（旅行）．
wuprawdźeć V8【不完】；**wuprawdźić** V6【完】確認する，確かにする．**- so** 実現する．
wuprosyć V6【完】[sej něšto] 懇願する，ねだる．
wupróšeć V8【不完】；**wupróšić** V6【完】；**wupróšować** V4【不完】ちり［ほこり］を払う．
wupróć V2【完】縫い目をほどいて取り外す．
wuprózdnić V6【完】；**wuprózdnjeć** V8【不完】空にする，片付ける．
wupruwować V4【完】・【不完】試みる，試験する．

wupřahać V7【完】; **wupřahnyć** V3【完】(馬・牛などを)はずす.
wupředań F7【女】大売り出し, 在庫一掃.
wupředaty A1【形】売り切れの; 満席の.
wupředać, 過去 wupředach, wupředa ⟨dać⟩ V9【完】大安売りする, 売り尽くす.
wupřestrěć V2【完】; **wupřestrěwać** V7【不完】広げる, 拡張する. - **so** 広がる, 拡張する.
wupuch M2【男】排気(口).
wupušćeć V8【不完】; **wupušćić** V6【完】; **wupušćować** V4【不完】(水・空気などを)抜く;(家畜を)放つ.
wupuć M3【男】出口; 打開策.
wupućowanje N5【中】出国, (外国・他の土地への)移住, 渡航.
wupućowanski A2【形】移住の.
wupućowar M4【男】; **-ka** F2【女】移民.
wupućować V4【完】・【不完】出国する, (外国・他の土地へ)移住する.
wupyšenje N5【中】飾りたてること, 装飾.
wupyšeć V8【不完】; **wupyšić** V6【完】; **wupyšować** V4【不完】飾る, 飾りたてる.
wupytać V7【完】選び出す, 探し出す.
wuradźeć V8【不完】; **wuradźić** V6【完】; **wuradźować** V4【不完】相談する, 会談[会議]を開く.
wuraz M1【男】表現. *wuraz* wobliča 顔の表情.
wuraznje【副】はっきり, あからさまに.
wurazny A1【形】はっきりした, 表現力のある.
wurazowy A1【形】表現の.
wurazyć V6【完】; **wuražeć** V8【不完】叩き落とす; 打ち抜いて作る, 刻印する, (貨幣を)鋳造する.
wurěč F7【女】口実, 言い逃れ. hołe *wurěče* 見えすいた口実.
wurěčeć V5【完】; **wurěčować** V4【不完】[někomu něšto](誰に何を)思いとどまらせる. - **so** 心を明かす; 言い逃れをする.
wurěčowanje N5【中】議論, 言争い.
wurědšić V6【完】まばらにする, 間引きする.
wurěkowanje N5【中】発音.
wurěkować V4【不完】発音する.
wurěz M1【男】切り取り; (新聞などの)切り抜き; (数学)扇形.
wurězać V7【完】切り取る, 切り抜く.

wurězk M2【男】切り取り，切り抜き；抜粋；襟ぐり；デコルテ(襟ぐりの開いたデザイン，その服).

wurězować V4【不完】(ナイフなどで)切り取る，切り抜く.

wurisać V7【完】; **wurisować** V4【不完】分ける，取り分ける；分離させる.

wurjadny A1【形】格別の，常ならぬ，際立った. *wurjadna* społnomócnjeny pósłanc 特別全権大使.

wurjedźeć V8【不完】; **wurjedźić** V6【完】; **wurjedźować** V4【不完】掃除する.

wuronić V6【完】(涙を)流す. – **so** (穀粒が)こぼれ落ちる.

wurost M1【男】(病的な)突起，こぶ，腫；ひこばえ.

wurosć, 過去 wurosćech, wurosće 〈rosć〉 V9【完】成長する. dźěćastwu *wurosć* 子供時代を抜け出す(成長する).

wurubać V7【完】伐採する；彫る. *wurubać* puć (*k něčemu*)(何に)道をつけてやる.

wurubić V6【完】; **wurubjeć** V8【不完】(全部)奪う，強奪する.

wurunanje N5【中】均衡，平均；平均化；埋め合わせ，補填；調停，調整.

wurunać V7【完】ならす，均等にする；調停する，埋め合わせる. – **so** [z někim] 折り合いをつける，和解する.

wuryć V2【完】掘り出す，発掘する.

wurywanka F2【女】発掘，掘り出し；発掘物，掘り出し物.

wurywać V7【不完】掘り出す，発掘する.

wusad M1【男】ハンセン病.

wusadny A1【形】ハンセン病の.

wusadźeć V8【不完】; **wusadźić** V6【完】(外へ)置く，出す；植え換える；(ドアの)ちょうつがいをはずす. *wusadźeć* kał キャベツを植え換える；*wusadźić* dróhu z kamjenjemi 道路に石を敷く[舗装する].

wusahać V7; **wusahować** V4【不完】そびえ立つ.

wusaknyć V3【完】; **wusakować** V4【不完】干上がる，枯渇する.

wusaty A1【形】ふるい・フィルターにかけられた.

wusać V2【完】ふるいにかける.

wusce【副】狭く；密に，緊密に.

wuschnyć V3【完】干上がる，乾く.

wuski A2【形】狭い，密な. *wuska* hasa 狭い通り；*wuski* zwisk 密接な関係；*wuske* zhromadne dźěło 緊密な共同作業；we *wus-*

kich poćahach stać 密接な関係にある．
wusko【副】狭く；密に，緊密に．
wuskočić V6【完】飛び跳ねる；脱線する；上手く行く．
wuskočny A1【形】機敏な，すばしこい，器用な．
wuskofilm M1【男】8ミリフィルム．
wuskomyslny A1【形】心の狭い，偏狭な，頑なな．
wuskoržić V6【完】怒る，怒りを表わす．‐ **so** 怒る；[na někoho]（誰について）苦情を言う，訴える［言いつける］．
wuskostny A1【形】心配した，びくびくした；途方にくれた，困っている．
wuskosć F7【女】狭さ；困惑，当惑；困窮，災厄．
wuskušowar M4【男】；**‐ka** F2【女】情報収集員，スパイ．
wuskutk M2【男】効果，効き目，作用．*bjez wuskutka* 効果のない．
wuskutkować V4【不完】（作用を及ぼして）引き起こす，原因となる．‐ **so** [na něšto//w něčim]（何に）現われる，発揮される．
wusłać, 過去 wusłach, wusła 〈stać〉V9【完】（使者を）派遣する；（藁を）敷く．
wusłowo N1【中】判決；言い回し．
wusłužba F1【女】引退，退職．*na wusłužbje* 隠居して．
wusłyšeć V5【完】；**wusłyšować** V4【不完】（人の話に）耳を貸す，じっと聞く；（願いを）聞き届ける．
wuslec, 過去 wuslečech, wusleče 〈slec〉V9【完】服を脱がせる，裸にする．‐ **so**（自分の）服を脱ぐ．
wuslědk M2【男】成果，結果．*kónčny wuslědk* 最終的な成果［結果］．
wuslědźić V6【完】調査する，探究［研究］する．
wuslěkać V7【不完】服を脱がせる，裸にする．‐ **so**（自分の）服を脱ぐ．
wusmahnjeny A1【形】日焼けした；色褪せた．
wusmahnyć V3【完】日焼けする；色が褪せる．
wusměrić V6【完】（目標に）向ける，方向を定める．
wusměšować V4【不完】あざける，あざ笑う．
wusmjeć so, 過去 wusmjach so, wusmja so 〈smjeć so〉V9【完】[někomu] あざ笑う．
wusmork M2【男】鼻汁．
wusmorkać V7【完】鼻をかむ．
wusmuž M3【男】ミルクがゆ．

wusnyć sej V3【完】眠りにつく，寝込む．
wuspać so, 過去 wuspach so, wuspa so 〈spać so〉 V9【完】たっぷり眠る．
wuspěch M2【男】成功，成果．bjez *wuspěcha* 効果のない，不首尾の．
wuspěšny A1【形】成功した，効果のある．
wuspěwać V7【完】最後まで歌う；(祈りを)唱える．
wuspinkować V4【完】・【不完】(計算で)括弧の外に出す．
wuspowědać V7【完】懺悔[告解]させる；悔いる．- so 懺悔する．
wusprawnić V6【完】；**wusprawnjeć** V8；**wusprawnjować** V4【不完】正しいと認める，弁明する．- so 弁明する；正しいとわかる．
wusrěbać V7【完】すすって全部飲む．
wustajeńca F3【女】展示(会)，展覧(会)．
wustajenišćo N3【中】展示会場，陳列場．
wustajer M4【男】；**-ka** F2【女】(展示の)出品者．
wustajeć V8【不完】；**wustajić** V6【完】；**wustajować** V4【不完】展示する，陳列する；(文書を)交付する．
wustarać so V7【完】[něčeho] 手に入れる，得る．
wustaty A1【形】残った；不動の，
wustać, wusteju, wustejiš；wusteja；過去 wustejach, wusteja；複二 wusteješće；双二 wusteještaj, - tej；命 wustej！；wustejće！；完分 wustał, wustała；受動分 wustaty V9【完】(ある時間)立つ；がまんする，耐え忍ぶ；足りない，欠けている，未到着[未払い]である．- so [na něšto] 才能[腕]がある，心得ている．
wustaw M1【男】施設．wučerski *wustaw* 教員養成所．
wustawa F1【女】憲法．
wustaw|ki PL1【複】規約，規則．**-owy** A1【形】．
wustoj M1【男】熟練，巧み．
wustojny A1【形】熟練した，手腕のある，よくできる．
wustorčić V6【完】；**wustorkować** V4【不完】放り出す，吹き[吐き]出す，放出する．*wustorčić* dym 煙を吐く．
wustork M2【男】噴出，発射．
wustorkować V4【不完】放り出す，吹き[吐き]出す，放出する．
wustracować so V4【完】びっくりする．
wustrica F1【女】カキ．
wustroj M3【男】装備，用意；装備品．
wustrojeć V8【不完】；**wustrojić** V6【完】；**wustrojować** V4

【不完】装備する，用意する．
wustrowić V6【完】治癒する，癒す． - **so** 治る，癒える．
wustrowjenje N5【中】(病気の)回癒，治療．
wustrowjernja F2【女】療養施設．
wustrowjeć V8；**ustrowjować**【不完】→wustrowić．
wustróžeć V8【不完】；**wustróžić** V6【完】；**wustróžować** V4【不完】ぎょっとさせる，驚かす． - **so** ぎょっとする，驚く．
wustudnjeny A1【形】冷え切った．
wustudnyć V3【完】；**wustudować** V4【不完】冷え切る，すっかり冷たくなる．
wustup M1【男】(舞台への)登場；出口，降車口；トイレ．
wuščěrać so V8【不完】広がる．
wustupić V6【完】；**wustupować** V4【不完】登場する，現われる；降りる，出る．
wusud M1【男】判決；決定． smjertny *wusud* 死刑判決．
wusudźeć V8【不完】；**wusudźić** V6【完】；**wusudźować** V4【不完】決定する，判決を下す．
wusukać V7【完】；**wusukować** V4【不完】ほどく，解く．
wusunyć V3【完】押し出す，差し出す，差し延ばす． - **so** 外へ出る，伸びる；滑り落ちる． to je so mi tak *wusunyło* つい口から滑り出た，つい口が滑ってしまった．
wusušić V6【完】乾かす，乾燥させる． - **so** 乾燥する．
wuswar M1【男】非難，叱責．
wuswarić V6；**wuswarjeć** V5【完】；**wuswarjować** V4【不完】叱る，非難する．
wuswědčenje N5【中】証明[書]． šulske *wuswědčenje* 成績証明書．
wuswědčeć V8【不完】；**wuswědčić** V6【完】；**wuswědčować** V4【不完】証明する，証言する．
wuswětlenje N5【中】照明；つや出し；啓発，説明．
wuswětleć V8【不完】；**wuswětlić** V6【完】；**wuswětlować** V4【不完】照明を施す；つやを出す；説明する．
wuswjećeć V8【不完】；**wuswjećić** V6【完】；**wuswjećować** V4【不完】(高位聖職に)つける，浄めの儀式を行う．
wuswobodźenje N5【中】解放．
wuswobodźer M4【男】；**-ka** F2【女】解放者．
wuswobodźeć V8【不完】；**wuswobodźić** V6【完】；**wuswobo-**

wušparanje

dźować V4【不完】[něšto/někoho z [wot] něčeho] 解放する. *wuswobodźeć* ze zamołwitosće 任務から解放する.
wuswojenje N5【中】収用, 没収.
wuswojeć V8【不完】; **wuswojić** V6【完】; **wuswojować** V4【不完】収用[没収]する.
wusy PL1【複】ロヒゲ.
wusydleć V8【不完】; **wusydlić** V6【完】; **wusydlować** V4【不完】移住[疎開]させる.
wusydnyć so V3【完】どっかとすわる, のうのうと場所をとる.
wusyk M2【男】(森の中の)伐採帯.
wusyłanje N5【中】発送, 発信. rozhłosowe *wusyłanje* ラジオ放送.
wusyłarnja F6【女】ラジオ局.
wusyłać V7【不完】送る, 発送[発信]する.
wusypać V7【完】; **wusypnyć** V3【完】まき散らす, ぶちまける. – **so** [na někoho] どなりつける, こっぴどく叱る.
wusyć V2【完】(種を)まく.
wusyw M1【男】種まき. nalětni *wusyw* 春の種まき.
wusywać V7【不完】→wusyć.
wuši A3【形】《比》<wuski.
wušikn|osć F7【女】巧妙, 手腕, 熟練. –y A1【形】.
wušiwan|ka F2【女】刺繍, 縫い取り. –ski A2【形】.
wušiwarka F2【女】刺繍をする人.
wušiwać V7【不完】刺繍[縫い取り]をする.
wuško N1【中】《指小》<wucho; 取っ手, 柄.
wuškrabać V7【完】掻き出す, えぐり出す.
wuškrěć V2【完】; **wuškrěwać** V7【完】(金属・脂などを)溶かす.
wušmjatać V7【完】もつれを解く, 混乱を解消する. – **so** もつれが解ける, 絡まっていたもの[事]が解ける.
wušmórać V7【完】; **wušmórnyć** V3【完】(線を引いて)消す.
wušny A1【形】[k něčemu] 役に立つ, 有益である. *wušny* być kaž psej cypy まるで見当はずれだ, まったくそぐわない; k čemu je to *wušny*? これが一体何の役に立つんだ?
wušo【副】《比》<wusko, wusce. pisaj *wušo*! もっと細く[幅狭に]書きなさい!
wušparanje N5【中】面倒, 手間, 厄介[心配]事. *wušparanje* činić 妨害する; *wušparanje* měć (*z něčim*) (何に)手を焼く, 苦労

wuščipnyć V3【完】（果実・花を）もぎ取る，摘み取る．
wušudrować V4【完】・【不完】（内側を）こする，こすって汚れを取る．
wušwikać V7【完】（懲らしめのために）むち打つ．
wutajić V6【完】隠す．
wutepić V6【完】；**wutepjeć** V8；**wutepjować** V4【不完】暖める，熱くする．*wutepić* stwu 部屋を暖める．
wuteptać V7【完】（道を）踏みならす，踏み荒す；（靴を）履きつぶす．
wutk M2【男】成分；栄養素；内容，本質．
wutłóčić V6【完】搾り出す，押し付ける：押し出す，排除する，取って代わる．
wutły F1【形】からっぽの，空洞の；（音が）うつろな響きの；弱い，力のない．
wutočić V6【完】えぐり取る，くり抜く．dźeru *wutočić* 穴をあける．
wutołc, 過去 wutołcech, wutołče ⟨tołc⟩ V9【完】；**wutołkać** V7【不完】搾る；（ろうそく・たばこの火を）もみ消す．
wutora F1【女】火曜日．*wutoru* 火曜日に．
wutorhać V7【完】；**wutorhnyć** V3【完】むしり取る，引きちぎる．
wutrajnosć F7【女】耐久力，粘り強さ．
wutrajny A1【形】耐久力のある．
wutrać V2【完】耐える，持ちこたえる．ja to hižo *njewutraju* 私はもうそれに耐えられない．
wutrěć V2【完】；**wutrěwać** V7【完】拭い取る．
wutrjebić V6【完】（根・根菜を）掘る；（木を）間伐する．
wutrjechić V6【完】（的を）射る，命中させる．
wutroba F1【女】心臓；心．chory na *wutrobu* 心臓病；zajeće *wutroby* 心臓マヒ；wot *wutroby* dušny 心やさしい，心のこもった，親切な；*wutrobu* wokřewjacy 元気づける，愉しませる；z *wutroby* rad dawać 喜んで与える；ćežko bu jemu wokoło *wutroby* 彼は心が重くなった；dźakować so z *wutroby* 心から感謝する；z *wutroby* rady měć（*někoho*）誰を心から愛する；sej k *wutrobje* wzać 真剣に受けとめる．
wutrobity A1【形】心からの；勇敢な．*wutrobiće* so smjeć 心から［大いに］笑う．
wutrob|itosć F7；**-nosć** F7【女】心のこもっていること，親切，誠実さ．

wutrobny A1【形】心からの, 切なる. *wutrobny* postrow（手紙の結び）ごきげんよう；*wutrobny* dźak 謝辞, ありがとう；*wutrobne* zbožopřeća（手紙の結び）お幸せに.

wutrobowy A1【形】心の, 心臓の. *wutrobowa* myška 心筋；*wutrobowa* zastawka 心臓の弁.

wutrubić V6【完】吹聴する, 言いふらす.

wutruhać V7【完】削る；剃る. — so（自分の顔を）剃る.

wutrus M1【男】胞子, 芽胞.

wutřasć, 過去 wutřasech, wutřase 〈třasć〉 V9【完】振り払う, 払い落とす. *wutřasć* z rukawa 袖から振り落とす.

wutřěl M3【男】発射, 撃つこと.

wutřěleć V8【不完】；**wutřělić** V6【完】撃つ, 発射[発砲]させる.

wutřihanka F2【女】紙を切り抜いて姿にしたもの（影絵・絵に使う）.

wutřihać V7【完】；**wutřihnyć** V3【完】（ハサミで）切り抜く.

wutupić V6【完】；**wutupjeć** V8【不完】根絶やしにする.

wutupjenje N5【中】根絶.

wutwar M1【男】建築；造成, 改造.

wutwarić V6【完】；**wutwarjeć** V8；**wutwarjować** V4【不完】建築する；造成する, 改造する.

wutwark M2【男】（家屋の）張り出し, 前面建造物.

wutwor M1【男】作り出されたもの, 産物. *wutwor* choreje fantazije 病的な空想の産物；*wutwory* přemysła 工業製品.

wutworić V6【完】；**wutworjeć** V8；**wutworjować** V4【不完】形作る, 作り出す.

wutykanc M1【男】剥製.

wutykany A1【形】突き出た；詰め込まれた.

wutykać V7；**wutyknyć** V3【完】；**wutykować** V4【不完】突き出す；詰め込む, 押し込む；(服を)はしょる, たくし上げる. *wutykać* jazyk 舌を突き出す；*wutykać* pazorki 爪をむき出す（敵意を示す）.

wuć V2【不完】（オオカミ・風・サイレンが）うなる, 吠える.

wućah M2【男】引き抜き, 転出；抜粋；抽出物.

wućahać V7；**wućahnyć** V3【完】引き出す, 引きずる；広げる；抜粋する；（住居から）引っ越す,（部屋を）引き払う.

wućahowaty A1【形】引き出し式の. *wućahowate* blido 引き出し板付きのテーブル.

wućahować V4【不完】→wućahać.

wućehnjeny A1【形】引き出された；広げられた；(住居から)引っ越した．
wućek M2【男】逃走，逃げること；隠れ場所，避難所；出口．
wućeknyć V3【完】；**wućekować** V4【不完】逃げる，のがれる，避ける．
wućežić V6【完】；**wućežować** V4【不完】いっぱいに荷を積む．
wućěrić V6【完】追い払う，追放する．
wućisk M2【男】選別；破棄，投げ捨て．
wućiskać V7【完】；**wućiskować** V4【不完】投げ捨てる．
wućiščeć V5【完】；**wućiščować** V4【不完】搾り出す；押し付ける；印刷する．
wućopleć V8【不完】；**wućoplić** V6【完】；**wućoplować** V4【不完】保温する，暖かくする．
wuwabić V6【完】；**wuwabjeć** V8；**wuwabjować** V4【不完】誘い出す；挑発する，(議論を)引き起こす．
wuwaleć V8【不完】；**wuwalić** V6【完】；**wuwalować** V4【不完】転がし[押し]出す．woči *wuwalić* 目を見張る；ćěsto *wuwaleć* パン生地をこねる；ruku sej *wuwalić* 腕を脱臼する．
wuwarić V6【完】；**wuwarjeć** V8；**wuwarjować** V4【不完】煮出す，煎じる；煮沸する．– so 煮つまる．
wuwědomić V6【完】；**wuwědomjeć** V8【不完】意識に上らせる，自覚させる；[sej něšto] 何を意識[自覚]している．
wuwěšk M2【男】看板；ポスター．
wuwětrić V6【完】風通し[換気]する．
wuwětrjenje N5【中】換気，風通し．
wuwětrjeć V8【不完】→wuwětrić．
wuwikować V4【完】・【不完】買い取る，取り引きして得る．
wuwinić V6【完】；**wuwinjeć** V8；**wuwinjować** V4【不完】無罪とする．
wuwinyć V3【完】ねじる，ねじって取る．*wuwinyć* sej ruku 腕を脱臼する．– so [někomu] (誰を)避ける．
wuwis M1【男】看板．
wuwić V2【完】発展させる；現像する．– so 発展する．
wuwiće N5【中】発展．
wuwiwak M2【男】(写真の)現像液．
wuwiwanje N5【中】現像；展開．
wuwiwać V7【不完】→wuwić．

wuwjaz M1【男】結ぶこと；紐.
wuwjazać V7【完】ほどく，解く；たくし上げる，結んで上げる；狭くする，制限する. *wuwjazać z funkcije* 職務を解任する. **- so** 距離を置く，遠ざかる，関与しない.
wuwjedować V4【不完】連れ回る；行う，導く，説明する.
wuwjedrić so V6【完】(天気が)晴れ上がる.
wuwjedźenje N5【中】実行，施行；解説，詳述.
wuwjedźenski A2【形】実行の. *wuwjedźenske postajenje* 実施規定 (主に60年代に実施された教育法修正案を指す).
wuwjesć, 過去 wuwjedźech, wuwjedźe 〈wjesć〉 V9【完】実行する；解説する，詳しく述べる.
wuwojować sej V4【完】・【不完】戦い取る，勝ち取る.
wuwołany A1【形】有名な；(悪い意味で)評判の，悪名高い.
wuwoprašeć so V8【完】；**wuwoprašować so** V4【不完】[někoho](詳しく・しつこく)尋ねる.
wuwostajeć V8【不完】；**wuwostajić** V6【完】；**wuwostajować** V4【不完】抜かす，省略する；(機会を)逸する，逃す；分ける，選別する.
wuwostatk M2【男】欠席，不在.
wuwostać, 過去 wuwostach, wuwosta 〈wostać〉 V9【完】現われない，姿を見せない. *wotmołwa jemu wuwosta* 彼は答えが出てこなかった；*wuspěchi wuwostachu* 成果は現われなかった.
wuwoz M1【男】輸出. **-ny** A1【形】.
wuwučowanje N5【中】教示，訓練，練習.
wuwučowar M4【男】；**-ka** F2【女】教育者，トレーナー.
wuwučować V4【不完】教育[訓練]する，教示する.
wuwuknyć V3【完】習得する，修業[訓練]を終える.
wuwutleny A1【形】力の弱った，飢えで衰弱した.
wuwzać, 過去 wuwzach, wuwza 〈wzać〉 V9【完】取り出す，引き抜く；除外する.
wuwzaće N5【中】例外. *wšitcy z wuwzaćom Pětra* ペトルを例外として全員.
wuwzaćnje【副】例外的に.
wuwzaćny A1【形】例外の. *wuwzaćny pad* 例外的なケース；*wuwzaćny staw* 非常事態.
wuzamkać V7【完】；**wuzamknyć** V3【完】；**wuzamkować** V4【不完】除外[排斥]する，締め出す.

wuzamołwić V6【完】; **wuzamołwjeć** V8【不完】赦す. – **so** 言い訳する, 言い逃れる.
wuzběhać V7【完】; **wuzběhnyć** V3【完】; **wuzběhować** V4【不完】持ち上げる; 引き立たせる, 強調する. *wuzběhać* wažne městno referata 報告の重要な箇所を強調する.
wuzbytk M2【男】残り; 蓄積.
wuzbytkować V4【完】・【不完】蓄える, 残しておく. *wuzbytkować* čas (*za něšto*) (何のために) 時間を捻出する.
wuzda F1【女】馬勒 (バロク) (おもがい, くつわ, 手綱の総称).
wuzdać so, wuzda so; 過去 wuzda so V9【完】[někomu] 急にしたくなる, 思いつく, 思われる. jemu *so* tak *wuzda* 彼にはそのように思われた; won sčini, kaž *so* jemu *wuzda* 彼は思いついたとおりに実行した.
wuzdźić V6【不完】馬勒 (バロク) をつける.
wuznam M1【男】意味. bjez *wuznama* 意味のない.
wuznamjenić V6【完】際立たせる, 目立たせる; 表彰する. *wuznamjenić z* medalju メダルで表彰する. – **so** 際立つ.
wuznamjenjenje N5【中】表彰; 勲章. *wuznamjenjenje* spožčić 勲章を授与する.
wuznamjenjeć V8【不完】→wuznamjenić.
wuznamny A1【形】重要な, 意味のある; 際立った, 著しい, 有名な.
wuznać V2【完】認める, 告白する. *wuznaju* ći, zo... 白状すると. – **so** 打ち明ける, 告白する; (場所・物事を) 心得る, 勝手を知る.
wuznaće N5【中】告白, 打ち明けること; 白状, 自白.
wuznawać V7【不完】→wuznać.
wuzuć V2【完】; **wuzuwać** V7【不完】[někoho] (靴・ズボンなどを) 脱がせる. – **so** (靴・ズボンなどを) 脱ぐ. *wuzuć so* cholowy ズボンを脱ぐ.
wuzwoleć V8【不完】; **wuzwolić** V6【完】選ぶ.
wuzwuk M2【男】語末の音.
wužadanje N5【中】挑発, 挑戦; から威張り.
wužadać V7【完】; **wužadować** V4【不完】[někoho] 挑発する; [něšto sej] 要求する, 必要とする. to *sej wužaduje* prócu それは努力を要する, 骨がおれる.
wužebrić V6【完】[něšto sej] 請うて手に入れる; ほどこしてもらう.
wužehleny A1【形】アイロンをかけた; (くすぶって内部が) 焼けた.

wysokostny

wužehleny a wupikany めかしこんだ, パリッとした.
wužehlić V6【完】アイロンをかける. **-so** 内部がすっかり焼ける.
wužimać V7【完】(洗濯物を)しぼる.
wužimk M2【男】搾りかす.
wužina F1【女】狭いところ, 狭間. mórska *wužina* 海峡.
wužitk M2【男】利益, 利潤. na swój *wužitk* 自分の利益のために.
wužitn|osć F7【女】有益, 有効, 役に立つこと. **-y** A1【形】.
wužić V2【完】[něšto] 利用する, 役立てる, 行使する. *wužić* prawo 権利を行使する.
wužiwanje N5【中】利用, 行使, 使用. *wužiwanje* k měrniwym zaměram 平和的目的への利用.
wužiwany A1【形】利用されうる.
wužiwar M4【男】; **-ka** F2【女】利用者, 行使者.
wužiwać V7【不完】[něšto] 利用する, 役立てる, 行使する.
wužłobina F1【女】窪み, 空洞; 窪地, 盆地.
wužohnować V4【完】・【不完】[někoho] 別れを告げる, 送り出して別れる.
wužórleć so V8【不完】; **wužórlić so** V6【完】; **wužórlować so** V4【不完】ほとばしり出る, 湧き出る; 源を発する.
wužrać, 過去 wužrach, wužra 〈žrać〉 V9【完】; **wužrawać** V7【不完】[něšto/někoho] (中味を)食べ尽くす, 食べて空にする; 食いつぶす; 腐食する.
wy P2【代名】二人称複数形〈ていねいな言い方で一人の「あなた」にも対応する. 単数に対応する場合, 単純時制は二人称複数形をとるが, 分詞は単数形で性は主語に一致する〉 *wy* čitaće あなた(方)は読む; *wy* sće čitał [čitała] (一人に対して)あなたは読んだ.
wysk M2【男】歓喜. *wysk* a stysk 苦楽.
wyskańca F3【女】歓喜の叫び.
wyskać V7【不完】大喜びする; 祝賀する.
wysoce【副】(質・価値について)高く, 非常に. *wysoce* kwalifikowany 高品質の; (někoho) sej *wysoce* wažić 誰を敬う.
wysok|i A2【形】高い. *wysoka* pěc 高炉, 溶鉱炉; *wysoka* šula 大学, 高等専門教育機関. **-o**【副】.
wysokodom M1【男】高層建築.
wysokodróha F2【女】陸橋, 高架橋; 桟橋.
wysokoskok M2【男】高跳び.
wysokostny A1【形】高くなった, そびえた. *wysokostny* rozdźěl

wysokosć

水準差，高度差．
- **wysokosć** F7【女】高さ；高位，(尊称)殿下，閣下．*wysokosć* pjeć metrow 高さ5メートル；Waša *wysokosć* 閣下．
- **wyše** 1.【副】《比》＜wysoko；より高く；余分に，余剰に．*wyše* wuwity 先進の；ruku *wyše* zběhnyć 腕をもっと高く上げる；to je *wyše* wostało それは余分に残った．2.【前置】+《生》上方に；以上．*wyše* hródźe 家畜小屋の上に；*wyše* 1000 metrow leži sněh 標高千メートル以上では雪が積もっている；*wyše* toho さらに，それに加えて．
- **wyši** A3【形】《比》＜wysoki；より高い．*wyši* oficěr 上級士官；*wyša* šula 高等学校．
- **wyšina** F1【女】高さ，高度；高気圧(地帯)．
- **wyšk** M2【男】士官．
- **wyšnosć** F7【女】官公庁，政府，お上．
- **wzajomny** A1【形】相互の．*wzajomna* pomoc 相互援助；*wzajomne* styki 相互の結び付き[関係]．
- **wzać,** wozmu, wozmješ；wozmu；過去 wzach, wza；命 wzmi！；wzmiće！；完分 wzał, wzała；受動分 wzaty V9【完】取る．*wzać* knihu 本を借りる；*wzać* do rukow 手に取る；*wzać* lěkarstwo 薬を飲む；sobu *wzać* 持っていく，携帯する；*wzać* na so 引き受ける，責任を負う；dźěćo za ruku *wzać* 子供の手を取る；*wzać* sebi za žonu (někoho) (誰を)妻にする；*wzać* za zło (někomu) (誰に)腹を立てる，悪く取る；*wzać* noze pod pažu すたこら逃げ出す；to ja *wozmu* 私はこれをもらいます[買います]．
- **wzdać so,** 過去 wzdach so, wzda so ＜dać＞ V9【完】[něčeho] あきらめる，断念する，(あることを)しない．*wzdam so* toho 私はそれをあきらめる．

Y, y

- **Yankee** [jenki] M1【男】ヤンキー．
- **yard** M1【男】(長さの単位)ヤード．
- **ypsilon** M1【男】イプシロン．

Z, z

z【前置】1. +《生》から．〈空間〉*z* hory 山から；*z* Budyšina ブディシンから；*z* praweje strony 右側から；*z* łoža stanyć ベッドから起き上がる；*z* wočow pušćić 目を離す；*ze* stólca padnyć 椅子から落ちる；〈材料〉*z* drjewa 木製の；košla *z* bałmy 綿製のシャツ；〈理由〉čerwjeny *z* napinanja 緊張で赤くなる；wudać so *z* lubosće 恋愛結婚する；〈時〉*ze* spočatka 最初から；*z* wječora 夕方から；*z* młodych lět 若い時から；list *z* (dnja) druheho měrca 3月2日(付け)の手紙；〈起源・起点〉něchtó *z* nas 私たちのうちの誰か；kóždy *ze* nadawkow 課題のそれぞれ；*ze* zmylkow móžemy wuknyć 誤りから学ぶことができる；*z* cyłeje wutroby lubować 心の底から愛する；*z* hłowy wuknyć 暗記する．2. +《造》と；で．〈共同・付属〉*ze* mnu 私と一緒に；přińdu *z* nanom 私は父と一緒に来ます；hólc *z* krótkimi włosami 髪の短い少年；holca *z* módrymaj wočomaj 青い眼の娘；měchi *z* muku 粉の入った袋；bleška *z* wolijom オイルの入った瓶；*ze* wšěmi mocami [*ze* wšej mocu] 力の限り；〈相互〉*z* druhimi wsami přirunować 他の村々と比較する；wadźić so *z* bratrom 兄[弟]と言い争う；〈道具・手段〉*z* pjelnjakom pisać 万年筆で書く；*z* bulom hrać ボールで遊ぶ；〈原因〉*z* radosću 喜んで；*ze* zahoritosću spěwać 熱狂して歌う；*z* hłodom mrěć 飢え死にする；*z* lačnosću zańć 渇き死にする；ruce stej *ze* zymu čerwjenej 手が寒さで赤い；blědy *ze* strachom 恐怖で青ざめる；〈時・空間〉*ze* schadźenjom słónca 日没とともに；*ze* słóncom stawać 日(の出)とともに起きる；*z* wječorom přińć 夕方に来る；*z* woknom hladać 窓から外を見る；*z* durjemi nutř přińć ドアを通って中にはいる；〈対象〉mjetać *z* bulom ボールを投げる；(*někoho*) *z* mjenom zawołać (誰の)名前を呼ぶ；wikować *z* syrobiznami 食料品を商う；〈その他〉*z* blidarjom być 大工になる；*z* dobrym swědomjom 良心に悖ることなく；*z* dobrej wolu わざと；*ze* zamysłom わざと，故意に；što je *z* tobu? 君，一体どうしたの？

za【前置】1. +《対》背後へ.〈空間〉za kerk so schować 灌木の後ろに隠れる；za město 町の向こうへ；za blido so sydnyć テーブルにつく，座る；prošu za blido! 食事ができました！〈対象〉za ruku wzać 手を取る；za włosy ćahać 髪を(つかんで)引っぱる；〈時間〉za chwilku またたく間に；za hodźinu 一時間で；za swětlo 日中；za Korlu Wulkeho カール大帝の時代に；za tři mjeńšiny 三か月したら，三か月間；〈目的〉zešiwk za matematiku 数学のノート；zwučować za festiwal お祭り用にリハーサルをする；wojujemy za měr 平和のためにわれわれは戦う；za wšo so dźakować すべてに感謝する；přikład za cyłu wjesku 村全体のお手本；hodźić so za što 何に有効[適当]である；za čo to trjebaće? あなたは何のためにそれが必要なのですか？；〈代わり〉za mnje 私の代わりに；zasadźić za dypki prawe pismiki 点のかわりにしかるべき文字を記す；za pjeć hrinwnow 5マルクで；za tuni pjenjez kupić 安く買う；〈その他〉udawać so za (někoho) 誰に嫁ぐ；starać so za swójbu 家族の世話をする；zajimować so za wšitko nowe あらゆる新しいことに興味を持つ；mam wjele za dźěło 仕事がたくさんある；za předsydu wuzwolić 議長に選ぶ；přiručka za serbsku rěč ソルブ語学習書. 2. +《造》背後に.〈空間〉za blidom sedźeć テーブルについている；〈目的〉za holcami běhać 娘たちのあとを追い回す；za kaščom kročić 野辺の送りをする；pytać za nowymi sydlišćemi 新たな居住地を求める；〈その他〉za ćichim sedźeć 静かに座っている；za piwom słodźeć ビールを好む；za prawu měć 正しいとみなす；měć (někoho) za (něšto) (誰を何と)みなす，考える；mam za to, zo... 私は…と考える.

zababić V6【完】；**zababjeć** V8【不完】しっかりくるむ，包む.

zabawa F1【女】気晴し，娯楽. smy měli dobru zabawau 私たちは気晴しを楽しんだ.

zabawjeć V8【不完】楽しませる. – so 楽しむ.

zabawny A1【形】娯楽の. zabawny wuměłc 芸人.

zaběhnyć V3【完】走り出す；動き出す.

zaběra F1【女】職業；趣味.

zaběrać so V7【不完】[z někim/něčim] 従事する.

zaběžeć V5【完】走り出す；動き出す. – so 迷い込む.

zaběžny A1【形】開始の，始動用の.

zabitk M2【男】仕切り，障壁.

zabić V2【完】打つ，打ちこむ；殺す. zabić hozdźik 釘を打ち込

む；*zabić* čas 時間をつぶす．
zabiwańca F3【女】殺戮，皆殺し．
zabiwać V7【不完】打つ，打ちこむ；殺す．
zabłaznić V6【完】目をくらます，騙す．
zabłudźić so V6【完】(道に)迷う．
zabłysknyć so V3【完】突然ひらめく．
zaboleć V5【完】痛み出す，急に痛む．hłowa je mje *zabolała* 私は頭が痛み出した．
zabrać, zabjeru, zabjerješ；zabjeru；過去 zabrach, zabra；命 zabjer！；zabjerće！；完分 zabrał, zabrała；受動分 zabrany V9【完】(席・立場を)取る．
zabyć, zabudu, zabudźeš；zabudu；過去 zabych, zaby；命 zabudź！；zabudźće！；完分 zabył, zabyła；受動分 zabyty V9【完】忘れる；[za něšto] (忘れて)考えない．prjedy hač *zabyć* 忘れないうちに．
zabyćiwy A1【形】忘れっぽい．
zabywać V7【不完】忘れる；[za něšto] (忘れて)考えない．
zacpěć V2【完】；**zacpěwać** V7【不完】見下す，侮る．
zacut M1【男】知覚，感覚．
začerwjenić so V6【完】赤くなる．
začinić V6【完】；**začinjeć** V8【不完】閉じる，閉める．cyłu nóc ani wóčka *njezačinić* 一晩中まんじりともしない．
začink M2【男】調味料．
zack M2【男】ポケット．
začopić V6【完】；**začopjeć** V8【不完】栓をする，塞ぐ．
začornić V6【完】黒くする．
začujny A1【形】感じられる．
začutosć F7【女】気分．
začuć V2【完】感じる．
začuće N5【中】感覚，感じ．*začuće* hidy 嫌悪感；hajić *začuće* přichilnosće 共感を抱く．
začuwać V7【不完】感じる．
zadajić V6【完】窒息させる，締め殺す．– **so** 窒息する．
zadanić V6【完】利子を払う．– **so** 利益になる．
zadarmo【副】ただで；無駄に．
zadk M2【男】尻．
zadlić so V6【完】；**zadliwać so** V7【不完】遅れる，手間取る．

zadni A3【形】後部の，後方の．*zadni* dom 裏の家．*zadnja* swěca 尾灯，テールライト．
zadnik M2【男】後続者．
zadobyć so, zadobudu so, zadobudźeš so；zadobudu so；過去 zadobych so, zadoby so；命 zadobudź so！；zadobudźće so！；完分 zadobył, zadobyła 〈dobyć〉V9【完】侵入する，押し入る．*zadobyć so* do wulkeho swěta 上流社会に入り込む．
zadobywar M4【男】侵入者，でしゃばり．
zadobywać so V7【不完】→zadobyć so.
zadołženy A1【形】負債を負った．
zadołžić so V6【完】負債を負う．
zadomić V6【完】；**zadomjeć** V8【不完】入植させる；（植物を）順応させる．–so 帰化する；順応する．
zadrasćeć V8【不完】；**zadrasćić** V6【完】着せる，（服を）揃えてやる．
zadrěńca F3【女】引っ掻き傷．
zadrěć V2【完】；**zadrěwać** V7【不完】引っ掻く；傷つける．
zadusyć V6【完】窒息させる．–so 窒息する，息がつまる．
zadušu【副】誓って．wěrno *zadušu* 正真正銘．
zaduć V2【完】吹く，吹き消す．
zaduće N5【中】（風の）そよぎ，吹き込み．
zaduwać V7【不完】→zaduć.
zadwělować V4【完】・【不完】絶望する．
zady 1.【副】後ろに，背後に．wostań *zady* 後ろにいなさい！2.【前置】+《生》後ろに．*zady* našeje šule 私たちの学校の裏手に．
zadychać V7【完】；**zadychnyć** V3【完】息を吸い込む．
zadyrkotać V7【完】ブルブル震える．
zadźernyć V3【完】締め付ける．*zadźernyć* dych 息をひそめる．
zadźerženje N5【中】態度，振る舞い；中止，停止．
zadźeržeć V5【完】止める．*zadźeržeć* awto 車を止める；*zadźeržeć* hubu 口を閉ざす．–so 振る舞う．so dźiwnje *zadźeržeć* 風変わりに振る舞う．
zadźěłać V7【完】；**zadźěłować** V4【不完】[někoho] 精通させる；[něšto do něčeho] 組み入れる，組み立てる；働いて補う；（火を）起こす．–so 精通する．
zadźěrak M2【男】暴れん坊，ごたごたを引き起こす者．
zadźěrańca F3【女】けんか．

zadźeraty A1【形】けんか好きな，けんか腰の．
zadźerać so V7【不完】けんかする，争う．
zadźěwany A1【形】阻止する，妨げる．
zadźěwać V7【不完】[někomu/něčemu] 阻止する，妨げる． wjetšej škodźe *zadźěwać* より大きな損害をくい止める；złemu wotpohladej *zadźěwać* 悪意を挫く；*smy* jemu *zadźěwali* われわれは彼を止めた；njemóže posměwkej *zadźěwać* (彼は)ほほえみを禁じ得なかった．
zadźěwk M2【男】障害(物)．bjez *zadźěwka* つつがなく；běh přez *zadźěwki* 障害物競走．
zadźiwanje N5【中】驚き．k mojemu *zadźiwanju* 私が驚いたことに．
zadźiwany A1【形】驚いた．
zadźiwać so V7【完】驚く．
zadźiwić V6【完】憤激させる．
zagipsować V4【完】・【不完】ギプスにはめる；漆喰で固定する．
zagmejnować V4【不完】自治体に含める．
zahajenje N5【中】開始，開会．
zahajenski A2【形】開始[開会]の．*zahajenska* swjatočnosć 開会式．
zahajeć V8【不完】；**zahajić** V6【完】開会する，開始する．
zahańbić V6【完】面目を失わせる．– **so** 面目を失う．
zahaćeć V8【不完】；**zahaćić** V6【完】(川を)せき止める，遮る；抑える．– **so** 詰まる，塞がれる．
zahe【副】早く．*zahe* rano 早朝；*zahe* stawać 早くに起きる．
zahibać V7【完】動かす，活発にする．– **so** 動く，活動する．
zahinyć V3【完】没する；死ぬ．
zahnać,（過去形以外は začěrić を代用）過去 zahnach, zahna；完分 zahnał, zahnała ⟨hnać⟩ V9【完】；**zahnawać** V7【不完】追い払う；遠ざける．muchi *zahnać* 蝿を追っ払う；sćežku *zahnać* 歩道を避ける．– **so** スタートを切る，構えをする，身構える．
zahnězdźić so V6【完】住みつく．
zahojić V6【完】(傷を)癒す．
zahon M1【男】畑，耕作地．
zahor M4【男】炎症．
zahoritosć F7【女】熱中，熱狂．ze *zahoritosću* 熱狂して，熱心に．
zahority A1【形】熱狂的な，熱中した．

zahorić V6【完】熱中させる．- so 熱中する．
zahorjenje N5【中】熱狂，熱中；炎症．*zahorjenje* płucow 肺炎．
zahorjeny A1【形】熱中した；炎症をおこした．
zahorjeć V8【不完】→zahorić．
zahork M2【男】(服の)折り返し．
zahorliwosć F7【女】熱中，熱意．
zahornyć V3【完】折り返す，巻く．
zahrabać V7【完】掻き集める．
zahrabnyć so V3【完】つかみ取る．
zahrabować V4【不完】掻き集める；(馬が)急いで走る．
zahrać V2【完】演奏[上演]する．*zahrać dźiwadło* 芝居を上演する．
zahrěć V2【完】；**zahrěwać** V7【不完】暖める．- so 暖まる．
zahrimanje N5【中】雷．
zahrimać so V7【完】雷が鳴り始める．
zahrjebać V7【完】埋める，埋めて隠す．
zahrod|a F1【女】；**-ka** F2【女】庭，庭園．sadowa *zahroda* 果樹園；kwětkowa *zahrodka* 花壇．
zahrodkar M4【男】；**-ka** F2【女】庭職人．
zahrodni|k M2【男】；**-ca** F3【女】園芸師．
zahrodnistwo N1【中】園芸．
zahrodny A1【形】庭の．*zahrodna kwětka* 庭の(野性でない)花．
zahrodźenje N5【中】囲い込み；囲い，塀；囲われた箇所．
zahrodźeć V8【不完】；**zahrodźić** V6【完】垣で囲む．
zahuba F1【女】滅亡，没落．
zahubić V6【完】；**zahubjeć** V8【不完】滅びる．
zahubny A1【形】破滅を招く，破壊的な．*zahubne sćěhi* 破滅的な結果．
zahuslować V4【完】ヴァイオリンで演奏する．
zahusćeć V8【不完】；**zahusćić** V6【完】濃くする，濃縮する．
zahuškać V7【完】悪寒がし始める．mje *zahuška* 私は気分が悪くなった．
zahwizdać V7【完】短く(笛を)吹く．
zachad M1【男】日の入り．
zachadźeć V8【不完】騒ぐ，暴れる；[z něčim/někim] (何／誰に)厳しい態度をとる．wichor *zachadźa* 嵐があれ狂う．
zachmurić V6【完】眉をしかめる．

zachod M1【男】入ること；入り口．
zachodnosć F7【女】束の間，はかなさ．
zachodny A1【形】束の間の；つまらぬ；入る，入り口の．
zachować V7【完】保管する，しまい込む．
zachribjetny A1【形】策を弄する，陰険な；背後の．
zajac M1【男】兎．hońtwa na *zajacy* 兎狩り．
zajaty A1【形】囚われた，捕らわれた．
zajeć, zajmu, zajmješ；zajmu；過去 zajach, zaja；命 zajmi！；zajmiče！；完分 zajał, zajała；受動分 zajaty V9【完】捕える，捕まえる；押える．*zajeć* městno 地位を占める；jeho *zaja* začuće radosće 彼を喜びの感情が捕えた；boža ručka je jeho *zajała* 彼は卒中で死んだ．
zajeće N5【中】捕えること，逮捕．
zajědojćenje N5【中】中毒；毒を入れること．
zajědojćeć V8【不完】；**zajědojćić** V6【不完】中毒させる．– so 中毒する．
zajětřić so V6【完】ひどく化膿する．
zajěć, zajědu, zajědźeš；zajědu；過去 zajědzech, zajědźe；命 zajědź！；zajědźće！；完分 zajěł, zajěła；受動分 zajědźeny 〈jěć〉 V9【完】（乗り物で）入る；[do něčeho] 至る；[někoho/něšto] 轢く；[na někoho/něšto] 出会う，衝突する．*zajěć* sej do wuskosćow まずい状況に陥る；što je to tebje *zajěło*？いったい何がどうしたって言うんだ？
zajězd M1【男】乗り入れ．*zajězd* zakazany 乗り入れ禁止．
zajězdźić V6【完】乗り回す．
zajim M1【男】関心，興味．w našim *zajimje* われわれの関心において；měć (*na něčim*//*za něšto*) *zajim* (何に)興味を持っている，関心を示す．
zajimawostka F2【女】一見に値するもの；好奇心の対象；ちょっとしたこと．
zajimawosć F7【女】面白いこと，興味深いこと．
zajimawy A1【形】興味深い．
zajimc M1【男】利害関係のある者，関係者．
zajimowany A1【形】関心を持った．
zajimować V4【不完】関心を持たせる．(*někoho*) za hudźbu *zajimować* (誰を)音楽に関心を持たせる．– so [za něšto] (何に)関心を持つ．

zajuskać V7【完】歓声を上げる.
zajutřiši A3【形】明後日の.
zajutřišim【副】明後日.
zak M2【男】ポケット. do *zaka* tyknyć ポケットに突っ込む.
zakachleńca F3【女】壁龕(暖炉・オーブン用).
zakałać V7【完】突き刺す；刺し殺す.
zakantorić V6【完】(一緒に)歌い出す.
zakašlować V4【完】せき込む.
zakaz M1【男】禁止.
zakazany A1【形】禁じられた，立入禁止の. *zakazane* pasmo 禁止地帯；kurić *zakazane* 禁煙.
zakazać V7【完】；**zakazować** V4【不完】禁じる.
zakisać V7【完】酸っぱくなる；気難しくなる.
zakit M1【男】保護，防衛.
zakitowanje N5【中】守ること，防護，保護.
zakitowanski A2【形】防衛の，保護の.
zakitowar M4【男】；**-ka** F2【女】保護者，守り手.
zakitować V4【不完】保護[防護]する.
zakład M1【男】基盤，基礎.
zakładna A1【女】基(準)線.
zakładny A1【形】基礎の. *zakładne* znajomosće 基礎知識；*zakładny* kamjeń 礎石.
zakłapać V7【完】ノックする.
zakłapnica A3【女】罠, 捕獲器；貝殻.
zakłóć V2【完】突き刺す.
zaklaty A1【形】呪われた；いましましい.
zaklepany A1【形】(釘が)打ち込まれた；いまいましい.
zaklepać V7【完】(ドアを)ノックする；(釘を)うちつける. wo durje *zaklepać* ドアを叩く.
zaklepnyć V3【完】叩く. **-so** (タイプで)打ち間違う.
zakleć, zakliju, zaklijеš；zaklija；過去 zaklach, zakla；複二 zaklešće；双二 zakleštaj, -tej；命 zaklij !；zaklijće !；完分 zakłał, zaklała；受動分 zaklaty V9【完】罵る，悪態をつく.
zakleće N5【中】呪い；罵り.
zaklinčeć V5【完】鳴り始める，鳴り響く.
zaklinkać V7【完】(短く)鳴る.
zaklučować V4【完】コード[暗号]化する.

zakomdženje N5【中】遅れ.
zakomdźeć V8【不完】; **zakomdźić** V6【完】遅らせる，手間取らせる. - **so** 遅れる.
zakoń M4【男】法. *zakoń* wo zachowanju prawow serbskeje ludnosće ソルブ人権保護法; přirodny *zakoń* 自然の法則; to je přećiwo *zakonjej* それは法に背いている; po *zakonju* 法にしたがって; Stary *zakoń* 旧約聖書.
zakónćenje N5【中】終了.
zakónčić V6【完】終わらせる.
zakonik M2【男】法典.
zakonitosć F7【女】法則性; 合法則性.
zakonity A1【形】法にかなった.
zakonjedawar M4【男】立法者[機関].
zakonjedawstwo N1【中】立法; 法律.
zakonski A2【形】法による; 法に関する. *zakonski* škit 法的保護; *zakonske* łopjeno 法律広報.
zakop M1【男】ざん壕; (サッカーで)キックオフ.
zakopać V7【完】掘り始める. - **so** ほじくり始める.
zakopnyć so V3【完】; **zakopolić so** V6【完】つまずく.
zakorjenić so V6【完】; **zakorjenjeć so** V8【不完】根づく，根を下ろす.
zakótwišćo N1【中】係留所.
zakótwić V6【完】; **zakótwjeć** V8【不完】(錨で)つなぐ，係留する.
zakóžnik M2【男】にきび.
zakrasny A1【形】někotry *zakrasny* dźeń 何日も.
zakročenje N5【中】干渉.
zakročić V6【完】; **zakročować** V4【不完】入る; 対処する.
zakryć V2【完】; **zakrywać** V7【不完】覆う; 隠蔽する，もみ消す.
zakřičeć V5【完】叫び出す.
zakřik M2【男】叫び.
zakčeć V2【完】; **zakćěwać** V7【不完】開花する.
zakuklić so V6【完】幼虫がさなぎになる; 仮面をつける，覆面する.
zakulić so V6【完】丸くなる.
zakusać V7【完】→zakusnyć.
zakusk M2【男】軽食.

zakusnyć V3【完】噛みつく，噛み殺す．zuby *zakusnyć* 歯を食いしばる；ryba *je zakusnyła* 魚が食いついた．- **so** [do něčeho]食らいつく．

zakuzłany A1【形】魔法をかけられた．

zakuzłać V7【完】；**zakuzłowaċ** V4【不完】魔法をかける．

zakwičeć V5【完】ぴいぴい鳴き始める．wrota *zakwičachu* 門がきしみ音をたてた．

załam M1【男】折れ目，ひび；介入，侵入．

załamać V7【完】ひび[折れ目]を入れる；(金庫を)破る．- **so** ひび[折れ目]ができる；侵入する．

załamowar M4【男】侵入者，強盗．

załamować V4【不完】→załamać．

założba F1【女】創立；基金．

založenje N5【中】創立，設立．

založer M4【男】；**-ka** F2【女】創始者．

založić V6【完】設立する，[wo něšto](何の)基礎を作る．

založk M2【男】基礎，土台．

založować V4【不完】設立する．

zaleć, zaliju, zaliješ；zalija；過去 zalach, zala；命 zalij！；zalijce！；完分 zalał, zalała；zaleli；受動分 zalaty ⟨leć⟩ V9【完】(川が)溢れて水浸しにする；一杯に注ぐ；(火を)散水して消す．

zaležeć V5【不完】[na něčim]次第である．to na tym *zaleži* …如何である；mi wjele na tym *zaleži* 私にはそれが大いに気掛かりだ；wjele na nas *zaleži* われわれ如何にかかっている．

zalěpić V6【完】；**zalěpjeć** V8【不完】封をする，貼ってふさぐ．

zalěsnić V6【完】；**zalěsnjeć** V8【不完】(山に)植林する．

zalětnić V6【完】時効になる．

zalětnjenje N5【中】時効．

zalězć, zalězu, zalězeš；zalězu；過去 zalězech, zalěze；命 zalěz！；zalězče！；完分 zalězł, zalězła；受動分 zalězeny ⟨lězć⟩ V9【完】よじ登る，入り込む；(乗り物に)乗る．*zalězć* do busa バスに乗り込む．

zaličeć V8【不完】；**zaličić** V6【完】加算する，勘定に入れる．- **so** 誤算する，見込み違いをする．

zaliw M1【男】湾．

zalodźić V6【完】氷結する．

zalubić so V6【完】気に入る．mi je so to hnydom *zalubiło* 私は

一目で気に入った.
zalubowany A1【形】好きになった，惚れた.
zalubować so V6【完】・【不完】[do někoho] 好きになる，恋に落ちる.
zaludnić V6【完】; **zaludnjeć** V8【不完】（人々を）住まわせる.
zalutować V4【完】・【不完】節約する，節約して残す；節約して手に入れる.
zamazać V7【完】; **zamazować** V4【不完】塗りつぶす；塗って汚くする.
zaměnić V6【完】; **zaměnjeć** V8【不完】[něšto/někoho za něčim/někim] 取り替える，交換する.
zaměr M1【男】目的，意図. ze *zaměrom* 意図を持って.
zaměrić so【完】; **zaměrjeć so** V8【不完】[na něšto] 意図する，狙う.
zaměrny A1【形】目的に向かった；意図的な.
zaměstnić V6【完】; **zaměstnjeć** V8【不完】設置する，取り付ける.
zaměstnjenje N5【中】設置，配備.
zaměsćić V6【完】配備する，設置する.
zaměšeć V8【完】**zaměšować** V4【不完】混ぜる，かき混ぜる.
zamjelčeć V5【完】黙る，口外しない.
zamjerznjeny A1【形】氷結した.
zamjerznyć V3【完】氷結する，凍る.
zamjetać V7【完】投げる；しまい込む；[z něčim]（穴などを）ふさぐ，埋める.
zamjezować V4【完】・【不完】[něšto] 限る；終りにする.
zamk M2【男】錠.
zamkar M4【男】錠前屋；機械工.
zamkarnja F6【女】錠前工場；機械工場.
zamkarski A2【形】錠前(屋)の；機械工の.
zamkać V7【不完】; **zamknyć** V3【完】施錠する.
zamóc, zamožu, zamožeš; zamoža; 過去 zamóch, zamó または zamóžech, zamóže; 命 zamóž！; zamóžće！; 完分 zamóhł, zamóhła; 受動分 zamóženy ⟨móc⟩ V9【完】可能にする，できる. čłowjeska spróćniwosć wjele *zamóže* 人間の精勤は多くのことを可能にした.
zamochtać V7【完】拭う；しわくちゃにする.

zamołwitosć F7【女】責任. měć zamołwitosć (při něčim)（何に対し）責任がある.
zamołwity A1【形】責任のある.
zamołwić V6【完】答える, 責任を持つ. -so 弁明[供述]する. zamołwić so před sudnistwom 法廷で供述する.
zamołwjenje N5【中】弁明.
zamołwjeć V8【不完】答える, 責任を持つ. -so 弁明[供述]する.
zamórać V7【完】[něsto] 汚くする.
zamordować V4【完】・【不完】殺害[暗殺]する.
zamórski A2【形】海外の. zamórski přistaw 海外港.
zamorščeć V8【不完】; **zamorščić** V6【完】しわを寄せる.
zamotać V7【完】もつれさせる. -so もつれる.
zamóženje N5【中】資産, (銀行の)貯蓄.
zamóžity A1【形】資産[財力]のある.
zamóž|liwosć F7【女】; **-nosć** F7【女】能力.
zamóžny A1【形】能力のある; 財産のある.
zamróčeny A1【形】曇った.
zamróčeć so V8【不完】; **zamróčić so** V6【完】曇る.
zamróžeć V8【不完】; **zamróžić** V6【完】冷凍する.
zamurjować V4【完】・【不完】ふさぐ, 埋める.
zamućić V6【完】濁らせる, 曇らせる.
zamylenje N5【中】思い違い, 混乱.
zamyleny A1【形】取り乱した, 混乱した.
zamyleć V8【不完】; **zamylić** V6【完】混乱させる.
zamysł M1【男】意図; 言い訳, 口実. ze zamysłom つもりで; 口実の元に.
zamysleny A1【形】考え込んだ, 物思いに耽った.
zamysleć so【不完】; **zamyslić so** V6【完】[do něčeho//nad něčim]（何に対し）物思いに耽る.
zańč měć (měć のみ変化; →měć) V9【不完】敬う. zańč njeměć 軽んじる.
zandźeleć V8【不完】; **zandźelić** V6【完】(目を)閉じる.
zańdźenaje A1【女】妊婦.
zańdźenosć F7【女】過去.
zańdźeny A1【形】過ぎた. zańdźenu njedźelu この前の日曜日.
zaničeć V8【不完】; **zaničić** V6【完】; **zaničować** V4【不完】殲滅させる, 駆除する.

zanjechanje N5【中】軽視，おろそかにすること；無視．
zanjechać V7【完】[někoho/něšto] ないがしろにする．
zanjerjedźić V6【完】汚くする，乱す．
zanjerodźeć V8【不完】；**zanjerodźić** V6【完】汚(けが)す，汚くする．
zanjeseny A1【形】放置された；辺鄙な．*zanjesena* wjeska 僻地の村．
zanjesć, zanjesu, zanjeseš；zanjesu；過去 zanjesech, zanjese；命 zanjes！；zanjesće！；完分 zanjesł, zanjesła；受動分 zanjeseny 〈njesć〉V9【完】；**zanošować** V4【不完】しまい込む；塞ぐ；(歌を)歌い始める．
zanosyć V6【完】；**zanošować** V4【不完】(撒いて)埋める；運び去る；しまい込む．
zańć, zańdu, zańdźeš；zańdu；過去 zańdźech, zańdźe；命 zańdź！；zańdźće！；完分 zašoł, zašła V9【完】過ぎる．čas *zańdźe* 時間が過ぎる；*zańć* do stawiznow 歴史に名を残す；apetit *je zašoł* 食欲がなくなった．
zanurić V6【完】；**zanurjeć** V8【不完】浸す，沈める；没頭させる．−**so** 浸る．*zanurić so* do dopomnjenkow 思い出に浸る．
zapad M1【男】西．w *zapadźe* 西に；na *zapad* 西に向かって．
zapadawa F1【女】バルブ，弁．
zapadnjeny A1【形】落ちくぼんだ，倒壊した．
zapadny A1【形】西の．*zapadni* Słowjenjo 西スラヴ人；*zapadny* wětřik 西風．
zapadnyć V3【完】；**zapadować** V4【不完】倒壊する；(錠・鎧戸などが)下りる．−**so**（地面に）沈む，落ち込む．
zapadwaty A1【形】ばたんと閉じる．
zapakować V4【完】・【不完】詰める，包む．
zapal M3【男】炎，熱気；情熱，夢中．
zapalak M2【男】ライター．
zapalawy A1【形】点火用の；発火性の．
zapaler M4【男】放火者；扇動者．
zapalić V6【完】[někoho/něšo] 焚き付ける．*zapalić*（*někomu*）jednu（誰の）横つらをはり飛ばす．−**so** 火がつく，燃え上がる．
zapalka F2【女】マッチ棒．
zapalkarnja F6【女】マッチ製造工場．
zapalkowy A1【形】マッチの．*zapalkowa* tyzka マッチ箱．

zapalnosć F7【女】可燃性.
zapalny A1【形】発火性の, 燃え易い.
zapalować V4【不完】[něšto] 火をつける, 焦がす, 燃す. **- so** 燃える, 火がつく.
zaparać so V7【完】[z něčim] 踏み込む；干渉する, 介入する, 関わる.
zapasć, zapasu, zapaseš; zapasu; 過去 zapasech, zapase; 命 zapas!; zapasće!; 完分 zapasł, zapasła; 受動分 zapaseny 〈pasć〉 V9【完】(機会などを) 逃す.
zapažeć V8【不完】; **zapažić** V6【完】打ち込む, たたき込む；(床板などを) 敷き詰める.
zapěra F1【女】障害, 障壁.
zapěradło N1【中】かんぬき.
zapěrać V7【不完】遮断[閉鎖]する；否定する. **- so** 逆らう；拒む, 受け入れない.
zapimpleć V8【不完】; **zapimplić** V6【完】甘やかす.
zapinanka F2【女】呼びボタン.
zapinać V7【不完】→zapinyć.
zapinawka F2【女】安全ピン.
zapincowanje N5【中】地下貯蔵.
zapincowanski A2【形】地下貯蔵の. *zapincowanske* běrny 貯蔵じゃがいも.
zapink M2【男】留め金, フック.
zapinyć V3【完】ボタンをかける；スイッチを入れる. *zapinyć* kornar 襟ボタンをかける.
zapis M1【男】一覧表, 名簿；記録.
zapisanje N5【中】記録, 登録.
zapisany A1【形】登録した；書留の. *zapisany* list 書留郵便.
zapisać V7【完】記録[登録]する. **- so** 書き誤る.
zapisk M2【男】記録, 登録, 覚書.
zapiskać V7【完】演奏する.
zapisnik M2【男】手帳.
zapisowanski A2【形】記録の, 登記の.
zapisowar M4【男】; **-ka** F2【女】記録係り.
zapisować V4【不完】→zapisać.
zapić so V2【完】飲んだくれる.
zapjasć F7【女】手首.

zapjatka F2【女】留め金，バックル．

zapjeć, zapjeku, zapječeš；zapjeku；過去 zapječech, zapječe；命 zapječ！；zapječće！；完分 zapjekł, zapjekła 〈pjeć〉 V9【完】オーブンで焼く，（料理を）焼き上げる．

zapječatować V4【完】・【不完】封をする，封印する．

zapjeńčeć so V8【不完】；**zapjeńčić so** V6【完】根を張る，根付く．

zapjeć, zapnu, zapnješ；zapnu；過去 zapjach, zapja；複二 zapjesće；双二 zapještaj, -tej；命 zapni！；zapniće！；完分 zapjał, zapjała；受動分 zapjaty V9【完】スイッチを入れる．

zapłakać V7【完】；**zapłaknyć** V3【完】泣き出す．

zapłaćić V6【完】代金を払う；償いをする．(někomu) dźěło *zapłaćić*（誰に）仕事の報酬を払う；ze smjerću *zapłaćić* 死をもって償う．

zapławić V6【完】；**zapławjeć** V8【不完】[něšto] 満ち溢れさせる．woda *zapławi* łuki 牧草地が水浸しになった；twory z Japanskeje *zapławjeja* wiki 日本製品が市場に溢れている．

zapłomjenić V6【完】；**zapłomjenjeć** V8【不完】燃え上がる．- so 夢中になる．

zapłóšeć V8【不完】；**zapłóšić** V6【完】脅して追い払う．

zapłunić V6【完】ガスで満たす．

zaplacane！【間投】いまいましい！畜生！

zaplacać V7【完】ばたんと閉じる；泥をはねかける．

zaplanować V4【完】・【不完】[něšto] 計画を立てる，予定に入れる．- so 計画を誤る．

zapleńčić V6【完】[někoho] わがままに育てる，甘やかす．

zaplesć, zapletu, zaplećeš；zapletu；過去 zaplećech, zapleće；命 zapleć！zaplećće！；完分 zapletł, zapletła；受動分 zaplećeny 〈plesć〉 V9【完】編み[織り]込む，編み合わせる；巻き込む．- so 巻き込まれる．*zaplesć so do skandala* スキャンダルに連座する．

zapletk M2【男】編み合わせ，絡み合い；係わりになること；《複》いざこざ，不和；思いがけない出来事．

zapnyć V3【完】（ボタンなどで）留める；スイッチを入れる．

započatk M2【男】開始，始め．hnydom při *započatku* のっけから；wot *započatka* hač do kónca 最初から終まで．

započatkar M4【男】；**-ka** F2【女】開始者，創始者．

započeć, započnu, započnješ；započnu；過去 započach, započa；複二 započešće；双二 započeštaj, -tej；命 započń！；započń-

zapodać

će！；完分 započał, započała；受動分 započaty ⟨počeć⟩ V9 【完】；**započinać** V7【不完】始める. – so 始まる.

zapodać, zapodam, zapodaš；zapodadźa；過去 zapodach, zapoda；命 zapodaj！；zapodajće！；完分 zapodał, zapodała；受動分 zapodaty ⟨dać⟩ V9【完】提出する. skóržbu zapodać 告訴する；próstwu zapodać 請願書を提出する.

zapodaće N5【中】提出；請願［陳情］書.

zapodobny A1【形】似ている，類似の.

zapójsnyć V3【完】；**zapójšeć** V8【不完】（カーテン・カバーで）覆う.

zapokazanje N5【中】（仕事などを）教えること；指図；任用.

zapokazać V7【完】；**zapokazować** V4【不完】（仕事などを）教える；指図する；任用する.

zapokućawy A1【形】悔いた.

zapokućer M4【男】改悛者，罪人.

zapokućeć V8【不完】；**zapokućici** V6【完】悔いる.

zapołoženka F2【女】預け入れ金，払い込み金.

zapołožeć V8【不完】；**zapołožić** V6【完】預ける；置く；押し込む，（どこかへ押し込んで）分からなくなる，紛失する. dobre słowo zapołožeć 弁護する，取りなす.

zapołožk M2【男】基礎；投資.

zapołožować V4【不完】→zapołožeć.

zapominać V7【不完】；**zapomnić** V6【完】忘れる.

zapomnjenje N5【中】忘却.

zaponka F2【女】ボタン，バックル，留め金.

zapopadnyć V3【完】止める，押さえる. zapopadnyć inflaciju インフレを抑止する.

zaporskać V7【完】；**zaporsknyć** V3【完】くしゃみをする.

zapósłan|c M1【男】；**–ča** F5【女】代議士. měšćanski zapósłanc 町議員.

zapósłar M4【男】；**–ka** F2【女】差出人，（申し立てなどの）提出者.

zapósłać, zapósćelu, zapósćeleš；zapósćelu；過去 zapósłach, zapósła；命 zapósćel！；zapósćelće！；完分 zapósłał, zapósłała；受動分 zapózłany ⟨pósłać⟩ V9【完】送る；（申し立てなどを）提出する.

zapoćić so V6【完】汗まみれになる.

zapowědać so V7【不完】（話が）しどろもどろになる，混乱する.

zapowědź F7【女】禁止, 拒絶.
zapowědźić V6【完】禁じる, 拒絶する.
zapowěsnyć V3【完】覆いをかける.
zapowěsć, zapowěm, zapowěš ; zapowědźa ; 過去 zapowěch, zapowě ; 命 zapowěs！; zapowěsće！; 完分 zapowěł, zapowěła ⟨wědźeć⟩ V9【完】禁じる, 拒絶する.
zapozdźenje N5【中】遅れること.
zapozdźeny A1【形】遅れた.
zapozdźeć so V8【不完】; **zapozdźić so** V6【完】遅れる.
zapóznać so V6【完】[z něčim/někim] 知り合いになる.
zaprahnyć V3【完】; **zaprahować** V4【不完】(川などが)干上がる.
zaprajenje N5【中】呪文；失敗, 不手際, 言い誤り.
zaprajer M4【男】; **–ka** F2【女】失敗の多い人, 不手際な人；呪術師.
zaprajeć V8【不完】; **zaprajić** V6【完】拒否する；作動しなくなる；役にたたない；(病気を)呪いでなおす. jemu jazyk *zapraji* 彼は口が利けなくなった. – **so** 言い間違える.
zapraskać V7【完】; **zapras(k)nyć** V3【完】音をたてて閉める. *zapraskać* durje ドアをバタンと閉める.
zaprěć V2【完】否定[拒否]する. – **so** [něčemu] 遠ざける, 拒否する.
zaprěče N5【中】否定, 否認.
zaprěwa F1【女】否定, 拒否.
zaprěwać V7【不完】押し付ける；固定させる；否定する.
zapróšeć V8【不完】; **zapróšić** V6【完】埃だらけにする, 埃で覆う. – **so** 埃だらけになる.
zapřadować V4【不完】紡ぎ込む.
zapřah M2【男】馬を馬車に繋ぐこと.
zapřahać V7【不完】; **zapřahnyć** V3【完】(馬を)車に繋ぐ；(仕事などを)負わせる.
zapřasć, zapřadu, zapředźeš ; zapřadu ; 過去 zapředźech, zapředźe ; 命 zapředź！; zapředźće！; 完分 zapřadł, zapřadła；受動分 zapředźeny ⟨přasć⟩ V9【完】紡ぎ足す, 紡ぎ[拠り]込む；紡ぎ始める；(人の心を)虜にする. – **so** サナギになる.
zapřichodny A1【形】次の次の. *zapřichodny* dźeń 翌々日.
zapřijeć, zapřijmu, zapřijmješ ; zapřijmu ; 過去 zapřijach, za-

zapřijeće

přija; 複二 zapřiješće; 双二 zapřieštaj, -tej; 命 zapřijmi！; zapřijmće！; 完分 zapřijał, zapřijała; 受動分 zapřijaty 〈přijeć〉 V9【完】つかむ；含む，(考慮・計算に) 入れる．logiske zwiski intuitiwnje *zapřijeć* 論理的な関係を直観的に把握する；wšitke rezerwy *zapřijeć* すべての備蓄を計算に入れる．

zapřijeće N5【中】含むこと，組み込むこと；理解，概念．
zapřijimawosć F7【女】飲み込みの速いこと，利口．
zapřimliwy A1【形】捕まえられる；理解できる，明白な．
zapřimnyć V3【完】→zapřijeć．
zapřisaha F2【女】共謀．
zapřisahanc M1【男】共謀者．
zapřisahanća F3【女】共謀．
zapřisahanski A2【形】共謀の．
zapřisahać V7【完】; **zapřisahować** V4【不完】[něšto] 誓う；[někoho] 誓わせる；共謀に加わらせる．– so 誓う．*zapřisahać so (přećiwo někomu)* (誰に対する)共謀に加わる．
zapuchnyć V3【完】膨れ上る；[něšto] 膨らます，増大させる．
zapust M1【男】カーニバル．
zapusćenje N5【中】荒廃，破壊．
zapusćeny A1【形】あれ果てた，めちゃめちゃ[台なし]になった．
zapusćić V6【完】破壊する，荒廃させる，駄目にする．
zapusćowar M5【男】破壊者．
zapušćeć V8【不完】; **zapušćić** V6【完】中へ入れる；差し[はめ]込む．
zapućować V4【完】・【不完】旅に出る．
zapyrić V6【完】; **zapyrjeć** V8【不完】火をおこす．– so 激怒する．
zaram(ik)ować V4【完】・【不完】枠に入れる，縁どる．
zaraćeć V8【不完】; **zaraćić** V6【完】遮断[閉鎖]する．
zaraćina F1【女】障壁，バリア；ダム；防護林．
zarazyć V6【完】打ち[殴り]殺す；打ち負かす．– so 死ぬ，滅亡する．
zaraženy A1【形】打ち殺された，打ちのめされた．sym kaž *zaraženy* 私はすっかり疲れ果てた[参った・打ちのめされた]．
zarej(o)wać V4【完】踊り出す；少し踊る．
zarěčeć V5【完】; **zarěčować** V4【不完】話し出す；長く話して相手をうんざりさせる．
zarěkować V4【不完】まじないで病気を治す；[komu něšto] 拒絶する．

zarěz M1【男】切り込み，切れ目，刻み；句切れ．
zarězać V7【完】[něsto]（何に）切り込み[刻み目]を入れる；屠殺する． - **so** [do něčeho]（何に）突き刺さる． *zarězać so* do zemje 地面に突き刺さる；*zarězać so* do pomjatka 記憶に刻まれる．
zarězk M2【男】= zarěz.
zarěznyć V3【完】→zarězać.
zarjad M1【男】役所，当局．
zarjadnik M2【男】役人．
zarjadnistwo N1【中】管理，行政；役所．
zarjadnišćo N3【中】組織，制度．
zarjadowanje N5【中】催し，祝祭(行事)，手配，整備．
zarjadowar M4【男】主催者，企画者．
zarjadować V4【完】・【不完】催す，企画[組織]する；組み入れる． - **so** 組み込まれる．
zarjec so, zarjeknu so, zarjeknješ so；zarjeknu so；過去 zarjeknych so, zarjekny so；命 zarjekń so!；zarjekńće so!；完分 zarjekł, zarjekła；受動分 zarjeknjeny 〈rjec〉 V9【完】言い間違う．
zarjejić V6【完】（短く）吠える，悲鳴を上げる．
zarodk M2【男】芽，胚．
zaróštować V4【完】・【不完】足場を組む．
zarosć, zarostu, zarosćeš；zarostu；過去 zarosćech, zarosće；命 zarosć!；zarosćće!；完分 zarostł, zarostła；受動分 zarosćeny 〈rosć〉 V9【完】生い茂る，いっぱいに繁ってかぶさる． hat je ze syćiznu *zarosćeny* 池はアシで覆われている．
zaroćenje N5【中】誓い；呪い．
zaroćeć V8【不完】；**zaroćić** V6【完】誓う，まじないにかける． *zaroćeć* čertow 悪魔払いをする．
zarub M1【男】切り込み，刻み目．
zarubać V7【完】切り殺す；刻印をつける．
zaručenje N5【中】保証，保障．
zaručeny A1【形】保証[保障]された．
zaručeć V8【不完】；**zaručić** V6【完】[něsto] 保証[保障]する．
zaruka F2【女】保証，保障．
zarumować V4【完】・【不完】片付ける；（家具などを）入れる．
zarunanje N5【中】補償，補塡． *zarunanje* škody 損害の補償．
zarunanka F2【女】報賞；補償金．

zarunać V7【完】；**zarunować** V4【不完】補償[補填]する；報酬を払う．jemu jeho dźěło *zarunać* 彼に仕事の報酬を払う．

zaryć V2【完】；**zarywać** V7【不完】掘って埋める，埋めて隠す．– so 潜り込む，身を隠す．*zaryć so* do pomjatka 思い出に浸る．

zaržeć, zaržu, zariš；zarža；過去 zaržach, zarža；複二 zaržešće；双二 zaržestaj, -tej；命 zarži！；zaržiće！；完分 zaržeł, zaržeła；受動分 zaržany 〈ržeć〉V9【完】ぶるぶる震える；振動する．

zasada F1【女】基礎，基本．w *zasadźe* 基本的に，原則として．

zasadnje【副】基本的に．

zasadny A1【形】基本的な．

zasadźenje N5【中】植え付け；適用，利用．

zasadźeć V8【不完】→zasadźić．

zasadźity A1【形】幹のしっかりした；ずんぐりした．

zasadźić V6【完】；**zasadźować** V4【不完】入れる，はめる；（袖を）縫い込む；（ドアを）ちょうつがいにはめる；設置する，（人を）任用[指名]する．– so [za někoho/něšto]（誰／何のために）とりなす，尽力する；斡旋[弁護]する．

zasahnyć V3【完】；**zasahować** V4【不完】処置する；[do něčeho] 介入する．

zasakłosć F7【女】不屈，頑固．

zasakły A1【形】不屈の；頑固な，取りつかれた．wón bě *zasakły* přećiwnik 彼は強敵だった．

zasaknyć V3【完】；**zasakować** V4【不完】染み込む，浸透する．

zaskakować V4【不完】飛び跳ねる．

zaskočić V6【完】急に飛び上がる；（エンジンが）かかる．– so [za někoho]（誰の）代理を勤める．

zasłać, zasćelu, zasćeleš；zasćelu；過去 zasłach, zasła；命 zasćel！；zasćelće！；完分 zasłał, zasłała；受動分 zasłany 〈słać〉V9【完】敷く，広げる，広げて覆う．

zasłona F1【女】カーテン．

zasłonić V6【完】；**zasłonjeć** V8【不完】（光などを）遮る；暗くする．

zasłužba F1【女】給料，稼ぎ；功績．bjez *zasłužby* 収入のない，失業[無職]の；wona ma wulke *zasłužby* 彼女は高給取りだ．

zasłužbny A1【形】給料の；功績[功労]のある，功績による．

zasłuženy A1【形】功績[功労]の，功績による．

zasłužeć V8【不完】；**zasłužić** V6【完】・【不完】稼ぐ，（働いて）得

る．-**sej** [něšto]（何に対し）当然の権利を持つ．to *sej zasłuži chwalbu* それは賞賛に値する．
zasłyšeć V5【完】聞く，耳にする．-**so** 聞き損なう；聞き入る．
zaslepić V6【完】目を見えなくさせる．so *zaslepić dać* 思い違いさせる．
zaslepjak M2【男】ペテン師．
zaslepjenstwo N1【中】盲目状態．
zaslepjeny A1【形】目をくらまされた，盲目になった．
zaslubić V6【完】（厳かに）誓う．
zasmažka F2【女】ルー（小麦粉をバターで炒めたもの）．
zasměšić V6【完】[někoho/něšto] 笑いものにする，嘲る．
zasmjeć so, zasměju so, zasměješ so；zasměja so；過去 zasmjach so, zasmja so；複二 zasmješće so；双二 zasmještaj so, -tej so；命 zasmjej so！；zasmějće so！；完分 zasmjał, zasmjała, zasmjeli, zasmjałoj V9【完】笑い声をあげる．
zasmyk M2【男】ファスナー，ジッパー．
zasněženy A1【形】雪に埋もれた[覆われた]．
zasněžeć V8【不完】；**zasněžić** V6【完】雪で覆う．
zaso【副】再び．*wona je zaso strowa* 彼女はまた元気になった；*přińdź wutoru zaso* 火曜日にまたいらっしゃい；*přeco zaso* いつも．
zasobu【副】急いで，すぐ．*čiń zasobu*！すぐにやりなさい．
zasonjeny A1【形】夢想的な，夢に包まれたような．
zasopowědanje N5【中】（見聞きしたことの）語り直し，自分の言葉で話すこと．
zasopowědać V7【不完】（見聞きしたことを）語り直す．
zasopředawanje N5【中】転売．
zasopřichad M1【男】回帰，再来．
zasowidźenje N5【中】再会．na *zasowidźenje*！ではまた，さようなら．
zaspan|c M1【男】；**-ča** F5【女】怠け者，ねぼ助．
zaspanstwo N1【中】眠気，無気力，怠惰．
zasparnić V6【完】；**zasparnjeć** V8；**zasparnjować** V4【不完】眠らせる，眠りを誘う．
zaspać, zaspju, zaspiš；zaspju；過去 zaspach, zaspa；命 zaspi！；zaspiće！；完分 zaspał, zaspała；受動分 zaspany〈spać〉V9【完】寝過ごす．*přeni bus sej zaspać* 始発バスを寝過ごして逃す．

zaspěwać V7【完】歌い始める．*zaspěwać* sebi spěwk 歌を口ずさむ．- **so** 歌う．

zaspinak M2【男】留め金，バックル．

zaspinać V7【完】(弦などを)張る；(万力などで)しめつける，はさむ；ブレーキをかける．awto *zaspinać* 車のブレーキをかける．

zaspinka F2【女】ボタン穴，ホックの輪．

zaspinkowany A1【形】ボタン・ホックを留める；(縫って)とじる．

zaspokojić V6【完】満足させる．*zaspokojić* potrjeby 必要を満たす；*zaspokojić* wćipnosć 好奇心を満足させる．

zasrěbać so V7【完】；**zasrěbnyć so** V3【完】むせる，息をつまらせる．

zastajeć V8【不完】；**zastajić** V5【完】封鎖[閉鎖]する；(機械・車を)止める，(物を)置く．*zastajić* durje ドアを封鎖する；*zastajić* mašinu 機械を停止する；*zastajić* agresiju 攻撃をくいとめる．- **so** 止まる．dych so jemu zastaji 彼は息が止まった．*zastajeć so*（za někoho/něšto）(誰・何を)擁護[弁護]する．

zastanišćo N3【中】停留所．busowe *zastanišćoo* バス停．

zastaranje N5【中】世話，面倒を見ること，扶養；補給，供給．*zastaranje* z wodu 水の供給；strowotniske *zastaranje* 保健；chorobne *zastaranje* 医療．

zastaranski A2【形】世話[扶養]の；補給の．

zastarać V7【完】[někoho] 世話する，面倒を見る；[z něčim] 補給[供給]する．- **so**（自分で）用意する，蓄える．

zastaraćel M3【男】；**-ka** F2【女】保護者，後見人，扶養者．

zastarować V4【不完】→zastarać．

zastarski A2【形】廃れた，古くなった；古くさい．

zastatk M2【男】停滞，無風状態．

zastatki PL1【複】負債，借金．

zastaty A1【形】止まった，(時期について)未払いの．

zastać, zastanu, zastanješ；zastanu；過去 zastach, zasta；命 zastań！；zastańće！；完分 zastał, zastała；受動分 zastaty V9【完】とどまる；やめる，停止する．*zastać* wo tym rěčeć それについて話すのをやめる；časopis zasta wuchadźeć 雑誌は発行されなくなった．

zastaće N5【中】停止．

zastawa F1【女】楯になるもの，防護板；担保．

zastawać V7【不完】とどまる；やめる，停止する；官職につける．

zastawk M2【男】嵌め込み，挿入；抵当．
zastawka F2【女】停止；停留場．
zastawny A1【形】抵当の．*zastawny* list 抵当証書．
zastojni|k M2【男】；**-ca** F3【女】官吏．
zastojnstwo N1【中】官職．*zastojnstwo* nastupić 官職に付く．
zastorčić V6【完】突き刺す；押す，突く；[někoho] 追い出す；*zastorčić* (*do něčeho*)（何に）押し込める，追い立てる；（何に）出くわす．
zastóžeć V8【不完】；**zastóžić** V6【完】脅かす．
zastup M1【男】入る[加わる]こと，入場．*zastup* zapłačić 入場料を払う；*zastup* zakazany 立ち入り禁止．
zastupić V6【完】[do něčeho] 入る，加入する．*zastupić* do university 大学に入る．
zastupjenka F2【女】入場券．
zastupjer M4【男】；**-ka** F2【女】代理人，代表者，代弁者．
zastupni|k M2【男】；**-ca** F3【女】代理人，代役，名代．
zastupnistwo N1【中】代理，代表；代表団，代表部．
zastupny A1【形】入る，入場の．*zastupny* lisćik 入場券．
zastupowacy A1【形】代理の，代行の．*zastupowacy* direktor 支配人[部長]代理．
zastupowar M4【男】；**-ka** F2【女】代理人，代表者．
zastupować V4【不完】入る，入場する；代理をつとめる，代表する；代弁する；弁明[主張]する．*zastupować* do žurle ホールにはいる；*zastupować* do organizacije 機構に加わる；*zastupować* (*něčeje*) zajimy（誰の）誰の利益を擁護する．
zastyskać so V7【完】[za někim] 恋しがる，思い焦がれる．jemu so *zastyska* za njej 彼は彼女に思いをつのらせた．
zasćěłać V7【不完】広げる，広げて覆う．
zasćinić V6【完】；**zasćinjeć** V8【不完】陰で覆う，暗くする．
zasudźenje N5【中】有罪判決．
zasudźić V6【完】；**zasudźować** V4【不完】有罪の判決を下す．
zasukać V7【完】；**zasukować** V4【不完】結び合わせる．
zasunyć V3【完】押す，押して閉める．
zasuwa F1【女】；**-k** M2【男】かんぬき．
zaswěćeć V8【不完】；**zaswěćić** V6【完】（ランプなどを）点火する；スイッチを入れる．
zaswitać V7【完】夜が明ける．mi *zaswita* 私には明らかになった．

zasydanc M1【男】家にばかりいる人，出不精の人．
zasydlenc M1【男】移住者，移民．
zasydleć V8【不完】；**zasydlić** V6【完】移住させる．**‑so** 移住する．
zasypać V7【完】；**zasypnyć** V3【完】(砂・土 などで)埋める．*zasypać* z pěskom 砂を振って塞ぐ．
zasyć V2【完】；**zasywać** V7【不完】種を播く．
zaši [zajʃi] A3【形】《比》<zašny；早い，早めの．
zašić V2【完】縫い合わせる，縫って綴じる．
zašiwanski A2【形】かがり[縫い]用の．
zašiwać V7【不完】→zašić．
zašiwk M2【男】縫い込み．
zaškleńcować V4【完】・【不完】(窓などに)ガラスを入れる[はめる]；ガラス状にする．
zaškleńčeć V8【不完】；**zaškleńčić** V6【完】ガラスを入れる．
zaškrěć V2【完】；**zaškrěwać** V7【不完】(金属などを)溶かす；[do něčeho] (何に)ハンダで付ける．
zašłosć [zajʃwostɕ] F7【女】過去．w *zašłosći* 過去に，以前．
zašły [zajʃwɨ] A1【形】以前の，過ぎた．*zaštu* njedźelu 先週の日曜日に；w *zaštych* lětach 近年において．
zašlaha F2【女】遮断物，バリアー．
zašlahać V7【完】；**zašlahować** V4【不完】遮る，遮断する．
zašmjatać V7【完】；**zašmjatować** V4【不完】(糸などを)もつれさせる；混乱させる．**‑so**（糸が）もつれる；混乱する．
zašmórać V7【完】塗りたくる．
zašo【副】《比》<zahe；早めに，前もって．běchmy *zašo* hotowi 私たちは早めに準備ができていた；to by dyrbjał *zašo* rjec それはもっと早くに言わなくては．
zašrubować V4【完】・【不完】ネジでしめる；ねじってフタをする．
zaščerčeć V5【完】がちゃがちゃ[がたがた]鳴り出す．
zaščěp M1【男】接ぎ木；接種．
zaščěpić V6【完】；**zaščěpjeć** V8【不完】接ぎ木する；接種する；[někomu něšto] (考え・印象を)植え付ける．
zaščěpjenje N5【中】(心への)銘記．
zaščowkać V7【完】(犬が)吠え始める．
zašudrować V4【完】擦る，擦って作る．mozle sej *zašudrować*（手に）マメを作る．

zatajeny A1【形】隠れた，密かな．
zatajer M4【男】；**-ka** F2【女】隠蔽者．
zatajeć V8【不完】；**zatajić** V6【完】隠す，秘密にする．**- so** 隠れる，身を隠す．
zatamanje N5【中】弾劾；破門．
zatamać V7【完】弾劾する，避難する；破門する．
zatepić V6【完】；**zatepjeć** V8【不完】暖める，(ストーブを)燃やす；溺れさせる．**- so** 溺れる，沈む．
zateptać V7【完】；**zateptować** V4【不完】踏み殺す；[do něčeho] 踏み荒す，足跡をつける．
zatkanca F3【女】セイヨウゴボウ．
zatłóčić V6【完】押しつぶす，押し込む；押し殺す．*zatłóčić* cigaretu 煙草をもみ消す．
zatołc, zatołku, zatołčeš；zatołku；過去 zatołčech, zatołče；命 zatołč！；zatołčće！；完 分 zatołkł, zatołkła；受動分 zatołčeny 〈tołc〉 V9【完】；**zatołkać** V7【完】しわくしゃにする；押しつぶす．
zatorhać V7【完】；**zatorhnyć** V3【完】(紙の端などを)ちぎりとる；むりやり取る，むしり取る；破壊する，めちゃめちゃにする．dźeru (*do něčeho*) *zatorhać* (何に)穴をあける．**- so** 急に身震いする．njeporjadk *je so zatorhnył* 混乱が生じた．
zatrach M2【男】身震い，寒気，恐怖．mi je *zatrach* 私はぞっとする[身震いがする]．
zatrašawy A1【形】恐ろしい，怖気を震わせる．
zatrašeny A1【形】おびえた，(恐怖で)おののいた．
zatrašeć V8【不完】；**zatrašić** V6【完】おびえさせる，萎縮させる．
zatrašny A1【形】恐ろしい．*zatrašy* hłód měć ひどく飢えている．
zatrónić V6【完】；**zatrónjeć** V8【不完】王位につける．
zatřasować V4【不完】；**zatřasć** V8【完】揺すぶる，震わせる．**- so** 身震いする，震える．
zatřepotać V7【完】震え出す，振動する．*zatřepotać* po cyłym čele 全身で震える．
zatřěleć V8【不完】；**zatřělić** V6【完】射殺する．
zatřihać V7【完】(鋏で)切り込みを入れる，切って作る．*zatřihać* dźeru do papjery 紙に穴をあける．
zatwar M1【男】組み立て，(内部への)作り付け．

zatwarić V6【完】; **zatwarjeć** V8【不完】取り付ける，組み込む；（建物で空間を）塞いでしまう，覆う，見えなくする．

zatwark M2【男】内部に作り付けるもの，組み込んだもの（棚・エンジンなど）．

zatyčka F2【女】栓．

zatykać V7【完】; **zatykować** V4【不完】栓をする，（穴などを）詰めて塞ぐ．blešu *zatykać* ビンに栓をする；rołu z pěskom *zatykać* 管に砂を詰める．- so 詰まる，詰まって動かない．być *zatykany* 便秘になる．

začahnyć V3【完】（幕・カーテンを）引く；（帯などを）締める；引っ越す．zyma *začahnu* zahe 冬が早々にやってきた．

začekać V7【不完】腫れ［膨れ］上がる，（量が）増す．noze jemu *začekatej* 彼は足が腫れ上がった．

zaćěmnić V6【完】暗くする，光を遮る．

začěrić V6【完】駆逐する，追い払う．

zaćichim【副】人知れず，こっそり．

zaćisnyć V3【完】却下［棄却］する．

zaćisć M3【男】印象．dobry *zaćisć* zawostajić よい印象を残す；je na mnje wulki *zaćisć* sčiniło それは私に強い感銘を与えた．

začišćeć V5【完】跡をつける，刷り込む；（車を）押す，転がしていく．- so 跡が残る，刷り込まれる．

zaćmić V6【完】暗くする．- so 暗くなる．

zaćmiće N5【中】暗くなること，食．*zaćmiće* słónca 日食．

zaćmiwać V7【不完】暗くする．- so 暗くなる．

zawaleć V8【不完】; **zawalić** V6【完】包む，梱包する．

zawality A1【形】ずんぐりした．

zawarić V6【完】; **zawarjeć** V8【不完】煮え立たせる；瓶詰めにする；煮え立つ．*zawarić* kórki do škleńcow キュウリをガラス瓶に詰める．

zawarny A1【形】缶詰めの．

zawažić V6【完】計り分ける．- so 間違って計り分ける．

zawčerawši A3【形】一昨日の．

zawčerawšim【副】一昨日に．

zawdank M2【男】婚礼の祝いの品（花婿から花嫁への）．

zawdać, zawdam, zawdaš; zawdadźa; 過去 zawdach, zawda; 命 zawdaj!; zawdajće!; 完分 zawdał, zawdała; 受動分 zawdaty ⟨dać⟩ V9【完】差し出す，差し伸べる．*zawdać* sebi ruce 互いに

手をとる；*zawdać* ruku（*na něšto*）（何に）合図の手を上げる；*zawdać*（*někom*）z jědom（誰に）毒を盛る． **- so** 間違って分配する．
zawdaće N5【中】贈り物；誓約．*zawdaćee* z jědom 毒を盛ること，毒殺．
zawdawać V7【不完】→ zawdać．
zawdawk M2【男】手付け金；結納の品．
zawěra F1【女】障害物，遮るもの；遮断，閉鎖．rěcna *zawěra* 貯水池，ダム，堤防．
zawěranski A2【形】防止するための．*zawěranske* naprawy 検疫．
zawěrać V7【不完】防ぐ，防止する．**- so** [něčemu]（誰に）用心する，避ける，対立する．
zawěrawy A1【形】防止の；閉じる，施錠の．
zawěrno【副】確かに，実際，事実．
zawěstka F2【女】ヒューズ．
zawěsće【副】確かに，事実．
zawěsćenje N5【中】保険，保障．žiwjenske *zawěsćenje* 生命保険；*zawěsćenje* přećiwo woh(e)njej 火災保険．
zawěsćeny A1【形】保障された，保険をかけた．
zawěsćernja F6【女】保険会社，保険制度．
zawěsćeć V8【不完】；**zawěsćić** V6【完】保障する，保険をかける．**- so** 保険に加入する，保険をかける．
zawěšk M2【男】カーテン，幕．jewišćowy *zawěšk* 緞帳（ドンチョウ）．
zawěty A1【形】（雪の）吹き付けた．ze sněhom *zawěte* drohi 雪で覆われた道路．
zawěć V2【完】（風が）吹き付ける；（雪などが）覆う，吹きだまりにする．
zawidźeć V5【不完】[někomu něšto] うらやむ，妬む．
zawinjenje N5【中】落ち度，過失，（失敗などの）原因．
zawinowar M4【男】；**-ka** F2【女】犯人，首謀者．
zawinować V4【不完】[něšto] 原因となる，過失[落ち度]がある．wobchadne njezbožo *zawinować* 交通事故を引き起こす．
zawinyć V3【完】編み合わせる，編み込む；包む，包み込む；曲がる．*zawinyć* na druhi puć 別の道に曲がる．
zawistny A1【形】うらやんだ，妬んだ．
zawisć F7【女】妬み，やっかみ．z lutej *zawisću* まったくの妬み心で．

zawity A1【形】曲がった；混乱した，もつれた．*zawity* do kulki spać 身を丸めて眠る．

zawić V2【完】；**zawiwać** V7【不完】曲がる；(髪を)編み込む．-**so** 混乱する，もつれる；関わり合いになる，巻き込まれる．

zawjazać V7【完】結わえる，くくる；義務を負わせる．-**so** 義務を負う．

zawjazk M2【男】義務，責務．wosobinski *zawjazk* 個人的義務．

zawjazny A1【形】義務の．

zawjazowacy A1【形】義務を負わせる，拘束力のある．

zawjazować V4【不完】→ zawjazać．

zawjedliwy A1【形】魅惑的な，心をそそる．

zawjedni|k M2【男】；**-ca** F3【女】誘惑者．

zawjedny A1【形】誘惑する，偽りの．

zawjedować V4【不完】→ zawjesć．

zawjertnyć V3【完】；**zawjerćeć** V5【完】ねじ曲げる；曲げ始める；ねじ込む．*zawjertnyć* honač コックを捻る；sym cyle *zawjerčany* 私は頭がくらくらした．-**so** 回転する．

zawjeselenje N5【中】楽しみ，余興

zawjeseleć V8【不完】；**zawjeselić** V6【完】楽しませる．-**so** 楽しむ，喜ぶ．

zawjesć, zawjedu, zawjedźeš；zawjedu；過去 zawjedźech, zawjedźe；命 zawjedź！；zaewjedźće！；完分 zawjedł, zawjedła；受動分 zawjedźeny 〈wjesć〉 V9【完】[něsto/někoho do něčeho] (手法・流行・制度などを)取り入れる；誘惑する，そそのかしてさせる．

zawjezć, zawjezu, zawjezeš；zawjezu；過去 zawjezech, zawjeze；命 zawjez！；zawjezće！；完分 zawjezł, zawjezła；受動分 zawjezeny 〈wjezć〉 V9【完】運び出す．

zawk M2【男】枕，クッション．

zawlec, zawleku, zawlećeš；zawleku；過去 zawlećech, zawlećе；命 zawleč！；zawlečće！；完分 zawlekł, zawlekła；受動分 zawlećeny 〈wlec〉 V9【完】引きずっていく，(無理やり)連れていく．

zawobaleć V8【不完】；**zawobalić** V6【完】包帯を巻く；包む，結ぶ．-**so** 身を包む，くるまる．

zawod M1【男】導入，取り入れ；作業，仕事，業務．*zawod* do rěčespyta 言語学入門．

zawodny A1【形】導入の，入門の；経営の，業務の．*zawodny před-nošk* 導入の[最初の]講演；*zawodne słowo* 開催の辞；*zawodna zhromadźizna* 職場大会，従業者会議；*zawodne hospodarstwo* 経営経済，経営管理．

zawodźěty A1【形】覆われた．*zawodźěty ze sněhom* 雪で覆われた．

zawodźěć V2【完】；**zawodźěwać** V7【不完】[z něcim] 覆う，くるむ，(布団などを)かけてやる．*zawodźěć sej rukomaj wobličo* 自分の顔を両手で覆う；*zawodźěć z přikrywom* 毛布をかける．– **so** (身を)覆う，布団にくるまる．

zawohladać V7；**zawohladnyć** V3【完】気付く，目にとめる．

zawołać V7【完】呼ぶ，叫ぶ；[na někoho] 電話をする．

zawoptać V7【完】味見する．

zaworać V7【完】鋤(スキ)で耕す．

zawostajenstwo N1【中】遺産，遺言．

zawostajeć V8【不完】；**zawostajić** V6【完】後に残す；受け継がせる，相続させる．*zawostajić hłuboki začišće* 深い印象を残す．

zawostaty A1【形】後に残った；遅れた，取り残された，時代遅れの．

zawostać, zawostanu, zawostanješ；zawostanu；過去 zawostach, zawosta；命 zawostań！；zawostańće！；完 分 zawostał, zawostała；受動分 zawostaty ⟨wostać⟩ V9【完】後に残る；遅れる．

zawrěć V2【完】[něšto] 閉める，閉鎖する；[někoho] 閉じ込める．*zawrěć durje* ドアを閉める；*zawrěć puć* 道路を封鎖する．

zawrjen|c M1【男】；**-ka** F2【女】逮捕者，勾留者．

zawrjeny A1【形】閉じられた．*zawrjene durje* 閉まったドア；*zawrjene wuradźowanje* 非公開[秘密]協議；*za zawrjenymi durjemi* 密室の中で；*zawrjena złóžka* 閉鎖音節．

zawróćeć V8【不完】；**zawróćić** V6【完】回す，逆に向ける，向きを変える．– **so** 帰る，戻る，逆戻りする．

zawutlić V6【完】弱る，飢えて死ぬ．

zawuć V2【完】吠えたてる．

zazběh M2【男】(物事の)起こり，発端；出発．

zazběhać V7【完】；**zazběhnyć** V3【完】；**zazběhować** V4【不完】起こる；目論む，し出す．

zazdych M2【男】ため息．

zazelenić so V6【完】緑になる．

zazelić

zazelić V6【完】罵る，悪口雑言を吐く．
zazłobić so V6【完】怒る．
zazłobjen|c M1【男】；**-ča** F5【女】強情者，意地悪な人．
zazłobjeny A1【形】怒った，荒れた．
zazwonić V6【完】（ベル・鐘を）鳴らす；[někoho] 電話をかける．
zažehlak M2【男】雷管，導火線，点火装置，ライター．
zažehleć V8【不完】；**zažehlić** V6【完】点火する．*zažehlić* cigaretu たばこに火をつける．**- so** 真っ赤に燃え上がる．
zažity A1【形】（傷が）癒えた．
zažić V2【完】（傷が）治る，癒着する．
zažiwić so V6【完】慣れる，適応する．*pomału zažiwić so do noweje swójby* 少しずつ新しい家族に慣れる．
zažny A1【形】早期の；初期の，早い．*zažne běrny* 早出のじゃがいも；*zažne naлěćo* 早春；*časnik je zažny* 時計が進んでいる．
zažohnować V4【完】祝福する，悪霊を払う．
zažołmić so V6【完】細かくゆれ始める，波立つ．
zažołćić so V6【完】黄色くなる．
zažórlić so V6【完】煮えたぎる，沸き立つ．
zažrany A1【形】頑固な，強情な；手におえない；食い意地の張った．
zažrać so, zažeru so, zažerješ so；zažeru so；過去 zažrach so, zažra so；命 zažer so！；zažerće so！；完分 zažrał, zažrała〈žrać〉V9【完】腐食する，むしばむ，染み込む．*barba je so zažrała do kože* 染料が皮に染み込んだ．
zažuwać V7【完】しわくしゃ［くちゃくちゃ］にする．
zbasnić V6【完】詩を創作する．
zbědnić V6【完】みすぼらしくする；みすぼらしくなる．
zběh M2【男】（人の）群れ，群衆，集合．
zběhadło N1【中】巻き上げ機，クレーン，荷を上げるための装置．*awtowe zběhadło* 自動車のジャッキ．
zběhanje N5【中】持ち上げること．*zběhanje wahow* 重量挙げ．
zběhanka F2【女】棟上げ式．
zběhać V7【不完】持ち上げる，上昇させる．*zběhać ramjeni* 肩をすくめる．**- so** 上がる，上昇する．*słonco so zběha* 日が昇った；*mi so zběha* 私は吐き気がする．
zběhnjenje N5【中】上昇；取り消し，解消．
zběhnyć V3【完】持ち上げる，上昇させる．**- so** 上がる，上昇する．

zbělić V6【完】白くする.
zběranje N5【中】集めること. *zběranje* přinoškow 寄付金集め.
zběrar M4【男】; **-ka** F2【女】集める人；集金人；収集者.
zběrać V7【不完】(取って)集める；収集する. běrny *zběrać* じゃがいもを収穫する；kłosy *zběrać* 穂を拾う；*zběrać* nalěpki ステッカーを収集する；*zběrać* přinoški 寄付金を集める.
zběrka F2【女】収集, コレクション.
zběrnik M2【男】選集.
zběženća F3【女】群集, 人の集まり.
zběžk M2【男】蜂起, 反乱.
zběžkar M4【男】; **-ka** F2【女】反乱者, 蜂起者.
zběžkować V4【不完】蜂起する, 反乱を起こす.
zbić V2【完】; **zbiwać** V7【不完】打ち負かす, 克服する.
zbłaznić V6【完】; **zbłaznjeć** V8【不完】頭が変になる.
zblědnyć V3【完】(顔色が)青くなる, 色を失う.
zbliska【副】近くから. *zbliska* wobhladać 近くで見る；*zbliska* a zdaloka 遠近から, あちこちから.
zbližeć V8【不完】; **zbližić** V6【完】近付ける. **- so** 近付く.
zboha【副】かなり. *zboha* wulki 相当大きな.
zbohatnyć V3【完】金持ちになる, 大儲けする.
zbohaćeć V8【不完】; **zbohaćić** V6【完】豊かになる.
zboka【副】離れて, 脇で. *zboka* stać 距離を置く.
zbosć, zbodu, zbodźeš; zbodu; 過去 zbodźech, zbodźe; 命 zbodź!; zbodźće!; 完分 zbodł, zbodła; 受動分 zbodźeny <bosć> V9【完】(動物が角で)突く, 突き殺す.
zbožak M2【男】果報者, ラッキーボーイ.
zbožapołny A1【形】幸せに満ちた.
zbožnić V6【完】聖人の列に加える.
zbožniwy A1【形】幸せな.
zbožnosć F7【女】幸せ, 幸福.
zbožny A1【形】快活な, 喜びにあふれた.
zbožo N3【中】幸福, 幸運；成功. wjele *zboža*！お幸せに！(*někomu*) *zbožo* přeć (誰の)幸福を願う；na *zbožo* 幸運なことに；jemu k *zbožu* dźe 彼はラッキーだ；wón je koče *zbožo* měł 彼はこの上なくついていた.
zbožopřejny A1【形】幸せを願った. *zbožopřejny* list (クリスマス・祝事の)挨拶状.

zbožopřeće N5【中】（クリスマス・祝いごとに）幸せを祈ること，その挨拶.

zbožowny A1【形】幸せな，幸運な. *zbožowne* wobstejenje 幸運なケース，幸せな状況.

zbrašeny A1【形】（身体・精神的に）障害のある.

zbrašen|y A1【男】; **-a** A1【女】障害者.

zbratřić so V6【完】兄弟のように親しくなる，親交を結ぶ.

zbudźeć V8【不完】; **zbudźić** V6【完】起こす，目覚めさせる. *zbudźić* dopomnjenki 記憶を呼び起こさせる; *zbudźić* w pomjatka 記憶の中に呼び起こす. **- so** 目覚める.

zbytk M2【男】残り(物)，余り(物).

zbytny A1【形】残りの，余分の，余計な. je *zbytne* 余分[余計]だ.

zbyć, zbudu, zbudźeš; zbudu; 過去 zbych, zby; 命 zbudź!; zbudźće!; 完分 zbył, zbyła; 受動分 zbyty V9【完】; **zbywać** V7【不完】残る.

zdala【副】遠くから.

zdalenosć F7【女】隔たり，距離; 遠隔，離れていること.

zdaleny A1【形】隔たった，遠い，辺鄙な.

zdaloka【副】遠く，遠くから. zbliska a *zdaloka* 遠近から; *zdaloka* nic ほど遠い，決して…でない; wón *zdaloka* nic bojazliwe 彼は臆病者とはほど遠い.

zdalować V4【不完】遠ざける. **- so** 遠ざかる; [někoho/něčeho] 避ける.

zdarma【副】ただで，無料で.

zdać so, zdam so, zdaš so; zdadźa so; 過去 zdach so, zdaše so; 完分 zdał, zdała V9【不完】[někomu] ように思われる. mi *so zda*... 私には…と思われる; to *so zda* prawje それは本当のようだ; ty *so* mi *zdaš* někajki chory być 私の見るところ君は何だか病気のように見えますが.

zdaće N5【中】様子，見込み. po wšěm *zdaću* どう見ても，あらゆる点で; po *zdaću* wón rady spěwa どうやら彼は歌うのが好きなようだ; po mojim *zdaću* 私の見るところでは，私が思うには; nimam *zdaće* wo tym 私には皆目見当がつかない，何も思いつかない.

zdawać so V7【不完】[někomu] ように思われる. *zdawa so*, zo budźe dešćik 雨になりそうだ.

zdawna【副】昔[以前]から. to hižo *zdawna* wěm それは私は以前

から知っている；**slědźenje** *zdawna* hišće skónčene njeje 研究はまだ終わってはいない．

zdebić V6【完】飾る，美化する．
zdebny A1【形】装飾の，装飾的な，美しい．
zdecimować V4【完】莫大な損害[喪失]をもたらす．
zdeprimować V4【完】がっかりさせる，力をそぐ．
zderdany A1【形】落胆した，へたった．
zdernyć V3【完】(動物が)死ぬ．
zdobom【副】同時に．
zdobrić V6【完】；**zdobrjeć** V8【不完】楽にする，和らげる．*zdobrić* sebi (*někoho*)(誰の)好意[共感]を得る．
zdobyć, zdobudu, zdobudźeš；zdobudu；過去 zdobych, zdoby；命 zdobudź！；zdobudźće！；完分 zdobył, zdobyła；受動分 zdobyty ⟨dobyć⟩ V9【完】[někoho za něšto] ある事で誰を味方にする，勝ち得る；[něšto] 勝ち取る．*zdobyć* přenje městno 一等賞を獲得する；*zdobyć* wulke zasłužby (*při něčim*)(何に際して)大いに功績を上げる．
zdokonjanosć F7【女】完全，完璧．wukonjeć (*něšto*) ze *zdokonjanosću*(何を)完璧に行う．
zdokonjeć V8【完】完了する，成し遂げる．
zdomić V6【完】市民権[国籍]を与える．-**so** 市民権[国籍]を得る．
zdomjacnić V6【完】(気候に)適応させる，住みつかせる．
zdónk M2【男】(木の)幹；語幹．*zdónk* słowa 語幹．
zdoraznić V6【完】；**zdoraznjeć** V8【不完】強調する．
zdospołnić V6【完】；**zdospołnjeć** V8【不完】完全にする，完了する．
zdrapać V7【完】引っ掻く．-**so** 掻き傷だらけになる．
zdrasćeć V8【不完】；**zdrasćić** V6【完】[někoho do něšto] (誰に何を)着せる．-**so** 着る．
zdrěmk M2【男】うたたね．
zdrěmnyć V3【完】[sej] うとうとする，まどろむ．
zdrěny A1【形】むしられた，裂かれた；(心労などで)やつれた．
zdrěć V2【完】むしり取る，裂く．(*někome*) dybu *zdrěć* (誰の)高慢の鼻をへし折る．-**so** 仕事でへとへとになる．
zdrěwać V7【不完】むしる，裂く．-**so** へとへとに働く．
zdrobnić V6【完】；**zdrobnjeć** V8【不完】細かくする．
zdróženje N5【中】(価格の)上昇．

zdróžeć

zdróžeć V8【不完】; **zdróžić** V6【完】価格を上げる.
zdruha【副】第二(番目)に.
zduć V2【完】吹き払う.
zdwojeć V8【不完】; **zdwojić** V6【完】二倍[二重]にする.
zdwórliwosć F7【女】ていねい, 礼儀(正しさ).
zdwórliwy A1【形】礼儀正しい, 節度のある.
zdychnyć V3【完】嘆息する.
zdypkom【副】きっかり, ちょうど. *zdypkom dźewjećich* ちょうど9時; *přińdź zdypkom* 時間厳守のこと !
zdźeržany A1【形】保たれた, 保存された.
zdźerženje N5【中】保存.
zdźeržeć V5【完】引き留める, 抑える; 保つ. *zdźeržeć w pomjatku* 記憶にとどめる; *zdźeržeć w dobrym stawje* 良い状態で保つ; *zdźeržeć měr* 平和を保つ. – **so** [něčeho] 控える, 抑制する, あきらめる.
zdźeržliwy A1【形】控えた, 節制した, 慎んだ.
zdźědźeć V8【不完】; **zdźědźić** V6【完】相続する, 受け継ぐ.
zdźěłanje N5【中】作り上げること, 練り上げ; 教育.
zdźěłanosć F7【女】教養, 人格形成.
zdźěłać V7【完】練り上げる, 作り上げる. – **so** 修養する, 教育を受ける.
zdźěłowanje N5【中】教養, 人格形成. *powšitkowne zdźěłowanje* 一般教養.
zdźěla【副】部分的に.
zdźělenka F2【女】情報, ニュース.
zdźěleć V8【不完】; **zdźělić** V6【完】[někomu něšto] (誰に何を) 知らせる.
zdźiwić V6【完】; **zdźiwjeć** V8【不完】野生になる; 激怒する.
zebrać, zebjeru, zebjerješ; zebjeru; 過去 zebrach, zebra; 命 zebjer !; zebjerće !; 完分 zebrał, zebrała; 受動分 zebrany ⟨brać⟩ V9【完】取り去る, 除去する; 押収する; 集める. *wšitke mocu zebrać* 全力を集中する. – **so** 立ち上がる; 奮起する.
zecnyć so V3【完】[někomu] ぞっとする, 恐ろしくなる. *mi so zecny* 私はぞっとした; *jemu je so zecnyło* 彼は身の毛がよだった.
zedźeć so V2【完】夢を見る. *mi so zedźa* 私は夢を見た.
zehnać, zečěrju, zečěriš; zečěrja; 過去 zehnach, zahna; 完分 zehnał, zehnała; 受動分 zehnaty ⟨hnać⟩ V9【完】駆逐する, 追

い立てる；駆り立てる．hromadźe zehnać かき集める，駆り集める．
zechcyć so V9【完】したく思う．so zechce (něčeho) (何が)欲しくなる；mi je so zechcyło, zo ... 私は…したくなった．
zejeć, zejmu, zejmješ；zejmu；過去 zejach, zeja；複二 zeješće；双二 zeještaj, -tej；命 zejmi！；zejmiće！；完分 zejał, zejała；zejeli；zejałoj；受動分 zejaty V9【完】(トランプを)切る；持ち上げる．kłobuk *zejeć* 帽子をとる［持ち上げる］．
zejhrawać V7【不完】小躍りしながら行く．*zejhrawać* z mječom 剣を振り回す；(馬が)踊るように歩む．
zejmować V4【不完】(トランプを)切る；持ち上げる．kłobuk *zejmować* 帽子をとる［持ち上げる］．
zekřiwić V6【完】；**zekřiwjeć** V8【不完】曲げる，歪める．*zekřiwić* pjenjezy (他人の金を)使い込む．
zełharny A1【形】嘘つきの．
zełhać V2【完】嘘で固める，でっちあげる．
zełžanc M1【男】嘘つき．
zelaty A1【形】葉の繁った；悪態つきの．*zelata* łuka 緑の繁った草地；*zelaty* muž 罵ってばかりいる男．
zeleń F7【女】緑，草．
zelenina F1【女】野菜．*zažna zelenina* 春野菜，早生の野菜．
zelenišćo N3【中】緑地，(緑のある)公園．
zelenić V6【不完】緑にする，緑色に塗る．**– so** 青々となる．
zeleninar M4【男】；**–ka** F2【女】青物売り，八百屋．
zeleninarstwo N1【中】野菜市，八百屋．
zelenišćo N1【中】(町の中の)小公園；草地．
zelenkojty A1【形】緑がかった．
zeleny A1【形】緑の．*zelena* žabka アマガエル；〔聖書〕*zeleny* štwórtk 洗足木曜日．
zeler M4【男】薬草に詳しい人．
zelišćo N3【中】じゃがいもの葉．
zelić V6【不完】悪態をつく，罵る．
zelo N3【中】(野菜の)葉，葉野菜(キャベツなど)；薬草(茶)．do *zela* hnać 成長する；hojiwe *zelo* 薬草；lěkowanje ze *zelemi* 薬草による治療．
zelowy A1【形】(野菜などの)葉の，薬草の．*zelowa* žona 薬草売りの女．
zemja F6【女】土地，大地，陸，地；国；地球，世界．na *zemju*

padnyć 地面に落ちる；wobdźěłować *zemju* 土地を耕す；powjerch *zemje* 地表，地面；ze *zemju* zrunać 平らにする（徹底的に破壊する）；měr na *zemi* 世界の平和；*zemja* so wjerći wokoło słónca 地球は太陽の周りを回る.

zemjan M1 【男】土地貴族，ユンカー；地球人.
zemjanstwo N1 【中】貴族(階級).
zemjedźěl M3 【男】大陸.
zemjekula F5 【女】地球.
zemjepis M1 【男】地理.
zemjerženje N5 【中】地震.
zemjespyt M1 【男】地学.
zemlěć V2 【完】引き砕く，引いて粉にする.
zemrěty A1 【形】故人となった.
zemrěć V2 【完】死ぬ，逝去する.
zemski A2 【形】土地の，陸の；地球の，地上の. *zemski* worješk 落花生；*zemski* wolij 石油；*zemske* žiwjenje この世の生，俗世；*zemska* atmosfera 大気；*zemske* pospěšenje 重力加速度.
zeńdźenje N5 【中】会合，面談. *zeńdźenje* za kulojtym blidom 円卓会談.
zeńć, zeńdu, zeńdźeš；zeńdu；過去 zeńdźech, zeńdźe；命 zeńdź!；zeńdźće!；完分 zešoł, zešła；受動分 zeńdźeny V9 【完】下る，下に降りる；発芽する. − **so** 会う，集まる；[něcomu] 起こる，ある状態になる；*smy* so zešli 私たちは一緒になった；mi *je so zlě zešto* わたしはまずいことになった.
zepěra F1 【女】支え；後ろ楯.
zepěranišćo N3 【中】支点；(軍の)拠点，基地.
zepěrać V7 【不完】支える；支持する. − **so** 支えとする，体を支える.
zepřěć V2 【完】；**zepřěwać** V7 【不完】支える；支持する. − **so** 支えとする，体を支える.
zerja PL2 【複】(朝の)空焼け. wječorne *zerja* 夕焼け.
zernička F2 【女】明星；ひとみ.
zerzawc M1 【男】錆(サビ).
zerzawić V6 【不完】；**zerzawjeć** V8 【不完】錆びる，錆が出る.
zerzawy A1 【形】錆びた.
zesadźeć V8 【完】座らせる；植え付ける. *zesadźeć* do słowow 言葉で表す.

zesamostatnić V6【完】; **zesamostatnjeć** V8【不完】独立させる．- **so** 独立する．
zeserbšćeć V8【不完】; **zeserbšćić** V6【完】ソルブ語に訳す．
zeschadźeć V8【完】(太陽・月が) 昇る；(種が)発芽する．
zeschnyć V2【完】ひからびる，萎びる．
zeskutkownić V6【完】実現させる，実行させる．
zesłabić V6【完】; **zesłabjeć** V8【不完】弱くする，(力・効果を)落とす．swěcu *zesłabić* 減光する．
zesłodźeć V6【完】(食べ物が) 気に入る．njech wam *zeslodźi*! おいしく召し上がれますように！poliwka *je* jemu *zesłodźała* スープは彼のお気に召した．
zeslěkać V7【完】[někoho] (服を)脱がせる．- **so** (自分の服を)脱ぐ．*zeslěkać so* do naha す裸になる．
zesmudźeć V8【不完】; **zesmudźić** V6【完】(パンなどを)焦がす．
zespinać V7【完】ピンと張る；引き止める，ブレーキをかける．
zespodobać so V7【完】[někomu] 気に入る．jemu *so* to *zespodoba* 彼にそれが気に入った．
zespody【前置】+《生》下から．*zespody* blida テーブルの下から．
zesrjedź【前置】+《生》中から，中央から．*zesrjedź* blida zwać テーブルのまん中から取る；*zesrjedź* předstajenja wotenć 催しの最中にでていく．
zesrjedźa【副】中から．
zestajenka F2【女】合成(物)，複合(物)；複合語．
zestajer M4【男】; **-ka** F2【女】編者，オーガナイザー．
zestajeć V8【不完】; **zestajić** V6【完】合成する，編成する，組み立てる，構築する．
zestarić V6【完】; **zestarjeć** V8【不完】老いる，古くなる．
zestatnić V6【完】; **zestatnjeć** V8【不完】国有化[国営化]する．
zestawa F1【女】構成，組成；化合物，複合物．
zestopnjować V4【完】上昇させる，上げる．*zestopnjować* produktiwitu 生産性をあげる．
zestupać so V7【完】集まる，会合する；(列に)並ぶ．
zestupić V6【完】; **zestupować** V4【不完】降りる．- **so** (列に)並ぶ．
zesuwać V7【完】(押して)一つにする，はめ込んで畳む．wšu winu *zesuwać* na njeho すべての責任を彼に被せる．
zeswětnić V6【完】; **zeswětnjeć** V8【不完】(教会の財産を)世俗

化する；世俗的なものにする，宗教色をなくす．
zesydać so V7【完】(全員が)席につく．
zesylnić V6【完】；**zesylnjeć** V8【不完】強化する．
zesylnjowak M2【男】増幅器，アンプ；ブースター．
zešerić V6【完】脅かして追い払う．
zešěrić V6【完】；**zešěrjeć** V8【不完】灰色にする；灰色になる．
zešić V2【完】縫い合わせる；縫って作る．
zešiwk M2【男】ノート．
zeškodźić V6【完】[něčemu/někomu] 損害を与える．
zeškrěć V2【完】(金属・脂肪を)溶かす．–**so** 溶ける．
zešlachćić so V6【完】[někomu] 成功する．jemu *je so zešlachćiło* 彼はうまくいった．
zeštwórta【副】第4(番目)に．
zetkanišćo N3【中】集合場所，会場．
zetkanje N5【中】会合，集会．rjadowniske *zetkanje* 生徒[クラス]集会．
zetkanka F2【女】デート；会うこと，面会(の約束)．
zetkać V7【完】；**zetkawać** V7【不完】[někoho] 会う，出会う，面会する．–**so** [z někim] (誰と)会う，面会する．
zetřěć V2【完】；**zetrěwać** V7【不完】拭き消す，拭い去る．
zewrěny A1【形】(血・牛乳が)凝結した，固まった；(牛乳が)腐った．
zewrěć so V2【完】(血・牛乳が)凝結する；(牛乳が)腐る．
zewšědnić V6【完】；**zewšědnjeć** V8【不完】日常化する；日常的になる．
zeza【前置】+《生》陰[背後]から．won hladaše *zeza* zawěška 彼はカーテンの陰から覗いていた．
zezabiwać V7【不完】(次々に)殺す；入念に打ち込む，塞ぐ，詰め込む．
zezabywać V7【不完】(次々に全部)忘れる．
zezačinjeć V8【完】(次々に全部)閉じる．
zezadkar M4【男】反動家．
zezadkarski A2【形】反動的な．
zezady 1.【副】後ろ[背後]から．*zezady* doprědka běhać 後ろから前へ走る．2.【前置】+《生》後ろ[背後]から．*zezady* durjow wuskočić ドアの陰から飛び出す．
zezajeć, zezajmu, zezajmješ；zezajmu；過去 zezajach, zeza；命

zezajmi！；zezajmiće！；完分 zezajał, zezajała 〈zajeć〉 V9【完】（全部・大量に）捕える，捕虜にする．
zezamkać V7【完】（次々に全部）鍵をかけて閉める．
zezapinać V7【完】（たくさん）ボタン（留め金）をかける．
zezapłaćeć V8【完】清算する．*zezapłaćeć* dołhi 借金を払い済ます．
zezaswěćeć V8【完】（明り・ろうそくなどを）すっかりつける．
zezawaleć V8【完】（たくさん）ひっくり返す．
zezawěšeć V8【完】（たくさん）覆いをする．
zezběhać V7【完】上げる．*zezběhać* twarjenje 建物を建てる，棟上げする．
zezběrać V7【完】（全部）拾い集める．
zezdać so, zezda so, zezdadźa so；過去 zezdaše so V9【完】ようにみえる．jemu *so zezda* 彼には思われた．
zezłamać V7【完】（次々に全部）折る，粉々にする．
zeznajomić V6【完】; **zeznajomjeć** V8【不完】紹介する，知らせる．- **so** 知り合いになる，知る．*zeznajomić so* ze stawiznami 歴史を知る；*zeznajomić so* z hosćom 客と知り合いになる．
zeznać V2【完】[někoho/něšto] 知り合いになる，（物事を）知る；（顔を見て）識別する，わかる．- **so** [z někim/něčim] 知り合いになる，知る．
zezrawić V6【完】すっかり熟れる．
zežiwidło N1【中】食品，食べ物．
zežiwić V6【完】養う，扶養する；食べさせる．*zežiwić* swójbu 家族を養う．- **so** 生活する；食べて暮らす．
zežiwjenje N5【中】扶養；栄養（物），食糧．
zežiwjeć V8【不完】→zežiwić．
zežołtnyć V3【完】黄色くなる．
zežrany A1【形】食い尽くした．
zežrać, zežeru, zežerješ；zežeru；過去 zežrach, zežra；命 zežer！；zežerće！；完分 zežrał, zežrała；受動分 zežrany 〈žrać〉 V9【完】食い尽くす．
zhasyć V6【完】消す．
zhibadło N1【中】関節；継ぎ目．ručne *zhibadło* 手の関節．
zhibać V7【完】揺り動かす．
zhibk M2【男】折れ曲がること，偏向；折れ目，しわ．
zhibnjeny A1【形】曲がった，たわんだ．
zhibnyć V3【完】曲げる，そらせる，歪める．- **so** 曲がる，歪む．

zhibowadło N1【中】関節.
zhibować V4【不完】→zhibnyć.
zhinyć V3【完】消え去る, 消滅する, なくなる.
zhłuboka【副】深く, 奥底から. *zhłuboka* dychać 深くため息をつく；深々と；深い所から. *zhłuboka* sej wodychnyć 深呼吸する.
zhladować V4【不完】見る, 目を向ける.
zhniły A1【形】腐った；腐敗性の；だらけた.
zhnić V2【完】腐る, 腐敗する.
zhnuć V2【完】[někoho] 感動させる.
zhódać V7【完】言い当てる, 図星をつく.
zhojić V6【完】癒す.
zhojny A1【形】治療のできる.
zhoła【副】全く. to je *zhoła* njemóžne それは絶対に不可能だ.
zhonić V6【完】聞き知る, 知る；それと分かる.
zhorda《不変》【形】奢った, 高慢な. tajki *zhorda* čłowjek そのような高慢な人間.
zhordźić V6【完】[někoho] 誇らせる. ‐so 誇る.
Zhorjelc M1【男】ゲーリッツ (ドイツとポーランドの国境上にある町).
zhornyć V3【完】(袖を)まくり上げる；(報告・発表などを)まとめる, 要約する.
zhóršeć V8【不完】；**zhóršić** V6【完】悪化させる. ‐so 悪化する.
zhotować V4【完】着せる. ‐so 着る.
zhotowić V6【完】製造する, 作成する.
zhotowjenje N5【中】製造, 製作.
zhotowjenski A2【形】製造の.
zhotowjer M4【男】；**-ka** F2【女】製造(業)者；製作者.
zhotowjeć V8【不完】製造する, 作成する.
zhrabać V7【完】くまでで(全部)かき集める. ‐so 奮起する, 気力を集める；立ち上がる.
zhrěšić V6【完】罪を犯す.
zhrěć V2【完】暖[温]める. *zhrěć* wobjed 食事を温める. ‐so 暖[温]まる.
zhromadnišćo N3【中】集会所, 会合所.
zhromadnosć F7【女】共通(性), 共同.
zhromadny A1【形】共通[共同]の. *zhromadne* dźěło 共同作業.
zhromadźeny A1【形】集められた. *zhromadźene* spisy 全集.

zhromadźić V6【完】集める. -**so** 集まる.
zhromadźizna F1【女】集会, 会議. stronska *zhromadźizna* a 党大会.
zhubić V6【完】失う. *zhubić* na waze 体重が減る, 痩せる; *zhubić* žiwjenje 命を失う; *zhubić* bortu 妊娠する. -**so** 消える, なくなる. *zhub so!* 失せろ!
zhubjenka F2【女】遺失物.
zhubjeć V8; **zhubjować** V4【不完】→zhubić.
zhustnyć V3【完】(液体が)濃くなる.
zjaw M1【男】現象, 出来事; 発生, 現われ. *zjawy* chorosće 症状, 発病.
zjawnostny A1【形】社会の; 公開の.
zjawnosć F7【女】社会; 公開; 公共, 公衆. w *zjawnosći* 公共の場で, 公に.
zjawny A1【形】公共の, 公立の. *zjawny* telefon 公衆電話; *zjawny* list 公開状; na *zjawne* přińc 公になる.
zjebanje N5【中】騙し, 欺瞞, 虚偽.
zjebać V7【完】落胆させる; だます, ペテンにかける. *zjebać (někoho wo něšto)* (誰を騙して何を)奪う.
zjedna【副】従って.
zjednać V7【完】なだめる, 和解させる. -**so** 和解する.
zjednaćel M3【男】; **-ka** F2【女】調停者, 仲裁者.
zjednawać V7【不完】なだめる, 和解させる. -**so** 和解する.
zjednorić V6【完】; **zjednorjeć** V8【不完】単純化する.
Zjednoćene staty Amerikich A1-PL1【複】アメリカ合衆国.
zjednoćenje N5【中】合同, 連合, 同盟.
zjednoćenstwo N1【中】合同, 連合, 同盟; 団体, 協会.
zjednoćeny A1【形】連合した, 合同になった.
zjednoćeć V8【不完】; **zjednoćić** V6【完】合わせる, 合併[合同]させる; 集中させる. -**so** 一緒になる, 合併[合同]する.
zjeć, (現在形用いず) 過去 zjach, zja; 複二 zješće; 双二 zještaj, -tej; 完分 zjał, zjała; zjeli; zjałoj; 受動分 zjaty V9【完】合わせる, まとめる, 束ねる. skrótka *zjeć* 簡単に(結論を)結ぶ.
zjeće N5【中】まとめ, 要約, 総括; あらすじ, レジュメ; 集合, 統合.
zjewić V6【完】明らかにする, 公表する; [někomu něšto] (誰に何を)開示する, 教える. swój charakter *zjewić* 自分の性格を露わにする. -**so** 明らかになる, 公表される.

zjěsć, zjěm, zjěš；zjědźa；複二 zjesće, 三 zjedźa；双二／三 zjestaj, -tej；過去 zjěch, zjě；命 zjěs！；zjěsće！；完分 zjědł, zjědła；受動分 zjědźeny〈jěsć〉V9【完】食べ切る，全部食べる．

zjěć, zjědu, zjědźeš；zjědu；過去 zjědźech, zjědźe；完分 zjěł, zjěła〈jěć〉V9【完】（上へ・下へ）乗り物で行く；赴く．*zjěć* z hory 山から降りる；*zjěć* na pahórk 丘の上に登る；*zjěć* z ruku přez włosy 手で髪をかき上げる；*zjěć* do płašća コートを着る．

zjězd M1【男】議会，大会．*Zjězd* Serbow ソルブ人大会．

zjězdźić V6【完】（使い過ぎや誤った使用で）車を乗り壊す．

zjězdźować V4【不完】集会に集う．

zjimanje N5【中】まとめ，要約，総括．

zjimać V7【不完】合わせる，まとめる，束ねる．

złaha【副】用心深く，そっと，穏やかに．*złaha* wo durje zaklepać ドアをそっとノックする；*złaha* prajene 穏やかな[慎重な]言い方をすれば．

złahodźeć V8【不完】；**złahodźić** V6【完】和らげる，静める．

złamany A1【形】折れた，壊れた．

złamać V7【完】折る，壊す．*złamać* sebi [sej] ruku 自分の腕を折る；*złamać* přiměr 休戦（協定）を破る．– so 折れる，壊れる．prochniwa deska so *złama* 腐った板が折れた．

złamk M2【男】かけら，破片．

złamny A1【形】壊れ易い．

złapać V7；**złapnyć** V3【完】掴む．

zło N1【中】悪，悪意；災い．za *zło* měć（*něšto někomu*）（何について誰に対し）腹を立てる，悪く取る；ničo *za zlo*！悪く取らないで！ごめんなさい！

złobić so V6【不完】怒り狂う．

złoby PL1【複】立腹，激怒．ze *złobami* rjejić 激怒してわめく；ze *złobami* płakać 腹を立てて泣く．

złoduch M2【男】悪魔，悪霊．

złomysl F7【女】悪意．

złomyslny A1【形】意地の悪い，悪意のある．

złóstnik M2【男】；**-ca** F3【女】罪人，犯罪者．

złóstniski A2【形】犯罪の．

złóstnistwo N1【中】犯罪．wójnske *złóstnistwa* 戦争犯罪．

złóstny A1【形】腹を立てた；悪意の，悪しき．

złósć F7【女】悪意，意地悪；悪，犯罪．z lutej *złósću* まったくの悪

意で.
złotak M2【男】金貨.
złotnikar M4【男】金細工師.
złotnišćo N3【中】金の鉱脈.
złoto N1【中】金(キン). ryzy *złoto* 純金; dula *złota* 金塊, 自然金.
złotožołty A1【形】黄金色の.
złotowy A1【形】金の. *złotowe* podkopki 金採掘.
złoty A1【形】金の, 黄金の; 金でできた. *złota* medalja 金メダル; *złoty* kwas 金婚式; *złoty* wěk 黄金期, (神話の)金の時代; *złote* hrody slubić 金の山を約束する(夢のようなことを約束すること).
złoćany A1【形】金製の, 金色をした. *złoćana* kłóska 黄金に実った穂.
złowólny A1【形】意地悪な, 悪意のある.
złožić V6【完】置く, 下ろす; やめる; 済ましてしまう. *złožić* zastojnstwo 任務［義務］を放棄する; *złožić* dźěło 仕事をやめる, ストライキする; *złožić* brónje 武器を置く, 戦いをやめる; *złožić* kedźbnosć (*na něšto*) (何に)注意を払う; *złožić* pruwowanje 試験に受かる; *złožić* ruku na so わがものとする, 手中にする; *złožić* woči k njebju 空に目を向ける. **- so** [na něšto] (何に)依拠する, 基礎を置く; [po něčim] (何を)指針とする.
złóžka F2【女】音節.
złóžkotworny A1【形】成節性の, 音節を形成する.
złóžować so V4【不完】[na něšto] 基礎を置く, 依拠する; 由来する.
zły,《比》hórši A1【形】悪い, 悪意のある. *zła* wola 悪意; *zły* pos 猛犬; *zły* duch 悪霊, 悪魔; *zła* huba 毒舌, 悪口; wón je *zły* na mnje 彼は私に対して意地悪だ, 私に腹を立てている; *zły* wětr (鉱山内に発生する)有毒ガス.
Zły Komorow A1-M1【男】ゼンフテンベルク(ラウジッツの地名).
zlehnyć V3【完】もたせかける. *zlehnyć* rěbl na sćěnu 壁に梯子をもたせかける. **- so** [na něšto//wo něšto] 寄りかかる.
zlemić V6【完】折る, 破壊する. *zlemić* strowotu 健康を損なう; *zlemić* dowěru 信頼を裏切る.
zlemk M2【男】かけら, 断片.
zleć, zliju, zliješ; zlija; 過去 zlach, zla; 複二 zlešće; 双二 zleštaj, -tej; 命 zlij!; zlijće!; 完分 zlał, zlała; zleli; zlałoj; 受動分

zlaty ⟨leć⟩ V【完】(金属を)溶かし合わせる, (金属から)鋳造して作る.

zlećeć V5【完】転落する; 飛び降りる, 飛び込む. dele *zlećeć* 落下する, 飛び降りる; z rěbla *zlećeć* 梯子から転落する, 飛び降りる; do wody *zlećeć* 水に飛び込む; móst je do powětra *zlećał* 橋が(爆発して)吹っ飛んだ.

zlě【副】悪く. to je *zlě* それは悪い[ひどい]; tak *zlě* ani njeběso うひどくはなかった; mi je *zlě* 私は気分が悪い; *zlě* zachadźeć (z někim) 誰に悪意を向ける, 怒りをぶつける.

zlěhać V7【完】(寝て)押しつぶす; 妊娠させる.

zlěpić V6【完】; **zlěpjeć**, V8【不完】くっつける, 粘着させる.

zlěpšeć V8【不完】; **zlěpšić** V6【完】改善する; (品種などを)改良する.

zlěpšowanski A2【形】改善[改良]の.

zlěpšować V4【不完】→zlěpšeć.

zlět M1【男】集まり, 集会; 飛行. *zlět* myslow 思考の飛躍, 空想.

zlětnišćo N3【中】離陸所, 滑走路.

zlěwa【副】左から; 左側に.

zlězć, zlězu, zlězeš; zlězu; 過去 zlězech, zlěze; 命 zlěz!; zlězće!; 完分 zlězł, zlězła; 受動分 zlězeny ⟨lězć⟩ V9【完】這ってくる, 這い下りる[上る]. *zlězć* z wody 水から這い上がる.

zličbowanje N5【中】勘定, 会計. zmylk w *zličbowanju* 勘定の間違い.

zličbowanka F2【女】勘定; 請求書. na něčeju *zličbowanku* wupić 誰のつけ[勘定]で飲む.

zličbowar M4【男】; -ka F2【女】会計係, 経理士.

zličbować V4【不完】勘定する, 計算する.

zličenje N5【中】足し算.

zličeć V8【不完】; **zličić** V6【完】合算する, 合計する.

zliw M1【男】(川の)合流.

zliwk M2【男】土砂降り.

zlochka【副】軽く, 軽々と. *zlochka* žiwy być のんきに暮らす; to tak *zlochka* njezhódaš それはそうやすやすとは推測できない[言い当てられない].

zlóštny A1【形】生き生きした, 活発な.

zlóžeć V8【不完】; **zlóžić** V6【完】軽減する.

zludanje N5【中】失望, 落胆.

zludać V7【完】がっかりさせる.
zlutniwy A1【形】節約の，つつましい.
zmachi PL1【複】物(特に衣服)．zrumuj swoje *zmachi*! 自分の物[服]を片付けなさい！
zmandźelić so V6【完】[z někim] 結婚する.
zmawować V4【不完】(旗・洗濯物を)はためかせる；(海を)波立たせる. **– so** はためく；波立つ.
zmazać V7【完】すっかり汚す. **– so**（恐怖で）失禁する.
zmazk M2【男】しみ，汚れ.
změna F1【女】交換，交代．dźěłać w *změnach* 交代制で働く.
změnić V6【完】代える，交換[交代]させる. **– so** 代わる，交代する．na tym *so* hižo ničo *njezměni* もうそれに代わる物は何もない；*změnić so* k lěpšemu より良い方に変わる.
změrcowski A2【形】：*změrcowska* komisija 調停委員会.
změrić V6【完】計る. **– so** [na něšto] 照準を合わせる，方向づける.
změrnić V6【完】宥める，静める.
změrny A1【形】穏やかな.
změrom【副】静かに，じっと．*změrom* sedźeć 何もしないでいる，仕事がない.
změrowany A1【形】穏やかになった，満ち足りた.
změrować V4【完】・【不完】なだめる，静める，安定させる.
změsćeć V8【不完】；**změsćić** V6【完】(人を)配置する，(一定のところへ)落ち着かせる.
změšeć V8【完】混ぜる，かき混ぜる.
zmij M3【男】龍，ドラゴン；凧．*zmija* pušćić 凧を上げる；*zmija* měć 金のなる木を持っている.
zmijica F3【女】ヨーロッパクサリヘビ.
zminyć so V3【完】消える，なくなる；[něčeho/někoho] 避ける，(何／誰の前から)姿を消す.
zmištrować V4【完】(自分で)作る；やってのける，熟練する.
zmjasć, zmjatu, zmjećeš；zmjatu；過去 zmjećech, zmjeće；命 zmjeć！；zmjećće！；完分 zmjatł, zmjatła；受動分 zmjećeny ⟨mjasć⟩ V9【完】圧縮する，押し潰す.
zmjechčenje N4【中】軟化；(子音の)口蓋化，軟子音化.
zmjechčeć V8【不完】；**zmjechčić** V6【完】軟化させる，柔らかくする.
zmjelnić V6【完】(土を)柔らかくする，ほぐす.

zmjeńšić V6【完】; **zmjeńšowač** V4【不完】少なくする，小さくする．
zmjerwić V6【完】もつれさせる，混乱させる．
zmjerzk M2【男】寒気，厳寒．piśćaty *zmjerzk*（木が音を立てて凍るような）厳しい寒さ．
zmjerzlina F1【女】アイスクリーム．
zmjerznyć V3【完】凍らせる，凍えさせる．
zmjesć, zmjetu, zmjećeš; zmjetu; 過去 zmjećech, zmjeće; 命 zmjeć!; zmjećće!; 完分 zmjetł, zmjetła; 受動分 zmjećeny ⟨mjesć⟩ V9【完】掃き集める．
zmjetać V7【完】（急に・激しく）投げる，投げ出す．– so 倒れる，転倒する．
zmlěć V2【完】挽いて粉にする．
zmócnić V6【完】; **zmócnjeć** V8【不完】全権を委任する．– so [něčeho]（何を）わがものとする．
zmocować V4【不完】強くする，強化する；圧倒する，打ち負かす．– so [něčeho]（何を）わがものとする．*zmocować so* knjejstwa 国家を支配する．
zmoha F2【女】波．
zmohojty A1【形】波立った．
zmoknyć V2【完】すっかり濡れる．
zmór M1【男】陰気くさい人．
zmorskać V7【完】ぜんぶ叩きこわす，さんざんにぶちのめす．
zmorśćić V6【完】しわを寄せる．*zmorśćić* čoło 額にしわを寄せる．– so しわが寄る．
zmotać V7【完】もつれさせる，ぼろぼろにする；[někoho] へとへとにさせる．
zmóžnić V6【完】; **zmóžnjeć** V8【完】可能にする．
zmutk M2【男】濁った水．
zmutnica F3【女】混雑，混沌．
zmutnić V6【完】; **zmutnjeć** V8【不完】濁らせる，混乱させる．
zmućić V6【完】濁らせる，混乱させる．
zmučnić V6【完】疲労させる．
zmužitosć F7【女】大胆さ，勇敢さ．
zmužity A1【形】大胆な，勇敢な．
zmužić V6【完】勇気づける．– so 勇気を起こす．
zmylić V6【完】[někoho/něšto]（誰／物を）見誤る，間違える．

zmylić puć 道を間違える，道に迷う．**- so** 間違う，誤る．
zmylk M2【男】間違い．pisanski *zmylk* 書き誤り；*zmylki* činić 間違う；ze starych *zmylkow* wuknyć 過去の過ちから学ぶ．
zmysł M1【男】意味；感覚．bjez *zmysła* 無意味な；měć *zmysł* 意味がある；*zmysła* połny 意味深い；to je bjez *zmysła* それは無意味だ；čłowjek ma pjeć *zmysłow* 人間には五感がある．
zmysłapołny A1【形】意味深い，有意味な，有意義な．
zmysłojty A1【形】感覚の，知覚の，知覚できる．
zmyslenosć F7【女】心情，物の考え方．
zmysleny A1【形】心情をもった．(*někomu*) derje *zmysleny* być (誰に)よい感情をもっている．
znad【前置】+《造》上に，上方に．*znad* lěsom 森の上に．
znahła【副】突然，急に．
znahlić V6【完】後先を考えずに行動する，徒に急ぐ．
znajer M4【男】；**-ka** F2【女】精通者，専門家．
znajmjeńša【副】少なくとも．
znajomosć F7【女】(専門的な)知識；知っていること，承知．dobre rěčne *znajomosće* 豊かな言葉の知識．
znajomostwo N1【中】知り合うこと，交友，面識．*znajomostwo* nawjazać 交友関係を結ぶ．
znak【副】もとへ，逆向きに．*znak* so wobrócić 逆戻りする．
znamješko N1【中】標識，記号；バッジ，記章．
znamjo N4【中】標識，記号；サイン，合図；症候．*znamjo* na wotjězd ćaha 列車の発車の合図；wobchadne *znamjenja* 道路標識；wodowe *znamjo* (紙の)すかし．
znamka F2【女】切手，印紙，クーポン券；(学校の)成績，評点．listowa *znamka* 郵便切手；zežiwjenska *znamka* (食料などの)配給クーポン．
znapřeća 1.【副】反対に．2.【前置】+《生》向かいに，対峙して．*znapřeća* šule 学校の向かいに．
znapřećiwić V6【完】；**znapřećiwjeć** V8【不完】反対する，(否定的に・反対して)答える．
znašika【副】斜めに．
znat|y A1 1.【形】有名な；見知りの，なじみの．2.【男】；**-a**【女】知人．
znać V2【不完】知っている，心得ている．kaž jeho *znaju* 私が彼を知る限りでは；wón *znaje* rěče 彼はいろいろな言語ができる．

znazdala【副】遠くから.
zněmčeć V8【不完】; **zněmčić** V6【完】ドイツ化する.
znětka【副】今から.
zničenje N5【中】抹消, 根絶, 絶滅.
zničer M4【男】破壊者.
zničić V6【完】根絶する, 絶滅させる.
zniska 1.《不変》【形】単純な. *zniska* čłowjek 単純な人. 2.【副】下から.
znižeć V8【不完】; **znižić** V6【完】沈める;減らす, 減少させる;縮小する, 価値を下げる. *znižeć* hłos 声を低くする; *znižeć* płaćiznu 価格を下げる.
znjeměrnić V6【完】; **znjeměrnjeć** V8【不完】不安にする, 心配させる. -**so** 心配する.
znjemóžnić V6【完】; **znjemóžnjeć** V8【不完】(計画などを)挫折させる;[někoho] 面目を失わせる, 恥をかかせる.
znjepřećelić so V6【完】対立する, 敵対関係になる.
znjesliwosć F7【女】折り合いがよいこと.
znjesliwy A1【形】折り合いのよい;(食べ物が)消化によい, 体に合う;耐えられる.
znjesć, znjesu, znjeseš; znjesu;過去 znjesech, znjese;命 znjes!; znjesće!;完分 znjesł, znjesła;受動分 znjeseny〈njesć〉V9【完】耐える, こらえる;(食べ物を)消化する;(卵を)抱く. *znjesć* bolosć 痛みをこらえる. -**so** 耐える, [z někim](誰と)折り合いをつける. *to so njeznjese* それは耐えられない
znješkodnić V6【完】害をなくす,(邪魔者・害虫などを)駆除する, 排除する;(危険物を)取り除く;(毒を)中和させる.
znjewužić V2【完】; **znjewužiwać** V7【不完】乱用する, 悪用する.
znosyć V6【完】運んでいく.
znošować so V4【不完】漂う, 浮遊する;流れるように飛ぶ.
znowa【副】再び, 新たに.
znowarodźenje N4【中】再生.
znowić V6【完】; **znowjeć** V8【不完】再建する.
znutřka 1.【副】中から. 2.【前置】+《生》中から. *znutřka* města 市内から(外へ).
zo【接】:〈補文を導く〉wěm, *zo* bě to wopak 私はそれが間違いであることを知っている;myslu sej, *zo* wona přińdźe 私は彼女が来る

と思います；**móžno**, *zo* to dóstanu 私がそれを得ることはありうる；〈目的節を導く（目的節内は条件法）〉 položu knihu na blido, *zo* njeby ju pytać trjebał 彼がそれを探す必要がないように，私は本をテーブルの上に置きます；wzučowach, *zo* bych dobru znamku dóstała よい成績を取るために私はしっかり練習した；〈前置詞とともに用いて副文を導く〉 z tym *zo* …することによって，…して；…する間に；pomham jemu, z tym *zo* pisam 私は書くことで彼を手伝っている；mjeztym *zo* する間に；Jan spěwa, mjeztym *zo* Janka rejuje ヤンカが踊っている間ヤンは歌う；před tym *zo* する前に；před *tym zo* swariš, přemysluj! 叱る前によく考えなさい！；〈tak zo で結果，程度を表す〉 woteńdźech přepozdźe, tak *zo* ćah skomdźich 出発したのが遅すぎたので私は列車に遅れた；〈理由を表す〉 holcy so bojachu, *zo* je było ćma 真っ暗だったので娘たちは怖がった．

zornjatko N1【中】穀粒．
zornjaty A1【形】穀粒の，粒状の．
zorno N1【中】穀物；穀粒．ječne *zorno* 麦粒腫（ものもらい）．
zornowc M1【男】花崗岩．
zračkować V4【完】・【不完】（ミルクが）ふわふわの固まりを作る．
zradować V4【完】喜ばせる． – so 喜ぶ．
zrałosć F7【女】成熟．
zrały A1【形】熟れた．hdyž bě čas *zraty* 期が熟した時に；*zrate* lěta 成年，盛りの年ごろ；wino je *zrate* ブドウが成熟した．
zranić V6【完】負傷させる，傷つける；損なう．prawidła *zranić* 規則を破る． – so 負傷する．
zranja【副】朝方に，夜明けに．
zranjeny A1【形】負傷した．*zranjeny* być na noge 足に負傷している．
zrawić V6【不完】熟す．
zrazom【副】一気に，いきなり．
zrazyć V6【完】[do něčeho/někoho] 衝突する，ぶつかる．motorske *zrazy* do štoma オートバイが木にぶつかった；*zrazyć* z nohu do kamjenja 石につまずく．
zraženy A1【形】ぶつかった；打ちひしがれた，意気消沈した．
zrěčany A1【形】取り決められた，話し合われた．kaž bě *zrěčane* 合意のとおりに．
zrěčenje N5【中】協議，取り決め，契約．kupne *zrěčenje* 売買契

zrěčeć

約(書); dźěłowe *zrěčenje* 労働[雇用]契約.

zrěčeć V5【完】取り決める, 契約する. **-so** [z někim] 合意する, 取り決める.

zrěčniwosć F7【女】話し好きであること, 多弁.

zrěčniwy A1【形】話し好きな, 多弁な.

zrěčny A1【形】弁のたつ, (答えが)機知に富んだ.

zrědka【副】まれに. *zrědka* hdy 起こってもまれである; *zrědka* hdźe 滅多に見られない; *zrědka* što [štô] 滅多にない[いない].

zrězać V7【完】(ナイフで)切る. **-so** (ナイフで)怪我をする.

zrjadniwy A1【形】経済的な, 節約の.

zrjadować V4【完】整理する, 分類する, 規制する.

zrodźić V6【完】生む, 生じさせる. **-so** 生まれる, 生じる.

zronić V6【完】落とす. *zronić* sylzy 涙を落とす.

zróst M1【男】生長; 形, 姿. wón je wysokeho *zrósta* 彼は身長が高い.

zróstny A1【形】背の高い, 伸びた.

zrosć, zrostu, zrosćeš; zrostu; 過去 zrosćech, zrosće; 完分 zrostł, ztrostła ⟨rosć⟩ V9【完】成長する, 伸びる.

zrosćeny A1【形】(生長の過程で)一体となった; 癒着した, くっついた. być *zrosćeny* (něčemu) (何に)慣れた, 扱うことができる; wón je tajkemu nadawkej *zrosćeny* 彼にはそのような課題はお手のものだ.

zrozestajeć V8【完】(全部を)配置する. **-so** [z někim] 話し合う.

zrozumić V6【完】理解する. *zrozumić* wopak 誤解する. **-so** 理解し合う.

zrozumjenje N5【中】理解; 共感. měć *zrozumjenje* (*za něsto*) (何に)理解を示す.

zrozumliwy A1【形】理解できる. ze *zrozumliwych* přičin 理解できる理由から.

zručny A1【形】手早い, 素早い.

zrudnosć F7【女】悲しみ, 悲哀.

zrudny A1【形】悲しい, 悲しんだ.

zrudoba F1; **zrudźba** F1【女】哀しみ; 憂鬱.

zrudźić V6【完】悲しませる. **-so** 悲しむ.

zrumować V4【完】片付ける, 整頓する.

zruna【副】まっすぐに, 平らに. *zruna* chodźić まっすぐに歩く.

zrunać V7【完】平らにする, ならす; 跡形もなく破壊する. **-so** 起

き上がる，体を真直ぐにする．
zub M1【男】歯．mlóčny *zub* 乳歯；strowe *zuby* 健康な歯（並び）；mje *zuby* bola 私は歯が痛い；ze *zubami* křipić 歯ぎしりする；*zuby* sej wukusać（*na něčim*）（何で）自分の歯を折る（失敗する，無駄骨を折る）；na *zub* pomasać（*někomu*）（誰を）入念に調べる，厳しくチェックする．
zubaty A1【形】ぎざぎざ[刻み目]のある；歯状の．
zubnik M2【男】歯音．
zubny A1【形】歯の．*zubna* ščetka 歯ブラシ；*zubna* pasta 練り歯みがき；*zubny* lěkar 歯科医．
zubowy A1【形】歯の．*zubowy* korjeń 歯根；*zubowy* nerw 歯神経．
zubr M1【男】ヨーロッパバイソン（野牛）．
zuć V2【完】（履物・ズボンを）脱がせる．**-so**（自分の履物・ズボンを）脱ぐ．
zuwak M2【男】靴脱ぎ板（ブーツの踵をひっかけて脱ぐようにしたもの）．
zuwać V7【不完】→zuć．
zwabić V6【完】誘惑する．
zwada F1【女】争い．teritorialne *zwady* 領土紛争；*zwada* so rozpłimjeni 争いが激化した．
zwadźić so V6【完】[z někim] 言い争う．
zwarić V6【完】煮る，沸騰させる．
zwažić V6【完】釣り合わせる．**-so/-sej** 敢えてする．
zwažliwy A1【形】大胆な，向こう見ずな，危険の大きな．
zwěcnić V6【完】；**zwěcnjeć** V8【不完】客体化する，客観的にする；不朽のものとする．
zwěrina F1【女】動物界．
zwěrinar M4【男】動物学者．
zwěrinski A2【形】動物の．
zwěrić V6【完】[sej] 敢えてする．
zwěrjenc M1【男】（猛獣用の）檻；動物園．
zwěrjo N4(a)【名】動物．
zwěrnosćić V6【完】確かめる．裏づけする．**-so** 裏付けられる．
zwěrowanje N4【中】婚姻．
zwěrować V4【完】結婚させる，婚姻を認める．**-so** 結婚する．
zwěsta【副】確かに．

zwěsćenje N5【中】確認, 検証；固定, 安定.
zwěsćeć V8【不完】; **zwěsćić** V6【完】確認する, 検証する；固定させる.
zwěć V2【完】(風で)吹き飛ばす.
zwinyć V3【完】曲げる, 捻る. *zwinyć* sebi šiju 首を捻る. **-so** [něčemu] (ある状況から)脱する.
zwis M1【男】斜面, 傾斜.
zwisk M2【男】結び付き, 関連. wuski *zwisk* 密接な関係；trajne *zwiski* nawjazać 恒常的な関係を作る；bjez *zwiska* 関係のない.
zwisowacy A1【形】関連した, 筋の通った. .
zwisować V4【不完】[z něčim] (何と)関係している.
zwjadły A1【形】色褪せた, 萎んだ.
zwjadnyć V3【完】; **zwjadować** V4【不完】萎れる, 萎む, 色を失う.
zwjazany A1【形】結び付いた.
zwjazać V7【完】結び付ける. **-so** 結び付く.
zwjazba F1【女】結合.
zwjazk M2【男】綴じたもの, 巻；束；同盟, 連合. wobrazowy *zwjazk* 画集, 写真集；*zwjazk* klučow 鍵の束；*Zwjazk* sowjetskich socialistisckich republikow〔史〕ソビエト連邦.
zwjazkar M4【男】; **-ka** F2【女】同盟者, 盟約の一員.
Zwjazkowa republika Němska A1-F2-A2【女】ドイツ連邦共和国(BRD).
zwjazkowy A1【形】連邦の, 連合の. *zwjazkowy* kancler 連邦首相；*Zwjazkowe* předsydstwo Domowiny ドモヴィナ連合幹部会.
zwjazowacy A1【形】結合の, 結ぶための.
zwjazowar M4【男】連絡兵.
zwjazować V4【不完】結び付ける.
zwječora【副】夕方に, 晩にかけて.
zwjedrić so V6【完】(天気が)晴れる.
zwjeno N1【中】車輪, 車輪の外縁.
zwjerch M2【男】表面, 上方.
zwjercha【副】上から；上[上方]に；表面に.
zwjeršnik M2【男】外套.
zwjeršnosć F7【女】皮相(的なこと)；表面(性).
zwjeršny A1【形】上の, 表面の. *zwjeršna* košla 上着；*zwjeršne* znajomosće 表面的な知識.

zwjert M1【男】回転，旋回；ねじり，ねじれ．
zwjertnyć V3; **zwjerćeć** V5【完】回転させる，ねじる，回す．
　- **so** 回転する，向きを変える．
zwjeselacy A1【形】喜ばしい．
zwjeseleć V8【不完】; **zwjeselić** V6【完】喜ばせる．- **so** 喜ぶ．
zwjeselny A1【形】喜ばしい．
zwjesć, zwjedu, zwjedźeš; zwjedu; 過去 zwjedźech, zwjedźe; 命 zwjedź！; zwjedźće！; 完分 zwjedł, zwjedła; 受動分 zwjedźeny 〈wjesć〉 V9【完】集める，導いて行く．pjenjezy *zwjesć* 金を工面する．
zwjetša【副】少なくとも．
zwjetšadło N1【中】虫眼鏡，拡大鏡．
zwjetšeć V8【不完】; **zwjetšić** V6【完】拡大する．
zwjezć, zwjezu, zwjezeš; zwjezu; 過去 zwjezech, zwjeze; 命 zwjez！; zwjezće！; 完分 zwjezł, zwjezła; 受動分 zwjezeny 〈wjezć〉 V9【完】(乗り物で運んで)集める．- **so** 崩れ落ちる，倒れる．
zwobarać V7【完】跳ね返す．*zwobarać* ataku 攻撃を撃退する．
zwoblěkać V7【完】[někoho] (誰に)服を着せる．- **so** (自分で)服を着る．
zwobraznić V6【完】図解する；絵を描く．*zwobraznić* knihu 本に挿し絵を入れる．
zwobraznjenje N5【中】例解，図解．
zwobraznjeć V8【不完】図解する．
zwobroćeć V8【完】; **zwobroćować** V4【不完】(全部・たくさん)ひっくり返す，裏返す；歪める．
zwohidźeć V8【不完】; **zwohidźić** V6【完】形を崩す，奇形にする．
zwołanje N5【中】(軍隊・議会などの)召集．*zwołanje* do wójska 兵役への召集．
zwołać V7【完】召集する．
zwolić V6【完】[do někoho] 同意[承諾]する．
zwólnić V6【完】解放する，自由にする．
zwólniwy A1【形】進んでする，乗り気の．ke wšemu *zwólniwy* 何事にも用意のできた；preco bě *zwólniwy* pomhać 常に用意ができていた．
zwólnowosć F7【女】いつでも喜んですること，乗り気．
zwón, zwona M1【男】鐘．*zwony* du 鐘(の音)が響く；na wulki

zwónck

zwón powěsnyć (*něšto*) (何を)言いふらす，吹聴して回る．
zwónčk M2【男】《指小》<zwón；呼び鈴，ベル．
zwonić V6【不完】呼ぶ；[na někoho] (誰に)電話する；(鐘・ベルが)鳴る．mi we wušomaj *zwoni* 私は耳鳴りがする．
zwonječesćenje N5【中】名誉毀損．
zwonječesćić V6【不完】名誉を傷つける．
zwóńk M2【男】鐘つき番．
zwonka 1.【副】外から．2.【前置】+《生》外に，以外に．*zwonka* wučby 授業以外に．
zwonkašulski A2【形】学校外の，課外の．
zwonkawučbny A1【形】課外の，授業以外の．
zwonkowny A1【形】外の，外側の，表面に見える．
zwopjećicu【副】戻って，逆に．
zwoprawdźeć V8【不完】；**zwoprawdźić** V6【完】実現させる．-so 実現する．
zwopředka【副】初めから．
zworać V7【完】十分に耕す；やらかす，しでかす．
zwostać, zwostanu, zwostanješ；zwostanu；過去 zwostach, zwosta；命 zwostań！；zwostaće！；完分 zwostał, zwostała；〈wostać〉V9【完】とどまる，残る．
zwotkel【副】《疑問》どこから．
zwotkelž【副】《関係》そこから．
zwotnowotka【副】再度，改めて．
zwótra【副】鋭く．
zwotročić V6【完】隷属させる，奴隷化する．
zwottorhać V7【完】(全部)もぎとる；取り壊す．
zwotwodźeć V2【完】(全部)開く，あける．
zwotwozyć V6【完】(全部)運び去る．
zwozabić V2【完】(sej) 凍傷にかかる．
zwrěšćić V6【完】失敗する，破産する．*zwrěšćić* na pruwowanje 試験に落ちる；wón *je zwrěšćił* 彼は破産した．
zwróćeć V8【不完】；**zwróćić** V6【完】ひっくり返す．-so ひっくり返る，転倒する．
zwučenje N4【中】習わし，慣れ．
zwučenosć F7【女】習慣，常．žiwjenska *zwučenosć* 生活習慣；po swojej *zwučenosći* 自分の習慣に従って．
zwučeny A1【形】習慣の，恒例の；慣れた．*zwučeny* porjad 通常，

慣例；*zwučeny* puć hić いつもの道を行く；sym na to *zwučeny* 私はそれに慣れっこになっている．
zwučeć V8【不完】；**zwučić** V6【完】[na někoho/něšto] 慣れさせる．- so [na něšto] 慣れる．
zwučny A1【形】よく響く，響きの豊かな．
zwučowanišćo N3【中】練習場．
zwučowanje N5【中】練習，トレーニング．
zwučowar M4【男】；-ka F2【女】練習の指導者，トレーナー．
zwučować V4【不完】練習する，トレーニングする．
zwuhašeć V8【完】(全部)消す．
zwuhornyć V3【完】折り返す，まくる．*zwuhornyć* rukawy 腕まくりする．
zwuk M2【男】音．spěwny *zwuk* 有声音．
zwukodušak M2【男】消音装置；弱音器．
zwukoměr M1【男】測(検)音器．
zwukopask M2【男】録音テープ．
zwukoslěd M1【男】音連続．
zwukowěda F1【女】音声学．
zwukowy A1【形】音の，音響の．*zwukowa* murja 音速障壁；*zwukowa* žołma 音波．
zwulka【副】横柄に，傲慢な態度で．
zwuraznić V6【完】；**zwuraznjeć** V8【不完】；**zwuraznjować** V4【不完】表現する．*zwuraznić* swoju nadźiju 自分の望みを言い表す．
zwućahać V7【完】(全部)引き出す．
zwuzběhać V7【完】(全部)持ち上げる．
zwužitkować V4【不完】；**zwužić** V2【完】利用しつくす，用いる．*zwužić* na praksu 実地に利用する．
zwužić[1] V6【完】狭くする，狭める．
zwužic[2] V2【完】；**zwužiwać** V7【不完】利用する．
zwysoka【副】高みから，上から；横柄に，見下して．
zwyšenje N4【中】上昇，増大．
zwyšeć V8【不完】；**zwyšić** V6【完】高める，(利益・産高などを)上げる．
zyba F1【女】アトリ(鳥)．
zybolić so V6【不完】キラキラ[チラチラ]する．
zyma 1.【副】《述語》[někomu] 寒い．mi je *zyma* 私は寒い．2.

zymica

F1【女】冬；寒気. spočatk *zymy* 初冬；*zymu* mrěć 凍え死ぬ；ze *zymu* třepotać 寒さで体が震える；mje *zyma* třase 私は寒けがする.
zymica F3【女】(風邪の)熱.
zymnokrejny A1【形】冷淡な；冷静な.
zymny A1【形】寒い, 凍るような.
zymski A2【形】冬の. *zymski* płasć 冬のコート；*zymski* spar 冬眠.
zynčeć V5【不完】音を出す. pčołki *zynča* 蜂が羽音をたてる.
zynk M2【男】音. kajkosć *zynka* 音色.
zynkopask M2【男】録音テープ；サウンドトラック.
zywańca F3【女】あくび.
zywanje N4【中】あくびをすること.
zywać V7【不完】；**zywnyć** V3【完】あくびをする.

Ž, ž

žaba F1【女】カエル.
žabjacy A1【形】カエルの.
žabra PL1【複】(水棲動物の)えら；(釣針の)ぎざぎざ.
žadanje N5【中】望み, 要望, 熱望. stajeć najwyše *žadanja* (na *někoho*) (誰に)最大限の要求を出す.
žadanka F2【女】誓願, 請求.
žadać V7【不完】望む, 欲しがる；[něšto wot někoho] (誰に何を)求める, 要求する. što sebi *žada*? 何を自分に望むか？
žadławić so V6【不完】反感を覚える. mi so *žadławi* 私は拒絶感を覚える, 私には嫌だ.
žadławosć F7【女】汚らわしさ, いやらしさ, 俗悪, 下劣.
žadławy A1【形】いやらしい, 俗悪な, 下劣な.
žadnostka F2【女】稀(な事・物), 珍品.
žadnosć F7【女】珍しさ, 珍しい事.
žadny A1【形】稀な. *žadny* hósć 珍客.
žadosć F7【女】要求, 切望, 熱望.

žadosćiwy A1【形】熱望した，したくてたまらない．*žadosćiwe sony* 宿願．

žadyn, žana, 中 žane；複主 žani, žane；双主 žanaj, žanej P4【代名】《否定》一つの(…もない)；まったく(…でない)．njejsym *žadyn* fachowc 私は専門家などではない；*žadyn* z nich to njewě 彼等の中の誰もそれを知らない；to *žana* hańba nje je それは少しも恥ではない；nimam *žane* pjenjezy 私はまったくの文なしだ；to na *žane* wašnje njeńdźe それはどうしたってうまく行かない；nječiń *žane* hłuposće！ばかなことは絶対にするな！maće hišće *žanu* muku？もう粉は全然ないの？

žaha F2【女】胸やけ．mje *žaha* pali 私は胸やけがする．

žahać V7【不完】燃える，焦げる．

žahłosć F7【女】猛暑，熱気；情熱．

žahły A1【形】灼熱した，燃えるような；忿怒の．

žaket M1【男】ジャケット．

žałba F1【女】軟膏．

žałbny A1【形】軟膏の，軟膏用の．

žałbować V4【不完】軟膏を塗る．

žałisćoć V6【不完】嘆く，悲しむ．

žałostny A1【形】恐ろしい，すさまじい．*žałostne* smjerdźenje ひどい悪臭．

žałosć F7【女】嘆き，悲嘆．

žałza F3【女】腺(セン)．slinowa *žałza* 涙腺；mlóčna *žałza* 乳腺．

žałznica F1【女】るいれき(腺の腫れ)．

žaluzija F5【女】ブラインド．

žandarm M1【男】〔史〕護衛官；(地方の)警官．

žanr M1【男】ジャンル；属，種類．

žarliwosć F7【女】嫉妬．

žarliwy A1【形】妬んだ．być *žarliwy* (*na někoho*) (誰を)妬んでいる．

žaroba F1【女】喪；嘆き，悲哀．

žarowanje N5【中】喪，哀悼．

žarowanski A2【形】嘆きの；哀悼の，喪の．*žarowanska* drasta 喪服．

žarować V4【不完】[wo někoho//po někim](誰を思って)悲しむ，哀悼を捧げる；喪に服す．

žatko N2【中】可哀相な人．

ždyn【助】たぶん．
žebjer M4【男】鈍ったナイフ．
žedźba F1【女】あこがれ，思慕．
žedźić V6【不完】[za někim/něčim]（誰・何に）あこがれる，熱望する．
žedźiwy A1【形】熱望に満ちた，渇望した．*žedźiwe* čekanje 待切れない思い，待望．
žehlak M2【男】発火装置，ヒューズ．
žehlawka F2【女】白熱電球．
žehlidło N1【中】アイロン．
žehlić V6【不完】白熱させる，真っ赤にする；のす，火のしする，アイロンをかける．-**so** 白熱する，真っ赤に燃える．
žehliwy A1【形】白熱した．
žel【副】残念だ．to je mi *žel* それは私には残念だ，気の毒に思う；mi je jenož našeje susodki *žel* 私にはただ私たちのお隣さんが気の毒です．
želatina F1【女】ゼラチン．
želbija F5【女】サルビア．
želej M3【男】ゼリー．
železarstwo N1【中】金物屋，金属製品店．
železnica F3【女】鉄道．eletkriska *železnica* 電気鉄道．
železnicar M4【男】；-**ka** F2【女】鉄道員．
železniski A2【形】鉄道の．*železniska* syć 鉄道網．
železny A1【形】鉄の，鉄のような．*železna* tyč 鉄棒，アイアンロッド；*železna* wola 鉄の意志．
železo N2【中】鉄．kowane *železo* 練鉄．
železorudnišćo N3【中】鉄鉱．
železowuškrěwanski A2【形】鉄工業の．
železowy A1【形】鉄の．*železowa* ruda 鉄鉱山．
železyna F1【女】鉄製品．
želić V6【不完】[po někim]（誰を思って）悲しむ．
želnosć F7【女】悔い，後悔．
želnosćiwy A1【形】後悔している．
želny A1【形】嘆きの．
ženij M3【男】天才（人・才能）．
ženitny A1【形】婚礼適齢期の．
ženić so V6【完】[z někim]（男性が）結婚する．

ženje【副】《否定》まったく, 決して(…ない). *ženje* wjace もはや, さらには(…ない).

ženjeny A1【形】(男性が)既婚の.

žeńtwa F1【女】結婚. *žeńtwa* z lubosće 恋愛結婚; na *žeńtwu* chodźić 花嫁をさがす.

žerdka F2【女】木舞(コマイ), 貫板; 横木, 横棒.

žerdź F7【女】棒, 棒状のもの(竿・ながえ・横木・止り木など).

žerny A1【形】(家畜が)良く食べる; 飼料に適した.

Žid M1【男】ユダヤ人.

žida F1【女】絹. dźěłana *žida* 人造絹.

židar M4【男】絹製造者, 絹織物職人.

židarnja F6【女】絹織物工場.

židki A2【形】液状の; 薄い, 薄まった, 水っぽい. *židke* mydło 石鹸液, 液状石鹸; *židki* kofej 薄いコーヒー.

židlawa F1【女】下痢.

Židow M1【男】ザイダウ(ラウジッツの地名).

Židowka F2【女】ユダヤ人(女性).

židowski A2【形】ユダヤ人の.

židowšćina F1【女】ユダヤ(ヘブライ)語.

židši A3【形】《比》<*židki*.

židšić V6【不完】液状にする; 薄める, 希釈する.

židžany A1【形】絹の. *židžany* šat 絹のワンピース.

žiła F1【女】血管. hronowa *žiła* 動脈; sucha *žiła* 筋, 腱; wutrobna *žiła* 大動脈.

žiłasty A1【形】筋の多い.

žiłka F2【女】《指小》<*žiła*. *žiłku* měć (*za nešto*) (何に)気性があっている, 勘がよい.

žimać V7【不完】(洗濯物を)絞る.

žimawa F1【女】(洗濯物の)脱水機.

Žitawa F1【女】ツィッタウ(ラウジッツの地名).

žitnišćo N3【中】穀物畑.

žitny 1. A1【形】穀物の. *žitne* žně 穀物の取り入れ; *žitna* kłóska 穀物の穂. 2. A1【男】コーンブランデー.

žito N1【中】穀物. plahowanje *žita* 穀物の作付け.

žić V2【不完】(病気・傷が)癒える.

žiwica F3【女】樹脂, (木の)やに.

žiwidła PL1【複】食料, 食品.

žiwić V6【不完】養う．*žiwić* hłód 餓える；*žiwić* nadźiju 希望を抱く．- **so** [wot něčeho] 食べる，養分を取る，エネルギー源とする．
žiwićel M3【男】；**-ka** F2【女】養い手．
žiwjenje N5【中】生活，人生．znamjenja *žiwjenja* 生の息吹き，生きている印；bjez *žiwjenja* 生気のない，死んだ（ような）；za čas *žiwjenja* 生涯；běhźenje wo *žiwjenje* 生存競争；stajić *žiwjenje* na hrački 人生を賭ける．
žiwjenoběh M2【男】生きざま，人生．
žiwjenopis M1【男】伝記．
žiwjenski A2【形】人生の．
žiwjoł M1【男】要素．
žiwnosć F7【女】（小規模の）園芸農業；食べ物．
žiwoch M2【男】生き物．
žiwot M1【男】腹，（下）腹部．rězanje w *žiwoće* （刺すような）腹痛；maćerny *žiwot* 母の胎内；čežkeho *žiwota* być 身重である．
žiwy A1【形】生きた，生命のある．*žiwy* być 生きている；*žiwa* waha （家畜の）生体重量；*žiwe* clěbro 水銀．
złob M1【男】飼い葉桶；（家畜用・水を運ぶための）桶，たらい；（排水用の）樋．
złobik M2【男】《指小》＜ *złob*；（赤ん坊用の）たらい．
złokać V7【不完】（動物が）飲む；がぶがぶ飲む．
žmrik M2【男】瞬き；一瞬．
žmrikać V7【不完】；**žmriknyć** V3【完】まばたきする，目配せする．
žně PL2【複】収穫．na *žnjach* 収穫の折に．
žnjenak M2【男】刈り入れ機．
žnjenc M1【男】刈り入れ人；八月．
žnjenski A2【形】刈り入れの．
žnjeć, žnjeju, žnješ；žnjeja；過去 žnjejach, žnjeješe；複二 žnjeješće；双二 žnjeještaj, -tej；命 žnjej！；žnjejće！；完分 žnjał, žnjała；žnjeli；žnjałoj；受動分 žnjaty；能動分 žnjajacy V9【不完】刈り入れる，収穫する．
žnjowy A1【形】刈り入れの．
žno【助】もう．
žohnowanje N5【中】祝福．
žohnować V4【不完】祝服する．
žołč M3【男】胆汁；ひどく苦いもの，苦い思い，苦汁，悲しみ．

žołčnik M2【男】胆嚢.
žołdk M2【男】胃. w *žołdku* ležeć 迷惑をかける，いまいましがらせる.
žołdź M3【男】ドングリ.
žołma F1【女】波.
žołmić so【不完】波打つ；押し寄せる.
žołtk M2【男】卵黄.
žołtnica F3【女】黄疸（オウダン）.
žołtojty A1【形】黄色がかった.
žołty A1【形】黄色い.
žołć F7【女】黄色，黄色の塗料.
žona F1【女】女；妻.
žonglěrować V4【不完】曲芸をする.
žonjacy A1【形】女の，婦人用の. *žonjaca drasta* 女物の服；*žonjacy kłobuk* 婦人帽.
žonop M1【男】からし.
žónski A2【形】婦人の，婦人用の. *žónska moda* 婦人モード；*žónski chór* 女性コーラス；*žónski ród*〔文法〕女性.
žoraw M4【男】ツル.
žórło N1【中】泉，水源；源. energijowe *žórło* エネルギー源.
žórlić so V6【不完】湧き出る，流れ出る；元とする，端を発する.
žort M1【男】冗談.
žortn(iw)y A1【形】冗談の，おどけた.
žortować V4【不完】ふざける，おどける.
žrack M2【男】大食らい.
žradło N1【中】飼料.
žrać, žeru, žerješ；žeru；過去 žerjech, žerješe；命 žer！；žerće！；完分 žrał, žrała；受動分 žrany V9【不完】むさぼり食う.
žrawc M1【男】サメ；貪欲な人.
žrěbc M1【男】雄馬.
žrěbjoća N4【中】子馬.
žro N1【中】核；髄.
žumpadło N1【中】泥沼，ぬかるみ.
župa F1【女】〔史〕行政郡；ジュパ（ドモヴィナの下部組織の単位）.
župan M1【男】〔史〕郡長官；ドモヴィナのジュパの長.
župny A1【形】ジュパの，ジュパに属する.
žurk M2【男】ハムスター.

žurkować V4【不完】買いだめする，ため込む．
žurla F5【女】ホール，広間．
žurnalist M1【男】；**-ka** F2【女】ジャーナリスト．
žuć V2【不完】噛む，咀嚼する；だべる，べらべらしゃべる．
žuwać V7【不完】反芻する．
žwantora F1【女】おしゃべり．
žwać, žuju, ješteš；žuja；過去 žujach, ješeše；複二 žuješče；双二 žuještaj, -tej；命 žuj！；žujće！；完分 žwał, žwała；受動分 žwany V9【不完】噛む，音をたてて噛む；反芻する；おしゃべりする．
žwjenkačk M2【男】チューインガム．
žwjenkać V7【不完】（ガムを）噛む，音をたてて噛む．

日本語索引

あ

挨拶　postrow
愛情　lubosć
合図　pokaz
合図する　přikiwnyć
愛する　lubować
間に　mjez
アイロン　žhlidło
会う　zetkać
青い　módry
赤い　čerwjeny
明るい　jasny, swětły
秋　nazyma
商う　wikować
悪　zło
アクセント　přizwuk
あくび　zywańca
悪魔　čert, djaboł, djas, ječibjel
開ける　wočinić, wotamkać, wotewěrać, wotwěrać
顎　čelesno
麻　konop
朝　ranje
浅い　niłki
足　noha
明日　jutře
汗　pót
あそこに　tam
遊び　hra
与える　dać, dawać

温かい　ćopły, liwki
暖[温]める　zahrěć, zhrěć
頭　hłowa
新しい　nowy
あちらへ　won
熱い　horcy
厚い　tołsty
圧する　ćišćeć
圧倒する　přemóc
集まる　schadźować so
集める　hromadźić, nazběrać
圧力　ćišć
跡　slěd
後(→うしろ)
穴　dźěra, jama, rozdrěńca
あの　wony
油　wolij
亜麻　len
甘い　słodki
網　sak
編む　plesć
雨　dešć
危うく　bjezmała, skoro
誤った　wopačny
歩み　chód, kročel, krok
歩む　stupać
粗い　hruby, surowy
洗う　myć, płokać, wopłoknyć, wumyć
あらかじめ　dočasa
嵐　wichor
アリ　mrowja

ある　někotry, wěsty
歩いて　pěši
あるいは　abo
ある時　jónu, něhdy, raz
泡　pěna
哀れな　bědny, chudy, wbohi
安全な　bjezstrašnostny, bjez-strašny, wěstotny, wěsty

い

胃　žołdk
イースト　droždźe
言う　prajić, rjeknyć
家　dom, chěža
以外に　chiba, chibazo, zwonka
怒り　hněw
息　dych
生きた　žiwy
いきなり　hnydom
行く　dojěć, hić, jěć, jězdźić
育成する　hajić
池　hat
意見　mysl
異国の　cuzy
居酒屋　korčma
石　kamjeń
意志　wola
意識　wědomje
医者　lěkar, lěkarka
椅子　stoł, stólc
泉　žórło
いずれにしても　wšak
急いで　chětře
急ぐ　chwatać, spěchać
依存した　wotwisny
板　deska

偉大な　wulki
頂き　wjerch, wjeršk
痛み　bol
至るところで　wšudźe, wšudźe-žkuli
一月　januar, wulki róžk
イチゴ　jahoda
一度　raz
市場　wiki
いつ　hdy
一階　přizemjo
一気に　zrazom
一緒に　hromadźe, sobu
一杯にする　pjelnić
一片　kruch, kus
一方　mjeztym
いつも　přeco, stajnje
糸　nitka
意図　wotpohlad, zaměr
犬　pos, psyk
祈る　modlić so, pomodlić so
違反する　přeńć so
衣服　drasta
今　nětko
今の　nětčiši
意味　woznam, wuznam, zmysł
意味する　měnić
入り口　najězd
色々な　wšelaki
祝う　swjećić
いわば　takrjec
インク　čornidło
印刷する　poćišćeć, ćišćeć
印象　zaćisć

う

ウール	wołma
上	
～から	wothorjenka, zwjercha, zwysoka
～(の方)に, へ	na, nad, znad
～の	horjeka, horni, zweršny
～で	na
飢えた	hłodny
植える	sadźeć, wosadźeć
迂回する	wobeńć, wobjěć
受け入れる	přijeć
受け取る	dóstać, dóstawać
動かす	hibać, pohibnyć, suwać, zahibać
牛	howjado, skót, skoćo
失う	pozhubić, zhubić
後ろ	
～から	wotzady, zezady
～(の方)に, へ	dozady, za, zady
～で	za
薄い	rědki, ćenki, wjetki, židki
嘘	łža
歌	pěseń, spěw
歌う	spěwać
疑い	dwěl
打ち砕く	rozbić
宇宙	swětnišćo
打つ	bić, ćeć, zabić
撃つ	třěleć, wutřěleć
美しい	krasny, pyšny, rjany
移す	přeměsćeć, přenjesć
訴え	skóržba, wobskóržba
訴える	skoržić
うつろな	duty
腕	ruka
唸る	rykać
奪う	rubić, wurubić
馬	kóń
生まれ	ród
生まれる	narodźić so
海	morjo
生む	rodźić
埋める	zahrjebać
裏切る	přeradźeć
売る	předać
熟れた	zrały
運転する	wodźić
運動	hidanje, pohib,
運命	wosud

え

絵	mólba
柄	ručica
影響	wliw
栄光	sława
英雄	rjek
描く	molować
駅	dwórnišćo
枝	hał(u)za
選ぶ	wolić, wuběrać, wubrać, wuzwoleć
得る	dóstać, wudobyć
円	koło, kruh
遠足	wulět
エンドウ豆	hroch
煙突	wuheń
鉛筆	wołojnik

お

甥	bratrowc, sotrowc
追い越す	přesćěhnyć
追い払う	zahnać
老いる	zestarić
追う	hnać
横断する	přestupić
終える	kónčić, skónčić
覆い	škit
覆う	kryć, pokryć, přikryć, skryć, zakryć
狼	wjelk
大きさ	rozměr, wotměra
大きな	wulki
多くの	mnohi
オーブン	kachle, pěc
大麦	ječmjeń
おおよそ	něhdźe, někak
丘	chołm
犯す	přestupić
小川	rěčka
起き上がる	stanyć
補う	wotškódnić
置く	kłasć, položić, sadźeć, stajeć, złožić
臆病な	bojazny
贈り物	dar
送る	pósłać, słać, wotpósłać, wotsyłać, zapósłać
贈る	wobdarić
遅れ	zakomdźenje
遅れる	komdźić so, skomdźić, zadlić so, zapozdźeć so
起こす	wubudźeć, zbudźeć
行い	skutk
行う	činić, sčinić
怒らせる	rozhněwać, rozhorjeć
起こる	nastać, stać so
叔父	wuj
教える	wučić
啞の	němy
オス	sanc
押す	storčić, zasunyć
遅い	pózdni
おそらく	najskerje
恐れる	bojeć so, strachować so
恐ろしい	zatrašawy, zatrašny
落ちる	dopadować, padać, padnyć, spadać, wupadnyć
夫	mandźelski, muž
音	zwuk, zynk
男	muž
落とす	pušćeć, spušćeć
大人	dorosćeny
踊る	rej(o)wać
驚き	zadźiwanje
驚く	dźiwać so
同じ	samsny
斧	sekera, toporo
覚えている	pomnić
重い	ćežki
思い出す	dopomnić, pomnić, spominać
思い違い	zamylenje
思いつく	wuzdać
思い出	wopominanje
思う	měnić, myslić
おもちゃ	hrajka
赴く	podać so
思われる	zdać so
親方	mišter
親指	palc

泳ぐ	płuwać
降りる	zeńć
折る	łamać, złamać
オルガン	pišćele
愚かな	hłupy
終り	kónc
音楽	hudźba
女	žona

か

蚊	kuntwora
蛾	mola
カーテン	zawěsk
回	króć
階	poschod
開花	rozkćěw
会合	zetkanje
外国	wukraj
開始	započatk
解説する	rozłožeć
改善する	polěpšeć
階段	schód, schodźenk
概念	předstajenje, wopřijeće
会話	rozmołwa
買う	kupić, wotkupić
返す	wróćić
代える	změnić
顔	mjezwočo, wobličo
香	woruch
価格	płaćizna
踵	pjata
鏡	špihel
鍵	kluč
限られた	wobmjezowany
家禽	pjerizna
核	jabro
格	pad
書く	napisać, pisać, spisać
嗅ぐ	nuchać
学習	wučba
学習する	wuknyć
隠す	schować, tajić
拡大する	powjetšić
獲得する	dobyć, nabyć
学問	wěda
陰	chłodk
影	sćin
過去	zašłosć
カゴ	koš
飾る	pyšić
賢い	mudry
果実	płód
貸す	požčeć, wupožčić
数	čisło, ličba
ガス	płun
風邪	nazymnjenje
風	wětr
数える	ličić
家族	swójba
肩	ramjo
固い	kruty
硬い	twjerdy
課題	nadawk
形	forma
形作る	wutworić
片付ける	rumować, wotbyć, wotčinić, wotrumować, wotstronić
傾ける	chileć, nakłonić, skłonić
語る	powědać
価値がある	hódno
家畜	skót
ガチョウ	huso, husyca

勝つ　dobyć
学校　šula
褐炭　brunica
かつて　něhdy, raz
カッテージチーズ　twarožk
活動する　skutkować
角　kut, róžk
悲しい　zrudny
かなたの　daloki
かなり　zboha
鐘　zwón
可能だ　móžno
可能にする　zamóc
かび　plěseń, plěsniwizna
下部　spódk
壁　murja, sćěna
貨幣　pjenjez
釜　kotoł
鎌　serp
神　bóh
紙　papjera, łopjeno
髪　włosa
剃刀　truhadło
雷　hrimanje, hrimot, zahrimanje
噛む　kusać, skusać, žuć, žwać
通う　chodźić, wopytować
火曜日　wutora
殻　łušćina, skorpizna
〜から　wot, z
からし　žonop
カラス　wróna
ガラス　šklenca
空の　prózdny
狩り　hońtwa
刈り取る　syc
借りる　požčeć, wotnajeć, wupožčić
軽い　lochki
枯れる　wotemrěć
カレンダー　protyka
かろうじて　lědma, sćežka
皮　koža, skora, skórčička, skórka
側　bok, strona
渇いた　lačny
乾いた　suchi
乾く　schnyć, sušić so
革紐　rjemjeń
代わりに　město
考え　měnjenje, mysl
考え出す　wumysleć
考える　myslić, rozmysleć
環境　wokolnosć
関係　poměr, poćah, styk
官公庁　hamt
監獄　jastwo
観察する　wobkedźbować
感謝　dźak
感謝する　dźakować so
感じる　čuć, začuć
関心　zajim
完全な　połny
完全に　docyła
肝臓　jatra
岩盤　skała
管理する　rjadować
完了する　wudokonjeć

き

木　drjewo, štom
黄色い　žołty
消える　minyć so, pominyć

記憶	pomjatk, spomnjenka, wopomnjeće
機会	přiležnosć, składnosć
着替えさせる	přewoblec
聴く	posłuchać
聞く	słuchać, słyšeć
器具	nastroj, připrawa
記号	znamješko, znamjo
聞こえる	klinčeć
既婚の	woženjeny, ženjeny
岸	brjóh, pobrjóh
キジ	bažant
傷	rana
キスする	hubičkować, wokošeć
傷つける	ranić
犠牲者	wopor
季節	sezona
着せる	woblec, zadrasćeć
基礎	podkład, podłožk, podstawk, zasada
北	sewjer
期待する	nadźeć so
鍛える	kować
きっかり	zdypkom
気付く	pytnyć, spóznać
切手	znamka
キツネ	liška
切符	karta
規定	postajenje
気に入る	spodobać so
記念	wopominanje
キノコ	hrib
気晴し	zabawa
キビ	jahły
気分	lóšt, začutosć
規模	rozměr
義務	winowatosć, zawjazk
客	hósć
逆に	nawopak
キャベツ	kał
球	kula
休暇	dowol, prózdniny
休憩する	wotpočnyć
急な	nahły
急に	naraz
キュウリ	kórka
給料	zasłužba
今日	džensa
行	rynk
教育する	kubłać
教会	cyrkej
境界	hranica, mjeza
教科書	wučbnica
競技	wubědźowanje
供給	přiwoz
教区	wosada
教師	wučer
教室	rjadownja
兄弟	bratr
恐怖	strach
興味深い	zajimawy
極	čop
拒絶する	wotpokazać, wotpowědźeć, wotpóznać, wotprajeć
距離	wotstawk
霧	mła
切り落とす	wotćeć
切り株	pjeńk
切る	kałać, krać, rězać, rozrězać, rubać, třihać, wotkrać
金(キン)	złoto
銀	slěbro
禁止	zakaz, zapowědź
金銭	pjenjez

緊張した　napjaty, spjaty
金曜日　pjatk

く

悔いる　zapokućeć
空間　rum, rumnosć
空気　powětr
偶然の　připadny
空洞の　wutły
釘　hózdź
草　trawa
草地　łuka
腐った　zhniły
楔　klin
腐る　hnić
屑　wotpadki
薬　lěkarstwo, srědk
管　roła
下って　dele
果物　sad
下る　zeńć
口　ert, huba, rót
唇　huba
靴　črij, stupjen
苦痛　čwěla
靴下　nohajca
国　kraj, zemja
クヌーデル　knedlik
配る　rozdać, roznjesć
首　kyrk, šija
区分　wotdźěl
熊　mjedwjedź
雲　mróčel
蜘蛛　pawk
曇る　zamróčeć so
悔やむ　kać so

鞍　sedło
暗い　obskurny, ćma, ćmowy
クラス　rjadownja
グラス　šklenca, šklenčka
繰り返す　wospjetować
クリスマス　hody
クリスマスイヴ　patoržica
グループ　skupina
苦しむ　stonać, tradać, čerpjeć
車　wóz
ぐるりと　kołowokoło
黒い　čorny
企てる　wotmysleć
加わる　přistupić
勲章　myto, wuznamjenjenje

け

毛(動物の)　kosma, kožuch, pjelsć
計画する　planować
経験する　nazhonić, přeživić
敬虔な　nabožny
計算する　ličić
形成する　tworić
計測する　měrec
ケーキ　tykanc
劇場　dźiwadło
消す　hasnyć
結果　naslědk, wuslědk
欠陥　brach
血管　žiła
結婚式　kwas
結婚する　woženić, ženić so
決して(ない)　nihdy
欠席　wuwostatk
決定する　rozsudźeć

煙　dym, kur	行進　pochod
けれど　tola	構成　natwar
県　wobwod	合成する　zestajeć
弦　truna	皇帝　kejžor
原因　přičina	コウノトリ　baćon
けんか　zadźěrańca	公表する　zjewić
研究　slědźenje	幸福　zbožo
健康な　strowy	興奮させる　rozbudźić
言語学　rěčespyt	考慮する　rozmysleć
現在の　nětčiši, přitomnostny, přitomny	声　hłos
	越えて　přez
現象　zjaw	コーヒー　kofej
減少する　wubyć	氷　lód
現代の　načasny	五月　meja, róžownik
建築する　wutwarić	呼吸する　dychać
権利　prawo	故郷　domizna
権力　móc, mócnarstwo	漕ぐ　wjesłować
	国王　kral

こ

	国外の　wonkowny
	穀物　zorno, žito
	苔　moch
語　słowo	ここ
濃い　husty	～から　wottud(y)
請う　prosyć	～で　jow, tu, tudy, tule
効果　wuskutk	～に，へ　sem
後悔　želnosć	午後　popodnjo
後悔する　rozkać so	凍える　wozybać
高価な　drohi	心　wutroba
交換する　wotměnić, wuměnić	試みる　pospytać, probować, spytać
講義　přednošk	
好奇心のある　wćipny	腰　chribjet
公共の　zjawny	コショウ　popjer
光景　napohlad	個人　wosoba
工芸　wuměłstwo	午前　dopołdnjo
交差点　křižowanišćo	答える　wotmołwić, zamołwić
子牛　ćelo	誇張する　přepjeć
鉱床　rudnišćo	国家　mócnarstwo, stat
交渉する　jednać	

事	wěc	材料	maćizna, srědk
今年	lětsa	さえ	samo
異なる	rozdźělny	遮る	zasłonić
言葉	rěč, słowo	探す	pytać
子供	dźěćo	魚	ryba
粉	muka	先	kónčk, prědk
この	tón, tónle, tutón	裂く	ščěpić
好んで	rady	咲く	kćěć
拳	pjasć	昨日	wčera
個別の	jednotliwy	昨年	loni
小部屋	komorka	作文	nastawk
こぼす	ronić, rozleć	叫ぶ	křičeć, wołać, wrěščeć
細かい	drobny	避ける	wobeńć
ごみ	wotpadki	支える	zepěrać, zeprěć
コムギ	pšeńca	指し示す	pokazać
こめかみ	spanje	差し出す	zawdać
小屋	chlěw	差し引く	wotličeć
これまで	dotal	刺す	kałać, kłóć, skałać
転がす	walić	作家	spisowaćel
殺す	morić	サッカー	kopańca
壊す	podlemić, wubić, złamać	雑誌	časopis
混乱	šmjat	裁く	sudźić
婚礼	wěrowanje	妨げる	mylić, wadźić
		寒い	zymny

さ

		作用	wuskutk
		さようなら	božemje
サービス	słužba	皿	taler
差異	rozdźěl	さらに	nadal
再会	zasowidźenje	去る	woteńć, wujěć
最近	njedawno, wóndano	参加	wobdźělenje, wobdźělnistwo
最近の	posledni		
採掘する	wottwarić	三月	měrc, nalětnik
最後の	posledni	散策	wuchodźowanje
才能	dar, wobdarjenosć	残念だ	škoda, žel
栽培する	plahować	残念ながら	bohužel
財布	móšeń		
採用する	přiwzać		

し

詩　baseń
死　smjerć
幸せな　zbožniwy, zbožowny
飼育する　plahować
シーツ　płachta
強いる　nanuzować, nućić
子音　sobuzwuk
支援する　podpěrać
塩　sól
視界　wid
しかし　ale
四月　apryl, jutrownik
時間　čas, hodźina, chwila
時期　doba
識別する　rozeznać
敷く　zasłać
しげみ　kerk
試験　pruwa, pruwowanje
事故　njezbožo
地獄　hela
仕事　dźěło
刺繍　wušiwan|ka
地所　ležownosć
静かな　ćichi
滴　kapka
沈める　nurić
自然　přiroda
舌　jazyk
下
　～から　zespody, zniska
　～(の方)に, へ　dele, deleka, pod
　～の　spódni
従う　posłuchać, słuchać, slědo-wać, sčěhować
七月　julij, pražnik
市長　měšćanosta
実行　skutk
実行する　spjelnić, wuwjesć
叱責　wuswar
知っている　wědźeć, znać
実に　prawje
質問　prašenje
指定する　připokazać
自転車　koleso
指導者　nawoda
死ぬ　wotemrěć, wumrěć, zahi-nyć, zemrěć
支配する　kněžić, wobkněžić
しばしば　často, husto
支払う　płaćić
自分で　sam
自分の　swój
島　kupa
姉妹　sotra
湿った　włohojty, włóžny
占める　wobsadźeć
霜　mróz
社会　towaršnosć
じゃが芋　běrna
弱点　słabina
シャツ　košla
しゃっくり　hikawka
斜面　nawis, parow, skłonina, zwis
車輪　koło
週　njedźela, tydźeń
自由　swoboda
銃　třelba
十一月　nazymnik, nowember, požnjenc

周囲に	kołowokoło, wokoło	状況	położenje, wokolnosć
収益	wunošk	条件	wuměnjenje
集会	zhromadźizna	証拠	wopokaz
収穫	žně	正午	připołdnjo
十月	oktober, winowc	賞賛する	chwalić
習慣	přiwučenje, zwučenosć	証書	wopismo
住居	bydlenje	少女	holca, holčo
十字架	křiž	少々	trochu, tróšku
修正する	porjedźeć	生じる	nastać
修道院	klóšter	招待する	přeprosyć
修道僧	mnich	冗談	žort
自由な	wólny	少年	hólc, hólčo
十二月	december, hodownik	消費する	pretrjebać
住人	wobydler	証明[書]	wuswědčenje
十分に	dosyta, nadosć	証明する	dopokazać, swědčić,
重要な	wažny		wopokazać, wupokazać
終了する	dokónčić	職業	powołanje
祝祭日	swjatk	食事	jědź
手稿	rukopis	食品	zežividło
主人公	rjek, rjekowka	植物	rostlina
種族	splah	食料	žividła
主張する	twjerdźić	助言	rada
出発	woteńdźenje, wotchad,	助言する	poradźeć, radźić
	wotchod, wotjězd, wotlět,	序文	predrěč, předsłowo
	zazběh	署名する	podpisać
取得する	přiswojeć	処理する	wotbyć
種類	družina, ród	知らせる	přizjewić, zdźěleć
順	slěd	退く	wotstupić
順序の	rjadowy	自立	samostatnosć
純粋な	čisty	城	hród
準備する	hotować	白い	běły
錠	zamk	信仰	wěra
上演	předstajenje	人工の	kumštny
障害	haćenje, haćidło, zapěra	紳士	knjez
紹介する	předstajeć, zeznajo-	寝室	lěharnja
	mić	真実	prawda, wěrnosć
蒸気	para	信じる	wěrić

人生 žiwjenje	炭 wuhlo
新鮮な čerstwy	住む bydlić
心臓 wutroba	スラヴの słowjanski
信念 wěra	鋭い wótry
心配 starosć	座っている sedźeć
新聞 nowina	
信頼 dowěra	

す

せ

巣 hnězdo	正確に dokładnje
水道 wodarnja, wodowód	生活 žiwjenje
水平な wodoruny	世紀 lětstotk, wěk
水曜日 srjeda	正義 prawda
吸う srěbać	税金 dawk
スープ juška, poliwka	政治 politika
スカート suknja	正書法 prawopis
姿 wobraz	成長する wurosć, zrosć
鋤 łopač, płuh, radło	生徒 šuler
過ぎて nimo	聖なる swjaty
過ぎる zańć	製品 twora
救う wuchować	政府 kněžerstwo
少なくとも znajmjeńša	声明 wopowědź
優れた wuběrny	整理する rjadować
スケッチする rysować	世界 swět
少し trochu, trósku	咳 kašel
スズメ wrobl	席 sydło
スチール wocl	石鹸 mydło
酸っぱい kisały	接続する přizamknyć
すでに hižo	設置する stajeć
ストック skład	説明する rozjasnić, wujasnić
砂 pěsk	節約する lutować
素晴しい wulkotny	設立する załožić
スプーン łžica, łžička	背中 chribjet
すべての wšitkón, wšón	背広 woblek
ズボン cholowy	背骨 rjap
隅 róžk	狭い wuski
	世話する zastarać
	線 čara, linija, smuha

栓	čop
選挙	wólba
前進する	postupić
先祖	wótc
戦争	wójna
全体の	cyły
選択	wólba
全部	wšitko, wšo
専門の	fachowy
善良な	dušny
洗礼	křćeńca

そ

層	woršta
相応する	wotpowědować
相互の	wzajomny
掃除する	rjedźić
創造する	stworić
増大する	rozrosć
装置	připrawa
ソーセージ	kołbasa
即座に	wokomiknje
属す	słušeć
属性	kajkosć
底	dno, spódk
祖国	wótčina
損なう	kazyć
阻止する	zadźěwać
そして	a
蘇生	wožiwjenje
注ぎ出す	kidać, wotkidać
注ぐ	krjepić, leć, linyć, naleć, nalinyć, poleć, rozlinyć, wotleć, zaleć
育つ	rosć
沿って	podłu
そっと	mjelčo
袖	rukaw
外	
～から	zwonka
～に	won
～の	wonkowny, zwonkowny
その	tón
そのうえ	samo
祖父	dźěd
ソファー	konopej
祖母	wowka
空	njebjo
ソルブ語	serbšćina
ソルブ人	Serb
それから	potom
損害	škoda

た

対応する	wotpowědować
大学	uniwersita
退屈	wostuda
体験する	dožiwić, přeživić
滞在する	pobyć, přebywać
対して	napřećiwo
たいそう	chětro, jara, wulce
怠惰な	lěni
大胆な	chrobły, schrobliwy, zmužity
態度	zadźerženje
代表する	zastupować
大部分	wjetšina
太陽	słónco
代用する	narunać
貸与する	spožčeć
平らな	hładki, płony, runy
絶え間なく	njepřestajnje

耐える	znjesć	黙る	mjelčeć, zamjelčeć
タカ	sokoł	民	lud
高い	drohi, nadobny, wysoki	ダム	haćenje
耕す	worać	ために	dla
抱き抱える	wobjeć	保つ	džeržeć, chować, wob- džeržeć, zdžeržeć
焚く	tepić	足りる	dosahać
たくさん	wjele	樽	pičel
蓄える	nabrać	誰	
確かな	wěstotny, wěsty	〜か	něchtó
確かに	zawěrno, zawěsće, zwěsta	〜が	štó
多種の	wjeloraki, wšelaki	〜の	čeji
出す	wudać	〜も（ない）	nichtó
多数	wjetšina	探求する	pytać
助け	pomoc	誕生日	narodniny
助ける	pomhać	ダンス	reja
尋ねる	prašeć so, woprašeć so	団体	towarstwo
戦い	bitwa	単に	jednorje
戦う	wojować	断片	wotlemk
叩く	klepać, placać, ćeć, zaklepnyć		

ち

正しい	prawny, prawy
ただで	darmo, zadarmo, zdarma
立つ	stać, wotstać
建てる	natwarić, stajeć, twarić
谷	doł, dolina
種	symjo
楽しい	wjesoły
束	snop
束ねる	wjazać
旅	pućowanje
度々	wjelekróć
たぶん	snadź, snano
食べる	jěsć, zjěsć
卵	jejo
タマネギ	cybla

血	krej
小さな	małki, mały
チーム	mustwo
近い	bliski
誓う	přisahać, slubić, zapřisahać
近くから	zbliska
近づける	přibližeć, přibližować
力	móc
地球	zemja
地区	kónčina
知識	wěda
地図	karta
地帯	pasmo
父	nan

秩序　porjad
地方　kónčina, kraj, krajina
注意　kedźba, kedźbnosć
注意する　skedźbnić
注意深い　skedźbliwy, skedźbny
中央　srjedźizna
　～から　wotsrjedźa, zesrjedź
　～に　srjedź, wosrjedź
　～の　srědni, srjedźanski, srjedźiny
昼食　wobjed
中世　srjedźowěk
注文する　skazać
腸　črjewo
蝶　mjetel
（会議・団体の）長　predsyda
聴覚　słuch
調査する　přepytać, přeslědźić
朝食　snědań
ちょうど　runje
調味料　začink
直線　runa
ちょっと　kusk
治療する　hojić, lěkować

つ

追加する　dodać
ついでに　připódla
ついに　skónčnje
追放する　wuhnać
通知　wozjewjenka
杖　kij
仕える　posłužeć
つかむ　hrabnyć, zapřijeć
疲れた　mučny, sprócny
月　měsac, měsačk

突く　postorčić, storčić, zbosć
机　blido
作る　dźěłać, wobdźěłać
付け加える　přidać
告げる　přizjewić
土　pjeršć
続く　slědować, trać
続ける　pokročować
突っ込む　tykać, tyknyć
つつましい　skromny
包む　přikryć
勤める　słužic
常に　spochi, stajnje
角　róh
ツバメ　łastojčka
妻　mandźelska, žona
つまり　mjenujcy
罪　hrěch, wina
積み上げる　kopić
摘む　wotšćipać
紡ぐ　přasć
爪　nochć
露　rosa
強い　mócny
吊す　pójsnyć, powěšeć, přiwěšeć, wěšeć
聾の　hłuchi

て

手　ruka
～で　z
出会う　trjechić
提案する　předpołožić
提供する　poskićeć, skićić
抵抗する　přećiwić so
帝国　mócnarstwo

停止　zastawka
提出する　předpołožić, zapodać
堤防　haćenje
手紙　dopis, list
敵　njepřećel
適合する　přistać
適切である　hodźeć so
できる　móc, směć
出口　wuchod, wujězd
手首　zapjasć
手帳　zapisnik
鉄　železo
鉄道　železnica
掌　dłoń
手袋　rukajca
手短に　skrótka
でも　tola
出る　wuńć
点　dypk
天気　wjedro
天国　raj
天使　jandźel
展示(会)　wustajeńca
展望　rozhlad, wuhlad

と

～と　z
ドア　durje
トイレ　nuznik
塔　wěža
銅　kopor
同意する　schwaleć, zwolić
道具　grat, nastroj
当時　tehdy
動詞　słowjeso, werb
どうして　čehodla

同時に　zdobom
凍傷　wozabjenje
到達する　dóńć, sahać
到着する　přichadźeć, přińć
とうとう　skónčnje
導入　zawod
当面の　načasny
遠い　daloki, nazdalny
遠くから　wotdaloka
通して　přez
通り　dróha, hasa
溶かす　rozeškrěć, rozpušćeć
時折　druhdy, sčasami
解く　wotwić, wotwjazać, wot-
　wobaleć
毒　jěd
特に　wosebje
特別の　wosebity
独立　samostatnosć
時計　časnik
溶ける　roztać
どこ
　～か　něhdźe
　～から　wotkel, zwotkel
　～で　hdźe
　～にも(ない)　nihdźe
　～へ　hdźe
年　lěto
年老いた　stary
閉じる　začinić
土台　podnoha
戸棚　kamor
土地　kraj, krajina, ležownosć,
　zemja
取っ手　dźeržadło
とどまる　zwostać
どの　kotry

〜ような　kajki	〜なしに　biez(e)
〜ように　kak	なぜなら　přetož
飛ぶ　lećeć, lětać	夏　lěćo
跳ぶ　skočić	斜め
止める　zadźeržeć	〜の　kósny, nakósny, nawisowaty, prěčny,
灯火　swěca	〜に　naprěki, prěki, skřiwa, znašika
土曜日　sobota	
捕える　łapać, zajeć	
鳥　ptačk, ptak	何か　něšto
取り消す　wotzjewić	〜が　što
取り去る　woteběrać, wotewzać, wotjeć	〜も（…ない）　ničo
	なので　dokelž
取る　brać, přimać, přimnyć, wzać	名乗る　rěkać
	名前　mjeno
どれだけ　kelko	生の　surowy
泥棒　paduch	波　wala, žołma
	涙　sylza

な

	なめる　lizać
	並んで　pódla
ナイフ　nóž	慣れる　zažiwić so
内密で　mjelčo	何らかの　někajki
名親　kmót, kmótra	

に

長い　dołhi	
長靴　škórń	
流す　rozleć, wotpuščeć	似合う　přistać
中	臭う　smjerdźeć
〜から　wotnutřka, znutřka	二月　februar, mały róžk
〜に　w(e), nutřka	握る　přimnyć
〜へ　nutř	肉　mjaso
流れ　prud, prudźenje	肉体　ćěło
流れる　ćec	逃げる　ćěkać, wućeknyć
泣く　płakać	西　wječor, zapad
殴る　bić, prać, morskać	虹　tučel
嘆き　skóržba	日常の　wšedny
嘆く　skoržić, stonać	日曜日　njedźela
投げる　mjetać, ćiskać, wjerhać, zamjetać	鈍い　tupy
	にもかかわらず　njedźiwajcy,

njedźiwajo, njehladajo na
乳牛　dejka
ニュース　nowina
煮る　warić, wotwarić
庭　zahroda
鶏　kokoš, kokot, kury
人形　popka
人間　čłowjek
ニンジン　morchej

ぬ

縫う　šić
脱ぐ　slec, slěkać
拭う　trěć, wotmórać
盗む　kradnyć, pokradnyć
布　płat, płatno
沼　błoto
塗る　mazać, namazać, pomazać
濡れた　mokry

ね

願う　młodźić so, nadźijeć so, popřeć, prosyć, přeć
願わくは　nadźijomnje
猫　kocor, kóčka
ネズミ　myš
妬み　zawisć
眠る　spać
練る　tołc, tołkać

の

脳　mozy
農夫　ratar, rólnik

能力のある　kmany
ノート　zešiwk
の代わりに　za
鋸　piła
残りの　wostatny, zbytny
残る　wostać, zwostać
除いて　wothladajo wot
望む　chcyć, nadźijeć so, požadać, žadać
ノックする　zaklepać
喉　gyrgawa, kyrk
罵る　kleć
述べる　přednjesć
昇る　schadźeć
登る　zalězć
蚤　pcha
飲み物　napoj
飲む　pić
糊　lěp
乗り物　wozydło
呪う　kleć, pokleć

は

葉　łopjeno, lisćo
歯　zub
場合　pad
はい　haj
肺　płuca
灰色の　šěry
ヴァイオリン　husle
配置する　rozměsćić
パイプ　roła
配慮する　dźiwać
入る　přistupić, zastupić
這う　łazyć, lězć
ハエ　mucha

墓	row	離れて	zboka
葉書	dopisnica	花輪	wěnc
計る	přeměrić, priměrić	羽	pjerjo, pjero
掃く	mjesć	母	mać
履く	wobuć	阻む	wadźić
剝ぐ	wobodrěć	破片	wotlemk
白鳥	kołp	はみ	rězadło
箱	kašć, kašćik	ハム	šunka
運ぶ	njesć, nosyć, wjezć, wozyć	早い	prjedy, zažny
はさみ	nožicy	速い	spěšny
橋	móst	速く	skoku
恥	hańba	林	haj, hola
梯子	schód	腹	brjuch, žiwot
初め	spočatk	針	jehła
始める	počeć, počinać, započeć	針金	grót
場所	městno	ハリネズミ	jěž
柱	stołp	春	nalěćo
走る	běhać, běžeć	腫れ	wopuchlina
旗	chorhoj	パン	chlěb, pomazka
バター	butra	範囲	wokruh
裸の	hoły, nahi	ハンカチ	nósnik
畑	polo, rola	反響	wothłós
働く	dźěłać	反抗する	spjećować so
八月	awgust, žnjenc	反対に	přećiwo, znapřeća
蜂蜜	měd	パン屋	pjekar, pjekarnja
発音	wuřekowanje		
発見する	namakać		ひ
伐採する	wurubać		
発生	nastaće	日	dźeń
発展	dalewuwiće, postup, rozkćěw, rozwiće, wuwiće	火	woheń
		ピアノ	klawěr
鳩	hołb	ビート	rěpa
花	kwět, kwětka	ビール	piwo
鼻	nós	比較する	přirunać
話す	rěčeć, rjec	東	ranje, wuchod
放つ	pušćeć, wotpušćeć	光	swětło
花嫁	njewjesta	引き受ける	přewzać

引き起こす　načinić
引き裂く　roztorhać
引きずる　wlec
引く　ćahnyć
低い　niski
髭　broda
飛行機　lětadło
膝　klin
肘　łochć
美術　wumělstwo
ひそかに　skradźu
左手　lěwica
左の　lěwy
左へ　nalěwo
引っ掻く　zadrěć
ひっくり返す　přewaleć
必要　nuza, potrěbnosć
必要な　trěbny
否定　zaprěče, zaprěwa
人さし指　pokazowak
等しい　jenaki, runy
人々　lud, ludźo
一人で　sam
非難　wuswar
秘密　potajnosć, potajnostwo
紐　šnórowadło, štryk, wuwjaz
秒　sekunda
病院　chorownja
評価　wobličenje
病気の　chorobny, chory
表現　wuraz
表現する　wuprajeć, zwuraznić
描写する　rysować, wopisać
表象　předstajenje
表面　powjerch, zwjerch
昼　połdnjo, připołdnjo
昼間に　wodnjo

広い　šěroki
広がる　rozlězć, rozsahać
広げる　rozdźěrać, rozpřestrěć, rozšěrić, rozwalić
広場　naměsto
貧困　běda, bědnosć

ふ

夫婦　mandźelskaj
笛　hwizd
深い　hłuboki
深皿　škla
服　šat
吹く　zaduć
復習　wjećba
含む　wopřijeć
袋　měch
不幸　njezbožo
不在　wuwostatk
ふさわしい　hódny
不思議　dźiw
婦人　knjeni
不足　njedostatk
不足する　falować, pobrachować
豚　swinjo
再び　zaso
縁　wobrub
復活　wožiwjenje
太い　tołsty
船　łódź
吹雪　mjećel
部分　dźěl, wotrjad
踏み越える　přeńć
踏む　teptać
冬　zyma

ブラシ　ščětka
振る　machać, mětać, třasć
古い　stary
ブレーキ　spinadło
触れる　masać, podótkać so
分　minuta
文　sada
分解する　rozběrać, rozčinić, rozčłonkować, rozebrać, rozeńć
分配する　rozdźělec
分別　rozum
分量　měra

へ

〜へ　do
平穏　pokoj
平均の　přerězny
平地　płonina
平面　přestrěń, runina
平和　měr
ページ　strona
ベッド　łožo
ヘビ　had
部屋　komora, stwa
ベルト　pas
ペン　pjerjo
偏見　předsud
返事　wotmołwa
ベンチ　ławka

ほ

穂　kłosa
法　zakoń
防衛の　woborny

崩壊する　rozpadać
ホウキ　mjetło
奉仕　słužba
帽子　kłobuk
報酬　mzda
放置する　wostajeć
方へ　k
方法　wašnje
放牧する　pasć
訪問　wopyt
吠える　rjejić
頬　lico
ボート　čołm
保管する　chować
ポケット　začk, kapsa, zak
保護　škit
埃　proch
星　hwězda
干し草　syno
保証する　rukować, zaručeć
干す　sušić
細い　ćeńki
墓地　kěrchow, pohrjebnišćo
欲する　chcyć
ポット　kana
ホップ　chmjel
ほとんど　nimale, skoro
ほとんど(…でない)　lědma
骨　kósć
炎　płomjo, woheń
掘る　hrjebać, ryć
滅びる　zahubić
滅ぼす　ničić
本　kniha
本棚　regal
ほんとうに　woprawdźe
翻訳　přełožk

ま

毎… kóždy, kóždźicki
埋葬する pohrjebać
前
 ～から wotpředk
 ～に pred(e)
 ～の předkowny, předni
任せる přewostajeć
撒く sypać
巻く wić
枕 hłowak, zawk
まぐわ hrabje
曲げる chileć, kłonić, překřiwić, skřiwić, skwačeć, zekřiwić, zhibnyć, zwinyć
まさしく prawje
まじめな powažny
魔女 chodojta
貧しい chudy, wbohi
マスターする wobknježić
ますます ćim
混ぜる měšeć, podměšeć, přeměšeć
また tež
まだ hišće
町 město
待合室 čakarnja
間違い zmylk
待ち伏せる łakać
マツ chójna
待つ čakać, wočakać
まっすぐな prawy
まったく docyła, scyła
～まで do
窓 wokno

まぶた powěko, wěcko
魔法 kuzło
魔法使い kuzłar
豆 buna
まもなく bórze, skoro
守る dodžeržeć, chować, spasć, škitać, wobarać
丸める skružić, skulojćić
稀な rědki
回す wjerćeć
満足 spokojenje

み

幹 zdónk
右手 prawica
右に naprawo
右の prawy
ミサ kemše, mša
短い krótki, kuši
水 woda
水浴びする kupać so
湖 jězor
水差し kana
店 wobchod
満たす napjelnić
道 puć
導く wjesć, wodźić
見つける nadeńć
蜜蜂 pčoła
見積り wobličenje
見通し nahlad, wuhlad
認める připóznać, přiznać, wuznać
南 juh, połdnjo
源 žórło
耳 wucho

明後日　zajutřišim
未来の　přichodny
見る　hladać, pohladać, widźeć
ミルク　mloko
民族　narod

む

向かって　napřećiwo, napřečo
むしろ　radšo, skerje
蒸す　parić
息子　syn
結び付ける　přiwjazać
結ぶ　nawjazać, sučkować, wjazać
娘　dźowká
無駄に　darmo, podarmo, zadarmo
鞭　křud
胸　hrudź
無能な　njekmany
村　wjes
無料で　zdarma
群れ　črjóda, rój, rojeńca, stadło

め

目　woči, wóčko, woko
姪　bratrowča, sotrowča
名詞　substantiw
命名する　pomjenować
名誉　česć
命令　přikaz, rozkaz
命令する　kazać, porućeć
雌牛　kruwa
眼鏡　nawoči
メス　sančka

目立つ　napadny
芽生え　schadźik

も

もう　hižo, žno
盲目の　slepy
燃える　sapać, spaleć so, tepić so, žahać
目的　cil, zuměr
木曜日　štwórtk
もし　jeli, jelizo
文字　pismik, pismo
燃す　palić, spaleć, tepić
持ち上げる　powyšić, pozběhnyć, zběhać, zběhnyć
持つ　měć
目下の　wokomikny
持って来る　přinjesć
もてなす　pohosćeć
戻って　wróćo
もとで　při
求める　žadać
物　wěc
物語　bajka
モミ　jěsla
催す　wotměć
森　lěs
門　wrota
問題　prašenje

や

矢　šip
山羊　koza
役　róla
焼く　pjec, spaleć, spjec, wo-

pjec, wupaleć, zapjeć
約束する　lubić, přilubić, slubić
役にたつ　služić
役人　zarjadnik
野菜　zelenina
優しい　miły
安い　tuni
野生の　dźiwi
雇う　najeć, wotnajeć
柳　wjerba
屋根　třecha
山　hora
闇　ćma
やめる　přestać, zastać, zastawać
柔らかい　mjechki

ゆ

夕方　nawječor, wječor
夕食　wječer
友人　přećel, přećelka
有名な　znaty
ゆえに　dla, dokelž
雪　sněh
輸出　wuwoz
輸送　přiwoz
輸送する　wozyć
豊かな　bohaty, spory
指　porst
指輪　pjerśćeń
弓　prok
夢　són
由来する　pochadźeć
揺らす　kolebać
許される　smëć
許す　dopušćeć, wodać

よ

夜明け　switanje
良い　dobry
用意を整える　připrawić
要求する　požadać
用具　grat
様子　nahlad, zdaće
幼稚園　pěstowarnja
ように　kaž
横切る　přechadźeć
横たわる　ležeć, lěhać
呼び起こす　wubudźeć
呼ぶ　wołać
余分の　zbytny
読む　čitać
より高く　wyše
よりも　hač
より良い　lěpje
夜　nóc
喜ばせる　wjeselić
喜ぶ　radować so
弱い　słaby

ら

来年　klětu
ライ麦　rožka

り

利益　wužitk
理解する　rozumić, zrozumić
陸　twjerdź
リボン　sekla, šnóra
猟師　hońtwjer

両親　staršej
良心　swědomje
利用する　wužić
両方　woboje
料理　jědź
料理する　warić
猟をする　łojić
旅館　hospoda
旅行　jězba
旅行者　pućowar
リンゴ　jabłuko
臨時の　składnostny
隣人　susod, susodka

れ

例外　wuwzaće
礼儀正しい　přistojny
レース　canka
歴史　stawizna
レタス　solotej
列　rjad, rynk
列車　ćah

ろ

蠟　wósk

ろうそく　swěčka
六月　junij, smažnik
肋骨　rjebło
ロバ　wosoł
論文　nastawk

わ

輪　krouh
ワイン　wino
若い　młódny, młody
若者　pachoł
わかる　rozumić
別れ　rozžohnowanje
別れる　rozchadźeć, rozjěć
脇の下　paža
分ける　dźělić, rozdźěleć
わさび　chrěn
忘れる　zabyć, zapominać
罠　pasle, prudlo, wlečwo
藁　słoma
笑い　směch
笑う　směwać so, smjeć so
割合　měra
割る　pačić, přełamać, ščěpić
悪い　špatny, zły
湾　zaliw

補　遺

I. ソルブ人とソルブ語

　ここではソルブ人とソルブ語の歴史，方言分布，上ソルブ語と下ソルブ語の違いなどについてまとめて述べる．固有名詞（地名，人名など）のうち，ソルブ人やウジッツァ内（ソルブ語使用地域）のものはなるべくソルブ語式の名称を用い，必要に応じてカッコ内に原語の表記とドイツ語の名称を（Solawa／独 Saale）のように示す．その他の名称は日本語表記として通常採用されているものに従う（'エルベ川'，'ライプチヒ'など）．また'ソルブ人'はソルブ語では単数'セルブ Serb'，複数'セルビア Serbja'（独：単 Sorbe ゾルベ，複 Sorben ゾルベン）だが，英語の Sorb [sɔːrb] をもとにした'ソルブ'という表記を一貫して用いる．本項に関する参照文献は，p.viii の＜文献＞にまとめて示す．後掲の地図1＜西スラヴ族＞は Zahronik [1992：5]，地図2＜ウジッツァ＞は Stone [1976：xiv]，地図3＜現在のソルブ語使用地域＞は Carlton [1991：373] をもとに作成した．

5世紀から10世紀まで

　上ソルブ語は下ソルブ語とともに，スラヴ諸語の中の西スラヴ語グループに属し，言語系統的にはポーランド語，チェコ語，スロヴァキア語などともっとも近い関係にある．'西スラヴ語'という言い方は，ふつうスラヴ語学でスラヴ諸語を西，東，南の3つの群に大別し，それぞれを西スラヴ語，東スラヴ語（ロシア語，ウクライナ語，ベラルーシ語），南スラヴ語（スロヴェニア語，クロアチア／セルビア／ボスニア語，マケドニア語，ブルガリア語）と呼ぶ時の名称である．
　上ソルブ語と下ソルブ語は地域方言的な差異を含む言語連続体としてとらえることができ，現在それぞれに標準語をもつが，その成立は以下に述べる16世紀以後のソルブ人社会の歴史に密接に関係している．

ソルブ人とソルブ語

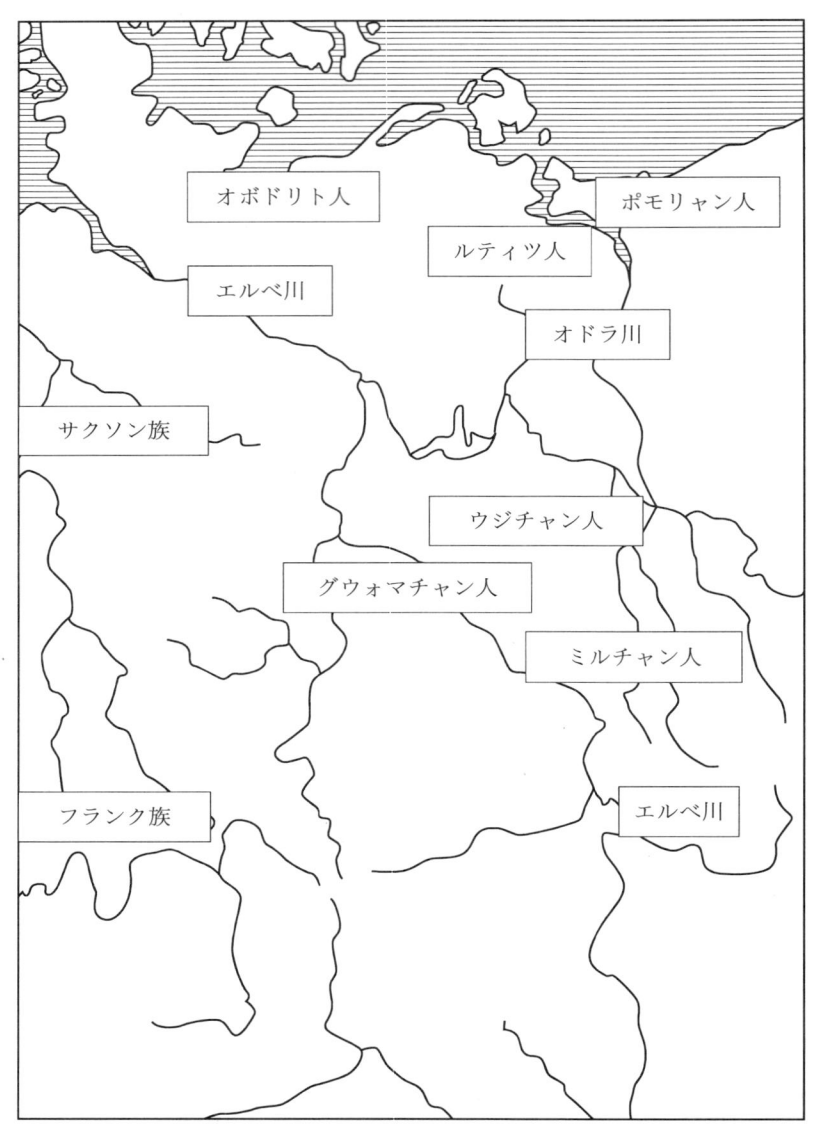

<地図1：西スラヴ族>

ソルブ人とソルブ語

ベルリン

シュプレヴァイア

フランクフルト

ルビン

ルブニョウ　ブウォタ
　　　（シュプレーワルト）

カラワ　ホシェブス

ポーランド

バルシチ

下ウジッツア

グロトク

ゼンフテンベルク
　　　　　ヴォイェレツィ　ベーワウォダ

エルベ川　　　　　　　　クロウ
　　　上ウジッツア

ナイセ川

ニスカ

カメンツ

ブディシン
ビスコプツィ
　　　　　ルビイ

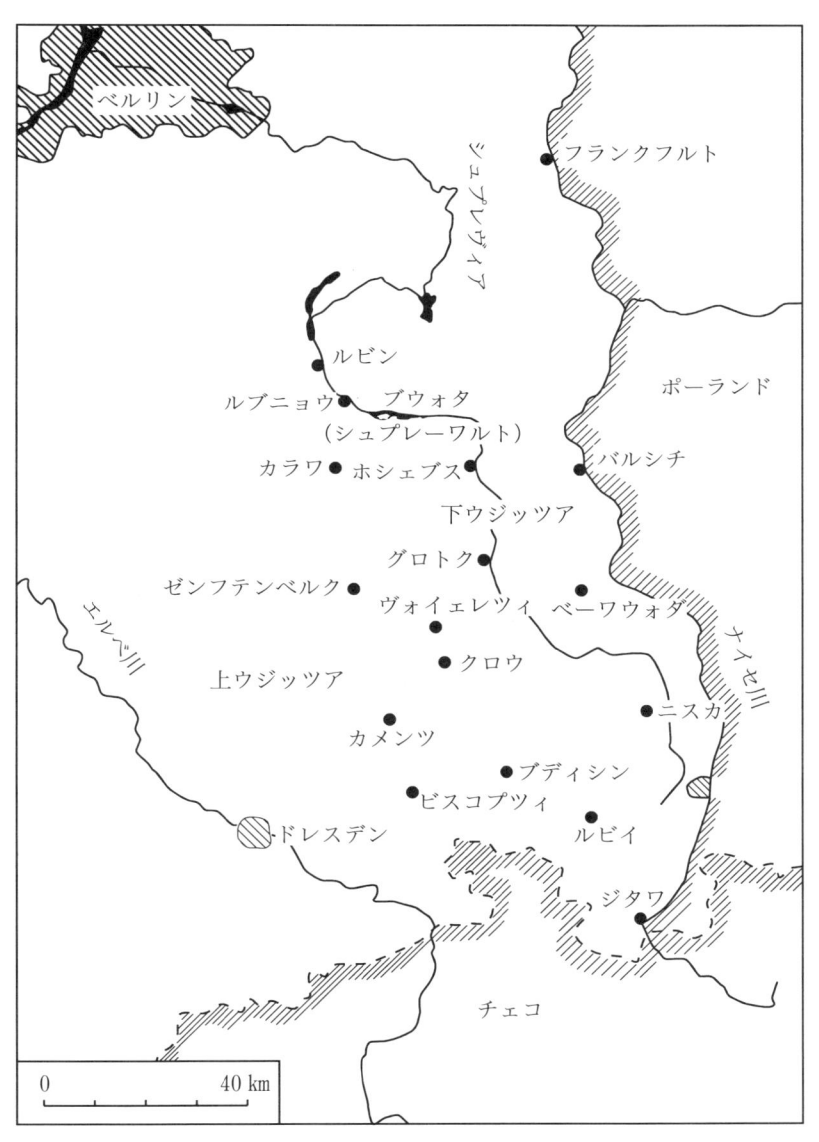

ドレスデン

ジタワ

チェコ

0　　40 km

<地図2：ウジッツァ>

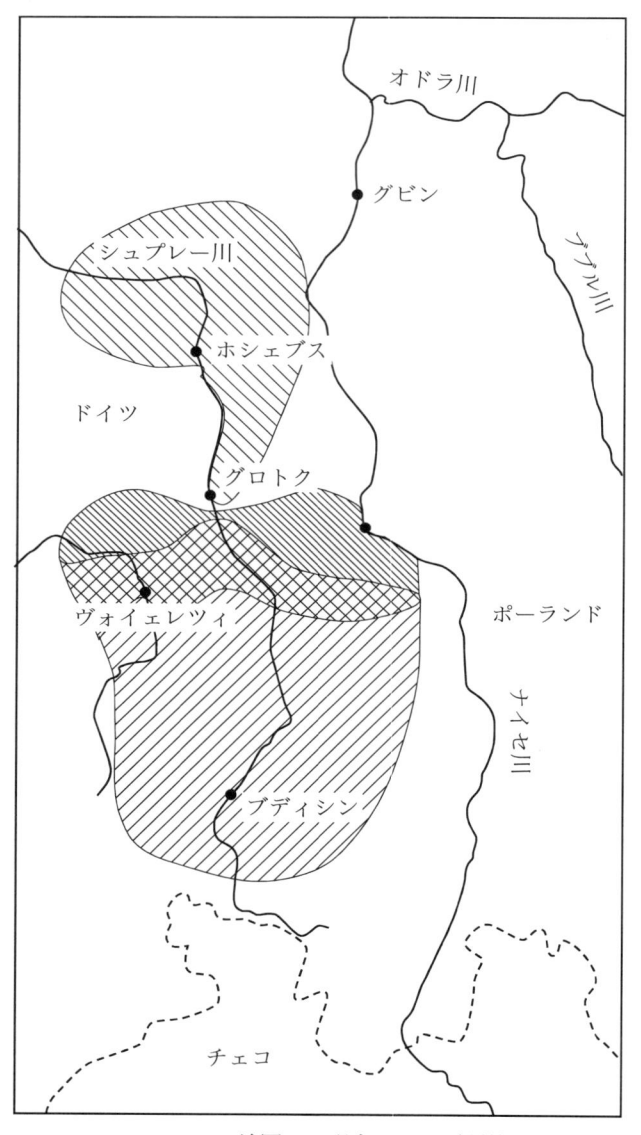

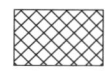

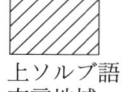

<地図3：現在のソルブ語使用地域>

インドヨーロッパ語族に属するスラヴ語の話し手たちが紀元前の時代，どのあたりに居住していたかについてはいまだ明らかにされていないが，紀元後間もない数世紀の間にはおそらく，黒海の北西からプリピャチ河の南側，今日のウクライナからベラルーシ南部，ポーランド南東部に及ぶ一帯に居住していたと推測されている．この中の一部は，ゴート族の移住に連動して紀元5世紀頃からエルベ川とオドラ(Wódra／独 Oder)川に挟まれた地帯に西進していった．これが西スラヴ族であり，この中に現在のソルブ人の祖先に当たる一派も含まれる．

　ソルブ人は複数の部族社会を形成しており，6世紀頃までに，東はオドラ川からニサ(Nisa／独 Neisse)川，西はソラワ(Solawa／独 Saale)川流域まで，また南はエルツ山脈，北は現在のオドラ河畔のフランクフルト(Frankfurt an der Oder)に広がる範囲にその居住地を定めた．現在の上ウジッツァに定住したのはミルチャン人(単数形 Milčan，複数はミルチェニョ Milčenjo となるが，ここでは単数形で表記する．以下に挙げるその他の部族名も同様)と呼ばれる人々で，上ソルブ人の祖先と考えられている．ブディシン(Budyšin／独 Bautzen)は彼等が築いた要塞から発展した町である．ミルチャン人の北には，現在の下ソルブ人の祖先とみなされるウジチャン人(Łužičan)，また西のエルベ川流域にはグウォマチャン人(Głomačan)と呼ばれるソルブ部族がいた．彼らの居住地の北，現在のベルリン附近にはスプレヴィァン人(Sprjewjan)，またバルト海沿岸に達するまでの地には，ポモリャン人(Pomorjan)やルティツ人(Lutyc)と呼ばれる部族，そして現在のリューベックとロストクの間にはオボドリト(Obodrit)族などの，いくつかの西スラヴ部族がいた．

　ソルブ人によって書かれたソルブ語文献の出現は宗教改革の時期まで待たなければならず，それ以前のソルブ人の歴史は，彼らをとりまく周囲の他民族による記述という間接的な資料に頼らざるを得ない．そのようなソルブ人についての言及は631年，フレデガル Fredegar というフランク王国の修道僧が年代記の中で'スルブ人 Surb'として記述していることに始まる．6世紀中ごろから，元来はトルコ系と考えられるアジア系遊牧民のアヴァール人がドナウ川を越えて西進し，パンノニアからモラヴィア(現在のスロヴァキア，チェコの辺り)のスラヴ人を支配し，さらに西のフランク王国を脅かしていた．しかし7世紀に入ると，その

支配下にあったボヘミア，モラヴィア，パンノニアのスラヴ諸族が団結して，フランクの商人の出自であるサモ(Samo)の指揮下これに反乱し，サモ王国を形成した．サモはさらに631年，この地の主権を主張しようとしたフランク王ダゴベルトを破り勢力を拡大する．問題の年代記はこの事件に言及したもので，ソルブ人の族長デルワン(Derwan)が，ダゴベルトに反抗しサモに協力する旨を明らかにしたことが記されているという．サモ王国はサモの死(658)とともに消滅するが，ソルブ部族は8世紀まで比較的平穏に，自治的な部族社会を保っていた．

8世紀末，フランク王国のカール大帝はソラワ川の西岸近く，現在のマグデブルクからハレ，ハルシュタット，バンベルク，ニュルンベルク，レーゲンスブルクを結ぶ地帯を東方拡張への軍事的前線とみなし，いくつかの要塞と駐兵基地を築いた．フランク王国年代記(Annales regni Francorum)の記述によれば，大帝は789年，ルティツ族を討つため遠征し，族長ドラゴヴィト(Dragovit)を降参させたとある．この遠征の際にはサクソン人やフリージア人の他，ソルブ人，オボドリト人も大帝に従ったというが，そのソルブ人も806年にウジッツァに侵入したフランクの兵力に大敗する．この806年の戦いは，19世紀後半から20世紀始めにかけて活動したソルブ人作家ヤクブ・バルト-チシンスキー(J. Bart-Čišinski. 1859-1909)の戯曲「砦にて Na hrodźišću」の題材にもなった．hrodźišćoとは，沼地や川べりの湿地帯にソルブ人が築いた砦のことで，渠を掘り柵をめぐらせた内側を高く土で埋め立て，石や板で補強し，渠の上を渡した橋から門を通って出入りするように設営された．外敵が来襲した時の要塞として，また部族の集会場として使用され，砦の周辺では人々が放牧や畑作を行ったという．

フランク王国は843年に分裂し，その後を継いだ東フランク王国のルートヴィヒも，東方への勢力拡張を狙いソルブ人をはじめとするスラヴ諸族を攻撃した．もっともこの時代の戦いは，スラヴ人側が一方的に攻められたというものではなく，スラヴ諸部族が王国内に侵入することもあり，フランク側からすれば，王国を東から脅かす異民族を退けるための戦いと性格づけられる面もあった．ソルブ諸部族は多くの場合フランク勢力に抵抗したが，時には自らの権力を守るためにフランクに協力した族長もあり，ソルブあるいは西スラヴ諸部族が部族連合のようなものを形成してフランクに対抗していたというわけではなかった．

一方，周辺のスラヴ人の動きを見れば9世紀の初め，ソルブ人より東にいた西スラヴ部族のモラヴァ族がチェコ，モラヴァ地方を中心に大モラヴィア王国を築いた．王国の最初の統治者モイミルは830年前後に洗礼を受けてキリスト教徒となったが，それに先立つ頃からすでにこの地域ではフランク教会の宣教師が布教活動を進めており，モイミルに続くロスティスラフ(在位846-70)の頃にはラテン語による典礼も行われていた．ロスティスラフは当初東フランクの後ろ楯を権力基盤としたが，後にその政治的，宗教的影響を断ちたいと考え，フランク教会に対抗できる勢力であるローマ教会とビザンツ教会に布教のための師となる人材の派遣を要請した．ローマ教会はフランク教会への配慮からか，この要請に答えなかったが，ビザンツ教会はこれを受けて，スラヴ人宣教師を派遣しスラヴ語で典礼を行わせることを認めた．ここにスラヴ文語成立史上重要な，キリルとメトディオス兄弟の活動が始まるのである．テッサロニキの出身であったキリル，メトディオスのギリシア人兄弟はスラヴ人のための文字—グラゴール文字を考案し，聖書をスラヴ語に翻訳し布教に役立てようとした．二人によって着手された活動はスラヴ世界に最初の文章語である古代教会スラヴ語を与えたが，モラヴィア布教自体は結局失敗に終わり，この地からフランク教会の影響を排除することはできなかった．

ドイツ社会の形成

　ルートヴィヒの死後，東フランクではザクセン，バイエルン，フランケンなどの諸部族でそれぞれ部族大公が力を持ち始め，やがてその中からザクセン大公ハインリヒ1世が国王に選ばれた．ハインリヒはマルク(辺境領)を設置し，929年にはエルベ河畔に要塞ミシュノを築いて，エルベ以東への進出の足場とした．同じ頃，東では，マジャール族の侵入によって滅亡した大モラヴィア王国に代わり，現在のプラハを中心にボヘミア国が現れた．先住のケルト系民族の名称ボイィに由来するといわれるボヘミアの最初の王はプシェスミル家のポジヴォイだった．彼は洗礼を受けてキリスト教徒となり，その孫のヴァツラフも国内のキリスト教化に勤めたが，これは同時に東方拡大を狙う東フランクのハインリヒ1世のボヘミアへの干渉を容易にした．この東方進出はハインリヒの後

継者オットー1世(在位936-973)に引き継がれ，フランク教会の設立と，教会税(十分の一税)を初めとする税の徴収を主たる目的に，ドイツ初期封建社会への併合が進められた．スラヴ諸部族の多くは10世紀中頃まで古来の信仰を維持しており，例えばルティツ人は土着の神スワロシチ(Swarožč)を信仰し，ラドホスチ(Radhosĉ／独 Radegast)の付近には，三重の壁と九つの門で守られ，'黄金の屋根を頂く'神殿があったと伝えられ，またアルコニ族というスラヴ部族はスワンテヴィト(Swantewit)という神を信仰し，その姿は四つの頭を持つ巨人の像として祭られていたとデンマーク人の残した年代記に記されている．これらの異教徒をフランク教会の手でキリスト教に改宗させることは，東フランク王国にとって宗教的のみならず，政治的，経済的支配基盤を確立するためにどうしても必要なことだったのである．

　スラヴ諸部族はフランク王国，またその後を継いだ神聖ローマ帝国に度々屈し，納税の義務や服従を強要されたが，一方で抵抗を諦めたわけではなかった．983年には，オットー2世がイタリアでサラセン軍に敗れたことを契機にルティツ，オボドリトなどのスラヴ諸部族が連合しドイツ人支配からの独立を求めて蜂起し，ミルチャン人もここに加わった．この時蜂起したスラヴ諸族のいくつかはこの後150年ほどの間，政治的自立を保つが，ミルチャン人の独立はわずか7年しか続かず，990年には再び神聖ローマ帝国に服従し，その後現代に至るまで，二度と政治的自治権を得ることはなかった．

　フランクの拡張とともにオドラ川流域の西スラヴ族は危機にさらされたが，その中からポラーニ族が，現在のポーランド北西部，ヴェルコポルスカにポルスカ，後のポーランドを建国した．国家を築いたピャスト家のミェシコの息子ボレスワフ1世は，かつてのモラビア王国の一部で10世紀末にはボヘミア領だったマウォポルスカを領土に組み入れ，また神聖ローマ皇帝オットー3世やローマ教皇シルヴェステル2世の間で力のバランスを計りつつ勢力の拡大に成功した．そして1002年にはウジッツァに進軍しブディシンを占拠した．このことによって，ソルブ人は次のポーランド王ミエチスワフ2世が神聖ローマ帝国に降伏する1032年までの間，ポーランドの支配下に置かれた．

　12世紀に入るとドイツ諸侯による領土の拡大形成が本格化し，それに伴って騎士や新天地を求める一般の農民，商人らによるエルベ以東のス

ラヴ人居住地への大規模な入植が展開された．ドイツ諸侯の東方植民政策は徹底したもので，特にザクセン公ハインリヒ(獅子公，在位1142-80)とアルブレヒト伯(熊公，1100-70)は1146年に教皇から《対スラヴ十字軍(ヴェンド十字軍)》組織の許可を得て'スラヴ人征伐'に乗り出した．これは主にエルベ-オドラ川の下流域にいたオボドリト，ルティツ族の一掃を狙ったもので，ハインリヒに攻められたオボドリト族は族長ニクロト(Niklot)の指揮下これに抵抗したが，1164年完全に敗北し，ハインリヒはその居住地にメクレンブルク公国を建国した．ルティツ族もアルブレヒトの攻撃に次第にオドラ河畔に追い詰められ，ついにこれに屈した．東方進出がこのように盛んに行われたのは，東方辺境の地がいまだ権力の空白地帯であり，新興勢力のドイツ諸侯にとっては新たな権力基盤を確立するのに格好の地であったためで，1180年神聖ローマ帝国に帝国諸侯身分が成立した時，その構成員である16の諸侯の半数が東方辺境に領土的支配を確立したものであった．そこにはブランデンブルク辺境伯，マイセン辺境伯，ラウジッツ辺境伯，また神聖ローマ皇帝から王位を保証されたボヘミア王も含まれていた．ドイツ諸侯の進出はしかし，この地域に住んでいた多くのスラヴ人の追放あるいはドイツ人社会への同化をひき起し，その結果多くのスラヴ固有の宗教や言語が消滅した．

　ドイツ人の進出と平行して，スラヴ人の権利は徐々に狭められた．特に，ウジッツァすなわちもともとのミルチャン人，ウジチャン人のコンパクトな居住地以外では，非ドイツ人に対する差別は急速に進められ，まず1293年，アンハルト，ベルンブルク・アン・デア・ザーレで，法廷でのスラヴ語の使用禁止令が出された．さらに1327年にはアルテンブルク，ライプチヒなどでも法廷でのドイツ語以外の言語の使用が認められなくなった．ただしウジッツァ内部では若干状況が異なり，14世紀頃まではソルブ人への差別はまだそれほど徹底したものではなかったらしい．この頃のウジッツァの比較的大きな町では既に半数以上がドイツ系住民で，例えばブディシンでは1400年頃で人口5000のうち既にソルブ人はその1/3に過ぎなかったが，一方，ルビン(Lubin／独 Lübben)，ホシェブス(Chośebuz／独 Cottbus)，ストルコウ(Storkow／独 Storkow)，カラワ(Kalawa／独 Calau)，ウコウ(Łukow／独 Luckau)などの，より小規模な町ではまだソルブ人の割合が高く，こうした地域ではソル

ブ人の社会的地位も認められていた．1336年にはルビィ（Lubij／独 Löbau）でソルブ人が市参議会員，1362年にはカメンツ（Kamjenc／独 Kamenz）でソルブ人が市長を勤めたという記録も残されている．中世以後制度化されるドイツの身分制社会の中で，ソルブ人を含む非ドイツ系住民は職人や商人の組合にも加入を認められず，都市に住んではいてもいわゆる'市民階級'からは閉め出されるが，1400年頃のブディシン市ではまだ，12人の金細工師の親方のうち少なくとも一人はソルブ人だったと記録されている．

　1346年に神聖ローマ皇帝に選出されたボヘミアのカレル4世は，1356年『金印勅令』を公布する．この帝国基本法の中では'スラヴの言葉'が重んじられるべきであると述べられているが，これは実質的にはチェコ語を帝国の公用語とすることを意図したもので，その他のスラヴ語に対する配慮を示したわけではなかった．言語の使用と存続に関して鍵を握っていたのはむしろ教会であった．この時代，法廷と並んで教会で言語が使用されること，すなわちミサや説教がその言語で執り行われることは言語の社会的機能という面から極めて重要であった．ソルブ人へのキリスト教化はドイツ人聖職者によって進められたが，ドイツ語の分らない新しい教区民に対して，教会はしばしばソルブ語でミサを行なえる人材を必要とした．1213年，ブディシンに聖ペテロ教会が建てられた際に附属の神学部が設けられると，そこではソルブ人の司祭が養成された．それ以後も，ウジッツァ内の教会でのソルブ語の使用は細々とながら続いた．このことが，ドイツ語圏の中でソルブ語が生き延びた重要な要因となったのである．

宗教改革から近代まで──文章語の出現

　ソルブ人の手による文献はようやく，宗教改革の時代に出現する．宗教改革以前では，例えばマグデブルクで発見された12世紀のラテン語の手稿の中に見られるソルブ語の書き込みや，15世紀のものと見られるブディシンの『ヴェンド市民の誓い（Der Burger Edyt Wendisch）』とよばれる服務宣誓などが知られている．しかしこれらはいずれも断片的なもので，ソルブ語で書かれた本格的なテクストは16世紀の宗教改革を待たなければならなかった．すなわち，民衆の言葉で聖書が書かれ，ミ

サが行われるべきだという宗教改革の理念によって，ソルブ人のためのソルブ語による宗教文献の翻訳の必要性が生じ，ここから書き言葉としてのソルブ語，－ソルブ文章語が生まれたのである．

　ソルブ人の歴史における宗教改革の意義は何よりも，この文章語の誕生という点に見い出すことができる．ミクワウシ・ヤクビツァ Mikławš Jakubica による1548年の新約聖書訳，またウコウに残された同じ16世紀の手書きの賛美歌集などが，文章語の黎明期に現れた言語文化遺産である．これらの初期文献は，書かれた地域，またその書き手によって異なる方言的差異を反映していた．かつてミルチャン人が築いた要塞から発達したブディシンはその後も上ソルブ人社会の中心地となるが，このブディシンおよびその周辺の方言で記された文献の言語から，現在の上ソルブ標準語の基礎が形成された．ブディシンの北西に位置するカメンツ一帯は宗教改革以後もボヘミア王を宗主とするカトリック教会の下にあり，ここでは'カトリックのソルブ語'と呼ばれる文章語のバリエーションが形成された．一方，かつてのウジチャン人の子孫である下ソルブ人社会の中心となったホシェブス付近の方言で書かれた文献からは，下ソルブ語標準語が形成された．ドイツ三十年戦争(1618-1648)以後，ウジッツァが一つの政治的単位の中に統括されることなく，ザクセン，ブランデンブルク辺境領，あるいはプロイセンなどの諸領に分割されたことや，ソルブ人の大半が社会の下層階級におり，知識人層の出現は19世紀半ばまで待たなければならなかったことなどの社会的要因から，ソルブ人社会の文化的統合は妨げられ，地域方言的差異を反映して生まれた複数の文章語は統一される機会を得ないままに，現在の二つの標準語のもととなったのである．

　17世紀までの初期ソルブ文献や，1650年のルビンの牧師ヤン・コイナン(Jan Chojnan)による最初の下ソルブ語文法などは手書きであった．最初のソルブ語による印刷物は1574年の，チュプツ(Tšupc／独 Straupitz)の牧師アルビン・モーラー(Albin Moller [1541-1618])による小教理問答集の訳で，これには下ソルブ語による賛美歌集が添えられた．この小教理問答集は，ブディシンで最初に開かれた印刷所で印刷されている．1595年には，上ソルブ語最初の出版物として小教理問答集の翻訳がやはりブディシンで出版され，それにはヴィヤツワウ・ウォレフ(Wjacław Worjech/Warichius)による「ソルブ語で文字を如何に

使用し発音するかについての教え」が付録された．

　宗教改革はヨーロッパにプロテスタントとカトリックの二つの宗派を生み出し，やがてそれぞれを信奉する勢力の対立が諸国家の権力抗争と結びついて，三十年戦争が起きた．この戦争は，ボヘミア王で後に神聖ローマ帝国皇帝となるハプスブルグ家のフェルディナンド2世とプロテスタント諸侯の抗争に直接の端を発し，ザクセン，ブランデンブルグ両選定侯や，デンマーク，スェーデン，フランスなどの国々を巻き込み国際的な紛争に発展するが，戦場となったドイツ東部に大きな人的，物的損害を与えた．そこには当然，ウジッツァ一帯も含まれる．土地の疲弊に飢饉やペストの流行なども重なり，この時期にウジッツァのソルブ人人口は戦争前の約6割に減少したといわれる．宗教改革とともに始まったソルブ文章語の伝統は，この三十年戦争に続く時代，幾多の悲運に見舞われた．例えば，1667年，ブランデンブルグ選定侯は，ブランデンブルク辺境伯領並びに新領内のソルブ語使用地域にあるすべてのソルブ語文書を押収，破棄するよう命令を出した．この処分命令は徹底して遂行され，選定侯領内にあったソルブ文献（1653年の詩篇，1654年の教理問答集並びに信仰個条，1654年の賛美歌集，1656年の聖書抜粋など）は，かろうじてそれらの処分通知によって，存在していたことが知られている．

　こうした危機に曝されながらソルブ語が死滅しなかったことには，先にも述べたように教会という要因が重要に関わっていた．ウジッツァのカトリック教会はボヘミア教会に属していたが，ボヘミア教会にとってこの地にカトリック教会を維持することは，プロテスタント教会に対抗するためにも重要であった．ところがその教区民の大半がソルブ人であったため，カトリック教会はソルブ人の司祭を養成する必要を感じ，1706年，プラハに「ヴェンド人神学校（Wendisch Seminary）」を設立した．神学校は当初，教育機関というよりはプラハ大学に学ぶ神学生のための寄宿寮として設けられたが，大学の授業はこの当時ラテン語とドイツ語のみで行われていたため，ソルブ人のためのソルブ語での教育は結局この神学校が担うこととなり，ソルブ人にとって貴重な教育機関の役割を果たすことになったのである．プロテスタント信徒のソルブ人は，カトリック教会の保護によるこの神学校のような組織に恵まれることはなかった．それでも機会を得てヴィッテンベルクやライプチヒに学ぶこ

とのできたソルブ人学生たちによって，小さな組織が作られた．1716年には，ライプチヒに学ぶソルブ人学生が「ソルブ説教師協会 Serbska Prědarske Towarstwo」を組織し，1814年まで活動した．

　時代とともにドイツ化は否応無しに進んだが，19世紀に先立つ時代にはなお，ソルブ人社会ではソルブ語は日常的な交話の手段であり，世代から世代へと継承されていたことも忘れてはならない．支配者側の態度も，常に反ソルブ的であるばかりではなかった．例えば，プロイセン国王フリードリヒ1世(在位1701-1713)は，ボグミウ・ファブリキウス(Fabricius, K.G. [1684-1757])による新約聖書の下ソルブ語訳の出版を支援し，このファブリキウスの聖書訳によって下ソルブ語は文章語の基礎を得た．次のフリードリヒ・ウィルヘルム1世(在位1713-1740)は学校でのドイツ語使用を義務付けたが，フリードリヒ・ウィルヘルム2世(在位1786-1797)はソルブ語による教会関係の書物の出版の後援者となり，そのおかげでこの時代にいくつかの重要なソルブ文献，1761年のハウプトマン(Hauptmann, J. Bohumuł [1703-1768])による「下ウジッツァ，ヴェンド語文法 Niederlausitzsche Wendische Grammatika」や1796年のヤン・フリツォ(Fryco, Jan Bjedrich [1747-1819])による旧約聖書の下ソルブ語訳なども刊行されている．

近代以後──上ソルブ文章語の確立

　ナポレオン時代を経てヨーロッパは新たな勢力分布の時代を迎えた．ナポレオン後の秩序回復を狙ったウィーン会議で，プロイセンはザクセン北部を得たが，ここにはニーダーラウジッツ辺境伯領，ホシェブス，それにオーバーラウジッツ辺境伯領中の北部並びに東部が含まれた．つまりソルブ人の大部分は，プロイセン王国の支配下に入ったのである．一方，ザクセン領としてとどまったオーバーラウジッツ地域は独立した辺境伯領となった．1831年の新憲法でザクセン国はその地域への支配を強化し，1835年にはブディッシン(Budyssin)直轄区が設定され，さらにジタワ(Žitawa／独Zittau)，カメンツ，ルビイなどに，軍司令官区が設けられた．1874年の行政変更とともに，ブディッシンはバウツェンと名を改められた．

〈ウジッツァにおける19世紀はじめのドイツ人とソルブ人の人口比〉

ザクセン (1807)	
ドイツ人　67%	ソルブ人　33%
ザクセン (1815)	
ドイツ人76.8%	ソルブ人　23.2% (50,000人ほど)
プロイセン (1815)	
ドイツ人93.7%	ソルブ人　6.3% (200,000人ほど)

　こうした領地の新たな線引きによってソルブ人社会は分断され，多くの地域で少数民族となった．この時期にソルブ人が多数を占めていたのはかろうじて，ホシェブス，カラワ，グロトク(Grodk／独 Spremberg)，ヴォイェレツィ(Wojerecy／独 Hojersverda)の各区であった．宗教的にも，プロテスタントのソルブ人の教区は複数の異なる地域の教会に所属することになり，プロイセン内の唯一のカトリックソルブの教区であったクーロウ(Kulow／独 Wittichenau)は，ヴルツワフの大司教区に帰属することになった．19世紀はヨーロッパ諸民族の民族意識覚醒の時代であり，スラヴ諸民族も各地で政治的自立や文化の興隆をめざす運動を展開した．ソルブ人の中にも，ソルブ語を守りソルブ人としての民族性の自覚を同胞に訴えようと努める人々が現われた．しかし，民族としての政治的自立を求めて団結する力はソルブ人にはなかった．社会的にも宗教的にも分断され，人口の大半が農村に住む非自立的農民であったソルブ人社会においては，民族的自立を可能にするような，民族全体を巻き込んだ運動は起こりようもなかったのである．

　19世紀のドイツ社会の変容はソルブ人社会にとっても無関係ではなかった．資本の導入，市場交易の拡大といった現象に典型的に見られる近代化の波は，それまで単一言語社会であったソルブ人の農村社会をドイツ語との二言語併用社会へと変質させた．1846年にはドレスデン-ブディシン間に鉄道が開通し，通商や産業の発展とともに，農村の生活もさまざまな面で市場経済に多く依存するようになった．ソルブ人の農民たちにとってドイツ人とドイツ語でコミュニケーションをする場面がかつてないほどに増え，必要にもなった．また，ウジッツァ一帯は豊富な褐炭の産地で，ドイツ近代化の中でこの褐炭採掘が重要な役割を果たすことになるが，このことがドイツ人労働者の流入と，伝統的なソルブ人の

農村社会の崩壊に拍車をかけた．ソルブ人農村社会は，いかなる意味においても，ドイツ近代社会から隔離された世界ではいられなくなったのである．

　農民に対する処遇の改革—1811年の農民関係調整令に代表される—は農村の形態を変え，農村での経済状態の悪化と世襲的な土地への隷属の廃止により，農村から都市へと人口が流出しはじめた．ザクセンでは1832年，またプロイセン領のウジッツァ地方ではそれより少し早く，1819年から1821年にかけて，世襲隷農制が廃止された．これはしかし，大多数の農民たちにとっては実は過酷なものであった．法令により，農民たちは領主に代価を支払い自由農民となることが義務付けられたが，その代価は，それまでの賦役義務のおよそ25倍，土地相続税をはじめとする諸税の約20倍にも及ぶものだったからである．一括して代価を支払えない者たちは結局，その後最大55年もの期間，毎年解放金を領主に対して支払わなければならなかった．むろん農民たちの負担がどの地域においても一律だったというわけではなく，多くの村を領有し，より多数の農民を抱える大領主の下では，小規模な地主の下より個人の負担は軽く，それだけ容易に農民は自由の身になることができた．こうして，徐々にではあるが世襲隷農制から解放され自由な移動が可能になった農民たちは，都市部へ移動し始めた．資本主義と工業の発展という社会的要因を背景に，それまで大部分が農民層に属していたソルブ人の中にも，都市に定住する中産市民層が現われ始めたのである．すでにドイツ人が多数派を占めドイツ化されていた都市部に出たソルブ人の多くは急速にドイツ化し，ソルブ人としてのアイデンティティーを失ったが，一方ではこれらの中産階級の中から，ソルブ語とソルブの伝統を守ろうと運動を起こす知識人層も生まれた．

　19世紀中期に先立つ時代に，高等教育を受けたソルブ人がいなかったわけではないが，しかしそのほとんどは神学校や大学の神学部で学び聖職者となった者たちであり，近代的な意味での知識人とは質的に異なっていた．19世紀中期にさしかかってようやく，世俗の教育を受け学校教育や出版などの啓蒙活動に従事する，一般の中産階級に属する知識人層が形成されたのである．19世紀中期のソルブ文化活動の中心人物の一人であるヤン・アルノシト・スモーラー（J.A.Smoler [1816-1884]）はその典型的な例であろう．教師の家庭に生まれた彼は1836年にブレスラウ大学

の神学部に入学するが，後にスラヴ学に転じ，結局聖職につくことなく，1847年にはソルブ人の文化活動の中心的組織となる「マチッツァ・セルブスカ(Maćica Serbska)」を設けるなど，ソルブ人の啓蒙活動に従事した．農村からも，経済的に余裕のある農民の子弟らがギムナジウムに進学するようになり，それ以上の勉学を求める者はライプチヒやプラハ，ヴルツラウの大学に進んだ．1846年には，カトリックのソルブ人聖職者たちによってプラハにソルブ人会「セルボウカ(Serbowka)」が設けられた．母語の育成と，ソルブ民族への民族的自愛の喚起を目的として開設されたこの機関からは，ミハウ・ホルニク(Mihał Hórnik [1833-1894])やバルト-チシンスキー，ミクワウシ・アンドリツキー(Mikławš Andricki [1871-1908])といった，19世紀後半から20世紀始めのソルブ文化活動の担い手たちが生まれた．若いソルブ人学生たちはチェコのドブロフスキー(Josef Dobrovský [1753-1829] スラヴ学者．チェコ文芸復興運動の推進者の一人)，ハンカ(Vaclav Hanka [1791-1861] 文学者，歴史学者．プラハのソルブ=セミナリアの監督官として，学生たちをソルブ語で指導した)，プルキネ(Jan Purkyně [1787-1869] チェコの学者で，スモーラーの民族的自覚に大きな影響を与えた)，あるいはスロヴァキアのコラール(Jan Kolar [1793-1852] 汎スラヴ主義を掲げ，スラヴ諸民族の団結を訴えた)などの活動を知り，自分たちの運動の範としたのである．

　19世紀のソルブ文化運動の先駆者ハンドリ・ゼイラー(H. Zejler [1804-1872])はバウツェン方言を元に1830年，『ブディシン方言に基づくソルブ文法(Kurzgefaβte Grammatik der Sorben-Wendischen Sprache nach dem Budissiner Dialekte, Budissin 1830)』を発表し，標準語文法のアウトラインを築いた．ところで，既に述べたように，19世紀に先立つ時代のソルブ文献は聖書の翻訳など宗教的文献がほとんどで，文章語の規範もこうした宗教文献から形成された．この事情は上下ソルブに共通するが，宗教改革以後，下ソルブがプロテスタント教会の勢力下に入ったのに対し上ソルブの一部，特にブディシンの西，カメンツを中心にカトリックの勢力がそのまま残り，このため上ソルブ地域では18世紀までにプロテスタントとカトリックそれぞれの信者による文章語の規範が別々に形成された．この'プロテスタントのソルブ語'と'カトリックのソルブ語'の差の克服は，ゼイラーをはじめ彼以後の，上ソ

ルブ文章語の確立を目指した人々にとっての課題であり，とりわけ文字や正字法に関してはさまざまな試みが提唱された．スモーラー，ホルニクらが提案した「相似的正字法」とよばれる正字法は両者の表記上の差異を最小限にとどめたもので，1860年代以後1937年のナチスによる弾圧の時まで，この相似的正字法が用いられることになる（最終的な統合は第二次大戦後）．

現代

　ワイマール共和国憲法113条では少数民族の権利が唱われたが，実質的にはソルブ人社会はそれまで以上にドイツ社会への同化を強いられた．1920年代にはいってソルブ人社会にも及んだ共産主義活動も，国家のソルブ人に対する警戒心を増大させた．続いて到来したナチスの時代，ソルブ人とその言語はまたしても消滅の危機に曝された．ソルブ人青年団'ソコウ(Sokoł)'やソルブ農民同盟の強制解散に始まり，37年にはソルブ民族組織団体であるドモヴィナ(Domowina)の，出版をはじめとするあらゆる活動禁止，マチッツァ・セルブスカの蔵書没収などが実施され，19世紀にブディシンに作られたソルブ人の文化センター「ソルブ人の家(Serbski dom)」も破壊された．

　第二次大戦後，ドイツは分断され，東のドイツ民主共和国では新たに，ソ連の支配下で国家再建が進められた．その中で，ナチスによって破壊されたソルブ人組織の復興も着手された．1945年5月にはプラハでソルブ人議会が組織され，同年夏，ブディシンにその本部が設置された．1949年10月に公布された憲法11条では，国内の少数民族の権利が定められ，これに先立つ47年，ドモヴィナ出版組合が組織されて，新聞の発行が再開された．ウジッツァのいくつかの地区，具体的にはドレスデン県のブディシン，カメンツ，ニスカ(Niska／独Niesky)の各郡ならびにホシェブス県のカラワ，ホシェブス，ホシェブス市，バルシチ(Baršč／独Horst)，グビン(Gubin／独Guben)，ウォイェルツィ，ルビン，グロトク，ベーワウォダ(Běła／Woda独Weißwasser)各郡は，行政上ドイツ語とソルブ語の二重言語使用地域と定められた．これらの地域では理系以外の授業がソルブ語で行われる「A学校」，ソルブ語が必修科目としてある「B学校」が設けられ，ブディシンには高等専

門学校(現在のギムナジウム)が置かれてソルブ語教育が行われた．続く1950年代にもソルブ文化のために，国家によって様々な機関，施設が設けられた．主なものには
　　1951　ドイツ民主共和国社会科学アカデミーにソルブ人民研究所(現在のソルブ研究所)設置
　　1952　ライプツィヒ大学にソルブ言語文学科 (Sorabistika) 開設
　　　　　ホシェブスにソルブ高等学校(現在の下ソルブギムナジウム)開校
　　1953　ドイツ国営ラジオにソルブ部局設置
　　1957　ソルブ博物館再開(1904に開かれ41年ナチスに押収されたもの)
などがある．また，1966-1989の20数年の間に7回，「ソルブ文化の祭典」が開催され，民族舞踊や歌謡が披露された．

　このようにドイツ民主共和国はソルブ人社会に財政的，文化的恩恵を与えたが，同時に否定的な影響も及ぼした．数々の文化活動，例えば「ソルブ文化の祭典」は，確かにソルブ文化の継承に寄与するという面はあったが，同時にドイツ民主共和国共産党の'正しい民族政策'のプロパガンダを担う性格もあった．60年代に入るとソルブ語教育全体が抱える種々の問題が表面化し，教育制度に対する新たな実施規定が導入された．ソルブ語学校でも中学生以上の理系の授業はドイツ語で行われること，またソルブ語を必修とせずともよいこと，などが定められ，生徒数が5名に満たないクラスは別のB学校に合併されるといったソルブ語クラスの統廃合も影響して，1962年から64/65年の間にソルブ語の授業を履修する生徒数は約1万人から3千人余と，約3分の1に減少した．この実施規定は68年に見直され，学習者は6000人にまで復活したものの，このようなソルブ語教育の後退も，表向きの支援とは裏腹の否定的な国家政策の一面であったと今日では評価されている．また，社会主義経済を支えるためと称して推進された大規模な褐炭採掘のために，ウジッツァ中部を中心に30を越えるソルブ人の村が消滅し，ゼンフテンベルク (Senftenberg) のように，ソルブ語が使用されなくなってしまった地区も現れた．

　現在ソルブ語が使用されるもっともコンパクトな地域は，ブディシン市外から北西のカメンツにかけての一帯で，この地域のソルブ人の大部分はカトリック教徒に属する．彼等は教会の活動を中心にソルブ文化の

継承と発展に努め，その影響力は上ソルブ標準語のあり方にも及んでいる．すなわち，'カトリック教徒のソルブ語'が標準語の規範としてより中心的な役割を果たすようになっており，今後もこの傾向はさらに続くものと考えられる．

　現在，ソルブ人のさまざまな活動はドモヴィナを中心に展開されている．この非政治的独立組織は，ソルブ人及びソルブの諸組織を総括する上部団体として位置付けられ，ブディシンに総本部，ホシェブスに下ソルブ本部が置かれている．主な下部組織には，ベーワウォダ／ニスカ，カメンツ，ウォイェレツィなどの郡連盟，ソルブ人教師連合，ソルブ芸術家同盟，マチッツァ・セルブスカなどがある．また，ソルブに関する専門研究機関として，ソルブ研究所(Serbski institut. 現所在地はブディシン)があり，ソルブの文化や歴史，言語，またヨーロッパにおける少数民族問題などをテーマに研究が進められ，その附属施設として，7万点余りのソルブ関連文献を所蔵するソルブ中央図書館とソルブ文化文書館がある．

上ソルブ語と下ソルブ語

二つのソルブ標準語の間には，以下に例示されるような差異がある：

		上ソ－下ソ	上ソルブ語の例	下ソルブ語の例
音韻		h [x] — g [g] č [tʃ] — c [ts] ć [tɕ] — ś [ʃ] dź [dʑ] — ź [ʒ]	hora 山, sněh 雪 čas 時間, čorny 黒い ćěło 体 dźěd 祖父	gora, sněg cas, carny śěło źěd
形態	双数語尾	男性主格 -aj — -a 与／造 -omaj — -oma	dwaj wozaj wozomaj	dwa woza wozoma
	不定詞語尾	-ć — -ś	wuknyć 学ぶ	wuknuś
	男性単数与格	-ej — -oju	konjej	konjoju
語彙		「言う」 「シャツ」 「結婚式」	prajić košla kwas	groniś zgło swjaźba

一方，方言学的レベルで見ると，標準語の様々な特徴がソルブ諸方言の分布と重ならないケースもしばしばある．例えば，上ソルブ語にはないスピヌム(移動動詞と共に用いられる目的分詞)は，下ソルブ標準語では普通だが(pojdu **spat** 就寝する)，下ソルブ方言ではホシェブス以北にしか認められない．あるいは，下ソルブ標準語では上ソルブ標準語とは異なり，活動体(人以外の生物)を表す男性名詞の双数で対格は生格と同形になる：

　　mam **dweju kónjowu**「私は馬を二頭持っている」
　　cf. 上ソ標準：Mam **dwaj konjej**［=主格形に等しい］

しかし，この現象は上ソルブ語でも方言ではしばしば見られ，一方下ソルブ語地域に含まれるグビン郡のホルノ方言では，上ソルブ標準語と同じく，活動体双数対格は主格と同形になる．

　このように，ソルブ語使用地域は方言上の差によっていくつかの下位グループに分けられる一方で，ソルブ語諸方言に共通し，かつソルブ語のみに見られる要素もある．例えば，接頭辞z-を伴う měć (上)/měś (下)「持つ」の完了体の形成(上：změju，下：změyom)，スラヴ語比較音韻論でしばしば取り上げられるところのr，lを含む閉音節 TelT，TerT と TorT/TolT の構造の一致(上／下 mloko, 上 brjóh, 下 brjog. cf. ポーランド語では mleko, brzeg となる)などである．こうしたことから，ソルブ語の言語領域は，内部にさまざまな等語線を含む一つの連続体として捉えることができ，等語線の密度からいってソルブ語使用領域は主として上ソルブ，下ソルブ，それに東のムスカウと西のゼンフテンベルク(これらの地域自体は今日ではソルブ語使用領域ではない)を結ぶ過渡方言地帯に区分される．

II.A. 音韻特徴

ここでは，上ソルブ語の文字と音素，個々の音の発音，音の交替などについて述べる．発音の表記はIPA（簡略表記）に依拠し，[ ] 内に示す．軟子音(子音の口蓋化)は子音文字の右下に ˌ を，またアクセントはアクセントのある音節の前に ˈ を付して示す．文字 ó の表す音のうち，[o] より狭めのある音は [o̝] で表す．音素は/ / 内に示す．r についてはその項目を参照のこと．

1.　音素

1. 1.　母音

1. 1. 1.　母音音素のレパートリー

/i/　/ě/　/e/　/a/　/o/　/ó/　/u/

以上の7つの音素が，文字 i, y, ě, e, a, o, ó, u によって表される．y の表す音 [y] は /i/ の異音である(→2.3.)．/ě/, /e/ は [i̯e] [ei̯] のように二重母音になる場合がある(下記2.を参照)．/ó/ も，ゆっくり発音した時 [u̯o] のように二重母音化しうる．音素と単母音の基本的な発音，それぞれに対応する文字(⟨ ⟩ 内) の関係を示すと以下のようになる：

	前		後
高	/i/ { [i] ⟨i⟩ / [y] ⟨y⟩ }		/u/ [u] ⟨u⟩
	/ě/ [e] ⟨ě⟩		/ó/ [o] ⟨ó⟩
		/e/ [ɛ] ⟨e⟩　/ɔ/ [ɔ] ⟨o⟩	
低		/a/ [a] ⟨a⟩	

1. 1. 2.　母音に長短の弁別はない．アクセント位置の母音は強く，同時に多少長めに発音される．

1.2. 子音

1.2.1. 子音を表す文字は b, c, č, d, dź, f, g, h, ch, j, k, ł, l, m, n, ń, p, r, ř, s, š, t, ć, v, w, z, ž である．文字 ř は tř, př, kř の結合にだけ現われ，p, k の後では š と同じ [ʃ] の発音となる．tř- については次項 2 の ř の記述を参照．また ć は č[tʃ] と，ł は w[w] と同じ発音である．

1.2.2. 子音には「硬子音」と「軟子音」がある．前者に比べ，後者は舌背が口蓋により接近した状態で発音される．そのため [j] のような音響が加わる．音韻的に対応する硬子音と軟子音は，語形変化や派生の中で規則的に交替する (→ 2.)．

p-p̦, b-b̦, m-m̦, n-n̦, c-c̦, r-r̦, w-w̦, f-f̦ v- v̦ がそれぞれ硬子音と軟子音の対をなす．これらの硬子音，軟子音は同じ文字 (p, b, m, n, c, r, w, f, v) で表わされる．これらの文字は i, ě の前では軟子音 (bi, bě; pi, pě; mi, mě など)，その他の母音 (a, e, o, ó, u, y) の前では通常硬子音であることを表す．a, e, o, ó, u に先立つ音が軟子音である場合には -j- を挿入する必要がある．従って硬-軟の違いは表記上，ba-bja, bo-bjo; ma-mja, me - mje, mu - mju, ro-rjo, ró-rjó などのように区別される．t, d, s, z, k, g, h, ch, には対になる軟子音はない (調音上，前舌母音の前では若干口蓋化する)．一方，č, dź, j, l, ń, ř, š, ć, ž は常に軟子音である．

〈文字と音素の関係〉

	p	b	m	n	c	r	w	ł	f	v
硬	/p/	/b/	/m/	/n/	/c/	/r/	/w/		/f/	/v/
軟	/p̦/	/b̦/	/m̦/	/n̦/	/c̦/	/r̦/	/w̦/		/f̦/	/v̦/

	t	d	s	z	k	g	h	ch	č	ć	dź	j	l	ń	ř	š	ž
硬	/t/	/d/	/s/	/z/	/k/	/g/	/h/	/x/									
軟									/č/	/dź/	/j/	/l/	/ń/		/š/	/ž/

1.2.3. 子音には有声子音と無声子音がある
　　有声子音：/b, b̦, d, dź, g, h, v, v̦, z, ž ;
　　　　　　　j, l, m, m̦, n, n̦, r, r̦, w, w̦/
　　無声子音：/c, c̦, č, f, f̦, ch, k, p, p̦, s, š, t/

1.2.4. 語末の有声子音は以下の場合に無声化する．(̦)は無声化を表す．
　(1)休止の前
　　b →[b̦]：dub [dub̦]　　　　d → [d̦]：had [had̦]
　　dź → [tʃ]：snadź [snatʃ]　z → [s]：raz [ʀas]
　　ž → [ʃ]：muž [muʃ]
　(2)無声子音あるいは母音が後続する場合：
　　muž pyta [muʃpyta]
　　z awtom [s awtom]　　　bjez energije [bes energ'ie]
　(3)語末のhは発音されない：
　　h → [ϕ]：ćah [tʃa:]

1.3. 子音の硬・軟とiとyの分布
　母音i [i] は軟子音の後に現われる：či, při, ži ; bi, fi, hi, pi など．これに対しy [y] は硬子音の後に現われる：cy, sy, zy; by, ty, dy など．ただし一部の外来語で例外的に，iの前が硬子音の場合がある：direktor [dyʀɛktor], cil [cyl].
　g, h, ch, k は硬子音だが/i/が後続する場合にはiが綴られる：gingawa [gyŋawa], hić [hytʃ], chiba [kyba], krótki [kʀotky]. ただし一部の外来語で，この規則にあてはまらない表記が見られる：hybrida [hib'ʀida], kybernetika [kybɛʀ'nɛtyka].

音韻特徴　　　　　　　652

1.4. 子音音素の配列（//は省略）

	両唇音	唇歯音	歯茎音	歯茎口蓋音	硬口蓋音	軟口蓋音	口蓋垂音	喉音
閉鎖音	p　p̦ b　b̦		t d			k g		
破擦音			c　c̦	dź	č			
摩擦音		f v	s z		š ž	x	r*　r*	h
鼻音	m　m̦		n　n̦					
接近音	w　w̦		l		j			

*上ソルブ語の従来の音素記述では歯茎音とされているが、ここでは現実の発音に近い口蓋垂音とした。

2. 発音

音素とそれぞれの異音、発音を示す。

文字 と音素	調音位置、　調音法	発音記号	例
a /a/		[a]	barba['barba], ja mam ['jamam]
b /b/	硬子音	[b]	baba ['baba], blido ['blido], luby ['luby]
/b̦/	軟子音	[b̦]	bjez [b̦ɛs], běda ['b̦eda], Lubin ['lub̦in]
c /c/	硬子音	[ts]	cybla ['tsybla], kocor ['kɔtsor], móc [mots]
/c̦/	軟子音	[tş]	citat ['tşitat], kreacija [kʀɛa'tşija]
č /č/		[tʃ]	čisty ['tʃisty], wučer ['wutʃɛʀ], hač [hatʃ]
d /d/		[d]	domoj ['dɔmoj], woda ['wɔda], dudy ['dudy]
dź /dź/	日本語「じゃ」の出だしに近い音	[dʒ]	dźen [dʒɛjn], dźakuju ['dʒakuju]

e	/e/	硬子音の前および語末	[ɛ]	jedyn [ˈjɛdyn], serbski [ˈsɛʀ(b)sk̜i]	
		軟子音の前	[e]	derje [ˈdeʀɛ], jejo [ˈjei̯ɔ], zemja [ˈzeṃa]	
		主に š, ž, č (ć) の前	[ei̯]	tež [tei̯ʃ], preč [pʀei̯tʃ], leći [lei̯tʃ]	
ě	/ě/	アクセント位置	[i]	wěki [ˈw̜iki], rěč [ʀitʃ]	
			[ɨ]	rěbl [ʀɨbl] (中舌よりの母音になる時 /ě/ に先立つ子音は軟化しない)	
			[e]	trěli [tʀeli]	
			[i̯ɛ]	měr [mi̯ɛʀ], sněh [sni̯ɛː]	
			[ei̯]/[ɛi̯]	změje [ˈzmɛi̯ɛ], běžeć [ˈbei̯ʒɛtʃ] (このとき /ě/ に先立つ子音は軟化しない)/	
		アクセントのない位置	[e]	njewěm [ˈṇɛw̜em],	
f	/f/	硬子音	[f]	外来語に用いられる： foto [ˈfɔto], kofej [ˈkɔfɛi̯]	
	/f̜/	軟子音	[f̜]	fijałka [f̜iˈawka], na grafje [naˈgʀaf̜i̯ɛ]	
g	/g/	硬子音	[g]	gramatika [gʀaˈmatika], gesta [ˈgɛsta]	
		[g]の軟化子音	[g]	gitara [giˈtaʀa], fingěrować [f̜inˈgɛʀowatʃ]	
h	/h/	語頭で母音の前	[h]	husto [ˈhusto], hat [hat]	
		[h]の軟化子音	[h̜]	hinak [ˈh̜inak], hěta [ˈh̜eta]	
		子音の前および語末	[∅]	hladać [ˈladatʃ], wuhlo [ˈwulo], róh [ʀɔː]	
		上記の自由変音	[ɣ]	nahły [ˈnaɣwi]	
		母音間	[w]	noha [ˈnɔwa] (ただし [noha] もあり)	
			[j]	kniha [ˈkni̯ja]	

音韻特徴

ch /x/	[k]の有気音。語および形態素の初め		[kʰ]	chory ['kʰɔʀy], chwatać ['kʰwatatʃ], schwalić ['skʰwalitʃ], chiba ['kʰiba], chěža ['kʰejʒa]
	形態素の中と語末		[x]	mucha ['muxa], ćicho ['tʃixo]
	上記の軟化子音（i, ě, j, l, r と隣接する位置）		[ç]	mnich [mniç], měch [mɛç], pjelcha ['pjɛlça], wjerch [wɛʀç]
	語頭で [ts] の前		[∅]	chcu [tsu], chcyć [tsytʃ]
i /i/	軟子音の後		[i]	witam ['w̦itam], Budyšin ['budyʃin]
	硬子音の後（例外的）		[y]	cil [cyl]
j /j/	母音の前と語末		[i̯]	jara [i̯aʀa], meja ['mei̯a], muzej [mu'zei̯]
	bj, fj, mj, nj, pj, rj, wj で軟子音であることを表わす			
k /k/	硬子音		[k]	kruty ['kʀuty], sekla ['sɛkla]
	上記の軟化子音		[k̦]	kij [k̦ii̯], daloki ['dabk̦i]
ł /w/	w と同じ両唇接近音		[w]	łuka ['wuka], koło ['kɔwo], hłós [wo̦s]
l /l/	側音		[l]	luby ['luby], polo ['pɔlo]
	上記の軟化子音		[l̦]	ledma ['l̦edma], lěto ['l̦eto], list [l̦ist]
m /m/	硬子音		[m]	muka ['muka], jama ['jama]
	/m̦/	軟子音	[m̦]	mjaso ['m̦aso], měr [m̦eʀ]
n /n/	硬子音		[n]	nan [nan], rano ['ʀanɔ], len [lɛn]
	/ŋ/	軟子音	[ŋ]	njewěm ['ŋɛwɛm], bróń [bʀo̦iŋ], wustajeńca ['wustai̯ɛintsa]

	/ŋ/	k の前	[iŋ]	bańka ['baiŋka], ćeńki ['tɕɛiŋki], Młóńk [mwoiŋk]
o	/o/	開きの広い「オ」	[ɔ]	potom ['pɔtɔm], rano ['ʀanɔ]
		ł, w の前	[o]	kołbasa ['kowbasa], kowar ['kowaʀ], row [ʀow]
ó	/ó/	[o] よりやや狭い	[o̞]	bóle [bo̞lɛ], lód [lo̞d], próśny [pʀo̞ʃny], bóh [bo̞ː]
		アクセントのない位置	[o]	rozhłós ['ʀɔzwos]
p	/p/	硬子音	[p]	prosyć ['prɔsytɕ], krop [kʀɔp]
	/p̒/	軟子音	[p̒]	pjec [p̒ɛts], kupić ['kup̒itɕ]
r	/r/	硬子音	[ʀ] / [r] /[ʁ]	ruka ['ʀuka// ʁka/ ruka] ([ʀ][ʁ][r]は自由変音。現在では [ʀ] または [ʁ] が多用される。この発音一覧では[ʀ]で代表させる)
	/r̒/	軟子音	[ʀ̒]/[r̒]	rjany ['ʀany], derje ['dɛʀɛ]
ř	/š/	以下の結合においてのみ用いられる		
		kř	[kʃ]	křiž [kʃiʃ], křesło ['kʃɛswɔ], wukřik ['wukʃik]
		př	[pʃ]	při [pʃi], přeco ['pʃɛtsɔ], zap-řah ['zapʃa]
		tř	[tʂ]	tři [tʂi], třo [tʂo], třecha ['tʂeça], bratřa ['bʀatʂa]
		tř+a/e	[tʃ]	třasć [tʃaʂtɕ], třepotać ['tʃɛpɔtatɕ]
s	/s/		[s]	sad [sat], spać [spatɕ], bosy ['bɔsy]
š	/š/	[ʃ] よりやや口蓋化	[ʃ]	šula ['ʃula], duša ['duʃa], myš [myʃ]

t	/t/		[t]	tam [tam], čitać ['tʃitatʃ]
ć	/č/	ćと同じ発音	[tʃ]	ćma [tʃma], lećeć ['lei̯tʃɛtʃ], ćicho ['tʃixo]
u	/u/		[u]	ruda ['ruda], čuwy ['tʃuwy]
v		外来語のみに使用		
	/v/	硬子音	[v]	volleyball ['voleibal]
	/v̦/	軟子音	[v̦]	Vietnam ['v̦ietnam]
w	/w/	両唇接近音	[w]	wowka ['wowka], dźowka ['dʒowka]
	/w̦/	上記の軟子音	[w̦]	wjazać ['w̦azatʃ], wjedro ['w̦ɛdʀo], wěm [w̦em]
y	/i/	硬子音の後	[y]	ryba ['ʀyba], zady ['zady]
z	/z/	硬子音	[z]	zorno ['zɔrnɔ], zdónk [zdo̦i̯ʀŋk]
	/z̦/	軟子音	[z̦]	zhibnyć ['z̦ibnytʃ], zjězd [z̦jezd]
ž	/ž/		[ʒ]	hižo ['hiʒo], žaba ['ʒaba]

▲注意すべき発音

hw [f] : hwězda ['fezda]

tč, tš, dš, dč [tṣ] : wotčina ['wotṣina], krótši ['krotṣi], młodši ['mwotṣi], swědčić ['sw̦etṣitʃ]

łh- [f/v] : łhać [fatʃ], zełharny ['zevaʀni], zełharnosć ['zevaʀ-nostʃ]

łž- : łžeć [dʒetʃ]

3. 音の交替

3.1. 母音交替のパターン

① ó〜o：単音節で語幹に ó を含む男性名詞では，単数主格およびこれと同形の対格以外で母音が o に交替する——
kóń-《生》konja；wóz-《生》woza
ただしこの交替が生じない語もある
mróz-《生》mróza；młóč-《生》młóča；šrót-《生》šróta．

② ě〜e：pěc, měd では斜格で語幹母音が e に交替する——
měd-《与》mjedu；pěc-《複》pjecy
この交替はそれほど頻繁でない．交替が生じない例
lěs-《生》lěsa, dźěd-《生》dźěda, wětr-《生》wětra

③ a〜e：軟子音間の a は語形成，語形変化の中で e に交替する——
Słowjan-《複主》Słowjenjo；rjad-《前》w rjedźe；kóń-《生》konja-《複造》z konjemi；třělać-《過去・双二》třěleš-tej

3.2. 子音交替のパターン

語の派生や語形変化の中で硬子音と軟子音の交替が起る——

k〜c：ruka - na ruce　　　k〜č：ruka - ručka
h〜z：noha - na noze　　　h〜ž：noha - nóžka
t〜ć：předmjet - w předmjeće　t〜c：swětło - swěca
d〜dź：zasada - w zasadźe　d〜z：sad - sazy
ł〜l：dźěło - na dźěle　　　tr〜tř：wótry - wótřić
ch〜š：směch - směšny　　s〜š：pisać - pišeš
z〜ž：rězać - rěžu

4. アクセント

4.1. 上ソルブ語は固定アクセントタイプで，アクセントは通常第一音節にある．アクセント位置の母音は他の位置の母音より強く，また多少長く発音される．

本来アクセントを持たない単音節の前置詞が名詞と結合した場合，前

置詞がアクセントを引き付けることがある——
　　na wiki ['nawiķy], wo zemju ['wɔzemʉ], za blidom ['zablidom]
ただし以下の場合には，前置詞にアクセントは移らない
　①語に強調を持たせたい場合：na banku [na'baŋku],
　　za blidom [za'blidom]
　②語が三音節以上である場合：do Budyšina [do'budyʃina],
　　na Čornobohu [na'tʃɔʀnobɔu]
　③前置詞句が形容詞を含む場合：
　　na butrowe wiki [na'butʀowe' wiķy]
形容詞の最上級では，アクセントは最上級を示す形態素 naj の上，または語幹におかれる——
　　najrjenši ['najʀɛnʃi] または [naj'ʀɛnʃi]

4.2. 外来語（特にドイツ語からの借用語）では，原語のアクセントがそのまま適応される場合が多い——
　　literatura [litɛʀa'tuʀa], fonetika [fo'nɛtyka]
ドイツ語の -ität, -ion/-ei に対応する -ita, -ija 形態素を持つ語では最後から三番目の音節にアクセントが置かれる——
　　uniwersita [uņi'wɛʀsyta], awtorita [aw'tɔʀyta];
　　produkcija [pʀɔ'duktsija]
ただしその他の -ija で終わる外来語では poezija [pɔi̯e'zija], teorija [teɔ'ʀija], melodija [mɛlɔ'd̦ija] のように，-ija 形態素の先頭にアクセントが置かれる．
　-ować, -ěrować によって派生される動詞においても最後から三番目の音節にアクセントが置かれる規則があてはまる——
　　redigować [ʀɛ'digowatʃ], gratulować [gʀa'tulowatʃ],
　　markěrować [maʀ'kɛʀowatʃ].

4.3. それ自体は固有のアクセントを持たず，隣接する語に続けて発音される要素（clitics：以下「接語」とする）がある——
　①人称代名詞および再帰代名詞の無アクセント形：mi, mje, was, će, ći, je, ju, so, sej など，また指示代名詞，関係代名詞の tón, kiž など

②助詞：pak, li, drje, dźě, da, ha, žno, no; wšak, njech, snadź, traš など

③助動詞として用いられる być の変化形：sym, sy, je; běch, bě; bych, by; budu, budźeš など

これらの語形は場合によってアクセントを持つこともできる——

 Mi so tu njelubi ['mi̯ so tu 'ɲɛluḇi] 私にはそれは気に入らない．
cf. Daj mi kusk chlěba ['daj mi̯ kusk kʰleba] パンを一切れ下さい．
 Ja ćе lubuju ['ja tʃe 'lubuju] 私はあなたを愛している．
cf. Tebje ja lubuju ['tɛḇe ja 'lubuju] 私が愛しているのはあなただ．

5. ドイツ語との対応

ドイツ語からの借用語はいくつかの原則に従ってソルブ語の語彙として取り入れられている．以下＞の左にドイツ語の表記，＞の右に対応するソルブ語の表記と例を示す．

5.1. 母音
 au＞aw [aw] または [ao]：Auto＞awto ['awtɔ]
 eu [ɔʏ]＞eu [ɔi̯] または [oe̯]：Europa [ɔi̯'ʀɔpa]
 ei [aɪ]＞ei [ai̯] または [ae̯]：eidetika [ae̯dɛ'tyka]
 ä, ö＞e [ɛ]：Hämoglobin＞hemoglobin [hɛmoglobin];
  Hölla＞hela ['hɛla]

5.2. 子音
 z＞s：Zoologie＞coologija [tsoolo'gija]
 v＞w：Koletiv＞kolektiw [kɔlɛk'tif]
 ph＞f; qu＞kw, x＞ks：
  Physik＞fyzika ['fyẓika]; Quantität＞kwantita [kwan-'tita]; Xylophon＞ksylofon [ksʏlo'fɔn]
  rh＞r; th＞t; Rheuma [ʀɔʏma]＞reuma ['rɔi̯ma]; Rhythmus [ʀʏtmus]＞rytmus ['ʀʏtmus]

6. イントネーション

通常の平叙文では文頭から文末に向けて緩やかな下降のピッチとなる：
　　Nan wróći so z pola.

文頭に疑問詞がある疑問文も文頭から文末に向けて緩やかな下降のピッチとなる：
　　Hdźe sy był?　　　Koho sy tam widźała?

文頭に疑問詞のない疑問文では文末に向けて上昇のピッチを持つ：
　　Sy doma był?　　　Ani přećela njejsy wopytał?

II.B. 文法解説

1. 名詞の性

1.1. 文法性と自然性

上ソルブ語の名詞には男性 (muski ród【男】)，女性 (žónski ród【女】)，中性 (ničeji ród【中】) の3つの性 (文法性) があり，名詞はどれかの文法性を持つ．以下単に「性」という場合，この文法性のカテゴリーを指す．

名詞の中には自然性の区別をもつ対象 (人や動物) を指す語がある．それらの自然性と文法性の関係は以下の①〜④のパターンに分けられる——

①自然性に一致して文法性が区別される名詞 (男性名詞と女性名詞が独立してある)——

男性名詞：muž 男，bratr 兄 (弟)，nan 父，hólc 少年，byk 雄牛，kundroz 雄豚，ganzor 雄のガチョウ，sanc 動物の雄

女性名詞：žona 女，sotra 姉 (妹)，mać 母，holca 少女，kruwa 雌牛，ranca 雌豚，starka 雌のガチョウ，sančka 動物の雌

これらに対し，čłowjek 人【男】，howjado 牛【中】，swinjo 豚【中】のように自然性の区別なくクラス全体に言及する名詞もある．

②どちらかの自然性を表す名詞がクラス全体を指すものとして用いられる名詞．クラス全体に言及できるものを無標形とすると，対になる名詞はどちらかの自然性に言及する有標形である．

a) 女性名詞が無標，男性名詞が有標になる対：

wowca 羊 – boran 雄羊，kóčka 猫 – kocor 雄猫，kačka アヒル – kačor 雄のアヒル，koza 山羊 – kozoł 雄山羊

例：Susodźic maja pjeć **wowcow**, mjez nimi tež jednoho **borana**.

隣の家では羊を5頭飼っていて，そのうちの一頭は雄羊だ．

b) 男性名詞が無標，女性名詞が有標になる対——

lěkar 医者 – lěkarka 女医，hrajer 俳優 – hrajerka 女優，pos 犬 – čula 雌犬，wosoł ロバ – wóslica 雌ロバ

③一つの名詞が両方の自然性に対応し，性差を区別する有標の語彙を持たないもの——

  hósć 客，syrota 孤児，bruk 甲虫，mucha ハエ，had 蛇

以上①～③をまとめると次のようになる——

	クラス全体	男性	女性
①	howjado	byk	kruwa
②a)	wowca	boran	wowca
b)	wosoł	wosoł	wóslica
③	syrota	syrota	syrota

④自然性に関係なく中性になる名詞——
  a) 人，動物の子供．
    dźěćo 子供，holičo 女の子，hólčo 男の子，
    ćelo 仔牛，sornjo 子山羊，kózlo 子山羊
  b) zwěrjo 動物，skoćo 家畜，howjado 牛
  c) 指小形：dźěćatko (<dźěćo), ćelatko (<ćelo)
    指大形：žonisko (<žona), hólčisko, mužisko

1.2. 文法性の基本形

　名詞の性は，単数主格が硬子音で終わるものは大部分が男性，-a で終わるものは大部分が女性，-o, -e で終わるものは中性．ただし -a で終わる男性名詞(職業を表す名詞など)，硬子音の c, s で終わる女性名詞が若干ある．軟子音で終わる名詞には男性名詞と女性名詞がある．

〈名詞の性と単数主格形〉

	硬子音	軟子音	-a	-o, -e
男性	nan 父親 hólc 少年 štom 木	wučer 教師 hołb 鳩 nož ナイフ	předsyda 議長 ćěsla 大工	
女性	-c, -s wěc 物 wjes 村	mać 母親 knjeni 婦人 rěč 言語	dźowka 娘 ptačka 鳥 rěka 川	
中性				słowo 語 twarjenje 建物 wuwiće 発達

2. 数のカテゴリー

2.1. 単数，複数，双数の三つのカテゴリーがある．また男性名詞で人を表わすものに対しては双数，複数で人間形という形がある．以下に，単数，双数，複数の主格の例を，数詞の jedyn (1), dwaj (2), tři (3) を付けて挙げる——

	男性名詞		女性名詞	中性名詞
	人間形	それ以外		
単数	jedyn nan 一人の父親	jedyn law 一頭のライオン	jedna wowca 一頭の羊	jedne słowo 一つの語
双数	dwaj nanaj 二人の父親	dwaj lawaj 二頭のライオン	dwě wowcy 二頭の羊	dwě słowje 二つの語
複数	třo nanojo 三人の父親	tři lawy 三頭のライオン	tři wowcy 三頭の羊	tři słowa 三つの語

2.2. 複数形で常用される名詞 (*pluralia tantum*) がある——
例：durje ドア，nožicy はさみ，wrota 門，žně 収穫

3. 格のカテゴリー

3.1. 7つの格形式(主格，生格，与格，対格，造格，前置格，呼格)によって文法関係が表される．格は名詞，形容詞の屈折形態素(変化語尾)によって示され，変化型は語幹末子音の種類に従って，「硬変化」「軟変化」と呼ばれるタイプに区分される．

3.2. 格形式と活動体／不活動体

男性名詞は，対格形が生格形と一致するか主格形と一致するかによって，単数では活動体(生物を表すもの)と不活動体に区別され，双数および複数では人間と人間以外に区別される．それぞれの対格形は次のように分布する——

	人間	活動体	不活動体
単数	= 生格		= 主格
双数	= 生格	= 主格
複数	= 生格	= 主格

　従ってM1タイプの名詞の格語尾は以下のようになる——
　　①人間形　②活動体(人間以外)　③不活動体

	単数 ①	単数 ②	単数 ③	双数 ①	双数 ②	双数 ③	複数 ①	複数 ②	複数 ③
主	-ϕ	-ϕ	-ϕ	-aj	-aj	-aj	-ojo*	-y	-y
対	-a	-a	-ϕ	-ow	-aj	-aj	-ow	-y	-y
生	-a	-a	-a	-ow	-ow	-ow	-ow	-ow	-ow
与	-ej	-ej	-ej	-omaj	-omaj	-omaj	-am	-am	-am
造	-om	-om	-om	-omaj	-omaj	-omaj	-ami	-ami	-ami
前	-(j)e**, -u	-(j)e**, -u	-(j)e**, -u	-omaj	-omaj	-omaj	-ach	-ach	-ach

　*男性人間形の複数語尾には -ojo の他，-jo, -ja, -a がある．
　**子音交替を伴う．

3.3. 格の用法
3.3.1. 主格 (nominatiw)
(1)文の主語となる——
　Nan dźěła na polu. 父は畑で仕事をしています．
(2)同定文の述部——
　Bratr je **lěkar**. 兄は医者です．
(3)述語の一部——
　Je **zyma**. 寒い．　　Je **ćma**. 真っ暗闇だ．
　Skutkuju jako **wučer**. 私は教師として働いている．
(4)同格——
　rěka **Sprjewja** スプレヴィア川
3.3.2. 生格 (genitiw)
(1)名詞句に直接後置され，さまざまな関係を示す——
　行為の対象：twar **chěže** 家の建築；pisanje **knihi** 本の著述
　行為の主体：spěwanje **młodźiny** 若者たちの歌唱
　素材：kolesko **módreho dyma** 青い煙の環
　属性：dom **dźěśća** 子供の（ための）家；spěw **radosće** 喜びの歌
　量：kobjel **běrnow** カゴ一杯のじゃがいも；šklenća **wody** グラス一杯の水
　所有：chěže **susodow** 隣人たちの家々
　　（所有形容詞による所有表現について→4.2.）
(2)生格を要求する動詞の補語——
　wzdać so **prawa** 権利を放棄する；wotrjec **staršeju** 両親を拒否する；bojeć so **chorosće** 病気を恐れる；přimnyć so **stólca** 椅子につかまる；wjeselić so **wopyta** 訪問に喜ぶ
(3)一定量の対象を表す——
　napić so **kofeja** コーヒーをたっぷり飲む
　nasrěbać so **čisteho powětra** 新鮮な空気をたっぷり吸う
(4)否定の生格（まれ）——
　njeměć **chwile** 暇がない；njeprajić ani **słowa** 一言も言わない；**běleje mróčałki** na njebju njewidźeć 空には雲一片見えない
　他動詞が否定された場合，直接補語の対格が生格に置き換えられる

現象はスラヴ諸語に広く見られるが，上ソルブ語では否定生格は義務的ではなく，また普通は使用されない．

(5)時の生格(詳しくは→5.4.2.)——

8. Wosmeho meje 1945 (dźewjatnaće stow pječaštyrceći) bě kónc druheje swětoweje wójny.
1945年5月8日が第二次世界大戦の終結だった．
To so Rynč **rjaneho dnja** k burikej poda.
ある日リンチは農夫のもとに出かけた．

3.3.3. 与格 (datiw)

(1)受け手，受益者など——
napisać list **staršimaj** 両親に手紙を書く；**skotej** picu dawać 家畜に飼料をやる

(2)与格を要求する動詞の補語として——
bližić so **zaměrej** 目的に近づく；wuběhnyć **smjerći** 死を逃れる；runać so **slěbru** 銀と等価である；přiměrić so **wobstejnosćam** 状況に適応する

(3)非人称構文の意味上の主体——
Jemu so tu njespodoba. 彼にはここが気に入らない．
Mi nochce so spać. 私は眠くない(眠る気になれない)．

3.3.4. 対格 (akuzatiw)

(1)他動詞の直接補語——
čitać **knihu** 本を読む；rubać **drjewo** 薪を割る；warić **wobjed** 食事を作る

(2)時や場所の副詞として——
spać **cyły dźeń** 一日中眠る；wróćić so domoj **wječor** 夕方に戻る；**zańdźenu njedźelu** 先週の日曜日に；**tu stronu** rěki 川のこちら側に

3.3.5. 造格 (instrumental)

造格は必ず造格支配の前置詞とともに使用される．基本的な造格の意味は〈z＋造格〉の形で表される．

(1)道具——
pisać list **z pjerom** ペンで手紙を書く；
poliwku **ze łžicu** ješć スープをスプーンで食べる

(2)共同格——
　　wuchodźować so **z nanom** 父と散歩に行く；
　　rozmołwjeć so **ze susodom** 隣人とおしゃべりする
(3)様態の副詞として
　　stawać **ze switanjom** 夜明けとともに起きる；
　　spěwać **z cyłej šiju** 声を限りに歌う
　　běnźić so **z ćežemi** やっとのことで走る；
　　z durjemi do jstwy zastupić ドアから部屋に入る；
　　z woknom won hladać 窓から外を見る

3.3.6. 前置格（lokatiw）
前置格は必ず前置詞とともに使用され，それぞれの前置詞によって特定の関係を示す．

3.3.7. 呼格（wokatiw）
呼びかけを表す——
　　Jurjo！ユーリ！
　　Čłowječe, to je překwapjenje！おい！こいつはたまげたことだ！

4. 名詞限定表現

4.1. 全称代名詞の用法
全称代名詞（spowšitkownjowace pronomeny）は「すべての，あらゆる」の意味を表す．全称代名詞にはwšónとwšitkónがある．またkóždyは「おのおのの，毎～」を表す．ここではwšitkón, wšónの用法について述べる．
(1)単数では一つの個体，塊，集合などの丸ごと全部の意味を表す——
　　wšón chlěb = **wšitkón** chlěb パン全部（パンの塊丸一個）
　　wša butra = **wšitka** butra バター（の塊）全体
　　wšo powědanje = **wšitko** powědanje 話全体
　　この意味では「完全な」「全体の」を表す形容詞cyłyに置き換えることができる：
　　wšón [**wšitkón**] chlěb ＝cyły chlěb パン丸一個
(2)複数では複数名詞で表されるものすべてが対象となることを表す——
　　wšě naše kwětki = **wšitke** naše kwětki 私たちの花全部

wšě trjebne wecy = **wšitke** trjebne wecy すべての必要な物
wšě žony = **wšitke** žony 女全員

(3)男性の人ばかり，または男性を含む人の複数では，人間形の wšitcy が用いられる――

wšitcy mužojo 男全員 (*wšitke / *wšě mužojo)

Rano w šesćich **wšitcy** stanychmy. 朝六時に私たちは皆起きた．

(4) wšo, wšitko

もともと中性単数形の wšo, wšitko は単数名詞のように用いられ「全て」「全員」の意味を表す――

Wšo, štož je trěbane je přhotowane.
必要なものは全て準備された．

Muž, žona a dźěćo, **wšo** čěka před njepřećelom.
夫，妻，子供，全員が敵を前に逃げ出した．
= Muž, žona a dźěćo, **wšitcy** čěkaja před njepřećelom.

Wšitko so přeměni. 全てが変わった．

4.2. 所有形容詞
4.2.1. 形態

人名や，人を指示対象とする名詞から所有形容詞が派生される．男性名詞には，語幹に -ow- を，-a で終る女性名詞には語幹に -in/-yn- を付加して作る．これらの所有形容詞は形容詞 A1 型で変化し，名詞と性，数，格で一致する．

男性名詞の例：

wučer「教師」>wučer**jowy**「教師の」(wučer**jowy** syn 教師の息子，**wučerjowa** dźowka 教師の娘，**wučerjowe** blido 教師の机).
同じように：nan「父」>nan**owy**「父の」; muž「夫」>muž**owy**「夫の」; Jurij>Jurij**owy**「ユーリの」.

女性名詞の例：

žona「妻」>žon**iny**「妻の」(**žoniny** hłos 妻の声，**žonina** suknja 妻のスカート，**žonine** koleso 妻の自転車).
同じように sotra「姉/妹」>sot**řiny**「姉/妹の」; mać「母」> mačer(i)**ny**「母の」; Hilža>Hilž**iny**「ヒルジャの」; wučerka> wučer**cyny**「女教師の」

所有形容詞を含む文の例：
　　To je **sotřina** drasta. これは姉の服です．
　　Džensa mać so wobleka **sotřinu** drastu.
　　今日，母は姉の服を着ます．
　　Nan wora swoje polo, a dźěći so hraja na **nanowym** polu.
　　父親は自分の畑を耕し，子供たちは父の畑で遊んでいる．
　　Du z **Hilžinomaj** dźěsćomaj na wulět.
　　私はヒルジャの二人の子供たちと遠足にいきます．
　　▲ dźěćo「子供」【中】から，男性名詞に倣って dźěsćowy「子供の」が作られる．
4. 2. 2. 所有形容詞は具体的(特定の)個人を指示対象とする場合に，用いることができる：
　　prawo, kiž ma (mój) muž → **mužowe** prawo
　　　（私の）夫の権利→（私の）夫の権利
具体的(特定の)個人に言及するのでない場合には，所有関係は生格または属性を表す関係形容詞によって表わされる：
　prawo, kiž maja (wšitcy) mužojo → prawa mužow
　　　　（すべての）夫の持つ権利→　夫（複数）の権利
　cholowy, kiž mužojo noša → mužace cholowy
　　　　　男性がはくズボン　　→　男性用のズボン
4. 2. 3. 所有形容詞の表す関係
　所有形容詞は nanowa stwa「父の部屋」，střiny muž「姉の夫」のように，所有や帰属関係を表すだけでなく，動作主や対象なども表す．所有形容詞は生格名詞と競合する(→3.3.2.)．
　　動作主を表す所有形容詞の例：
　Brězanowy roman ブレザンの小説（ブレザンが書いた小説）
　wučerjowy hněw 教師の怒り
行為の対象を表す所有形容詞の例：
　　Na **Jurowy** pohrjeb so ja hišće dopomnju.
　　　ユーロの葬儀のことは今も私は覚えている
Jan wopyta mać「ヤンは母を訪ねる」のように，動作主と対象がある場合，これを名詞句化すると，動作主(主語)のほうが優先的に所有形容詞化され，対象は生格名詞で表される：

Janowy wopyt maćerje ヤンの，母への訪問

4.2.4. 重層的な所有表現

4.2.4.1. 「妻の知り合いの家」や「私の父の畑」のように，所有形容詞（「知り合いの」「父の」）に対してさらに限定辞（所有形容詞「妻の」や所有代名詞「私の」）を用いることができる．この時，所有形容詞に係る限定辞は所有形容詞が表す人物の性に一致した単数生格形になる．以下に限定辞が所有形容詞と，所有代名詞の場合の例を示す——

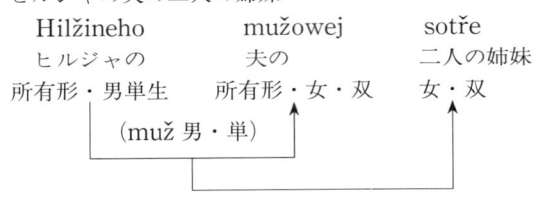

限定辞が所有形容詞の例：
ヒルジャの夫の二人の姉妹

  Hilžineho mužowej sotře
  ヒルジャの   夫の   二人の姉妹
所有形・男単生 所有形・女・双 女・双
    （muž 男・単）

所有代名詞の例：
私の父の畑

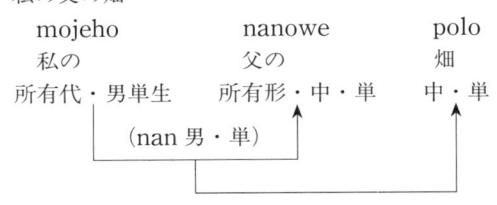

  mojeho nanowe polo
  私の   父の   畑
所有代・男単生 所有形・中・単 中・単
    （nan 男・単）

knjez wučer「先生」（knjez は男性に対する尊称）のように，所有者名詞が二つの名詞から成る場合，前の名詞を生格形にして連鎖できる：

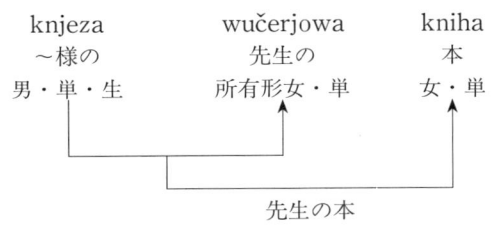

  knjeza wučerjowa kniha
  〜様の   先生の   本
男・単・生 所有形女・単 女・単
    先生の本

4.2.4.2. 所有形容詞に係る限定辞は，原則として，それが含まれる名詞句の格にかかわらず常に単数生格となる：

名詞句の格	〈単数生格〉+〈所有形容詞〉+〈名詞〉
主格	**našeho** wučerjowa dźowka 私たちの先生の娘
生格	wot **našeho** wučerjoweje dźowki 私たちの先生の娘から
与格	k **našeho** wučerjowej dźowce 私たちの先生の娘に
造格	z **našeho** wučerjowej dźowku 私たちの先生の娘と
前置格	wo **našeho** wučerjowej dźowce 私たちの先生の娘について

ただし，口語では限定辞も所有形容詞とともに格変化して用いられる——Liza chodźi we **wašej** [女・単・前(正しくはwašeje)] žoninej drasće. リーザがあなたの奥さんの服を着ている．

5. 数の表現

5.1. 数詞
5.1.1. 基数詞

0	nula				
1	jedyn, jedna, jedne			2	dwaj, dwě
3	tři, třo	4	štyri, štyrjo	5	pjeć
6	šesć	7	sydom	8	wosom
9	dźewjeć	10	dźesac	11	jědnaće
12	dwanaće	13	třinaće	14	štyrnaće
15	pjatnaće	16	šesnaće	17	sydomnaće
18	wosomnaće	19	dźewjatnaće	20	dwaceći
21	jedynadwaceć	22	dwajadwaceći	23	třiadwaceći
24	štyriadwaceći	30	třiceći	31	jedynatřiceći
32	dwajatřiceći	33	třiatřiceći	34	štyriatřiceći
40	štyrceći	50	pjećdźesat, połsta		
51	jedynapjećdźesat または jedynapołsta				
52	dwajapjecdźesat または dwajapołsta				
60	šěsćdźesat	70	sydomdźesat		
80	wosomdźesat	90	dźewkećdźesat		

文法解説　　　　　　　　672

100	sto	101	sto a jeden [jedna, jedne]		
200	dwěsćě*	201	dwěsćě a jedyn [jedna, jedne]		
300	třista	400	štyrista	500	pjećstow
600	šěsćstow	700	sydomstow	800	wosomstow
900	dzlewjećstow	1000	tysac		

　　　*dwěsćě 以上の場合，新しい傾向では分けて綴る――
　　　dwě sćě, tř sta, štyri sta, pjeć stow, šěsć stow

5.1.2.　順序数詞（形容詞変化．男性単数形のみを挙げる）

1	přeni	2	druhi	3	třeći
4	štwórty	5	pjety	6	šesty
7	sydomy	8	wosmy	9	dźewjaty
10	dźesaty	11	jědnaty	12	dwanaty
13	třinaty	14	štyrnaty	15	pjetnaty
16	šesnaty	17	sydomnaty	18	wosomnaty
19	dźewjatnaty	20	dwacety	21	jedynadwacety
22	dwajadwacety	23	třiadwacety	30	třicety
31	jedynatřicety	40	štyrcety	50	pjećdźesaty
60	šěsćadźesaty	70	sydomdźesaty	80	wosomdźesaty
90	dźewjećdźesaty	100	stoty	101	sto a přeni
200	dwustoty	300	třistoty	500	pjećstoty
1000	tysacy				

5.2.　**数詞の用法**

5.2.1.　jedyn, jedna, jedne は名詞に一致して変化する（変化は L1）
　　　例――「一人の若い男」――
　　　主：**jedyn** młody muž　　生：**jednoho** młodeho muža
　　　与：**jednomu** młodemu mužej（対＝生）
　　　造：z **jednym** młodym mužem　前：o **jednym** młodym mužu
jedyn を含む名詞句が主格の場合，述語は単数，過去分詞は主格名詞の性に一致する．101, 201, 301など，末尾が1の数字の場合も1と同じ：
　　　Jedyn muž steji／je stał. 一人の男が立っている／立っていた．
　　　Sto a jedyn muž steji／je stał.

101人の男が立っている／立っていた．
Jedne dźěćo steji／je stało.
一人の子供が立っている／立っていた．
Dwěsće a jedna žona steji／je stała.
201人の女が立っている／立っていた．

複数形で使用される名詞（→2.2.）には，1の複数形が使用される——
　jedne durje 一つのドア（生 jednych durjow, 与 jednym durjam）

5. 2. 2.　dwaj, dwě は結合する名詞が男性主格の場合 dwaj, 女性および中性主格の場合 dwě と区別される．男性名詞対格では人間，人間以外の場合で異なり，名詞が人間を表す場合は生格と同形の dweju, それ以外は主格と同形の dwaj となる．口語では tři, štyri の類推で生／対／前に dwejoch, 与 dwejom, 造 dwejomi という形も用いられる．dwaj, dwě と結合する名詞，形容詞は双数，dwaj, dwě を含む名詞句が主格の場合には述語も双数形となる：

Dwaj młodaj mužej stejtaj．二人の若い男が立っている
Dwaj młodaj mužej staj přišłoj．二人の若い男が来た．
Widźach **dweju** młodeju mužow．二人の若い男を私は見た．
Dwaj wulkej štomaj stejtej．二本の大きな木が立っている．
Dwaj wulkej štomaj stej stałoj．二本の大きな木が立っていた．
Widźach **dwě** wulkej štomaj．二本の大きな木を私は見た．
Dwě młodej žonje stejtej．二人の若い女が立っている．
Dwě młodej žonje stej přišłoj．二人の若い女が来た．
Widźach **dwě** młodej žonje．二人の若い女を私は見た．

102, 202, 302など，末尾を2とする数字の場合も同様：

Sto a dwaj młodaj mužej stejtaj.
　102人の若い男たちが立っている．
Sto a dwaj wulkej štomaj stejtej.
　102本の大きな木が立っている．
Sto a dwě dobrej dźěsći stej přišłoj.
　102人のよい子たちがやって来た．
Sto a dwě młodej žonje stej přišłoj.
　102人の若い女たちがやって来た．

5.2.3. tři, třo；štyri, štyrjo では数詞とともに用いられる名詞が人間を表す男性名詞の場合 třo, štyrjo という人間形，それ以外（人以外を表す男性名詞および女性，中性名詞）の場合 tři, štyri となる．主格およびこれと等しい対格の場合，数詞と結合する名詞，形容詞は複数主格形，述語は複数形となる——

Třo młodi mužojo steja.　三人の若い男が立っている．
Styrjo młodi mužojo su přišli.　四人の若い男が来た．
Tři wulke štomy steja.　三本の大きな木が立っている．
Štyri wulke štomy su stali.　四本の大きな木が立っていた．
Tři młode žony steja.　三人の若い女が立っている．
Štyri młode žony su přišli.　四人の若い女が来た．

斜格では数詞の形は三性共通で形容詞とともに名詞の格に一致する：

生：**třoch [štyrjoch]** mužow；**třoch [štyrjoch]** štomow；
　　třoch [štyrjoch] dźěći；**třoch [štyrjoch]** žonow
与：**třom [štyrjom]** mužam；**třom [štyrjom]** štomam；
　　třom [štyrjom] dźěćam；**třom [štyrjom]** žonam
対：**třoch [štyrjoch]** mužow；**tři [štyri]** štomy；
　　tři [štyri] dźěći；**tři [štyri]** žony

ただし口語では数詞を変化させないことがしばしばある——

Před **štyri** lětami tu hišće korčma běše.
　7年前にはここにまだ居酒屋があった．

Štyri wobchadne njezboža žadachu sej w běhu štyri dnjow jedyn smjertny wopor.
　4日間の間に起きた4件の交通事故で一人の犠牲者が出た．

数詞だけで単独で個数や人数などを表すことがある．この場合には表される対象が男性の人間か，それ以外かによって変化形が区別される——

Žona ma tři dźowki, wšitke **štyri** njewědźa ničo wo serbskim aorisće.
　妻には3人娘があるが4人揃ってソルブ語のアオリストのことなど知りもしない．

Štyrjo mějachu hosći k městnam wodźić.
　4人（男性）は客たちを席に案内しなければならなかった．

103, 104, 203, 204など末尾が3, 4の数の場合も同様：

Sto a třo mužojo steja. 103人の男が立っている.
Sto a tři štomy su byli w zahrodźe. 庭には103本の木があった.
Dwěsće a štyrjo šulerjo a a trista a štyri žony spěwaja.
　204人の子供と304人の女性が歌う
5.2.4. pjec 以上 dźewjećaštyrceći（5以上49）の数詞の変化は5に準じる.
5.2.4.1. 人間形（pjećo, šešćo, sedmjo, wosmjo...）は基本的に名詞と結合せず数詞だけで人数を表す場合に使用される. 主格主語の場合, 述語は複数形をとる――
　Wšě **šesćo** su wotešli. 6人全員が去った.
　Su tam **pjećo** byli. そこに5人がいた.
　Ja sym wšěch **pjećoch** postrowił. 私は5人全員に挨拶した.
5.2.4.2. 名詞とともに用いる場合には, 名詞が男性の人間を表すものであっても数詞は人間形でない形を用いることができる. 数詞を含む名詞句が主格の場合, 結合する名詞, 形容詞は複数生格, 述語は単数中性形をとる:
　Pjeć młodych mužow steji. 5人の若い男たちが立っている.
　Pjeć młodych mužow je stało. 5人の若い男たちが立っていた.
　Pjeć młodych žonow steji. 5人の若い女たちが立っている.
　Pjeć młodych žonow je stało. 5人の若い女たちが立っていた.
　Dam tebi twojich **dźesać** hriwnow. 君に私の10マルクを与えよう.
数詞を含む名詞句が斜格の場合, 数詞は不変化(非人間形)でよく, 名詞のみが変化する――
　Widźu **pjeć** hólcow. 5人の少年を私は見る.
　Smy so zetkali z **wosom** serbskimi dźěćimi.
　　私たちは8人のソルブ人の子供と会った.
数詞を変化させることもできる:
　před **dźewjećimi** cěsacami　9か月前に；
　ze **šesćimi** woknami　7つの窓のある
5.2.4.3. 時刻を表わす場合には変化形が用いられる:
　w **pjećich** 5時に；w **šesćich** 7時に；we **wosmich** 8時に；
　w **jě-dnaćich** 11時に
　wot **pjećich** hač do **dwanaćich**　5時から12時まで

štyri minuty do **dwanaćich** 12時4分前

napoł **šesćich** 6時半, napoł **dźesaćich** 10時半

5.2.4.4. 105，205など末尾が5～9の数も同じ——

Pjećstow a pjeć mužow steji／je stało.

505人の男たちが立っている／いた．

Pjećstow a pjeć dźěći steji／je stało.

505人の子供たちが立っている／いた．

Pjećstow a pjeć žonow steji／je stało.

505人の女たちが立っている／いた．

5.2.5. połsta(50)を用いて表される50から59 (dźewjećapołsta) までは不変化．数詞と結合する名詞，形容詞は，主格およびこれと等しい対格では複数生格，それ以外の場合には複数の必要な格をとる．述語は単数中性形になる——

Je tu **połsta** šulerjow přišło. ここに50人の児童が来た．

Měješe wona z **wósomapołsta** lětami sněh běłe włosy.

58歳で彼女は雪のように白い髪であった．

5.2.6. pjećdźesat - dźewjećadźewjećdźesat(50から99)の数詞は5から49までと同様，名詞とともに使用される場合不変化：

W rjadowni sedźeše něhdźe **sydomdźesat** dźěći.

クラスにはおよそ70人の子供がいた．

před **wósomdźesat** lětami 80年前に

人間形の -o 語尾の前では子音交代が起こる：pjećdźesaćo, šesćdźesaćo....この人間形は，名詞を用いずに数詞だけで人数に言及する場合に使用される．

5.2.7. sto は不変化，結合する名詞は主格およびこれと等しい対格で複数生格，それ以外では複数の必要な格をとる．tysac 以上の数は名詞扱いとなる．

5.3. 集合数詞

5.3.1. 形態

名詞に一致し，形容詞のように変化する．一桁の数から作られるが，実際によく使用されるのは1～4までである．

集合数詞主格　（1は数詞のjedynを代用）
- 2　dwoj
- 3　třoji/troj
- 4　štwori
- 5　pjećory
- 6　šesćory
- 7　sedmory
- 8　wosmory
- 9　dźewjećory
- 10　dźesaćory

5.3.2. 用法

5.3.2.1. 組になったものや常用複数名詞（*pluralia tantum*）を数えるのに用いられる．この場合，名詞は必ず複数形なので集合数詞も複数になる：

	2	3	4
主	dwoje	troje	štwore
生	dwojich	trojich	štworych
与	dwojim	trojim	štworym
対	dwoje	troje	stwore
前	dwojich	trojich	štworych
造	dwojimi	trojimi	štworymi

例―

　　Stwa ma **dwoje** kachle a **troje** durje.
　　　部屋にはオーブンが二台とドアが3つある．
　　Nan je sej kupił **štwore** nožicy a **pjećore** hrabje.
　　　父ははさみを4つとまぐわを5つ買った．

5.3.2.2.「～倍」「～重」「～通り」の意味を表す．この意味では単数名詞と結合する：

　　W kwasnym domje swjećeše so **dwoji** kwas.
　　　結婚式場では二組の結婚式が行われていた．
　　Wono spjelni **třoju** funkciju.　それは3通りの機能を果たす．

5.4. 数を含む表現
5.4.1. 時，分
5.4.1.1. 時刻― Kak na času je？「今は何時ですか」に対する答え方は

  Nětko je ___.   今は___です．
  Po mojim časniki je ___. 私の時計で___です．
  Je z dypkom ___.   ちょうど___です．

など．___の部分に以下の①~③のような言い方が入る．

①正~時の場合と štwórć (1/4=15分) を用いた場合([ ] は代替表現)

正~時	~時15分	~時半
12:00 w dwanaćich	0:15 štwórć na jednej [jednu, jedyn]	0:30 napoł jednej [jedyn]
1:00 w jednej	1:15 štwórć na dwě	1:30 napoł dwěmaj [dwě]
2:00 w dwěmaj	2:15 štwórć na tři	2:30 napoł troch [tři]
3:00 w troch	3:15 štwórć na štyri	3:30 napoł štyrjoch [štyri]
4:00 w štyrjoch	4:15 štwórć na pjeć	4:50 napoł pjećich [pjeć]
5:00 w pjećich	5:15 štwórć na šěsć	5:30 napoł sesćich [šěsć]
6:00 w šesćich	6:15 štwórć na sydom	6:30 napoł sydmich [sydom]
7:00 w sydmich	7:15 štwórć na wosom	7:30 napoł wosmich [wosom]
8:00 we wosmich	8:15 štwórć na džewjeć	8:30 napoł džewjećich [džewjeć]
9:00 w džewjećich	9:15 štwórć na džesać	9:30 napoł džesaćich [džesać]
10:00 w džesaćich	10:15 štwórć na jědnaće	10:30 napoł jědnaćich [jědnaće]

11:00 w jědnaćich   11:15 štwórć na dwanaće   11:30 napoł dwanaćich [dwanaće]

② ～時～分

hodźin-「～時」, mjeńšin-/minut-「～分」を付けて——

　Je hižo sydom hodźin a dwaceći minutow.　もう7時20分です.
　Netko je dwěmaj a pjeć mjeńšinow.　今2時5分です.

③ ～時～分点過ぎ, ～時～分前

  1:01　jednu mjeńšinu [minutu] po jednej
  2:03　dwě mjeńšinje [minuće] po dwěmaj
  3:04　štyri mjeńšiny [minuty] po troch
  4:05　pjeć mjeńšinow [minutow] po štyrjoch
 10:10　dźesać mjeńšinow [minutow] po dźesaćich
 10:21　šěsć mjeńšinow [minutow] po štwórć na jědnaće
 10:33　tři mjeńšiny [minuty] po nappoł jědnaćich
  7:49　štyri mjeńšiny [minuty] po tři štwórće na wosom
  0:59　jednu mjeńšinu [minutu] do jednej
  1:58　dwě mjeńšinje [minuće] do dwěmaj
  3:57　tři mjeńšiny [minuty] do štyrjoch
  4:55　pjeć mjeńšinow [minutow] do pjećich
 11:40　dwaceći mjeńšinow [minutow] do dwanaćich
  8:37　wosom mjeńšinow [minutow] do tři štwórće na dźewjeć

5.4.1.2.　ある事象の生じた時刻

　W kotrym času?「何時に？」という問いに対しては上記①, ③の言い方を用いる——

　Rano napoł wosmich so šula započnje, tohodla dyrbja dźěći hižo w šesćich stawać.
　　朝7時半に学校が始まる. それで子供たちは6時に起床しなければならない.

　Koncert so započina dźesać mjeńšinow po dźesaćich.
　　コンサートは10時10分に始まる.

5.4.1.3.　「～から～まで」は〈wot＋主格〉,〈hač do＋主格〉を用

いる：
    wot jednej hač do dwěmaj　1時から2時まで
    wot dwěmaj hač do třoch　2時から3時まで
    wot dwanaćich hač do jednej　12時から1時まで
    wot napoł šesćich hač do tři štwórće na sydom
      5時半から6時45分まで

5.4.2. 年, 月, 日

月日は生格で表す．日付けは順序数詞を用いる――

  Kotreho mamy dźensa？または Kotry datum je dźensa？
    今日は何日ですか？
  Dźensa je **prěneho februara**.
    2月1日です．

年は基数詞を用いる．lěto「年」をつける場合，lěta（生）＋年となる．月は個別の名称（januar, februar など）を用いずに順序数詞で言うことができ，日とともに順序数詞の生格を用いる――

  Dźensa je pjatk, **štyriadwaceteho dźewjateho lěta** wosomadźewjećdźesat
    今日は98年の9月24日，金曜日です．
  4.(štwórteho) 10 (dźesateho) 1957 (dźewatnaće stow a sydomapjećdźesat) wusłyša čłowjestwo prěni raz signale z kosmosa.
    1957年10月4日，人類は初めて宇宙からの信号を耳にした．

6. 動詞の特徴

6.1. 動詞の形態統語論範疇

　ソルブ語の動詞には他のスラヴ語と同じく，完了体，不完了体の二つの体がある．すべての動詞は完了体または不完了体の体に属し，両方の体の意味を表す動詞もある．また，個々の動詞の人称定形は法，時制，人称，態（ヴォイス）のカテゴリーを示す．人称定形以外に，不定詞，受動および能動の分詞，副動詞（過去および現在）がある．

6.2. 体
6.2.1. 動詞は必ず，完了体か不完了体のどちらか，あるいはその両方の体の範疇に属す．動詞の語彙的意味は共通し，体のみが異なる組をなすものと，組になる動詞を持たないものがある．体の違いは接尾辞，接頭辞の有無によって，あるいは語幹の違いによって示され，動詞の派生体系全体と密接に関わる．

6.2.2. 動詞の派生と体の体系

6.2.2.1. 非派生動詞と派生動詞

　動詞に接頭辞や接尾辞を付加することで新たに動詞が派生される．以下では，接頭辞や接尾辞が付加された動詞を派生動詞，派生の接辞を持たない，派生元の動詞を非派生動詞とする．非派生動詞には完了体，不完了体の両方がある．

　完了体の非派生動詞の例：kupić 買う，stupić 踏む，storčić 押す，sadźić 植える，skočić 跳ぶ，wzać 取る，slec 服を着る，dać 与える．

　不完了体の非派生動詞の例：bić 打つ，njesć 運ぶ，prosyć 頼む，pisać 書く，čitać 読む，slać 送る，brać 取る．

6.2.2.2. 接頭辞付加による派生

　動詞派生に用いられる接頭辞は do-, na-, nad-, po-, pod-, pře-, před-, při-, roz-, wo-, wob-, wot-, wu-, za-, z(e) などである．非派生の完了体動詞に接頭辞が付加されると，新たに，意味の異なる完了体の派生動詞が生成される——

　stupić【完】踏む，踏み出す

　→ wotstupić 退く，譲歩する；wustupić 出てくる；zastupić 加わる

非派生の不完了体動詞に接頭辞が付加されると，これに対応する（対になる）完了体動詞か，または意味の異なる完了体動詞が生成される——

　不完了体→対になる完了体の例：

　　twarić 建てる→ natwarić；pisać 書く→ napisać；

　　hladać 見る→ pohladać

　不完了体→意味の異なる完了体の例：

　　skakać 跳びはねる→ wuskakać（いきなり）飛び出す；

　　brać 取る→ wubrać 選ぶ；pisać 書く→ zapisać 記録・記入する；

　　hrać 遊ぶ，演じる→ přehrać 上演する；勝負をつける

▲ 不完了体動詞の現在形に接頭辞付加した形がその動詞の未来形の代用となるものがある(→6.3.3.2；6.7.)——
 hić 行く - póńdu；njesć 持って運ぶ - ponjesu；
 wjesć 導く - powjedu
 měć「持つ」の未来は完了体 změć によって表される．

▲ 口語で，接頭辞付き動詞の表す意味が〈非派生動詞＋副詞〉で表されることがある——
 wot- ～preč「遠ざけて」：**wot**storčić 押しのける → **preč** storčić
 roz- ～rózno「ばらばらに」：**roz**bić 打ち砕く → **rózno** bić
 pod- ～spody「下へ」：**pod**sunyć 押し付ける → **spody** sunyć
 na- ～horje「上へ」：**na**nosyć 運んでくる；押し寄せる →
       horje nosyć
 wu- ～won「外へ」：**wu**ćahnyć 引き出す → **won** ćahnyć

6.2.2.3. 接尾辞付加による派生

非派生の，または派生された完了体動詞から，接尾辞 -owa-，-wa，-a-（軟子音の間では -e-）を付加することで不完了体動詞が形成される．この方法による派生は生産的である．

① -owa- で派生される．これには
 (1) 語根（語幹から派生の接辞を除いた部分）に変化のないもの：
  wuporjedźić 修理する → wuporjedźować
  zakazać 禁じる → zakazować
 (2) 語根の子音が交替するもの（母音の交替を伴う場合もある）：
  wustorčić 突き出す → wustorkować
  nakupić 買い込む，買い入れる → nakupować
  zaskočić 跳ね上がる，(モーターが)回り始める → zaskakować
  wulećeć 飛び去る → wulětować

② -wa- で派生される．母音で終わる不定詞語幹に付加され，現在形はV7タイプになる——
 dać 与える → dawać；dobić 得る → dobiwać
 stać なる → stawać；předać 売る → předawać；
 zabić 忘れる → zabiwać；naleć 注ぐ → nalewać；
 wotemrěć 枯れる，滅びる → wotemrěwać

③-e- で派生される．現在形はV8タイプになる——
    rozpuščić 放つ，解放する→ rozpuščeć
    natwarić 作る，組み立てる→ natwarjeć
    přeprosyć 招待する，ごちそうする→ přerošeć, přerošam

④-a- で派生される．
  (1)完了体の現在語幹が派生の元になるもの——
    woblec (woblek-) (服を)着せる→ woblěkać
    slec (slek-) (服を)脱がせる→ slěkać
    zasłać (zasćeł-) (敷布など)敷く，広げる→ zasćełać
  (2)派生の元になる完了体の語幹に母音が挿入されるもの——
    zapomnić (zapomn-) 忘れる→ zapominać
    najeć (najm-) 賃貸する→ najimać
    počeć (počn-) 始める→ počinać

⑤ -eć/-ać 型と -ować 型の両方の不完了体が形成される派生動詞が多くある——
    přeprosyć → přerošeć/přerošować
    wuporjedźić → wuporjedźeć/wuporjedźować
    zasadźić → zasadźeć/zasadźować

⑥非派生不完了体に対し，同語幹で -ny 接尾辞を持つ完了体が対応する場合がある——
    padać → padnyć 落ちる；duć → dunyć 吹く；lizać → liznyć 舐める

▲-nyć には不完了体動詞もある——
    blědnyć 青ざめる；mjerznyć 凍る；schnyć 乾く；wuknyć 学ぶ．

6.2.3. 異なる語幹の動詞が意味的に完了体，不完了体の対をなす場合が若干ある——
    wzać【完】- brać【不完】取る；položić【完】- kłasć【不完】置く．

6.3. 法と時制

法には直説法，条件法，命令法がある．直説法には時制，態のカテゴリーが関わる．

6.3.1. 直説法

直説法には現在形，過去形，未来形，現在完了形，過去完了形，反復過去形があり，現在，過去，未来の時制表現を担う．現在形，過去形は単純形であり，未来形，完了形，反復過去形は迂言形である．迂言形の助動詞には być の変化形が使用される．単純過去には主に完了体動詞から作られるアオリストと，不完了体から作られる未完了過去がある．

〈上ソルブ語の時制体系〉
〈例〉pić【不完】；wupić【完】「飲む」

時制		不完了体	完了体
現在 přitomnosć		piju	wupiju
未来 přichod		budu pić	
過去 zašłosć	アオリスト		wupich
	未完了過去	pijach	
	現在完了	sym pił	sym wupił
	過去完了	běch pił	běch wupił

6.3.2. 現在時制

動詞は直説法現在形の語尾を形成する母音によって -e- が現われる『E タイプ』(E-konjugacija.)，-i- が現われる『I タイプ』(I-konjugacija.)，-a- が現われる『A タイプ』(A-konjugacija.) の三つに大きく分けられる．

〈直説法現在形の語尾〉
('は直前の硬子音が軟子音に交代することを示す)

		E-タイプ	I-タイプ	A-タイプ
単	1	-u	-'u	-am
	2	-'eš	-iš	-aš/-eš
	3	-'e	-i	-a
双	1	-'emoj	-imoj	-amoj
	2	-'etaj/-'etej	-itaj/-itej	-ataj/-atej
	3	-'etaj/-'etej	-itaj/-itej	-ataj/-atej
複	1	-'emy	-imy	-amy
	2	-'eće	-iće	-aće/-eće
	3	-u, -eja, -a	-'a	-aju/aja

6.3.3. 未来時制

6.3.3.1. 完了体動詞の現在形は通常，現実の現在を表さず，未来に実現される事象に言及する．従って完了体現在形は未来時制に属する．しかし口語では完了体現在形が不完了体現在に代わって通常の現在時制を表すのに用いられることもある．

　迂言形の未来時制は być の未来形 budu, budźeš, budźe... と不完了体動詞の不定詞を組み合わせて形成される．ただし口語では完了体動詞からも迂言形の未来形が作られ，未来の事象について言及するのに用いられることがある．

〈迂言形の未来時制〈例〉pisać「書く」〉

	単数	双数	複数
1人称	budu pisać	budźemoj pisać	budźemy pisać
2人称	budźeš pisać	budźetaj* pisać budźetej pisać	budźeće pisać
3人称	budźe pisać	budźetaj* pisać budźetej pisać	budu pisać (budźeja pisać)

*人間形の場合

6.3.3.2. 以下の不完了体動詞は接頭辞のついた形を未来形とする：

hić (徒歩で)行く - póńdu	njesć 持って行く - ponjesu
wjesć 導く - powjedu	lećeć 飛ぶ - polećzu
běžeć 走る - poběžu	jěć「乗り物で)行く - pojědu
ćěrić 追う - poćerju	měć 持つ - změju

6.3.4. 過去時制

6.3.4.1. 単純形にはアオリストと未完了過去がある．完了体動詞からはアオリスト，不完了体動詞からは未完了過去が形成されるのが基本である．両者の形態的な違いは二，三人称単数に現れる．アオリストは完了体動詞で表される，過去に起った事象について現在との関与性ぬきに述べる．未完了過去は，不完了体動詞で表される，過去の状態，持続的事象について述べる．現代語では現在完了形がこれらの単純過去時制の代替表現となることもある．

6.3.4.2. アオリスト

〈アオリストの人称語尾〉

単	1	-ch	双	1	-chmoj	複	1	-chmy
	2	-∅		2	-štaj/-štej*		2	-šće
	3	-∅		3	-štaj/-štej*		3	-chu

*男性の人間を主語とする場合 -štaj, それ以外で štej

アオリストは，過去語幹に上記の人称語尾を付加して得られる──
  wupić - wupich, wupi, wupichmoj, wopištaj/-štej,
    wupichmy, wupišće, wupichu
  nawuknyć - nawuknych, nawukny, nawuknychmoj,
    nawuknyštaj/-štej, nawuknychmy, nawuknyšće, nawuknychu

語幹末に軟子音を含む場合，e~a の交替が起こる──
  popřeć - popřach, popřa, popřachmoj, popřeštaj/-štej,
    popřachmy, popřešće, popřachu
  wusmjeć so - wusmjach so, wusmja, wusmjachmoj,
    wusmješ-taj/-štej, wusmjachmy, wusmješće, wusmjachu

過去語幹が子音で終わるものは語幹とアオリスト語尾の間に -e- が挿入される．このとき，k~č, h~ž, t~ć, d~dź, st~sć の交替を伴う──

napjec（《完分》napjekł）- napječech
　　přemóc（《完分》přemóhł）- přemóžech
　　nakłasć（《完分》nakładł）- nakładźech
　　narosć（《完分》narostł）- narosćech
padnyć, torhnyć のような -nyć 動詞は，〈動詞語幹＋e＋アオリスト語尾〉で形成されることもある：
　　padnyć - padźech, padźe, padźechmoj, padźeštaj/-štej ;
　　　padźechomy, padźešće, padźechu
　　torhnyć - toržech, torže, toržechmoj, toržeštaj/-štej ;
　　　torž-echmy, toržešćé, toržechu

6. 3. 4. 3.　未完了過去

〈未完了過去の人称語尾〉

単	1	-ch	双	1	-chmoj	複	1	-chmy
	2	-še		2	-štaj/-štej*		2	-šće
	3	-še		3	-štaj/-štej*		3	-chu

＊男性の人間を主語とする場合 -štaj, それ以外で -štej

未完了過去は，V4タイプ以外，現在語幹に上記の語尾を付加して生成される——
　　pić - pijach, piješe, pijhachmoj, piještaj/-štej,
　　　pijachmy, piješce, pijachu
　　wuknyć - wuknjech, wuknješe ; chodźić - chodźach, chodźeše ;
　　warić - warjach, warješe ; nosyć - nošach, nošeše ;
　　rěčeć - rěčach, rěčeše
　　dyrbjeć - dyrbjach, dyrbješe ; pjeć - pječech, pječeše ;
　　móc - móžach, móžeše, móžachmoj, móžeštaj/-štej,
　　　móžachmy, móžešće, móžachu
V4 タイプ（-owaćで終わる動詞）では過去語幹から作られる：
　　molować - molowach, molowaše, molowachmoj, molowa-
　　　štaj/-štej, molowachmy, molowašće, mowowachu

6.3.5. 完了形
6.3.5.1. 完了分詞

〈完了分詞の語尾〉

	単数		双数	複数	
男	女	中		男性人間	その他
-ł	-ła	-ło	-łoj	-li	-łe

完了分詞は不定詞語幹から不定詞語尾を除いて得られる：

　mjesć - (*mjet-) mjetł ; dźěłać - dźełał ; wuknyć - wuknył.

-eć で終わる動詞では，分詞の ł の前で -a-, l の前で -e- に母音が交替する——

　widźeć - widźał, widźała, widzeli ; rěčeć - rěčał, rěčała, rěčeli

複数形の -li 語尾は男性の人間を主語とする場合，-łe 語尾はそれ以外の場合に対応する形だが，普通はこの区別なく一般に -li 形が使用される．

6.3.5.2.
完了分詞を用いる迂言形には完了 (perfect) と過去完了 (pluskwamperfekt) がある．完了は byś の現在形を助動詞とし，過去完了は byś の単純過去形（アオリストあるいは未完了過去）を助動詞とする．過去完了の形態は以下のとおり——

〈過去完了〉〈例〉wuknyć「学ぶ」（男性形のみ例示）

	単数	双数	複数
1人称	běch wuknył	běchmoj wuknyłoj	běchmy wuknyli
2人称	bě wuknył, beše wuknył [1]	běštaj wuknyłoj [2] běštej wuknyłoj	běšće wuknyli
3人称	bě wuknył, beše wuknył [1]	běštaj wuknyłoj [2] běštej wuknyłoj	běchu wuknyli

　　(1) běše は不完了体動詞の完了分詞とのみ結合する．
　　(2) běštaj は人間形．

　完了は本来，過去に行われその結果が現在に関与している事象を述べる場合に用いられるが，今では単に過去の出来事を述べる場合にも使用される．過去完了は過去のある事象に先立って生じた事象を述べる場合に用いられ，単純過去形によっても代用される．

6.3.6. 反復過去

過去に習慣的に行われた事象を述べる場合に用いられ，形態的には条件法と同じである．動詞は完了体も不完了体も使用され，条件法を形成するための być の特殊な形 (bych, by...) と完了分詞を組み合わせる（形態は次の6.3.7参照）．

6.3.7. 条件法

条件法は非現実の事柄を述べる場合に広く用いられる．形態は反復過去と同じく，〈bych, by... ＋ 完了分詞〉だが，口語では助動詞が省略されることがある．

〈条件法の形態〉 〈例〉 wyknyć（男性形のみ例示）

	単	双	複
1	bych wuknył	bychmoj wuknyłoj	bychmy wuknyli
2	by wuknył	byštaj wuknyłoj[1] byštej wuknyłoj	byšće wuknyli
3	by wuknył	byštaj wuknyłoj[1] byštej wuknyłoj	bychu wuknyli

(1)byštaj は人間形．

6.3.8. 命令法

6.3.8.1. 二人称単数に対する命令形

(1)現在形単数三人称が i, e で終わるタイプでは，人称語尾 –i, –e を除いた形──

不定詞	現在形単三	命令形
pić	pije	pij！
činić	čini	čiń！
wurjedźić	wurjedźi	wurjedź！
wuknyć	wuknje	wukń！
studować	studuje	studuj！

ただし人称語尾を除いた場合に母音のない語根のみになるもの，および子音連続で終わるものには–iが付加される．またV6 タイプで現在語幹末の子音が s, z のものは子音が š, ž に交替する──

不定詞	現在形単三	命令形
hić	dźe	dźi!
pomyslić	pomysli	pomysli!
nosyć	nosy	noš!
wozyć	wozy	wož!

(2)現在形単数三人称が -a で終わるタイプでは，単数三人称 +j になる——

不定詞	現在形単三	命令形
pomhać	pomha	pomhaj!
pisać	pisa	pisaj!

6.3.8.2. その他の命令形は，上記の命令形にそれぞれの人称語尾を付加する——
 pij! – 1人称双数：pijmoj! 1人称複数：pijmy!
  2人称双数：pijtaj, pijtej! 2人称複数：pijće!
 3人称に対する間接命令は〈njech＋現在形〉で表わされる——
  njech pije! 彼に飲ませなさい；
  njech přińdu! 彼等に来させなさい．

6.4. 能動分詞
6.4.1. 能動現在分詞
6.4.1.1. 能動現在分詞は不完了体動詞から，現在語幹をもとに(ただし V4 タイプは過去語幹から)形成される．変化は形容詞と同じ(以下では男性形のみ例示)．
 (1) V2, V3, V4 および V9 タイプでは -'cy または -ucy (' はその前で子音交替が生じることを示す．不定詞の後の [ ] 内は現在語幹)——
  pić – pijacy；přeć – přejacy
  wuknyć – wuknjacy/wuknucy；
  ćahnyć – ćahnjacy；molować – molowacy；
  pjec [pjek-] – pječacy；njesć – njesucy；
  mjesć [mjet-] – mjećacy；kłasć [kład-] – kładźacy；
  rosć [rost-] – rosćacy；plesć [plet-] – plećaty/pletucy

(2) V5, V6 タイプでは -acy ―
    rěčeć – rěčacy ; dyrbjeć – dyrbjacy ;
    ćerpjeć – ćerpjacy ; chodźić – chodžacy ;
    činić – činjacy ; nosyć – nošacy ;
    wozyć – wožacy

(3) V7, V8タイプでは -cy ―
    pisać – pisacy ; dźěłać – dźěłacy ;
    nasadźeć – nasadźacy

(4)不規則な形を持つもの――
    chcyć – chcyjacy ;   měć – mějacy ;   hić – ducy ;
    wědźeć – wědźacy ; jěć – jěducy ; směć – smědźacy ;
    jěsć – jědźacy ;   spać – spjacy

(5)再帰動詞から形成される場合には, 再帰代名詞が残される：
    domčk so pali 小屋が燃える→ **palacy so** domčk 燃えている小屋

6.4.1.2.　用法

能動現在分詞は主に書き言葉で使用され, 口語での使用は稀である.

不完了体動詞から派生された -aty語尾の能動現在分詞は形容詞化し, 修飾する名詞の恒常的属性などを表す――

    mjelčacy muž 黙っている男 - **mjelčaty** muž 寡黙な男

    na sćěnje wisacy wobraz 壁に掛かっている絵 - **wisata** třěcha 勾配のある屋根.

6.4.2.　不変化能動分詞 (*transgresiw*)

6.4.2.1.　不変化の能動現在分詞は主として不完了体動詞から, 現在語幹をもとに形成される. 実践的には, 複数三人称の現在形から人称語尾を除き次の語尾を付加した形となる――

(1) -'o （'は前の子音が軟子音に交替することを意味する), または語幹が母音で終わる場合には -jo：
    pić – pijo ; kupować – kupujo ; wuknyć – wuknjo ;
    lětać – lětajo ; pisać – pisajo ; njesć – njeso ;
    pjec [pjek-] – pječo ; mjesć [mjet-] – mjećo ;
    wjesć [wjed-] – wjedžo

(2) -icy, または語幹が母音で終わる場合には -jicy, -jcy：

bić - bijicy ; žněć - žnějicy ; lětać - lětacy ; kupować -kupujcy

(2)の語尾は(1)の語尾に任意に交替できるが，(1)の方がより多く用いられる．

6.4.2.2.　用法

主に書き言葉で使用され，主動詞と同時に行われる事象や背景などを表す——

　　Hanka je rejowała, **spěwajo** pěsničku. ハンカは歌を歌いながら踊っていた．

不変化能動分詞から副詞，前置詞，助詞に語彙化したものがある：

　　副詞化したもの：njenadźicy 予期せずして；njepřestawajcy 絶えず；mjelčo 静かに，音もなく；chwatajcy 急いで；ducy 途中で．

　　前置詞化したもの：njedźiwajo [njedziwajcy] na... にもかかわらず；sudźo po... から判断して，察するに；dziwajo na [hladajo na] …に鑑みて，を考慮して；wróćo 逆に，元へ．

　　助詞化したもの：mjenujcy つまり；nimoduucy ついでに，ちなみに．

本動詞が měć, wostajić, namakać, widźeć などの場合，対格補語の状態を表す——

　　Ja **mam** wonka koło **stejo**. 私は外に自転車を止めてある．
　　Woni su nas **widźeli** w busu **sedźo**. 彼等は私たちがバスに乗っているのを見た．

6.4.3.　能動過去分詞 (*transgresiw zańdźenosće*)

完了体動詞から形成され，過去語幹に -wši (母音で終わるもの) または -ši (子音で終わるもの) を添えて得られる．不変化である——

　　wumolować - wumolowawši 描いて；wupić - wupiwši 飲み干して
　　nawuknyć - nawuknywši 習得して；napjec - napjekši 焼き上げて
　　přińći- přišedši 到着して；napisać - napisawši 書き終えて

本動詞に先立つ事柄について述べる場合に用いられる——

　　Zahe **stanywši** póndźemy do hribow.
　　　朝早起きをして，きのこを取りにいきましょう．
　　Zawoławši swojeju synow přikaza nan, zo byštaj šłoj do

města.
二人の息子を呼んで，町に行くようにと父は命じた．

6.5. 受動分詞と受動態
6.5.1. 受動分詞は過去語幹に -ny, -'eny, -any, -ty を付加する．
-'eny は過去語幹が子音または語幹に属する母音 -i- で終る動詞に付加されるが，その時 -'eny の前で次の子音交替が起こる——

 t〜ć: wumjetł - wumjećeny ; d〜dź: nakładł - nakładźeny ;
 h〜ž: přemóhł -přemóženy ; k〜č: napjekł - napječeny ;
 s〜š: wotnosy wonošeny ; z〜 ž: nawozył - nawoženy ;
 m〜mj: nakormił - nakormjeny ;
 b〜bj: nabarbił - nabarbjeny ;
 p〜pj: nakupił - nakupjeny ;
 w〜wj: namołwił - nawołwjeny ; r〜rj: nawarił - nawarjeny

6.5.2. 受動分詞は普通，完了体他動詞から形成されるが，不完了体他動詞，自動詞からも受動分詞が形成されることがある：
pisany＜pisać【不完】, dźěłany＜dźěłać【不完】, chodźeny＜chodźić ; spany＜spać【不完】・【自】など．

6.5.3. 受動態

6.5.3.1. 直接受動

 能動態の直接補語が主格主語になるような受動構文を直接受動と呼ぶ（6.5.3.2.の間接受動を参照）．直接受動は być を助動詞とし受動分詞と組み合わせる．

6.5.3.1.1. 行為受動

 ある特定時点で実行された（あるいはされる）行為を表す受動態の場合には，być から形成される受動の助動詞 bu- が用いられる．

文法解説

〈行為受動の形態（男性形のみ例示）〉
〈例〉chwalić【不完】「賞賛する」

	単	双	複
一人称	buch chwaleny	buchmoj chwalenaj*	buchmy chwaleni*
二人称	bu chwaleny	buštaj chwalenaj* buštej chwalenej	bušće chwaleni*
三人称	bu chwaleny	buštaj chwalenaj* buštej chwalenej	buchu chwaleni*

* 双数 -aj, 複数 -i 語尾は人間形.

6.5.3.1.2. 状態受動

対象に行為が及んだ結果を述べる場合に用いられる．行為受動では行為そのものに焦点が当てられるが，状態受動では行われた行為の結果に焦点が当てられる．助動詞には być の時制形(現在形，過去形)が用いられる——

Smój **přeprošenej**. 私たち二人は招かれている．
List bě **napisany**. 手紙は(すでに)書かれてあった．

6.5.3.2. 間接受動

間接受動は直接受動と異なり，直接補語ではなく与格で示される項(受益者)を主語とする受動構文で，dostać (方言では kryd(n)yć) と受動分詞によって表現される．対格補語は対格のまま残され，受動分詞はその補語と一致する．対格補語がない場合には中性単数形をとる——

Ja **dóstanu** wobraz **namolowany**. 私は絵を描いてもらう．
(←Něchtó mi wobraz namoluje 誰かが私(のため)に絵を描く)
Wona je **dostała pomhane**. 彼女は手伝ってもらった
(←Jej su pomhali. 人々が彼女に手を貸した)

6.6. 再帰動詞

6.6.1. 形態

再帰代名詞の so《対》, sej《与》を伴って用いられる——
　bojeć so「恐れる」; smjeć so「笑う」; wjeselić so「喜ぶ」;
　hodźeć so「あてはまる，うまく行く」; předewzać sej「意図す

る，企てる」；wodychnyć sej「息をつく」など．

so, sej は前あるいは後ろの語に続けて発音されるが，綴り上は独立した語として表記される（再帰代名詞の文中での位置→7.語順）．

6.6.2. 意味と用法

再帰代名詞を伴わない形では使用されない動詞（→6.6.3.1）や，対応する非再帰形の動詞との意味的差異が明確なものを「再帰動詞」，非再帰形の動詞が再帰代名詞を伴って使用される場合を「動詞の再帰形」という区別も可能だが，ここでは便宜上，再帰代名詞を伴って使用される動詞形態をまとめて「再帰動詞」とする．

6.6.3. 再帰動詞の諸タイプ

6.6.3.1. 再帰代名詞を伴わない用法のない動詞

必ず再帰代名詞を伴って使用される動詞（*refleksiwa tantum*）がある：smjeć so 笑う，bojeć so 恐れる，dźeć so (dźije so *komu*) 夢を見る，njemdrić so（嵐などが）騒ぐ，přemyslić sej じっくり考える

6.6.3.2. その他の再帰動詞

(1) so が完全形 sebje に置き換え可能なもの——

再帰代名詞が，非再帰形の他動詞の直接補語に相当し，行為が主語自身を対象として行われることを表す：

myć so = myć sebje 自分（の体）を洗う

⇔ myć rublje 洗濯物を洗う；myć dźěćo 子供（の体）を洗う

česać so = česać sebje 自分の髪をとかす

⇔ česać dźowku 娘の髪をとかしてやる．

(2) 非再帰形の動詞の場合と意味が異なり，また要求する格も変わるもの——

dźiwać so (něčemu//nad něčim// přez něšto)（何に）驚く，驚嘆する— dźiwać (na někoho)（誰に）注目する，配慮する

hladać so (někoho/něčeho)（誰／何に）用心する— hladać (někoho/něšto) 見る

(3) 同じ目的や方向に向かう行為，「一緒に…する」の意味を表す——

zeńć so「合流する」，wurěčować so「口論する」，schadźować so「集まる」

(4) 相互再帰「互いを／に～する」の意味を表す——

postrowić so「挨拶をかわす」，zetkać so「会う」

(5)再帰動詞の主語が，対応する非再帰型の他動詞の直接補語に対応する——
wočinjeć「開ける」 - wočinjeć so「開く」;
palić「燃す」 - palić so「燃える」

(6)受動の意味を表わす——
能動態他動詞に再帰代名詞 so を付加して，受動表現を形成する——
twarić「建てる」 - dom so twari 家が建てられる．
přerošić「招待する」 - přerošu so do Prahi 私はプラハに招かれている

▲(5) (6)の場合，事象の引き起こし手は〈wot＋主格〉,〈přez ＋対格〉などを用いて表現することができる：
W měsacu měrcu wobhladaja so **wot komisijow** wšě šule a šulske tarnejnja.
　　五月に委員会のメンバーによって学校と校舎がすべて検査される．

(7)無人称述語を形成する．
wšak so sylnje dešćuje しかし強い雨が降っている．

6.7. 定動詞と不定動詞
6.7.1 移動を表す不完了体に定動詞と不定動詞がある

	定動詞	不定動詞
歩いて行く/来る	hić	chodźić
走る[(1)]	běžeć	běhać
乗って行く/来る	jěć	jězdźić
導く[(2)]	wjesć	wodźić
運ぶ[(3)]	wjezć	wozyć
飛ぶ[(4)]	lećeć	lětać
這う[(5)]	lězć	łazyć
追う[(6)]	hnać/čerić	hanjeć
持って運ぶ	njesć	nosyć
引いて行く[(7)]	ćahnyć	ćahać

(1) woda [rěka] běži「水[川]が流れる」のような意味でも使用される.
(2)「徒歩で人を連れて行く，導く」の意味.
(3)「乗り物で人や物を運ぶ」の意味.
(4)「飛ぶ」のほか，「急いで[走って]行く，逃げる」も表す.
(5)「這う」のほか，「よじ登る」「上がる」も表す.
(6)「追う」のほか，「急いで行く」も表す. hnać は現在形がなく čerić の現在形 (čerju, čeriš) を代用する.
(7)「集団で行く，歩き回る」も表す.

　これらの移動動詞の未来時制は接頭辞 po- を付加して表すことができる. 接頭辞が付加されても不完了体のままである：
　hić – póńdu ; njesć – ponjesu ; wjesć – powjedu ;
　wjezć – powjezu ; lećeć – polećeu ; lězć – polězu ;
　jěć – pojědu ; čerić/hnać – počerju
例—
　Jutře **póńdu** na wopyt k přećelej. 明日私は友人を訪問します.

Mać **powjedźe syna** k lěkarje. 母は息子を医者に連れて行くだろう。
Jelizo chceće, **powjezu** jeho z awtom do chorownje. もしお望みなら、彼を車で病院へ乗せて行きますよ。

6.7.2. 定動詞, 不定動詞の用法
6.7.2.1. 定動詞
一定方向に向かう特定(一回)の行為。目標の表示はなくてもよい。
目標を示す例—

Smój hromadźe do města **šłoj**.
　私たち二人は一緒に町へと歩いていた。

Cyła wjes k wohnjej **ćěrješe**.
　村中が火事場へと駆けつけた。

目標を示さない例—

Konjej **lećeštej** z dwora. 馬が二頭屋敷から逃げて行った。
Hladaj, tam wón runje **dźe**! ほら、ちょうどあそこを彼が行く。

6.7.2.2. 不定動詞
①多方向への、あるいは特定の目標のない行為：

Njedźelu **wožeše** nas bus nimale po cyłej Hornjej Łužicy.
　日曜日にバスが私たちを乗せて上ラウジッツのほとんどを回った。

Tam **łažachu** tysacy mrowjow.
　そこに無数の蟻が這い回っていた。

②習慣的行為(ただし次の3参照)：

Tam Ćišinski přeco **chodźeše**.
　あそこをチシンスキーはいつも歩いたものだ。

Ja **jězdźu** z tramwajku na dźěło. 私は市電で職場に行きます。

6.7.2.3. 定動詞と不定動詞の競合関係
①定動詞と不定動詞の意味を＜一定方向性＞＜一回(特定)性＞の二つの意味特徴で捉えると、定動詞は一定方向性を積極的に表し、不定動詞は一回性を表わさないということができる。

	一定方向性	一回性
定動詞	＋	＋／－
不定動詞	＋／－	－

従って一定方向に向かう非一回(反復，習慣)の行為については両者が競合する：

 Kóždy dźen do města **du/chodźu**. 私は毎日町へ(歩いて)行きます．
 Mać sobotu rano **jědźe/jězdźi** do wiki.
  母は毎週土曜日の朝は市場に(車で)行く．

②仮定の状況，否定の文脈では定動詞と不定動詞が競合する：

 Tak tola tam **njechodź/njeńdź**!
  それならそこに行くのはよしなさい！

7. 語順

語順の中で，文の主語，述語，補語，付加語(副詞句，前置詞句)の相互の位置は固定的ではない．以下に示すのは基本的な語順の傾向である．

7.1. 文の主要素の基本的語順
7.1.1. 述語が単純形の動詞で補語を取る場合

主語(S)―補語(O)―状況副詞句(ADV)―述語(P)の順：

 Naš nan drjewo kała. 私たちの父は薪を切る．
  S O P
 Waša holca w měsće do šule chodźi.
  S   ADV   P
  お宅の娘さんは町の学校へ通っている．
 Awto Marju do chorownje dowjeze. 車がマリアを病院に運んだ．
  S O ADV P

7.1.2. 述語動詞が迂言形(助動詞＋分詞／不定詞)の場合

助動詞(AUX)―補語(O)―状況副詞句(ADV)―分詞(PTPL)／不定詞(VINF)の順：

 Ja sym z lěkarjom porěčała. 私は医者と話をした．
  S AUX   PTPL
 Nan je drjewo pilnje rězał. 父は薪を一生懸命切った．
  S AUX O ADV PTPL
 Nan budźe z Janom drjewo rězać. 父はヤンと一緒に薪を切る
  S AUX   O VINF だろう．

文法解説

7.1.3. 否定を含む場合には否定形の助動詞は文末に来る：
To widźał **njejsym**. それをぼくは見なかった．
To kupił **njebych**. それをぼくは買いはしないだろう．

7.2. 動詞の補語になる不定詞は文末に来る：
Wón je slubił ke mni **přińć**. 彼は私のところに来ると約束した．
Přistojne nje je, na někoho z wčipnymaj wočomaj **hladać**.
人を興味深げな目で眺めるのは失礼だ．

7.3. 名詞を修飾する形容詞は修飾する名詞の前，また名詞に付加される生格名詞句は主要部名詞の後に置かれる：
tutón młody serbski hólc この若いソルブ人の青年 ; stawizna **delnjoserbskeje ludnosće** 下ソルブ人の歴史

　従属成分をともなう形容詞が名詞を修飾する場合に，修飾部が全体として名詞に後置される場合と前置される場合がある．前置される場合には，従属成分が形容詞の前に来る——
za nas přijomne wumjěnjenja ⇔
wumjěnjenja, přijomne za nas 我々にとって受け入れ可能な条件
z wulkej prócu nalutowane pjenjezy ⇔ pjenjezy, nalutowane z wulkej prócu たいへんな苦労をして貯えた金

7.4. 疑問詞を含まない疑問文の場合述語 P ―主語 S ―補語 O ―状況副詞句（Ad）の順：
Nan knihu čita. → Čita nan knihu？
　S　　O　　P　　　P　　S　　O
お父さんは本を読んでいるのですか．
Wučer je młody. → Je wučer młody？ 先生は若いですか．
　S　　P　　　　　P　　S
Hólc bosy chodźi. → Chodźi hólc bosy？ 少年は裸足でいるのか？
　S　　　　P　　　　　P　　S

7.5. 接辞の順序
接辞（それ自身は固有のアクセントを持たず，他の要素にアクセント的に依存する要素）には

①byćの現在形（sym, sy, je, smy など）
②条件法の助動詞（bych, by...），byćの単純過去三人称単数bě，受動の助動詞 buch, bu など
③人称代名詞の接辞形（mje, mi, će, ći, jón, je, ju, ji）および再帰代名詞 so, sej
④助詞（pak, drje, dźe など）がある．これらが一つの文で同時に用いられる際には，次の基本的な順序が見られる——
a) 再帰代名詞の so, sej は代名詞類の中で最初
b) 動詞類（byćの変化形）は代名詞類の前
c) 助詞の pak, wšak は動詞，代名詞の前
d) 代名詞の中では与格—対格/生格の順．

従って，全体としておおよそ以下のようになる：

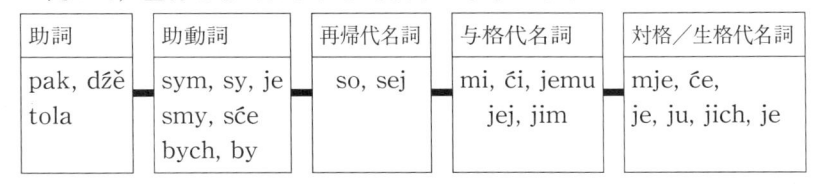

助詞	助動詞	再帰代名詞	与格代名詞	対格/生格代名詞
pak, dźe tola	sym, sy, je smy, sće bych, by	so, sej	mi, ći, jemu jej, jim	mje, će, je, ju, jich, je

〈例〉 **Sy sej** hižo wobhladał naše nowe sportnišće?
　　君はもう私たちの新しい運動場を見ましたか？
　　Hakle někto **je mi** wšo jasne, to **so mi** woprawdźe lubi.
　　今になって私には，それが本当に私は好きだということが明らかになりました．
　　Móžeš mi dać za njeho knihu, rady **jemu ju** jutře w šuli wotedam.
　　彼のためにその本を渡してくれないか．彼にそれを明日学校で渡すから．

8. 構文の特徴

8.1. 連辞文

『AはBである』のタイプの連辞文では，連辞には być の時制形が用いられ，A，B を表す項はどちらも主格となる——
　　Ta holca je naša nowa **asistentka**.

       あの娘さんが私どもの新しい助手です．
　　　Hdyž mój wujk **krawc** běše
       私の従兄弟が仕立て屋をしていたころ
Bの項に〈z＋造格〉が用いられる構文は，18-19世紀のテクスト，また稀に現代のテクストで見られる：
　　　Hdyž mój wujk **z krawcom** běše
「なる」の意味のstać soでは通常〈z＋造格〉が使用される：
　　　Jan je so **z wučerjom** stał. ヤンは教師になった．

8.2. 補文

myslić (sej)「思う」，wědźeć「知っている」などの認識動詞，prajić「言う」のような発言動詞，widźeć「見える」，słyšeć「聞こえる」のような知覚動詞の補文はzoによって導かれる——
　　　Wěm, **zo** maš prawje. 君が正しいことは私にはわかっている．
　　　Myslu sej, **zo** sy chory. 君は病気だと私は思います．
　　　Słyšach, **zo** dźěći spěwaja. 子供たちが歌っているのが聞こえた．
　　　Widźach, **zo** so dźěd sam na sebje mjerza.
　　　　　私は祖父が自分自身に腹を立てているのを見た．

8.3. 関係節

8.3.1. 関係節を導く関係代名詞，関係副詞にはštož, štóž, kotryž, kiž, kajkiž；čejiž；hdyž, hdźež などがある．

8.3.2. 名詞を先行詞とする関係節は，kotryž（kotryの部分が形容詞A1タイプで変化）によって導かれる．関係代名詞は，関係節化される名詞(先行詞)の性・数と一致し，関係節内の統語機能に従って格表示される．関係代名詞は関係節の先頭に置かれる——
　　　Kupich sej knihu, **kotraž** mi je była jara zajimawa.
　　　　　私は，とても面白く思われた本を買った(主格，先行詞は女性単数)．
　　　Kupich sej knihu, **kotruž** na wustajeńcy widźach.
　　　　　私は展示会で見た本を買った(対格)．
　　　To staj hólcaj, **z kotrymajž** sym po Łužicy pućował.
　　　　　これが，私が一緒にウジッツァを旅行して回った二人の少年です
　　　　　(造格，先行詞は男性双数)．

関係代名詞が主格もしくは主格と同形の対格になる場合には，kotryž に代えて kiž が使用できる——

    muž, **kiž** znaje mojeho nana 私の父をよく知っているその男

それ以外の格の場合には kotryž が使用されるが，口語では先行詞に一致する二人称，三人称の人称代名詞を kiž と共に用いることもある——

    muž, **kiž jeho** znaju 私が知っているその男

    =muž, kotrehož znaju.

関係代名詞が所有格になる場合には，所有関係代名詞の čejiž が使用される——

    To je knjez, **w čejej** chěži smój so hrajkaštaj.
    あれが，その人の家で私たち二人が遊んだ人です．

8.3.3. 先行詞の属性に言及する関係節は kajkiž によって導かれる——
Krawc powědaše runje wo chudym mužu, kiž husćišo z blachowej zelenej tobołku, **kajkež** hólcy a wučerni noša, nimo cłonjernje chodźeše.

    クラウツは，少年や学生たちが持っているような，薄い金属板でできた青いスーツケースを持って税関事務所の近くをよくうろついている，みすぼらしい男の話をしているところだった．

kajkiž を含む関係節に対応する先行詞は，tajki を含む場合がある——

    Nidźe njejsym **tajku** serbsku wjesku nadešoł, **kajkaž** je naša.
    私たちのもののようなソルブの村を私はどこにも見たことがない．

    Ja sym tu **tajku** wostajił, **kajkuž** smy ju našli.
    私はそれを，私たちが見つけたままにしておいた．

8.3.4. štóž, štož（それぞれ štó, što の変化に -ž が付加される）は先行詞を含む不定関係代名詞として用いられる．štóž は生物（人，動物）について，štož はものについて述べる場合に使用される——

    Štóž je to prajił, je łhar. それを言った者は嘘つきだ．
    To su hołe łže, štož powědaja. 彼等が話していることは，全くの嘘だ．

štóž, štož はまた，něšto, něchtó, što, štó, kóždy, nič, wšo, wšitko などを先行詞とする場合にも使用される——

    Wšo, **štož** wědźach, jej powědach.
    私は知っていること全てを彼女に話した．

8.4. 否定

否定は述語動詞に否定の接辞 nje- を前置付加させる．この時，アクセントは nje- に置かれる：piju ['piju] → njepiju ['ņepiju]．ただし chcyć, być, měć はそれぞれ次のような否定形を持つ：

    chcyć ⇔ **nochcyć** : nochcu, nochcyš, nochcy,...
    または **njechać** : njecham, njechaš, njecha,...
    być ⇔ njejsym, njejsy, njeje,...
    měć ⇔ : **njeměć** : nimam, nimaš, nima,....

否定代名詞が使用される場合，述語も否定形になる——

    Wón **njeje nikoho** zetkał. 彼は誰にも会わなかった．
    Ty **ženje nihdźe ničo** nimaš. 君はどこにも何も持っていない．

他動詞が否定された場合，直接補語は対格のままでよい：

    Nimamy **žadyn chlěb** wjac. 私たちにはもうパンがまったくない．

▲上の文脈で対格に替えて生格を使用することも可能である——

    Nimamy **žanoho chlěba** wjac.

しかし否定生格の使用は義務的ではなく，むしろ用いない方が普通である．

8.5. 受動と使役

8.5.1. 受動

受動表現には直接受動と間接受動がある．これについては→6.5.3.および6.6.3.2.

8.5.2. 使役

8.5.2.1. 「させる」によって表される強制の意味も容認の意味も，使役者を主語として〈dać, dawać＋不定詞〉を用いて表される．強制と容認の区別は文脈による．

8.5.2.2. 本動詞が補語を取らない場合，動作主（被使役者）は与格または対格で示される．現在では与格の方が普通——

    Wón je **jej** dał samej domoj jěć. 彼は彼女に自分（彼女自身）の家に行かせた．
    Nedaj **kwětce** zahinyć. 花を枯れさせないで．
    Dam **karanej** padnyć. 蛇口を出しっ放しにしよう．
    Dam karan padnyć. ＝同上．

使役者が自分の利益のために行わせる行為を表す場合，再帰代名詞与格の sej が使用される．この時，被使役者は対格になる──

 Bě sej **syna** k sebi přińć dał. 彼は息子を自分のもとに来させた．

8.5.2.3. 本動詞に補語がある場合，対格補語は対格のまま残される──

 Da **konja** wupřahnyć 馬を車からはずさせた．

被使役者は与格で表される──

 Ja chcych **dźěćom** serbšćinu nawuknyć dać.
  私は子供たちにソルブ語を勉強させたかった．

ただし上記の構文の被使役者を対格にすることもできる──

 Ja chcych **dźěći** serbšćinu nawuknyć dać.

与格補語や，受取り手・受益者を表す与格がある場合，これらは与格で表される──

 Nan je **jemu** pomhać dał. 父は彼を(誰かに)助けさせた
 Mać je **swojemu synej** nowy woblek šić. 母は息子のために新しい背広を縫わせた

この時，被使役者(動作主)は〈wot＋生格〉で表される──

 Mać je swojemu synej **wot krawca** nowy woblek šić.
  母は仕立て屋に息子のために新しい背広を縫わせた

8.5.2.4. 〈再帰動詞＋dać/dawać〉が用いられると，使役者自身が動作主又は被動作主となる行為が表される──

 Je so wjele lět kubłać dał. (彼は)長年自分に教育を受けさせた
 Njeda so wot nikoho do dźěła honić
  彼は誰にも自分を仕事に追い立てさせることは許さなかった．

8.6. 無人称文

述語に対して統語構造上の主語がない文を「無人称文」と呼ぶ．無人称文は，どういった意味役割の項が文に含まれるか(あるいは含まれないか)によって以下のいくつかのタイプに分けられる．

8.6.1. 事象が成立するために特定の動作主や経験者を必要としないもの

8.6.1.1. 自然現象を表すものは，事象の原因(引き起こし手)が表されない．

特定の現象を表すために用いられる無人称述語：
　so dešćuje 雨が降る；so hrima 雷が鳴る；so ćmi 暗くなる；so sněhuje 雪が降る；so pomróčuje 曇る；so wuwjedruje 晴れる；swita 夜が明ける

語彙の表す意味から慣習的に特定の現象を表すようになったもの——
　so lije (＜leć 注ぐ) 雨が (注ぐように・ザーザーと) 降る；so kapa (＜kapać 滴る) 雨が (ポトポト・雫状に) 降る；so błyska (＜błyskać 閃光がひらめく) 稲妻が走る；so wujasnjuje (＜wyjasnjować 明らかにする) 明るくなる＝晴れる；taje (＜tać 溶ける) 雪が融ける；praži (＜pražić 焼く) 日が照り付ける

8.6.1.2. 何らかの原因があってひき起される事象．原因は斜格で示され得る——
　w lěsu **šumi** 森はざわめく，森の中ではざわめきがする；před žurlu **mjerwi so** z dźěćimi ホールの前に子供たちが群がっている；w bróžni **so pali** 納屋の中で何か燃えている；na łuce za symon **wonja** 草地では干し草の匂いがする；z wuhenja **so kuri** 煙突から煙が出る．

8.6.2. 動作主はいないが，経験者がいて成立する事象を表す．経験者は，何らかの形式で表示され得る．身体の状態，知覚，感情や，経験者の意図によらずに起こる事態を表す．

8.6.2.1. 再帰代名詞を伴わない自動詞，あるいは再帰動詞が用いられ，経験者は与格で表され得る——
　Dźěćom **so** na wsy **spodoba**. 子供たちには村が気に入っている．
　Namaj **so** tu **lubi**. 我々二人はここが好きだ．
　Hólcej **so wostudźi**. 少年は退屈している．
　Jemu **so** wšitko **šlachći**. 彼はすべてうまくいっている．
　Wjerći mi w hłowje. 私は頭がくらくらする．
　Mi we wusomaj **zynči** 耳鳴りがする

8.6.2.2. 他動詞が用いられ，経験者は対格で表される——
　Ju pod pažu **tłóči**. 彼女は脇の下が苦しい．
　Jeho pod pódušemi **swjerbi**. 彼は足の裏 (靴の底) がかゆい．
　Nana w brjuše **boli**. 父は腹が痛い

8.6.3. 動作主はいるが，形式的に表現されず，主語位置は空のまま

である．動作主は不特定でも特定でもよく，それは文脈から決定される．
再帰動詞による．

8.6.3.1. 再帰形が無人称述語として慣用化されているもの——
jednać [wo něčim]「交渉する，審議する；行う，扱う」→ jedna so [wo někoho/něšto]「(が)問題だ」

wědźeć「知っている」→ wě so「明らかだ，当然だ」

8.6.3.2. 任意の動詞の再帰形を用いる——
　Wo Bartku **so powěda,** zo ma jara samostatne mysle.
　　バルトクについては，極めて自立的な考えを持っているという話だ．
　Na tajkej papjerje so derje **pisa**.
　　そういう紙にはよく書くことができる．

8.6.4. ⟨być＋名詞／形容詞／述語副詞⟩によって表される．三人称単数で用いられるbyćが時制を表す．

8.6.4.1. 自然現象や時期，時刻などに言及するもの．特定の経験者を必要としない——
　je ćma 闇だ；je nóc 夜だ；je přestawka 休憩だ；bě njedźela 日曜日だった；wonka je sucho 外は乾燥している；bě po dešćiku 雨上がりだった

8.6.4.2. 感覚，感情や身体状況，経験者の判断などを表すもの．経験者は存在するが，それを特定しないこともある——
　Mi je dźensa zyma. 私には今日は寒い．
　Jemu je hubjenje. 彼は具合が悪い．
　Mi je zlě. 私は気分が悪い，吐き気がする．
　Namaj je škoda. 我々二人にとって残念だ．
　Je to ćežko. 大変だ，難しい．

8.6.4.3. 受動分詞を述語とし，無人称受動が形成される．特定，もしくは不特定の動作主が存在するが，動作主は表現されない．斜格補語を取る場合，斜格補語はそのまま残る
　(1)他動詞の受動分詞
　　je zakazane 禁止された
　　je dowolene zastupić 入場が許されている
　(2)非他動詞の受動分詞
　　je powodźene 水が溢れた；jemu bu pomhane 彼は助けられた；

　　　　jemu bu podźakowane 彼は感謝された；potom bu spane その後（人々は）眠った；tam bu chodźene あそこには（人々は）よく行った

ただし自動詞で無人称受動が可能なのは基本的に，上の例の spać, chodźić のように，動作主が存在する行為を表す自動詞で，自然発生的な現象を表す自動詞ではこのような無人称受動文は作られない：
*rosćene wot dźesćow（*子供たちは育つ）

　また移動動詞の定動詞（→6.7.）は無人称受動を形成しない：bu chodźene に対して *bu hite；bu łažene に対して *bu lězene；bu jězdźene に対して *bu jědźene

8.6.4.4. 義務，必要などの様相の意味の述語による：
　　je trjeba, je trěbne, je nuzno 必要である；je hódno 値する；je móžno 可能だ；radźomne するのが望ましい

> 著者紹介

三谷惠子［みたに・けいこ］京都大学助教授（スラヴ言語学）

目録進呈　落丁本・乱丁本はお取替えいたします。

平成 15 年 3 月 20 日　Ⓒ第 1 版発行

ソルブ語辞典	著　者　三 谷 惠 子
	発 行 者　佐 藤 政 人
	発 行 所 株式会社　大 学 書 林 東京都文京区小石川 4 丁目 7 番 4 号 振替口座　　00120-8-43740 電話　(03) 3812-6281〜3番 郵便番号 112-0002

ISBN4-475-00151-X　　TMプランニング・横山印刷・牧製本

大学書林
語学参考書

著者	書名	判型	頁数
三谷惠子 著	クロアチア語ハンドブック	Ａ５判	280頁
三谷惠子 編	クロアチア語常用6000語	Ｂ小型	384頁
山崎 洋・田中一生 編	セルビア・クロアチア語基礎1500語	新書判	128頁
山崎 洋 編	セルビア語常用6000語	Ｂ小型	344頁
山崎 洋・田中一生 編	セルビア・クロアチア語会話練習帳	新書判	208頁
金指久美子 著	スロヴェニア語入門	Ａ５判	248頁
山崎佳代子 編	スロベニア語基礎1500語	新書判	160頁
山崎 洋・田中一生 編	スロベニア語会話練習帳	新書判	168頁
中島由美 編	マケドニア語基礎1500語	新書判	152頁
中島由美・田中一生 編	マケドニア語会話練習帳	新書判	176頁
松永緑彌 著	ブルガリア語文法	Ｂ６判	184頁
松永緑彌 編	ブルガリア語基礎1500語	新書判	134頁
松永緑彌 編	ブルガリア語常用6000語	Ｂ小型	404頁
土岐啓子 編	ブルガリア語会話練習帳	新書判	152頁
直野 敦 著	アルバニア語入門	Ａ５判	256頁
直野 敦 編	アルバニア語基礎1500語	新書判	208頁
小原雅俊 編	ポーランド語基礎1500語	新書判	192頁
小原雅俊 編	ポーランド語会話練習帳	新書判	160頁
直野 敦・K.ストレペイコ 著	ポーランド語基本文1000	新書判	208頁
中井和夫 著	ウクライナ語入門	Ａ５判	224頁
黒田龍之助 編	ウクライナ語基礎1500語	新書判	192頁
藤井悦子 訳注	シェフチェンコ詩選	Ｂ６判	244頁
黒田龍之助 編	ベラルーシ語基礎1500語	新書判	184頁
長與 進 編	スロヴァキア語会話練習帳	新書判	216頁

――目録進呈――

大学書林
語学参考書

著編者	書名	判型	頁数
阿部軍治 編 山田　恒	ロシア語分類語彙集	新書判	336頁
阿部軍治 編 ゴルボフスカヤ	ロシア語会話練習帳	新書判	236頁
和久利誓一 著	ロシヤ語変化全表	新書判	180頁
野崎韶夫 編 橋本みさご	和露小辞典	ポケット判	450頁
和久利誓一 編	ロシヤ語小辞典	ポケット判	530頁
石川達夫 著	チェコ語初級	Ａ５判	400頁
石川達夫 著	チェコ語中級	Ａ５判	176頁
小林正成 編 桑原文子	現代チェコ語日本語辞典	新書判	768頁
金指久美子 編	チェコ語基礎1500語	新書判	200頁
岡野　裕 編	チェコ語常用6000語	Ｂ小型	640頁
金指久美子 編	チェコ語会話練習帳	新書判	176頁
飯島　周 訳注	ハシェク風刺短篇集	Ｂ６判	234頁
飯島　周 訳注	K. チャペック小品集	Ｂ６判	236頁
伊藤太吾 著	やさしいルーマニア語	Ｂ６判	180頁
直野　敦 著	ルーマニヤ語文法入門	Ｂ６判	112頁
直野　敦 編	ルーマニア語基礎1500語	新書判	144頁
直野　敦 編	ルーマニア語分類単語集	新書判	360頁
直野　敦 編	ルーマニア語会話練習帳	新書判	144頁
岩崎悦子 著 浅津エルジェーベト	ハンガリー語Ⅰ	Ａ５判	528頁
岩崎悦子 著 浅津エルジェーベト	ハンガリー語Ⅱ	Ａ５判	576頁
早稲田みか 著	ハンガリー語の文法	Ａ５判	196頁
岩崎悦子 編 浅津エルジェーベト	ハンガリー語基礎1500語	新書判	280頁
岩崎悦子 編 浅津エルジェーベト	ハンガリー語会話練習帳	新書判	152頁

——目録進呈——

大学書林
語学辞典

著編者	書名	判型	頁数
土井久弥 編	ヒンディー語小辞典	Ａ５判	470頁
直野 敦 著	ルーマニア語辞典	Ａ５判	544頁
黒柳恒男 著	新ペルシア語大辞典	Ａ５判	2020頁
坂本恭章 著	カンボジア語辞典	Ａ５判	558頁
古川晴風 編著	ギリシャ語辞典	Ａ５判	1330頁
尾崎義・他 著	スウェーデン語辞典	Ａ５判	640頁
青山秀夫／熊木勉 編著	朝鮮語漢字語辞典	Ａ５判	1512頁
野口忠司 著	シンハラ語辞典	Ａ５判	800頁
古城健志／松下正三 編著	デンマーク語辞典	Ａ５判	1014頁
中嶋幹起 著	現代廣東語辭典	Ａ５判	832頁
松山 納 著	タイ語辞典	Ａ５判	1306頁
松永緑彌 著	ブルガリア語辞典	Ａ５判	746頁
大野 徹 著	ビルマ(ミャンマー)語辞典	Ａ５判	936頁
三枝礼子 編著	ネパール語辞典	Ａ５判	1024頁
古城健志／松下正三 編著	ノルウェー語辞典	Ａ５判	846頁
内記良一 著	日本語アラビヤ語辞典	Ａ５判	636頁
小沢重男 編著	現代モンゴル語辞典〈改訂増補版〉	Ａ５判	974頁
竹内和夫 著	トルコ語辞典〈改訂増補版〉	Ａ５判	832頁
荻島 崇 著	フィンランド語辞典	Ａ５判	932頁
半田一郎 編著	琉球語辞典	Ａ５判	1008頁
今岡十一郎 編著	ハンガリー語辞典	Ａ５判	1152頁
末永 晃 著	日本語インドネシア語大辞典	Ａ５判	1600頁
山田 晟 著	ドイツ法律用語辞典〈改訂増補版〉	Ａ５判	912頁
田澤 耕 編著	カタルーニャ語辞典	Ａ５判	1080頁

——目録進呈——